Entscheidungen

des

Reichsgerichts.

Herausgegeben

von

den Mitgliedern des Gerichtshofes
und der Reichsanwaltschaft.

Entscheidungen in Zivilsachen.

Neue Folge.

Sechsundzwanzigster Band.

Der ganzen Reihe sechsundsiebzigster Band.

Leipzig,
Verlag von Veit & Comp.
1911

Entscheidungen

des

Reichsgerichts

in

Zivilsachen.

Neue Folge.

Sechsundzwanzigster Band.

Der ganzen Reihe sechsundsiebzigster Band.

Leipzig,
Verlag von Veit & Comp
1911

Druck von Metzger & Wittig in Leipzig.

Inhalt.

I. Bürgerliches Recht.

a. Reichsrecht.

III. Gerichtliches Verfahren.

1. 1. Hat der Anspruch des Gläubigers gegen den Übernehmer des Vermögens seines Schuldners auf Grund des § 419 Abs. 1 BGB. die formelle Rechtsgültigkeit des Übernahmevertrages (§ 311 BGB.) zur Voraussetzung?

2. Unterliegt ein Vertrag, durch welchen eine Gesellschaft ihre sämtlichen einzeln aufgeführten Vermögensgegenstände einschließlich der Forderungen übereignet, der Formvorschrift des § 311 BGB.?

3. Unter welchen Voraussetzungen kann ein solcher Vertrag, insoweit er die Übertragung der einzelnen Vermögensgegenstände enthält, zufolge der Konversion nach § 140 BGB. aufrechterhalten werden, und ist in diesem Falle der Anspruch des Gläubigers aus § 419 Abs. 1 gegen den Übernehmer begründet?

BGB. §§ 419 Abs. 1, 311, 140.

II. Zivilsenat. Urt. v. 11. November 1910 i. S. J. (Kl.) w. F. (Bekl.). Rep. II. 609/09.

I. Landgericht Insterburg.
II. Oberlandesgericht Königsberg.

Der Kläger hatte gegen die Gesellschaft m. b. H. H. M. in B. eine Forderung von 2883,70 ℳ nebst Zinsen. Durch privatschriftlichen Vertrag vom 6. Januar 1906 übernahm der Beklagte von dieser Gesellschaft, die durch notarielle Erklärung ihrer Gesellschafter vom 15. Januar 1906 aufgelöst wurde, deren gesamtes Aktivvermögen, wogegen er sich zur Befriedigung der Gläubiger der Gesellschaft, und zwar derjenigen, deren Forderungen 300 ℳ nicht überstiegen, zum vollen Betrage, der übrigen in Höhe von 50% ihrer Forderungen verpflichtete. Am 10. Januar 1906 errichtete der Beklagte durch notariellen Vertrag mit anderen Gesellschaftern eine Gesellschaft mit beschränkter Haftung unter der Firma: „Berliner Messingleisten-Fabrik m. b. H. vormals H. M. G. m. b. H.“, in die er nach der Behauptung des Klägers das gesamte von ihm erworbene Vermögen der Firma H. M. G. m. b. H. als Sacheinlage einbrachte. Wegen seiner vorerwähnten Forderung von 2883,70 ℳ nebst Zinsen ließ Kläger den Anspruch der Firma H. M. aus dem Vertrage vom 6. Januar 1906 gegen den Beklagten pfänden und sich zur Einziehung überweisen. Mit der gegenwärtigen Klage beantragte Kläger, gestützt sowohl auf den Überweisungsbeschluß, als auch (wegen der Übernahme des Vermögens der Firma H. M. seitens des Beklagten) auf § 419 Abs. 1 BGB., den Beklagten zur Zahlung von 2883,70 ℳ nebst Zinsen zu verurteilen.

Das Landgericht wies die Klage ab, und die hiergegen eingelegte Berufung wurde vom Oberlandesgericht zurückgewiesen. Beide Urteile beruhen auf der Annahme, daß der Vertrag vom 6. Januar 1906, weil auf Übertragung des gesamten Vermögens der G. m. b. H. H. M. gerichtet, nach § 311 BGB. der gerichtlichen oder notariellen Beurkundung bedurft habe, mithin mangels Beobachtung dieser Form nichtig sei, und daß diese Nichtigkeit auch nicht durch die Erfüllung des Vertrages und den tatsächlichen Übergang des Vermögens auf den Beklagten hätte geheilt werden können. Auf die Revision des Klägers wurde das Berufungsurteil aufgehoben, aus folgenden

Gründen:

„Das Berufungsgericht geht mit Recht davon aus, daß der Anspruch des Klägers, sei es daß er auf § 419 Abs. 1 BGB. oder auf die Pfändung und Überweisung des Anspruchs der Firma H. M. gegen den Beklagten gegründet wird, die Rechtsgültigkeit des Vertrages vom 6. Januar 1906 zur notwendigen Voraussetzung hat. Insbesondere erfordert § 419 Abs. 1 einen rechtswirksamen Übernahme**vertrag** und gewährt den Gläubigern nicht, wie die Revision meint, einen selbständigen, von einem Übernahmevertrage unabhängigen Anspruch aus dem bloß tatsächlich erfolgten Übergang des Vermögens ihres Schuldners.

Durch den Vertrag vom 6. Januar 1906 **verkaufte** der Geschäftsführer der G. m. b. H. H. M. die der Gesellschaft gehörigen, in einem Verzeichnis einzeln aufgeführten Maschinen, Warenvorräte und Utensilien, sowie „den Firmenwechsel“, d. h. das Recht, die

Gesellschaftsfirma zu führen, an den Beklagten und übereignete dem letzteren die sämtlichen vorhandenen ausstehenden Forderungen, die gleichfalls in einem beigefügten Verzeichnis einzeln angegeben sind, „so daß das gesamte Aktivvermögen der Gesellschaft" auf den Beklagten „übergeht".

Das Berufungsgericht hat ohne Rechtsirrtum angenommen, daß durch diesen Vertrag die Gesellschaft mit beschränkter Haftung sich verpflichtet hat, ihr Vermögen als ganzes dem Beklagten zu übertragen, mithin der Vertrag der Formvorschrift des § 311 BGB. unterliegt (Entsch. des RG.'s in Zivils. Bd. 69 S. 420). An dieser Annahme war das Berufungsgericht rechtlich nicht dadurch gehindert, daß in dem Vertrage die einzelnen Vermögensstücke, die nach der Feststellung der Vorinstanzen das ganze Aktivvermögen der Gesellschaft ausmachen, besonders bezeichnet sind. In Ermangelung der gerichtlichen oder notariellen Beurkundung hat daher das Berufungsgericht zutreffend den Vertrag als einen solchen, der die Übertragung der Gesamtheit des Vermögens der Gesellschaft herbeiführen sollte, gemäß § 125 BGB. für nichtig erachtet. Auch hat es ohne Gesetzesverletzung angenommen, daß diese Nichtigkeit nicht durch Erfüllung des Vertrages geheilt ist.

Dagegen hat das Berufungsgericht unterlassen, in Erwägung zu ziehen, ob der Vertrag nicht als ein rechtswirksamer aufrecht zu erhalten ist zufolge der in § 140 BGB. geregelten sog. Konversion. Von den Voraussetzungen des § 140 BGB. liegt diejenige, daß das nichtige Rechtsgeschäft den Erfordernissen eines anderen Rechtsgeschäfts entsprechen muß, vor. Denn der Vertrag enthält den Verkauf bestimmter einzelner beweglicher Sachen, die Einwilligung, die Gesellschaftsfirma weiter zu führen, und die Abtretung bestimmter einzelner Forderungen, und alle diese Rechtsgeschäfte sind einer Formvorschrift nicht unterworfen. Auch umfaßten die den Gegenstand dieser Rechtsgeschäfte bildenden einzelnen Vermögensstücke nach der Feststellung des Berufungsgerichts das ganze Aktivvermögen der Gesellschaft, das aus nichts anderem, als aus jenen Vermögensstücken bestand. Dieser Umstand war geeignet, die Annahme zu begründen, daß die Geltung jener mängelfreien Rechtsgeschäfte bei Kenntnis der Nichtigkeit des die Übertragung des Vermögens als ganzes bezweckenden Vertrages von den Vertragschließenden gewollt sein würde. Hiernach hatte das Berufungsgericht die Anwendbarkeit des § 140 BGB. zu prüfen.

Wären nach dem Ergebnis dieser Prüfung die erwähnten Rechtsgeschäfte als wirksam anzusehen, so wäre damit eine genügende Grundlage für den Anspruch des Klägers sowohl aus dem Rechtsgrunde der Pfändung und Überweisung des der Gesellschaft mit beschränkter Haftung durch den Vertrag als Gegenleistung gewährten Anspruchs auf Befriedigung ihrer Gläubiger, als auch aus § 419 Abs. 1 gegeben. Denn mit Unrecht nimmt das Berufungsgericht an, daß diese Bestimmung nur Anwendung finden kann bei der Übernahme des Vermögens eines anderen durch einen unter § 311 BGB. fallenden Vertrag, daß also die Voraussetzungen der §§ 419, 311 BGB. identisch sind. Wie bereits in den Entsch. des RG.'s in Zivils. Bd. 69 S. 420 ausgeführt ist, deckt sich das Anwendungsgebiet des § 311 nicht mit dem des § 419; das des letzteren geht vielmehr über dasjenige des § 311 hinaus. Insbesondere hat § 419, der bezweckt, dem Übernehmer eines Vermögens durch Vertrag eine von der Willkür der Vertragschließenden unabhängige Haftung für die Schulden des Übertragenden aufzuerlegen, Anwendung zu finden auf obligatorische Verträge, die die Veräußerung einzelner von den Beteiligten besonders bezeichneter Vermögensstücke zum Gegenstande haben, wenn diese Vermögensstücke tatsächlich das ganze Vermögen des Veräußerers ausmachen, und die Beteiligten sich dessen bewußt sind.

Andernfalls stände es gerade in der Willkür der Vertragschließenden, die Haftung desjenigen, der vertragsmäßig das ganze Aktivvermögen eines anderen übernimmt, dadurch auszuschließen, daß dieses Aktivvermögen, das doch lediglich aus einzelnen Gegenständen besteht, und das auch dinglich nur hinsichtlich dieser einzelnen Gegenstände übertragen werden kann, statt als ganzes, in seinen sämtlichen Bestandteilen zum Gegenstande des Vertrages gemacht wird. Ein solcher Erfolg würde der Bestimmung in Abs. 3 § 419 widersprechen." . . .

2. Sind unentgeltliche Verfügungen, die der Gemeinschuldner vor der Eheschließung zugunsten seines späteren Ehegatten vorgenommen hat, nach § 32 Nr. 2 KO. anfechtbar?

VII. Zivilsenat. Urt. v. 16. Februar 1911 i. S. O. M. Konkurs (Kl.) w. Aktiengesellschaft B. E. B. (Bekl.). Rep. VII. 468/10.

I. Landgericht Elbing.
II. Oberlandesgericht Marienwerder.

Der Kaufmann M. trat am 11. September 1907 eine Hypothek an seine damalige Braut, die Witwe P., ab und bewilligte zu gleicher Zeit für dieselbe die Eintragung einer Grundschuld auf ihm gehörige Grundstücke. Am 20. September 1907 wurde zwischen ihm und seiner Braut in London die Ehe geschlossen. Im März 1908 verpfändete Frau M. die ihr abgetretene Hypothek der Beklagten, die sie kündigte und erhob, und trat die Grundschuld an die Beklagte ab. Am 10. Juni 1909 wurde über das Vermögen M.'s das Konkursverfahren eröffnet. Vom Konkursverwalter wurden die erwähnten Rechtsgeschäfte wegen Benachteiligung der Konkursgläubiger angefochten. Seinem Antrage gemäß wurde die Beklagte in erster Instanz verurteilt. Das Berufungsgericht hob das erstinstanzliche Urteil auf und wies die Klage ab. Die Revision des Klägers blieb ohne Erfolg.

Aus den Gründen:

„Die auf § 32 Nr. 2 in Verbindung mit § 40 KO. gestützte Anfechtungsklage ist vom Berufungsgericht mit der Begründung abgewiesen worden, daß die genannte Vorschrift sich nur auf nach der Eheschließung vom Gemeinschuldner zugunsten seines Ehegatten vorgenommene unentgeltliche Verfügungen beziehe, und daß die angefochtenen Rechtshandlungen, die Bestellung einer Grundschuld und die Abtretung einer Hypothek, vom Gemeinschuldner bereits vor der Eheschließung wirksam vorgenommen worden seien. Die vom Kläger in beiden Richtungen gegen die Begründung des angefochtenen Urteils erhobenen Angriffe gehen fehl.

Das Gesetz erklärt an der angezogenen Stelle für anfechtbar die in den letzten zwei Jahren vor der Eröffnung des Konkurses von dem Gemeinschuldner vorgenommenen unentgeltlichen Verfügungen zugunsten seines Ehegatten. Schon dieser Wortlaut des Gesetzes weist darauf hin, daß Verfügungen während der Ehe gemeint sind; denn unter Verfügungen zugunsten des Ehegatten werden nach allgemeinem Sprachgebrauch Verfügungen unter Eheleuten verstanden, nicht Verfügungen unter Personen, die sich erst später miteinander verheiratet haben. Dahin weist auch der Sinn des Gesetzes. Indem es die unentgeltlichen Verfügungen des Gemeinschuldners zugunsten seines Ehegatten einer besonderen, strengeren Anfechtungsvorschrift unterwirft, stellt es dieselben den unentgeltlichen Verfügungen des Gemeinschuldners zugunsten anderer Personen gegenüber, hebt sie als etwas besonderes heraus, und das findet seine natürliche und nächstliegende Erklärung in der besonderen Natur des ehelichen Verhältnisses, als einer allgemeinen und dauernden Lebensgemeinschaft, die die Vornahme derartiger Rechtsgeschäfte einerseits begünstigt und andererseits den Gläubigern des Gemeinschuldners gegenüber als besonders anfechtbar erscheinen läßt. Hätte der Gesetzgeber auch Verfügungen des Gemeinschuldners vor der Eheschließung treffen wollen, so hätte er sich deutlicher ausdrücken müssen. Dies um so mehr, als das Gesetz unmittelbar vorher, in § 31 Nr. 2, die in dem letzten Jahre vor der Eröffnung des Verfahrens geschlossenen entgeltlichen Verträge des Gemeinschuldners mit seinem Ehegatten, vor oder während der Ehe, für anfechtbar erklärt hat. Denn hier, wo auch voreheliche Verfügungen getroffen werden sollten, ist dies durch die Worte „vor der Ehe" besonders zum Ausdruck gebracht worden. Wäre in § 32 Nr. 2 dasselbe gemeint gewesen, so würde es unverständlich sein, weshalb hier die Worte „vor oder während der Ehe" fehlen, deren Beifügung doch unmittelbar vorher zur Kenntlichmachung des Gesetzeswillens für angebracht erachtet worden ist.

Auch die Entstehungsgeschichte des Gesetzes spricht für die hier vertretene Auslegung. Die preußische Konkursordnung vom 8. Mai 1855, die der Konkursordnung zum Vorbilde gedient hat, erklärt in § 103 für anfechtbar freigebige Verfügungen, welche der Gemeinschuldner zum Vorteil seines Ehegatten nach geschlossener Ehe vorgenommen hat. Aus den Motiven dieses Gesetzes geht hervor, daß gerade die besondere Natur des ehelichen Verhältnisses es ist, um derentwillen derartige Verfügungen des Gemeinschuldners zum Vorteil seines Ehegatten nach geschlossener Ehe in Übereinstimmung mit § 312 ALR. II. 1

und § 314 Allg. GerO. I. 50 einer besonderen Anfechtungsvorschrift unterworfen worden sind. Die Begründung zu § 25 des Entwurfs der Reichskonkursordnung nimmt auf diese Bestimmung der preußischen Konkursordnung Bezug, ohne sich irgendwie darüber auszusprechen, wie es gekommen ist, daß die Worte des § 103 preuß. KO. „nach geschlossener Ehe" in den Entwurf nicht übernommen worden sind. Dies läßt sich nur so erklären, daß man die Beifügung dieser Worte für überflüssig erachtet hat, weil der Sinn des Gesetzes auch ohne sie hinreichend klar zum Ausdruck kommt. Hätte man eine sachliche Abänderung des als Vorbild benutzten § 103 preuß. KO. beabsichtigt, so würde dies, wenn nicht im Gesetz selbst, so doch zum mindesten in der Begründung des Entwurfs ausgesprochen worden sein. Dies um so gewisser, als es sich dann ja nicht bloß um eine äußerliche Erweiterung des Kreises der anfechtbaren Rechtsgeschäfte des Gemeinschuldners zugunsten seines Ehegatten durch Ausdehnung auf die vorehelichen Rechtsgeschäfte, sondern um eine Veränderung der Rechtsgrundlage gehandelt hätte, auf der § 103 preuß. KO. ruht. Denn diese Vorschrift beruht auf der besonderen Eigenart des ehelichen Verhältnisses, die das Bestehen der Ehe zur Voraussetzung hat und sich auf die vorehelichen Beziehungen des Gemeinschuldners zu seinem späteren Ehegatten nicht ohne weiteres übertragen läßt.

Hiernach muß die in der Literatur und Rechtsprechung hervorgetretene Ansicht, daß § 32 Nr. 2 der Konkursordnung auch voreheliche Verfügungen des Gemeinschuldners umfasse, in Übereinstimmung mit der herrschenden Meinung abgelehnt werden." ...

---

3. Haftet derjenige, der ein Handelsgeschäft unter Lebenden erwirbt und unter der bisherigen Firma fortführt, ohne weiteres auch für die Verbindlichkeiten, die der frühere Inhaber im Betriebe des Geschäfts durch Beteiligung an einer Gesellschaft mit beschränkter Haftung (Kartell) übernommen hat?

HGB. § 25 Abs. 1.

II. Zivilsenat. Urt. v. 21. Februar 1911 i. S. K. Koks=Einkaufsgesellschaft (Kl.) w. D. (Bekl.). Rep. II. 187/10.

I. Landgericht Köln, Kammer für Handelssachen.
II. Oberlandesgericht daselbst.

Der Vater des Beklagten beteiligte sich als Inhaber einer Kohlengroßhandlung an der Gründung der Klägerin, eines Kartells, dessen Zweck „der gemeinsame Einkauf von Zechenkoks zu Heizzwecken" ist. Satzungsmäßig sind die Gesellschafter verpflichtet, den Einkauf durch die Gesellschaft erfolgen zu lassen und ausschließlich von dieser ihren Bedarf zu beziehen. Die Gesellschaft darf auch an Nichtmitglieder, soweit sie Kohlenhändler sind, Koks verkaufen. Durch Vertrag mit seinem Vater erwarb der Beklagte das Geschäft, jedoch ohne den Geschäftsanteil an der Gesellschaft mit beschränkter Haftung, und führte es unter der bisherigen Firma fort. Er bezog auch eine Zeitlang von der Klägerin seinen Bedarf an Koks, verweigerte dann aber weiteren Bezug. Die Klägerin erhob Klage, mit der sie schließlich beantragte, festzustellen, daß der Beklagte seit Übernahme des väterlichen Handelsgeschäfts verpflichtet sei, seinen Bedarf an Koks zu Heizzwecken ausschließlich von der Klägerin zu beziehen und bei dem Verkaufe von solchem Koks die Bestimmungen des § 15 des Gesellschaftsvertrages zu beachten, bei Vermeidung der hierin festgesetzten Vertragsstrafe. Nach der Klagerhebung starb der Vater des Beklagten und hinterließ diesen und einen zweiten Sohn als alleinige Erben. Letzterem wurde der Geschäftsanteil an der Gesellschaft mit beschränkter Haftung durch Vertrag übertragen. Die Klage wurde in beiden Instanzen abgewiesen. Die Revision hatte Erfolg, aus folgenden

Gründen:

„In tatsächlicher Hinsicht hat das Berufungsgericht festgestellt, der Vater des Beklagten sei nach dem Willen der Beteiligten bei der Gründung der Gesellschaft nicht als Privatperson, sondern als Inhaber seiner damaligen Firma Gesellschafter geworden. Damit übernahm er die Verpflichtung, den Einkauf von Koks durch die Gesellschaft erfolgen zu lassen, ausschließlich von dieser seinen Bedarf zu beziehen und den Koks nur unter den im Gesellschaftsvertrage bestimmten Bedingungen weiter zu veräußern. Nach dem Tatbestande des Berufungsurteils steht weiter fest, daß der Beklagte im April 1907 zu derselben Zeit, als die Klägerin ihren Geschäftsbetrieb begann, die Kohlengroßhandlung von seinem Vater erwarb und unter der gleichen Firma fortführte, daß er auch diejenigen Mengen Koks, bezüglich deren sein Vater mit der Klägerin bereits abgeschlossen hatte, bezog, dann aber weiteren Bezug abgelehnt hat.

Die Streitfrage, ob der Beklagte durch die Übernahme der Kohlenhandlung und Fortführung der bisherigen Firma auf Grund des § 25 HGB. zum weiteren Koksbezuge verbunden sei, ist vom Berufungsgerichte verneint worden mit folgender Begründung: die Bezugsverpflichtung könne von dem übrigen Inhalte des Gesellschaftsvertrages nicht getrennt werden; sie habe mit der Übertragung des Kohlengeschäfts auf den Beklagten nicht „übergehen" können. Die Loslösung der gesellschaftlichen Verpflichtungen von der Person des Gesellschafters sei eine Erscheinung, welche dem Wesen derartiger Verpflichtungen der Mitglieder eines Kartells widerspreche. Eine Durchbrechung der Regel, daß die Gesellschaft sich hinsichtlich dieser Verpflichtungen nur an ihren Gesellschafter halten könne, erscheine nicht angängig; sie sei auch nicht notwendig. Die Gesellschaft könne verlangen, daß der Veräußerer des Geschäfts, also des Objekts, mit welchem die Verpflichtung zum Koksbezuge tatsächlich verbunden sei, für die Erfüllung der Verbindlichkeiten einstehe. Begebe sich der Gesellschafter der Möglichkeit der Vertragserfüllung, so sei er der Gesellschaft gegenüber zum Schadensersatz verpflichtet (§§ 280, 325 BGB.).

Die Entscheidung beruht, wie von der Revision mit Recht gerügt wird, auf Verletzung des § 25 Abs. 1 HGB. durch Nichtanwendung. Von den rechtlichen Erwägungen des Berufungsgerichts ist die eine richtig, daß ein Gesellschafter, der sich der Möglichkeit der Vertragserfüllung begibt, zu Schadensersatz verpflichtet ist. Dagegen ist es einesteils rechtsirrig, wenn das Berufungsgericht von einem Übergang der Bezugsverpflichtung auf den Beklagten sowie von einer Loslösung der gesellschaftlichen Verpflichtungen von der Person des Gesellschafters spricht. Andernteils ist auch die Erwägung zu beanstanden, daß die Gesellschaft hinsichtlich der gesellschaftlichen Verpflichtungen der Regel nach sich nur an ihren Gesellschafter halten könne. Der § 25 Abs. 1 trägt der im Verkehr vielfach herrschenden, rechtlich jedoch nicht zutreffenden, Auffassung Rechnung, daß die Firma ohne Rücksicht auf die Person ihres Inhabers als Eigentümerin des Handlungsvermögens, als Trägerin der durch den Handelsbetrieb begründeten Rechte und Pflichten angesehen wird. Er beruht auf dem Gedanken, daß der Erwerber eines Geschäfts, der die Firma, wenngleich nur mit einem Zusatze, fortführt, dadurch seine Absicht erkläre, in die Geschäftsbeziehungen des früheren Geschäftsinhabers soweit als möglich einzutreten (vgl. Denkschrift S. 394 flg.). Von diesem Gesichtspunkte aus begründet er eine Haftpflicht desjenigen, der ein unter Lebenden erworbenes Handelsgeschäft unter der bisherigen Firma fortführt, für alle im Betriebe des Geschäfts begründeten Verbindlichkeiten. Der § 25 spricht nur von einer Haftung für alle im Betriebe des Geschäfts begründeten Verbindlichkeiten und läßt das Schuldverhältnis des Veräußerers, wie § 26 a. a. O. klar beweist, fortbestehen. Im Falle des § 25 Abs. 1 kann somit weder von einem Übergange der Schuld auf den Erwerber des Geschäfts noch von einer Loslösung der Verpflichtung von der Person des bisherigen Geschäftsinhabers die Rede sein. Vielmehr bleibt dieser nach wie vor der eigentliche Schuldner; neben ihm haftet nur als zweiter Schuldner der Geschäftserwerber, und diese Haftung dient erst recht dazu, die Erfüllung der Verbindlichkeit zu sichern.

Der Haftung des Beklagten steht auch nicht entgegen, daß die Verpflichtung zum Koksbezuge mit dem Gesellschaftsverhältnisse seines Vaters zusammenhängt. Nach der Feststellung des Berufungsgerichts handelt es sich um eine von D. sen. im Betriebe seines Geschäfts übernommene Verbindlichkeit, also um eine Geschäftsschuld im Sinne des § 25. Zu den im Betriebe des Geschäfts begründeten Verbindlichkeiten im Sinne dieser Gesetzesvorschrift gehören nämlich alle Verpflichtungen, die nicht in den privaten Beziehungen des Geschäftsinhabers ihren Grund haben, sondern als natürliche innere Folge sich aus dem Geschäftsbetriebe ergeben, einerlei ob sie auf Rechtsgeschäft, Delikt oder auf anderem Rechtsgrunde beruhen. Dazu gehören also auch die Verbindlichkeiten, die aus einer Beteiligung des Geschäftsinhabers an einer Gesellschaft mit beschränkter Haftung herrühren, wenn die Beteiligung an der Gesellschaft im Betriebe des Geschäfts erfolgt ist, es sei denn, daß ihre Erfüllung nur von der Person des Gesellschafters möglich wäre. Eine Verbindlichkeit aber, deren Erfüllung nur von dem Gesellschafter in Person möglich wäre, steht bei der streitigen Verpflichtung zum Koksbezuge nicht in Frage. Vielmehr kann und soll sie ihrer Natur und Zweckbestimmung nach von dem Inhaber des Geschäfts, für dessen Betrieb sie übernommen wurde, erfüllt werden. So wenig es nun zweifelhaft erscheint, daß ein Dritter zur Erfüllung der einem Gesellschafter obliegenden Verbindlichkeiten, z. B. zur Zahlung der Stammeinlage, durch besonderen Vertrag sich verpflichten kann, ebensowenig kann es bei der gegebenen Rechtslage, nach welcher der Gesellschafter selbst nach wie vor Schuldner bleibt, einem begründeten Bedenken unterliegen, daß die gesetzliche Haftung aus § 25 bezüglich aller Verbindlichkeiten Platz greift, die dem bisherigen Geschäftsinhaber als Gesellschafter einer im Betriebe seines Geschäfts geschlossenen Gesellschaft obliegen und ihrer Natur nach von dem Erwerber des Geschäfts erfüllt werden können. Wenn der § 16 Abs. 3 des Gesetzes, betreffend die Gesellschaften mit beschränkter Haftung, bestimmt, daß für die zur Zeit der Anmeldung auf den Geschäftsanteil rückständigen Leistungen der Erwerber neben dem Veräußerer verhaftet ist, so dient diese Bestimmung als Beweis dafür, daß für die Verbindlichkeiten eines Gesellschafters auch ein Nichtgesellschafter haftbar sein kann.

Bei einer Verbindlichkeit der vorliegenden Art bleibt der bisherige Geschäftsinhaber auch nach Übertragung seines Geschäftes für die Dauer seines Gesellschaftsverhältnisses an die Verpflichtung zum Koksbezuge gebunden. Für die Erfüllung der Verbindlichkeit hat er einzustehen bei Vermeidung der für den Fall der Nichterfüllung nach allgemeinen Grundsätzen eintretenden und im Gesellschaftsvertrage bestimmten besonderen Folgen. Diese Verpflichtung geht mit dem Tode auf seine Erben über. Für ihre Erfüllung haftet außerdem auf Grund des § 25 a. a. O. der Erwerber des Geschäfts in dem nämlichen Umfange und für die nämliche Zeitdauer. Die Erfüllung läßt sich ohne Schwierigkeit bewirken, sei es in der Art, daß der bisherige Geschäftsinhaber als Gesellschafter den für das Geschäft erforderlichen Koks bezieht und seinem Geschäftsnachfolger überläßt, oder noch einfacher in der Weise, daß der Erwerber des Geschäfts den hierfür erforderlichen Koks a conto des Geschäftsanteils seines Vorbesitzers direkt bei der Klägerin bestellt. Es ist nicht einzusehen, warum dies mit dem Gesellschaftsverhältnisse unvereinbar sein soll. Hiernach unterlag das angefochtene Urteil der Aufhebung und Zurückverweisung. In der Sache selbst zu erkennen, erscheint nicht angängig, weil das Berufungsgericht nur grundsätzlich die Haftpflicht des Beklagten verneint und die Modalitäten seiner Haftung nach Maßgabe des Gesellschaftsvertrages bisher nicht erörtert hat."

---

4. Zur Frage der Anzeigepflicht des Versicherten nach § 2026 preuß. ALR. II. 8 bei Versicherungen mit laufender Police.

Preuß. ALR. II. 8 §§ 2024 flg.

VII. Zivilsenat. Urt. v. 3. März 1911 i. S. Gr. (Kl.) w. Perleberger Viehversicherungsgesellschaft (Bekl.). Rep. VII. 524/10.

I. Landgericht I Berlin.
II. Kammergericht daselbst.

Der Großhändler F. in R. hatte im Januar 1908 für dieses Jahr mit der Beklagten wegen Versicherung seiner auf dem Magerviehhofe gehandelten Schweine einen allgemein gefaßten, schriftlichen Vertrag geschlossen. Nach besonderer Abrede sollte sich die Versicherung auf alle von F. gehandelten Schweine, gleichgültig wo diese zur Kaufzeit sich befanden, erstrecken. Mit der Firma Gebr. G., deren Inhaber der Kläger ist, aber hatte F. vereinbart, daß wegen aller Schweine, die er ihr verkaufen würde, die Rechte aus dem Versicherungsverhältnisse mit der Beklagten mit dem Kaufabschluß ohne weitere Übertragung auf die Firma Gebr. G. übergingen. Im Mai 1908 kaufte Kläger von F. 450 Schweine aus dessen in R. stehenden Bestande zur Einstellung in die G.'sche Dampfmolkerei in J. in Oldenburg. Am 26. Mai wurde nach Inkenntnissetzung der Beklagten, daß es sich um einen Transport von R. nach Jever handle, die Versicherungsprämie bezahlt; am 28. Mai kamen die Schweine in J. an. Eines von den Tieren war schon damals verendet; in J. sind dann noch zahlreiche Tiere erkrankt und eingegangen. Kläger hat seinen Schaden auf 6049,25 *M* berechnet und verlangte mit der Klage Verurteilung der Beklagten zur Zahlung dieses Betrages. Die Beklagte widersprach und stützte sich hauptsächlich auf die Tatsache, daß eine polizeiliche Sperre der klägerischen Ställe in J. wegen Schweineseuche stattgefunden hatte, und am 28. Mai 1908, dem Tage des Einbringens der erwähnten Schweine in die Ställe, eine amtliche Freigabe der Ställe noch nicht erklärt war. Das Landgericht verurteilte die Beklagte nach dem Klagantrage. Das Berufungsgericht erkannte auf Abweisung der Klage. Die Revision wurde zurückgewiesen.

Aus den Gründen:

„Die Revision macht in erster Linie geltend, es fehle an den Voraussetzungen zur Anwendung des § 2026 ALR. II. 8, weil der Versicherungsvertrag zwischen F. und der Beklagten bereits anfangs Januar 1908 zum Abschluß gekommen sei, und in diesem für die Anzeigepflicht wesentlichen Zeitpunkte die Schweineseuche, infolge deren die Ställe des Klägers gesperrt worden seien, noch gar nicht vorgelegen habe. Dieses Bedenken greift nicht durch. In der Regel ist allerdings die aus der angezogenen Vorschrift folgende Anzeigepflicht auf die Lage der Sache zur Zeit des Abschlusses des Versicherungsvertrages zu beziehen (vgl. § 2024 ALR. II. 8). Vorliegend läßt der dürftige Inhalt des Vertrages zwischen F. und der Beklagten vom Januar 1908 Zweifel darüber zu, ob der die Versicherung der von F. an den Kläger versandten und gelieferten Schweine betreffende Vertragsabschluß schon mit jenem Vertrage vom Januar oder erst mit der im Mai 1908 erfolgten Anmeldung des Transports und Zahlung der Prämie an die Beklagte gegeben war. Es mag indes von dieser Frage abgesehen und mit der Revision angenommen werden, daß der Versicherung der in Betracht kommenden Schweine der Versicherungsvertrag F.'s und der Beklagten vom Januar 1908 zugrunde lag. Dann handelt es sich um eine sog. laufende Versicherung oder Versicherung mit laufender Police (vgl. Ehrenberg, Versicherungsrecht Bd. 1 § 33). Bei der großen Mannigfaltigkeit der diesem Begriff unterliegenden Verhältnisse läßt sich insofern eine allgemeingültige, alle möglichen Einzelfälle beherrschende Regel für die Zeit, in welcher der Versicherte der ihm gesetzlich obliegenden Anzeigepflicht zu genügen hat, nicht aufstellen. Wollte man allgemein und ausschließlich den Zeitpunkt des Abschlusses des Generalversicherungsvertrages als maßgebend erklären, so würde sich für zahlreiche Versicherungsverhältnisse eine dem Wesen des Vertrages nicht entsprechende, hochgradige Gefährdung berechtigter Interessen der Versicherungsgesellschaften ergeben. Im vorliegenden

Falle bot die Generalabrede vom Januar 1908 für die Versicherung der später an den Kläger zum Versand gelangten Schweine nur insofern einen Rahmen, als feststand, daß jede von F. veräußerte Schweineherde der Versicherung bei der verklagten Gesellschaft nach gewissen für die Prämienbemessung maßgebenden Normalsätzen unterliegen sollte. Wie groß und von welcher Beschaffenheit die Herde sein werde, zu welcher Zeit, von welchem Orte und nach welchem Orte sie zur Versendung kommen würde, und für welchen Empfänger sie bestimmt sein werde, alles dies war im Januar 1908 sowohl der Versicherungsgesellschaft als auch dem Versicherungsnehmer unbekannt. Diese damals noch unbekannten Umstände waren aber nach Lage des Falles nicht nur wesentlich, sondern geradezu ausschlaggebend für den Bereich der konkreten Gefahr, welche die verklagte Gesellschaft zu übernehmen hatte; und die gemäß § 2026 ALR. II. 8 dem Versicherten obliegende Anzeigepflicht soll dem Versicherer gerade gegen eine unangemessene Ausdehnung des zu übernehmenden konkreten Bereiches der Gefahr Schutz bieten. Fehlt es nun, wie hier, an einer besonderen vertraglichen Regelung der Anzeigepflicht, so führen diese Erwägungen für Versicherungsverträge von der Art des vorliegenden mit innerer Notwendigkeit zu der Annahme, daß die Hinausschiebung der gesetzlichen Anzeigepflicht des Versicherten bis zu der Zeit, wo der betreffende Einzeltransport sich überblicken läßt, als selbstverständlich und stillschweigend bedungen anzusehen ist. Die Annahme wird der Natur des ganz besonders von Treu und Glauben getragenen Versicherungsverhältnisses gerecht und entspricht dem zu vermutenden vernünftigen Willen der Beteiligten. Unter die Anzeigepflicht in Gemäßheit des § 2026 fielen hiernach vorliegend auch diejenigen Umstände, welche auf den Entschluß der verklagten Gesellschaft, die Versicherung für die von F. an den Kläger veräußerten und gelieferten Schweine zu übernehmen, von Einfluß sein konnten und dem Versicherten bis zum 26. Mai 1908, der Zeit des Schweineversandes und der Prämienregulierung, bekannt geworden waren. Da F. schon bei dem früheren Kaufabschlusse dem Kläger die Rechte aus der Versicherung übertragen und seitdem gemäß der rechtlich einwandfreien Feststellung des Berufungsgerichts insbesondere bei Anmeldung des Schweinetransports und Bezahlung der Prämie nur noch als Vertreter des Klägers mit der verklagten Gesellschaft verhandelt hat, war seit dem Kaufabschluß der Kläger als Versicherter anzusehen. Darum war er auch für die in Gemäßheit des § 2026 erheblichen Umstände anzeigepflichtig, und der Versicherungsvertrag in betreff der von F. gelieferten Schweine für die Beklagte unverbindlich, sofern Kläger Umstände, welche anzuzeigen waren, verschwiegen haben sollte. Mit Recht hat aber das Berufungsgericht angenommen, daß dem Kläger ein solches Verschweigen zur Last fällt. Es ist festgestellt, daß die Ställe in J., wohin die von F. veräußerten Schweine zur Versendung kamen, wegen Schweineseuche gesperrt waren, daß die Ställe bis zur Prämienzahlung und auch bis zu der am 28. Mai 1908 erfolgten Einbringung der Schweine amtlich noch nicht freigegeben waren, daß es sich hierbei um einen Umstand handelt, der auf den Entschluß der Beklagten, sich auf die Versicherung der Schweine einzulassen, von Einfluß sein konnte, der indes tatsächlich der Beklagten unbekannt war, daß aber der Kläger von der Stallsperre wußte und sie verschwiegen hat. Mit diesen sicher begründeten, auch nicht angefochtenen Feststellungen ist der zur Anwendung des § 2026 ALR. II. 8 objektiv erforderliche Tatbestand erfüllt." ...

---

5. 1. Kann der Reichsfiskus auf Rückzahlung einer zu Unrecht erhobenen Reichsstempelabgabe verklagt werden, oder muß die Klage gegen den Fiskus des Bundesstaates, der die Abgabe zu erheben hatte und erhoben hat, gerichtet werden?

2. Merkmale des Unterschieds zwischen „Kraftrad" und „Kraftwagen" im Sinne der Tarif-Nr. 8a des Reichsstempelgesetzes vom 3. Juni 1906. Kraftrad „mit Vorsteckwagen".

VII. Zivilsenat. Urt. v. 7. März 1911 i. S. K. (Kl.) w. preuß. Fiskus (Bekl.). Rep. VII. 194/10.

I. Landgericht Münster.
II. Oberlandesgericht Hamm.

Der Kläger besitzt und gebraucht ein Kraftfahrzeug, das aus einem Hintergestell und zwei gegeneinander auswechselbaren Vordergestellen zusammengesetzt ist. Das Hintergestell besteht im wesentlichen aus einem Triebrade, dem Motor von 2,2 P. S., den Pedalen, der Bremsvorrichtung und dem Sitze des Fahrers. Von den Vordergestellen besteht das eine in der Hauptsache aus einem Laufrade, das andere aus einem sog. Vorsteckwagen, d. h. einem zum Mitführen einer zweiten Person bestimmten, auf der Verbindungsachse zweier Laufräder angebrachten Korbsessel. Wird das Hintergestell mit dem Vorsteckwagen verbunden, so befindet sich das Hintergestell hinter der Mitte des Korbsessels, so daß die Spur des Hinterrades in der Mitte der Spuren der beiden Räder des Vorsteckwagens verläuft. Die an der Achse des Vorsteckwagens angebrachte Lenkstange greift zu dem Hintergestell über und kann nur von der auf diesem Hintergestell sitzenden Person gehandhabt werden, die auch allein das Ingangsetzen und Stillhalten des Fahrzeugs bewirken kann; die im Korbsessel befindliche Person hat auf das Fahren keinerlei Einfluß. Die Verbindung des Vorsteckwagens mit dem Hintergestell wird durch Haltebolzen und durch Muttern bewirkt, die mittels eines Schraubenschlüssels aufgeschraubt werden. Zur Trennung ist ebenfalls ein solcher Schlüssel erforderlich. Die Parteien streiten darum, ob dann, wenn der Vorsteckwagen durch die vorbezeichnete Kuppelung mit dem Hintergestell verbunden ist, das hierdurch entstandene Kraftfahrzeug im Sinne der Tarif-Nr. 8a des Reichsstempelgesetzes vom 3. Juni 1906 als ein Kraftrad (Nr. 1 daselbst) oder als ein Kraftwagen (Nr. 2 daselbst) anzusehen ist. Der Beklagte hält es für einen Kraftwagen und hat für die dem Kläger für dessen Gebrauch erteilte Erlaubniskarte eine Stempelabgabe von 25 und 6 ℳ, zusammen 31 ℳ eingezogen. Der Kläger hält sich nur zur Entrichtung der Steuer für ein Kraftrad mit 10 ℳ verpflichtet und hat gegen den Reichsfiskus auf Rückzahlung von 20 ℳ geklagt.

Das Reichsgericht hat auf die Revision des Klägers das Fahrzeug als einen „Kraftwagen“ erachtet, aus folgenden

Gründen:

„In der Klageschrift und in den Urteilen der beiden Vorinstanzen ist als der auf Rückzahlung der entrichteten Reichsstempelabgabe in Anspruch genommene Beklagte der „Reichssteuerfiskus, vertreten durch die Oberzolldirektion in Münster“ bezeichnet, und auch in der Revisionsschrift und der Begründungsschrift für dieses

Rechtsmittel ist hieran nichts geändert worden. Die Oberzolldirektion ist aber keine Reichsbehörde, sondern eine preußische Behörde und zur Vertretung des Reichsfiskus nicht befugt. Es ist auch durch die ständige Rechtsprechung des Reichsgerichts, die sich auf die §§ 36 bis 38 der Reichsverfassung vom 16. April 1871 und die §§ 81, 82 des Reichsstempelgesetzes vom 3. Juni 1906 gründet, festgestellt, daß für die Klage auf Rückzahlung einer zu Unrecht erhobenen Reichsstempelabgabe als der richtige Beklagte nicht der Reichsfiskus anzusehen ist, sondern der Fiskus des Bundesstaats, der die Abgabe kraft Gesetzes einzuziehen hatte und eingezogen hat, dadurch Eigentümer des entrichteten Abgabenbetrages geworden und nur verpflichtet ist, die Summe der erhobenen Reichsstempelbeträge nach gewissen Abzügen in bestimmten Zeitabschnitten an die Reichskasse abzuführen (Entsch. d. RG.'s in Zivils. Bd. 11 S. 75, 91—94, Bd. 16 S. 85, Bd. 18 S. 128). Es erschien aber nicht geboten, aus diesem Grunde die Klage abzuweisen; denn offenbar handelte es sich bei dieser falschen Bezeichnung des Beklagten nur um einen auf einem Versehen beruhenden Irrtum. Der Kläger hat diejenige Behörde verklagen wollen, die zur Einziehung der Abgabe an sich befugt war, sie eingezogen hat und zur Rückzahlung verpflichtet ist, wenn sie sachlich zu Unrecht eingezogen war. Im Einverständnis mit beiden Parteien ist daher für die Revisionsinstanz an die Stelle des Reichsfiskus als der richtige Beklagte der preußische Fiskus gesetzt worden, und dieser Berichtigung muß auch für die Vorinstanzen rückwirkende Kraft beigemessen werden.

In der Sache selbst mußte es bei der in den Vorinstanzen ausgesprochenen Abweisung des Klaganspruchs belassen werden. Für die zur Entscheidung stehende Frage, ob das vom Kläger gebrauchte Kraftfahrzeug als ein Kraftrad oder als ein Kraftwagen im Sinne der Tarifnummer 8a des Reichsstempelgesetzes vom 3. Juni 1906 anzusehen sei, läßt sich weder aus dem Wortlaute des Gesetzes, insbesondere dessen §§ 56—65, und der genannten Tarifnummer, noch aus der Entstehungsgeschichte des Gesetzes ein sicherer Anhaltspunkt entnehmen. Man muß deshalb auf den erkennbaren Grund und Zweck des Gesetzes und auf den maßgebenden Sprachgebrauch zurückgehen. In ersterer Hinsicht ergeben die Materialien des Gesetzes, daß die auf Erlaubniskarten für Kraftfahrzeuge gelegte Abgabe als

Luxussteuer gedacht ist, und daß das Kraftrad mit einer geringeren Steuer als der Kraftwagen deshalb belegt ist, weil es weniger als das letztere dem Luxus und mehr anderen Zwecken, besonders auch dem Erwerbe zu dienen geeignet ist und zu dienen pflegt (Begründung S. 30—36 zum Entwurf eines Gesetzes wegen Änderung des Reichsstempelgesetzes vom 14. Juni 1900, Anlage 4 zu Nr. 10 der Drucksachen des Reichstages 1905/06 II. Session, Bericht der VI. Reichstagskommission Nr. 359 daselbst S. 51, 98. Sitzung des Reichstags S. 3029). Der technische Sprachgebrauch versteht unter einem Kraft-(Motor-)rade ein Fahrzeug, bei dem der Fahrer durch die Kraft eines eingebauten Motors, erforderlichenfalls auch durch Treten der Pedale, die hintereinander angeordneten Räder antreibt, sie dabei unter Ausnutzung ihrer Schwungkraft im Gleichgewicht hält und auf diese Weise die erwünschte Fortbewegung erzielt; ein Kraft-(Motor-)wagen (Automobil) stellt dagegen ein einen eigenen festen Stand habendes, also auf mindestens drei Rädern ruhendes, nicht nur zur Beförderung des Fahrers, sondern auch zur Beförderung von anderen Personen oder von Gütern dienendes Kraftfahrzeug dar (vgl. auch Lueger, Lexikon der gesamten Technik, 1909, Bd. 3 S. 581 flg., Bd. 6 S. 503 flg.). Während um den Beginn dieses Jahrhunderts nur diese beiden Formen von Kraftfahrzeugen in Gebrauch waren, begannen dann Zwischenformen zwischen dem Kraftrad und dem Kraftwagen sich auszubilden, worauf schon die Begründung des Entwurfs des Reichsstempelgesetzes vom 3. Juni 1906 (S. 32) hinweist, — nämlich die Krafträder mit Beiwagen, welche letzteren entweder Vorsteckwagen oder Seitenwagen sind. Der bisherige Sprachgebrauch bezeichnet solche Zusammenstellungen weder als Kraftrad noch als Kraftwagen, sondern als „Kraftrad mit Vorsteckwagen (Seitenwagen)". Sie bilden aber, sobald sie, wie im Streitfalle, durch feste Kuppelung miteinander verbunden sind, ein neues einheitliches Ganzes, eine besondere Art von Kraftfahrzeugen. Dies neue Ganze muß dem Begriff des Kraftwagens untergeordnet werden. Es hat in der Ruhe eigenen festen Stand und braucht auch in der Bewegung nicht durch Ausnutzung der Schwungkraft der laufenden Räder aufrecht erhalten zu werden. Der Gang des Fahrzeugs ist also sicherer, gefahrloser und bequemer als der eines nur während der Fahrt sich selbst in aufrechter Stellung erhaltenden Kraftrades. Das Fahrzeug ist auch aus diesem Grunde sowie deshalb mehr geeignet, dem Luxus zu dienen, als ein bloßes Kraftrad, weil es zur Beförderung eines oder mehrerer Fahrgäste außer dem Fahrer dient, die bei der Tätigkeit des Fahrens selbst, also dem Antriebe, Inbewegunghalten und Anhalten des Fahrzeugs, nichts zu tun haben und nicht im Besitze der zum Fahren erforderlichen technischen Kenntnisse und Fertigkeiten zu sein brauchen. Auf demselben Standpunkt stehen offenbar auch die zum genannten Reichsstempelgesetz ergangenen Ausführungsbestimmungen des Bundesrats (Reichszentralblatt 1906 S. 980 flg.). Sie bestimmen in § 104, daß Fahrzeuge, die aus einem Kraftrad und einem damit fest oder mittels Kuppelung verbundenen besonderen Sitz auf eigenem Rade oder eigenen Rädern seitlich neben dem Kraftrade bestehen, als Kraftwagen zu behandeln sind, und daß es im übrigen Frage der tatsächlichen Feststellung im einzelnen Falle sein soll, ob ein Kraftfahrzeug als Kraftwagen oder als Kraftrad anzusehen ist. Wenn hier nur die Seitenwagen, nicht die Vorsteckwagen besonders hervorgehoben sind, obschon zwischen beiden ein wesentlicher Unterschied nicht zu finden ist, so scheint das darin seinen Grund zu haben, daß zur Zeit des Erlasses dieser Bestimmungen die Vorsteckwagen nur wenig oder noch gar nicht in Gebrauch waren. Nun haben freilich diese Ausführungsbestimmungen nur die Natur von Verwaltungsvorschriften und sind für die vom Richter zu entscheidende Rechtsfrage, was im Sinne des Steuergesetzes unter einem Kraftwagen zu verstehen sei, nicht von entscheidender Bedeutung (Art. 7 Nr. 2 der Reichsverfassung). Doch muß der Auffassung des Bundesrats von der Tragweite eines Reichsgesetzes für dessen richtige Auslegung erhebliches Gewicht deshalb beigelegt werden, weil er einer der gesetzgebenden Faktoren selbst ist.

Wenn die Fabrikanten und Radfahrvereine Fahrzeuge der vorliegenden Art als Krafträder ansehen sollten, so ist das für die hier zu entscheidende Rechtsfrage um so weniger von Erheblichkeit, als beide ein Interesse daran haben, daß diese Fahrzeuge steuerlich als Krafträder behandelt und deshalb zur niedrigeren Steuerstufe herangezogen werden. Überdies bezeichnet der Erzeuger des hier fraglichen Fahrzeugs dieses, wie der Vordruck der Preisliste Blatt 11 der Akten ergibt, selbst als „Adler-Vorsteckwagen“ und im Schreiben vom 10. November 1908 (Blatt 21 der Akten) und in der Mitteilung vom 7. September 1909 (Blatt 63) als „Motorrad mit Vorsteckwagen". Ohne Bedeutung ist es auch, ob einzelne Güterabfertigungsstellen das Fahrzeug des Klägers als Motordreirad bezeichnet haben. Wenn endlich im Strafbefehl der Polizeibehörde in G. die Bezeichnung „Motorzweirad" gebraucht ist, so kann auch diese Auffassung eine richtige Auslegung des Gesetzes nicht verhindern. Überdies scheint in dem Fall, der zur Erlassung des Strafbefehls Anlaß gab, das Hinterrad nicht mit dem auswechselbaren Vorsteckwagen, sondern mit dem anderen auswechselbaren, aus einem einzelnen Rade bestehenden Vordergestell verbunden gewesen zu sein; andernfalls hätte das Fahrzeug kaum als Motorzweirad bezeichnet werden können."

---

6. Zur Frage der Auslegung wechselseitiger, im Bereiche des preußischen Allgemeinen Landrechts errichteter Testamente in dem Falle, wenn einer der Erblasser vor dem Jahre 1900 verstorben ist.

Preuß. ALR. I. 12 §§ 466 flg., 632, II. 1 § 492.
EinfGes. zum BGB. Artt. 213, 214.
BGB. §§ 2269 flg.

VII. Zivilsenat. Urt. v. 21. März 1911 i. S. Nachlaßpfleger H. (Kl.) w. preuß. Fiskus (Bekl.). Rep. VII. 534/10.

I. Landgericht I Berlin.
II. Kammergericht daselbst.

Die Eheleute K. und M. H. errichteten am 24. März 1857 ein Testament und in dessen Abänderung am 13. Juli 1878 einen Nachtrag, der unter anderem anordnete, daß der überlebende Ehegatte ganz alleiniger Erbe des Verstorbenen sei, und daß nach dem Tode des Letztlebenden der sämtliche Nachlaß in zwei gleiche Teile an gewisse näher bezeichnete Geschwister und Geschwisterkinder des K. H. und Stiefgeschwister der M. H. gehe. Der Ehemann H. verstarb im Jahre 1879, die Witwe H. im Jahre 1907. Die von dem Nachlaß zu entrichtende Erbschaftssteuer wurde nach den Bestimmungen des Reichserbschaftssteuergesetzes vom 3. Juni 1906 auf 8799 ℳ festgesetzt. Kläger zahlte den Betrag unter Vorbehalt, verlangte dann aber klagend die Rückzahlung von 1766 ℳ nebst Zinsen seit der Klagezustellung mit der Begründung, nach dem Testamente vom 13. Juli 1878, welches den Auslegungsregeln des preußischen Allgemeinen Landrechts unterstehe, seien die im Erbschein aufgeführten Personen nicht nur unmittelbare Erben der Witwe H., sondern auch fideikommissarisch substituierte Erben des K. H. geworden; demnach seien für die Steuerberechnung hinsichtlich des Nachlasses des Ehemannes H. die Sätze des preußischen Erbschaftssteuergesetzes maßgebend; eine dementsprechende Berechnung ergebe für den Nachlaß der Ehefrau nach dem Reichserbschaftssteuergesetze eine Steuer von 4268 ℳ, für den Nachlaß des Ehemannes nach dem preußischen Erbschaftssteuergesetze eine Steuer von 2765 ℳ. Der Beklagte vertrat dagegen die Auffassung, daß die Verwandten der Erblasser das beim Tode der Witwe H. vorhanden gewesene Vermögen lediglich als deren Erben erhalten hätten. Das Landgericht verurteilte den Beklagten nach dem Klagantrage. Das Berufungsgericht wies die Klage ab. Die Revision wurde zurückgewiesen aus folgenden

Gründen:

„Die Entscheidung des Rechtsstreites hängt, wie auch die Vorinstanzen zutreffend erwogen haben, davon ab, ob Frau H. Alleinerbin ihres Ehemannes geworden ist, oder ob sie dessen Nachlaß lediglich als Vorerbin, Fiduziarerbin erhalten hat. Der Berufungsrichter vertritt die Auffassung, daß die Eheleute H. sich gegenseitig zu Alleinerben eingesetzt haben, und daß die unter Nr. 2 des Testamentsnachtrags berufenen Verwandten lediglich als Erben des letztversterbenden Ehegatten eingesetzt sind. Diese Annahme ist in erster Reihe auf den „klar und unzweideutig im Testament zum Ausdruck gekommenen Willen der Erblasser", in zweiter Reihe auf die vom Berufungsrichter für anwendbar erachtete Auslegungsvorschrift des § 2269 BGB. gegründet. Der Revision ist zuzugeben, daß der zweite Entscheidungsgrund nicht aufrecht erhalten werden kann. In dem vom Berufungsrichter herangezogenen, in Sachen Fiskus w. v. R. (Rep. VII, 422/06) ergangenen Urteile vom 30. April 1907 hat der erkennende Senat sich freilich geneigt gezeigt, bei Auslegung des Testaments eines vor dem 1. Januar 1900 verstorbenen Erblassers die Auslegungsregeln nicht des alten, sondern des seit Anfang 1900 geltenden neuen Rechts anzuwenden. Es ist dort erwogen, daß die Gründe, welche in dem in den Entsch. d. RG.'s in Zivils. Bd. 59 S. 80 flg. veröffentlichten Urteile dazu geführt haben, den Auslegungsregeln des früheren Rechts ihren Charakter als objektiv bindende Rechtsnormen in Ansehung des vor dem 1. Januar 1900 errichteten Testaments eines nach diesem Zeitpunkte verstorbenen Erblassers zu versagen, in gleichem Maße in dem Falle verwertbar sind, wenn der Richter nach dem 1. Januar 1900 an die Auslegung des Testaments eines vor diesem Zeitpunkt verstorbenen Erblassers herantritt. Der Senat hat aber damals ausdrücklich davon Abstand genommen, eine Entscheidung in diesem Sinne zu treffen, und an der mitgeteilten Erwägung kann bei wiederholter Prüfung nicht festgehalten werden. Ist der Erblasser vor dem 1. Januar 1900 verstorben, so ist sowohl in betreff der gesetzlichen Erbfolge als auch in betreff der Erbfolge auf Grund einer Verfügung von Todes wegen ausschließlich das bis zum Jahre 1900 in Geltung gewesene Recht maßgebend (Art. 213 EinfG. zum BGB.). Namentlich können für die Fragen der Zulässigkeit, der Gültigkeit, des Inhalts und der Wirksamkeit des Testaments eines solchen Erblassers nur die Vorschriften des alten Rechts Anwendung finden. § 2269 BGB. ist zur Regelung der vom 1. Januar 1900 ab entstehenden, nicht der schon früher entstandenen Rechtsverhältnisse bestimmt. Wäre durch einen vor dem Jahre 1900 eingetretenen Erbanfall nach den damals gültigen Rechtsregeln ein zugunsten fideikommissarisch substituierter Erben beschwerter fiduziarischer Erbschaftserwerb zustande gekommen, dann wäre für die Fideikommissare vor Eintritt der Gesetzeskraft des Bürgerlichen Gesetzbuches ein wohlerworbenes Recht erwachsen. Dies Recht durch nachträgliche Anwendung des § 2269 zu vernichten, könnte nicht als zulässig erscheinen. Solche Rückwirkung würde mit dem Grundsatze des Art. 213 EinfG. im Widerspruch stehen.

Vgl. auch Planck, Einführungsgesetz zum Bürgerlichen Gesetzbuche Art. 213 Bem. 2, Art. 214 Bem. 4e; Habicht, Einwirkung 3. Ausg. S. 764; Juristische Wochenschrift 1905 S. 12 Nr. 1, 1906 S. 223 Nr. 5, 1907 S. 126 Nr. 3.

Muß hiernach, entgegen der Ansicht des Vorderrichters, der nach dem Tode des Erblassers K. H. im Jahre 1879 erfolgte Erbanfall nach den Vorschriften des damals am Wohnsitze H.'s geltenden preußischen Allgemeinen Landrechts beurteilt werden, so bleibt noch in Frage, ob demgemäß die Auslegung des Berufungsrichters, wonach die Witwe H. Alleinerbin ihres Gatten, und die beiderseitigen Verwandten Erben der letztverstorbenen Witwe geworden sind, zulässig und ohne Rechtsirrtum getroffen ist. Im Geltungsgebiete des preußischen Allgemeinen Landrechts war für wechselseitige Testamente von Eheleuten in der Rechtslehre und Rechtsprechung die Auffassung zur Herrschaft gelangt, daß regelmäßig jeder Testator über sein Vermögen verfüge und den Überlebenden zum Fiduziarerben berufe, und daß die ferner zu Erben eingesetzten Verwandten zum Nachlaß des Erstversterbenden als Fideikommißerben und zum Nachlaß des Letztversterbenden als unmittelbare Erben berufen seien.

Vgl. Förster-Eccius, Preußisches Privatrecht IV. § 257; Dernburg, Preußisches Privatrecht III. §§ 182 flg.; Entscheidungen des Ober-Tribunals Bd. 23 S. 193, Bd. 26 S. 58, Bd. 63 S. 199, Bd. 70 S. 282. Urt. des RG.'s bei Gruchot Bd. 24 S. 993, Bd. 29 S. 914, Bd. 35 S. 1049.

Diese Lehre konnte sich auf die Analogie der auf Erbverträge bezüglichen Vorschrift des § 632 ALR. I. 12 stützen. Ihr Inhalt war wesentlich verschieden von dem der heutigen Rechtsregel des § 2269 Abs. 1 BGB., welche letztere einer im Gebiete des gemeinen Rechts vertretenen Auffassung entnommen ist (Entsch. des RG.'s in Zivils. Bd. 27 S. 149) und sinngemäß die Vermutung aufstellt, daß jeder Testator für den Fall, wenn er zuerst versterben wird, den mittestierenden Ehegatten, und für den Fall, wenn er zuletzt versterben wird, den ferner als Erben genannten Dritten zu seinem Erben beruft.

Vgl. auch Löwenwald, Die gemeinschaftlichen Testamente S. 68 flg.; Gruchot, Bd. 48 S. 64 flg. und Urt. des RG.'s bei Gruchot Bd. 50 S. 391 flg.

Nun bleibt aber zu beachten, daß die testierenden Ehegatten auch unter der Herrschaft des preußischen Rechts nicht gebunden waren, ihre letztwillige wechselseitige Verordnung inhaltlich der Regel gemäß zu gestalten, vielmehr gültig bestimmen konnten, daß der Überlebende von ihnen Erbe des Erstversterbenden, und die ferner bedachten Verwandten Erben des Letztversterbenden werden sollten (Urt. des RG.'s vom 30. Juni 1904, Rep. IV. 516/03). Im vorliegenden Falle müßte eine dahingehende Auslegung für das erste Testament der Eheleute H. vom 24. März 1857 Bedenken erregen. Hier weisen die Bestimmungen — unter IV: „Schreitet der Überlebende nicht zur ferneren Ehe, so soll er gehalten sein, die Hälfte unseres gemeinschaftlichen Vermögens, soviel alsdann noch wird vorhanden sein, an die sub II genannten Verwandten des zuerst Verstorbenen, eventuell an deren Deszendenten herauszugeben . . .", und unter V: „Sofern der Überlebende von uns eine anderweitige letztwillige Disposition, die ihm jederzeit freisteht, nicht errichtet, erben bei seinem unverheirateten Tode seine oben sub II angegebenen Seitenverwandten, eventuell deren Deszendenz die disponibel bleibende Hälfte unseres gemeinschaftlichen Vermögens, soviel davon beim Tode ihres Erblassers noch übrig ist" — unzweideutig auf den Willen der Testatoren hin, für den Fall, wenn der Überlebende keine neue Ehe eingehe, die im Testament genannten Seitenverwandten des Erstverstorbenen als fideikommissarisch auf den Überrest der den Nachlaß des Erstverstorbenen bildenden Vermögenshälfte substituierte Erben zu berufen (§§ 466 flg. ALR. I. 12). Aber der Berufungsrichter stützt sich für seine im Ergebnisse abweichende Auslegung der letztwilligen Verordnung der Eheleute H. ausschließlich auf den Inhalt des mehr als 20 Jahre nach dem Testament errichteten Testamentsnachtrags. Er durfte von dem ersten Testament absehen, weil die Bestimmungen des Nachtrags, die im Eingang auch ausdrücklich als Abänderungen des am 24. März 1857 aufgenommenen Testaments bezeichnet sind, sich inhaltsgemäß als eine Neuregelung der Erbfolgeverhältnisse darstellen. Das alte Testament enthielt unter I den Satz: „Wir ernennen zu Erben unseres gemeinschaftlichen Vermögens den Überlebenden von uns beiden". In bemerkenswerter Abweichung des Wortlauts besagt der Nachtrag unter 1: „Der überlebende Ehegatte ist ganz alleiniger Erbe des Verstorbenen sowohl aus beweglichem als unbeweglichem Vermögen, falls letzteres vorhanden ist". Die Seitenverwandten sind im Nachtrag nicht mehr, wie im alten Testament, in erster Reihe zu Legataren berufen. Der Nachtrag besagt vielmehr insofern unter 2: „Nach dem Tode des letzten von uns beiden geht der sämtliche Nachlaß in zwei gleiche Teile an die Geschwister von K. H. und die Stiefgeschwister von M. H." Der Berufungsrichter gründet nun seine Auslegung sachgemäß und ohne erkennbaren Rechtsirrtum auf den Ausdruck „ganz alleiniger Erbe“ unter 1 des Nachtrags und erwägt hierbei, daß hierunter auch nach der Sprachweise des täglichen Lebens nur der verstanden werden könne, der als der unbeschränkte Erbe eines Erblassers gelten sollte, und daß die Eheleute H. sich jenes die freie Stellung des als Erben berufenen Ehegatten sichernden Ausdrucks nicht bedient haben würden, wenn sie dem Überlebenden nur die beschränkte Stellung eines Vorerben hätten einräumen wollen. Die Erwägungen waren sehr wohl geeignet, die getroffene Auslegung zu begründen. Wenn im Urteil weiterhin vom „Mangel jeder testamentarischen, die Dispositionsbefugnis des Überlebenden einschränkenden Bestimmung“ die Rede ist, so ist hierbei nach dem ganzen Zusammenhange nur an die Befugnis zu Verfügungen unter Lebenden gedacht, und nicht etwa mit der Revision anzunehmen, daß der Vorderrichter den § 492 ALR. II. 1 übersehen habe. Der Inhalt dieser Vorschrift ist nicht ein Ausfluß der Auffassung, daß der Überlebende Fiduziarerbe ist, sondern betrifft die aus der Korrespektivität des Testaments folgende rechtliche Gebundenheit des Überlebenden an gewisse Verfügungen von Todes wegen, und eine wesentlich entsprechende Bindung ist auch in bezug auf Testamente vorgeschrieben, deren Wirkung nach neuem Recht zu beurteilen ist, und für welche die vom Vorderrichter schon im vorliegenden Falle für anwendbar gehaltene Bestimmung des § 2269 Abs. 1 BGB. in Betracht kommt (§§ 2270, 2271 BGB).“

---

7. Ist die Tarifgemeinschaft der deutschen Buchdrucker ein nicht rechtsfähiger Verein?

BGB. § 54.
ZPO. § 50 Abs. 2.

I. Zivilsenat. Urt. v. 22. März 1911 i. S. Tarifgemeinschaft der deutschen Buchdrucker (Bekl.) w. Z. (Kl.). Rep. I. 64/10.

I. Landgericht I Berlin.
II. Kammergericht daselbst.

Der Kläger, seit Ende der 1890er Jahre Mitglied der Tarifgemeinschaft der deutschen Buchdrucker, wurde durch Beschluß des

Tarifamtes vom 22. September 1908 aus der Gemeinschaft ausgeschlossen, weil er durch wiederholte Maßregelung von Gehilfen einen Tarifbruch begangen habe. Mit der Klage beantragte er die Feststellung, daß sein Ausschluß zu Unrecht erfolgt, und er noch Mitglied der Gemeinschaft sei, sowie die Verurteilung der Beklagten zur Aufnahme seiner Firma in das Verzeichnis der tariftreuen Firmen, zur Unterlassung der Streichung seiner Firma von der Liste der tariftreuen Firmen und zum Ersatz des ihm durch den Ausschluß zugefügten Schadens. Die Beklagte beantragte Abweisung der Klage, indem sie zunächst folgende prozeßhindernde Einreden geltend machte und die Einlassung zur Hauptsache verweigerte: a) die Einrede der mangelnden Parteifähigkeit, b) die Einrede der mangelnden gesetzlichen Vertretung, c) die Einrede der Unzulässigkeit des Rechtsweges, d) die Einrede, daß der Rechtsstreit durch Schiedsrichter zu entscheiden sei. Das Landgericht verwarf diese Einreden und das Kammergericht die Berufung der Beklagten gegen das Zwischenurteil. Auch die Revision hatte keinen Erfolg.

Aus den Gründen:

„Zu a. Wie in den Vorinstanzen macht die Beklagte in erster Reihe geltend, daß sie weder rechtsfähig noch im Sinne des § 50 ZPO. ein nicht rechtsfähiger Verein sei, der verklagt werden könne. Es fehle ihr also die Parteifähigkeit (§ 274 Abs. 2 Nr. 7 ZPO.). Dem Kammergericht, das die verklagte Tarifgemeinschaft ausdrücklich für einen nicht rechtsfähigen Verein erklärt, wirft die Revision Verletzung der §§ 133, 157 BGB. vor. Sie führt aus, für das juristische Wesen der Tarifgemeinschaft sei der Inhalt des Tarifvertrages entscheidend. Dieser habe aber lediglich die Aufgabe, den zwischen den großen Verbänden der Arbeitgeber und der Arbeitnehmer, nämlich dem deutschen Buchdruckerverein und dem Verband der deutschen Buchdrucker, vereinbarten allgemeinen Arbeitsvertrag nach innen, den Mitgliedern gegenüber, zur Durchführung zu bringen. Irgend eine Tätigkeit der Tarifgemeinschaft nach außen, Dritten gegenüber, sei nie in Frage gekommen. Deshalb habe auch kein Bedürfnis bestanden, ein Organ zu schaffen, das die Tarifgemeinschaft als solche nach außen zu vertreten hätte. Zweck aller Tarifverträge sei immer nur der, im Verhältnis zwischen Prinzipal und Gehilfen die Bedingungen ein für allemal zu regeln. Der deutsche Buchdruckertarif sei also nichts weiter als ein Gesetz, das im

Verhältnis zwischen den Mitgliedern der beiden erwähnten Verbände Geltung haben solle, Dritte aber überhaupt nicht berühre und deshalb auch Dritten gegenüber kein neues selbständiges Rechtsgebilde schaffen solle.

Diese Ausführungen sind nicht geeignet, die rechtliche Beurteilung des Kammergerichts zu erschüttern. Die Tarifgemeinschaft wurde 1896 durch Vereinbarung zwischen dem deutschen Buchdruckerverein und dem Verbande der deutschen Buchdrucker gegründet und in den Jahren 1901 und 1906 erneuert. Auf die vielumstrittene Frage der rechtlichen Natur des Tarifvertrages braucht hier nicht eingegangen zu werden. Seine rechtliche Wirksamkeit steht im vorliegenden Prozesse außer Frage.

Vgl. auch Entsch. des RG.'s in Zivils. Bd. 73 S. 92.

Auf die hervorragende wirtschaftliche und sozialpolitische Bedeutung des deutschen Buchdruckertarifs wird von den Parteien selbst hingewiesen. Gerade von der Auffassung der Beklagten aus, wonach der Tarifvertrag als eine Art Gesetz zwischen den Mitgliedern der erwähnten großen Verbände gilt und deren Verhältnisse zueinander zu regeln bestimmt ist, ergibt sich, daß, was kraft dieses Gesetzes in der Tarifgemeinschaft geschaffen wurde, einen nicht rechtsfähigen Verein im Sinne des Bürgerlichen Gesetzbuchs und der Zivilprozeßordnung darstellt.

Das Wesen eines solchen Vereins hat das Reichsgericht in konstanter Rechtsprechung,

vgl. Entsch. in Zivils. Bd. 60 S. 99, Bd. 74 S. 371, Leipz. Zeitschr. für Handelsr. 1907 S. 139,

in einer dauernden Verbindung einer größeren Anzahl von Personen zur Erreichung eines gemeinsamen Zweckes erblickt, wenn diese sich eine die wesentlichen Merkmale korporativer Organisation enthaltende Gestaltung gegeben hat, die einen Gesamtnamen führt, und bei der ein Wechsel des Mitgliederbestandes naturgemäß, nicht vermöge besonderen Ausnahmerechts, stattfindet.

Alle diese Kennzeichen liegen bei der Beklagten nach Inhalt des deutschen Buchdruckertarifs und des Vertrages, betr. die Tarifgemeinschaft der deutschen Buchdrucker, vom 1. Juni 1906 vor. Nach § 82 des Tarifs, der von Erwerb und Verlust der Mitgliedschaft bei der Beklagten handelt, kann Mitglied jeder Prinzipal und jeder

Gehilfe werden. Die Aufnahme eines Prinzipals erfolgt auf Antrag kraft Entscheidung des Tarifamtes. Ein Gehilfe erwirbt die Mitgliedschaft in der Regel a) durch Beendigung der Lehrzeit in einer tariftreuen Druckerei, b) durch Aufnahme in die Liste der Arbeitsnachweise. Der Verlust der Mitgliedschaft erfolgt bei Prinzipalen und Gehilfen a) durch Austrittserklärung, b) durch Ausschluß seitens des Tarifamtes. Die hier gegebenen Bestimmungen liegen innerhalb der privatrechtlichen Autonomie des Vereins. Irgend welche Vorschriften des Bürgerlichen Gesetzbuchs stehen ihnen nicht entgegen.

Vgl. Entsch. des RG.'s in Zivilf. Bd. 73 S. 97.

Die Vereinigung ist auf Dauer geschlossen (vgl. § 97 des Tarifs). Sie bezweckt die Hebung des Buchdruckgewerbes, die Durchführung und Respektierung der tariflichen Rechte und Pflichten der Prinzipale und der Gehilfen und die Erledigung aller das Arbeitsverhältnis betreffenden Angelegenheiten (vgl. § 1 des Vertrages, betr. die Tarifgemeinschaft der deutschen Buchdrucker, vom 1. Juni 1906). Die Vereinigung führt den Gesamtnamen „Tarifgemeinschaft der deutschen Buchdrucker". Ein Wechsel im Mitgliederbestande findet naturgemäß nach dem Wesen dieser Vereinigung statt (vgl. die mitgeteilten Bestimmungen des § 82). Ihr Bestand ist von diesem Wechsel unabhängig. Die Vereinigung hat sich auch eine korporative Organisation gegeben, wie unter b des näheren auszuführen ist.

Mit Recht hat hiernach das Kammergericht die Beklagte als einen nicht rechtsfähigen Verein beurteilt und prozessual behandelt. Inwiefern hierbei die §§ 133, 157 BGB. verletzt sein sollten, ist nicht einzusehen. Die Tarifgemeinschaft ist allerdings durch einen Vertrag der großen Verbände der Arbeitgeber und Arbeitnehmer zustande gekommen. Aber sie ist nicht nur eine Gemeinschaft zwischen diesen beiden Kontrahenten, sondern zwischen allen denen, die gemäß der hervorgehobenen Bestimmung des § 82 Mitglieder geworden sind.

Zu b. Auch die Einrede der mangelnden gesetzlichen Vertretung ist vom Kammergerichte mit Recht verworfen. Zur Festsetzung und Durchführung des Tarifs ist für die Tarifgemeinschaft zunächst ein Ausschuß gebildet, der aus Wahlen der Mitglieder hervorgeht (vgl. § 83 des Tarifs). Die Ausführung der Beschlüsse dieses Ausschusses, sowie die Vermittelung des Verkehrs der Tarifkontrahenten untereinander liegt „dem Tarifamt der deutschen Buchdrucker" ob

(§ 86) Es besteht aus drei Prinzipalen, drei Gehilfen und einem Juristen als ordentlichen Mitgliedern, sowie deren Stellvertretern. Ihre Ernennung sowie die Wahl des Prinzipals- und des Gehilfen-Vorsitzenden erfolgt durch den Tarifausschuß. In § 87 sind unter Nr. 1—10 die Obliegenheiten des Tarifamtes aufgezählt. Es ist unzutreffend, wenn die Revision ausführt, daß die Tarifgemeinschaft und dementsprechend das Tarifamt ihre Aufgabe nur nach innen, nur innerhalb der kontrahierenden Verbände zu erfüllen habe. Das Tarifamt tritt notwendig auch nach außen auf, wenn es die Beschlüsse des Tarifausschusses ausführt, wenn es Mitglieder aufnimmt und Mitglieder ausschließt, wenn es, wie in dem sog. Tarifkommentar ausdrücklich betont wird, zugleich eine agitatorische Tätigkeit für die Zwecke der Tarifgemeinschaft entwickelt, wenn es „werbend unablässig bemüht ist, die der Gemeinschaft noch ferne stehenden Firmen und Gehilfen an diese heranzuziehen" (vgl. Tarifkommentar S. 267). Die Aufzählung der besonderen Aufgaben des Tarifamts in § 87 ist keine erschöpfende und kann es der Natur der Sache nach nicht sein. Indem ihm aber die Ausführung der Beschlüsse des Tarifausschusses, des aus Wahlen hervorgegangenen größeren Willensorganes der Gemeinschaft, übertragen ist, wird es als das Vertretungsorgan der Gemeinschaft gekennzeichnet. In der Schaffung der beiden bezeichneten Willensorgane der Gemeinschaft und der Bestimmung ihrer Funktionen und Kompetenzen liegt zugleich die körperschaftliche Gestaltung der Vereinigung, die sie in Verbindung mit den unter a hervorgehobenen Kriterien zu einem Vereine im Sinne des Bürgerlichen Gesetzbuchs stempelt." . . . (Folgt die Ausführung, daß auch die Einreden zu c und d ohne Gesetzesverletzung zurückgewiesen worden sind.)

---

8. Ist der Bevollmächtigte, der im Namen seines Machtgebers auf Grund seiner Vollmacht einen notariellen Vertrag abgeschlossen hat, als Veranlasser der Beurkundung zur Zahlung der Stempelsteuer verpflichtet?

Preuß. Stempelsteuergesetz vom 31. Juli 1895 § 12 Buchst. a.

VII. Zivilsenat. Urt. v. 24. März 1911 i. S. P. (Kl.) w. preuß. Fiskus (Bekl.). Rep. VII. 325/10.

I. Landgericht I Berlin.
II. Kammergericht daselbst.

Der Kläger hat zu Protokoll des Notars B. zu Charlottenburg vom 2. Oktober 1907 als Bevollmächtigter des Rentners K. und des Rittergutsbesitzers Kr. mit dem Zivilingenieur A. einen Vertrag, betr. die Errichtung einer Gesellschaft mit beschränkter Haftung, geschlossen Das Stammkapital betrug 100000 *M*; gleichzeitig wurde die Einbringung eines Grundstücks im Werte von 40000 *M* beurkundet. Der Notar verwendete 20 *M* Stempel. Das Hauptzollamt forderte vom Kläger, der die Aufnahme der notariellen Verhandlung veranlaßt habe, im Hinblick auf Tarif-Nr. 25 a, c zum Stempelsteuergesetz vom 31. Juli 1895 einen ferneren Stempelbetrag von 380 *M* nebst 0,05 *M* Postgebühr. Der Kläger erhob gegenüber diesem Verlangen gegen den Fiskus Klage mit dem Antrage, festzustellen, daß diesem kein Recht zustehe, von ihm an Stempelsteuer und Postgebühr den Betrag von 380,05 *M* zu erheben. Der Beklagte beantragte Abweisung der Klage. Das Landgericht verurteilte den Beklagten nach dem Klagantrage. Das Kammergericht wies auf dessen Berufung die Klage ab. Die Revision des Klägers ist erfolglos geblieben.

Gründe:

„Es handelt sich für die Revisionsinstanz ... lediglich um die Frage, ob der Bevollmächtigte, der auf Grund seiner Vollmacht im Namen des Machtgebers einen notariell beurkundeten Vertrag abgeschlossen hat, zur Zahlung des Stempels verpflichet ist. Das Kammergericht bejaht die Frage, und es muß seinen Ausführungen im wesentlichen zugestimmt werden. Den Kreis der zur Zahlung der Stempelsteuer Verpflichteten (der eigentlich Verpflichteten im Gegensatz zu den neben ihnen haftbaren Personen) begrenzt der § 12 des Stempelsteuergesetzes. Er behandelt unter der Buchstabenbezeichnung a, b, c die verschiedenen Arten von Urkunden, und zwar unter a die öffentlichen Urkunden, unter b und c die Privaturkunden, die in einseitige Verpflichtungen und Erklärungen, sowie in Verträge geschieden werden. Im gegenwärtigen Falle kommt eine öffentliche Urkunde in

Betracht: der vom Notar B. aufgenommene Vertrag vom 2. Oktober 1907. Nach § 12a sind zur Zahlung der Stempelsteuer verpflichtet „bei den von Behörden und Beamten, einschließlich der Notare, aufgenommenen Verhandlungen oder erteilten Ausfertigungen, Abschriften, Bescheinigungen, Auszügen und Genehmigungen aller Art diejenigen, auf deren Veranlassung die Schriftstücke aufgenommen oder erteilt sind." Die Entscheidung hängt hiernach davon ab, ob gesagt werden muß, daß bei einem notariellen Vertragsschlusse der Bevollmächtigte die Aufnahme der Urkunde veranlaßt habe. Über die Bedeutung des Wortes „veranlassen" geben die Gesetzesmaterialien keinen Aufschluß. Das Stempelgesetz vom 7. März 1822 bezeichnete im § 22 Abs. 3 bei einseitigen Verträgen, Erklärungen und Verpflichtungen nur den Aussteller, bei mehrseitigen Verträgen alle Teilnehmer als Kontravenienten, hob also die Fälle, in denen die stempelpflichtige Urkunde unter Mitwirkung einer Behörde oder eines Beamten zustande kam, nicht besonders hervor. So viel ist zunächst sicher, daß der Wortlaut des Gesetzes zu einer einschränkenden Auslegung nicht nötigt. Wer durch sein Ansuchen die Tätigkeit des Notars in Bewegung setzt, ihn hierzu bestimmt, gibt den Anlaß dazu, daß die Verhandlung über den Vertrag protokolliert wird, und in diesem Sinne ist gewiß auch Veranlasser der Bevollmächtigte, der die Dienste des Urkundsbeamten in Anspruch nimmt. Auf seine Handlung und seine Erklärung ist die Aufnahme des Aktes zurückzuführen. Richtig ist, daß er nicht in eigenem Namen und nicht in eigenem Interesse den Notar angeht, und es fragt sich deshalb weiter, ob aus diesem Grunde eine wörtliche Auslegung des Gesetzes abzulehnen ist. Hier kommt indessen in Betracht, daß das Stempelgesetz nicht die privatrechtlichen Beziehungen zwischen dem Vertreter und dem Vertretenen, auch nicht zwischen diesen Personen und dem Notar zu regeln hatte, sondern daß Gegenstand der Vorschrift die Feststellung des öffentlichrechtlichen Schuldverhältnisses der Beteiligten zum Staate war, und daß dabei in erster Linie das Interesse des Fiskus an dem gesicherten Eingange der Stempelabgabe und an der Vereinfachung des Einziehungsgeschäfts maßgebend sein mußte. Mit Recht weist das Kammergericht darauf hin, daß dieses Interesse gefährdet wäre, wenn der Bevollmächtigte als Stempelschuldner auszuscheiden hätte. Die Verpflichtung des vielleicht schwer oder gar nicht faßbaren Machtgebers und die Haftung des Notars nach den §§ 13, 15 des Stempelgesetzes reichen nicht in allen Fällen aus, um dem Steueranspruch die Erfüllung zu gewährleisten. Wenn unter diesen Umständen das Gesetz sich eines dehnbaren, nicht technisch-juristischen Ausdrucks bedient, so ist die Annahme geboten, daß dies in der Absicht geschehen sei, um jenes Interesse des Fiskus zu schützen, und es ist die Auslegung der Steuervorschrift zu billigen, die dem Wortlaut und dem Zwecke des Gesetzes gerecht wird. Danach ist klar, daß der zivilrechtliche Standpunkt der offenen Stellvertretung, der die Wirkungen der Handlungen und Erklärungen des Bevollmächtigten in der Person des Machtgebers entstehen läßt, bei der Betrachtung der stempelrechtlichen Normen über die Verbindlichkeit zur Entrichtung der Abgabe nicht entscheiden kann. Knüpft das Gesetz diese Verbindlichkeit lediglich an den Tatbestand an, daß die als Schuldner gekennzeichnete Person die Aufnahme der notariellen Verhandlung veranlaßt habe, so erfüllt sich dieser Tatbestand in der Person des Bevollmächtigten, wobei dahingestellt bleiben kann, ob dies auch für die Person des Machtgebers zutrifft, und wer in den weiteren Fällen öffentlicher Beurkundung als Veranlasser anzusehen ist. Dem Kammergericht ist auch darin beizutreten, daß der § 13 Buchstabe b des Stempelsteuergesetzes der hier gebilligten Auslegung eine gewisse Stütze bietet. Er erklärt als haftbar gewisse rechtsfähige Gesellschaften für die Stempel, welchen die von ihren Vorständen oder Geschäftsführern in ihrem Auftrage oder Namen errichteten Verhandlungen unterliegen. Die Begründung zu dieser Vorschrift ergibt nur, daß der Fiskus gegen mögliche Stempelausfälle gedeckt sein wollte. Aber sie läßt nach ihrer allgemeinen und insoweit klaren Fassung so viel als die Anschauung des Gesetzes erkennen, daß keinesfalls die Vertreter der erwähnten Gesellschaften als Stempelschuldner ganz außer Betracht zu bleiben hätten, wenn auch im übrigen die Tragweite der Vorschrift zweifelhaft sein kann. Daß sie auch Bevollmächtigte, nicht bloß gesetzliche Vertreter, im Auge hat, deutet der Hinweis auf den Auftrag an. Wenn das Gesetz die Haftbarkeit der vertretenen Gesellschaften ausspricht, so muß es die Vertreter als mögliche Stempelschuldner angesehen haben, und auch dies rechtfertigt eine den Bevollmächtigten umfassende Auslegung des Ausdrucks „veranlassen“ in § 12a des Stempelgesetzes. Daß der § 13b nur die verdeckte (mittelbare) Stellvertretung behandle, wie die Revision meint, kann angesichts des Wortlauts der Bestimmung nicht zugegeben werden. Ob im übrigen auch gesetzliche Vertreter, z. B. Vormünder, von der Stempelpflicht aus § 12a getroffen werden, war nicht zu entscheiden. Wenn der Begriff des „Antragstellers" nach § 1 des preußischen Gerichtskostengesetzes vom 25. Juli 1910 enger ausgelegt wird,

vgl. Jahrbuch für Entscheidungen des Kammergerichts Bd. 34 S. 39; Mügel, Kommentar 6. Aufl. S. 24 Anm. 4,

so kommt dies für das Stempelgesetz nach dem Erörterten nicht in Betracht." . . .

---

9. Bedarf die vertragliche Abmachung zwischen dem Verkäufer und dem Käufer, daß die dem Käufer zur Entgegennahme der Auflassung gesetzte Frist auf bestimmte oder unbestimmte Zeit verlängert, oder daß die Fristsetzung zurückgenommen werde, der gerichtlichen oder notariellen Beurkundung?

BGB. § 313 Satz 1.

VI. Zivilsenat. Urt. v. 10. Dezember 1910 i. S. K. Wwe. (Kl.) w. A. u. Gen. (Bekl.). Rep. VI. 327/10.

I. Landgericht II Berlin.
II. Kammergericht daselbst.

Nach der Behauptung der Klägerin hat der Bekl. A., nachdem er ihr die Frist zur Entgegennahme der Auflassung auf den 15. Oktober 1906 gesetzt hatte, in einer Unterredung mit ihrem Bevollmächtigten W. am 14. Oktober 1906 vertraglich versprochen, ihr die Frist auf unbegrenzte Dauer zu verlängern, damit sie einen Kaufliebhaber für die von dem Bekl. erworbene Baustelle weiterhin suchen könne. Trotzdem habe der Bekl. A. hinter ihrem Rücken der Berliner B.- u. B.-G. auf Grund einer mit dieser getroffenen, der Klägerin unbekannt gewesenen Vereinbarung einen Kaufantrag über die Baustelle erneuert und am 18. Januar 1907 die Auflassung an deren Zessionarin, die Firma S., vollzogen.

Die in der Überschrift gestellte, vom Landgericht bejahte, vom Kammergericht offen gelassene, Frage wurde vom Reichsgericht bejaht.

Aus den Gründen:

... „Die angebliche Abmachung würde in der Tat, weil sie der in § 313 BGB. vorgeschriebenen Form entbehrte, ungültig sein. Während die bloße Aufforderung zur Erfüllung des gültig geschlossenen Grundstücksveräußerungsvertrags keiner Form bedarf, ist die vertragliche Aufhebung der gesetzten Frist und ihre Verlängerung, sei es auf einen bestimmten Zeitpunkt, sei es auf unbestimmte Dauer, dem Formzwang des § 313 unterworfen. Die Festsetzung der Zeit, zu welcher der Vertrag erfüllt werden soll, berührt eng die Verpflichtung zur Übertragung des Eigentums und ist als ein wesentlicher Bestandteil des Veräußerungsvertrags anzusehen. Ihre Wichtigkeit für die Parteien erhellt gerade aus dem gegenwärtigen Fall. Nach dem ursprünglichen Kaufantrag war der Klägerin die Frist zur Entgegennahme der Auflassung nur bis zum 1. Oktober 1906 erstreckt. Die neue Abmachung würde eine Änderung der Verpflichtung zur Übereignung erzeugt, somit eine Änderung des Veräußerungsvertrags gebildet haben.

Die Revision erkennt die Formbedürftigkeit der Fristverlängerung an. Sie meint jedoch, die darin steckende Zurücknahme der von A. gesetzten Frist werde davon nicht betroffen. Dies ist irrig. Mag die einseitige Zurücknahme der Fristsetzung formfrei sein, so gilt nicht das gleiche für die vertragliche Zurücknahme, die ihrerseits eine Änderung des Vertrags darstellt mit der Wirkung, daß die Pflicht zur Übertragung des Eigentums hinausgerückt wird. Hier würde die Zurücknahme nur stillschweigend in der Fristverlängerung enthalten gewesen sein. Es wäre rechtlich nicht wohl denkbar, daß die Zurücknahme als solche — aus der Abmachung herausgeschält — formfrei bleiben sollte, die Abmachung selbst und im ganzen aber der Formvorschrift unterläge." ...

10. 1. Ist der Boykott einer Gastwirtschaft deshalb unerlaubt, weil unschuldige Dritte darunter leiden? Brauchen die Veranstalter eines berechtigten Wirtschaftsboykotts Rücksicht darauf zu nehmen, ob und welchen Schaden der Wirtschaftsinhaber dadurch erleidet? Unter welchen Umständen kann ein an sich zulässiger Boykott durch öffentliche Kundgebungen der Boykottleitung zu einer unerlaubten Handlung werden? Zulässigkeit des Postenstehens als Mittels zur Durchführung eines Wirtschaftsboykotts?

2. Inwieweit haftet eine Verlagshandlung und Druckerei für die Beschädigung fremden Vermögens durch die von ihr verlegten oder gedruckten Druckschriften?

BGB. §§ 823, 826, 831.

VI. Zivilsenat. Urt. v. 13. Februar 1911 i. S. Sch. u. Gen. (Bekl.) w. Schw. (Kl.). Rep. VI. 652/09.

I. Landgericht I Berlin.
II. Kammergericht daselbst.

Der Kläger war Pächter der der Gemeinde Zehlendorf gehörigen Gastwirtschaft „Fürstenhof". Zu der Wirtschaft gehörten eine an der Straße gelegene Stehbierhalle und ein Saal im obern Stock. Im Pachtvertrag war dem Pächter bei Strafe der Exmission untersagt, den Saal zu sozialdemokratischen Versammlungen herzugeben. Die Gemeindevertretung lehnte Ende April 1906 eine Eingabe des sozialdemokratischen Wahlvereins und einer Reihe von Gewerkschaften um Aufhebung dieser Bedingung ab. Darauf wurde von sozialdemokratischer Seite der Boykott über den „Fürstenhof" verhängt und mittels Versammlungen, Flugblätter, Artikel der im Verlag der Beklagten zu 7 erscheinenden Zeitung „Vorwärts", sowie durch Postenstehen vor der Wirtschaft und mündliche Abmahnungen vor ihrem Besuch durchgeführt.

Der Kläger machte die Beklagten samtverbindlich für den ihm durch den Boykott entstandenen Schaden verantwortlich.

Das Urteil des Kammergerichts, das den Klaganspruch dem Grunde nach für gerechtfertigt erklärt hatte, ist aufgehoben worden aus folgenden

Gründen:

„Das Berufungsgericht geht zutreffend davon aus, daß der Boykott an sich erlaubt war, weil er den Zweck verfolgt habe, den beteiligten Arbeitervereinigungen in Zehlendorf einen geeigneten größeren Saal für ihre Versammlungen zu verschaffen, zu denen ihnen kein anderer zur Verfügung gestanden habe. Es sei das Recht der Beklagten gewesen, ihre Gesinnungsgenossen zur Meidung des „Fürstenhofs" aufzufordern, auch weitere Bevölkerungskreise und die Öffentlichkeit um Unterstützung ihrer Bestrebungen anzugehen.

Das Berufungsgericht ist jedoch der Meinung, daß der Boykott aus einer Reihe selbständiger Gründe, von denen jeder einzelne seine Durchführung als sittenwidrig erscheinen lasse, zu einer unerlaubten Handlung im Sinne des § 826 BGB. geworden sei.

Die Ausführungen des Berufungsgerichts können nur zum Teil gebilligt werden. Sie leiden von vornherein daran, daß das Berufungsgericht der Verteidigung des Beklagten nicht völlig gerecht geworden ist. Die Erlangung des Saales war freilich das Endziel des Boykotts. Zuvörderst war es aber nach dem Vorbringen der Beklagten den organisierten Arbeitern darum zu tun, als steuerzahlende Glieder der Gemeinde die Gleichberechtigung mit den übrigen Parteien und Vereinigungen zu erringen, denen der Saal des „Fürstenhofs" zu ihren Veranstaltungen überlassen worden ist. Insbesondere war der Boykott eine Maßnahme der Ab- und Gegenwehr gegen die Kränkung, die die organisierten Arbeiter deshalb empfunden haben wollen, weil sie *allein* von der Benutzung des der Gemeinde gehörigen Saales ausgeschlossen worden seien, obwohl der Pachtzins für den Gasthof in der Hauptsache aus dem Gewinn an der Stehbierhalle geflossen sei, die fast ausschließlich von Arbeitern, also ihren Gesinnungs- und Berufsgenossen, besucht worden sei. Durch alle Kundgebungen der Boykottleitung zieht sich der Gedanke, daß es ein Gebot der Selbstachtung für die Arbeiterschaft sei, sich eine so ungerechte, parteiische Behandlung nicht gefallen zu lassen, und daß, wenn die Gemeinde ihr den Saal nicht für ihre Versammlungen einräume, dann auch kein Bier aus der Stehbierhalle getrunken werden dürfe.

1. Das Berufungsgericht erklärt den Boykott zunächst für sittenwidrig, weil er sich gegen den durch seinen Vertrag gebundenen

Kläger, also einen unschuldigen Dritten, gerichtet habe. Der eigentliche Gegner der sozialdemokratischen Organisationen sei die Gemeindevertretung gewesen. Diese hätte getroffen werden sollen. Von ihr allein hätte Abhilfe durch Aufhebung der fraglichen Pachtbedingung kommen können. Unbillig und unsittlich sei es, ein an sich erlaubtes Kampfmittel gegen einen Dritten, der zur unmittelbaren oder mittelbaren Abhilfe außerstande sei, anzuwenden, um den erstrebten Erfolg so auf einem Umwege zu erreichen. Nicht nur der Kläger habe durch den Boykott gelitten. Auch die Leute, die sich durch den Betrieb des Saalbüffetts oder der Tanzmusik seit Jahren eine gesicherte Existenz geschaffen hätten, seien durch das Vorgehen der Beklagten um ihr Brot gekommen. Der Hinweis auf diesen Erfolg diene zur weiteren Beleuchtung der sittenwidrigen Handlungsweise der Beklagten.

Diese Erwägungen gehen fehl.

Der Kläger war kein „unschuldiger" Dritter im Sinne des Berufungsgerichts. Er hat den Vertrag mit der Gemeinde geschlossen, war also persönlich damit einverstanden, daß der Saal nicht für sozialdemokratische Zwecke hergegeben werden solle, und gewillt, danach zu handeln, obgleich er, wenn Stehbierhalle und Saal auf den Besuch der Arbeiterschaft angewiesen waren, voraussehen konnte, daß diese, soweit sie zur Gefolgschaft der Organisationen gehörte, infolge solcher ungleichen Behandlung seine Wirtschaft meiden werde. Er hat auch nur behauptet, daß die Gemeindevertretung auf eine Aufhebung des Saalverbots für die Sozialdemokraten nicht eingegangen sein würde, nicht aber, daß er selbst irgendwelche Schritte zur Beseitigung des Verbots getan habe. Indes wenn selbst der Kläger gänzlich „unschuldig" gewesen wäre, so würde deshalb der Boykott noch nicht unerlaubt geworden sein. Es ist nicht ersichtlich, in welcher Weise die Sperre des „Fürstenhofs", die das Berufungsgericht selbst an sich für berechtigt hält, durchführbar gewesen wäre, ohne daß der Kläger getroffen wurde. Ein Boykott ist aber auch nicht schlechthin unsittlich, weil er sich gegen unschuldige Dritte richtet, oder weil sie darunter leiden. Ist eine Handlung nicht widerrechtlich, so verstößt sie nicht schon deshalb wider die guten Sitten, weil derjenige, gegen den sie sich richtet, oder gar Dritte Schaden dabei nehmen. Die Anerkennung des von dem Berufungsgericht aufgestellten Grundsatzes würde dazu führen, daß die meisten Boykotte oder ähnliche Maßnahmen und im weiteren eine große Zahl von Kampfesmitteln im wirtschaftlichen Interessenstreit als unerlaubte Handlungen gelten müßten. Die Rechtsprechung hat diesen Standpunkt niemals eingenommen. Sie hat namentlich die sog. Sympathieausstände oder -aussperrungen oder die Wirtschaftsboykotte bei den Bierkriegen mit den Brauereien zugelassen, obwohl vielfach die zunächst Betroffenen ohne ihre Schuld in den Streit gezogen worden sind. Auch daran ist mit Recht kein Anstoß genommen worden, daß, wer zu einer solchen Waffe griff, gerade erwartet hat, daß der Angegriffene den, dem der Kampf in Wahrheit galt, zum Nachgeben bewegen werde.

2. Das Berufungsgericht erachtet sodann den Boykott für sittenwidrig, weil er darauf angelegt gewesen sei und bezweckt habe, die wirtschaftliche Existenz des Klägers zu vernichten. Diese Annahme ist, wie der Revision zuzugeben ist, willkürlich und ungenügend begründet. Die Beklagten haben behauptet, daß durch Schädigung des Pächters ein Druck auf die Gemeinde behufs Aufhebung der Saalverweigerung ausgeübt, der Kläger aber nicht zugrunde gerichtet werden sollte. Nach den von dem Berufungsgericht angeführten Veröffentlichungen ... haben die Veranstalter des Boykotts das Ziel verfolgt, die Stehbierhalle und den Tanzsaal lahm zu legen, und die Gemeinde zu nötigen, dem Pächter den Ausfall am Verdienst zurückzuerstatten. Der Vertrag zwischen der Gemeinde und dem Kläger ist nicht vorgelegt. Über die Pachtdauer, den Zins, die Kündigungsfrist und sonstige Bedingungen, über die persönlichen und die Vermögensverhältnisse des Klägers ist nichts festgestellt. Vielfach wird die Pacht einer Wirtschaft als vorübergehende Erwerbsgelegenheit, und nicht als Lebensstellung angesehen. Aus der Beweisaufnahme erhellt, daß der „Fürstenhof" nicht bloß aus Stehbierhalle und Saal, sondern auch aus andern Wirtschaftsräumen bestand, die von bürgerlichen Kreisen besucht wurden. Diese Kreise hatten es in der Hand, dem Kläger durch verstärkten Zuspruch zu Hilfe zu kommen. Zudem brauchte die Gemeindevertretung, wozu sie wohl Anlaß hatte, dem Kläger nur für die Dauer des Boykotts den Pachtzins entsprechend zu ermäßigen, um eine empfindliche Schädigung von ihm fernzuhalten. Solchen naheliegenden Erwägungen konnten sich auch die

Veranstalter des Boykotts nicht verschließen. Ohne näheren Anhalt wird man niemand unterstellen dürfen, daß er einem Ziel nachgeht, das er, wie er sich sagen muß, nicht erreichen kann. An Beweisgründen für seine Ansicht hat es das Berufungsgericht fehlen lassen. Ihnen würde auch die Tatsache gegenüber stehen, daß trotz erfolgreicher Durchführung des Boykotts und seiner langen Dauer der Kläger eben nicht wirtschaftlich zugrunde gegangen ist.

3. Damit ist auch dem dritten Grunde des Berufungsgerichts der Boden entzogen, daß das Mittel des Boykotts, der die Existenz des Klägers vernichten sollte, außer Verhältnis zu dem Ziel der Beklagten, der Gewinnung eines Saales, stand. Für die Veranstalter des Boykotts hat es sich ferner, wie bereits hervorgehoben wurde, nicht nur um den Saal, sondern um eine Gegenwehr gegen die in der Saalverweigerung liegende Nichtachtung ihrer Ansprüche auf gleichberechtigte Benutzung des Gemeindegrundstückes gehandelt. Dieser Gegenwehr kann vom Standpunkt der Beklagten aus die sittliche Berechtigung nicht abgesprochen werden. Die Beklagten verfuhren daher nicht sittenwidrig, wenn sie ohne Rücksicht darauf, ob und welcher Schade dem Kläger daraus erwuchs, den Besuch des „Fürstenhofs" einstellten und ihre Gesinnungs- und Berufsgenossen aufforderten, sich ihnen anzuschließen und dadurch gegen die ihnen widerfahrene ungleiche Behandlung Einspruch zu erheben.

Das Berufungsgericht hält die Entrüstung der Beklagten über diese angeblich schnöde, ungerechte und parteiische Behandlung für eine starke Übertreibung. Nach der eigenen Angabe in dem Gesuch um Überlassung des Saals seien bloß etwa 400 Arbeiter organisiert gewesen. Eine verschwindende Minderheit habe also der Gesamtheit ihren Willen aufzwingen wollen.

Der Vorwurf ist, mag auch die Entrüstung der Beklagten aufgebauscht und das Vorgehen der Gemeinde als willkommener Anlaß zum Kampfe betrachtet worden sein, sachlich nicht gerechtfertigt. Auch einer Minderheit wäre nicht zu verübeln, wenn sie die Abstellung einer von ihr als Ungerechtigkeit empfundenen Maßregel durchzusetzen suchte. Das Berufungsgericht übersieht, daß ein großer Teil des sozialdemokratischen Anhangs nicht organisiert ist, sodann, daß es nicht auf das Zahlenverhältnis zur Gesamteinwohnerschaft, sondern darauf ankommt, ob die Minderheit die Hauptzahl der Besucher der Stehbierhalle stellte und deshalb Berücksichtigung von seiten des Wirts oder der Gemeinde erwarten durfte. Einer verschwindenden Minderheit wäre auch die Lahmlegung der Stehbierhalle wohl nicht gelungen.

4. Das Berufungsgericht sieht weiter den Boykott als sittenwidrig an, weil sich die Veranstalter bei ihren öffentlichen Kundgebungen nicht auf eine sachlich angemessene, objektiv gehaltene Rechtfertigung ihres Vorgehens beschränkt, sondern durch maßlose, aufreizende und gehässige Ausdrücke den Klassenhaß zu schüren, die Volksleidenschaften zu entfesseln und dadurch für ihre Sache zu wirken gesucht hätten.

Das Reichsgericht hat wiederholt ausgesprochen und hält daran fest, daß öffentliche Kundgebungen — in Versammlungen, Flugblättern, Zeitungsartikeln — einen an sich berechtigten Boykott zu einer unerlaubten Handlung machen können, wenn sie den Gegner in beschimpfender Weise angreifen oder mittels Unterdrückung oder Entstellung des wahren Sachverhalts in aufreizender Form die Leidenschaften der Volksklassen aufzustacheln suchen, an die sie sich wenden. So hat das Reichsgericht in dem Urteil vom 8. November 1909, Rep. VI. 524/08 (Mannheimer Metzgerboykott) angenommen, daß ein an sich zulässiger Boykott durch den wahrheitswidrigen, aufwiegelnden und schmähenden Inhalt der Flugblätter, mittels deren er ins Leben gerufen und aufrecht erhalten wurde, zu einer unerlaubten Handlung werden kann.

Dem Berufungsgericht kann jedoch darin nicht beigepflichtet werden, daß die Flugblätter und Zeitungsartikel, soweit sie von ihm verwertet oder vorgetragen und zu den Akten gebracht worden sind, nach Ton und Inhalt im ganzen eine solche Kennzeichnung verdienen. Die von dem Berufungsgericht beanstandeten Auslassungen dürfen nicht außerhalb des Zusammenhangs gewürdigt werden. Auch ist nicht außer acht zu lassen, daß die Presse, die über den engeren Kreis der Gebildeten hinaus auf die weniger feinfühlige, an grobe Kost gewöhnte große Masse zu wirken sucht, sich, gleichviel welcher Partei sie angehört, beim politischen Kampfe starker und übertreibender Ausdrücke zu bedienen und in dicken, schreienden Farben aufzutragen pflegt, ohne daß das Volksempfinden darin einen Verstoß wider die guten Sitten zu erblicken pflegt.

In der von dem Berufungsgericht angeführten Nummer des „Vorwärts" vom 29. Mai 1906 wird über die Gemeindevertretersitzung berichtet, in der über die mehrerwähnte Eingabe um Überlassung des Fürstenhofsaals beraten und beschlossen wurde. Darin heißt es, daß die Gemeindevertretung in ihrer jetzigen Gestalt keine Rücksicht auf die Wünsche und Interessen der Arbeiter nehme und mit der Ablehnung des Antrags den Beweis erbracht habe, daß sie nur die personifizierte Interessenvertretung der Besitzenden sei. In diesem Vorwurf, der gleichermaßen gegen die Sozialdemokraten oder die Arbeiter dort, wo sie die Mehrheit in der Vertretung haben, erhoben wird, liegt nichts Sittenwidriges.

In der Nummer des „Vorwärts" vom 3. Juni 1906 wird die Verhängung des Boykotts damit begründet, daß die Gemeindevertretung unter Bezugnahme auf das Wort vom Herrn im Hause in echt protzenhafter Manier es abgelehnt hätte, der organisierten Arbeiterschaft den Saal freizugeben. Mit Recht wird dieser verunglimpfende Ausdruck vom Berufungsgericht beanstandet.

In dem Flugblatt Bl. 7 der Q-Akten wird der Anlaß zum Boykott auseinandergesetzt und zu seiner Durchführung aufgefordert. Darin finden sich die Sätze:

„So werden die Interessen der Arbeiter durch eine Gemeindevertretung, die sich nur aus Ausbeutern des Arbeiterschweißes zusammensetzt, wahrgenommen."

„An Ideale zu glauben, haben jene Herren Gemeindevertreter verlernt; nur der Geldsack ist es, wo man sie noch wirksam fassen kann. Darum auf zum Kampf gegen die Volksunterdrücker, gegen die Geldsackswächter der hiesigen Gemeindevertretung!"

Diese Äußerungen enthalten gröbliche Ehrverletzungen, aus deren Form schon die Absicht der Beleidigung hervorgeht. Sie würden unter Ausschluß des § 193 StrGB. die Urheber und Verbreiter des Flugblattes zum Ersatze des den Beleidigten dadurch entstandenen Schadens nach §§ 823 Abs. 2 BGB., 185 StrGB. verpflichten. Auch dem Kläger gegenüber bilden diese auf Aufhetzung der Klassen gegeneinander berechneten Schmähungen ein verwerfliches, unter § 826 BGB. fallendes Mittel zur Durchführung des Boykotts. Der wirtschaftliche wie der politische Kampf bedürfen solcher Beschimpfungen des Gegners nicht. Sie können als Waffe von dem Gesetz nicht geduldet werden.

Dagegen ist es nicht richtig, daß sich das Flugblatt Bl. 42 der Q-Akten, wie das Berufungsgericht sagt, in ähnlichen Ausdrücken bewegt. Man könnte nur daran denken, daß die Schilderung des behördlichen Einschreitens gegen die angeblich schuldlosen Boykottposten eine Behauptung unwahrer oder entstellter Tatsachen enthalte. Doch fehlt darüber eine Feststellung.

In der Nummer des „Vorwärts“ vom 10. Februar 1907 wird die Prozeßgeschichte der gegen 16 Mitglieder der Organisationen erlassenen einstweiligen Verfügung erzählt, wodurch ihnen das Boykottpostenstehen in der Nähe des „Fürstenhofs“ untersagt wurde. Anknüpfend an die Gründe des Kammergerichts, daß jedenfalls das Postenstehen und das Zettelverteilen als Mittel zur Durchführung der Sperre wider die guten Sitten verstießen, wird ausgeführt: wenn der Bürgermeister von Zehlendorf in den Pachtvertrag eine Bestimmung habe aufnehmen lassen, daß der Saal zu sozialdemokratischen Versammlungen nicht hergegeben werden dürfe, so liege hierin eine politische Verrufserklärung der sozialdemokratischen Gemeindemitglieder, eine krasse Verletzung ihrer verfassungs- und gemeinderechtlichen Gleichberechtigung, ein grober Verstoß wider die guten Sitten, nicht aber in dem gegen diesen Verstoß gerichteten Boykott. Dieser Verstoß sei um so gröber, als der „Fürstenhof“ in der Hauptsache von der Arbeiterschaft lebe, und die dort verzehrten Arbeitergroschen den Wirt in den Stand setzen sollten, die Pacht aus dem die Arbeiter schwer verletzenden Pachtvertrag zu zahlen.

Die Ansicht des Berufungsgerichts, daß der Artikel das Maß des Erlaubten überschreite, kann nicht geteilt werden. Die sich darin spiegelnde Empörung mag gespielt oder übertrieben sein. Immerhin sind ihre tatsächlichen Unterlagen nicht unrichtig, und die Ausdrucksweise hält sich noch in den Grenzen des vielfach üblichen, oben schon gekennzeichneten lungenkräftigen und die Dinge auf die Spitze stellenden Zeitungsstils.

An den übrigen Zeitungsartikeln und Flugblättern ist, mit dem Berufungsgericht, nichts auszusetzen.

Durch die unstatthaften, vereinzelt gebliebenen Sätze und Wendungen ist nicht der ganze Boykott sittenwidrig geworden. Wohl aber sind ihre Urheber und diejenigen, die wissentlich die Druckschriften mit diesem Inhalt verbreitet haben, verpflichtet, den dem Kläger etwa daraus erwachsenen Schaden, den das Berufungsgericht nach Maßgabe des § 287 ZPO. abzuschätzen haben wird, zu ersetzen.

5. Das Kammergericht findet ferner in dem rücksichtslosen Parteiterrorismus, den die Veranstalter des Boykotts gegen die eigenen Parteigenossen ausgeübt hätten, ein Handeln wider die guten Sitten. Begründet wird der Tadel mit Veröffentlichungen vom 10. Februar und 21. September 1907, sowie damit, daß nur der Parteizwang selbst persönliche Freunde und Bekannte der Unternehmer des Tanzmusikbetriebes vom Besuch des „Fürstenhofs" abgehalten hätte. Der Schluß des bereits besprochenen Artikels im „Vorwärts" vom 10. Februar 1907 lautet:

„Die Zehlendorfer Genossen meiden nach wie vor die Stehbierhalle ... und erwarten mit Recht, daß die Berliner Genossen sie in dem schweren Kampfe ... auf das tatkräftigste unterstützen. Ein Arbeiter, der ein Restaurant unterstützt, das die Arbeiter, wie dargelegt, in Verruf erklärt, beschimpft sich selbst. Der »Fürstenhof« wird nach wie vor von den Arbeitern nicht besucht werden."

In dem Artikel vom 21. September 1907 wird dem Gerücht entgegengetreten, daß der „Fürstenhof" vom Boykott befreit sei, und die Genossen werden auf die immer noch bestehende Sperre aufmerksam gemacht, mit dem Hinweis, daß die Genossen, die den Sperrbeschluß brechen, nach dem Statute zur Verantwortung gezogen werden.

Abgesehen davon, daß die am 10. Februar und 21. September 1907 erschienenen Artikel unmöglich den ganzen etwa Anfang Juni 1906 begonnenen Boykott unerlaubt machen konnten — es wird auch nur Ersatz des bis 31. Mai 1907 eingetretenen Schadens verlangt —, ist es unverständlich, worin das sittlich Verwerfliche dieser oder ähnlicher Kundgebungen oder der darin angedeuteten Parteibeschlüsse liegen soll. Keine Partei oder andere Vereinigung, die auf straffe Zucht unter ihren Mitgliedern hält, kann es dulden, daß ihre Befehle oder Beschlüsse von diesen unbeachtet gelassen werden. Es ist nicht unerlaubt, wenn sie die Beobachtung der Beschlüsse den Mitgliedern einschärft und den Lässigen oder Zuwiderhandelnden mit Strafen droht, denen sie sich satzungsmäßig für den Fall des Ungehorsams unterworfen haben. Daß hier die in den Satzungen vorgesehenen

Parteistrafen von den sonst üblichen abwichen, hat der Kläger nicht behauptet.

6. Zur Durchführung des Boykotts ist nach der Feststellung des Berufungsgerichts mindestens in den ersten Wochen das Mittel angewandt worden, daß der „Fürstenhof" planmäßig durch Posten überwacht, und an die Personen, die ihn besuchen wollten, oder von denen die Posten eine solche Absicht vermuteten, Flugblätter des Inhalts, daß die Wirtschaft gesperrt sei, verteilt oder ihnen die Sperre mündlich bekannt gegeben wurde. Das Berufungsgericht hält dieses Mittel schlechthin für unerlaubt. Dies kann zweifelhaft sein. Von dem Streikpostenstehen, das nicht strafbar (Entsch. des RG.'s in Straff. Bd. 34 S. 12) und auch nicht sittenwidrig ist, unterscheidet es sich nicht unwesentlich. Die Streikposten wenden sich nur an einen beschränkten Personenkreis, nämlich an die einem bestimmten Gewerbe angehörigen Arbeitswilligen. Für die Ausständigen ist es von entscheidender Bedeutung, Zuzug fernzuhalten, weil sie andernfalls nicht nur im Kampf zu unterliegen, sondern auch ihre Arbeitsstelle endgültig zu verlieren gewärtigen müssen. Sie haben daher ein dringendes Interesse, die Nachricht von der Sperre den Arbeitswilligen so rasch als möglich zu übermitteln. Dazu ist die mündliche Mitteilung dann, wenn die gesperrte Arbeitsstätte aufgesucht wird, am geeignetsten. Sind die Arbeitswilligen ortsfremd, und konnten sie durch die Presse und Versammlungen von der Sperre nicht unterrichtet werden, so bietet sich zu der mit der Bekanntgabe der Ursachen des Ausstandes verbundenen Benachrichtigung nicht wohl ein anderer Weg als der der mündlichen Mitteilung dort, wo die Arbeitswilligen angetroffen werden. Die Streikposten sind sohin mehr oder weniger auf die Benutzung der Straße angewiesen; sie beeinträchtigen auch nicht notwendig den allgemeinen Verkehr.

Die Posten zur Durchführung der Sperre über eine Wirtschaft oder einen Gewerbetreibenden, der Waren des täglichen und allgemeinsten Bedarfes feilhält, pflegen den Angehörigen ganzer Bevölkerungsklassen oder vielleicht jedem Vorübergehenden ihr Anliegen kundzutun. Damit ist, auch wenn die Posten sich einer gewissen Zurückhaltung befleißigen, fast unvermeidlich eine Belästigung des Gesamtpublikums verknüpft. Andrerseits genügen zur Bekanntmachung der Sperre über eine Stehbierhalle, die hauptsächlich von den Arbeitern eines Ortes wie Zehlendorf besucht wird, die Veröffentlichung durch Versammlungen, Zeitungen, Flugblätter und durch die von Mund zu Mund gehenden Mitteilungen. Das Postenstehen ist dazu nicht unerläßlich. Die Veranstalter des Boykotts haben selbst treffend die Grenze gezeichnet, die für ein noch zulässiges Postenstehen zu ziehen wäre. In dem erwähnten Flugblatt heißt es: „Natürlich machten wir der Öffentlichkeit von unserem Beschlusse" (auf Verhängung des Boykotts) „in einem Flugblatt Mitteilung. ... Auch stellten sich einige unserer Freunde in ihren Freistunden in der Nähe des Fürstenhofs auf, um Besuchern des Lokals bescheiden und unauffällig Mitteilung von unserm Beschlusse zu machen. Was jeder dann tat, blieb ihm unbenommen."

Indes braucht die Frage, ob und unter welchen Verhältnissen das Boykottpostenstehen, das seiner Natur nach eine Planmäßigkeit in Verteilung und Ablösung der Posten erfordert, als noch zivilrechtlich erlaubt zu gelten hat, hier nicht entschieden zu werden. Denn jedenfalls geht die Art, wie es im vorliegenden Fall nach den tatsächlichen Feststellungen der Vorinstanzen gehandhabt wurde, über das Maß des Erträglichen und Statthaften hinaus.

Wie die Vordergerichte für erwiesen halten, haben sich die Posten nicht darauf beschränkt, sich unauffällig in in der Nähe des Gasthofs aufzuhalten und Vorübergehende durch Übergabe eines Flugblattes oder durch ein kurzes mündliches Wort von der Sperre in Kenntnis zu setzen. Sie sind vor dem Grundstück auf- und abgegangen und haben Personen von dem Betreten der Wirtschaft abgehalten. Sie sind Gästen auf der Treppe zu den oberen Räumen nachgegangen und haben sie zum Verlassen der Wirtschaft beredet. Sie haben schon am Bahnhof die Leute abgefangen und sie vom Besuch des „Fürstenhofs" zurückzuhalten gesucht. Ein Posten, der von der Polizei verwarnt worden war, hat sich breitbeinig vor die Tür der Stehbierhalle gestellt und Besucher abgehalten. Einem Selterswasserkutscher, der vor dem „Fürstenhof" vorfuhr, wurde zugerufen, er dürfe kein Selterswasser abladen, es sei gesperrt. Einem Besucher sind Schläge angedroht worden, weil er die Aufforderung, die Wirtschaft nicht zu betreten, nicht befolgte. Die Posten haben nicht nur solche Personen, die erkennbar dem Arbeiterstand angehörten, oder von denen ihre Zugehörigkeit zur sozialdemokratischen Partei angenommen werden konnte, sondern auch Unbeteiligte, die den „Fürstenhof“ aufsuchen zu wollen schienen, davon abzuhalten gesucht. Das Berufungsgericht sagt weiter, es sei dabei zu vielfachen Zusammenstößen mit den Polizeiorganen, zu Polizeiübertretungen und sonstigen Ungehörigkeiten (unberechtigtem Eindringen in das Lokal, Anschlagen von Plakaten u. dgl.) gekommen. Näher sind diese Vorkommnisse nicht festgestellt. Das Berufungsgericht zieht aus der Beweisaufnahme den Schluß, daß eine regelrechte Belagerung des „Fürstenhofs“ durch Beauftragte der sozialdemokratischen Organisationen stattgefunden habe.

Eine solche wochenlange Belagerung bildet schon nach der Zahl und dem geschilderten Auftreten der Posten eine lebendige Einschüchterung für zahlreiche Besucher, die lieber einer Örtlichkeit fernbleiben, als sich durch ihr Betreten irgendwelcher Unannehmlichkeit aussetzen. Hierin, wie in dem Eindringen in die Wirtschaft, in der Drohung mit Gewalt für den Fall ihres Betretens, in dem Aufpflanzen vor der Tür, endlich in jeder tätlichen Einwirkung auf die Besucher, um sie von dem Eintritt abzuhalten, ist unbedenklich ein unmittelbarer Eingriff in den Gewerbebetrieb des Klägers und, da zu dieser Beeinträchtigung kein Recht bestand, eine schon nach § 823 Abs. 1 zum Schadensersatz verpflichtende Handlung zu finden (vgl. Entsch. des RG.'s in Zivils. Bd. 58 S. 29 flg., Bd. 64 S. 55, 156). Das Postenstehen mit seinen Begleiterscheinungen, wie es nach der Feststellung der Vorinstanzen hier angewandt wurde, stellte weiterhin nicht nur eine Wochen hindurch andauernde und schon darum nicht zu ertragende Belästigung des Publikums und Behinderung des freien Verkehrs dar, sondern es war auch vermöge des mittelbaren und unmittelbaren Druckes, der auf öffentlicher Straße durch Einschüchterung und andere unzulässige Einwirkung auf die freie Entschließung der Besucher der Wirtschaft geübt wurde, geeignet, wie das Landgericht ganz richtig sagt, den Unmut und die Entrüstung selbst derjenigen hervorzurufen, die in der Sache selbst auf seiten der Arbeiter standen. Ein Kampfesmittel von dieser Art widerstrebt dem Empfinden jedes anständig, ruhig und billig denkenden Menschen, verstößt daher gegen die guten Sitten.

Die Revision ist denn auch weder in der schriftlichen Begründung, noch in dem mündlichen Vortrag für das Postenstehen eingetreten.

Aus vorstehender Erörterung folgt indes nicht, daß wegen des Postenstehens der ganze Boykott sittenwidrig geworden ist, und daß die Teilnehmer an dem Postenstehen den ganzen dem Kläger entstandenen Schaden zu tragen haben. Das Berufungsgericht hat nicht festgestellt, wie lange das Postenstehen gewährt hat. Es spricht davon nur als von einer in den ersten Wochen durchgeführten Maßregel. Der Boykott selbst hat sich mindestens auf ein Jahr erstreckt; für diesen Zeitraum wird Schadensersatz verlangt. Ein Boykott von solcher Dauer wird nicht im ganzen unerlaubt, weil bei seiner Durchführung zu unzulässigen, in Anwendung und Wirkung jedoch zeitlich begrenzten Maßnahmen gegriffen wurde. Dagegen erzeugen diese Maßnahmen die Pflicht zum Schadensersatz. Es liegt nahe, daß der Boykott wesentlich auch durch die unter den sozialdemokratischen Organisationen herrschende Parteizucht und die Gemeinbürgschaft der Arbeiter den von dem Kläger behaupteten nachhaltigen Erfolg erzielt hat. Die Aufgabe des Berufungsgerichts wird es sein, an der Hand des § 287 ZPO. festzustellen, welcher Schade auf das Postenstehen und seine Einwirkung über die Zeit seiner Dauer hinaus zurückzuführen ist.

Weil das hier geübte Postenstehen unerlaubt war, war auch die in dem „Vorwärts" vom 8. Juli 1906 veröffentlichte, zur Umgehung der einstweiligen Verfügung vom 4. Juli 1906 bestimmte Aufforderung sittenwidrig, es möchten sich freiwillig andere, von der Verfügung nicht betroffene Genossen am „Fürstenhof" heute einfinden, also die Posten ersetzen, sofern anzunehmen ist, daß dem Urheber oder Verbreiter der Aufforderung die unzulässige Art des Postenstehens bekannt war. Im übrigen ist nicht festgestellt, daß von den Beklagten die Umgehung der einstweiligen Verfügung oder anderer behördlichen Anordnungen unternommen wurde.

Was die Haftung der einzelnen Beklagten anlangt, so braucht auf die mannigfach nicht unbedenklichen Rechtsausführungen des Berufungsgerichts nicht eingegangen zu werden. Nach den vorstehenden Erörterungen ergibt sich eine Verpflichtung zum Schadensersatz nur mehr aus der Verbreitung des Flugblatts Bl. 7 der Q-Akten, aus dem Postenstehen und aus den angegebenen Veröffentlichungen des „Vorwärts". Das Berufungsgericht hält für erwiesen, daß sich die Beklagten 1 bis 5 am Postenstehen beteiligt haben. Die Posten haben unstreitig die Flugblätter, namentlich auch das vorbenannte, verteilt. Daß sie den Inhalt dieses Flugblattes nicht gekannt hätten, behaupten die Beklagten selbst nicht. Der Beklagte zu 6, G., war nach der einwandfreien Feststellung des Berufungsgerichts einer der Veranstalter und Leiter des Boykotts; er hat insbesondere beim Postenstehen eine fördernde und beaufsichtigende Tätigkeit entfaltet. Die Verantwortlichkeit der Beklagten zu 1 bis 6 in der dargelegten Beschränkung steht hiernach außer Zweifel.

Die Beklagte zu 7 (Vorwärts-Buchdruckerei und Verlagsanstalt P. S. & Co.) ist in erster Instanz als Genossenschaft mit beschränkter Haftpflicht, in zweiter Instanz als offene Handelsgesellschaft bezeichnet worden. Es wird durch Erhebung eines Handelsregisterauszugs der rechtliche Charakter der Beklagten festzustellen sein. Auf die Genossenschaft mit beschränkter Haftpflicht sind die Bestimmungen der §§ 30 31, BGB. anzuwenden. Die offene Handelsgesellschaft haftet nach der ständigen Rechtsprechung des Reichsgerichts für die unerlaubten Handlungen, die ein vertretungsberechtigter Gesellschafter in Ausführung einer ihm zustehenden geschäftlichen Verrichtung begangen hat (Rep. VI. 16/05, VI. 256/05, VI. 393/05, VI. 62/07). Der Kläger fordert Ersatz für eine Vermögensbeschädigung. Das Vermögen gehört nicht zu den Rechtsgütern, die durch § 823 Abs. 1 BGB. geschützt sind. Der Kläger hat nicht geltend gemacht, daß er durch Übertretung eines Schutzgesetzes im Sinne des § 823 Abs. 2 oder durch Behauptung oder Verbreitung unwahrer Tatsachen im Sinne des § 824 Schaden an Vermögen oder Erwerb erlitten habe. Nach den Feststellungen des Berufungsgerichts ist auch nicht ersichtlich, inwiefern diese Vorschriften Platz greifen sollten. Übrig bleibt also nur die Ersatzpflicht der Beklagten zu 7 aus § 831 oder § 826; 831 ist wiederum nur anwendbar, wenn der Angestellte seinerseits dem Kläger eine *ersatzpflichtige* Vermögensbeschädigung zugefügt hat. Denn der Geschäftsherr kann nicht für eine Beschädigung fremden Vermögens durch seinen Angestellten haftbar sein, die, wenn er sie selbst begangen hätte, keine Haftung begründen würde. Nach § 826 ist die Beklagte als offene Handelsgesellschaft verantwortlich, wenn ein vertretungsberechtigter Gesellschafter in Ausführung des Geschäftsbetriebes vorsätzlich und sittenwidrig — unter Umständen auch durch geflissentliche pflicht- und sittenwidrige Untätigkeit — den Kläger geschädigt hat. Diese Grundsätze hat das Berufungsgericht zum Teil verkannt. Alle Erwägungen zur Begründung eines eigenen Verschuldens der Beklagten scheiden daher aus, mit denen das Berufungsgericht ihre Ersatzpflicht aus einem fahrlässigen Verhalten abgeleitet hat: weil sie ihren Betrieb nicht gehörig überwacht habe, oder weil Artikel, die dem politischen Bestreben der Gesellschafter entsprechen, wenn auch ohne deren Wissen, in den „Vorwärts" aufgenommen worden seien.

Soweit der Kläger durch Flugblätter — die alle in der Druckerei der Beklagten hergestellt sind — oder durch Artikel des „Vorwärts" Schaden erlitten hat, wird das Berufungsgericht sonach zu prüfen haben, ob die Voraussetzungen des § 831 oder des § 826 gegeben sind. ... Bemerkt mag werden, daß der Entlastungsbeweis aus § 831 begrifflich dann ausgeschlossen ist, wenn die schädigenden Handlungen des Angestellten in der Willensrichtung des Geschäftsherrn liegen. Denn dann hat der Geschäftsherr den Angestellten gerade ausgewählt, damit er solche Handlungen vornehme." ...

---

11. 1. Geht der Entschädigungsanspruch des Grundbesitzers, der durch die seinem Grundstücke auferlegten Rayonbeschränkungen beeinträchtigt wird, durch die Versäumung der in § 39 des Rayongesetzes vom 21. Dezember 1871 gesetzten Ausschlußfrist auch dann verloren, wenn bei der Aufstellung und Feststellung des Rayonplanes und des Rayonkatasters in fehlerhafter Weise verfahren wurde?

2. Wie haben die Absteckung der Rayonlinien, die Aufstellung und öffentliche Auslegung, sowie die Feststellung des Rayonplanes und des Rayonkatasters und deren öffentliche Bekanntmachung nach den §§ 8—11 des Gesetzes ordnungsmäßig zu erfolgen?

Gesetz, betr. die Beschränkungen des Grundeigentums in der Umgebung von Festungen, §§ 8. 11. 39.

VI. Zivilsenat. Urt. v. 23. Februar 1911 i. S. Els. Tabakmanufaktur-Aktiengesellschaft (Kl.) w. Reichsfiskus (Bekl.). Rep. VI. 450/10.

I. Landgericht Straßburg.
II. Oberlandesgericht Colmar.

Im Jahre 1904 wurde aus Anlaß der Herstellung neuer Festungswerke auf Grund des Reichsrayongesetzes die Festsetzung neuer Rayonlinien in der Umgebung der Stadt Straßburg eingeleitet; dabei wurden die gesamten, damals der Aktiengesellschaft Stein- und Marmorsäge Schachenmühle, jetzt der Klägerin gehörigen Grundstücke in den ersten Rayon einbezogen. Nach Aufstellung des Rayonplanes und Rayonkatasters wurde unter dem 9. April 1906 von seiten des Bürgermeisteramtes die in § 11 des Rayongesetzes vorgesehene Bekanntmachung erlassen. Darin war unter den in den Rayongrenzen liegenden, aber von den Rayonbeschränkungen ausgeschlossenen Grundstücken „die Marmorschleiferei Schachenmühle, Colmarerstraße 54," aufgeführt. Die Aktiengesellschaft Schachenmühle nahm an, daß ihr ganzer Grundstücksbestand hiermit bezeichnet und also von den Rayonbeschränkungen ausgeschlossen sei, und unterließ es, Plan und Kataster einzusehen, die nur den bebauten Teil als ausgeschlossen aufwiesen. Sie unterließ es ebenso, nachdem unter dem 11. Januar 1907 die Feststellungsverfügung nebst der Aufforderung an die Grundbesitzer, die sich durch die ihnen auferlegten Rayonbeschränkungen benachteiligt glaubten, ihre Entschädigungsansprüche bis zum 14. März 1907 geltend zu machen, ergangen war, ihrerseits Entschädigungsansprüche anzumelden. Mit der am 11. Mai 1907 nachträglich angemeldeten Entschädigungsforderung wurde sie wegen Versäumung der Anmeldungsfrist abgewiesen. Sie trat ihre Ansprüche auf Entschädigung gegen den Reichsfiskus an die Klägerin ab, die klagend in erster Linie die Verurteilung des Beklagten zur Zahlung von 143580 ℳ, in zweiter Linie die Feststellung begehrte, daß ihre Grundstücke Rayonbeschränkungen nicht unterlägen, äußerstenfalls die Feststellung, daß der Beklagte verpflichtet sei, die Klägerin dafür zu entschädigen, daß ihre Grundstücke Rayonbeschränkungen unterworfen worden seien.

Das Landgericht erkannte nach dem zuletzt bezeichneten Antrage; das Oberlandesgericht wies auf die Berufung des Beklagten die Klägerin mit der Klage ab. Auf die Revision der Klägerin wurde das Urteil des Oberlandesgerichts aufgehoben, und die Sache an das Berufungsgericht zurückverwiesen.

Aus den Gründen:

..."Dem Berufungsgericht ist darin beizutreten, daß für die Auslegung des Reichsrayongesetzes die Bestimmungen, die die Anmeldung und Festsetzung von Entschädigungsansprüchen wegen der Beschränkungen in der Benutzung des Grundeigentums durch die Festlegung neuer Rayonlinien zum Gegenstande haben, nicht für sich allein betrachtet werden dürfen, sondern daß alle die aufeinanderfolgenden einzelnen Akte der Absteckung und Bezeichnung der Rayonlinien (§ 8), der Aufstellung und Bekanntmachung des Rayonplanes und Rayonkatasters mit der Aufforderung zur Anmeldung von Einsprüchen (§§ 9 und 11), der Feststellung und Bekanntmachung des Rayonplanes und -katasters nach Erledigung der Einsprüche (§ 11 letzter Absatz), der gleichzeitig damit zu erlassenden Aufforderung zur Geltendmachung von Entschädigungsansprüchen und der Festsetzung der angemeldeten Entschädigungsansprüche (§§ 39, 40) ein einheitliches Verfahren darstellen, wobei die späteren Akte auf den früheren beruhen. Die Absteckung bildet die Grundlage der Aufstellung des Rayonplanes und des Rayonkatasters, dessen Bekanntmachung und endgültige Feststellung die Grundlage für die innerhalb der Ausschlußfrist des § 39 anzumeldenden Entschädigungsansprüche und für deren Festsetzung. Alle diese Einzelakte hat das Gesetz mit fest umschriebenen Formen versehen, die sich, wie das Berufungsgericht mit Recht ausführt, als zwingende Formen des öffentlichen Rechtes darstellen, dergestalt daß nur bei Beobachtung derselben die dem Gesetz entsprechende Grundlage für die jeweils folgenden und auf den vorausgegangenen beruhenden späteren Verfahrensakte gegeben ist. In der Anwendung auf den vorliegenden Fall bedeutet dies, daß die Ausschlußfrist für die Anmeldung der Entschädigungsansprüche gemäß § 39 des Gesetzes nur wirksam in Lauf gesetzt wurde, wenn die Feststellung des Rayonkatasters, auf dem sie beruht, in gesetzmäßiger Weise nach § 11 Abs. 7 erfolgt war; diese setzt wieder die Absteckung der Rayonlinie nach § 8, die Aufstellung des Rayonplanes und Rayonkatasters nach § 9 und die öffentliche Auslegung dieser Materialien, die gehörige öffentliche Bekanntmachung der Auslegung und die Aufforderung zur Erhebung von Einwendungen dagegen gemäß § 11 Abss. 1 bis 3 des Gesetzes voraus.

Die im vorliegenden Falle gemäß § 11 des Gesetzes erlassene Bekanntmachung des Bürgermeisteramtes zu Straßburg vom 9. April 1906 entspricht an sich der gesetzlichen Bestimmung. Durch die militärische Rayonbehörde war aber eine Anzahl von Grundstücken, die innerhalb des vorgesehenen Grenzzuges des ersten Rayons zu liegen kamen, von den Rayonbeschränkungen ausgenommen worden. Die Zulässigkeit dieser Ausnahmen ergibt sich aus § 23 des Gesetzes. Die Bekanntmachung zählt diese Grundstücke auf, und unter Nr. 3 dieser Aufzählung ist als innerhalb des Grenzzuges des ersten Rayons liegend, aber von den Rayonbeschränkungen ausgeschlossen „die Marmorschleiferei Schachenmühle, Colmarerstraße Nr. 54,“ bezeichnet. Die Militärbehörde hat indessen nur einen Teil des Grundstückskomplexes der Schachenmühle, den mit Fabrikgebäuden besetzten Teil, von den Rayonbeschränkungen ausnehmen wollen, wie dies auch im Rayonplan und Rayonkataster vorgesehen ist. Der Streit der Parteien dreht sich hauptsächlich darum, ob diese Absicht in ordnungsmäßiger Weise in der Bekanntmachung zum Ausdrucke gelangt ist, und welche Wirkungen im Verhältnisse der Parteien zueinander sich ergeben, wenn diese Frage verneint werden muß.

Die Revision sucht auszuführen, daß schon bei der Absteckung und Versteinung der Rayongrenzen auf Grund des § 8 des Gesetzes nicht dem Gesetze gemäß verfahren sei, indem nicht auch die Ausschließungen von den Rayonbeschränkungen durch Absteckung und Versteinung kenntlich gemacht seien. Wann die Ausschließung einzelner Grundstücke von den Rayonbeschränkungen, sei es überhaupt, sei es in der Gestalt von Ermäßigungen der gesetzlichen Beschränkungen, wie sie § 23 zuläßt, festzusetzen sei, schreibt das Gesetz nicht ausdrücklich vor; „in der Regel“ soll dies, wie die Begründung zu § 7 des Entwurfes des Gesetzes bemerkt, alsbald bei der Absteckung der Rayongrenzen geschehen; es kann aber auch später geschehen. Im gegebenen Falle sind, wie das zum Vortrage gebrachte Protokoll über die Absteckungsverhandlung vom 28. Juli 1904 ergibt, dabei durch mündliche Erklärung des Vertreters der Militärbehörde die ausgeschlossenen Grundstücke in derselben Weise, wie in der Bekanntmachung vom 9. April 1906, bezeichnet worden. Über eine Versteinung der von den Rayonbeschränkungen ausgeschlossenen Grundstücke bestimmt das Gesetz nichts; sie dürfte nur in Frage kommeu, soweit die Grundstücke an die normale Rayonlinie selbst herantreten und deren Lauf somit verändern, nicht aber, wenn sie enklavenartig auf allen Seiten von Rayongebiet eingeschlossen sind. In der Verhandlung vor dem Landgerichte vom 1. März 1910 ist von den

Parteien übereinstimmend erklärt worden, daß die Rayonsteine in der Weise gesetzt worden sind, daß die aus ihnen ersichtlichen Grenzen das gesamte Grundstück der Klägerin in den ersten Rayon einbeziehen. Daß ein Teil dieses Grundeigentums gemäß § 23 von diesem Rayon ausgenommen ist, ergibt sich nicht aus der tatsächlich vorgenommenen Abmarkung, sondern nur aus dem Rayonkataster und dem Rayonplane; auf dem Grundeigentum der Klägerin steht überhaupt kein Rayonstein. Es kann auf Grund dieser Unterlagen nicht beurteilt werden, ob die Ausstellung der Klägerin hinsichtlich der Beobachtung des § 8 des Gesetzes begründet ist, oder nicht. Es bedarf aber eines weiteren Eingehens auf diesen Punkt nicht, da der Angriff der Revision, der sich gegen die Ordnungsmäßigkeit der nach § 11 Abs. 3 des Gesetzes erlassenen Bekanntmachung richtet, für gerechtfertigt zu erachten war.

Der § 11 des Gesetzes schreibt vor, daß Rayonplan und Rayonkataster in der Gemeinde, in deren Bezirke die darin aufgenommenen Grundstücke liegen, während 6 Wochen öffentlich auszulegen sind (Abs. 1), und daß der Beginn der Auslegung in einer Bekanntmachung des Gemeindevorstandes ortsüblich kundzugeben ist (Abs. 2), die zugleich die Aufforderung zur Erhebung von Einwendungen unter Angabe der Frist zu deren Anbringung mit der Verwarnung zu enthalten hat, daß nach Ablauf der Frist mit Festsetzung des Katasters verfahren wird (Abs. 3). Der Paragraph bestimmt ausdrücklich nichts darüber, daß die Grundstücke, die nach § 23 des Gesetzes von den Rayonbeschränkungen ausgenommen bleiben, in der Bekanntmachung zu bezeichnen sind. Selbstverständlich müssen aber in der auf die endgültige Feststellung des Rayonkatasters hinzielenden und zur Erhebung etwaiger Einwendungen auffordernden Bekanntmachung auch die einstweilen festgesetzten und demnächst endgültig festzusetzenden Ausnahmen öffentlich kundgegeben werden. Denn das Gesetz sieht eine unmittelbare Zuziehung der beteiligten Grundstückseigentümer durch Ladungen zu Verhandlungen oder durch Zustellung von Bescheiden an die einzelnen in dem ganzen Verfahren nirgends vor. Die Bezeichnung der von den Rayonbeschränkungen ausgeschlossenen Grundstücke in der Bekanntmachung des § 11 Abs. 3 des Gesetzes bedeutet danach, daß deren Eigentümer, obwohl ihre Grundstücke innerhalb des Rayonbezirks liegen, von der Rayonfestsetzung nicht berührt und in der Benutzung ihrer Grundstücke durch diese nicht eingeschränkt werden; sie haben demgemäß auch keine Veranlassung, Rayonplan und Kataster einzusehen und Einwendungen dagegen zu erheben. Sie haben weder an dem Verfahren zur Feststellung des Katasters nach § 11 Abs. 7, noch an dem Verfahren, betreffend die Anmeldung und Feststellung von Entschädigungsansprüchen wegen der mit der Einbeziehung in den Rayonbezirk verbundenen gesetzlichen Eigentumsbeschränkungen ein ferneres Interesse; die Ausschlußfrist des § 39 des Gesetzes wird gegen sie überhaupt nicht in Lauf gesetzt.

Dem Berufungsgericht kann nun darin nicht zugestimmt werden, daß in der Bekanntmachung vom 9. April 1906 der wirkliche, dem Willen der festsetzenden Behörde entsprechende Sachverhalt, wie er aus dem Rayonplan und Rayonkataster allerdings sich ergibt, hinsichtlich der Bestimmung der nach § 23 des Gesetzes von den Rayonbeschränkungen ausgenommenen Grundstücke zu einem deutlichen und zweifelsfreien Ausdruck gelangt ist. Es mag sein, daß den Vertretern der Eigentümerin des Grundstücks, wenn sie das ganze Verzeichnis der von den Rayonbeschränkungen ausgenommenen Grundstücke durchgelesen hätten, das bei einem einzigen von dreizehn Grundstücken, und zwar bei dem allerletzten, einen Zusatz macht: „nebst Erweiterungsgelände", vielleicht ein Bedenken hätte aufstoßen können, ob unter der Bezeichnung „die Marmorschleiferei Schachenmühle, Colmarerstraße 54," ihr ganzes Grundstück gemeint sei. Zum Durchlesen der ganzen Reihe von dreizehn Grundstücken hatte aber der nur an einem Grundstücke interessierte Grundeigentümer einerseits keine Veranlassung; andrerseits waren auch die Bedenken, die das Durchlesen hätte erwecken können, nicht derart, daß sie nicht durch andere Umstände wieder beseitigt worden wären. Das Gesamtgrundstück der Schachenmühle, die mit Gebäuden besetzten und die unbebauten Parzellen, bildet, wie auch das Berufungsgericht feststellt, einen einheitlichen, zusammenhängenden Grundstückskomplex. Das Landgericht hat es in seinem Urteil als gerichtskundig hingestellt, daß die Bezeichnung „Marmorschleiferei Schachenmühle" nach der allgemeinen Auffassung nicht lediglich die dem Betriebe der Marmorschleiferei unmittelbar dienenden Grundstücke begreift, sondern das ganze mit der Fabrik in Verbindung stehende Terrain, auch die in Rede stehenden Parzellen Flur 29 Nr. 28 und 34. Damit stimmt denn auch überein, daß das Bürgermeisteramt selbst in seinem Schreiben an die Vertreter der Schachenmühle vom 2. Juli 1906 in der Angelegenheit der Abänderung des Bebauungsplanes von Neudorf dieselbe Auffassung der Bekanntmachung vom 9. April 1906 kundgegeben hat, die von der Klägerin vertreten wird, daß in derselben die gesamte Grundfläche der „Marmorschleiferei Schachenmühle" für von den Rayonbeschränkungen ausgenommen erklärt worden ist. Es ist unzweifelhaft richtig, daß das Verfahren, betreffend die Abänderung des Bebauungsplanes von Neudorf, mit dem Rayonfeststellungsverfahren nichts zu tun hat; es ist auch richtig, daß von einer authentischen Erklärung der Bekanntmachung vom 9. April 1906 durch den Bescheid vom 2. Juli 1906 oder von einer Vertretung der Militärverwaltung durch den Bürgermeister nicht die Rede sein kann. Die Bekanntmachung des § 11 Abs. 3 des Rayongesetzes beansprucht eine Mitwirkung der städtischen Behörde nur in der Weise, daß diese rein äußerlich die vorläufigen Feststellungen der Militärbehörde nach den §§ 9 und 10 des Gesetzes dem Publikum zur Kenntnis bringt, den Beteiligten die Materialien zur Kenntnisnahme unterbreitet und ihre Einsprüche entgegennimmt. Immerhin bleibt der Umstand, daß das Bürgermeisteramt die Bezeichnung der „Marmorschleiferei Schachenmühle" als eines der von den Rayonbeschränkungen ausgeschlossenen Grundstücke in demselben Sinne aufgefaßt hat, wie die Rechtsvorgängerin der Klägerin, ein unterstützendes Beweismoment von erheblicher Kraft dafür, daß gemeinhin unter der Schachenmühle deren ganzer Grundstückskomplex verstanden wird. Dem stehen die vom Berufungsgericht für die Auslegung der Bekanntmachung im Sinne des Beklagten angeführten Umstände keineswegs entgegen. Die Bezeichnung des Grundstücks mit der Straße und Hausnummer ist ohne Bedeutung, da in der Tat das Hintergebäude mit dem Fabrikgrundstück, das diese Nummer trägt, ein einheitliches Grundstück bildet, das seinen Zugang von der Colmarerstraße her hat. Und der Flächenumfang des gesamten Grundstücks ist nicht derart groß, daß seine Ausschließung von den Rayonbeschränkungen dem Leser der Bekanntmachung notwendig als unwahrscheinlich sich hätte darstellen müssen. So war die Auslegung der Bekanntmachung dahin, daß das gesamte Grundstück der Schachenmühle von den Rayonbeschränkungen befreit sein solle, zum mindesten ebenso möglich, als die andere, daß nur der mit Fabrikgebäuden besetzte Teil des Grundstückskomplexes ausgeschlossen werden solle. Die Bezeichnung ist unklar; es wäre für die Militärbehörde, die aus der Gemarkungskarte den einheitlichen Zusammenhang des Grundstückskomplexes ersah, ein leichtes gewesen, eine Bezeichnung des Grundstückes zu finden, die solche Unklarheit ausschloß, entweder durch Bezeichnung der Flurparzellen oder durch Benennung der nicht ausgeschlossenen Teile, wie z. B. „ohne die Wiesen“.

Das Reichsrayongesetz greift scharf in das Privateigentum und die mit diesem verbundenen Rechte ein; es führt diese weitgehenden Entrechtungen (§§ 13 bis 21 des Gesetzes) durch in einem Verfahren, zu dem die beteiligten Grundbesitzer nicht persönlich zugezogen werden, und von dem sie keine andere Kenntnis erhalten, als durch die Absteckung und Versteinung der Rayonlinien, sowie durch öffentliche Bekanntmachungen, in denen zudem kurze Ausschlußfristen gesetzt werden, mit deren unbenutztem Ablaufe die Grundbesitzer erheblichster Rechte dauernd verlustig gehen. Bei der Anwendung und Ausführung eines solchen Gesetzes muß mit der größten Genauigkeit verfahren werden, und namentlich ist von den darin vorgesehenen Bekanntmachungen bei deren strengen Folgen zu verlangen, daß sie in einer jeden verständigen Zweifel ausschließenden Weise abgefaßt werden, damit das Gesetz nicht zu unbilligen Härten führe. Das ist im gegebenen Falle in der Bekanntmachung vom 9. April 1906 nicht geschehen. Die Bezeichnung des von den Rayonbeschränkungen ausgenommenen Grundstücks der Schachenmühle war, wie ausgeführt wurde, unklar. Die Folgen dieser Unklarheit muß der Beklagte, der die Festsetzung der Rayons vorgenommen und die Bekanntmachung veranlaßt hat, auf sich nehmen. Die Parzellen Flur 29 Nr. 28 und 34 sollten nach der Absicht der Militärverwaltung in den Rayon mit allen gesetzlichen Wirkungen einbezogen werden und an der Befreiung von den Beschränkungen, die für den übrigen Teil des Grundstückskomplexes der Schachenmühle festgesetzt wurden, nicht teilhaben. Für diese Beschränkungen würde nach Feststellung des Rayonkatasters gemäß § 11 Abs. 7 auf Grund der Bekanntmachung nach § 39 die Klägerin oder deren Rechtsvorgängerin ihre Entschädigungsansprüche innerhalb der Ausschlußfrist dieses Paragraphen anzumelden gehabt haben. Da aber die Bekanntmachung vom 9. April 1906 nach ihrem Inhalte in der Bezeichnung des von den Rayonbeschränkungen ausgeschlossenen Grundstückes der Klägerin der Auffassung Raum gab, daß die gesamte, zusammenhängende Grundstücksfläche des klägerischen Besitzes, die unter dem Namen der „Marmorschleiferei Schachenmühle“ verstanden wurde, von den Rayonbeschränkungen befreit sei, so ist hinsichtlich der bezeichneten Parzellen die Bekanntmachung vom 11. Januar 1907 nicht als wirksam ergangen, und die Frist des § 39 des Gesetzes demgemäß auch nicht als versäumt anzusehen; der Klägerin ist ihr Entschädigungsanspruch vielmehr erhalten geblieben.“...

---

12. Wie gestaltet sich das Rechtsverhältnis zwischen dem Gläubiger und dem Bürgen, wenn beide den Hauptschuldner beerben?

VI. Zivilsenat. Urt. v. 2. März 1911 i. S. R. u. Gen. (Kl.) w. R. Wwe. (Bekl.). Rep. VI. 56/10.

I. Landgericht Dresden.
II. Oberlandesgericht daselbst.

Die beiden Kläger hatten dem Ehemann der Beklagten — dem Rentner Ferdinand R. — am 16. Januar 1903 ein Darlehn von 8400 ℳ gewährt; die Beklagte hatte hierfür die Bürgschaft übernommen. R. starb am 8. November 1907 und wurde von der Beklagten, sowie von seinen drei Geschwistern, darunter den beiden Klägern, je zur Hälfte beerbt. Die Kläger forderten von der Beklagten als der Bürgin Rückzahlung des Darlehns. Das Landgericht entsprach dem Klagantrage; das Oberlandesgericht aber hielt auf die Berufung der Beklagten deren Verurteilung nur wegen eines Betrages von 5600 ℳ samt Zinsen aufrecht und wies im übrigen die Klage ab. Auf die Revision der Kläger ist die Berufung in vollem Umfange zurückgewiesen worden, aus folgenden

Gründen:

„Wie die Vorinstanzen mit Recht angenommen haben, ist dadurch, daß die Beklagte als Miterbin ihres Mannes für die Hälfte des von diesem geschuldeten Betrages jetzt als Hauptschuldnerin haftet, an ihrer Verpflichtung als Bürgin nichts geändert worden.

Das praktische Interesse, das der Gläubiger im Falle der Beerbung des Schuldners durch den Bürgen an dem Fortbestehen der Hauptschuld und der Bürgschaft hat (vgl. § 678 des 1. Entwurfs des BGB., Protokolle der Kommission für die 2. Lesung Bd. 2 S. 480 unter V), besteht darin, daß die ererbte Verbindlichkeit Nachlaßverbindlichkeit ist, die eigene (die Verbindlichkeit aus der Bürgschaft) dagegen nicht, daß daher der als Bürge in Anspruch genommene Erbe des Hauptschuldners auf die beschränkte Erbenhaftung sich nicht berufen darf.

Vgl. Planck, BGB. 3. Aufl. zu § 765 Bem. 8 b β.

Dieser Vorteil kann dem Gläubiger nicht dadurch entzogen werden, daß sich die Hauptschuld und die Bürgschaftsschuld in einer Person vereinigen.

Dem Berufungsgericht ist weiter darin beizutreten, daß, weil der Nachlaß des Hauptschuldners noch ungeteilt ist, mit Rücksicht auf die zwischen den Miterben bestehende Gemeinschaft zur gesamten Hand die Bürgschaftsschuld der Beklagten auch nicht teilweise erloschen ist, obgleich sich in der Person der Kläger die Forderung und die Hauptschuld nach Höhe ihrer Erbteile vereinigt haben.

Vgl. Planck a. a. O. zu § 2039 Bem. 6.

Hiernach müssen, wie das Berufungsgericht an sich auch nicht verkennt, die Kläger für befugt angesehen werden, Zahlung der vollen dargeliehenen Summe von der Beklagten auf Grund der von ihr übernommenen Bürgschaft zu fordern. Das Berufungsgericht ist aber unter entsprechender Anwendung der von Theorie und Praxis für die Auslegung des § 2039 BGB. Satzes 2 anerkannten Grundsätze (Entsch. des RG.'s in Zivils. Bd. 65 S. 10 flg.) zur teilweisen Abweisung der Klage gelangt, weil es Treu und Glauben widersprechen würde, wenn die Kläger jetzt von der Beklagten die Zahlung des Teils der Bürgschaftsschuld beanspruchten, den sie als Erben des Hauptschuldners selbst schulden, da sie bei der Erbteilung den Betrag von 2800 ℳ wiedereinzahlen müßten.

Dieser Auffassung kann jedoch nicht beigetreten werden; jene Grundsätze kommen hier nach Lage der Sache überhaupt nicht in Frage. Das Berufungsgericht verkennt, daß die Beklagte als Bürgin in Anspruch genommen wird. Wenn sie in dieser Eigenschaft die Kläger befriedigt, geht deren Forderung gegen den Hauptschuldner und nunmehr gegen dessen Nachlaß auf sie über (BGB. § 774). Sie hat daher dann eine Forderung gegen den Nachlaß; es haften ihr also allerdings ihre Miterben, darunter auch die Kläger, nach dem Verhältnis ihrer Erbteile, aber, wie die Revision mit Recht geltend macht, doch nur mit den Mitteln des Nachlasses, nicht mit ihrem eigenen Vermögen. Während sie selbst die ganze Darlehnsschuld an die Kläger aus ihrem eigenen Vermögen zahlen muß, müssen diese ihr den dritten Teil aus dem wiedergeben, was sie als Erben aus dem Nachlaß erhalten. Die Sache liegt rechtlich nicht anders, als wenn die Beklagte bei Lebzeiten des Hauptschuldners das Darlehn als Bürgin zurückgezahlt hätte. Dann konnte sie nach dem Tode des Hauptschuldners den dritten Teil von den Klägern auch nur als Erben fordern. Nun steht tatsächlich fest, daß die Kläger infolge erheblicher Überschuldung des Nachlasses aus diesem als Erben nichts erhalten werden, daraus also auch nichts zahlen können. Dann kann es aber auch nicht gegen Treu und Glauben verstoßen, daß sie die ganze Darlehnsforderung gegen die Beklagte geltend machen. Unter diesen Umständen kann dahingestellt bleiben, ob der Auffassung des Berufungsgerichts wenigstens dann beizutreten sein würde, wenn feststünde, daß die Kläger auf ihre Erbteile etwas erhalten würden." ...

---

13. Kann die Aufhebung eines Erlaßvertrags über eine Darlehnsschuld und die Wiederherstellung des alten Schuldverhältnisses formlos erfolgen?

VI. Zivilsenat. Urt. v. 4. März 1911 i. S. V. (Bekl.) w. W. Ehefr. (Kl.). Rep. VI. 318/10.

I. Landgericht I München.
II. Oberlandesgericht daselbst.

Die Klägerin hatte dem mit ihr in verwandtschaftlichen Beziehungen stehenden Beklagten im Jahr 1903 ein Darlehn von 4000 ℳ gegeben. Auf die Angabe der Mutter des Beklagten, daß das Geld seinerzeit zu unrecht der Familie der Klägerin statt der des Beklagten zugewendet worden sei, erklärte die Klägerin dem Beklagten im Jahr 1906, daß sie das Darlehn nicht mehr zurückverlange, und händigte seiner Mutter den Schuldschein aus; diese zerriß ihn nach Angabe der Klägerin in deren Gegenwart. Später kündigte die Klägerin das Darlehn und klagte es ein. Die vordern Instanzen gaben der Klage statt, weil der Schulderlaß im gegenseitigen Einverständnis der Parteien wieder aufgehoben worden sei.

Auf die Revision des Beklagten ist das Berufungsurteil aufgehoben worden.

Aus den Gründen:

„Nach der einwandfreien Feststellung des Berufungsgerichts ist zwischen den Parteien zunächst ein Vertrag gemäß § 397 BGB. zustande gekommen, durch den die Klägerin dem Beklagten die Darlehnsschuld erlassen hat. Danach sind sie, wie das Berufungsgericht aus ihrem Briefwechsel vom Juli 1907, aus dem Stillschweigen des Beklagten auf die Kündigung des Darlehns im Januar 1908, sowie aus den Verhandlungen des Beklagten bei seinem Besuch in Freiburg mit der Klägerin, ihrem Verlobten und ihrem Pflegevater über die streitige Schuld schließt, übereingekommen, den Schulderlaß wieder aufzuheben und das alte Schuldverhältnis wieder herzustellen."

Nach Zurückweisung einer Prozeßrüge wird fortgefahren:

„Dagegen konnte das Berufungsurteil aus materiellrechtlichen Gründen nicht aufrecht erhalten werden. Die Ansicht des Berufungsgerichtes, daß die Parteien kraft ihrer Vertragsfreiheit ohne weiteres das alte Darlehnsschuldverhältnis wieder herstellen konnten, ist rechtsirrig. Das Schuldverhältnis war durch den Erlaßvertrag erloschen, konnte also nur durch Neubegründung wieder ins Leben treten. Sollte nach dem Willen der Parteien eine Darlehnsschuld wieder entstehen, so konnte dies nur durch erneute Hingabe der Darlehnssumme geschehen (§ 607 Abs. 1 BGB.). Die Vertragschließenden können zwar nach § 607 Abs. 2, worauf das Berufungsgericht hinweist, vereinbaren, daß Geld, das aus einem anderen Grund geschuldet wird, als Darlehn geschuldet werden soll. Diese Vereinbarung setzt jedoch eine bestehende Schuld voraus. Hier war aber die alte Schuld durch den Erlaß untergegangen. Eine nochmalige

Hingabe des Darlehnsbetrags hat nicht stattgefunden. Für das Übereinkommen, daß die Klägerin wieder in ihre Gläubigerrechte eingesetzt werden, der Beklagte die Zahlungsverpflichtung neuerlich übernehmen sollte, stand daher den Parteien nur der Weg offen, daß der Beklagte der Klägerin ein Schuldversprechen erteilte. Dieses Versprechen bedurfte jedoch der Schriftform, § 780 BGB., sofern es auf seiten des Schuldners kein Handelsgeschäft im Sinne der §§ 350, 343, 344 HGB. war. Es bedurfte ferner der gerichtlichen oder notariellen Beurkundung, sofern die Klägerin dadurch bereichert worden ist, und die Parteien darüber einig waren, daß es unentgeltlich erteilt wurde (§§ 518, 516 BGB.). Zwar ist der Schulderlaß, wenn er schenkungshalber geschieht, als sofort vollzogene Schenkung dem Formzwang des § 518 nicht unterworfen (Entsch. des RG.'s in Zivils. Bd. 53 S. 294), wohl aber die mit der Aufhebung des Schulderlasses verbundene unentgeltliche Wiederherstellung des früheren Schuldverhältnisses.

Ob hier die Voraussetzungen des § 350 HGB. oder des § 516 BGB. gegeben sind, wird das Berufungsgericht noch zu erörtern haben." ...

---

14. Verjährung nach § 852 BGB. Was gehört zur Kenntnis von der Person des Ersatzpflichtigen?

VI Zivilsenat. Urt. v. 6. März 1911 i. S. B. (Kl.) w. Stadtgemeinde Cr. (Bekl.). Rep. VI. 70/10.

I. Landgericht Crefeld.
II. Oberlandesgericht Düsseldorf.

Im Herbst 1903 führte die Firma W. & F. im Auftrage der kaiserlichen Telegraphenverwaltung auf der G.'straße zu Cr. eine Kabellegung aus und hatte dazu auf dem einen Bürgersteig einen Graben ausgehoben. Die ausgeworfene Erde mit den weggenommenen

Steinplatten waren längs des Grabens auf dem Bürgersteig aufgeschichtet.

Am 17. November 1903 morgens gegen $6^1/_2$ Uhr, während noch Dunkelheit herrschte, ging der Kläger von seiner Wohnung durch die G.'straße zum Bahnhof, um von da mit der Bahn zur Arbeit zu fahren. Er bemerkte den Anfangspunkt der Erdarbeiten nicht, stieß gegen die dort aufgestapelten Steine, kam zu Fall und verletzte sich.

Die wegen dieses Unfalls zuerst, und zwar Anfang Juni 1904, gegen die Firma W. & F. erhobene, mit der schuldhaften Unterlassung der Beleuchtung an jenem Anfangspunkte begründete Klage auf Schadensersatz wurde vom Oberlandesgericht durch Urteil vom 31. Oktober 1906 abgewiesen, weil die Firma W. & F. sich darauf hätte verlassen dürfen, daß die der Unfallstelle gegenüberstehende städtische Straßenlaterne Nr. 796 brenne. Diese hätte, wenn sie gebrannt hätte, jene Stelle ausreichend erhellt; in der Tat habe sie aber nicht gebrannt, obwohl sie nach dem städtischen Beleuchtungsplan bis $7^1/_2$ Uhr morgens habe brennen müssen.

Darauf erhob der Kläger Anfang Mai 1907 die vorliegende Schadensersatzklage gegen die Stadtgemeinde Cr., die den Einwand der Verjährung aus § 852 BGB. geltend machte. Derselbe wurde vom Landgericht verworfen, vom Oberlandesgericht aber die Klage wegen Verjährung abgewiesen. Auf die Revision des Klägers ist das Urteil aufgehoben worden. Zur Frage der Verjährung besagen die

Gründe:

... „Die Beurteilung des Einwandes der Verjährung hängt von der Frage ab, in welchem Zeitpunkte der Kläger von der Person der jetzt verklagten Stadtgemeinde als des Ersatzpflichtigen Kenntnis erlangt hat (§ 852 BGB.). ...

Das Oberlandesgericht hat ... angenommen, die Dunkelheit habe der Kläger an der Unfallstelle sogleich beim Unfall wahrgenommen: seine Kenntnis dieser Tatsache, aus der sich die Ersatzpflicht, wenn überhaupt begründet, ergebe, genüge für den Beginn der Verjährung gegen die Beklagte. Daß der Kläger aus der Tatsache der Dunkelheit infolge Gesetzesunkenntnis nicht sogleich die Ersatzpflicht der Stadtgemeinde gefolgert habe, hemme die Verjährung nicht, wofür die Entscheidung des II. Zivilsenates des Reichsgerichts vom 26. November 1907 (Entsch. in Zivils. Bd. 67 S. 141) angeführt wird. Diese Erwägungen sind rechtsirrig.

Nach § 852 BGB. läuft die Verjährung nicht, solange nicht der Berechtigte von der Person des Ersatzpflichtigen Kenntnis erlangt hat; diese Kenntnis muß soweit reichen, daß der Beschädigte auf Grund des ihm bekannten Materials eine Klage gegen eine bestimmte Person zu begründen in der Lage ist. Dahin ist an erster Stelle zu zählen die Kenntnis von einem schuldhaften Verhalten, das den Schaden verursacht haben kann.

Vgl. aus der Rechtsprechung des Reichsgerichts zu der im wesentlichen gleichartigen Vorschrift des § 54 ALR. I. 6 Jur. Wochenschrift von 1899 S. 312 Nr. 31; 1900 S. 192 Nr. 27, S. 400 Nr. 26, S. 764 Nr. 42, 44.

Allerdings gehört in den Bereich dieser Kenntnis auch eine gewisse Rechtskenntnis, um die rechtlichen Voraussetzungen der Ersatzpflicht zu erkennen. Die bereits vom Berufungsgericht angeführte Entscheidung des II. Zivilsenats hat nun in der Tat ausgesprochen, daß der Berechtigte sich bei der Bestreitung der Kenntnis von der Person des Ersatzpflichtigen nur auf eine Nichtkenntnis von Tatumständen, nicht auf Gesetzesunkenntnis berufen könne, die nach allgemeinen Grundsätzen schade.

Ob dieser Rechtsansicht für die Fälle beizupflichten ist, wo die Person des Ersatzpflichtigen tatsächlich bekannt ist, und zur Geltendmachung des Ersatzanspruchs nichts fehlt als die Kenntnis der Rechtsnorm, auf die er sich gründet, braucht hier nicht erörtert zu werden. Denn jedenfalls kann der Satz, daß auch im Bereich des § 852 BGB. Gesetzesunkenntnis schade, in seiner Anwendung auf den Fall nicht gebilligt werden, wo die Unkenntnis von Rechtssätzen und Rechtsgrundsätzen das Hindernis bildet, von der Person des Ersatzpflichtigen Kenntnis zu erlangen. Wollte man in diesem Fall gegen den Berechtigten lediglich um seiner Gesetzesunkenntnis willen, obwohl er tatsächlich die Person des Ersatzpflichtigen nicht kennt, die Verjährung beginnen lassen, so würde damit das Kennen dem Kennenmüssen gleichgestellt, obwohl das Gesetz dafür nach Sinn und Wortlaut des § 852 BGB. keinen Anhalt gibt. Daß der angeführten Entscheidung des II. Zivilsenats eine auch diesen Fall treffende Tragweite beizumessen sei, ist nach dem Inhalt des dort beurteilten klägerischen Vorbringens nicht anzunehmen.

Aber auch abgesehen von dieser rechtsgrundsätzlichen Erwägung sind schon insoweit, als das Berufungsgericht dem Kläger die Kenntnis der im Sinne des Gesetzes wesentlichen Tatsachen, und zwar bereits auf den Zeitpunkt des Unfalls, unterstellt, weil er dabei sogleich die Dunkelheit der Unfallstelle bemerkt habe, die Darlegungen des angefochtenen Urteils nicht schlüssig. Damit, daß es an der Unfallstelle dunkel war, war für den Kläger weder erkennbar geworden, daß gegenüber der Unfallstelle eine städtische Gaslaterne stand, noch wieweit diese, wenn sie brannte, zu erhellen vermochte, wie lange sie zu brennen hatte, warum sie nicht brannte, ob die beleuchtungspflichtige Stadtgemeinde sich in einem Verschulden befand, das sie ersatzpflichtig machte.

Inhaltlich der Akten des Vorprozesses hatte sich auf diese Laterne bereits die Klagebeantwortung berufen; das Urteil erster Instanz war darauf nicht eingegangen. Die Berufungsbegründung behauptete noch, die Laterne habe gebrannt. Bei der vom Berufungsgericht angeordneten Beweiserhebung wurden die Zeugen Str. und W., die bereits in erster Instanz bekundet hatten, es sei an der Unfallstelle völlig dunkel gewesen, nochmals vernommen, und hierbei hat Str. im Termin vom 10. März 1906, dem der Kläger persönlich anwohnte, bezüglich der Laterne Nr. 796 besonders befragt, angegeben, dieselbe habe nicht gebrannt. Hierauf stützte sich das klagabweisende Urteil des Berufungsgerichts vom 31. Oktober 1906.

Frühestens also am 10. März 1906 waren die Tatsachen, welche eine Klage gegen die Stadt zu fundieren geeignet erscheinen konnten, hervorgetreten und zur Kenntnis des Klägers gelangt, der dem Beweistermin an diesem Tage anwohnte und die Zeugenaussage hörte. Frühestens mit diesem Zeitpunkt (§ 187 Abs. 1 BGB.) begann der Lauf der Verjährung; sie war daher Anfang Mai 1907, als die vorliegende Klage erhoben wurde, noch nicht vollendet." . . .

15. Unterliegt die Aushändigung von Kuxscheinen an die Gründer einer Gewerkschaft dem Umsatzstempel?

Reichsstempelgesetz vom 3. Juni 1906, Tarif-Nr. 4a³ u. Abs. 2.

VII. Zivilsenat. Urt. v. 24. März 1911 i. S. Gewerksch. Marie (Kl.) w. Landesfiskus von Elsaß-Lothringen (Bekl.). Rep. VII. 485/10.

I. Landgericht Straßburg.
II. Oberlandesgericht Colmar.

Im Jahre 1907 gründete die Gewerkschaft Amelie mit einem Teile der ihr zustehenden Verleihungen eine Tochtergewerkschaft unter dem Namen Marie. Von den 100 Kuxen der neuen Gewerkschaft behielt die Amelie 99, einen übernahm der Repräsentant B. Über die beiden Anteile wurde je ein Kuxschein ausgefertigt. Auf Erfordern des Hauptzollamts bezahlte die Klägerin außer dem Emissionsstempel auch noch 277,80 ℳ Umsatzstempel, erhob sodann aber Klage mit dem Antrage, den Beklagten zur Rückzahlung des Umsatzstempels zu verurteilen. Dem Antrage des Beklagten entsprechend wurde die Klage in erster Instanz abgewiesen. Berufung und Revision der Klägerin blieben ohne Erfolg.

Gründe:

„Nach Tarif-Nr. 4a³ des Reichsstempelgesetzes vom 3. Juni 1906 unterliegen Kauf- und sonstige Anschaffungsgeschäfte über Anteile an bergrechtlichen Gewerkschaften oder die darüber ausgestellten Urkunden (Kuxscheine usw.) einem Steuersatze von 1 vom Tausend. Nach Abs. 2 steht den Kauf- und sonstigen Anschaffungsgeschäften gleich die bei Errichtung einer Aktiengesellschaft oder Kommanditgesellschaft auf Aktien erfolgende Zuteilung der Aktien auf Grund vorhergehender Zeichnung, die bei Errichtung einer Aktiengesellschaft stattfindende Übernahme der Aktien durch die Gründer und die Ausreichung von Wertpapieren an den ersten Erwerber. Der Berufungsrichter nimmt an, daß diese Vorschrift auch Anwendung finde auf den Fall der Gründung einer Gewerkschaft nach dem Berggesetz für Elsaß-Lothringen vom 16. Dezember 1873. Dem ist beizutreten. Die Schlußworte des Abs. 2: „Die Ausreichung von Wertpapieren an den ersten Erwerber" umfassen unbedenklich auch die Aushändigung von Kuxscheinen an die Gründer einer Gewerkschaft. Allerdings beruht die Steuerpflicht nicht auf dem körperlichen Akte der Aushändigung; vorausgesetzt wird vielmehr ein Geschäft, aus dem sich der Anspruch auf Aushändigung ergibt (Entsch. des RG.'s in Zivils. Bd. 52 S. 324). Ein solches Geschäft liegt aber der Aushändigung der Kuxscheine an die Gewerkschaften zugrunde, und zwar ist es in dem Vertrage über die Errichtung der Gewerkschaft zu finden. Wie sich aus § 83 des Berggesetzes ergibt, hat jeder Gewerke das Recht, von der Gewerkschaft die Ausfertigung eines Kuxscheines zu verlangen.

Es unterliegt auch keinem Bedenken, den Erwerb der Kuxe durch die Gründer der Gewerkschaft als Anschaffungsgeschäft im Sinne des Stempelgesetzes anzusehen. Der Umstand, daß die Kuxe in Abs. 2 neben den Aktien nicht besonders erwähnt sind, steht dem nicht entgegen. Wie schon die Vorinstanzen hervorgehoben haben, ist der Abs. 2 durch die Novelle vom 27. April 1894 in das Gesetz gekommen. Es wurde damit bezweckt, die bisherige Praxis der Steuerbehörden, wonach die Zuteilung von Aktien auf Grund einer Zeichnung, sowie die Übernahme durch die Gründer und in anderen Fällen die Auslieferung von Wertpapieren an den ersten Erwerber als steuerpflichtige Anschaffungsgeschäfte behandelt wurden, gegen abweichende Auffassungen der Gerichte zu sichern. Da zu jener Zeit Kuxe und Kuxscheine überhaupt noch nicht Gegenstand des Reichsstempelgesetzes waren, konnten sie auch in Abs. 2 der Tarif-Nr. 4 nicht mit erwähnt werden. Als sie aber später durch das Gesetz vom 14. Juni 1900 in den Tarif mit aufgenommen wurden, erübrigte sich ihre besondere Aufführung neben den Aktien, da die Schlußworte des Abs. 2 notwendigerweise auch auf den erstmaligen Erwerb von Kuxen und Kuxscheinen durch die Gründer einer Gewerkschaft bezogen werden mußten. Daß, wie die Revision geltend macht, die Entstehung einer Gewerkschaft andere Voraussetzungen hat, als die einer Aktiengesellschaft, ist ohne Bedeutung. Für das Stempelgesetz kommt es nur darauf an, ob börsenmäßige Werte dem Verkehr neu zugeführt werden, und diese Voraussetzung trifft nicht weniger zu, wenn Kuxe, als wenn Aktien neu in den Verkehr gebracht werden. Übrigens kann der Revision auch darin nicht beigetreten werden, daß Kuxe kraft Gesetzes entstünden. Richtig ist zwar, daß auch nach dem Gesetz vom 16. Dezember 1873 die gewerkschaftlichen Anteile notwendigerweise in Kuxen bestehen müssen (§ 81); allein ihr Entstehungsgrund ist nicht das Gesetz, sondern der der Entstehung der Gewerkschaft zugrunde liegende Vertrag. Dieser Vertrag ist auch zweifellos ein entgeltliches Rechtsgeschäft, wie sich schon daraus ergibt, daß jeder Beteiligte mit der Gründung der Gewerkschaft zugleich die Verpflichtung übernimmt, die Beiträge zu zahlen, die zur Erfüllung der Schuldverbindlichkeiten der Gewerkschaft und zum Betriebe erforderlich sind (§ 82)."

---

16. Zur Einrede der Patenterschleichung.

I. Zivilsenat. Urt. v. 25. März 1911 i. S. O. (Kl.) w. D. & Cie. u. Gen. (Bekl.). Rep. I. 622/09.

I. Landgericht Crefeld.
II. Oberlandesgericht Düsseldorf.

Dem Kläger wurde auf Anmeldung vom 13. Februar 1899 das Patent Nr. 107526 erteilt, das ein Verfahren zur Herstellung gemusterter Metallwalzen oder Metallplatten betrifft. Die Erteilung wurde am 16. Oktober 1899 bekannt gemacht. Die Beklagten übten in ihrer Fabrik genau dasselbe Verfahren aus. Gegenüber der im Juni 1907 erhobenen, auf Unterlassung, Rechnungslegung und Schadensersatz gerichteten Klage wandten sie ein, das Patent sei erschlichen.

Das Oberlandesgericht wies dem Einwande entsprechend die Klage ab. Die Revision des Klägers wurde zurückgewiesen aus folgenden

Gründen:

„Das durch das Patent geschützte Verfahren besteht darin, daß eine mit einer säurefesten Deckschicht überzogene Stahlwalze abwechselnd dem Drucke der Reliefmolette ausgesetzt und mit Ätzmitteln behandelt wird. Nach den Feststellungen des angefochtenen Urteils war dieses Verfahren, wie der Kläger bei der Anmeldung vom 13. Februar 1899 wußte, seit langer Zeit in den deutschen Gravieranstalten offenkundig ausgeübt worden. Mit Rücksicht hierauf hat das Berufungsgericht die auf Verletzung des Patents gegründete Klage abgewiesen. . . .

Daß der Einwand, das Patent sei erschlichen, ein gegenüber der Patentverletzungsklage zulässiger Einwand ist, hat der erkennende Senat erst kürzlich ausgesprochen (Urteil vom 25. Februar 1911, Rep. I. 613/09). Es steht das auch mit der Richtung, die die Rechtsprechung des Senats bisher eingeschlagen hat, im Einklange. In der Sache Rep. I. 170/92 (Bl. f. Patentw. Bd. 9 S. 5) wurde ein Patentinhaber, der sein Patent später als fünf Jahre nach Veröffentlichung der Erteilung gegen den Kläger geltend gemacht hatte, für den Fall, daß er es arglistig erwirkt haben sollte, für schadensersatzpflichtig erklärt, ohne daß auf den Umstand, daß das Patent inzwischen nach § 10 Nr. 2 Pat.-Ges. vernichtet war, entscheidendes Gewicht gelegt worden wäre. Die Urteile Rep. I. 102/02, 153/05 und 302/05 (ebenda Bd. 10 S. 35, Bd. 12 S. 39, 164) gehen ersichtlich von der gleichen Rechtsanschauung aus, wenn sie sich auch unmittelbar nur auf die Frage beziehen, ob der Ablauf der Frist des § 28 Abs. 3 auch bei Arglist des Patentinhabers es verhindert, das Patent auf Grund der Nr. 1 des § 10 zu vernichten. Diese besondere Frage, die von speziellen Erwägungen abhängt, bedarf hier keiner Erörterung. Auch wenn man sie mit der herrschenden Meinung bejaht, handelt es sich für die Beklagten doch nur um die verteidigungsweise Abwehr des Patents. Insoweit aber kann es nicht zweifelhaft sein, daß den §§ 826, 249 BGB. hier wie sonst ihre maßgebende Bedeutung eingeräumt werden muß. Wer ein nach § 10 Nr. 1 Pat.-Ges. nicht mehr angreifbares Patent auf betrügerische Weise erwirkt hat, ist verpflichtet, sich seiner Ausübung zu enthalten, nicht anders als wie eine solche Verpflichtung nach der Rechtsprechung des Reichsgerichts dem obliegt, der betrügerisch ein rechtskräftiges Urteil erzielt. In beiden Fällen ist durch den Fristablauf nur die Möglichkeit erloschen, daß das erworbene Recht als Scheinrecht erklärt wird. Die Verpflichtung des Inhabers, den Gebrauch des Rechts zu unterlassen, wird hierdurch nicht berührt. Sie ist eine Folge seiner unerlaubten Handlung und tritt gerade dann praktisch hervor, wenn der Erwerb endgültig geworden ist. Nur muß, wie in dem Falle des rechtskräftigen Urteils, daran festgehalten werden, daß der Rechtserwerb selbst in sittenwidriger Weise herbeigeführt ist. Die Behörde, die das Patent verleiht oder das Urteil erläßt, muß durch absichtliche Irreführung dazu bestimmt sein. Es genügt beim Patente nicht, wenn ein Anmelder, der das Schutzrecht in gutem Glauben erteilt erhielt, nach Entdeckung der dem Rechte anhaftenden Schwäche mit der Geltendmachung absichtlich zögert, bis die Vernichtungsgründe des § 10 Nr. 1 durch Zeitablauf weggefallen sind (vgl. Rep. I. 218/99 und 136/05, Bl. f. Patentw. Bd. 5 S. 292, Bd. 12 S. 257). Es genügt auch nicht die Anmeldung zum Patente bloß in dem Bewußtsein, eine patentwürdige Erfindung liege in Wirklichkeit nicht vor. Der Anmelder darf mit der Prüfungstätigkeit des Patentamtes rechnen; er darf auch damit rechnen, daß den beteiligten Kreisen durch Veröffentlichung der Anmeldung Gelegenheit gegeben wird, Mängel des Anmeldungsgegenstandes ihrerseits ans Licht zu bringen. Kohler, Handb. des Patentr. S. 392, Gewerbl. Rechtsschutz Bd. 11 S. 224, will ein Zusammentreffen beider Momente genügen lassen, indem er von Erschleichung der Patentruhe in dem Falle spricht, wenn jemand einen für die Patentfähigkeit wichtigen Umstand nicht betrügerisch unterdrückt, aber doch bewußt verschwiegen hat und nun die fünfjährige Frist hindurch sich im Hintertreffen hält. Ob dieser Ansicht beizutreten sein möchte, braucht hier nicht untersucht zu werden. Der Kläger hat in seiner Patentanmeldung angegeben, daß bisher zur Herstellung gravierter Metallwalzen nur entweder das Ätzverfahren, oder das Molettierverfahren geübt worden sei. Da ihm die offenkundige Vorbenutzung des Gedankens, beide Verfahren durch abwechselndes Ätzen und Molettieren miteinander zu vereinigen, bekannt war, hat er sich einer positiven Irreführung des Patentamtes, einer Vorspiegelung falscher Tatsachen, schuldig gemacht. Die Entscheidung, daß er das Patent erschlichen habe, ist deshalb schon aus diesem Grunde gerechtfertigt."

---

17. Haben in Preußen die Armenverbände wegen der von ihnen gemachten Aufwendungen einen Ersatzanspruch gegen den unterstützten Armen, wenn dieser zu Vermögen gelangt?

Preuß. Gesetz vom 11. Juli 1891, betr. Abänderung der §§ 31, 65 u. 68 des Gesetzes zur Ausführung des Bundesgesetzes über den Unterstützungswohnsitz, vom 8. März 1871 (GS. S. 300).

II. Zivilsenat. Urt. v. 28. März 1911 i. S. B. L. (Kl.) w. Stadtgemeinde Cöln (Bekl.). Rep. II. 251/10.

I. Landgericht Cöln.
II. Oberlandesgericht daselbst.

Seit Juni 1876 wurde von der verklagten Stadtgemeinde als Ortsarmenverband die wegen Geisteskrankheit entmündigte unverehelichte Berta L. in der städtischen Krankenanstalt Lindenburg aus öffentlichen Mitteln verpflegt. Einige Zeit vor ihrem im Dezember 1906 erfolgten Tode fiel der Bertha L. von ihrem in Rußland verstorbenen Bruder ein Erbteil zu, der von dem Verwalter ihres Nachlasses zum Betrage von 20861,15 *M* bei der Spar- und Darlehnskasse des Landkreises Cöln verzinslich angelegt wurde. Die Beklagte beanspruchte aus dem Nachlasse der Berta L. an Auslagen für die dieser in der Zeit vom 16. Juni 1876 bis zum 2. Dezember 1906 gewährte Verpflegung im ganzen 15189 *M* und widersprach deshalb der Aushändigung des Nachlasses an die Erben. Auf die infolgedessen von diesen erhobene Klage wurde die Beklagte durch Urteil des Landgerichts verurteilt, in die Auszahlung des ganzen Betrages von 20861,15 *M* an die Kläger einzuwilligen. Das Oberlandesgericht erachtete den Anspruch der Stadtgemeinde für die der Berta L. in der Zeit bis zum 1. April 1893 gewährte Verpflegung für unbegründet, dagegen den für die Verpflegung vom 1. April 1893 ab für begründet und änderte demgemäß das landgerichtliche Urteil ab. Die von den Klägern eingelegte Revision wurde zurückgewiesen, aus folgenden

Gründen:

„Das Urteil des Berufungsgerichts ist insoweit angefochten, als zu ungunsten der Kläger erkannt ist, d. h. insoweit als die Klage für den Betrag von 10627,03 *M* nebst Zinsen abgewiesen ist. In Höhe dieses Betrages hat der Berufungsrichter der Beklagten einen Anspruch auf Erstattung der Kosten für die der Erblasserin der Kläger in dem Zeitraum vom 1. April 1893 bis zum 2. Dezember 1906 gewährte Verpflegung zuerkannt. Den 1. April 1893 sieht der Berufungsrichter als den maßgebenden Zeitpunkt an, weil an diesem Tage das preußische Gesetz vom 11. Juli 1891, betr. Abänderung der §§ 31, 65 und 68 des Gesetzes zur Ausführung des Bundesgesetzes über den Unterstützungswohnsitz vom 8. März 1871, in Kraft getreten ist. Der Berufungsrichter geht nämlich von der Annahme aus, daß durch das Gesetz vom 11. Juli 1891 in seinem den § 68 des Gesetzes vom 8. März 1871 ergänzenden Art. III nicht nur auch für die Kreise und die sonstigen in Art. I (§§ 31 bis 31e) bezeichneten Kommunalverbände die prozessuale Zulässigkeit der Klage (die Zulässigkeit des ordentlichen Rechtsweges) habe ausgesprochen werden sollen, sondern auch daß materiellrechtlich zugunsten sowohl der Kreise und der sonstigen in Betracht kommenden Kommunalverbände, wie auch der Armenverbände ein Ersatzanspruch gegen den Unterstützten, sofern er nachträglich zu Vermögen komme, gegeben worden sei. Diese Annahme des Berufungsrichters wird von den Klägern mit der Revision als rechtsirrig angegriffen, jedoch vergeblich. Es hat bereits der III. Zivilsenat des Reichsgerichts in seinem Urteil vom 20. Dezember 1910 (Entsch. Bd. 75 S. 84), mit dem er den Erstattungsanspruch der Armenverbände gegen den Unterstützten für begründet erachtet hat, ausgesprochen: „Die in der Literatur und Rechtsprechung vertretene Ansicht, daß in § 68 Abs. 2 (Art. III des Gesetzes vom 11. Juli 1891) nur eine das gerichtliche Verfahren betreffende Vorschrift enthalten sei, findet in dem Zusammenhange mit den vorhergehenden Bestimmungen der §§ 65—67 und 68 Abs. 1 des Gesetzes vom 8. März 1871 eine gewisse Stütze, ist aber abzulehnen, da überwiegende Gründe dafür sprechen, daß der Zusatz (Art. III) eine materiellrechtliche Bestimmung enthält." Der jetzt erkennende Senat ist dem beigetreten.

Das Bundesgesetz über den Unterstützungswohnsitz vom 6. Juni 1870 — jetzt geltend in der ihm durch das Gesetz vom 30. Mai 1908 gegebenen Fassung — begründete nach § 61 Abs. 1 Rechte und Verbindlichkeiten nur zwischen den zur Gewährung öffentlicher Unterstützung nach Vorschrift des Gesetzes verpflichteten Verbänden (Orts-, Landarmenverbände, Bundesstaaten); die auf anderen Titeln (Familien- und Dienstverhältnis, Vertrag) beruhenden Verpflichtungen, einen Hilfsbedürftigen zu unterstützen, sind von dem Gesetz nicht betroffen worden (§ 61 Abs. 2). In § 62 ist jedoch zugleich bestimmt, daß jeder Armenverband, der nach Vorschrift des in Rede stehenden Gesetzes einen Hilfsbedürftigen unterstützt hat, befugt ist, „Ersatz derjenigen Leistungen, zu deren Gewährung ein Dritter aus anderen, als den durch dieses Gesetz begründeten Titeln verpflichtet ist, von dem Verpflichteten in demselben Maße und unter denselben Voraussetzungen zu fordern, als dem Unterstützten auf jene Leistungen ein Recht zusteht." Es ist hier also ausdrücklich ein Ersatzanspruch der Armenverbände gegen denjenigen, von dem der Unterstützte Unterstützung zu verlangen berechtigt ist, gegeben, und damit insbesondere auch ein Ersatzanspruch der Armenverbände gegen die unterhaltspflichtigen Angehörigen. In dem preußischen Gesetz, betreffend die Ausführung des Bundesgesetzes über den Unterstützungswohnsitz vom 8. März 1871, ist über das Verhältnis der Armenverbände zu anderweit Verpflichteten in § 65 Abs. 1 bestimmt, daß gewisse Personen (der Ehemann, die Ehefrau, die ehelichen Eltern, die uneheliche Mutter, Kinder) im Verwaltungswege angehalten werden können, dem Hilfsbedürftigen (nach Maßgabe ihrer gesetzlichen Verpflichtung) die erforderliche laufende Unterstützung zu gewähren. § 68 des Gesetzes vom 8. März 1871 lautet: „Die Erstattung bereits verausgabter Unterstützungskosten kann ein Armenverband in allen Fällen, soweit nicht die §§ 40 flg., betreffend das Verfahren in Streitsachen der Armenverbände, zur Anwendung kommen, nur im gerichtlichen Verfahren beanspruchen."

Es kann einem Zweifel nicht unterliegen, daß dieser (alte) § 68 des Gesetzes vom 8. März 1871 eine rein prozessuale Vorschrift enthielt, und ferner auch, daß über einen (materiellrechtlichen) Anspruch der Armenverbände gegen den Unterstützten selbst weder das Bundesgesetz vom 6. Juni 1870 noch das preußische Ausführungsgesetz vom 8. März 1871 sich ausgelassen hat.

Durch das preußische Gesetz vom 11. Juli 1891 sind in Art. I — der den § 31 des Gesetzes vom 8. März 1871 aufgehoben und durch die §§ 31—31e ersetzt hat — Vorschriften gegeben über die Verpflichtung, für Bewahrung, Kur und Pflege der hilfsbedürftigen Geisteskranken, Idioten usw. in geeigneten Anstalten Fürsorge zu treffen; es sind dabei, zur Entlastung der Ortsarmenverbände, insbesondere auch die Kreise zur Tragung der betreffenden Kosten (mit $^2/_3$) herangezogen, und sind ferner noch wegen sonstiger Kommunalverbände Bestimmungen getroffen. Durch

Art. II der Novelle erhielt § 65 des Gesetzes Zusätze dahin, daß das in Abs. 1 des § 65 dem Armenverbande gegebene Recht, im Verwaltungswege bestimmte Personen (den Ehemann, die Ehefrau, die Eltern, Kinder) zur Gewährung der dem Hilfsbedürftigen erforderlichen besonderen Unterstützung anzuhalten, in den Fällen der (neuen) §§ 31, 31a, d und e auch den Kreisen (und den anderen daselbst bezeichneten Kommunalverbänden) zustehe. Durch Art. III endlich erhielt § 68 des Gesetzes folgenden Zusatz: „Der Erstattungsanspruch im gerichtlichen Verfahren steht in den Fällen der §§ 31, 31a, d und e auch den Kreisen und den anderen daselbst bezeichneten Kommunalverbänden zu. Die Klage ist gegen den Unterstützten und gegen seine alimentationspflichtigen Angehörigen zulässig."

Um die Tragweite dieser Bestimmung handelt es sich. Ihr Wortlaut spricht jedenfalls nicht gegen ihre Auffassung als einer materiellrechtlichen Vorschrift, läßt vielmehr eine solche Auffassung zu, und diese findet in folgendem eine Stütze.

Schon bei der ersten Beratung des Gesetzentwurfs, betr. die außerordentliche Armenlast, auf Grund welchen Entwurfs die Novelle vom 11. Juli 1891 entstanden ist, wurde von dem Abgeordneten v. Tzschoppe, dem demnächstigen Berichterstatter der zur Vorbereitung des Entwurfs eingesetzten Kommission, erörtert (Stenograph. Berichte, Haus der Abgeordn. 1890/91, Bd. 2 S. 552): „daß, wenn es sich um die Wiedereinziehung der aufgewendeten Kosten von den unterhaltspflichtigen Angehörigen oder um die Heranziehung von unterhaltspflichtigen Angehörigen handelt (nach dem Entwurf), das eigentümliche Verhältnis sich ergeben kann, daß zwar dasjenige Drittel, welches der Ortsarmenverband aufgewendet hat, wieder eingezogen werden kann, diejenigen $^2/_3$ aber, welche der Kreis aufgewendet hat, nicht eingezogen werden können, weil der Kreis kein Armenverband ist" (und nach Maßgabe des — damals bestehenden — Gesetzes nur die Armenverbände die betreffenden Rechte hätten). Zugleich schlug der genannte Abgeordnete, indem er erwog, daß es sich in den §§ 65—68 des Gesetzes um die Heranziehung Angehöriger zur Unterhaltspflicht, bzw. zur Erstattung von bereits verausgabten Unterstützungskosten handele, zur Beseitigung der von ihm vorbezeichneten Übelstände beispielsweise vor, dem § 68 folgenden Abs. 2 zu geben: „Der gerichtliche Anspruch auf Erstattung verausgabter Unterstützungskosten sowie der Antrag auf Heranziehung der Angehörigen (§ 65) steht auch den Kreisen im Falle der §§ 31, 31a und 31b (des damaligen Entwurfs) bezüglich der von ihnen zu tragenden außerordentlichen Armenlast zu."

In der zur Vorberatung des Gesetzentwurfs eingesetzten Kommission wurde ein Gegenentwurf (II) eingebracht. Mit dessen Artt. IV und V wurde beantragt: in Art. IV, dem § 65 des Gesetzes einen „Absatz 4" zu geben, inhalts dessen die Bestimmungen des § 65 Abs. 1 auch auf die Kreise und sonstigen, in Betracht kommenden Kommunalverbände erstreckt würden; in Art. V, dem § 68 des Gesetzes diejenigen „Sätze" hinzuzufügen, die demnächst als der neue zweite Teil des § 68 Gesetz geworden und oben schon wörtlich wiedergegeben sind (Art. III des Gesetzes vom 11. Juli 1891).

Vgl. Stenographische Berichte, Haus der Abgeordn. 1890/91; Anlagen Bd. 3 S. 2332—2340.

Zur Begründung seines Gegenentwurfs führte der Antragsteller bezüglich der Artt. IV und V (des Entwurfs, Art. II und III des Gesetzes) aus (S. 2335): „In Art. IV sei den Kreisen das gleiche Recht auf Heranziehung der Angehörigen zur laufenden Unterstützung des Hilfsbedürftigen verliehen, welches die Armenverbände besäßen. Es sei ein dringendes Erfordernis der Billigkeit, die Kreise, da sie nicht zu Armenverbänden erklärt werden könnten, aber trotzdem armenrechtliche Lasten mittragen müßten, wenigstens in jener Beziehung den Armenverbänden gleichzustellen. Dasselbe Ziel verfolge Art. V bezüglich der Erstattung bereits verausgabter Unterstützungskosten. In beiden Fällen seien auch die sonstigen in den §§ 31 flg. bezeichneten Kommunalverbände in gleicher Weise zu behandeln wie die Kreise."

Der Bericht der Kommission besagt in der hier fraglichen Beziehung (S. 2336): „Zu Art. V des letzteren (des vorbezeichneten Gegenentwurfs) wurde seitens des Regierungskommissars bemerkt, daß es zweifelhaft erscheine, ob nicht schon auf Grund der „nützlichen Verwendung" die Erstattung bereits verausgabter Armenpflegekosten verlangt werden könne. Die Kommission beschloß jedoch, zur Sicherheit der Kreise usw. diesen Erstattungsanspruch ausdrücklich zu gewährleisten, und nahm den Art. V einstimmig an. Hierbei wurde noch betont, daß in diesem Artikel absichtlich der Wortlaut des § 65 des Gesetzes vom 8. März 1871 gewählt sei, da es sich nicht, wie in § 65 a. a. O., um das Verwaltungsstreitverfahren, sondern um den ordentlichen Rechtsweg handle, und daher der Kreis der Erstattungspflichtigen sich nach privatrechtlichen Normen verschieden regeln müsse."

Die Beschlüsse der Kommission sind sodann durch eine Redaktionskommission zusammengestellt; diese hat, wiewohl nach dem von der Kommission angenommenen Entwurf § 65 einen neuen „Absatz" erhalten sollte, dem § 68 aber die neuen „Sätze" „hinzugefügt" werden sollten, die Fassung beschlossen: „Der § 65 — erhält am Schlusse folgende Zusätze", „der § 68 — erhält folgenden Zusatz".

Bei den Beschlüssen der Kommission ist es, soweit es hier in Betracht kommt, in dem weiteren Stadium der Gesetzgebung unbeanstandet verblieben; es sind die Artt. II und III des Gesetzes in der 2. und 3. Beratung im Plenum ohne Debatte angenommen, nachdem bezüglich ihrer nur noch der Abgeordnete v. Rauchhaupt in allgemeinen Äußerungen zu dem Gesetzentwurf bemerkt hatte: „Da für die Kreise die öffentlichrechtliche Verpflichtung geschaffen ist, mindestens $^2/_3$ der Spezialunterhaltungskosten zu tragen, so muß er (der Kreis) auch das Recht erhalten, von den den Armenverbänden ersatzpflichtigen Verwandten Ersatz zu fordern. Deshalb sind die Artt. II und III ganz neu eingefügt."

Vgl. Stenographische Berichte, Haus der Abgeordn. 1890/91, Bd. 5 S. 2555, 2565, 2607.

Bei dem Wortlaut und der aus dem Vorstehenden ersichtlichen Entstehung des Gesetzes hat sich der Senat der eingangs bezeichneten Auffassung des III. Zivilsenats, es handle sich bei der neuen Bestimmung um eine materiellrechtliche Vorschrift, angeschlossen. Die Kommission hat zunächst jedenfalls bezüglich der Ersatzansprüche der Kreise und sonstigen Kommunalverbände gegen die unterhaltspflichtigen Angehörigen des Unterstützten auf einem materiellrechtlichen Standpunkt gestanden. Die Armenverbände hatten nach § 62 des Bundesgesetzes einen Ersatzanspruch gegen jene Angehörigen; es sollte vermieden werden, daß etwa die Kreise wegen der $^2/_3$, womit sie nach den Bestimmungen der Novelle an der Tragung der Lasten beteiligt waren, einen solchen Anspruch nicht hätten; die Kreise sollten den Armenverbänden gleichgestellt werden. Der Regierungskommissar gab zur Erwägung, ob die Kreise (und die sonstigen Kommunalverbände) nicht schon auf Grund der „nützlichen Verwendung“ Ersatz verlangen, also den materiellrechtlichen Anspruch erheben könnten; das erschien aber der Kommission zu unsicher, und sie beschloß einstimmig, zur Sicherheit den Ersatzanspruch den Kreisen usw. ausdrücklich zu gewährleisten (wie der Antragsteller sich ausgedrückt hatte, den Kreisen das Recht auf Heranziehung der Angehörigen zu verleihen). Es ist dabei, was die Angehörigen des Unterstützten anlangt, auch ferner noch ausdrücklich erwogen worden, daß die unterhaltspflichtigen Angehörigen in Betracht kämen, und der Kreis dieser Angehörigen sich nach den Normen des Privatrechts richten müsse.

Wenn nun danach durch § 68 des Gesetzes, wie er seit dem 1. April 1893 gilt, den Kreisen usw. ein Rechtsanspruch gegen die unterhaltspflichtigen Angehörigen des Unterstützten gegeben worden ist, § 68 also überhaupt eine materiellrechtliche Vorschrift enthält, so wird bei dem Wortlaut des Gesetzes, der die unterhaltspflichtigen Angehörigen und den Unterstützten selbst in gleicher Weise als Verpflichtete bezeichnet, nicht angenommen werden können, daß es sich zwar bezüglich des Ersatzanspruchs gegen die Angehörigen um eine materiellrechtliche, aber bezüglich eines Anspruchs gegen den Unterstützten selbst um eine formale, prozessuale Vorschrift handele. Es muß dabei freilich anerkannt werden, daß bei den gesetzgeberischen Verhandlungen nicht besonders hervorgetreten, insbesondere auch, soweit aus den Berichten ersichtlich, von dem Antragsteller bei Begründung seines Antrages in der Kommission und bei den Äußerungen des Abgeordneten v. Rauchhaupt in der 2. Beratung nicht ausdrücklich erörtert ist, daß der Ersatzanspruch auch gegen den Unterstützten selbst gegeben („verliehen“) werden solle; und es ist ferner anzuerkennen, daß es nach dem bis dahin in Preußen geltenden Recht streitig war und insbesondere auch für die einzelnen Landesteile je nach den in denselben geltenden Rechten verschieden beantwortet wurde, ob den Armenverbänden ein Ersatzanspruch gegen den (zu Vermögen gelangten) Unterstützten zustehe oder nicht. Aber der Gesetz gewordene Antrag hat von vornherein den Anspruch gegen den Unterstützten selbst und den Anspruch gegen die unterhaltspflichtigen Angehörigen unmittelbar und gleichwertig nebeneinandergestellt, so daß eine Unterscheidung in der Auffassung des Gesetzes nach den bezeichneten Richtungen hin, nicht angängig erscheint.

Aus dem Vorbemerkten würde zunächst nur zu entnehmen sein, daß durch die Novelle von 1891 den Kreisen (und den betreffenden anderen Kommunalverbänden) ein Erstattungsanspruch gegen die unterhaltspflichtigen Angehörigen und gegen den Unterstützten selbst gegeben worden ist. Es kommt deshalb weiter noch in Frage, ob dasselbe Recht auch den Armenverbänden gewährt ist. Die Frage ist ebenfalls zu bejahen. Schon der Sinn und Zweck des Gesetzes sprechen dafür. Bei den gesetzgeberischen Beratungen ist, wie der Berufungsrichter mit Recht ausführt, immer nur hervorgehoben worden, daß den Kreisen, wie sie nunmehr zu den Lasten der Armenpflege herangezogen würden, auch die gleichen Erstattungsmöglichkeiten wie den Armenverbänden einzuräumen seien; nirgend ist angedeutet, den Kreisen (und den sonstigen Kommunalverbänden) einen Vorzug gegenüber den Armenverbänden zu gewähren; jede Ungleichheit in den fraglichen Beziehungen sollte, wie erörtert, vermieden werden. Der Schlußsatz in dem jetzigen § 68: „die Klage ist gegen den Unterstützten und gegen seine alimentationspflichtigen Angehörigen zulässig" bezieht sich nicht nur auf den neuen, sondern ebensowohl auch auf den alten Teil des § 68, also wie auf die Kreise und die in §§ 31, 31a, d und e bezeichneten Kommunalverbände so auch auf die Armenverbände. Der Zusatz des Art. III der Novelle zu § 68 des Gesetzes soll nicht einen besonderen, in irgendwelcher Beziehung sich in Gegensatz oder Sonderung zu dem alten § 68 stellenden „Absatz" bilden; er soll vielmehr — auch ausweislich des Antrages, auf dem er beruht, und ausweislich der Beschlüsse der Kommission — lediglich dem alten Satz des § 68 zwei neue „Sätze" „hinzufügen", wie denn auch Krech, Die Reichsgesetze über den Unterstützungswohnsitz usw., 7. Auflage 1908, S. 355, den § 68 nicht in zwei Absätzen, sondern in einem, in drei unmittelbar hinter- und nebeneinander herlaufenden Sätzen zum Abdruck bringt. Daß § 68 des Gesetzes von dem Bürgerlichen Gesetzbuch nach Art. 103 des Einführungsgesetzes unberührt geblieben ist, ist unbedenklich mit dem Berufungsrichter anzunehmen.

Endlich mag noch bemerkt werden, daß auch das Bundesamt für das Heimatwesen in seinem Urteil vom 13. September 1903,

Entsch. des Bundesamts usw. Heft 36 S. 44, sich dahin ausgesprochen hat, daß der Armenverband aus § 68 des Ausführungsgesetzes vom 8. März 1871 in der Fassung der Novelle vom 11. Juli 1891 einen Erstattungsanspruch gegen den Unterstützten hat.

Vorstehendem gemäß war die Revision der Kläger, wie geschehen, zurückzuweisen."[1]

---

18. Darf, wenn ein Teil eines Rechtsgeschäfts wegen zu langer Bindung nichtig ist, aus § 139 BGB. die Befugnis des Richters zu der Annahme abgeleitet werden, daß in der Einigung auf zu lange Zeit auch die Einigung auf angemessene Zeit enthalten sei.

BGB. §§ 138 Abs. 1 u. 139.

II. Zivilsenat. Urt. v. 28. März 1911 i. S. E. G. (Bekl.) w. Freiherrl. v. T.'sche Brauerei (Kl.). Rep. II. 627/10.

I. Landgericht Amberg.
II. Oberlandesgericht Nürnberg.

Der Beklagte schloß mit der Klägerin am 3. Dezember 1906 für die Zeit vom 1. Oktober 1906 bis zum 1. Oktober 1921 einen

[1] Für die hier vertretene Auffassung vgl. auch Entsch. d. Bundesamts usw. vom 1. April 1905 im Preuß. Verwalt.-Bl. 1904/05, 26. Jahrg., S. 938 Nr. 19; Schaefer, in Gruchot's Beitr. Bd. 41 S. 91 flg. (insbes. S. 97—107); Eger, Reichsges. über d. Unterst.-Wohns. 1909 S. 418 in Anm. 4; Krech, Die Reichsges. über d. Unterst.-Wohns. 7. Aufl. 1908 S. 355 Anm. 2 zu § 68; Olshausen, Zeitschr. f. das Heimatwesen 1900 S. 278; Stölzel, Rechtsweg u. Kompetenzkonflikt S. 193 unter 3 u. Anm. 17; Urt. d. OLG. Frankfurt vom 24. Oktober 1900 bei Greve, Die Erstattungsansprüche der Armenverbände, Borna-Leipzig, 1904 S. 12; Urt. d. OLG. zu Posen vom 6. Mai 1908, RSpr. d. OLG. Bd. 18 S. 54; Münsterberg, in den Schriften d. Deutschen Vereins für Armenpflege und Wohltat Heft 41 S. 2. Anderer Meinung: Jebens, im Preuß. Verwaltungsbl. 1905/06, 27. Jahrg., S. 387 flg.; Simonsohn, in der Zeitschr. für d. Armenwesen, 6. Jahrg. 1905, S. 136 flg.; Greve, Die Erstattungsansprüche der Armenverbände, Borna-Leipzig, 1904 S. 14; Riedner, Kommentar zum EinfGes. z. BGB. 1901 zu Art. 103 Anm. 2; Urt. d. OLG. Cöln v. 18. Oktober 1905 im Preuß. Verwaltungsbl. 1905/06, 27. Jahrg., S. 145; Urt. d LG. zu Aachen vom 16. Januar 1899 in den oben angeführten Schriften des Deutschen Vereins für Armenpflege usw. S. 7; v. Speth-Schützberg, Der Ersatzanspruch der Armenverbände usw. Diss. Leipzig 1907 S. 14 flg. D. E.

Vertrag ab, nach dem er während des angegebenen Zeitraums das Bier für seine Gastwirtschaft zu einem bestimmten Preise von der Klägerin zu beziehen hatte. Am 18. Dezember 1906 schloß er mit der Klägerin einen weiteren Vertrag, durch welchen er sich verpflichtete, der Klägerin den Hof seines Anwesens zur Erbauung eines Eiskellers auf ihre Kosten unentgeltlich zur Verfügung zu stellen und die Lagerung und Abgabe von Bier und Eis aus diesem Keller zu überwachen. Diese Verpflichtung übernahm der Beklagte in diesem Vertrag für sich und seine Besitz- und Rechtsnachfolger auf zwanzig Jahre. Die Klägerin erbaute den Eiskeller. Der Beklagte bezog auch das Bier der Klägerin bis zum 1. Oktober 1907. Am 11. September 1907 verkaufte der Beklagte sein Anwesen an die Brauerei T., die jedoch weder in den Bierabnahmevertrag noch in den Eiskellervertrag eingetreten ist. Die Klägerin mußte deshalb an anderer Stelle einen neuen Eiskeller bauen.

Wegen Nichterfüllung beider Verträge verklagte die Klägerin den Beklagten auf Schadensersatz in Höhe von 9600 ℳ nebst 4% Zinsen seit dem 23. September 1907. Das Landgericht verurteilte den Beklagten unter Abweisung der Mehrforderung zu 5032,06 ℳ nebst Zinsen.

Die Berufung des Beklagten wurde zurückgewiesen. Auf seine Revision erfolgte die Aufhebung des angegriffenen Urteils und die Zurückverweisung an das Berufungsgericht.

Aus den Gründen:

... „Der Berufungsrichter lehnt eine Prüfung des Einwandes des Beklagten, daß die Bindung des Beklagten auf 15 Jahre nach den persönlichen und sachlichen Umständen eine unzulässige Beschränkung der wirtschaftlichen Bewegungsfreiheit des Beklagten bedeute und daher den Vertrag nach § 138 Abs. 1 BGB. nichtig mache, mit einer nicht zutreffenden Begründung ab. Er verurteilt den Beklagten zur Erstattung des Gewinnes, der der Klägerin von der Einstellung des Bierbezugs, d. i. vom 1. Oktober 1907, bis zur Verkündung des Urteils erster Instanz, d. i. bis zum 8. November 1909, entgangen sei, in Höhe von 632,06 ℳ; denn wenn die Bindung auf 15 Jahre auch eine zu lange sein möchte, so liege in der Einigung auf zu lange Zeit auch die Einigung auf angemessene Zeit; die Zeit vom 1. Oktober 1907 bis zum 8. November 1909, die in zweiter Instanz allein noch im Streite lag, sei aber eine angemessene. Es ist richtig, daß nur der Anspruch auf entgangenen Gewinn für die Zeit vom 1. Oktober 1907 bis zum 8. November 1909 in die zweite Instanz gediehen ist; denn die Klägerin hat sich dabei beruhigt, daß der erste Richter den über den 8. November 1909 hinaus sich erstreckenden Anspruch als noch nicht fällig abgewiesen hat. Allein der Berufungsrichter verletzt den § 139 BGB. Dieser Paragraph läßt, wenn ein Teil eines Rechtsgeschäfts wegen Verstoßes gegen die guten Sitten nichtig ist (§ 138 Abs. 1 BGB.), ausnahmsweise nicht den ganzen Vertrag nichtig werden, wenn der übrige Teil des Vertrags ohne den nichtigen Teil ebenso abgeschlossen worden wäre, wie er in der Tat abgeschlossen worden ist. Soll diese Ausnahmevorschrift auf den hier streitigen Vertrag angewendet werden — und der Berufungsrichter bezieht sich für seine Ansicht auf § 139 —, so würde der Bierabnahmevertrag ohne den nichtigen Teil, also ohne die Zeitbestimmung, abgeschlossen worden sein. Man kann aber nicht mit dem Berufungsrichter sagen, die Parteien, die die Möglichkeit der Nichtigkeit gar nicht ins Auge gefaßt und für diesen Fall keinerlei Abkommen getroffen haben, hätten deshalb, weil eine Bindung von 15 Jahren gegen die guten Sitten verstoße, jedenfalls auf eine geringere Zeit, und zwar auf angemessene Zeit, abgeschlossen. Denn so haben die Parteien eben nicht abgeschlossen; das vermeintlich Geringere ist vom Standpunkt der Parteien aus, der allein entscheidet, nicht etwas Geringeres, sondern etwas anderes. Der Berufungsrichter will an die Stelle des vereinbarten nichtigen Teiles des Vertrags etwas setzen, was die Parteien nicht vereinbart haben. Eine solche Befugnis, die im Falle der Nichtigkeit eines Teiles eines Vertrags zu einem richterlichen Ermäßigungsrecht des Richters führt, kennt der § 139 BGB. nicht.

Hieraus folgt die Aufhebung dieses Teiles des Urteils und die Zurückverweisung, damit der Einwand des Verstoßes gegen die guten Sitten geprüft werde, nachdem die erforderlichen Tatsachen festgestellt sein werden.

Die Aufhebung dieses Teiles des Urteils zieht die Aufhebung des ganzen Urteils nach sich, weil ein innerer Zusammenhang zwischen dem Bierabnahmevertrag und dem Eiskellervertrag auch den Eiskellervertrag und die aus diesem Vertrag hergeleiteten Ansprüche der

Klägerin zu Fall bringen kann, wenn der Bierabnahmevertrag nichtig sein sollte. Diesen inneren Zusammenhang hat der Berufungsrichter nicht geprüft. Der Berufungsrichter hat den Bierabnahmevertrag für sich allein ausgelegt, und zwar dahin, daß nicht etwa ein dingliches Recht der Klägerin begründet, sondern dem Beklagten eine persönliche Verpflichtung auferlegt werden sollte. Diese Auslegung ist zwar beanstandet; der Berufungsrichter hat jedoch Auslegungsgrundsätze nicht verletzt, und es kann dagegen nichts erinnert werden, daß der Berufungsrichter auch hier, wie beim Bierabnahmevertrag, annimmt, der Beklagte habe nur die persönliche Verpflichtung eingegangen, die nachfolgenden Besitzer seines Anwesens in gleicher Weise der Klägerin gegenüber durch Vertrag zu binden, wie er sich selbst der Klägerin gegenüber in dem Eiskellervertrag gebunden hatte." ...

---

19. Nicht verbotenes Börsentermingeschäft in Wertpapieren. Kann das Einverständnis mit der Bewirkung der Leistung durch den anderen Teil auch stillschweigend erklärt werden?

Börsengesetz vom 27. Mai 1908 § 57.

I. Zivilsenat. Urt. v. 29. März 1911 i. S. Diskontogesellschaft (Bekl.) w. B. (Kl.). Rep. I. 592/09.

I. Landgericht I Berlin.
II. Kammergericht daselbst.

Der Architekt H. in B. stand mit der Beklagten in Geschäftsverbindung und beauftragte sie Anfang August 1908, an der Berliner Börse Aktien der Bochumer Gußstahlfabrik im Nennwerte von 60000 *M* per ultimo August für ihn zu kaufen. Die Beklagte verlangte Bestellung einer Sicherheit, woraufhin der Kläger auf H.'s Ersuchen am 3. August 3000 *M* $3^1/_2$ % preuß. Konsols bei der Beklagten mit der schriftlichen Erklärung hinterlegte, daß diese Papiere zur Deckung von Verlusten aus Börsentermingeschäften

H.'s dienen sollten. Dabei wurde mündlich zwischen den Parteien vereinbart, daß das Pfand dem Kläger zurückgegeben werden solle, sobald das Ultimogeschäft gemäß § 57 Börsen-Ges. Wirksamkeit erlangt haben sollte. Nach Bestellung der Sicherheit führte die Beklagte am 4. August die Kauforder H.'s aus.

Da H. einen Auftrag zum Abschlusse eines Gegengeschäftes nicht erteilte, nahm die Beklagte sodann am 31. August 1908 die 60000 ℳ Bochumer Gußstahlaktien ab, machte H. unter Erteilung einer Abrechnung davon Anzeige und schrieb ihm dabei, wie folgt:

„Die vorstehend verzeichneten Wertpapiere haben wir Ihrem Depot beigefügt. Wir bitten Sie dringend, uns ... zu bestätigen, daß Sie von den mit vorliegendem Schreiben erteilten Aufgaben in allen Teilen gleichlautend Notiz genommen haben. Geht diese Ihre Zustimmungserklärung nicht binnen drei Tagen bei uns ein, und hören wir innerhalb dieser Frist nichts Gegenteiliges von Ihnen, so werden wir Ihr Einverständnis mit unsern Aufgaben voraussetzen."

Unstreitig war dieses Schreiben H. zugegangen; eine Antwort hatte er aber nicht erteilt.

Die Parteien stritten darüber, ob mit diesem Vorgange die Erfordernisse des § 57 Börsen-Ges. erfüllt seien. Der Kläger behauptete es und forderte mit der Klage Rückgabe des von ihm bestellten Pfandes; die Beklagte zog es in Zweifel und beantragte Abweisung der Klage.

Beide Instanzen gaben der Klage statt; das Reichsgericht hat die Revision der Beklagten zurückgewiesen.

Gründe:

„Es handelt sich um ein Börsentermingeschäft in zugelassenen Wertpapieren (§§ 50, 63 des Börsengesetzes von 1908), ein „nicht verbotenes Börsentermingeschäft" (§ 57). Wirksam ist ein solches Geschäft nur, wie § 52 sagt, „nach Maßgabe der §§ 53—56", d. h.

1. wenn es zwischen börsengeschäftsfähigen Personen abgeschlossen ist (§ 53);
2. in Bezug auf die Befriedigung aus einer bestellten Sicherheit (§ 54);
3. insoweit, als das Geleistete nicht kondiziert werden kann (§ 55);
4. insoweit, als aufgerechnet wird (§ 56).

Alle diese Bestimmungen kommen hier nicht in Frage. Der Kläger ist nicht börsengeschäftsfähig. Die Haftung aus der Sicherheit würde an sich bestehen, ist hier aber nicht in Streit.

In Streit ist lediglich, ob der Fall des § 57 vorliegt. In Ergänzung der §§ 53—56 wird hier bestimmt, daß ein (nach den voraufgegangenen Bestimmungen an und für sich ganz oder teilweise unwirksames) Börsentermingeschäft „als von Anfang an verbindlich gelten soll", wenn zwei Voraussetzungen erfüllt sind:

1. der eine Teil muß die Leistung aus dem Geschäfte an den andern Teil bewirkt haben;
2. dieser andere Teil muß sich mit der Bewirkung dieser Leistung einverstanden erklärt haben, und zwar „bei oder nach dem Eintritte der Fälligkeit".

Der Sinn ist also: die Erfüllung eines an sich unwirksamen Börsentermingeschäfts soll uicht bloß (was § 55 schon bestimmt) konditionsfrei sein, sondern zugleich das ganze Geschäft hinterher gültig machen, wenn die Erfüllung nicht bloß auf dem einseitigen Willen des Erfüllenden beruht, sondern zugleich dem Willen des Erfüllungsempfängers entspricht.

Daß die erste Voraussetzung im vorliegenden Falle gegeben ist, darüber streiten die Parteien nicht. Die Beklagte bewirkte die Leistung, die sie aus dem ihr aufgetragenen Börsentermingeschäfte (vgl. § 60) H. schuldete — richtiger: geschuldet hätte, falls es wirksam gewesen wäre —, indem sie die Aktien von dem dritten Verkäufer abnahm (oder ihren eigenen Beständen entnahm) und unter Anzeige in H.'s Depot legte. Ob derartige Maßnahmen in allen Fällen als Bewirkung der Leistung von seiten der Bank zu gelten haben, ist nicht zu erörtern. Hier ist darüber kein Streit.

Streit besteht nur über das Vorliegen der zweiten Voraussetzung: ob H. sich mit der Bewirkung der Leistung einverstanden erklärt hat. Dies aber auch nur insoweit, als die Beklagte die Ansicht vertritt, dem Gesetze sei nur genügt, wenn diese Erklärung ausdrücklich abgegeben sei. Das bloße Stillschweigen H.'s auf den Brief der Beklagten vom 31. August soll nicht genügen.

Diese Ansicht ist aber von den Vorinstanzen mit Recht zurückgewiesen. Hätte das Gesetz eine „ausdrückliche" Erklärung verlangt, so würde dies gesagt worden sein, ebenso wie es an einer andern Stelle des Gesetzes geschehen ist: § 54 Abs. 2. Vgl. auch § 2 Abs. 1, § 3 Abs. 2 Bankdepotges. und §§ 164, 244, 700 BGB., sowie Entsch. des RG.'s in Zivils. Bd. 65 S. 177. Es genügt daher auch eine stillschweigende, aus den Umständen zu folgernde Willenserklärung.

Mit Recht aber nehmen die Vorinstanzen an, daß H. nach Treu und Glauben verpflichtet war, nach dem Empfange des Briefes der Beklagten vom 31. August innerhalb angemessener Frist sich zu äußern, wenn er mit der Bewirkung der Erfüllung, die die Beklagte vorgenommen hatte, nicht einverstanden war. Sein Schweigen muß als Zustimmung gedeutet werden. Daß ihm die Beklagte dieses Präjudiz sogar ausdrücklich angedroht hat, ist dabei nicht wesentlich. Wollte man anders entscheiden, so würde man dem Kunden die Möglichkeit verschaffen, auf Kosten des Bankiers weiter zu spekulieren und es von der zukünftigen Kursentwicklung abhängen zu lassen, ob er die Erfüllung genehmigen will oder nicht. Gerade derartigen Verstößen gegen Treu und Glauben hat das neue Börsengesetz entgegentreten wollen.

Abwegig ist es, in der Erfüllungsanzeige des Bankiers ein Vertragsangebot zu erblicken und mit dem an sich richtigen Satze zu operieren, daß der Anbietende den Vertrag der Regel nach nicht dadurch zustande bringen kann, daß er dem andern Teile erklärt, er werde dessen Schweigen als Annahme deuten. Bei der Erfüllungsanzeige handelt es sich nicht um den Abschluß eines neuen Vertrages, nicht einmal im Sinne des § 141 BGB., sondern um die Vornahme eines Rechtsgeschäftes, das auf einen bereits bestehenden Vertrag Bezug hat. Allerdings wohnt diesem Vertrage nur eine beschränkte rechtliche Wirksamkeit bei, nämlich die in den §§ 54—56 Börsen-Ges. vorgesehene Wirksamkeit. Darum aber ist er noch nicht, wie die Revision meint, ein Nichts. Das Gesetz spricht nicht von Nichtigkeit. Es liegt ein Vertrag mit bestimmten rechtlichen Folgen vor, Folgen, die zwar die Klagbarkeit nicht einschließen, wohl aber andere rechtliche Wirkungen: Realisierbarkeit bestellter Sicherheiten, Konditionsfreiheit des Geleisteten, beschränkte Aufrechnungsfähigkeit. Auch durch einen derartigen, nur beschränkt wirksamen Vertrag wird ein Rechtsverhältnis erzeugt, das nach dem Grundsatze von Treu und Glauben und durch die Rücksicht auf die Verkehrssitte beherrscht wird (§ 157 BGB.). Es ist daher nicht rechtsirrtümlich, wenn das Berufungsgericht das Schweigen H.'s auf den Brief der Beklagten vom 31. August als Zustimmung behandelt hat, und zwar um so weniger, als nach dem übereinstimmenden Vortrage der Parteien zwischen H. und der Beklagten eine Geschäftsverbindung bestand, die es schon als solche verbot, daß H. Mitteilungen der hier in Rede stehenden Art einfach hätte unbeachtet lassen dürfen." [1] ...

---

20. Finden die Ausweichvorschriften der Artt. 17—23 der Seestraßenordnung vom 5. Februar 1906 auch auf den Fall des Überholens (Art. 24) Anwendung?

I. Zivilsenat. Urt. v. 29. März 1911 i. S. C. Hermanos (Kl.) w. Deutsch-Austral. Dampfschiffs-A.-G. (Bekl.). Rep. I. 311/10.

I. Landgericht Hamburg, Kammer für Handelssachen.
II. Oberlandesgericht daselbst.

Die klagende Firma war Eigentümerin der Bark „Maria", die durch Zusammenstoß mit dem Dampfer der Beklagten „Goslar" in der Nacht zum 9. Juli 1908 um 1 Uhr 15 Minuten in der Nähe von Cap Finisterre untergegangen war. Mit der Klage wurde Ersatz des Schadens in Höhe von 32501,51 ℳ verlangt. Die Führung des „Goslar" lag dem auf der Brücke befindlichen II. Offizier L. ob. Dieser bemerkte plötzlich, schon in großer Nähe, ein weißes Licht — es war ein von der Bark gezeigtes Hecklicht — an Steuerbord voraus, worauf er mit Hartsteuerbordruder auszuweichen suchte, um hinter dem Segler herumzugehen. Als der

---

[1] Wie hier, Staub, Nachtrag z. HGB., Exk. zu § 376 Anm. 45, ferner die Kommentare z. BörsGes. von Nußbaum (S. 289), Bernstein (S. 252), Kahn (S 275) und Apt (S. 137), sowie Danz, Grundsätze von Treu und Glauben S. 78, und Düringer, Bankarchiv 1911 S. 127. And. Mein.: Neukamp, in Rehms Komment. z. BörsGes. S. 252. D. E.

Dampfer infolge dieses Manövers $^3/_4$ Strich nach rechts abgefallen war, bemerkte L. das rote Licht des Seglers $^3/_4$ Strich an Steuerbord voraus und schloß daraus, daß der Zusammenstoß nicht mehr zu vermeiden sei. Er ließ jetzt das Ruder Hartbackbord legen, in der Hoffnung, dadurch beide Schiffe möglichst parallel zueinander zu bringen und den Stoß abzuschwächen, was die Wirkung hatte, daß der „Goslar" auf dem ihm mit Hartsteuerbordruder gegebenen Kurse verblieb. Der Segler wurde alsdann beim Fockwant an Backbordseite getroffen, nachdem noch der herbeigeeilte Kapitän des Dampfers Sch. im letzten Augenblicke ohne Wirkung die Maschinen auf volle Kraft rückwärts hatte setzen lassen. Bis dahin war der Dampfer mit voller Kraft bei einer Geschwindigkeit von 12 Seemeilen vorausgegangen. Der Segler sank alsbald nach dem Zusammenstoße, wobei der Schiffer und zwei andere zur Besatzung gehörige Personen ertranken. Von den der Besatzung des Dampfers gemachten Vorwürfen kommt jetzt nur noch der in Betracht, daß seine Manöver fehlerhaft gewesen seien, und daß er gegen die gesetzlichen Vorschriften es unterlassen habe, sogleich mit voller Kraft rückwärts zu gehen.

Die Instanzen wiesen die Klage ab. In der Revisionsinstanz erkannte die Klägerin an, daß ein Verschulden auch auf seiten der Bark insofern vorliege, als diese ihr Hecklicht nicht rechtzeitig gemäß Art. 10 SStrO. gezeigt habe; sie verlangte nur noch Erstattung der Hälfte des Schadens.

Der Revision wurde stattgegeben, und der Klaganspruch zu $^1/_4$ für berechtigt erklärt.

Gründe:

„Das Berufungsgericht legt die Ausweichvorschriften des Abschnittes V der Seestraßenordnung unrichtig aus, wenn es annimmt, daß die Artt. 17—23 auf den Fall des Art. 24 (Überholen) keine Anwendung finden könnten. Die Ausweichvorschriften bilden ein zusammenhängendes Ganzes, so daß, wenn darin von „diesen Vorschriften" die Rede ist, die gesamten Vorschriften in Betracht zu ziehen sind, und nicht nur die dem betreffenden Artikel unmittelbar vorhergehenden. Wenn Art. 24 lautet: „ohne Rücksicht auf irgend eine dieser Vorschriften muß jedes Fahrzeug beim Überholen eines anderen dem letzteren aus dem Wege gehen", so ist damit gesagt, daß soweit mit dieser Regel die übrigen Vorschriften nicht in Einklang stehen sollten, diese Regel den Vorzug hat. Damit wird schon vorausgesetzt, daß an sich alle übrigen Ausweichvorschriften auch für den Fall des Überholens anzuwenden sind. Es ist hauptsächlich an den Fall zu denken, daß ein Segelschiff ein Dampfschiff überholt, wo nicht Art. 20, sondern Art. 24 anzuwenden ist (vgl. Marsden zu Art. 24, 6. Aufl., S. 435). Soweit kein Konflikt besteht, sind auch die übrigen Vorschriften zu beachten. Daher sagt Schaps, Seerecht S. 685 Note 7 zutreffend: „Die Verpflichtungen des überholten Schiffes ergibt Art. 21 und Art. 10." Ebenso Marsden S. 436: „The overtaking ship must, if circumstances permit, under Art. 22, pass astern and not ahead of the other. The latter must, under Art. 21, not alter her course or speed" — und S. 438: „It is the duty of a steamship overtaking a sailing ship to keep out of the way of the latter both by virtue of Art. 20 and Art. 24." Vgl. auch Entsch. d. ROHG. Bd. 4 S. 121, Bd. 23 S. 188.

Dies hindert selbstverständlich nicht, daß von den Ausweichregeln abgewichen wird, soweit überhaupt keine Kollisionsgefahr besteht — denn nur hierfür sind sie berechnet —, oder wenn durch die Abweichung eine bestehende Kollisionsgefahr gemindert wird. Damit erledigen sich die vom Berufungsgericht aus dem von ihm angeführten Beispiele hergeleiteten Bedenken: wenn beide Schiffe parallel nebeneinander fahren und das überholte Schiff seinen Kurs nach der Richtung ändern muß, wo das andere fährt, so wird es regelmäßig unbedenklich sein, wenn es stoppt, um das andere Schiff schnell passieren zu lassen, und dann hinter dessen Heck die Wendung zu machen. Es wird auch häufig möglich sein, daß sich beide Schiffe in derartigen Fällen miteinander verständigen. Auch die englische Rechtsprechung erkennt an, daß das überholte Schiff seinen Kurs zu dem Zwecke ändern dürfe, um dem anderen mehr Raum zum Passieren zu geben. Vgl. Marsden S. 437. Andrerseits würde es einen schweren Verstoß gegen Art. 21 bedeuten, wenn das überholte Schiff in dem Beispiele des Oberlandesgerichts ohne Verständigung mit dem anderen vor und nahe dem Buge des letzteren die Wendung nach Westen unternehmen würde. Ähnliche Zweifel der Anwendbarkeit können bei allen Ausweichvorschriften entstehen; vgl. z. B. in Bezug auf Art. 19 den Fall des Ausfahrens aus einem Seitengewässer in ein Hauptfahrwasser das Urteil des Reichsgerichts vom 7. Juni 1909, Hans. Ger.-Ztg. 1909 Hauptbl. Nr. 125.

Die unbedingte Anwendbarkeit des Art. 23 kann schon deshalb nicht zweifelhaft sein, weil diese Bestimmung die Voraussetzung enthält „wenn nötig", d. h. wenn die nautische Vorsicht es gebietet. Es wird damit also durch die Ausweichvorschriften die Beobachtung der erforderlichen nautischen Vorsicht in dieser Richtung nur noch besonders eingeschärft, weil die Erfahrung gelehrt hat, daß manche Schiffsführer nicht sehr geneigt sind, sie in dieser Richtung zu betätigen, und dazu regelmäßig eine gewisse Selbstüberwindung gehört. Für den vorliegenden Fall kommt aber außerdem noch, wie die Revision zutreffend bemerkt, hinzu, daß es sich um die Gefahr der Kollision zwischen einem Dampfschiffe und einem Segelschiffe handelt, so daß das Dampfschiff eventuell gemäß Art. 20 verpflichtet gewesen wäre, aus dem Wege zu gehen.

Das Berufungsgericht stellt fest, daß es im vorliegenden Falle für den Dampfer „Goslar" geboten war, sofort beim Erblicken des Hecklichtes der „Maria" zu stoppen und mit voller Kraft rückwärts zu gehen, daß der ursächliche Zusammenhang zwischen Unterlassung und Schaden gegeben ist, und daß dem Führer des „Goslar" keinerlei Entschuldigung für die Unterlassung zur Seite steht.[1] Daraus folgt ohne weiteres ein subjektives Verschulden des Schiffsführers an der Kollision und die Mitverantwortlichkeit der Beklagten für die Folgen.

Da der Tatbestand völlig klar ist, besteht kein Hindernis, in der Sache selbst zu erkennen. Es ist dabei in Betracht zu ziehen, daß die Kollisionsgefahr zunächst durch die „Maria" geschaffen ist, weil sie versäumt hat, rechtzeitig ihr Hecklicht zu zeigen. Auf ihrer Seite liegt daher das Hauptverschulden. Hiernach hat der Senat der Revision teilweise stattgegeben und den Klaganspruch unter Abweisung im übrigen zu $^1/_4$ dem Grunde nach für berechtigt erklärt."

---

[1] Nur das subjektive Verschulden wurde deswegen verneint, weil „Goslar" durch keine gesetzliche Vorschrift gebunden gewesen wäre, zu stoppen und rückwärts zu gehen. D. E.

21. Kann der gesetzliche Vertreter die erforderliche Genehmigung des Kindes zu einem Vertrage, den er für sich mit einem Dritten abgeschlossen hat, namens des Kindes dem Dritten gegenüber wirksam erklären? Bedarf die Abtretung einer Hypothekenforderung des Kindes zur Sicherung eines Gläubigers des gesetzlichen Vertreters der Genehmigung des Vormundschaftsgerichts?

BGB. §§ 181, 182 Abs. 1, 1821 Abs. 2, 1822 Nr. 10.

V. Zivilsenat. Urt. v. 29. März 1911 i. S. Antonie St. (Kl.) w. K. & R. (Bekl.). Rep. V. 335/10.

I. Landgericht Göttingen.
II. Oberlandesgericht Celle.

Auf der Besitzung eines Georg H. stand in Abt. III Nr. 12 eine zu 4 % verzinsliche Forderung von 120000 *M* „für die Witwe St., bzw. nach deren Tode für ihre vier Kinder" Mathilde, Alwine, Eduard und Antonie (Klägerin, geb. 1888) eingetragen. Durch Urkunde vom 11. Juli 1906 übernahm die Witwe St. die selbstschuldnerische Bürgschaft für eine Schuld des Ehemannes ihrer Tochter Mathilde, als Mitinhabers der Firma R. G., an die Beklagte. Zugleich erklärte sie, zur Sicherung für die der Beklagten zustehende Gesamtforderung von 77430,25 *M* nebst Zinsen und Kontospesen seit dem 1. Juli 1906 trete sie die ihr gegen Georg H. zustehende Hypothekenforderung von 120000 *M* nebst Zinsen der Beklagten zur Höhe ihrer genannten Gesamtforderung ab und bewillige und beantrage die Eintragung der Abtretung im Grundbuche. Die Urkunde und den Hypothekenbrief übergab sie der Beklagten. Unter dem 4. Oktober 1907 kam sodann zwischen der Beklagten, der Firma R. G. und ihren beiden Inhabern, den drei volljährigen Kindern und der minderjährigen Klägerin persönlich eine Vereinbarung zustande, worin es heißt, die Witwe St. habe nach dem Vertrage vom 11. Juli 1906 die Hypothek von 120000 *M* an die Beklagte abgetreten „als Sicherheit für eine Bürgschaft, die sie für die Firma R. G. in Höhe von ca. 80000 *M* und laufenden Zinsen übernommen" habe; die Beteiligten erklärten hiermit ausdrücklich, daß sie diese Abtretung bis zur Höhe von 65000 *M* nebst Zinsen und mit dem Range vor den verbleibenden 55000 *M* genehmigten; dagegen verzichte die Beklagte auf die ihr über jene 65000 ℳ hinaus zustehenden Rechte an der Hypothek. Endlich stellte die Witwe St. am 25. Oktober 1907 folgende Erklärung aus: die für sie, resp. nach ihrem Tode für ihre vier Kinder eingetragene Hypothek von 120000 ℳ sei von ihr durch Urkunde vom 11. Juli 1906 an die Beklagte abgetreten worden. Nachdem die Beklagte am 4. Oktober 1907 auf die ihr über die Summe von 65000 ℳ nebst 4% Zinsen seit dem 1. Juli 1907 hinaus an dieser Hypothek zustehenden Rechte verzichtet und die vier Kinder die Abtretung der Hypothek in Höhe von 65000 ℳ nebst Zinsen mit dem Vorrange vor dem Überreste genehmigt hätten, erteile sie als gesetzliche Vertreterin ihrer minderjährigen Tochter ihre Genehmigung zu dieser Abtretung, indem sie die Eintragung in das Grundbuch bewillige und beantrage. Über den abgetretenen Teilbetrag solle ein Teilhypothekenbrief hergestellt und dem neuen Gläubiger direkt ausgehändigt werden. Unter Vorlegung dieser Urkunden beantragte die Beklagte die Eintragung der Teilabtretung, die am 31. Oktober 1907 erfolgte.

Die Witwe St. starb am 27. März 1908. Die Klägerin war der Ansicht, daß die Abtretung der Hypothek in Höhe des ihr seit dem Tode der Witwe St. zustehenden Anteils unwirksam sei, und sie erhob, nachdem ihr angeblich von dritter Seite 5416,66 ℳ ersetzt worden waren, mit dem Antrage Klage, die Beklagte zu verurteilen, in erster Reihe ihr die abgetretene Teilhypothek zum Betrage von 10833,34 ℳ nebst 4% Zinsen seit dem 27. März 1908 zu verschaffen und insoweit ihre Eintragung als Gläubigerin zu bewilligen, eventuell ihr 10833,34 ℳ nebst 4% Zinsen seit dem 27. März 1908 zu zahlen.

Das Landgericht hat dem Prinzipalantrage stattgegeben, das Oberlandesgericht dagegen auf die Berufung der Beklagten die Klage abgewiesen. Auf die Revision der Klägerin ist das Berufungsurteil aufgehoben, und die Sache an das Berufungsgericht zurückverwiesen worden.

Gründe:

„Die Vorinstanzen nehmen übereinstimmend an, daß die Hypothekenforderung von 120000 ℳ mit auflösender Befristung, nämlich bis zum Zeitpunkte des Todes der Witwe St., dieser, und mit aufschiebender Befristung von dem genannten Zeitpunkt ab zu gleichen Rechten und Anteilen den vier Kindern zugestanden habe. Geht man von der Richtigkeit dieser Auffassung aus, deren rechtliche Möglichkeit nach der Rechtsprechung des erkennenden Senats (Urteil vom 11. Februar 1911, V 98/10) nicht zu beanstanden ist, so war die Witwe St. bei ihren Lebzeiten alleinige Hypothekengläubigerin; sie war aber gemäß §§ 163, 161 Abs. 1, 2 BGB. zugunsten ihrer vier Kinder in der Verfügung über die Hypothek beschränkt, und ihre aus dem Grundbuch ersichtliche Verfügungsbeschränkung war Dritten, also auch der Beklagten gegenüber, wirksam (vgl. §§ 161 Abs. 3, 892 das.). Die Wirksamkeit der Verfügungsbeschränkung und die Unwirksamkeit einer von der Witwe St. allein vorgenommenen Verfügung konnte jedoch dadurch beseitigt werden, daß die vier Kinder in diese Verfügung einwilligten oder sie nachträglich genehmigten (vgl. Motive Bd. 1 S. 260).

Durch Erteilung der Abtretungsurkunde vom 11. Juli 1906 und durch Übergabe des Hypothekenbriefes an die Beklagte hat die Witwe St. allein über die Hypothek verfügt. Die Fassung der Abtretungsurkunde ist zwar nicht ganz klar; ihr Sinn ist aber unbedenklich der, daß die ganze Hypothek auf die Beklagte übergehen, dieser jedoch nur als Sicherheit für die Erfüllung der Bürgschaftsverpflichtung dienen sollte, die die Witwe St. für die Gesellschafterschuld ihres Schwiegersohnes in Höhe von 77430,25 ℳ nebst Zinsen und Kontospesen seit dem 1. Juli 1906 übernommen hatte. So ist sie denn auch, wie aus den Urkunden vom 4. und 25. Oktober 1907 hervorgeht, von allen Beteiligten später aufgefaßt worden. Aus der Urkunde vom 4. Oktober 1907 ergibt sich ferner, daß die vier Kinder die von ihrer Mutter am 11. Juli 1906 vorgenommene Abtretung der Hypothek in Höhe von 65000 ℳ, und zwar mit dem Vorrange vor dem Überreste, genehmigt haben, und mittels der Urkunde vom 25. Oktober 1907 hat die Witwe St, als gesetzliche Vertreterin der noch minderjährigen Klägerin, ihre „Genehmigung zu dieser Abtretung" erteilt.

Die hiernach erforderliche Zustimmung der Kinder zu der von der Mutter bewirkten Abtretung der Hypothek ist an und für sich eine einseitige Willenserklärung, die als solche, soweit die minderjährige Klägerin in Betracht kommt, den Vorschriften der §§ 107, 111 Satz 1 BGB. unterliegen würde. Da sie jedoch hier den Bestandteil einer Vereinbarung der Kinder mit der Beklagten (Zessionarin) bildet, so greift nicht § 111 Satz 1, sondern § 108

Abs. 1 BGB. Platz. Die Zustimmungserklärung der minderjährigen Klägerin konnte also durch die nachträgliche Genehmigung ihres gesetzlichen Vertreters mit rückwirkender Kraft wirksam gemacht werden. Daß die Witwe St. in ihrer Eigenschaft als gesetzliche Vertreterin der Klägerin die Genehmigungserklärung gegenüber der Beklagten abgegeben hat, stellt das Berufungsgericht fest. Die Revision meint zwar, der Tatbestand enthalte die für diese Feststellung erforderlichen Unterlagen nicht, insbesondere keine dahingehende Parteibehauptung. Allein nach Lage der Sache war die festgestellte Tatsache offenbar unstreitig, wie denn auch die Grundakten ergeben, daß die Beklagte die die Genehmigungserklärung enthaltende Urkunde seinerzeit dem Grundbuchamt überreicht hat. Die Vorschrift des § 182 Abs. 1 BGB. ist sonach gewahrt.

Die Revision macht ferner geltend, daß die Genehmigungserklärung der Witwe St. nach der Bestimmung des § 181 BGB. (vgl. §§ 1630 Abs. 2, 1686, 1795 Abs. 2 das.) wirkungslos sei, da die Witwe St. im Endergebnis ihre eigene Abtretungserklärung genehmigt habe. Lasse das Gesetz die Erklärung der Genehmigung sowohl dem Zedenten, wie dem Zessionar gegenüber zu, und sei der Zedent gleichzeitig gesetzlicher Vertreter des Genehmigenden, so stehe § 181 der Genehmigung durch den gesetzlichen Vertreter schlechthin entgegen, möge dieser die Genehmigung sich selbst oder dem Zessionar gegenüber erklären. Auch hierin kann der Revision nicht beigetreten werden. Für die Frage der Anwendbarkeit des § 181 macht es allerdings keinen Unterschied, ob die Witwe St. den im eigenen Namen mit der Beklagten geschlossenen Abtretungsvertrag unmittelbar namens der Klägerin genehmigt hätte, oder ob die Klägerin selbst die Abtretung erklärt und die Witwe St. als gesetzliche Vertreterin der Klägerin deren Erklärung genehmigt hat. Entscheidend ist vielmehr in beiden Fällen, ob die Witwe St. dadurch, daß sie der Beklagten gegenüber als gesetzliche Vertreterin der Klägerin eine Genehmigungserklärung abgegeben hat, mit sich in eigenem Namen ein Rechtsgeschäft vorgenommen hat. Diese Frage ist indes zu verneinen. Durch die Abgabe der Genehmigungserklärung gegenüber der Beklagten hat die Witwe St. als gesetzliche Vertreterin der Klägerin nicht mit sich selbst, sondern nur mit der Beklagten ein Rechtsgeschäft vorgenommen, wenn auch in der Absicht, daß dadurch die von ihr vorgenommene unwirksame Verfügung über die Hypothek wirksam werden sollte. Daß ein anderer gesetzlicher Vertreter der Klägerin diese Verfügung auch durch Erklärung ihr gegenüber hätte genehmigen können, sie selbst dagegen nach § 181 BGB. nicht, ist unerheblich. Zwar wäre das Vormundschaftsgericht in der Lage gewesen, der Witwe St. die Vertretung der Klägerin für diese Angelegenheit zu entziehen (vgl. §§ 1630 Abs. 2 Satz 2, 1686, 1796 BGB.). Solange jedoch eine derartige Maßregel nicht getroffen war, stand der Abgabe der Genehmigungserklärung durch die Witwe St. nichts entgegen.

Die Revision weist aber mit Recht darauf hin, daß die von der Witwe als gesetzlicher Vertreterin der Klägerin abgegebene Erklärung der Genehmigung des Vormundschaftsgerichts bedurft hätte. Durch die Abtretung der Hypothek sollte die von der Witwe St. gegenüber der Beklagten eingegangene Bürgschaftsverbindlichkeit gesichert werden; die Abtretung sollte also nötigenfalls dazu dienen, die Beklagte wegen eines Anspruchs zu befriedigen, der ihr gegen die Klägerin nicht zustand. Indem daher die Witwe St. zum Zwecke der Sicherstellung der Beklagten wegen dieses Anspruchs über das der Klägerin in Ansehung der Hypothek zustehende Recht verfügte, übernahm sie insoweit namens der Klägerin eine dieser fremde Verbindlichkeit. Die Vorschrift des § 1822 Nr. 10 BGB., die auch auf den Inhaber der elterlichen Gewalt Anwendung findet (§§ 1643, 1686 das.), unterwirft aber gleich der vorbildlichen Bestimmung des § 42 Nr. 13 Preuß. Vorm.-Ordn. vom 5. Juli 1875 jede Art der Übernahme einer fremden Verbindlichkeit dem Erfordernisse der vormundschaftsgerichtlichen Genehmigung (vgl. Entsch. d. RG.'s in Zivils. Bd. 63 S. 76). Dies übersieht das Berufungsgericht, wenn es ausführt, daß die Witwe St. und die vier Kinder nur „gemeinsam" befugt gewesen seien, über die Hypothek zu verfügen, daß die vier Kinder mittels der Urkunde vom 4. Oktober 1907 lediglich ihr eigenes Gläubigerrecht an der Hypothek zur Höhe von 65000 ℳ der Beklagten abgetreten hätten, und daß nach den §§ 1643, 1686, 1821 Abs. 2 (in Verbindung mit Abs. 1 Nr. 1, 3) der Inhaber der elterlichen Gewalt zur Abtretung einer Hypothek des Kindes nicht der Genehmigung des Vormundschaftsgerichts bedürfe. Denn § 1821 Abs. 2 findet in § 1822 Nr. 10 seine selbstverständliche Beschränkung (Entsch. d. RG.'s in Zivils. Bd. 63 S. 78)." . . .

22. Beweislast, wenn Nichtigkeit eines äußerlich ordnungsmäßigen Testaments behauptet wird. Was bedeuten die Worte: „wer Geschriebenes nicht zu lesen vermag“ in Abs. 2 des § 2238 BGB.?

IV. Zivilsenat. Urt. v. 30. März 1911 i. S. K. u. Gen. (Kl.) w. L. (Bekl.). Rep. IV. 253/10.

I. Landgericht Frankenthal.
II. Oberlandesgericht Zweibrücken.

Aus den Gründen:

„Es ist nicht rechtsirrig, wenn der Berufungsrichter demjenigen die Beweislast auferlegt, welcher gegenüber einem äußerlich ordnungsmäßigen Testamente die Nichtigkeit des Errichtungsaktes wegen außergewöhnlicher, regelmäßig nicht zu vermutender Mängel behauptet und hieraus für sich Rechte ableitet. Die Kläger müssen deshalb im Streitfall unterliegen, wenn ihnen der Nachweis mißlungen ist, daß der Erblasser bei Übergabe der seinen letzten Willen enthaltenden Schrift an den Notar „Geschriebenes nicht zu lesen vermocht habe“ (§ 2238 Abs. 2 BGB.). Der Berufungsrichter hält diesen Nachweis in Würdigung der hierüber gepflogenen Erhebungen nicht für erbracht, und die Revision bescheidet sich, daß sie gegen das Ergebnis der Beweiswürdigung in dieser Instanz an sich nicht ankämpfen kann. Sie meint aber, der Berufungsrichter hätte sich nicht auf die Prüfung beschränken dürfen, ob der in seiner Sehkraft stark geschwächte Erblasser bei der Testamentserrichtung im allgemeinen noch imstande gewesen sei, Geschriebenes zu lesen. Es wäre vielmehr zu untersuchen gewesen, ob er gerade die konkrete, von ihm übergebene, wie zugegeben wird, nicht leicht leserliche Testamentsschrift zu lesen vermocht hätte.

Allein abgesehen davon, daß der Berufungsrichter diese Möglichkeit nicht als ausgeschlossen bezeichnet, kann den Ausführungen der Revision grundsätzlich nicht zugestimmt werden. Schon die Fassung des Gesetzes steht ihnen entgegen. Der aus § 1922 des I. Entwurfs wörtlich und unbeanstandet übernommene § 2238 Abs. 2 spricht ohne Beifügung des bestimmten oder unbestimmten Artikels von „Geschriebenem“ schlechthin und deutet schon hiermit an, daß nur ein abstraktes Lesevermögen verlangt wird. Lesen können heißt den Sinn des Geschriebenen erfassen können. Aus dem Zwecke des Gesetzes ergibt sich weiter, daß der in der Form des § 2238 testierende Erblasser „wenigstens in der Lage sein muß, unzweifelhafte Kunde vom Inhalte der Schrift zu haben". So Motive zu § 1922 des I. Entwurfs Bd. 5 S. 277. Hieraus folgt, daß der Erblasser auch der Sprache mächtig sein muß, in der das von ihm übergebene Schriftstück abgefaßt ist. Um das in dieser Sprache Geschriebene lesen zu können, müssen ihm endlich auch die ihr eigentümlichen Schriftzeichen so weit geläufig sein, daß er sie zu Wörtern und Sätzen zusammenfassen und auf diesem Wege sich mit dem Sinne des Geschriebenen geistig vertraut machen kann. Ein Mehreres aber wird vom Gesetze nicht verlangt. Unzweifelhaft ist dem Erblasser volle Freiheit gewährt, auch ein von ihm nicht verfaßtes und nicht gelesenes Schriftstück auf dem Wege des § 2238 zum Träger einer wirksamen letztwilligen Verfügung zu machen, obwohl sich der Gesetzgeber bewußt war, daß ein sorgloser Erblasser hierbei der Gefahr der Fälschung ausgesetzt sein könne (Motive Bd. 5 S. 275). Diese Gefahr wurde aber dann nicht für dringend erachtet, wenn für den Erblasser wenigstens die Möglichkeit besteht, sich über den Inhalt des übergebenen Schriftstücks zu vergewissern, und diese Möglichkeit wird immer als vorhanden angenommen, wenn er nur im allgemeinen Geschriebenes dieser Art zu lesen vermag. Wollte man weiter gehen und die Wirksamkeit letztwilliger Verfügungen von der größeren oder geringeren Leserlichkeit des betreffenden Schriftstücks oder von der größeren oder geringeren Lesegewandtheit des Erblassers abhängen lassen, so würde damit, entgegen dem Wortlaut und dem Zwecke des Gesetzes, die Rechtssicherheit gerade auf einem Gebiet in Frage gestellt werden, wo sie vom Gesetze mit besonders fest umgrenzten Kautelen umgeben ist."

---

23. Zur Auslegung des § 43 des preußischen Fischereigesetzes vom 30. Mai 1874. Inwieweit ist der Rechtsweg zulässig über Ansprüche auf Herstellung von Vorkehrungen zur Beseitigung schädlicher Zuführungen in Fischereigewässer?

V. Zivilsenat. Urt. v. 1. April 1911 i. S. Graf v. B. (Kl.) w. v. D. u. Gen. (Bekl.). Rep. V. 356/10.

I. Landgericht Guben.
II. Kammergericht Berlin.

Auf dem Fideikommißgute des Klägers befinden sich umfangreiche Fischteiche. Diese werden gespeist mit Wasser aus der Malxe, einem Privatflusse, der das Gut durchfließt. Etwa 20 km flußaufwärts liegt die den Beklagten gehörige Grube „Providentia", deren Wasser in die Malxe abgeleitet werden. Im März 1906 trat in den Teichen ein Fischsterben auf, das der Kläger auf die der Malxe zugeleiteten Grubenwasser zurückführt. Nach der Behauptung des Klägers sollen die Zuführungen an Stoff und Menge weit über das gemeinübliche Maß hinausgegangen sein und namentlich schweflige Säuren und schwefelsaures Eisen, beides für die Fische schädliche Stoffe, enthalten haben. Der Kläger hatte beantragt:

festzustellen, daß die Beklagten zu solchen Zuführungen nicht befugt und schuldig seien, Anstalten zur Vermeidung der Wasserzuführungen zu treffen.

Die Beklagten machten geltend, daß die Zuleitungen stets und auch schon vor Erlaß des Fischereigesetzes vom 30. Mai 1874 in die Malxe stattgefunden hätten, eine Ableitung in anderer Weise auch nicht möglich sei.

Das Landgericht hat nach dem Antrage verurteilt, das Berufungsgericht aber hat die Klage abgewiesen. Auf die Revision des Klägers ist das Berufungsurteil aufgehoben, und die Sache an das Berufungsgericht zurückverwiesen worden, aus folgenden

Gründen:

„Nach dem in der Berufungsinstanz erstatteten Gutachten des Bergrats R. wird die Grube „Providentia" seit dem Jahre 1864 betrieben. Innerhalb der Grenzen des Bergwerks haben die Betriebsstätten mehrfach gewechselt. Der Betrieb hat sich zunächst in der Form des Tagebaues vollzogen, dann ist man im Jahre 1894 zum Tiefbau übergegangen. Die Bergwässer sind von Anfang an der Malxe zugeführt worden. Die von den jeweiligen Betriebsstätten aus angelegten Ableitungsgraben verlaufen in gleicher Richtung; die frühere Einmündungsstelle liegt von der jetzigen nur 30 bis 40 m entfernt. Die Wasserzuführung hat im Laufe der Zeit eine erhebliche Steigerung nicht erfahren, indem seit dem Bestehen der Grube in normalen Zeiten immer $1^1/_2$ bis 2 cbm in der Minute abgeflossen sind. Das Berufungsgericht hat diesen Sachverhalt als feststehend angenommen und ist dann der Ansicht des Gutachters darin beigetreten, daß die Ableitung so, wie sie in den Jahren 1905 und 1906 bestanden habe, auch bereits vor Erlaß des Fischereigesetzes vom 30. Mai 1874 vorhanden gewesen sei. Aus diesem Grunde hat das Berufungsgericht den Antrag auf Untersagung der Zuführungen für sachlich unbegründet erklärt; bezüglich des weiteren Antrags, die Beklagten zu verurteilen, Vorkehrungen zur Beseitigung der schädlichen Zuführungen zu treffen, ist angenommen worden, daß hierfür der ordentliche Rechtsweg nicht gegeben sei. Die Begründung des Berufungsurteils schließt sich an das Urteil des jetzt erkennenden Senats in den Entsch. in Zivils. Bd. 46 S. 250 an, wo ausgeführt ist, daß mit Rücksicht auf die Vorschrift in Abs. 3 des § 43 Fisch.Ges. bei Ableitungen, die bereits vor Erlaß des Gesetzes bestanden haben, der geschädigte Fischereiberechtigte nur Abhilfemaßregeln (Vorkehrungen zur tunlichsten Abwendung der Schädigungen) in Antrag bringen könne, und auch dies nur bei der Verwaltungsbehörde.

Die Revision wendet sich, indem sie Verletzung des § 43 rügt, in erster Linie gegen die Annahme, daß die Ableitung jetzt keine andere sei als vor Erlaß des Gesetzes. Die Rüge ist, wenn auch aus andern als den von der Revision geltend gemachten Gründen, berechtigt. In der Rechtslehre wie des gemeinen so auch des preußischen Rechts gilt der Grundsatz, daß Privatflüsse zur Ableitung von Wasser und sonstigen Stoffen benutzt werden dürfen; nur dürfen die Ableitungen das Maß des Gemeinüblichen nicht überschreiten (Entsch. des RG.'s in Zivils. Bd. 16 S. 178). Das Gesetz vom 30. Mai 1874 hat dagegen Ableitungen, die der Fischerei Schaden bringen können, ohne Rücksicht auf die Gemeinüblichkeit verboten und die Übertretung des Verbots unter Strafe gestellt (§ 43 Abs. 1, § 50 Nr. 7). Dabei sind in Abs. 3 des § 43 besondere Bestimmungen für solche Ableitungen gegeben worden, die von der Verwaltungsbehörde kraft der ihr in Abs. 2 erteilten Ermächtigung gestattet sind, oder die bereits bei Erlaß des Gesetzes vorhanden waren. Das Gesetz hat für die einen wie für die andern Ableitungen in gleicher Weise das Verbot des Abs. 1 eingeschränkt. Für die Zulassung von „Gestattungen" durch die Verwaltungsbehörde war der Gedanke leitend, daß gegenüber den vielfach höherwertigen Interessen der landwirtschaftlichen und gewerblichen Betriebe die Rücksicht auf die Fischerei unter Umständen zurücktreten müsse. Die Ausnahme zugunsten der bereits vorhandenen Ableitungen wurde ebenfalls aus Gründen der Billigkeit gemacht, und es mochte auch bedenklich erscheinen, ohne weiteres in bereits bestehende Verhältnisse einzugreifen oder die Aufrechterhaltung des bestehenden Zustandes von dem Ermessen der Verwaltungsbehörde abhängig zu machen. Diese Erwägungen konnten aber da nicht ausschlaggebend sein, wo bisher zwar Ableitungen stattgefunden hatten, aber ohne Nachteil für die Fischerei. Unschädliche Ableitungen konnten den Fischereiberechtigten nicht beschweren; schädliche Veränderungen, deren Ursachen in einem landwirtschaftlichen oder gewerblichen Betriebe lagen, änderten den Besitzstand und ließen eine Berufung auf ihn durch den Betriebsinhaber nicht mehr zu. Das Fischereigesetz enthält Vorschriften über unschädliche Einleitungen (Ableitungen) nicht. Die Vorschriften der §§ 44 und 50 Nr. 7 zeigen, daß das Gesetz unter Einleitungen stets nur solche schädlicher Art versteht. Für Einleitungen ist die Schädlichkeit ein begriffliches Merkmal, und deshalb kann auch erst von dem Zeitpunkte ab, wo dieses Merkmal der Schädlichkeit gegeben ist, im Sinne des Gesetzes von einer Einleitung (Ableitung) gesprochen werden. Eine Einleitung, die, sei es wegen der Beschaffenheit, sei es wegen der Menge der eingeleiteten Stoffe, erst nach Erlaß des Gesetzes schädlich geworden, ist gegenüber der früheren nicht mehr dieselbe und bedarf, sofern sie nicht der Verbotsvorschrift des Abs. 1 unterliegen soll, der besonderen Gestattung. In der Begründung des Gesetzes heißt es zu § 43 (im Entw. § 40), daß das Verbot nicht in vollem Umfange zur Geltung zu bringen sei bei den „bereits bestehenden schädlichen Ableitungen". Auch hierdurch wird bestätigt, daß die bestehenden Ableitungen damals bereits schädlich sein mußten, und daß es nicht genügen sollte, wenn sie später vielleicht schädlich wurden.

Im vorliegenden Falle hat das Berufungsgericht, neben der Tatsache, daß die Wasser in den verschiedenen Zeiten im wesentlichen an derselben Stelle der Malxe zugeführt sind, nur auf den Herkunftsort und die Menge der abgeleiteten Wasser Gewicht gelegt. Nach dem Gutachten des Sachverständigen scheinen aber den Fischen schädliche Stoffe — saure Wasser — erst 1906 der Malxe zugeführt zu sein, und zwar bei Gelegenheit eines Versuchs, die in der alten Mulde III aufgegangenen Wasser zu sümpfen. Auf diese Ausführung des Sachverständigen scheint sich die Bemerkung im Urteil des Berufungsgerichts zu beziehen, daß in den verschiedenen Zeiten die Qualität des Wassers verschieden gewesen sei. Daß schon vor Erlaß des Gesetzes die Einleitungen für die Fischerei schädlich gewesen sind, ist weder festgestellt noch auch nur behauptet. Deshalb war die Aufhebung des Urteils geboten, und zwar ohne daß es der von der Revision erbetenen Nachprüfung der in der Entscheidung des erkennenden Senats in den Entsch. Bd. 46 S. 250 entwickelten Rechtsauffassung bedurfte. Hingewiesen mag noch darauf werden, daß der Kläger seine Ansprüche schon in der Klageschrift auch darauf gestützt hat, daß er Flußanlieger sei. Das Berufungsgericht hat von diesem Gesichtspunkte aus die Sache nicht gewürdigt, weil der Kläger lediglich Schutz für seine Fischerei erstrebe. Dies aber ist unerheblich. Einwirkungen der Beklagten, die über das gemeinübliche Maß hinausgehen, und für die eine besondere Berechtigung nach den Vorschriften des Fischereigesetzes nicht besteht, enthalten einen unzulässigen Eingriff in das Eigentum des Klägers und brauchen überhaupt nicht geduldet zu werden. Das Fischereigesetz hat über die in ihm enthaltenen Vorschriften hinaus die Rechte des Eigentümers (Ufereigentümers) nicht eingeschränkt."

---

24. Ist ein Bevollmächtigter, der für seinen Vollmachtgeber eine schriftliche Willenserklärung mit dessen Namen unterschrieben hat, deshalb notwendig als bloßer Schreibgehilfe des Vollmachtgebers anzusehen, weil er in dessen Gegenwart nach eingeholter Willensmeinung desselben die Unterschrift vollzogen hat?

VI. Zivilsenat. Urt. v. 4. März 1911 i. S. Vereinsbrauerei Hö. (Kl.) w. Hu. Ehefr. Erben (Bekl.). Rep. VI. 297/08.

I. Landgericht Crefeld.
II. Oberlandesgericht Düsseldorf.

In dieser Sache ist, nachdem die in Bd. 74 dieser Sammlung S. 69 flg. abgedruckte Entscheidung der vereinigten Zivilsenate ergangen war, das Berufungsurteil, unter Zurückverweisung der Sache in die Vorinstanz, aufgehoben worden aus folgenden

Gründen:

...„Es handelt sich darum, daß die Frau Hu., als eine der Erbinnen der Witwe Schm. zu Cr. verklagt ist auf Bezahlung einer Bürgschaftsschuld, welche die letztere durch eine Privaturkunde vom 25. Juni 1904 übernommen haben soll. Dieser Bürgschaftsschein ist mit dem Namen der Witwe Schm. unterzeichnet; seine Echtheit ist aber bestritten worden. Die Klägerin hat in der Berufungsinstanz zugestanden, daß die Unterschrift nicht von der eigenen Hand der Witwe Schm. herrühre, ist aber bei der Behauptung verblieben, daß Frau W. die Urkunde im Auftrage oder mit Genehmigung der Witwe Schm. mit deren Namen unterzeichnet habe, und hat ferner behauptet, daß jene damals von der letztern bevollmächtigt gewesen sei, alle Unterschriften für sie zu besorgen und „die Mieten einzuziehen". Das Oberlandesgericht nimmt diese letztere Behauptung in dem Sinne, daß danach Frau W. eine Generalvollmacht von Frau Schm. gehabt habe, und geht davon aus, daß, wenn die erstere in ihrer Eigenschaft als Bevollmächtigte den Namen ihrer Vollmachtgeberin hingeschrieben hätte, damit die Schriftform des § 126 Abs. 1 BGB. eingehalten, und also die Bürgschaft nach § 766 gültig gewesen sein würde. Letzteres ist nach dem für diese Sache maßgebenden Beschlusse der vereinigten Zivilsenate vom 27. Juni 1910 auch richtig. Das Berufungsgericht hat jedoch trotzdem die Unterschrift hier für formwidrig und wertlos erklärt, weil nach der eignen Darstellung der Klägerin Frau W. nicht als Bevollmächtigte die Unterschrift habe leisten wollen, sondern die Urkunde erst der Witwe Schm. vorgelesen und deren Zustimmung zu ihrer Unterschreibung eingeholt habe; sie habe daher hierbei nur als Schreibgehilfin der letzteren gedient, also keine eigenhändige Namensunterschrift im Sinne des § 126 Abs. 1 hergestellt. Auch dieses letzte trifft an sich rechtlich zu; vgl. Entsch. des RG.'s in Zivils. Bd. 50 S. 55 u. Bd. 58 S. 387flg.; aber die Annahme, daß Frau W. nicht den Willen gehabt habe, als Bevollmächtigte zu handeln, beruht auf Rechtsirrtum. Das Oberlandesgericht hat hier nämlich nicht etwa eine tatsächliche Feststellung getroffen, für die es auch an der nötigen Begründung fehlen würde, sondern hat nur eine rechtliche Folgerung ziehen wollen. Dabei hat es aber verkannt, daß ein Generalbevollmächtigter, wenn er es auch im einzelnen Falle in seinem innern Verhältnisse zum Vollmachtgeber für angemessen hält, erst dessen Willensmeinung einzuholen, darum doch nach außen hin recht wohl das fragliche Geschäft als Bevollmächtigter vollziehen kann. Im Zweifel würde auch wohl kaum anzunehmen sein, daß er, wenn er einfach mit dem Namen des Vollmachtgebers in einem Falle unterschreibt, wo die Schriftform wesentlich ist, nur als Schreibgehilfe habe handeln wollen, da dadurch ja gerade Nichtigkeit des Geschäftes bewirkt sein würde."...

---

25. Hat bei der Abnahme eines Parteieides ein Verstoß gegen die sog. Parteiöffentlichkeit die prozessuale Unwirksamkeit der Eidesleistung zur Folge?

ZPO. § 357.

II. Zivilsenat. Urt. v. 7. März 1911 i. S. v. M. (Bekl.) w. C. (Kl.). Rep. II. 419/10.

I. Landgericht Bonn.
II. Oberlandesgericht Cöln.

Die vorstehende Frage wurde verneint.

Aus den Gründen:

„Der Kläger hat den ihm auferlegten Eid in dem amtsgerichtlichen Termine vom 16. März 1910 geleistet, ohne daß, trotz vorheriger Benachrichtigung, die Beklagten persönlich oder ein Vertreter derselben zugegen waren. In dem Sitzungsprotokoll ist nicht bemerkt, daß ein Aufruf der Sache (§ 220 ZPO.) stattgefunden hat. Nach Abschluß des Protokolls wurde von dem Richter und dem Gerichtsschreiber beurkundet, daß der nachträglich erschienene Rechtsanwalt P., für den tags zuvor eine von dem Prozeßbevollmächtigten der Beklagten ausgestellte Untervollmacht beim Amtsgericht eingekommen war, erklärt habe, er habe draußen gewartet und sei nicht in das Sitzungszimmer hineingekommen, weil die Sache nicht aufgerufen worden sei, und der Protokollführer ihm zuvor auf Befragen erklärt habe, die Sachen würden aufgerufen, ferner, daß der Aufruf versehentlich unterblieben sei. Weiter hat der Gerichtsschreiber urkundlich als richtig bestätigt, daß er erklärt habe, die Sachen würden aufgerufen werden. Das Berufungsgericht hat angenommen, daß trotz dieses Verfahrens die Wiederholung der Eidesleistung nicht anzuordnen sei. Die Beklagten greifen diese Auffassung an, indem sie namentlich Verletzung des § 357 ZPO. rügen. Der Angriff war nicht für begründet zu erachten.

Die Vorschrift des § 357 gibt den Parteien das Recht, der Beweisaufnahme beizuwohnen. Wie allgemein anerkannt wird, gehört zur Beweisaufnahme im Sinne der erwähnten Vorschrift auch die Eidesleistung einer Partei. Auch darüber besteht keine Meinungsverschiedenheit, daß der Termin zur Beweisaufnahme den Parteien zuvor rechtzeitig bekannt zu geben ist. Im vorliegenden Falle hat zwar diese Bekanntgabe stattgefunden; das Gericht ist aber dann bei der Abhaltung des Termins versehentlich so verfahren, daß der zur Wahrnehmung der Rechte der Beklagten erschienene Vertreter — zufolge dieses Verfahrens, wie unterstellt werden muß — in dem Termine nicht zugegen war. Das Berufungsgericht läßt die Frage offen, ob ein prozessualer Verstoß überhaupt anzunehmen sei, weil ein Aufruf der Sache mangels einer dafür bestehenden gesetzlichen Formvorschrift auch schon darin gefunden werden könnte, daß das Gericht in die Verhandlung mit dem Eidespflichtigen eintrat. Diese Erwägung wird dem wirklichen Sachverhalt insofern nicht genügend gerecht, als es sich nicht allein darum handelt, was im allgemeinen unter dem den Terminsbeginn kennzeichnenden „Aufruf der Sache" zu verstehen ist, und ob der Eintritt in die Verhandlung einen Aufruf im Sinne des Gesetzes enthält. Zu dem Unterbleiben eines besonderen Aufrufs tritt hier hinzu, daß der Gerichtsschreiber einen solchen dem Anwalte der Beklagten ausdrücklich in Aussicht gestellt hatte, und daß hierdurch — und nicht schon durch das Unterbleiben des besonderen Aufrufs — das Fernbleiben des Rechtsanwalts herbeigeführt wurde. Der prozessuale Verstoß muß deshalb als vorliegend angesehen werden, und zwar werden die Folgen ebenso zu beurteilen sein, wie wenn der Termin ohne vorherige Bekanntgabe abgehalten worden wäre. Denn die Wirkung für die Beklagten war die gleiche; das eingehaltene Verfahren führte ebenfalls dazu, daß das Recht der Partei, dem Termine beizuwohnen, vereitelt wurde.

Im übrigen war dem Berufungsgerichte, das in seinen weiteren Ausführungen von dem Vorhandensein des Verfahrensmangels ausgeht, der Hauptsache nach beizutreten. Das Reichsgericht hat in dem von den Beklagten angezogenen Urteile (Entsch. in Zivils. Bd. 6 S. 351) für den Zeugen- und Sachverständigenbeweis angenommen, daß die vorherige Bekanntmachung des Termins notwendige Voraussetzung einer dem Gesetze genügenden Beweiserhebung sei. Dabei ist hingewiesen auf die Vorschrift des § 362 ZPO. a. F. (§ 397 n. F.), wonach die Vernehmung nicht ausschließlich durch das Gericht, sondern unter Mitwirkung der Parteien in Person und ihrer Anwälte zu erfolgen hat. Für den Fall der Leistung eines Parteieides enthält das Gesetz keine Vorschrift über die dem Gegner des Schwurpflichtigen bei der Abnahme des Eides zustehenden Befugnisse. Die Natur der Sache ergibt aber, daß die Bedeutung der Zulassung des Gegners namentlich darin besteht, daß diesem Gelegenheit geboten wird, den Schwurpflichtigen auf Bedenken, die der Eidesleistung entgegenstehen, aufmerksam zu machen. Dagegen hat bei der Eidesabnahme selbst der Gegner des Schwurpflichtigen nicht mitzuwirken. Sie ist ausschließlich Sache des Richters und kann daher, anders als die Erhebung von Zeugen- oder Sachverständigenbeweis, auch ohne die Zulassung des Gegners in sich ordnungsmäßig vor sich gehen. Schon hieraus folgt, daß Verstöße gegen die sog. Parteiöffentlichkeit bei den beiden Arten der Beweisaufnahme nicht ohne weiteres einander gleichzustellen sind. Es ist aber ferner zu berücksichtigen, daß die Leistung eines Parteieides überhaupt eine Beweisaufnahme besonderer Art ist. Während die Beweiserhebung sonst dazu dienen soll, eine Grundlage für die richterliche Beurteilung zu schaffen, stellt sich die Eidesauflage schon selbst als eine Entscheidung dar, durch die der Richter einer Partei anheimgibt, über einen wesentlichen Teil des Prozeßstoffes und, wenn der Eid durch bedingtes Endurteil auferlegt ist, unmittelbar über den Ausgang des Verfahrens in bindender Weise Bestimmung zu treffen. Das setzt auch voraus, daß die für die Wahrheit oder Unwahrheit des zu Beschwörenden sprechenden Umstände schon vor der Auferlegung des Eides von den Parteien erörtert werden, daß also der Gegner des Schwurpflichtigen nicht etwa erstmals im Leistungstermine Gelegenheit findet, seinen Standpunkt gegenüber der Frage, ob der Eid geschworen werden kann, zu vertreten. Entsprechend ferner der Verantwortung, die das Gesetz durch die Anvertrauung des Eides dem Schwurpflichtigen auferlegt, ist die Eidesleistung selbst als eine Handlung gestaltet, der neben der prozessualen und privatrechtlichen Seite auch eine besondere Bedeutung auf religiösem und strafrechtlichem Gebiete zukommt.

Danach erscheint es zunächst ausgeschlossen, bei der Eidesleistung an einen Verstoß gegen die Parteiöffentlichkeit, auch wenn er in der völligen Fernhaltung des Gegners des Schwurpflichtigen besteht, schlechthin die Folge zu knüpfen, daß der Gegner die Beweishandlung nicht gegen sich gelten zu lassen braucht, sondern die Wiederholung verlangen kann. Eine solche Wirkung des Verstoßes ist einerseits durch das Interesse des Gegners nicht geboten und wäre andrerseits unvereinbar mit der Heiligkeit und der strafrechtlichen Bedeutung des Aktes, sowie mit dem Umstande, daß in letzter Linie der Schwurpflichtige sich immer selbst darüber schlüssig zu machen hat, ob er den Eid leisten will oder nicht. In Frage könnte nur kommen, ob etwas anderes dann anzunehmen ist, wenn der Gegner nicht bloß aus formalen Gründen die Anordnung der nochmaligen Eidesleistung verlangt, sondern Tatsachen vorbringt, die ergeben sollen, daß er bei Wahrung der Parteiöffentlichkeit in der Lage gewesen wäre, die Leistung des Eides zu verhindern. Im vorliegenden Falle haben die Beklagten in dieser Richtung vorgetragen, daß dem Kläger noch Vorhalte, namentlich aus der Korrespondenz, hätten gemacht werden sollen. Das Berufungsgericht hat demgegenüber ausgeführt, es sei nicht anzunehmen, daß der Kläger, auch wenn ihm die Vorhalte gemacht worden wären, von seinem Entschlusse, den Eid zu leisten, zurückgetreten wäre. Auf diese Erwägung kommt es aber für die Entscheidung nicht mehr an. Denn überwiegende Gründe sprechen dafür, einem Verstoße gegen die Parteiöffentlichkeit allgemein die Wirkung zu versagen, daß der Gegner die Eidesleistung nicht gegen sich gelten zu lassen braucht. Zwar ist nicht zu verkennen, daß Fälle eintreten können, in denen das Unterbleiben der Beiziehung zu einer Beeinträchtigung der Interessen des Gegners führt, und diese Möglichkeit wird namentlich auch nicht völlig beseitigt durch die nach § 580 Nr. 1 ZPO. zulässige Restitutionsklage, da diese Klage nur in beschränktem

Umfange stattfindet und gegenüber der Möglichkeit, die Eidesleistung zu verhindern, schon deshalb mit einer Beschwerung des Gegners verbunden ist, weil sie ein neues Verfahren erfordert. Allein diese Bedenken müssen zurücktreten hinter der oben dargelegten besonderen Bedeutung der Eidesleistung und dem Umstande, daß nach der einmal geschehenen Leistung des Eides, schon wegen der strafrechtlichen Folgen, ein Zustand, wie er vor der Eidesleistung vorhanden war, überhaupt nicht mehr herstellbar ist, und daß die Frage, welchen Einfluß in einem neuen Termine die Zulassung des Gegners auf die Entschließung des Schwurpflichtigen noch ausüben könnte, sich regelmäßig der sachgemäßen Beurteilung des Richters entziehen wird." ...

---

26. Zu § 2 des Reichsgesetzes, betr. die Entschädigung der im Wiederaufnahmeverfahren freigesprochenen Personen. Vorteilsausgleichung.

VI. Zivilsenat. Urt. v. 9. März 1911 i. S. Reichsmilitärfiskus (Bekl.) w. H. (Kl.). Rep. VI. 10/10.

I. Landgericht I Berlin.
II. Kammergericht daselbst.

Gründe:

„Der Kläger ist durch drei kriegsgerichtliche Urteile zu einer Gesamtstrafe von zwei Jahren Gefängnis verurteilt worden und hat diese Strafen verbüßt. Durch das im Wiederaufnahmeverfahren ergangene Urteil des Reichsmilitärgerichtes vom 10. Mai 1905 ist er von sämtlichen Straftaten freigesprochen, und die preußische Militärverwaltung auf Grund des § 467 der MStPO. zur Entschädigung nach Maßgabe des § 2 des Reichsgesetzes vom 20. Mai 1898 für verpflichtet erklärt worden. Das Berufungsgericht hat den dem Kläger durch die Strafvollstreckung entstandenen Vermögensschaden auf 1037,50 ℳ bemessen, indem es von dem Arbeitsverdienste, den der Kläger in der Freiheit während zweier Jahre an 600 Arbeitstagen gehabt haben würde, im Betrage von 1950 ℳ, den Wert der ihm im Gefängnis während 730 Tage gewährten Verpflegung, den es auf 1,25 ℳ für den Tag schätzt, also 912,50 ℳ, kürzt.

Die Revision vertritt, wie dies der Beklagte bereits in der Vorinstanz getan hat, den Standpunkt, daß bei Bemessung jenes Schadens von den dem Kläger entgangenen Arbeitsverdienst nicht der Wert der Vorteile, die er durch seine Internierung gehabt habe, sondern der erheblich höhere Betrag abzuziehen sei, den er für seinen Lebensunterhalt in der Freiheit aufgewendet haben würde, wenn er nicht interniert gewesen wäre.

Diese Auffassung hat das Berufungsgericht mit Recht zurückgewiesen. Nach § 2 des angez. Gesetzes ist Gegenstand des dem Verurteilten zu leistenden Ersatzes der für ihn durch die Strafvollstreckung entstandene Vermögensschade. Dieser Schade besteht im vorliegenden Falle in dem Wegfall des Arbeitsverdienstes, den der Kläger, wenn er auf freiem Fuße gewesen wäre, gehabt haben würde. Nun ist allerdings bei Berechnung des Schadens in der Regel auch der Vorteil zu berücksichtigen, der dem Geschädigten infolge des die Ersatzpflicht begründenden Umstandes erwachsen ist, und als ein solcher Vorteil kann auch die Ersparung von Auslagen und Aufwendungen angesehen werden, die ohne das schädigende Ereignis notwendig geworden wären. Allein das trifft jedenfalls dann nicht zu, wenn mit diesen Auslagen und Aufwendungen Vorteile, sei es materieller, sei es immaterieller Art, verbunden gewesen wären, die eben durch jene hätten erworben werden sollen. Dann scheidet für die Vorteilsausgleichung der Gesichtspunkt der Ersparung von Aufwendungen überhaupt aus, und es kann nur in Betracht kommen, was der Beschädigte durch das schädigende Ereignis tatsächlich an Vorteilen erlangt hat. Zutreffend führt das Berufungsgericht aus: wenn der Kläger in der Freiheit einen den Wert der ihm im Gefängnisse zuteil gewordenen Verpflegung übersteigenden Betrag zur Befriedigung seiner Lebensbedürfnisse ausgegeben haben würde, so hätte er auch die durch die größeren Ausgaben erworbenen Vorteile und Annehmlichkeiten genossen; diese Vorteile seien ihm im Gefängnis entgangen; er habe das durch die etwaige Ausgabe zu erkaufende Gut tatsächlich nicht erworben; infolgedessen sei ihm als durch seine Internierung erwachsener Vorteil auch nur das anzurechnen, was ihm während dieser Zeit tatsächlich an Vermögenswert zugeflossen sei, sofern diese Werte niedriger seien, als der Betrag, den er auf freiem Fuße für seine Lebensführung aufgewendet haben würde. Zu welchen sonderbaren Ergebnissen die von der Revision vertretene Auffassung führt, wie namentlich dazu, jeden Schadensersatzanspruch auszuschließen bloß mit Rücksicht auf die Ersparung von Aufwendungen, die zur Erlangung von Vorteilen materieller wie immaterieller Art gemacht worden sein würden, darüber vgl. Burlage, die Entschädigung der unschuldig Verhafteten und der unschuldig Bestraften S. 67, 9. Es ist mithin die Frage darauf zu richten, wieviel der Kläger für eine Lebensführung, wie sie ihm in der Strafanstalt geboten worden, auf freiem Fuße hätte aufwenden müssen; diesen Betrag hat ... das Berufungsgericht nach ZPO. § 287 auf 912,50 ℳ geschätzt.

Hiernach mußte die Revision zurückgewiesen werden, ohne daß auf die Frage eingegangen zu werden brauchte, ob sich der Kläger, wie er in der Berufungsinstanz unter entsprechender Herabsetzung des mit der Klage geforderten Betrages getan hat, auf seinen ihm durch die Strafvollstreckung entstandenen Vermögensschaden jenen Betrag anrechnen zu lassen überhaupt verpflichtet war."

---

27. Kann ein Vertrag wegen einer von einem Vertreter, bzw. freiwilligen Geschäftsführer des Gegenkontrahenten verübten arglistigen Täuschung angefochten werden?

BGB. §§ 123 Abs. 2, 166 Abs. 1.

VI. Zivilsenat. Urt. v. 16. März 1911 i. S. H.-A. Kreditbank (Kl.) w. Sch. (Bekl.). Rep. VI. 239/10.

I. Landgericht Erfurt.
II. Oberlandesgericht Naumburg a. S.

Gründe:

„Die hier streitigen 3000 ℳ nebst Zinsen sind als Teil der Schuld aus einer Bürgschaft eingeklagt, die der Beklagte bei der Klägerin für Darlehnsschulden des Majors v. Dr. und des Kaufmanns v. W. als Selbstschuldner übernommen hat. Es ist vom Berufungsgerichte mit zutreffenden Gründen festgestellt, daß die Klägerin den Beklagten am 1. März 1905 durch einen von ihr mit dem Justizrat Dr. L., dem Schwiegervater des Beklagten, als dessen

Vertreter geschlossenen Vertrag aus seiner Bürgschaftsverpflichtung entlassen hat. Ferner hat das Berufungsgericht auch tatsächlich festgestellt, daß L. die Klägerin zu diesem Schulderlasse durch arglistige Täuschung bestimmt hatte, indem er sie bewog, an des Beklagten Stelle ein Fräulein Kr. als Bürgin anzunehmen, und dabei gewisse Mitteilungen, welche ihm diese selbst über ihre weniger günstige Vermögenslage gemacht hatte, arglistig verschwieg. Diese tatsächliche Feststellung ist als solche bedenkenfrei. Es fragt sich aber, ob trotzdem das Oberlandesgericht mit Recht die von der Klägerin gemäß §§ 123, 124 BGB. rechtzeitig erklärte Anfechtung jenes Erlaßvertrages für unberechtigt erklärt und daher auf Grund des Erlasses die Klage abgewiesen hat.

Dies war zu verneinen. Das Oberlandesgericht meint, L. habe, wenn er auch als Vertreter des Beklagten die Erlaßerklärung der Klägerin entgegengenommen habe, doch nicht bei Gelegenheit dieses rechtsgeschäftlichen Aktes die Täuschung begangen, sondern sei „lediglich rein tatsächlich außervertraglich“ zur fraglichen Zeit tätig gewesen, und daher könne § 123 BGB. hier keine Anwendung finden. Dieser Gedankengang des vorigen Urteils ist nicht wohl verständlich. Auszugehen ist davon, daß L., wenn nicht als Bevollmächtigter — wofür nichts vorliegt —, dann jedenfalls als freiwilliger Geschäftsführer des Beklagten, mit dessen nachträglicher Genehmigung, für den Beklagten den Schulderlaß von der Klägerin erwirkt hat. Er hat den Erlaßvertrag im Namen des Beklagten geschlossen; also ist er zweifellos nicht als ein „Dritter“ im Sinne des § 123 Abs. 2 anzusehen. Vor dem Jahre 1900 wurde wohl nie bezweifelt, daß ein durch einen Vertreter geschlossener Vertrag wegen kausalen Betruges des Vertreters vom Vertragsgegner angefochten werden könne. Auf dem Boden des römischen Rechtes konnte hier eigentlich nicht einmal eine Frage aufgeworfen werden; denn da dort die meisten Rechte durch einen Vertreter überhaupt nicht direkt dem Vertretenen erworben werden konnten, war dieser auf eine actio utilis aus der Person des Vertreters angewiesen, und dieser stand natürlich auch die exceptio doli aus der Person desselben entgegen, ebenso einer entsprechenden exceptio pacti die etwaige replicatio doli. Als nun allmählich sich Klarheit darüber verbreitete, daß nach modernem Gewohnheitsrechte längst die Stellvertretung direkte Rechtswirkung habe, ist es den Urhebern und Anhängern dieser richtigen Lehre nicht eingefallen, deshalb nun das Verhalten und die Seelenzustände des Vertreters beim Vertragsschluß im Gegensatze zum römischen Rechte für bedeutungslos zu erklären. Allerdings war in der betreffenden Literatur ausdrücklich mehr von Willensmängeln eines auf der passiven Seite handelnden Vertreters die Rede, wohl weil man meistens die Wirksamkeit eines aktiven Betruges eines Vertreters für ganz selbstverständlich hielt; aber z. B. der Hauptdarsteller der neuen Lehre, Buchka (Stellvertretung S. 243), hebt noch besonders hervor, daß der Vollmachtgeber im heutigen Rechte natürlich für den Dolus seines Bevollmächtigten ebenso haften müsse, wie bei den Römern.

Es ist nun undenkbar, daß das Bürgerliche Gesetzbuch diesen altüberlieferten und den Bedürfnissen des Lebens entsprechenden Rechtszustand hätte ändern wollen. Zugegeben werden muß allerdings, daß er sich in demselben nicht gerade unmittelbar ganz deutlich ausgesprochen findet. Man kann aber schon an sich unter dem „Dritten" des § 123 Abs. 2 kaum eine Person mitverstehen, die selbst das betreffende Rechtsgeschäft abschließt, und jedenfalls drängt zur Abweisung einer solchen Auslegung die Analogie der Bestimmung des § 166 Abs. 1 BGB., der freilich unmittelbar wohl nur die Seelenzustände eines auf der passiven Seite handelnden Vertreters betrifft. Eine ähnliche entsprechende Anwendung von § 166 Abs. 1 hat der VII. Zivilsenat des Reichsgerichts gemacht laut der Entsch. in Zivils. Bd. 58 S. 344 flg., wo es sich um falsche Angaben des Vertreters eines Versicherten handelte. Der § 166 Abs. 1 bestimmt nun zwar ausdrücklich nur über Bevollmächtigte und sonstige Vertreter mit Vertretungsmacht, nicht auch über bloße negotiorum gestores, die im Namen eines Geschäftsherrn handeln, der dann nachträglich genehmigt; aber auch in dieser Hinsicht ist die entsprechende Anwendung unabweisbar, wie gleichfalls vom VII. Zivilsenate laut der Entsch. des RG.'s in Zivils. Bd. 68 S. 376 flg. schon dargelegt ist.

Der hier vertretenen Ansicht über die Auffassung des § 123 Abs. 2 BGB. sind auch v. Staudinger, Kommentar (Aufl. 5 u. 6), Bd. 1 Bem. IV, 3, b zu § 123 S. 430, Dernburg, Bürgerl. Recht (Aufl. 3), Bd. 1 § 147 Anm. 15, S. 494, und Rehbein, BGB., Bd. 1 Bem. 4, b zu §§ 164—181 S. 257 flg., der aus dem römischen Recht passend anführt l. 15 § 2 D. de dolo m. 4, 3, wonach der Geschäftsherr wegen Dolus des Bevollmächtigten bis zur Grenze der Bereicherung sogar auf Schadensersatz haftet.

Nach dem bisher Ausgeführten mußte die Aufhebung des Berufungsurteils erfolgen....

In der Sache selbst konnte ... nicht erkannt werden, da noch offen geblieben ist, ob die Klägerin auch den Beklagten direkt aus der Haftung entlassen hat, und da für den Fall der Bejahung noch zu erörtern wäre, ob auch dieser Schulderlaß erfolgreich wegen arglistiger Täuschung angefochten sei. Daher mußte nach § 565 Abs. 2 ZPO. die Sache an das Berufungsgericht zurückverwiesen werden."...

---

28. Verstößt es gegen die guten Sitten, wenn ein Kaufmann durch die Presse bekannt gewordene ehrenrührige, aber wahre Vorgänge aus dem Leben seines Konkurrenten wettbewerbshalber weiterverbreitet?

BGB. § 826.

VI. Zivilsenat. Urt. v. 30. März 1911 i. S. B. (Bekl.) w. P. (Kl.). Rep. VI. 363/10.

I. Landgericht Düsseldorf.
II. Oberlandesgericht Cöln.

Aus den Gründen:

..."Die Klägerin betreibt in C., der Beklagte in D. ein Papiergeschäft; sie stehen, da ihre Absatzgebiete zum Teil dieselben sind, miteinander im Wettbewerbe.

Die Klägerin wirft dem Beklagten vor, er habe bei ihrer Kundschaft Zeitungsausschnitte über ehrwidriges und strafbares Verhalten ihres Mannes und Geschäftsführers Ed. P. vorgezeigt, dessen Freisprechung im Strafverfahren verschwiegen und so den Glauben zu erwecken gesucht, mit Ed. P. könne man geschäftlich nicht verkehren; dadurch habe sie Kunden verloren und Schaden erlitten. Sie verlangt hiernach Schadensersatz aus § 826 BGB. Das Berufungsgericht hat ... den Klagegrund wesentlich schon deshalb für begründet erklärt, weil der Beklagte die Ausschnitte dem Konditor L. gezeigt hat.

Das Reichsgericht hat dies mißbilligt und folgende Rechtsauffassung vertreten. Hier sind wahre, bereits durch die Presse veröffentlichte Mitteilungen verbreitet worden. Nicht einmal moralisch war der Beklagte verpflichtet, ihr Bekanntwerden in weiteren Kreisen, die von diesen Zeitungsnachrichten noch keine Kenntnis erlangt haben, zu verhüten. Die Verbreitung verstößt auch nicht deshalb gegen die guten Sitten, weil die mitgeteilten Vorgänge geeignet waren, Geschäftsleute von der Anknüpfung oder Fortsetzung von Geschäftsbeziehungen zu dem von Ed. P. geleiteten Unternehmen abzuhalten, sei es aus allgemeiner Abneigung, mit moralisch anrüchigen Personen zu verkehren, oder aus Erwägungen zur Wahrung eigner Interessen. Sittenwidrig nach § 826 BGB. wird eine solche Verbreitung erst dann, wenn besondere Umstände hinzukommen, die das Verhalten des Beklagten ungünstig beleuchten. Derartige Umstände sind bislang nicht festgestellt; ob sie vorliegen, muß die weitere Berufungsverhandlung ergeben.

Es hat das Berufungsgericht nunmehr nach einem für ergebnislos erklärten Zeugenbeweis auf den dem Beklagten zugeschobenen Eid erkannt, daß er anderen Kunden der Klägerin, außer dem Konditor L., die Zeitungsausschnitte nicht vorgezeigt habe, und von der Eidesweigerung die Zuerkennung der Klage dem Grunde nach abhängig gemacht. Dazu führt es aus: durch die Eidesweigerung werde bewiesen, daß der Beklagte bei der Kundschaft der Klägerin mit den Zeitungsausschnitten in der Tasche und mit dem vorbedachten Entschlusse herumgereist sei, sie vorzuzeigen, dadurch das Vorleben P.'s allgemein bekannt zu machen und von der Geschäftsverbindung mit der Klägerin zum Vorteile des eigenen Geschäfts abzuschrecken. Solches Verhalten gehe gegen die guten Sitten, gleichviel, ob der Beklagte seinen Entschluß bei zahlreichen, oder nur bei einigen Kunden der Klägerin verwirklicht habe, und zwar auch dann, wenn er die Ausschnitte bloß vorgezeigt habe, ohne dabei zu äußern, mit dieser Firma dürfe man nichts zu tun haben.

Die Revision rügt mit Recht Verletzung des § 826 BGB., sowie des § 565 Abs. 2 ZPO. ... Denn auch der jetzige Standpunkt des Berufungsgerichts ist ... rechtsirrig; insbesondere hat sich das Berufungsgericht an die rechtliche Beurteilung des voraufgegangenen Urteils des Revisionsgerichts, dessen Kernsätze oben wiedergegeben sind, nicht gemäß § 565 Abs. 2 gebunden.

Rechtsgrundsätzlich verstößt hiernach die Verbreitung durch die Presse öffentlich bekannt gewordener wahrer Vorgänge an sich in keiner Weise gegen die guten Sitten. Also reicht dazu auch nicht das bloße Vorzeigen solcher Zeitungsausschnitte im Kundenkreise der Klägerin aus, gleichviel, ob der Beklagte sie den geschäftlich bereisten Kunden der Klägerin vorgezeigt und dabei zum Vorteile des eigenen Geschäftes sein Absatzgebiet in den bisherigen Kundenkreis der Klägerin hinein zu erweitern versucht hat. Derartiger Wettbewerb unter geschäftlicher Ausnutzung wahrer, bereits an die Öffentlichkeit gelangter Vorgänge, die den Geschäftsleiter des Unternehmens der Klägerin mit Recht in der Achtung der Geschäftswelt herabsetzen können, ist, wenn auch nicht vornehmer Art, so doch noch nicht nach dem Anstandsgefühl aller billig und gerecht denkender Menschen an sich verwerflich (vgl. Oertmann, in der DJZ. 1911 S. 435). Wohl wäre dies der Fall, wenn besondere Umstände hinzuträten, die das Vorgehen des Beklagten so ungünstig beleuchteten, daß ihm ein Verstoß gegen § 826 BGB. zum Vorwurfe zu machen wäre. So z. B., wenn er weniger wettbewerbshalber, als hauptsächlich schikanös die Ausschnitte vorgezeigt hätte, um das Unternehmen der Klägerin nur böswillig geschäftlich zu ächten; oder wenn er durch alte Zeitungsausschnitte ohne Jahresangabe Vorgänge aus längst vergessener Vergangenheit in dem Sinne wieder aufgedeckt hätte, als handele es sich um frische Geschehnisse von gegenwärtig noch beachtlicher Tragweite. Nichts in dieser Hinsicht hat das Berufungsgericht festzustellen vermocht; es erklärt ausdrücklich, das Alter der Zeitungsausschnitte sei nicht näher ermittelt. Hiernach liegt ein nach § 826 BGB. zureichender Tatbestand nicht vor.

Die Revision des Beklagten ist somit begründet. Da der Rechtsstreit nach dem festgestellten Sachverhältnisse spruchreif ist, so ist nach § 565 Abs. 3 Nr. 1 ZPO. in der Sache selbst zu entscheiden, und das klagabweisende Urteil der ersten Instanz aufrechtzuhalten." . . .

29. Welches sind die Voraussetzungen der Bildung einer Observanz, betreffend die Verpflichtung zum Bestreuen der Bürgersteige bei Glatteis, nach preußischem Recht?

VI. Zivilsenat. Urt. v. 1. April 1911 i. S. M. (Kl.) w. K. (Bekl.). Rep. VI. 324/10.

I. Landgericht Essen.
II. Oberlandesgericht Hamm.

Aus den Gründen:

„Das Berufungsgericht erachtet in Übereinstimmung mit dem Landgericht eine rechtliche Verpflichtung des Beklagten zum Bestreuen des Bürgersteiges nicht für dargetan, weil sich eine Observanz des Inhaltes, daß die Hauseigentümer die vor ihren Häusern belegenen Bürgersteige zu reinigen oder bei Glatteis zu bestreuen hätten, in Ü. nicht gebildet habe, und die Polizeiverordnung vom 1. Juli 1889 ohne eine solche observanzmäßige Grundlage den Straßenanliegern die Streupflicht nicht hätte auferlegen dürfen. Die Revision macht demgegenüber geltend, daß das Berufungsgericht zu Unrecht das Bestehen der vom Kläger behaupteten Observanz verneint habe. Die Beweisaufnahme habe ergeben, daß die überwiegende Mehrzahl der Zeugen schon lange vor dem 1. Juli 1889 bei Glatteis gestreut hätte, weil sie sich rechtlich dazu für verpflichtet hielten. Wenn einzelne Säumige erst durch die Polizei zum Streuen angehalten worden seien, so rechtfertige das nicht den vom Berufungsgericht daraus gezogenen Schluß, daß sie lediglich unter dem Druck der polizeilichen Einwirkung den Bürgersteig gereinigt und bestreut hätten; vielmehr sei die Annahme begründet, daß die Betreffenden der polizeilichen Aufforderung deshalb nachgekommen seien, weil sie glaubten, daß sie nach dem bestehenden alten Ortsrecht zum Streuen verpflichtet seien. Endlich sei auch die Erwägung des Berufungsgerichts, daß sich die Observanz nicht habe bilden können, weil die Bürgersteige in Ü. erst in den 80er Jahren des vorigen Jahrhunderts angelegt seien, abwegig. Es sei unerheblich, ob der an den Stirnseiten der Häuser entlang führende Teil der Straße, auf dem sich der Fußgängerverkehr bewege, schon überall mit Granitplatten belegt, oder sonst in städtischer Weise ausgebaut gewesen sei.

Der Revision war der Erfolg nicht zu versagen. Die Entscheidung des Berufungsgerichts über das Bestehen der vom Kläger behaupteten Observanz ist allerdings gemäß § 562 ZPO. für das Revisionsgericht an und für sich maßgebend; nur insoweit ist die Frage, ob ein örtliches Gewohnheitsrecht für ein Gebiet des preußischen Rechts vom Berufungsgericht mit Recht als bestehend angenommen oder verneint worden ist, in der Revisionsinstanz nachzuprüfen, als es sich darum handelt, ob etwa die allgemeinen Grundsätze des preußischen Rechts über das Gewohnheitsrecht verletzt sind; vgl. Jurist. Wochenschr. 1901 S. 652 Nr. 8, 1905 S. 88 Nr. 17, 1910 S. 152 Nr. 19, S. 944 Nr. 25.

Bei den gemäß § 293 ZPO. angestellten Ermittelungen über das Bestehen der Observanz ist aber das Berufungsgericht, wie die Revision zutreffend ausführt, von unrichtigen Rechtsanschauungen über die Bildung von Observanzen ausgegangen. Das Berufungsgericht verkennt nicht, daß in Ü., wie von der großen Mehrheit der Zeugen bekundet worden ist, schon jahrelang vor Erlassung der Polizeiverordnung vom 1. Juli 1889 bei Glatteis von den Hauseigentümern auf den vor ihren Häusern belegenen Bürgersteigen mit Sand, Asche oder anderem abstumpfenden Material gestreut worden ist, und daß auch eine Reihe der vernommenen Zeugen sich von jeher zu solchem Streuen rechtlich für verpflichtet erachtet hat. Trotz der nachgewiesenermaßen lange Zeit hindurch fortgesetzten Übung nimmt der Berufungsrichter das Bestehen einer Observanz nicht an, weil anscheinend nicht sämtliche Hausbesitzer die Handlung des Streuens in der Meinung der Rechtsnotwendigkeit vorgenommen hätten. Da die Zeugen Hi., Hö. und Witwe Gr. bekundet hätten, daß die Polizei mitunter auch sie zum Streuen aufgefordert habe, so hält es das Berufungsgericht für möglich, daß mancher Einwohner lediglich solchem polizeilichen Drucke folgend gestreut habe. In dieser Auffassung sieht sich das Berufungsgericht bestärkt durch die Aussagen der Zeugen S., W. und der Eheleute F., welche zwar bei Glatteis gestreut, sich hierzu aber keineswegs für verpflichtet gehalten haben. Hierbei übersieht der Berufungsrichter indes, daß auch diejenigen Hauseigentümer, die im Streuen säumig waren und erst durch die Polizei dazu angehalten werden mußten, sehr wohl der Meinung gewesen sein können, daß die Polizei von ihnen nur eine Leistung verlangte, zu der sie nach dem bestehenden Recht ohnehin verpflichtet waren. Da die Beteiligten den Aufforderungen der Polizei stets widerspruchslos nachgekommen sind, so liegt die Annahme nahe, daß sie sich deshalb gefügt haben, weil sie die Polizei für befugt erachteten, sie zur Erfüllung der observanzmäßig bestehenden Verpflichtung anzuhalten (vgl. Entsch. des RG.'s in Zivils. Bd. 52 S. 425). In diesem Sinne haben sich auch die Zeugen Hö. und Witwe Gr., auf deren Aussagen sich der Vorderrichter mit Unrecht für seine Auffassung beruft, ausgesprochen. Denn sie bekunden gerade, daß sie durch die polizeilichen Aufforderungen, die an sie gerichtet wurden, wenn sie das Streuen einmal unterlassen hatten, in ihrer Auffassung bestärkt worden seien, daß sie zum Streuen verpflichtet wären. Für den Schluß, den der Vorderrichter aus diesen Aussagen zieht, indem er ausführt, es sei nach diesen Aussagen möglich, daß mancher Einwohner lediglich dem Drucke der Polizei nachgegeben und gewissermaßen gezwungen gestreut habe, fehlt es an jeder tatsächlichen Unterlage. Ebenso von Rechtsirrtum beeinflußt ist die Ausführung des Berufungsurteils, aus den Aussagen der Zeugen S., W. und der Eheleute F. ergebe sich, daß diese Zeugen beim Streuen bei Glatteis das Bewußtsein der Rechtsnotwendigkeit nicht besessen hätten. Voraussetzung eines Handelns aus Rechtsüberzeugung ist nicht, wie das Berufungsgericht anzunehmen scheint, daß der Handelnde sich bewußt ist, er handele in Befolgung eines bestehenden positiven Rechtssatzes; es genügt vielmehr, wenn die Handelnden, wie hier teilweise, auch nur aus dem Gefühl heraus handeln, sie seien zum Streuen verpflichtet, damit niemand Schaden nehme. Denn in der Betätigung der Sorge dafür, daß der Nächste nicht Schaden nehme, tritt das Bewußtsein einer Verkehrspflicht zutage. Wenn sich der Hauseigentümer aber bewußt ist, daß ihm, soweit die öffentliche Straße an sein Eigentum anstößt, im Interesse der Straßenbesucher wegen seines Eigentums Verkehrspflichten für die Sicherheit der Straße obliegen, so ist dies ein Rechtsgedanke, der sich, wenn er zunächst auch nur den einzelnen zu seiner Handlung veranlaßt, durch die allgemeine Übung zu einer allgemeinen Rechtsüberzeugung verdichtet (vgl. Jurist. Wochenschr. 1910 S. 944 Nr. 23). Da der Zeuge S. bekundet, daß er mit Rücksicht auf seine Hausangehörigen gestreut habe, und der Zeuge W. sich dahin äußert, daß er auf dem von ihm im Jahre 1884 angelegten Trottoir

„naturgemäß" gestreut, also das Streuen im Interesse des Publikums für selbstverständlich erachtet habe, so standen diese Aussagen der Annahme einer Observanz durchaus nicht entgegen. Da hiernach die Bedenken des Berufungsgerichtes, daß das Streuen in Ü. von seiten eines Teiles der Hauseigentümer nicht aus Rechtsüberzeugung erfolgt sei, hinfällig sind, es ferner auch für die Bildung der Observanz gleichgültig ist, ob die Bürgersteige bereits zu förmlichen Trottoirs ausgebaut waren, oder nicht, so ergibt sich, daß das Bestehen der vom Kläger behaupteten Observanz vom Berufungsgericht zu Unrecht verneint worden ist. Nach dem Ergebnis der vom Berufungsgericht angestellten Ermittelungen, wonach schon viele Jahre hindurch vor Erlassung der Polizeiverordnung vom 1. Juli 1889 von den Hausbesitzern in Ü. bei Glatteis auf den Bürgersteigen gestreut worden ist, unterliegt es bei Anwendung richtiger Grundsätze über die Bildung von Observanzen keinem Zweifel, daß daselbst eine Observanz des vom Kläger behaupteten Inhalts bestanden hat. Ist hiervon auszugehen, so kann unerörtert bleiben, ob es der Feststellung einer solchen Observanz für die Wirksamkeit der Polizeiverordnung vom 1. Juli 1889 überhaupt bedurfte, oder ob die erwähnte Polizeiverordnung ohnehin für den Beklagten bindend gewesen wäre.

Hiernach unterlag das Berufungsurteil der Aufhebung. In der Sache selbst zu erkennen sah sich das Revisionsgericht nicht dadurch gehindert, daß für die zu erlassende Entscheidung die Anwendbarkeit einer irrevisibelen Observanz in Frage kommt. Denn § 565 Abs. 4 ZPO. gibt dem Revisionsgericht zwar die Befugnis, legt ihm aber nicht die Verpflichtung auf, in einem solchen Falle die Sache zur anderweiten Verhandlung und Entscheidung an das Berufungsgericht zurückzuverweisen. Dagegen war die Zurückverweisung der Sache aus einem anderen Grunde geboten." (Wird näher dargelegt.)

---

30. 1. Erfordert die Beschlagnahme von Mietzinsen nach § 1124 BGB. einen dinglichen Schuldtitel des Hypothekengläubigers?

2. Kann der Hypothekengläubiger, der auf Grund eines persönlichen Schuldtitels die Zwangsversteigerung des Grundstücks betreibt, die Berücksichtigung seiner Hypothek bei der Feststellung des geringsten Gebots verlangen?

Zw.V.G. §§ 16. 44.

V. Zivilsenat. Urt. v. 3. April 1911 i. S. der Braunschweig-Hannövrischen Hypothekenbank (Bekl.) u. der Firma M. & Co. (Nebeninterven.) w. F. (Kl.). Rep. V. 359/10.

I. Landgericht Frankfurt a. M.
II. Oberlandesgericht daselbst.

Der Bauunternehmer K., auf dessen Grundstücken Sch.straße Nr. 20 und E.straße Nr. 50 für die Beklagte Hypotheken von 60000 ℳ und 150000 ℳ hafteten, hatte durch notariell beglaubigte Urkunde vom 10./22. Juli 1908 der Beklagten die Mieten der erwähnten Häuser mit der Verpflichtung, davon die Hypothekenzinsen und die Abgaben zu decken, abgetreten.

K. schuldete der Klägerin zufolge vollstreckbaren Urteils vom 3. Mai 1906 aus einem Lieferungsvertrage den Betrag von 4222 ℳ nebst 4% Zinsen. Die Klägerin ließ am 11. Februar 1909 für einen Teil dieser Forderung im Betrage von 1407,33 ℳ nebst Zinsen auf dem Grundstück E.straße Nr. 50 (Abt. III Nr. 6) und für einen weiteren Teil von 1407,33 ℳ nebst Zinsen auf dem Grundstück Sch.straße Nr. 20 (Abt. III Nr. 6) je eine Sicherungshypothek eintragen und sodann durch Beschluß des Amtsgerichts vom 16. Februar 1909 wegen der ganzen vollstreckbaren Forderung die Mieten der bezeichneten Hausgrundstücke pfänden und sich zur Einziehung überweisen.

Das Haus Sch.straße Nr. 20 wurde am 19. Mai 1909 der Nebenintervenientin im Wege der Zwangsversteigerung zugeschlagen, wobei die Sicherungshypothek der Klägerin erlosch. Das Grundstück E.straße Nr. 50 wurde auf Antrag der Beklagten im September 1909 unter Zwangsverwaltung gestellt, und der bezügliche Vermerk am 17. September 1909 im Grundbuch eingetragen.

Die Klägerin beanspruchte gemäß § 1124 Abss. 1 und 2 BGB. in ihrer Eigenschaft als Hypothekengläubigerin die Mieten seit dem 1. Juli 1909 und klagte, da die Beklagte dies nicht anerkennen wollte, gegen diese mit dem Antrag, festzustellen, daß sie berechtigt sei, die Mietzinsen seit dem 1. Juli 1909 so lange zu erheben, bis sie wegen ihrer bezüglichen eingetragenen Teilforderungen befriedigt sei.

Der Beklagten, die Abweisung der Klage beantragte, trat die

Ersteherin des Grundstücks Sch.straße Nr. 20 als Nebenintervenientin bei.

Das Landgericht hat nach dem Antrag der Klägerin erkannt; das Oberlandesgericht hat der Berufung der Beklagten nur insoweit stattgegeben, als es den Mietsbezug der Klägerin bei dem Hause Sch.'straße Nr. 20 auf die Zeit bis zum 1. Oktober 1909 und bei dem Hause E.straße Nr. 50 auf die Zeit bis zum 1. Januar 1910 beschränkt hat; im übrigen hat es die Berufung der Beklagten nicht für begründet erachtet. Der Revision der Beklagten und der Nebenintervenientin ist stattgegeben worden.

Aus den Gründen:

„Nach § 1123 BGB. erstreckt sich die Hypothek auch auf Miet- oder Pachtzinsforderungen; der Eigentümer behält jedoch nach § 1124 das Verfügungsrecht darüber, solange sie nicht „zugunsten des Hypothekengläubigers“ in Beschlag genommen sind. Auch Vorausverfügungen muß nach Abs. 2 des § 1124 der Hypothekengläubiger, der die Beschlagnahme erwirkt hat, noch für das laufende und das der Beschlagnahme folgende Vierteljahr gelten lassen. Den Verfügungen (Abtretungen, Verpfändungen) des Eigentümers stehen Pfändungen persönlicher Gläubiger gleich;

vgl. Entsch. des RG.'s in Zivils. Bd. 29 S. 240, Bd. 58 S. 185, Bd. 59 S. 177, Bd. 64 S. 418;

diese Pfändungen können also an sich frühere Verfügungen des Eigentümers nicht beeinträchtigen.

Die „Beschlagnahme zugunsten des Hypothekengläubigers“, die nach Ablauf des zweiten Kalendervierteljahrs solche Verfügungen mit Einschluß der Personalpfändungen unwirksam macht, kann nach dem geltenden Recht nicht mehr im Wege der Zwangsversteigerung (§ 21 Abs. 2 ZwVG.), wohl aber im Wege der Zwangsverwaltung (§ 148 Abs. 1) erfolgen. Diese Beschlagnahme verschafft kein Vorrecht, sondern hat Verteilung nach der gesetzlichen Rangordnung zur Folge (§ 155). Aber auch im Wege der Zwangsvollstreckung in das bewegliche Vermögen, also namentlich durch Pfändung der Miet- und Pachtzinsforderungen, kann nach der herrschenden Meinung,

vgl. für das frühere Recht Entsch. des RG.'s in Zivils. Bd. 23, S. 56, Bd. 29 S. 240, Bd. 31 S. 318, Bd. 42 S. 88, Jur. Wochenschr. 1895 S. 78 Nr. 37; ferner Turnau-Förster Bd. 1 S. 792 zu § 1121,

S. 797, zu § 1124 BGB.; Planck Bem. 3 vor §§ 1120 flg. BGB.; v. Staudinger Bem. I 1a zu § 1121 a. a. O.,

der Hypothekengläubiger jene Beschlagnahme erreichen. Folgt man dieser Meinung, so bleibt jedoch zweifelhaft, ob zu einer solchen Beschlagnahme ein persönlicher Schuldtitel genügt, oder ob ein dinglicher erforderlich ist, und ob dadurch vorgehende Hypothekengläubiger in ihren Rechten beeinträchtigt werden können.

Im vorliegenden Falle hat der Berufungsrichter, entgegen einer Einrede der Beklagten, mit Recht verneint, daß die zu deren Gunsten vorgenommene Abtretung durch den Hinzutritt des Umstandes, daß die Beklagte Hypothekengläubigerin war, die Bedeutung einer Beschlagnahme im Sinne der §§ 1123 flg. BGB. erlangen konnte. In betreff der Personalpfändung der Klägerin aber hat er die gleiche Frage bejaht. Er kann sich dafür auf Planck (Bem. 3d vor §§ 1120 flg. BGB.) berufen, der sich durch Erwägungen, zu denen eine ähnliche Streitfrage im Gebiet des Zwangsversteigerungsrechts Anlaß gibt, hat leiten lassen. Dort entsteht nämlich die Frage, ob der betreibende Gläubiger, wenn er lediglich einen persönlichen Schuldtitel besitzt, aber nachweisen kann, daß die vollstreckbare Forderung mit einer Hypothekenforderung identisch ist, deren Rang in Anspruch nehmen und sowohl sie als auch die nachstehenden Hypotheken von der Aufnahme in das geringste Gebot ausschließen kann. Jaeckel, Zwangsversteigerungsgesetz usw. 2. A. zu § 16 S. 73 flg. hat unter Darlegung des nach seiner Meinung einzuschlagenden Verfahrens die Frage verneint und namentlich darauf hingewiesen, daß gegenüber dem zu berücksichtigenden dinglichen Anspruch besondere Einreden bestehen können, die nicht im Vollstreckungsverfahren zu erledigen seien. Derselben Ansicht sind u. a.

Kretschmar, Einf. in das Grundbuch-Recht Bd. 1 S. 352; Schöbel, Praktische Fragen aus dem Gebiete der Zwangsversteigerung S. 6; Busch im Zentr.-Bl. für freiwillige Ger. Bd. 9 S. 523, und ein Urteil des Oberlandesgerichtes in Hamburg (Rechtsp. Bd. 18 S. 165), das sich mit dem hier in Frage stehenden § 1124 BGB. befaßt.

Die entgegengesetzte Ansicht vertreten außer Planck a. a. O.

Fischer-Schäfer, Komm. zum ZwVG. S. 114; Reinhard, Komm. Bd. I S. 114, 115 und im Zentr.-Bl. für freiw. Ger. Bd. 2 S. 555; Eccius in Gruchot's Beiträgen Bd. 44 S. 530, und in ausführlicherer Darlegung Meyn, im Sächs. Archiv Bd. 13 S. 603.

Aus den Ausführungen namentlich von Planck und Meyn aber geht hervor, daß sie sich bei ihrer Entscheidung wesentlich durch praktische Erwägungen, die angeblichen Unzuträglichkeiten, die die entgegengesetzte Annahme für den betreibenden Gläubiger zur Folge habe, leiten lassen. Nun ist aber nicht einzusehen, warum Unzuträglichkeiten, die ein unvorsichtiger oder ungeschickter Prozeßbetrieb für den betreibenden Gläubiger nach sich ziehen würde, dadurch vermieden werden sollen, daß andere Personen in ihren Rechten verkürzt werden. Sodann aber liegen die fraglichen Unzuträglichkeiten gar nicht vor. Gegenüber Jaeckel, der die Hypothek des betreibenden persönlichen Gläubigers überhaupt nicht berücksichtigen, sondern durch den Zuschlag erlöschen lassen will, weist Güthe in der dritten Auflage von Jaeckel ZwVG. Anm. 11 zu § 16 S. 84 mit Recht darauf hin, daß die Hypothek, wie gewöhnlich, in das geringste Gebot aufzunehmen und zu übernehmen ist. Der betreibende Gläubiger kann die Übernahme nach § 53 ZwVG. § 416 BGB. genehmigen; dann erlischt seine persönliche Forderung gegen den Schuldner und er kann aus dem Schuldtitel nichts mehr liquidieren. Oder er genehmigt nicht und liquidiert aus dem Schuldtitel, wie gewöhnlich und wie im Falle der Zwangsvollstreckung in das bewegliche Vermögen gegenüber dem etwaigen baren Überschuß des Versteigerungserlöses. Dann erlischt, soweit er befriedigt wird, mit der Forderung aus dem Schuldtitel auch die persönliche Hypothekenforderung, und es entsteht zwar nicht, wie Güthe annimmt, nach § 1163 Abs. 1 Satz 2 BGB. eine Eigentümergrundschuld zugunsten des früheren Eigentümers, weil dieser nicht mehr Eigentümer ist; wohl aber erwirbt dieser, wie schon Busch a. a. O. mit Recht hervorgehoben hat, nach § 1164 BGB. die Hypothek. Das Ergebnis ist also durchaus befriedigend.

Geht man hiervon aus, so fehlt es beim Mangel eines dinglichen Schuldtitels der Klägerin, an einer Beschlagnahme im Sinne des § 1124 BGB. Die Klägerin muß die Abtretung der Mietzinsen zugunsten der Beklagten gelten lassen, und ihre Klage ist auch insoweit, als sie nicht bereits abgewiesen ist, unbegründet."

31. Sind Streitigkeiten zwischen dem Landesfiskus von Elsaß-Lothringen und einer Gemeinde der Reichslande über deren Beteiligung an den auch für ihre Rechnung vom Fiskus eingezogenen direkten Steuern dem Rechtswege zugänglich?

GVG. § 13.

VII. Zivilsenat. Urt. v. 4. April 1911 i. S. Stadtgemeinde St. (Kl.) w. Landesfiskus von Elsaß-Lothringen (Bekl.). Rep. VII. 283/10.

I. Landgericht Straßburg.
II. Oberlandesgericht Colmar.

Die staatliche Steuerverwaltung in Elsaß-Lothringen veranlagt und erhebt mit den direkten Staatssteuern auch die direkten Gemeindesteuern in Form von Zuschlägen und führt diese an die Gemeinden ab. Zur Deckung von Ausfällen wird seit langer Zeit durch Zuschläge zu den veranlagten Steuerbeträgen (Ausfallzuschläge) ein sog. Ausfallfonds gebildet. Bis zum Jahre 1903 hat die Steuerverwaltung den auf die Klägerin entfallenden Anteil am Ausfallfonds unverkürzt an diese abgeführt. Seitdem hält sie sich für berechtigt, je nach dem Grunde der Ausfälle gewisse Abzüge zu machen und die entsprechenden Beträge von dem an die Klägerin auszuhändigenden Anteil abzusetzen. Die Klägerin erachtete dieses Verfahren für ungesetzlich. Sie berechnete die ihr angeblich zukommenden Summen für die Jahre 1903 bis 1907 auf insgesamt 39252,66 *M* und erhob Klage mit den Anträgen: 1. den Beklagten zur Zahlung von 39252,66 *M* nebst 4 v. H. Zinsen seit dem 13. Juli 1908 zu verurteilen; 2. weiter festzustellen, daß der Fiskus nach Maßgabe der bestehenden Gesetze nicht berechtigt ist, an dem Betrage der gemäß der Gesamtveranlagung künftiger Jahre der Klägerin zuzuschreibenden Gemeindezuschläge irgendwelche Abzüge zu machen für Ausfälle irgendwelcher Art, welche an dem Soll der für die Klägerin zur Kapitalsteuer, zur Lohn- und Besoldungssteuer und zur Gewerbesteuer künftig zu veranlagenden Gemeindezuschläge aus irgendwelchen Gründen etwa entstehen werden. Der Beklagte erhob die Einrede der Unzulässigkeit des Rechtsweges, die auch von den Instanzgerichten als begründet erachtet wurde. Die Revision der Klägerin gegen das Urteil des Oberlandesgerichtes ist zurückgewiesen worden.

Gründe:

„Nach § 13 GVG. gehören vor die ordentlichen Gerichte alle bürgerlichen Rechtsstreitigkeiten, soweit nicht Ausnahmen reichs- oder landesgesetzlich zugelassen sind. Da solche Ausnahmen für den vorliegenden Fall nicht in Betracht kommen, so würde die Zuständigkeit der ordentlichen Gerichte nach Reichsrecht begründet sein, wenn es sich um eine bürgerliche Rechtsstreitigkeit handelte. Das ist aber mit dem Berufungsrichter zu verneinen. Den eigentlichen Gegenstand des Streites bildet nicht das in dem Leistungsanspruch ausgedrückte Verlangen auf Zahlung der angeblich zu Unrecht vom Beklagten zurückbehaltenen Summe, sondern die Frage, ob das Verfahren des Beklagten, wie es seit dem Jahre 1903 bei Abführung des auf die Klägerin entfallenden Anteils an dem sog. Ausfallfonds geübt wird, berechtigt ist oder nicht. Der erhobene Feststellungsanspruch ist sonach das Wesentliche. Das Gericht soll über den Anteil entscheiden, welcher der klagenden Stadtgemeinde an den von dem reichsländischen Fiskus auch für deren Rechnung erhobenen direkten Steuern gebührt. Die Entscheidung betrifft also das Rechtsverhältnis zwischen Staat und Gemeinde hinsichtlich der zur Deckung des öffentlichen Bedarfs kraft der Steuerhoheit eingezogenen Abgaben. Dieses Rechtsverhältnis gehört aber lediglich dem Gebiete des öffentlichen Rechts an. Irgendwelche privatrechtliche Gesichtspunkte, wie etwa der Gemeinschaft, der Gesellschaft, des Auftrages, des Dienstvertrages, der Geschäftsbesorgung sind bei der Beurteilung der Sache nicht zu verwerten. Das Privatrecht gibt keine Antwort auf die Frage, was der Beklagte an die Klägerin von den empfangenen Steuern abzuliefern hat. Sie ist als eine Frage der Finanzverwaltung nur aus den das Verhältnis der Staats- zu den Gemeindesteuern regelnden Normen des öffentlichen Rechts zu beantworten. Staat und Gemeinde treten sich nicht als juristische Personen des Privatrechts, sondern als solche des öffentlichen Rechts gegenüber; ausschließlich in Wahrnehmung öffentlicher Interessen und für öffentliche Zwecke fordert die Klägerin, daß sie in dem von ihr behaupteten Umfang an den Steuereinnahmen beteiligt werde. Sie verlangt vom Beklagten ein bestimmtes Verhalten in bezug auf die Verwendung dieser Einnahmen. Darum liegt aber auch keine bürgerliche Rechtsstreitigkeit im Sinne des § 13 GVG. vor. Wenn die Revision geltend macht, daß eine Abgrenzung der Rechte des Staates und der Gemeinde auf die Steuern nicht erforderlich sei, daß vielmehr über einen Anspruch aus der ungerechtfertigten Bereicherung zu befinden sei, so übersieht sie, daß dieser Anspruch der selbständigen Bedeutung entbehrt. Er steht und fällt mit dem anderen Anspruch, der eben jene Abgrenzung betrifft. Daß der Beklagte den einbehaltenen Teil des Ausfallsfonds der Klägerin zu überlassen hat, sofern ihm nicht die streitige Abzugsbefugnis zusteht, ist zweifellos und, wird auch nicht in Abrede gestellt. Diese Abzugsbefugnis ist es, über welche Meinungsverschiedenheit zwischen den Parteien herrscht und die den Anlaß und Kern des Prozesses ausmacht. Kann der ordentliche Richter nicht über sie urteilen, so darf er auch nicht aussprechen, daß der nur auf ihrem Nichtvorhandensein beruhende Anspruch auf Zahlung des gekürzten Betrages begründet sei; er hat sich der Entscheidung zu enthalten. Das Reichsgericht hat die Versuche, öffentlichrechtliche, dem Rechtsweg entzogene Ansprüche als vermeintliche Vorfragen für einen privatrechtlichen Anspruch, sei es in der Form einer Schadensersatzforderung oder einer Kondiktion, vor den Zivilrichter zu bringen stets zurückgewiesen (Entsch. in Zivils. Bd. 70 S. 398 mit weiteren Angaben über die Rechtsprechung). Auf das in den Entscheidungen Bd. 57 S. 350 abgedruckte Urteil des IV. Zivilsenats des Reichsgerichts kann sich die Revision nicht berufen. Es war damals vom Fiskus auf Grund des preußischen Gesetzes vom 3. März 1897 der von ihm zurückbehaltene Teil des für das Diensteinkommen der Lehrer und Lehrerinnen an den öffentlichen Volksschulen zu entrichtenden Beitrages gefordert, dessen Leistung er unter Hinweis auf eine Gegenforderung aus ungerechtfertigter Bereicherung verweigerte. Der Streit bewegte sich also auf privatrechtlichem Boden, und es ist dem Urteile nicht der allgemeine Satz zu entnehmen, daß durch die Erhebung eines auf Geld gerichteten Anspruchs ohne weiteres die Zuständigkeit der Gerichte begründet werde. Sie wird — reichsrechtlich — jedenfalls dann nicht begründet, wenn dieser Anspruch nichts weiter ist, als das Gewand, in das ein nicht vor den ordentlichen Richter gehörender Anspruch gekleidet ist, und wenn in Wirklichkeit nur über den letzteren Anspruch gestritten wird und zu erkennen ist. Dies trifft aber vorliegend zu.

Danach kann es sich nur fragen, ob etwa — was an sich zulässig ist — landesgesetzlich der Rechtsweg für den an sich nicht zu den bürgerlichen Rechtsstreitigkeiten zu zählenden Streitfall eröffnet ist (vgl. § 4 EG. z. GVG., Entsch. des RG.'s in Zivils. Bd. 68 S. 28). Auch das ist zu verneinen und wird auch von der Revision kaum behauptet. Ein Sondergesetz für die Reichslande, das öffentlichrechtliche Streitigkeiten zwischen Staat und Gemeinden als Trägern der Steuerhoheit über ihr Beteiligungsverhältnis an dem Steueraufkommen den ordentlichen Gerichten überweist, ist nicht erlassen. Nach den allgemeinen, in Elsaß-Lothringen geltenden Grundsätzen des französischen Rechts, die im Hinblick auf § 2 der Kaiserlichen Verordnung vom 28. September 1879 revisibel sind (Entsch. des RG.'s in Zivils. Bd. 30 S. 357), kann gleichfalls von einer solchen Überweisung keine Rede sein. Der im wesentlichen auf dem Gesetz vom 16. August 1790 Tit. II Art. 13 und dem Dekret vom 16. Fruktidor III (vgl. Michaelis, Die elsaß-lothringischen Landesgesetze usw. 2. Aufl. S. 15, 16) beruhende Grundsatz der Trennung der Gewalten verbietet dem ordentlichen Richter, über die Rechtsgültigkeit von Verwaltungsakten zu urteilen. Abgesehen von hier nicht in Betracht kommenden Ausnahmen ist die Staatstätigkeit als solche, d. h. soweit sie hoheitlicher, öffentlichrechtlicher Natur ist und nicht lediglich zur Verfolgung privatrechtlicher Zwecke in den Formen des Privatrechts geübt wird, der Erörterung durch die Gerichte entzogen.

Vgl. Otto Mayer, Theorie des französischen Verwaltungsrechts S. 90flg., S. 154flg.

Deshalb darf auch nach diesem Satze der ordentliche Richter nicht die in Ausübung der Finanzhoheit vom Beklagten getroffene Anordnung, daß fortan von dem an die Klägerin abzuführenden Anteil am Ausfallfonds gewisse Abzüge zu machen seien, einer Nachprüfung in bezug auf ihre Rechtsgültigkeit unterwerfen. Es würde dies einen unzulässigen Eingriff der Zivilrechtspflege in die Staatsgelderverwaltung bedeuten. Durch die Erwägung, daß es in den Reichslanden für die Entscheidung von Streitigkeiten der vorliegenden Art an geeigneten Behörden fehle, kann die Zuständigkeit der Gerichte nicht begründet werden."...

32. Ist auf Erbteilungsverträge, die unter Mitwirkung von „Testamentsvollstreckern" als Vertragschließenden geschlossen sind, die Ermäßigungsvorschrift Nr. 1 der Tarifstelle 32 des preußischen Stempelsteuergesetzes vom 31. Juli 1895 anzuwenden, nach der Kaufverhandlungen „zwischen den Teilnehmern an einer Erbschaft" zwecks Erbteilung steuerlich begünstigt sind?

VII. Zivilsenat. Urt. v. 4. April 1911 i. S. preuß. Fiskus (Bekl.) w. H. (Kl.). Rep. VII. 278/10.

I. Landgericht Breslau.
II. Oberlandesgericht daselbst.

Die vorstehende Frage ist bejaht worden aus folgenden

Gründen:

„Faßt man lediglich den Wortlaut der Ermäßigungsvorschrift ins Auge, so trifft freilich das Erfordernis der Stempelermäßigung, daß der Kauf „zwischen Teilnehmern an einer Erbschaft" geschlossen sein muß, hier nicht zu. Denn inhalts des Vertrages sind als die Verkäufer die Testamentsvollstrecker anzusehen, und diese kann man zu den „Teilnehmern" an einer Erbschaft nach dem gewöhnlichen Sprachgebrauch nicht rechnen. Dessenungeachtet ist aber anzunehmen, daß die Ermäßigungsvorschrift auch die Fälle umfaßt, in denen Testamentsvollstrecker mit einem Erben Kaufverhandlungen zum Zwecke der Teilung des Nachlasses abschließen. Das würde ohne weiteres anzuerkennen sein, wenn die Testamentsvollstrecker gesetzliche Vertreter der Erben wären, wie es der Nachlaßpfleger hinsichtlich der Erhaltung und Verwaltung des Nachlasses ist (§§ 1960, 1915, 1793 BGB.). Nach feststehender Rechtsprechung ist jedoch der Testamentsvollstrecker als gesetzlicher Vertreter der Erben nicht anzusehen. Die ihm für die Verwaltung des Nachlasses und die Verfügung darüber durch das Gesetz erteilten Befugnisse kommen aber nach Inhalt und Umfang denjenigen eines gesetzlichen Vertreters der Erben so nahe, daß in steuerlicher Beziehung ein Unterschied zwischen ihm und dem Nachlaßpfleger nicht gemacht werden kann, wenn man nicht den Zweck der Ermäßigungsvorschrift für solche Fälle vereiteln will, für die sie der Gesetzgeber offenbar hat gelten lassen wollen.

Der Testamentsvollstrecker bekleidet nach dem Recht des Bürgerlichen Gesetzbuchs, ebenso wie der Vormund und Pfleger, ein Amt, wenn auch nur ein solches privater Natur (§ 2202 BGB.). Auch er verwaltet den Nachlaß zur Ausführung des Willens des Erblassers mit der Wirkung, daß die von ihm vorgenommenen dinglichen und obligatorischen Verfügungshandlungen im Bereiche des Nachlaßvermögens für die Erben, oder wenn eine Erbengemeinschaft besteht, für diese rechtlich wirksam sind (§§ 2205, 2206 BGB.; Entsch. des RG.'s in Zivils. Bd. 59 S. 361, 365, 366). Die vom Testamentsvollstrecker zur Erbteilung vorgenommenen Verfügungen sind hiernach sachlich für die Erben von genau derselben Wirkung, als wenn sie selbst diese Verfügungen vorgenommen und dazu uneingeschränkte Befugnis gehabt hätten.

Die Ermäßigungsvorschrift bezweckt aber nur eine sachliche Begünstigung der Erbteilungen, nicht eine bloß persönliche Begünstigung der Erben. Das ergibt sich aus der Entstehungsgeschichte der Vorschrift. Die Begünstigung wurde zuerst gewährt durch die Kabinettsorder vom 21. Juni 1844, die im Wortlaut fast völlig mit der Ermäßigungsvorschrift der Tarifstelle 32 übereinstimmt, den zum Zwecke der Erbteilung vorgenommenen Kauf- und Tauschverhandlungen aber völlige Stempelbefreiung gewährt. Als Zweck der Befreiung wurde dabei ausdrücklich „die Erleichterung der Erbschaftsteilungen" bezeichnet. Diese Steuerbefreiung ist als Steuerermäßigung in das Stempelsteuergesetz vom 31. Juli 1895 übernommen worden, ohne daß ersichtlich wäre, daß an dem genannten Zweck irgend etwas hätte geändert werden sollen. Insbesondere ergibt sich nirgends ein Anhalt dafür, daß man die steuerliche Vergünstigung nur denjenigen Erbschaften habe zuwenden wollen, bei denen die Verwaltung und Teilung durch die Erben selbst vorzunehmen ist, nicht aber durch Testamentsvollstrecker. Ein Grund zu solcher Unterscheidung ist auch sonst nicht erfindlich. Wenn in der Kabinettsorder und ebenso in der Ermäßigungsvorschrift besonders hervorgehoben ist, Gegenstand der Vergünstigung seien Kaufverhandlungen zwischen Teilnehmern einer Erbschaft, so hat offenbar damit nur zum Ausdruck gebracht werden sollen, daß Kaufverhandlungen zwischen den Erben einerseits und dritten Personen andererseits selbst dann nicht begünstigt werden sollten, wenn sie dem Zwecke der Erbteilung dienten. Mit Recht weist auch der Berufungsrichter darauf hin, daß zur Zeit des Erlasses der Kabinettsorder — und auch später bis zum Inkrafttreten des Bürgerlichen Gesetzbuchs — bei der Verschiedenheit der damals in Preußen geltenden Privatrechtsordnungen eine einheitliche Auffassung über die rechtliche Stellung des Testamentsvollstreckers sich überhaupt kaum hat bilden können. Aber auch für das Gebiet des Allgemeinen Preußischen Landrechts war die Frage, in welchem rechtlichen Verhältnisse der Testamentsvollstrecker zu den Erben stände, in außergewöhnlichem Grade bestritten, und es ist dabei vielfach auch der Meinung Ausdruck gegeben worden, der Testamentsvollstrecker sei der Vertreter des Erben (Entsch. des RG.'s in Zivils. Bd. 25 S. 292flg.). Um so weniger läßt sich annehmen, daß die unter der Mitwirkung von Testamentsvollstreckern bewirkten Erbteilungen nach der Absicht des Gesetzgebers steuerlich anders behandelt werden sollten, als die von den Erben selbst vorgenommenen.

Der vorstehend vertretenen Auffassung steht das Urteil des erkennenden Senats vom 3. Mai 1907 (Entsch. Bd. 66 S. 113), das die Anwendung der Befreiungsvorschrift unter Nr. 2 der Tarifstelle 32 auf Kaufverträge des Konkursverwalters mit einem Abkömmling des Gemeinschuldners ausschließt, nicht entgegen, wie dessen Entscheidungsgründe ergeben."

---

33. Kann die Frist zur Einlegung eines Rechtsmittels durch Einwurf der Rechtsmittelschrift in einen am Geschäftslokal des Gerichts, bei dem das Rechtsmittel einzulegen ist, angebrachten, für die beim Gericht einzureichenden Schriftstücke bestimmten Briefkasten gewahrt werden?

II. Zivilsenat. Urt. v. 7. April 1911 i. S. S. Werke (Kl.) w. St. (Bekl.). Rep. II. 403/10.

I. Landgericht I Berlin.
II. Kammergericht daselbst.

Die Frage wurde verneint.

Aus den Gründen:

„Das die Klage abweisende Urteil des Landgerichts vom 4. August 1909 ist nach der Feststellung im Tatbestand des Berufungsgerichts dem Prozeßbevollmächtigten der Klägerin I. Instanz am 20. August 1909 zugestellt worden. Das Kammergericht hat durch das angefochtene Urteil, unter Zurückweisung des Antrags auf Wiedereinsetzung in den vorigen Stand, die Berufung der Klägerin wegen Versäumung der Notfrist des § 516 Abs. 1 ZPO. als unzulässig verworfen.

Die Frist zur Einreichung der Berufungsschrift behufs Einlegung des Rechtsmittels gemäß §§ 207 Abs. 2, 516 Abs. 1 und 518 Abs. 1 ZPO. lief, da das Urteil des Landgerichts am 20. August 1909 zugestellt war, am 20. September 1909 ab. Der amtliche Eingangsvermerk des Kammergerichts trägt das Datum 21. September 1909 Vorm. 8—10 Uhr und enthält die Bleistiftnotiz „Aus dem Kasten Hollmannstraße". Das Berufungsgericht nimmt auf Grund zweier eidesstattlicher Versicherungen und der vorerwähnten Notiz an, daß der Bureauvorsteher des Anwalts der Revisionsklägerin den in Rede stehenden Schriftsatz am Abend des 20. September, nachdem der Kastellan des Kammergerichts die Annahme desselben verweigert hatte, zwischen 7 und 8 Uhr in den erwähnten, für an das Kammergericht zu richtende Briefe und Schriftstücke bestimmten Briefkasten eingelegt habe. Gleichwohl nimmt das Berufungsgericht an, daß die Berufungsschrift erst als am 21. September bei der Gerichtsschreiberei eingereicht zu gelten habe, und daher die Notfrist für die Einlegung der Berufung nicht gewahrt sei. Dem ist beizutreten.

Die Einlegung eines Schriftstückes in einen für amtliche Briefschaften usw. eines Gerichts bestimmten, am oder im Gerichtsgebäude oder in der Nähe befindlichen Briefkasten bildet nicht den Rechtsakt der Einreichung beim Gerichtsschreiber nach § 207 Abs. 2 ZPO. Solche Briefkasten dienen zwar zur Erleichterung des Geschäftsverkehrs nicht nur im Interesse der beteiligten Parteien und Parteivertreter, sondern auch der Gerichte, insbesondere auch der Gerichtsschreibereien, und die Parteien und Anwälte können im allgemeinen darauf rechnen, daß die eingelegten Briefe und Schriftstücke unmittelbar nach den festgesetzten und auf den Kasten vermerkten Leerungszeiten in die Hände derjenigen Stelle, insbesondere derjenigen Gerichtsschreiberei gelangen, für die sie bestimmt sind. Allein aus diesem tatsächlichen Verhältnis kann nicht hergeleitet werden, daß schon die Einlegung prozeßrechtlich als die Einreichung bei der betreffenden Gerichtsstelle zu erachten ist. Zu der letzteren gehört, daß das einzureichende Schriftstück in den Besitz des betreffenden zuständigen Gerichtsschreibereibeamten gelangt, und die Zeit, wo dies geschieht, ist maßgebend für die Frage der Wahrung der Notfrist, die durch die Einreichung bedingt ist. Von diesem Zeitpunkt an ist auch die Frist von zwei Wochen zu berechnen, binnen der die Zustellung unter Vermittlung des Gerichtsschreibers erfolgen muß, damit sie die gesetzliche Wirkung hat, daß die Zustellung als bereits mit der Einreichung geschehen gilt.

Die Partei, die sich zur Übermittlung des Schriftsatzes, zum Zwecke der Einlegung eines Rechtsmittels, an die Gerichtsschreiberei des für das Gericht eingerichteten Briefkastens bedient, tut das auf ihre Gefahr. Auch in denjenigen Fällen, in welchen der vor Ablauf der Frist in den Briefkasten gelegte Schriftsatz verspätet in die Hände des zuständigen Beamten gelangt, obschon nach dem ordnungsmäßigen Geschäftsgang angenommen werden konnte, daß dies rechtzeitig erfolgen würde, kann die Frist nicht als gewahrt erachtet werden. Vielmehr wird in solchen Fällen regelmäßig die Voraussetzung der Wiedereinsetzung in den vorigen Stand gegeben sein, und auf diese Weise geholfen werden müssen. Aber auch an dieser Voraussetzung fehlt es im vorliegenden Falle, da die Einlegung erst abends zwischen 7 und 8 Uhr, also zu einer Zeit geschah, wo eine Leerung an dem Tage des Einwurfs nach dem Geschäftsgang und dem Vermerk auf dem Kasten nicht mehr erwartet werden konnte.

Danach ist, da die Klägerin auch im übrigen von der rechtzeitigen Einlegung der Berufung weder durch ein Naturereignis noch durch einen unabwendbaren Zufall verhindert war, auch der Antrag auf Wiedereinsetzung mit Recht zurückgewiesen worden. Im wesentlichen übereinstimmend mit den vorstehenden Ausführungen haben bereits andere Senate des Reichsgerichtes dahin erkannt, daß die Frist zur Einlegung eines durch Einreichung eines Schriftsatzes bei dem Gericht einzulegenden Rechtsmittels nicht durch den Einwurf in den Briefkasten des Gerichtes gewahrt werden kann.

Vgl. Entsch. des RG.'s in Zivils. Bd. 1 S. 429; Jur. Woch. 1910 S. 480 Nr. 24; Beschluß des VII. Zivilsenats vom 22. Januar 1909, VII B. 6/09."

---

34. Ist ein das sittliche Empfinden verletzender Anblick, der durch Vorgänge auf einem Nachbargrundstück dargeboten wird, eine beeinträchtigende Einwirkung im Sinne der §§ 903, 906, 1004 BGB.?

V. Zivilsenat. Urt. v. 8. April 1911 i. S. Stadtgemeinde N. (Bekl.) w. Schm. (Kl.). Rep. V. 328/10.

I. Landgericht Nürnberg.
II. Oberlandesgericht daselbst.

Die Klägerin ist Eigentümerin eines Hauses in N. Gegenüber fließt die etwa 15 m breite P.; auf der anderen Seite derselben, von der Ecke des Hauses der Klägerin etwa 82 bis 192 m entfernt, befindet sich das Freibad der verklagten Stadtgemeinde. Das Freibad wird auf der ganzen Länge von einem Ankleideraum begrenzt, der auf der dem Hause der Klägerin zugewendeten Seite vollständig offen ist.

Die Klägerin verlangte Verurteilung der Beklagten, an dem Freibad solche Vorkehrungen zu treffen, daß eine Beeinträchtigung ihres Hauses ausgeschlossen sei. Sie behauptete, während der Badezeit und hauptsächlich an den Mittwochen, Sonnabenden und Sonntagen, wo oft Hunderte von Personen gleichzeitig in dem Freibade sich aufhielten, ertöne dort ein derartiger Lärm, daß in den gegenüberliegenden Häusern auch bei geschlossenen Fenstern niemand sein eigenes Wort verstehe. Ferner benähmen sich die Badebesucher oft in schamloser, jedem Anstand und jeder guten Sitte hohnsprechender Weise; sie liefen oft ohne Badehosen umher, lägen auf dem Raum vor den Ankleidekabinen ausgestreckt herum; man könne ihr An- und Auskleiden ungehindert beobachten.

Der erste Richter verurteilte die Beklagte, Vorkehrungen zu treffen, durch die eine Einwirkung des in dem Freibade verübten Lärms auf das Anwesen der Klägerin insoweit verhindert werde, als durch den Lärm die Benutzung dieses Anwesens wesentlich beeinträchtigt werde. Im übrigen wies er die Klage ab. Der zweite Richter verurteilte die Beklagte ferner, Vorkehrungen zu treffen, die eine Belästigung der Bewohner des Hauses der Klägerin durch den Anblick der im städtischen Freibad sich auskleidenden oder ankleidenden oder ausgekleidet sich aufhaltenden Badegäste ausschlössen. Die Revision der Beklagten hatte hinsichtlich der ersten Verurteilung keinen Erfolg. Dagegen wurde hinsichtlich der zweiten Verurteilung das Berufungsurteil aufgehoben, und insoweit die Klage abgewiesen.

Aus den Gründen:

(Es wird zunächst ausgeführt, die Vorinstanzen hätten die Beklagte mit Recht für verpflichtet erachtet, Vorkehrungen zu treffen, wodurch die wesentliche Beeinträchtigung der Benutzung des Grundstücks der Klägerin durch Lärmeinwirkungen verhindert würde. Alsdann wird fortgefahren:)

„Dagegen kann dem Berufungsrichter nicht darin beigetreten werden, daß durch den auf dem Grundstück der Klägerin sich darbietenden Anblick der im Freibade der Beklagten sich auskleidenden oder ausgekleidet sich aufhaltenden Badegäste der Anspruch auf Vornahme von Vorkehrungen, die diesen Anblick ausschließen, nach Maßgabe der §§ 903, 906, 1004 BGB. gerechtfertigt wird. Der Anblick von Vorgängen auf einem Nachbargrundstück ist vielmehr überhaupt nicht als eine das Eigentum beeinträchtigende Einwirkung im Sinne der §§ 903, 1004 BGB. zu erachten. Der Berufungsrichter meint zwar, bei einem solchen Anblick finde ebenso, wie bei dem Hören von Geräuschen oder dem Empfinden von Gerüchen, eine durch sinnliche Wahrnehmung vermittelte Einwirkung statt, da dem Auge des Hinschauenden das Bild der Vorgänge von dem Nachbargrundstücke zugeführt werde. Allein entscheidend ist nicht, ob nach naturwissenschaftlicher Erfahrung ein Anblick in einer solchen Weise verursacht wird, daß von einem Herüberwirken zum Auge des Schauenden gesprochen werden kann, sondern ob der Anblick unter den Begriff einer Einwirkung gebracht werden kann, den das Gesetz erkennbar aufstellt. In dieser Hinsicht ist der Meinung des Berufungsrichters nicht beizustimmen, daß der Anblick von Vorgängen auf einem Nachbargrundstück unter die von einem andern Grundstück ausgehenden Einwirkungen des § 906 falle, die der Eigentümer insoweit nicht verbieten kann, als sie unwesentlich oder ortsüblich sind. Die dort genannten Zuführungen von Gasen, Dämpfen, Gerüchen, Rauch, Ruß, Wärme, Geräusch, Erschütterungen sind sämtlich solche, die entweder auf das Grundstück und die dort befindlichen Sachen schädigend einwirken oder die auf dem Grundstück sich aufhaltenden Personen derart belästigen können, daß ihr gesundheitliches Wohlbefinden gestört, oder ein körperliches Unbehagen bei ihnen hervorgerufen wird. Daher sind gemäß diesen Beispielen auch unter den „ähnlichen Einwirkungen" des § 906 nur solche Zuführungen zu verstehen, mit denen schädliche Wirkungen dieser Art verbunden sein können. Dazu mag beispielsweise auch die Zuführung von grellen Lichtreflexen infolge von Veranstaltungen auf dem Nachbargrundstück gehören, weil dadurch das Auge geblendet und somit ein körperliches Unbehagen verursacht werden kann. Eine Zuführung aber, die lediglich darin bestehen soll, daß Vorgänge auf dem Nachbargrundstück sichtbar werden, wirkt weder auf Sachen noch auf Personen nach den vorbezeichneten Richtungen ein; sie kann vielmehr nur das seelische Empfinden der die Vorgänge erblickenden Personen verletzend berühren. Daher fällt ein Anblick nicht unter die Zuführungen des § 906.

Würde er trotzdem als eine Einwirkung anzusehen sein, so würde nach dem Grundsatze des § 903, daß der Eigentümer einer Sache andere von jeder Einwirkung ausschließen kann, der Eigentümer berechtigt sein, von dem Nachbar die Verhinderung von Anblicken jeder Art, auch von solchen, die gar nichts Anstößiges oder Verletzendes enthielten, zu verlangen. Dies kann das Gesetz nicht gewollt haben. Denn damit würde in Widerspruch stehen, daß nach dem weiteren Grundsatze des § 903 der andere Eigentümer seinerseits mit seinem Grundstück nach Belieben verfahren kann. Aus den Protokollen der II. Kommission, auf deren Beschlüssen die Fassung der §§ 903, 906 beruht, ist zu entnehmen, daß die Zuführungen sog. Imponderabilien, die als Einwirkungen anzusehen seien, in § 906 erschöpfend bezeichnet werden, und im übrigen nur Zuführungen anderer Art, namentlich von festen Körpern, wie Bienen, Tauben, Steinen aus Steinbrüchen, als Einwirkungen gelten sollten (Prot. Bd. 3 S. 119, 123, 124). Dies bringt auch das Gesetz erkennbar dadurch zum Ausdruck, daß es in § 906 zu den einzeln aufgeführten Imponderabilien die allgemeine, umfassende Bezeichnung „ähnliche Einwirkungen" hinzufügt und das dem Eigentümer im § 903 gewährte Ausschließungsrecht hinsichtlich solcher Einwirkungen einschränkt. Da nun ein dargebotener Anblick nur als eine Imponderabilienzuführung angesehen werden kann, ein solcher aber, wie gezeigt, nicht unter die Zuführungen des § 906 fällt, so ist er als eine Einwirkung im Sinne des Gesetzes nicht zu erachten. Der Eigentümer mag, wenn durch den Anblick anstößiger oder unzüchtiger Vorgänge auf dem Nachbargrundstück, wie sie vorliegend von der Klägerin behauptet werden, das Schamgefühl der Bewohner seines Grundstücks verletzt wird, sich dadurch schützen, daß er gegen die Täter Strafanzeige erstattet oder ein polizeiliches Einschreiten veranlaßt. Finden solche Vorgänge fortdauernd statt, so kann gegen den Nachbar, wenn er die Vorgänge herbeiführt oder wissentlich duldet und hierdurch gegen die guten Sitten verstößt, ein Schadensersatzanspruch nach § 826 BGB. gegeben sein (vgl. Entsch. des RG.'s in Zivils. Bd. 50 S. 226, Bd. 57 S. 240). Aber die Eigentumsfreiheitsklage aus §§ 903, 1004 BGB. steht dem Eigentümer wegen eines dargebotenen Anblicks auf einem Nachbargrundstück nicht zu, mögen auch die Vorgänge schamverletzend oder sonst Anstoß erregend sein. Dies ist um so mehr anzunehmen, als eine gegenteilige Auffassung zu der praktisch bedenklichen Folgerung führen müßte, daß auch schon gegenüber einem nicht das sittliche, nur das ästhetische Empfinden verletzenden Anblick, dem man durch einen Zustand des Nachbargrundstücks oder durch Vorgänge auf ihm ausgesetzt ist, eine Klage aus § 1004 BGB. zu gewähren wäre...."

---

35. Erwirbt beim Güterstande der Verwaltung und Nutznießung die Ehefrau den Anspruch auf die Versicherungssumme, wenn der Ehemann Gegenstände ihres eingebrachten Gutes in eigenem Namen als ihm gehörig versichert?

BGB. §§ 1374, 1381 Abss. 1 u. 2, 181.

V. Zivilsenat. Urt. v. 8. April 1911 i. S. D. (Kl.) w. B. u. Gen. (Bekl.). Rep. V. 408/10.

I. Landgericht Lübeck.
II. Oberlandesgericht Hamburg.

Auf dem Grundstück einer Frau G., auf dem eine Hotelwirtschaft betrieben wurde, stand im Range nach zwei Hypotheken der Beklagten von zusammen 150000 ℳ für die Klägerin eine Hypothekenforderung von 8000 ℳ nebst $4\frac{1}{2}$ % Zinsen eingetragen, deren persönliche Schuldnerin angeblich die Frau G. war. Im Jahre 1904 hatte der Ehemann G. die Gebäude, das Hotelinventar und die Hausstandssachen je mittels besonderen Vertrags bei der Schleswig-

Holsteinischen Landesbrandkasse gegen Feuerschaden versichert. Er hatte die versicherten Gegenstände als sein Eigentum bezeichnet und die Versicherung auf seinen Namen genommen, bei einer Nachversicherung der Gebäude im Jahre 1905 jedoch die Gebäudeversicherung auf den Namen seiner Ehefrau umschreiben lassen. Am 5. November 1908 wurden die versicherten Gegenstände durch Feuer zerstört, und am 12., 13. und 16. November wurde die Brandentschädigung für die Baulichkeiten auf 45041,50 ℳ, für das Hotelinventar auf 16065 ℳ und für die Hausstandssachen auf 12000 ℳ festgesetzt. Unter dem 19. November 1908 erwirkte die Klägerin einen Arrestbefehl und auf Grund desselben einen Pfändungsbeschluß, durch den die angebliche Forderung der Ehefrau G. gegen die Landesbrandkasse „aus einem Versicherungsvertrage hinsichtlich des durch Feuer zerstörten Hotelgebäudes nebst Zubehör" auf Höhe von 8500 ℳ zur Sicherheit des der Klägerin zustehenden Anspruchs gepfändet wurde. Arrestbefehl und Pfändungsbeschluß wurden der Landesbrandkasse am 21. November zugestellt. Am 27. November 1908 ließen sich die Beklagten von den Eheleuten G. die Forderung gegen die Landesbrandkasse auf Entschädigung für das verbrannte Inventar in Anrechnung auf ihre Hypotheken abtreten. Später wurde auf Antrag eines Gläubigers, dem nachträglich die Beklagten beitraten, die Zwangsversteigerung des Grundstücks angeordnet. Dem Antrage der Klägerin entsprechend wurde jedoch hinsichtlich eines Teilbetrages von 8500 ℳ von der Entschädigungsforderung aus der Versicherung des Hotelinventars das Versteigerungsverfahren einstweilen eingestellt. Die Klägerin wurde darauf mit dem Antrage klagbar,

> festzustellen, daß nach rechtskräftiger Verurteilung der Ehefrau G. zur Zahlung von 8000 ℳ nebst $4^1/_2$ % Zinsen seit dem 1. August 1908 die Beklagten wegen ihrer voreingetragenen Hypothekenforderungen ein dem Arrestpfandrechte der Klägerin vorgehendes Recht auf die der Ehefrau G. gegen die Landesbrandkasse zustehende Forderung hinsichtlich des durch Feuer zerstörten Zubehörs des Hotelgebäudes in Höhe von 8500 ℳ nicht hätten.

Sie behauptete, der Ehemann G. habe die Versicherung der Gebäude und des Hotelinventars, das gleich dem Grundstück Eigentum der Ehefrau G. gewesen sei, kraft ehemännlichen Verwaltungs- und Nutznießungsrechts genommen. Bei der Nachversicherung der Gebäude habe er dem Vertreter der Landesbrandkasse erklärt, auch das Hotelinventar gehöre seiner Ehefrau, und die Versicherung des Inventars solle für diese gelten, und eine entsprechende Erklärung habe er auch bei der Festsetzung der Entschädigung abgegeben. Infolgedessen habe sie ein wirksames Pfandrecht an der das Inventar betreffenden Entschädigungsforderung erlangt, das dem Rechte der Beklagten aus der Abtretung vom 27. November 1908 und aus der späteren Beschlagnahme vorgehe.

Das Landgericht erkannte nach dem Klagantrage, das Oberlandesgericht wies jedoch die Klage ab. Die Revision der Klägerin führte zur Aufhebung des Berufungsurteils.

Gründe:

„Das Berufungsgericht geht zutreffend davon aus, daß das Klagebegehren nur dann gerechtfertigt sein würde, wenn die Ehefrau G. zur Zeit der Vornahme der Arrestpfändung aus dem von ihrem Ehemann geschlossenen Versicherungsvertrage einen Anspruch gegen die Landesbrandkasse auf Zahlung der Entschädigung für das verbrannte Inventar erlangt habe. Denn nur in diesem Falle würde die Klägerin für ihre Forderung gegen die Ehefrau G. ein Pfandrecht an der Entschädigungsforderung gegen die Landesbrandkasse erworben haben, und ihr Pfandrecht würde dem Rechte der Beklagten sowohl aus der nachfolgenden Abtretung, wie aus der späteren Beschlagnahme vorgehen (vgl. §§ 1124 Abs. 1, 1129, 1120, 1127 BGB.). Die Annahme jedoch, daß der Ehefrau G. die Entschädigungsforderung deshalb nicht zugestanden habe, weil ihr Ehemann sich gegenüber der Landesbrandkasse als den Eigentümer des Inventars bezeichnet, die Versicherung für sich selbst genommen und auch nachträglich weder seinen eigenen Anspruch auf Zahlung der Versicherungssumme an sie abgetreten, noch durch Vereinbarung mit der Landesbrandkasse ihr den Anspruch verschafft habe, ist von Rechtsirrtum beeinflußt.

Allerdings läßt sich aus den „Allgemeinen Bedingungen für die Versicherung beweglicher Gegenstände bei der Schleswig-Holsteinischen Landesbrandkasse" das Gläubigerrecht der Ehefrau G. nicht herleiten. Namentlich dürfen die Bestimmungen in § 2 Nr. 3:

> „Fremdes Eigentum ist als solches zu bezeichnen, widrigenfalls es nicht versichert ist"

und in § 9 Nr. 2:

„Ist fremdes Eigentum versichert, so hat der Versicherte nachzuweisen, daß er zur Empfangnahme der Entschädigung berechtigt ist, oder den Empfangsberechtigten zu bezeichnen",

nicht dahin verstanden werden, daß die Versicherung fremden, aber nicht als solches bezeichneten Eigentums entweder wirkungslos sei, oder nur für den Eigentümer eine Forderung gegen den Versicherer begründe. Beide Bestimmungen sollen gewisse Mißbräuche verhüten, die im Versicherungswesen vorzukommen pflegen, und sind daher auf Fälle von der Art des hier vorliegenden nicht ohne weiteres zu beziehen. Dem Berufungsgerichte mag daher auch zuzugeben sein, daß der Nießbraucher, der bei der Versicherung der Nießbrauchsgegenstände sich selbst für den Eigentümer ausgibt und die Versicherung für sich nimmt, trotz jener Bestimmungen und trotz der Vorschriften der §§ 1045 Abs. 1, 1046 BGB. der Landesbrandkasse gegenüber, und zwar allein, forderungsberechtigt ist (vgl. Entsch. des RG.'s in Zivils. Bd. 58 S. 273).

Das Berufungsgericht übersieht jedoch, daß es sich hier um einen Nießbrauch im Rechtssinne nicht handelt. Die Behauptung der Klägerin geht dahin, daß die Eheleute G. im gesetzlichen Güterstande der Verwaltungsgemeinschaft gelebt haben, und daß das Inventar eingebrachtes Vermögen der Ehefrau G. gewesen sei. Wird dies als richtig unterstellt, so unterlag das Inventar der ehemännlichen Verwaltung und Nutznießung des Versicherungsnehmers (vgl. § 1363 BGB.). Der Ehemann war verpflichtet, das Inventar gegen Feuersgefahr zu versichern (§§ 1359, 1374 BGB.), und er war sowohl im Verhältnisse zu seiner Ehefrau (§ 1385 Nr. 3), wie dem Versicherer gegenüber (§ 1388) Schuldner der Versicherungskosten, einerlei ob er den Versicherungsvertrag im eigenen Namen, oder im Namen seiner Ehefrau abschloß. Er machte aber auch, selbst wenn er die Versicherung im eigenen Namen bewirkte, seine Ehefrau sogleich zur Gläubigerin des Anspruchs gegen den Versicherer, es sei denn, daß er den Anspruch nicht für seine Ehefrau erwerben wollte. Dies ergibt sich unmittelbar aus § 1381 Abss. 1 und 2 BGB., dessen Anwendbarkeit um so weniger bedenklich erscheint, als der Gesetzgeber es nicht für erforderlich erachtet hat, bei der ehemännlichen Nutznießung und Verwaltung hinsichtlich des Anspruchs auf die Versicherungssumme besondere Bestimmungen zu treffen, wie sie beim Nießbrauch in den §§ 1045 Abs. 1 Satz 2 und 1046 Abs. 1 BGB. enthalten sind. § 1381 BGB. mag zwar hauptsächlich den Fall zu regeln bestimmt sein, daß der Ehemann über Mittel des eingebrachten Gutes „verfügt", um dafür andere Sachen oder Rechte zu erwerben. Allein ein „Erwerb mit Mitteln des eingebrachten Gutes" liegt schon dem Wortsinne nach auch dann vor, wenn eingebrachte Sachen unter Versicherung gestellt werden. Denn die versicherten Gegenstände bilden die unerläßliche Grundlage für den Erwerb des Anspruchs auf die Versicherungssumme, und man wird nach § 1385 Nr. 3 BGB. sogar die Kosten der Versicherung als „Mittel des eingebrachten Gutes" im Sinne des § 1381 anzusehen haben. Der gesetzgeberische Grund des § 1381, die Frau vor Benachteiligung durch das Verwaltungsrecht des Mannes zu schützen,

vgl. § 45 KonkO., Kommentar von RGR. zu § 1381 Bem. 1; v. Staudinger-Engelmann zu § 1381 Bem. 1; Planck zu § 1381 Bem. 1,

trifft aber im Falle der Versicherung von Gegenständen des eingebrachten Gutes gegen Brandschaden ganz ebenso zu, wie beim Austausche solcher Gegenstände gegen andere Sachen oder Forderungen. Der Beweis, daß der Ehemann G. den Anspruch auf die Versicherungssumme sogleich für seine Ehefrau habe erwerben wollen, hätte nach der Fassung des § 1381 nicht der Ehefrau obgelegen, und er kann deshalb auch nicht von der Klägerin, als Arrestpfandgläubigerin, gefordert werden. Durch den Umstand allein, daß der Ehemann die Versicherung in eigenem Namen genommen und die versicherten Gegenstände als sein Eigentum bezeichnet hat, werden die Beklagten des Gegenbeweises nicht überhoben, da nicht das äußere Verhalten, sondern der innere Wille des Ehemannes entscheidet.

Wollte man aber selbst annehmen, daß ein unmittelbarer Erwerb des Anspruchs gegen die Landesbrandkasse auf Zahlung der Versicherungssumme für die Ehefrau G. nicht stattgefunden hätte, daß also der Ehemann den Anspruch für sich erworben, und es eines besonderen Rechtsaktes bedurft hätte, um den Anspruch auf die Ehefrau G. zu übertragen, so würde der Übergang auf die Ehefrau aus der Verwalterstellung des Ehemannes zu folgern sein. Das Berufungsgericht erkennt selbst an, daß der Ehemann verpflichtet gewesen wäre, den für sich erworbenen Anspruch gegen die Landesbrandkasse auf

Zahlung der Versicherungssumme für das Inventar, soweit es zum eingebrachten Gute gehörte, an die Ehefrau abzutreten. Diese Verpflichtung, die aus den §§ 1374, 1385 Nr. 3 BGB. zu folgern ist, konnte der Ehemann G. dadurch erfüllen, daß er den Anspruch im eigenen Namen an sich selbst als den Vertreter seiner Ehefrau abtrat (§ 181 BGB.), und es genügte hierzu, daß sein Wille, das Forderungsrecht auf seine Ehefrau zu übertragen, irgendwie erkennbar in die Erscheinung trat. Es unterliegt deshalb erheblichen rechtlichen Bedenken, wenn das Berufungsgericht ausführt, die von der Klägerin behauptete und wiederholt unter Beweis gestellte Erklärung des Ehemannes G. gegenüber der Landesbrandkasse bei Gelegenheit der im Jahre 1905 erfolgten Nachversicherung der Gebäude, daß auch das Hotelinventar seiner Ehefrau gehöre und als für diese versichert gelten solle, könne deshalb nicht in Betracht kommen, weil bei der Nachversicherung des Inventars im Jahre 1906 der Versicherungsschein wiederum auf seinen, des Ehemannes, Namen ausgestellt worden sei. Auf alle Fälle aber beruht es auf einer Verkennung der Sach- und Rechtslage, daß die gleichfalls unter Beweisantritt aufgestellte Behauptung der Klägerin, der Ehemann G. habe bei Festsetzung der Entschädigung für das verbrannte Inventar, also spätestens am 16. November 1908, dem Vertreter der Landesbrandkasse mitgeteilt, daß die Entschädigungssumme seiner Frau zukomme, nur eine rein tatsächliche Bedeutung haben soll. Die rechtliche Bedeutung dieses Vorganges würde gerade darin zu finden sein, daß der Ehemann den Willen, seinen Anspruch gegen die Landesbrandkasse, seiner Verpflichtung gemäß, auf seine Ehefrau zu übertragen, unzweideutig zum Ausdrucke gebracht und dadurch den Forderungsübergang herbeigeführt hätte (§ 181 BGB.)." ...

36. Was ist im Sinne der Tarif-Nr. 1a des Reichsstempelgesetzes vom 3. Juni 1906 unter dem den Nennbetrag übersteigenden Ausgabewert der Aktien zu verstehen? Ist bei der Bestimmung dieses Wertes auch der Umstand zu berücksichtigen, daß die bisherigen Aktionäre gegen Gewährung der neuen Aktien auf ein ihnen satzungsgemäß zustehendes Bezugsrecht verzichtet haben?

VII. Zivilsenat. Urt. v. 11. April 1911 i. S. Hamburg. Fiskus (Bekl.) w. Hamburg-Südamerikanische Dampfschiffahrtsges. (Kl.). Rep. VII. 313/10.

I. Landgericht Hamburg.
II. Oberlandesgericht daselbst.

Der Absatz 2 des § 3 der Statuten der — im Jahre 1871 gegründeten — klagenden Aktiengesellschaft räumte für den Fall der Ausgabe neuer Aktien den jeweiligen Inhabern der Aktien erster Emission sowie den ersten Zeichnern (bzw. deren Rechtsnachfolgern) ein Bezugsrecht dergestalt ein, daß ihnen je die Hälfte der neuen Aktien zum Parikurse anzubieten waren. Nachdem das Bezugsrecht der Zeichner bereits beseitigt war, verzichteten laut Beschluß der Generalversammlung vom 2. Februar 1907 auch die alten Aktionäre auf ihr Bezugsrecht für künftige Emissionen, wogegen ihnen die gesamte Neuemission mit 3750000 *M*, die gleichfalls beschlossen wurde, zum Parikurse angeboten wurde. Diese Beschlüsse wurden ausgeführt; die Norddeutsche Bank zu H. zeichnete sämtliche Aktien zu Pari mit der Verpflichtung, sie den Aktionären der ersten Emission zu demselben Preise anzubieten. Diese machten von ihrem Bezugsrechte Gebrauch. Der Aktienausgabestempel wurde zunächst nach dem Nennwert berechnet. Der Beklagte betrachtete aber als Teil des Entgelts für den Erwerb der Aktien den Verzicht auf das Bezugsrecht für spätere Emissionen, bewertete den Verzicht auf 36 % und zog, indem er als Ausgabewert der neuen Aktien 136 % annahm, noch einen Stempelbetrag von 13500 *M* von der Klägerin ein. Diese forderte ihn im Rechtswege samt Zinsen zurück. Das Landgericht wies die Klage ab, das Oberlandesgericht verurteilte dagegen auf die Berufung der Klägerin den Beklagten nach dem Klagantrage. Der Revision des Beklagten wurde stattgegeben.

Gründe:

„Darin ist dem Berufungsrichter zuzustimmen, daß die Berechnung des nach Tarif-Nr. 1a zum Reichsstempelgesetze vom 3. Juni 1906 zu entrichtenden Aktienausgabestempels nicht lediglich nach dem von der emittierenden Aktiengesellschaft festgesetzten Kurse zu erfolgen hat, sondern nach dem wirklichen inneren Werte, zu dem die Aktien über den ziffermäßig bestimmten Kurs hinaus von den ersten Erwerbern übernommen werden. Diese Auffassung entspricht der ständigen Rechtsprechung des erkennenden Senats. Dabei kommt es nicht sowohl auf den Wert an, den die Aktien für den Erwerber haben, und zu dem sie von diesem veräußert werden können, als auf den Wert oder Preis, zu dem die Gesellschaft die Papiere dem Erwerber überläßt. Es ist zu prüfen, ob aus dem gesamten Inhalte des Emissionsgeschäfts mit Sicherheit zu schließen ist, daß für die Bemessung der in der Hingabe der Aktien bestehenden Leistung nicht schlechthin der Ausgabepreis, sondern ein größerer oder geringerer Mehrwert maßgebend gewesen ist (Entsch. des RG.'s in Zivils. Bd. 67 S. 328). Für diese Prüfung wird regelmäßig oder wenigstens sehr häufig die von den Erwerbern gewährte Gegenleistung den erforderlichen Anhalt bieten, und deshalb untersucht der Berufungsrichter mit Recht, ob die Klägerin für die Hingabe der neuen Aktien außer dem Nennbetrage noch einen anderen, als Gegenleistung zu bewertenden Vorteil erlangt hat. Er verneint die Frage, jedoch, wie der Revision zugegeben werden muß, aus rechtlich nicht zu billigenden Gründen.

Die Klägerin war auf Grund ihrer Statuten zur Wahrung des den ersten Aktionären vor dem Inkrafttreten der Novelle zum Aktiengesetz vom Jahre 1884 eingeräumten und in Kraft gebliebenen Bezugsrechts (vgl. Entsch. des RG.'s in Zivils. Bd. 47 S. 24) verpflichtet, diesen Aktionären die Hälfte der Neuemission zum Parikurse anzubieten, also nicht die gesamten jungen Aktien. Indem sie dennoch alle auszugebenden neuen Aktien den Inhabern der Aktien erster Emission zum Nennbetrage zu überlassen sich bereit erklärte, so geschah dies, wie es in der zu den Akten gebrachten öffentlichen Bekanntmachung ausdrücklich heißt, „zwecks Ablösung des den Inhabern der Aktien erster Emission nach § 3 Abs. 2 des Statuts zustehenden Rechts, bei der jedesmaligen Ausgabe neuer Aktien die Hälfte zum Parikurse reserviert zu erhalten." Das Angebot erfolgte mithin lediglich um des Verzichts willen, den die alten Aktionäre ausgesprochen hatten, und mittels dessen sie ihr Bezugsrecht für künftige Emissionen aufgaben. Angebot und Verzicht stehen daher in untrennbarem Zusammenhange: die Aktionäre verzichteten nur, weil sie die Neuemission in vollem Umfang erhielten, und die Klägerin gab ihnen alle Aktien nur, weil sie dafür den Verzicht eintauschte. Dieser bildete sonach die Gegenleistung für die Gewährung auch der zweiten Hälfte der Neuemission zum Nennbetrage.

Der Berufungsrichter glaubt dies deshalb in Abrede stellen zu müssen, weil es sich um einen Ausgleich zwischen den verschiedenen Klassen der Aktionäre handle; wirtschaftlich betrachtet liege ein Vertrag vor nicht zwischen den alten Aktionären und der Gesellschaft, sondern zwischen den alten und den späteren Aktionären. Dies trifft indessen nicht zu.

Die rechtliche und wirtschaftliche Bedeutung der Maßnahmen bei der Neuemission bestand darin, daß die Klägerin gegen das den alten Aktionären gemachte Zugeständnis für spätere Fälle der Neuausgabe von Aktien freie Hand erhielt, das Emissionsagio, das beim Fortbestehen des Bezugsrechts den Aktionären erster Emission überlassen werden mußte, selbst zu gewinnen und ihrem Reservefonds zuzuführen. Die Generalversammlung kann eine Ausgabe neuer Aktien über Pari mit oder ohne Beseitigung des gesetzlichen Bezugsrechts der Aktionäre beschließen; dieses Recht geht auch nicht dahin, die neuen Aktien zu Pari zu erhalten (§§ 282, 283 HGB.). Es ist daher nicht richtig, daß der Wegfall des Bezugsrechts nur den späteren Aktionären zugute komme. Nur insofern geschieht dies, als durch die infolge des Agiogewinnes eintretende günstigere Vermögenslage der Gesellschaft auch die Aussicht auf eine höhere Dividende gegeben sein kann. Aber der unmittelbare Vorteil des Verzichts fällt allein der Gesellschaft selbst zu. Indem sie von der Verpflichtung des Angebots zum Parikurse an die ersten Aktionäre befreit wird, erwächst ihr eine Gewinnaussicht, deren Wert sie selbst dadurch zum Ausdruck bringt, daß sie statt der satzungsmäßigen Hälfte den Gesamtbetrag der Neuemission den Bezugsberechtigten zur Verfügung stellt. Ob diese Gewinnaussicht auch durch die Bilanz in die Erscheinung tritt, ist nicht entscheidend (Entsch. des RG.'s in Zivils. Bd. 69 S. 203). Ebensowenig fällt ins Gewicht, daß die Norddeutsche Bank als erste Erwerberin der Aktien gelten muß (Entsch. des RG.'s in Zivils. Bd. 67 S. 329). Sie war verpflichtet, die Papiere in Ausführung der Beschlüsse der Gesellschaft den ersten Aktionären anzubieten und diesen damit das Entgelt für ihren Verzicht auf künftige Bezugsrechte zu gewähren. Das Verhältnis des Verzichts zu der Überlassung der gesamten Aktien für den Nennbetrag ist also durch das Dazwischentreten der Bank nicht geändert; diese erhielt die Aktien nicht zur freien Verfügung, sondern nur zwecks Ablösung des Bezugsrechts. Wenn sie an die Klägerin nichts weiter ablieferte und abzuliefern hatte, als den Nennwert der Aktien, so ist es darum doch nicht minder richtig, daß der Klägerin außerdem als Gegenleistung der Verzicht gewährt wurde. Die Bank brauchte dabei nicht tätig zu werden, weil der Verzicht bereits ausgesprochen war.

Nach dem Ausgeführten konnte das Berufungsurteil nicht aufrechterhalten werden. Ist die Beseitigung des Bezugsrechts der ersten Aktionäre für die Klägerin ein Teil des Entgelts, den sie gegen Überlassung der Neuemission an jene erhielt, so kann es nur darauf ankommen, den Wert dieses Teils zu ermitteln. Daß die Befreiung von einer Verbindlichkeit an sich auch der Schätzung in Geld zugänglich ist, läßt sich nicht bezweifeln. Es kann nicht angenommen werden, daß die Klägerin ohne eine entsprechende Berücksichtigung des ihr erwachsenen Vorteils als eines schon gegenwärtigen Vermögenswertes die gesamten Aktien den ersten Aktionären überlassen habe. Der Berufungsrichter hat sich über diesen wesentlich dem tatsächlichen Gebiet angehörenden Punkt noch nicht ausgesprochen. Die Sache war daher zur anderweiten Verhandlung und Entscheidung in die Vorinstanz zurückzuverweisen."

---

37. Welches sind die Voraussetzungen für die Gewährung von Umzugskosten an die preuß. Staatsbeamten?

Gesetz, betr. die Umzugskosten der Staatsbeamten, vom 24. Februar 1877 §§ 1, 5 (GS. S. 15).

III. Zivilsenat. Urt. v. 12. April 1911 i. S. preuß. Fiskus (Bekl.) w. K. (Kl.). Rep. III. 363/10.

I. Landgericht Bielefeld.
II. Oberlandesgericht Hamm.

Der in M. als Kgl. Steuersekretär und Rentmeister angestellte Kläger wurde zum 1. Oktober 1905 nach H. versetzt. Er ließ seine Familie und seinen Hausrat zurück, nahm nur die zu seinem persönlichen Gebrauche dienenden Sachen und einen Teil seiner Bücher mit und bezog in H. eine möblierte Herrenwohnung. Zum 1. Juli 1906 wurde er nach M. zurückversetzt. Während seines Aufenthalts in H. hat er mindestens 900 ℳ mehr an Unterhaltskosten aufwenden müssen, als wenn er in M. geblieben wäre. Es wurden ihm die Umzugskosten bei der Versetzung nach H. in Höhe von 282 ℳ zwar zunächst ausgezahlt, später aber, nach seiner Zurückversetzung, wieder vom Gehalte abgezogen. Bei der Zurückversetzung wurde ihm die Gewährung von Umzugskosten verweigert. Er fordert die gesetzlichen Umzugskosten aus Anlaß beider Versetzungen mit zusammen 564 ℳ nebst Zinsen; seinem Klagantrage wurde in den Vorinstanzen entsprochen. Auch die Revision hatte keinen Erfolg.

Aus den Gründen:

„Die Revision rügt die Verletzung der §§ 1 und 5 des Gesetzes vom 24. Februar 1877, betr. die Umzugskosten der Staatsbeamten. Sie führt unter Bezugnahme auf das Urteil des IV. Zivilsenats des Reichsgerichts vom 30. März 1896, Entsch. Bd. 37 S. 265, aus, daß durch die Umzugskosten nur die Kosten eines tatsächlich bewirkten Umzuges abgegolten werden sollen, ein Umzug eines verheirateten Beamten aber nur dann als bewirkt angesehen werden könne, wenn der Beamte unter Mitnahme des wesentlichen Teiles seiner Möbel, also auch unter Mitnahme der für seine Familie bestimmten Sachen und seiner Familie selbst nach dem neuen Wohnort übergesiedelt sei. Eventuell könne Kläger doch nur die Hälfte der in § 1 des Gesetzes festgesetzten Umzugskosten beanspruchen, da er den Umzug ohne seine Familie bewirkt habe.

Die etatsmäßig angestellten und bestimmte andere Beamte erhalten nach dem Gesetze „bei Versetzungen eine Vergütung für Umzugskosten", während die nichtetatsmäßigen Beamten im allgemeinen nur Tagegelder und Reisekosten erhalten. Diese Unterscheidung wird,

vgl. die Motive zu dem — nicht zur Annahme gekommenen, aber auch dem späteren Entwurf im wesentlichen zugrunde liegenden — Entwurf von 1876, Drucksachen des Abgeordnetenhauses, 12. Legislaturperiode, 3. Session 1876 Bd. II Nr. 160,

damit begründet, daß nur bei den etatsmäßig angestellten Beamten auf Grund ihrer gesicherten Lebensstellung die Niederlassung an einem bestimmten Orte unter Einrichtung einer eigenen Wirtschaft zu erwarten, und daher eigentlich nur bei ihnen von einer Versetzung, die außer den persönlichen Reisekosten auch die Aufwendung erheblicher

Umzugskosten erfordere, die Rede sei. Die Gewährung der Umzugskosten trägt also der Tatsache Rechnung, daß bei einer Versetzung der etatsmäßig angestellten Beamten regelmäßig weitere Kosten des Umzuges neben denen der persönlichen Reise entstehen. Aber so wenig wie das Gesetz den nicht etatsmäßig angestellten Beamten — mit Ausnahme der in § 3 genannten — einen Anspruch auf die Vergütung der ihnen im einzelnen Falle erwachsenden besonderen Kosten der Übersiedelung ihrer Wirtschaft gewährt, so wenig macht das Gesetz die Gewährung der Umzugskosten davon abhängig, daß den etatsmäßigen Beamten tatsächlich besondere Kosten des Umzuges entstanden sind. Es wäre hier auch schwer, eine bestimmte Grenze zu ziehen, die Gewährung der Umzugskosten etwa davon abhängig zu machen, daß der Beamte eine bestimmte Menge von Möbeln oder sonstigen Sachen nach seinem neuen Wohnort mitnimmt, und sie zum Beispiel zu versagen, wenn der Beamte seine bisher benutzten Möbel verkauft, um an seinem neuen Wohnsitze sich neu einzurichten.

Ebensowenig ist es gerechtfertigt, dem verheirateten Beamten die Umzugskosten entgegen den §§ 1, 5 des Gesetzes zur Hälfte zu versagen, solange nicht auch seine Familie ihm nach seinem neuen Wohnsitz gefolgt ist. Daß sie ihm früher oder später folgt, ist der regelmäßige Fall, den das Gesetz im Auge hat, ohne daß es die Gewährung der vollen Umzugskosten hiervon abhängig macht.

Dem entspricht die in der Verfügung des Justizministers vom 10. November 1906 IIc 4382, abgedruckt bei Müller, Preußische Justizverwaltung, 6. Aufl., Bd. 1 S. 693 zu c, bezeugte Verwaltungspraxis aller Staatsdienstzweige, wonach der Anspruch auf die Vergütung für Umzugskosten erworben ist, sobald der Beamte die zum Antritt des neuen Amtes erforderliche Dienstreise ausgeführt und das neue Amt angetreten hat, die Überführung des Haushalts an den neuen Wohnsitz also nicht eine Vorbedingung des Anspruchs ist.

Demgemäß wird auch schon seit dem Jahre 1881 auf Grund eines Beschlusses des Staatsministeriums im Einverständnis mit der Oberrechnungskammer die Gewährung der vollen Umzugskosten an verheiratete Beamte lediglich von der Tatsache abhängig gemacht, daß der Beamte zur Zeit des Umzugs Familie gehabt hat, mag er den Umzug mit oder ohne Familie bewirkt haben. Vgl. Allgemeine Verfügung vom 2. Juli 1881, JMBl. S. 148.

Der Revision steht das von ihr angezogene Urteil des IV. Senats des Reichsgerichts vom 30. März 1896, Entsch. Bd. 37 S. 265 nicht zur Seite. In jenem Urteil ist der Anspruch auf Umzugskosten für begründet erklärt worden, obwohl der Beamte seine Familie nicht nach dem neuen Wohnort mitgenommen hatte, und ohne daß festgestellt worden wäre, daß er sein Mobiliar dorthin hätte überführen lassen; das Urteil spricht nur beiläufig aus, daß der Anspruch auf Umzugskosten dann nicht begründet sein würde, wenn der Beamte allein, ohne irgendwelche Möbel mitzunehmen, nach dem Orte seines neuen Amtes reisen und alsbald auf Urlaub nach seinem bisherigen Wohnorte zurückkehren und dort bis zu seiner Dienstentlassung verbleiben würde. Mit einem so besonders gearteten Falle, wie er hier angenommen ist, hat der vorliegende nichts gemein. Jenes Urteil spricht nicht allgemein aus, daß die Umzugskosten nur zu gewähren seien, wenn der Beamte noch andere als die mit der Reise nach dem Orte seines neuen Amtes und dem Antritt dieses Amtes an sich verbundenen Kosten aufgewendet habe. Ein solcher Ausspruch würde übrigens, da jene Entscheidung nicht darauf beruht, nicht zur Anwendung des § 137 GVG. nötigen.

Vgl. Entsch. des RG.'s in Zivils. Bd. 31 S. 153/154, Bd. 44 S. 263.

Ein Zweifel kann nur darüber obwalten, ob dem Kläger auch für die Rückversetzung nach M. die vollen Umzugskosten zu gewähren sind, oder, weil seine Familie in M. geblieben war, nur die halben. Doch liegt auch hier kein ausreichender Grund vor, den Anspruch des Klägers, auf die vollen Umzugskosten, der ihm nach dem Wortlaut des Gesetzes zusteht, einzuschränken. Es liegt auf der Hand, daß der Kläger infolge seiner Zurückversetzung davon Abstand genommen hat, seine Familie nach H. nachkommen zu lassen, daß ihm also auch durch die Rückversetzung besondere Kosten infolge längeren Getrenntlebens von seiner Familie entstanden sind. Jedenfalls werden in Fällen solcher Art, wie in dem vorliegenden, regelmäßig solche besonderen Kosten entstehen, so daß eine Versagung auch nur eines Teiles der Umzugskosten weder billig noch durch die Zwecke des Gesetzes gerechtfertigt wäre."

38. 1. Was ist unter Herstellung des früheren Zustands einer Sache nach §§ 249, 250, 251 BGB. zu verstehen?

2. Muß sich der Eigentümer der beschädigten Sache damit begnügen, daß ihm deren in mehreren Jahren zu bewirkende Wiederherstellung in Aussicht gestellt wird?

3. Darf der Eigentümer der beschädigten Sache nach § 249 Satz 2 BGB. sofort deren Minderwert in Geld ersetzt verlangen, wenn dieser Minderwert weniger als die unverhältnismäßig hohen Kosten der Wiederherstellung der Sache (§ 251 Abs. 2 BGB.) beträgt?

V. Zivilsenat. Urt. v. 19. April 1911 i. S. Gewerbebank M. (Kl.) w. Gewerkschaft Rh. (Bekl.). Rep. V. 459/10.

I. Landgericht Cleve.
II. Oberlandesgericht Düsseldorf.

Die Klägerin ist Eigentümerin verschiedener in der Gemeinde H. im E.-Bruch gelegenen Grundstücke. Sie klagte im Dezember 1904 wegen deren durch den Bergbau der Beklagten herbeigeführten Versumpfung usw. auf Schadensersatz von mindestens 10868,80 *M*. Die Beklagte stellte zwar nicht in Abrede, daß ihr Bergbau einen vorübergehenden Einfluß auf den Grundbesitz der Klägerin ausübe. Da sie aber den Pächter der Klägerin entschädige, auch nach einem Entwurf des Wiesenbaumeisters B. den ganzen E.-Bruch zu entwässern und dadurch den frühern Zustand nicht nur wiederherzustellen, sondern sogar zu verbessern gedenke, die Klägerin somit doppelte Vergütung in überspannter Weise herauszuschlagen versuche, beantragte sie Klagabweisung.

Der erste Richter sprach durch Teilurteil auf Grund von Sachverständigen-Gutachten der Klägerin für einen Teil der Grundstücke eine Entschädigung von 8687,50 *M* nebst Zinsen zu. Vom Oberlandesgericht wurde die Klage im Umfange des landgerichtlichen Teilurteils deswegen abgewiesen, weil sich mittels Ausführung des B.'schen oder eines anderen Entwässerungs-Entwurfes in spätestens 5 Jahren der frühere Zustand der beschädigten Grundstücke wiederherstellen lassen werde, und weil bis dahin Schaden durch Nutzungsentgang nicht behauptet und nicht ersichtlich sei.

Das Reichsgericht hob auf und verwies die Sache an das Oberlandesgericht zurück.

Aus den Gründen:

... „Daß die in Rede stehenden Grundstücke der Klägerin durch den Bergbau der Beklagten beschädigt sind, steht nach deren Zugeständnissen fest. Sie sollen sich zum Teil um 1—1,30 m gesenkt haben und infolgedessen stark versumpft sein usw. Deswegen hat die Klägerin unzweifelhaft Entschädigungsansprüche nach § 148 ABG., die nach ihrer Art und ihrem Umfange gemäß §§ 249flg. BGB. beurteilt werden müssen. Nach diesen Gesetzesstellen ist die erste Hauptfrage, ob der frühere Zustand der beschädigten Wiesen und Äcker überhaupt wieder hergestellt werden kann. Es ist dies nicht eine reine Tatfrage; es muß vielmehr zunächst rechtlich geprüft werden, was die §§ 249, 250, 251 BGB. unter Herstellung des früheren Zustandes einer Sache verstehen. Würden sie hierbei strenge Anforderungen stellen, so wäre es kaum denk- und ausführbar, daß die beschädigte Sache durch Verbesserungsarbeiten genau in ihre frühere Beschaffenheit zurückversetzt wird. Sie wird nach der sog. Wiederherstellung immer mehr oder minder eine andersartige sein, als vor der Beschädigung. Dies lehrt namentlich auch der vorliegende Fall. Es ist hier nur von zwei Wiederherstellungsarten die Rede: 1. von Auffüllung des gesunkenen Landes mittels Aufschüttung einer Menge anderswo entnommenen Erdreichs; 2. von Einbeziehung der Grundstücke in einen größeren zu entwässernden Landstrich und von ihrer hierdurch zu bewirkenden Trockenlegung. Es liegt auf der Hand, daß auf keinem dieser Wege der frühere Zustand vollkommen wiederhergestellt werden kann. Zu 1 würde nach Vollendung der Aufschüttungen die Lage und Zusammensetzung der Erdschichten eine andere sein als früher; zu 2 bliebe das Gelände in seiner durch den Bergbau herbeigeführten Senkung und müßte vielleicht wegen Notwendigkeit der Legung von Entwässerungsröhren, der Ziehung von Gräben usw. noch mancherlei neue Veränderungen erleiden.

Allein solch strenge Anforderungen der völligen äußerlichen (physischen) Gleichartigkeit der Sache vor der Schadenszufügung und nach der Verbesserung stellt das Gesetz nicht; es spricht dagegen eine billige, allgemeine Erwägung und insbesondere auch der Umstand, daß die genannten Gesetzesstellen nicht von Wiederherstellung, sondern nur von Herstellung sprechen und damit schon genügend ausdrücken, daß sie eine vollständige und genaue Zurückversetzung in den Zustand vor der Beschädigung nicht verlangen. Vielmehr lassen sie sich unzweifelhaft daran genügen, wenn die beschädigte Sache durch die Verbesserungsarbeiten, namentlich hinsichtlich ihrer wirtschaftlichen Brauchbarkeit und Nutzbarkeit, im allgemeinen wieder so gestaltet wird, wie sie vor Eintritt der Beschädigung gewesen ist.

Vgl. Entsch. d. RG.'s Rep. V. 241/05 vom 17. Februar 1906.

Somit müßte sich auch die jetzige Klägerin an sich damit begnügen, wenn ihre beschädigten Grundstücke im allgemeinen wieder zu den guten und ertragsreichen Äckern und Wiesen gemacht würden, die sie nachweisbar vor der Beschädigung gewesen sind. Die Möglichkeit solcher Herstellung des früheren wirtschaftlichen Zustandes der vier in Rede stehenden Liegenschaften stellt der Berufungsrichter auch fest, indem er sie von der Ausführung des B.'schen oder eines anderen Entwässerungsvorschlags in spätestens 5 Jahren erwartet und deshalb die auf sofortige Geldentschädigung gerichtete Klage abweist. Es braucht aber nicht untersucht zu werden, ob nicht bei dieser Entscheidung der Klägerin zum mindesten die rechtzeitige Ausführung jener Entwässerung gesichert werden mußte, und ob die von der Revision gegen die vom Oberlandesgericht angenommene Herstellungsmöglichkeit vorgebrachten Einzelangriffe begründet sind, weil die ganze Entscheidung rechtlich unhaltbar ist.

Wie sich aus § 250 BGB. und der hier gleichfalls anwendbaren allgemeinen Vorschrift des § 271 ergibt, und wie das Reichsgericht — vgl. Rep. V. 491/07 vom 29. Januar 1908, Rep. V. 505/07 vom 20. Mai 1908, Rep. V. 81/10 vom 28. Januar 1911 — schon wiederholt ausgesprochen hat, muß der Schadensersatz nach §§ 148 ABG., 249 flg. BGB. alsbald geleistet werden, und braucht sich der Geschädigte nicht auf eine ungewisse Zukunft, die ihm vielleicht die Wiederherstellung des früheren Zustands bringen könnte, vertrösten zu lassen. Dieses mutet aber die angefochtene Entscheidung der Klägerin zu, indem sie ihr unter Abweisung ihrer Klage in Aussicht stellt, daß in spätestens 5 Jahren durch Ausführung eines umfangreichen Entwässerungsplanes ihre beschädigten Äcker und Wiesen die frühere gute Beschaffenheit wieder erlangt haben werden. Daß aber ein derartiges schwieriges und verwickeltes Vorhaben, dessen

Verwirklichung von der freiwilligen oder erzwungenen Zustimmung einer großen Anzahl Beteiligter, von der Genehmigung der zuständigen Behörden usw. abhängt, und dessen vollständiger Enderfolg immerhin, wie auch einzelne der vernommenen Sachverständigen annehmen, keinesfalls ganz zweifellos ist, der Klägerin keine genügende Sicherheit zu bieten und den alsbaldigen Schadensersatz, auf den sie Anspruch hat, nicht zu ersetzen vermag, liegt auf der Hand und bedarf weiterer Ausführungen nicht. Aus diesem Grunde muß das Berufungsurteil aufgehoben werden, zumal da ein anderer Grund, um es nach § 563 ZPO. zu halten, nicht ersichtlich ist.

Allerdings kann nach dem Gesetze in erster Reihe nur Herstellung des frühern Zustandes verlangt werden, soweit nicht ausnahmsweise Satz 2 des § 249 BGB., Satz 2 des § 250 und die Vorschriften des § 251 sofortige Geldentschädigung gestatten. Da nun — nach Wegfall des Entwässerungsvorhabens — immer noch die schon erwähnte Möglichkeit der Wiederherstellung der Grundstücke durch Aufschüttung geblieben ist, so muß geprüft werden, ob die Klägerin gleichwohl sofort auf Schadensersatz in Geld klagen konnte. Diese Frage muß bejaht, und der vom Landgericht eingeschlagene Weg der Sachbeurteilung als der richtige erklärt werden. Die Klägerin brauchte sich von Anfang an, da es sich um Beschädigung ihrer „Sachen" handelt, nach dem angezogenen § 249 Satz 2 Wiederherstellungsarbeiten durch die Beklagte nicht aufdrängen zu lassen; sie konnte vielmehr nach dieser Gesetzesstelle sogleich statt der Herstellung den dazu erforderlichen Geldbetrag verlangen. Wenn sie sich aber auch im ersten Rechtszuge auf die zuletzt bezeichnete Gesetzesvorschrift nicht ausdrücklich gestützt, sondern nur die Unmöglichkeit der Wiederherstellung des frühern Zustandes mittels der erwähnten Entwässerung im Sinne des § 251 Abs. 1 BGB. vorgebracht zu haben scheint, so hat doch der erste Richter in seinen Entscheidungsgründen die Klagebegründung dahin aufgefaßt, daß sich die Klägerin allerdings auf § 249 Satz 2 BGB. stütze, dabei aber zugleich dem Umstand Rechnung trage, daß die Wiederherstellung der Äcker und Wiesen durch Aufschüttung unverhältnismäßig viel (22000—23000 ℳ) kosten würde, und daß sie sich darum mit einem geringeren, nur den Minderwert der Grundstücke darstellenden Geldersatz begnüge. Hiervon ausgehend hat das Landgericht den Gesamtminderwert der vier Grundstücke nach Sachverständigen-Gutachten auf 8687,50 ℳ festgestellt und auf diesen Betrag Teilurteil erlassen. In diesem Verfahren kann ein Rechtsverstoß nicht gefunden werden, und es beschwert insbesondere die Beklagte nicht, daß die Klägerin und mit ihr das Landgericht zu ihren Gunsten bei Bemessung des Geldbetrages nach Satz 2 des § 249 BGB. zugleich den § 251 Abs. 2 mit berücksichtigt hat.

Die Klägerin war mit dieser Behandlung der Klage durch das Landgericht durchaus einverstanden, wie schon daraus hervorgeht, daß sie immer nur Geldentschädigung verlangt, auch selbst Berufung nicht eingelegt hat. Hiernach war schon im ersten Rechtszuge die Klage auf § 249 Satz 2 BGB. mitgestützt, und es ist daher nicht richtig, wenn die Revisionsgegnerin jetzt diese Klagebegründung für eine unzulässige Klagänderung erklärt. Auch jetzt noch muß die Klage so, wie vom Landgericht geschehen, beurteilt, und hiernach der der Klägerin gebührende Geldersatz festgesetzt werden. Hierüber hat sich das Oberlandesgericht noch nicht geäußert, weshalb die Sache zur weitern Verhandlung und Entscheidung zurückverwiesen werden muß. Vorbehalten bleibt es dem Berufungsgericht, darüber zu befinden, ob auf die Verwirklichung des Entwässerungsplanes mit solcher Sicherheit zu rechnen ist, daß dieser bei der Schätzung des Minderwerts der Grundstücke berücksichtigt werden muß."

---

39. Ist der in § 320 Abs. 2 BGB. ausgesprochene Grundsatz auch für den Rücktritt von einem Vertrage nach § 326 BGB. maßgebend? Wann verstößt ein solcher gegen Treu und Glauben?

BGB. §§ 320 Abs. 2, 326, 242.

II. Zivilsenat. Urt. v. 21. April 1911 i. S. B. (Kl.) w. Kopfärberei in L. (Bekl.). Rep. II. 477/10.

I. Landgericht Bautzen.
II. Oberlandesgericht Dresden.

Die Klägerin kaufte von der Beklagten am 13. April 1909 15000 Pfund Bleichkops zum Preise von 84 ₰ für das Zollpfund bei 30 Tagen Kasse mit 2% oder Dreimonatsakzept nach 30 Tagen zu Lieferung „loco Spinnerei Kolbermoor“ bis Ende 1909 gegen rechtzeitige vorherige Einteilung. Auf Abruf erhielt sie 3563 Pfund geliefert und bezahlte hierfür den Kaufpreis am 15. Juli 1909, jedoch unter Abzug von 86,50 ℳ für Mehrfracht, die durch einen Umweg der Ware erwachsen war, und für den sie die Beklagte verantwortlich machte. Die Beklagte erkannte jedoch nicht an, für diese Mehrfracht aufkommen zu müssen, und verlangte von der Klägerin Nachzahlung des Kaufpreisrestes von 86,50 ℳ binnen 8 Tagen unter der Androhung, daß sie anderenfalls vom Vertrage zurücktrete. Da die Klägerin den Betrag nicht zahlte, teilte sie ihr am 9. September 1909 mit, daß sie den Rest des Schlusses vom 13. April „gestrichen“ habe. Nunmehr stellte die Klägerin der Beklagten am 4. Februar 1910 eine Frist von 5 Tagen zur Nachlieferung der restlichen 11437 Pfund mit dem Hinzufügen, daß sie nach Ablauf der Frist die Annahme ablehne. Die Beklagte lieferte nicht, und die Klägerin verlangte jetzt mit der Klage in der Berufungsinstanz Schadensersatz wegen Nichterfüllung in Höhe von 3545,47 ℳ. Das Landgericht wies die, zunächst auf Feststellung der Lieferungspflicht gerichtete, Klage ab; auf die Berufung der Klägerin wurde die Beklagte durch Urteil des Oberlandesgerichtes Dresden nach dem Klagantrage verurteilt.

Die Revision der Beklagten ist zurückgewiesen worden aus folgenden

Gründen:

„Das Berufungsgericht nimmt an, daß die Klägerin nicht berechtigt war, die Mehrkosten des Transports der Ware von 86,50 ℳ der Beklagten am Kaufpreis in Abzug zu bringen, und daß deshalb die Klägerin mit einem Teile ihrer Gegenleistung in Erfüllungsverzug geraten sei. Es versagt jedoch gleichwohl der Beklagten das Recht, nach dem § 326 BGB. vom Vertrage zurückzutreten. Zwar sei in § 326 keine der Bestimmung des § 320 Abs. 2 entsprechende Vorschrift enthalten, und grundsätzlich könne deshalb schon ein ganz geringfügiger Teilverzug die Anwendung von § 326 rechtfertigen. Vorliegenden Falls aber mache die Beklagte von dem Rechte des § 326 nur zu dem Zwecke Gebrauch, um von einem Abschlusse loszukommen, der für sie infolge veränderter Zeitumstände höchst nachteilig zu werden begonnen, und dessen Erfüllung sie als lästig empfunden habe.

Denn der Tagespreis für die gehandelte Ware sei seitdem um 7 ₰ für das Zollpfund gestiegen, und das sei der eigentliche Beweggrund für ihren Rücktritt gewesen, nicht die Säumigkeit der Klägerin. Ein solches Verfahren aber sei mit der herrschenden Verkehrssitte und den hierauf beruhenden Anschauungen von Treu und Glauben nicht in Einklang zu bringen und verstoße gegen § 242 BGB. Deshalb sei der Rücktritt der Beklagten als nicht geschehen zu betrachten.

Es kann dahingestellt bleiben, ob der Auffassung des Berufungsgerichtes darin beigetreten werden könnte, daß in der Geltendmachung des Rücktrittrechtes vom Vertrage aus § 326 BGB. allein um deswillen ein Verstoß der Beklagten gegen Treu und Glauben zu finden sei, weil der Beweggrund, aus dem im vorliegenden Falle der Rücktritt erfolgte, sittlich mißbilligt werden müßte. Diese Annahme ist nicht unbedenklich. Denn wenn ein Vertrag infolge der steigenden Preise für den Verkäufer lästig wird, so braucht an und für sich in dem Bestreben, diese lästige Verpflichtung von sich abzuschütteln, ebensowenig schon ein Verstoß gegen Treu und Glauben zu liegen, wie ein solcher Verstoß andererseits auch in dem Festhalten des Käufers am Vertrage trotz Kenntnis von der schädigenden Wirkung für den Verkäufer nicht immer notwendig gefunden werden könnte. Die Absicht, Gewinn zu erzielen, beherrscht eben den gesamten Handel und ist regelmäßig bei beiden Teilen, die miteinander in geschäftliche Verbindung treten, vorhanden. Jedenfalls aber war der Revision schon um deswillen der Erfolg zu versagen, weil — im Gegensatze zu der Annahme des Berufungsgerichts — der Beklagten im vorliegenden Falle wegen des geringfügigen Teils der Leistung, mit der die Klägerin im Verzuge war, das Rücktrittsrecht aus § 326 BGB. nicht zustand. Es kann nicht anerkannt werden, daß in § 326 der nichtsäumigen Partei das Recht, beim Verzuge der Gegenleistung vom Vertrage zurückzutreten, schlechthin und auch bei einem Verzuge mit einem unerheblichen Teile der Leistung habe zugestanden werden sollen. Vielmehr ist auch dieses Recht im Rahmen der Vorschrift des § 242 BGB. auszuüben, die das gesamte Vertragsrecht beherrscht, und es müssen deshalb immer noch besondere Umstände vorliegen, die den Verzug mit einer nur geringfügigen Teilleistung dennoch als eine so schwere Vertragswidrigkeit hinstellen, daß es nicht wider Treu und Glauben und die Verkehrssitte verstößt, dieserhalb vom Vertrage zurückzutreten.

Zu dieser einschränkenden Auslegung des § 326 führen folgende Erwägungen:

Allerdings enthält, wie das Berufungsgericht betont, § 326 keine dem § 320 Abs. 2 entsprechende Vorschrift. Das schließt aber nicht aus, den dort ausgesprochenen Grundsatz auch für die Rechtsausübung nach § 326 Anwendung finden zu lassen. Daß die Vorschrift in § 320 Abs. 2 keine Sondervorschrift und keine Ausnahme bilden soll, deren ausdehnende Anwendung unstatthaft wäre, vielmehr nur den allgemeinen Gedanken der Beobachtung von Treu und Glauben im besonderen auch bei Geltendmachung des Zurückbehaltungsrechtes aussprechen will und lediglich einen Fall der sogenannten „exceptio doli", d. i. der Einrede, daß ein Verstoß wider Treu und Glauben vorliege, darstellt, geht aus den Protokollen deutlich hervor.

Vgl. Protokolle der II. Kommission S. 1258, 1251, 1270 (Mugdan Bd. 2 S. 632); Schneider, Treu und Glauben (1902) S. 145, 152; Danz, Rechtsgeschäfte S. 132.

Als solcher Einwand der Arglist, den auch das Bürgerliche Gesetzbuch allgemein zuläßt (Entsch. des RG.'s in Zivils. Bd. 58 S. 356 und Urteil des Senats vom 17. Februar 1911 II 21/10) kann deshalb die Berufung auf die verhältnismäßige Geringfügigkeit der Leistung unter Umständen auch in anderen Fällen, als bei dem Zurückbehaltungsrecht, und so namentlich gegen die Rechte aus § 326 geltend gemacht werden. Dies um so mehr, als es nicht nur dem obersten Grundsatze des Vertragsrechtes: „Verträge sind aufrecht zu erhalten", entspricht, sondern weil jener allgemeine Rechtsgedanke, daß wegen geringfügiger Vertragsverletzungen nicht schon der ganze Vertrag umgestoßen werden dürfe, auch sonst vom Bürgerlichen Gesetzbuch gebilligt worden ist, z. B. beim Kauf in § 459 Abs. 1 Satz 2 und § 468 Satz 2 (Entsch. des RG.'s in Zivils. Bd. 53 S. 74), bei der Miete in § 542 Abs. 2, beim Dienstvertrag in § 616, beim Werkvertrag in § 634 Abs. 3, beim Rücktritt in § 351 (Entsch. des RG.'s in Zivils. Bd. 64 S. 375). Dementsprechend hat auch das Reichsgericht zur Abwendung der Wandlung dem Verkäufer unter Umständen die Beseitigung der Mängel gestattet (Jur. Wochenschr. 1905 S. 488 Nr. 8), wenn die Berufung auf die Mängel zum Zwecke des Rücktritts vom Vertrage wider Treu und Glauben verstößt. Eben deshalb ist § 326 schon bisher auf die Hauptleistung beschränkt worden (Entsch. des RG.'s in Zivils.

Bd. 53 S. 161, Bd. 57 S. 105). In der Entscheidung Bd. 50 S. 140 zeigt sich das Reichsgericht bereits der jetzt vertretenen Auslegung von § 326 BGB. geneigt, indem es erklärt: „wenn man vielleicht auch nicht anzunehmen haben möchte, daß die Unterlassung unerheblicher Erfüllungsteile dem Verkäufer das Rücktrittsrecht erhalte . . .". Von den Erläuterern des Gesetzes stimmt ausdrücklich auch Staub bei, der in seinem Kommentar (8. Auflage) Bd. 2 S. 1489 Anm. 11 geradezu sagt: „Dasselbe wie in § 320 Abs. 2 muß für die Frage des Verzugs regelmäßig gelten", und S. 1533 Anm. 127: „Nur ist zu beachten, daß der Teilverzug dann dem Gläubiger überhaupt keine Verzugsrechte gewährt, wenn der ausbleibende Rest unwesentlicher Natur ist."

Bei Anwendung dieser Auslegung des § 326 auf den vom Berufungsgerichte festgestellten Tatbestand ergibt sich, daß die Verurteilung der Beklagten gerechtfertigt ist. Denn das Berufungsgericht stellt fest, daß der nicht gezahlte Kaufpreisrest nur den zwanzigsten Teil des gesamten Kaufpreises beträgt. Er ist sonach unverhältnismäßig gering. Mit zutreffenden Erwägungen verneint ferner das Berufungsgericht, daß besondere Umstände vorliegen, die auf irgendwelche Böswilligkeit der Klägerin, Schikane oder ähnliche unlautere Beweggründe deuteten, und die deshalb trotz der Geringfügigkeit der verzögerten Teilleistung die Ausübung der Rechte aus § 326 in Verbindung mit § 242 zu rechtfertigen vermöchten. Dabei kann noch darauf hingewiesen werden, daß in Wahrheit die Klägerin gar nicht den Rest des Kaufpreises verweigern, sondern gerade zahlen wollte, wennschon in Form der Aufrechnung mit einer ihr vermeintlich zustehenden Gegenforderung (§ 389 BGB.). Der ganze Streit der Parteien dreht sich tatsächlich nur um die Berechtigung der von der Klägerin erhobenen Gegenforderung auf Schadensersatz wegen des Umwegs der Ware, nicht um die Verpflichtung, den Kaufpreis für erhaltene Ware zu zahlen. Es entspräche daher nicht den Anforderungen von Treu und Glauben und den Bedürfnissen des Verkehrs, wenn wegen dieses geringfügigen, abseits des eigentlichen Kaufvertrags liegenden Streitpunktes der ganze, wirtschaftlich für beide Parteien bedeutsame Vertrag aufgehoben werden könnte."

40. Kann anläßlich der Erhöhung des Stammkapitals einer Gesellschaft m. b. H. durch Mehrheitsbeschluß bestimmt werden, daß die Gesellschafter, welche einen gewissen Prozentsatz ihrer bisherigen Stammeinlage zeichnen, durch diese Zeichnung nicht allein in Höhe dieser Zeichnung Vorzugsgeschäftsanteile erwerben, sondern auch ihren seitherigen Geschäftsanteilen die Eigenschaft von Vorzugsanteilen verschaffen?

Gesetz, betr. die Gesellsch. m. b. H., § 53 Abs. 3.

II. Zivilsenat. Urt. v. 25. April 1911 i. S. Bergbaugesellsch m. b. H. G. (Bekl.) w. v. H. (Kl.). Rep. II. 572/10.

I. Landgericht II Berlin.
II. Kammergericht daselbst.

Der Kläger ist Gesellschafter der Beklagten. Gegen seine Stimmen hat die Gesellschaftsversammlung der Beklagten am 3. Dezember 1909 mit einer Mehrheit von drei Vierteln der abgegebenen Stimmen beschlossen:

„1. Das Gesellschaftskapital wird um einen Betrag von 250000 ℳ erhöht. Für diese 250000 ℳ werden Vorzugsgeschäftsanteile ausgegeben.

2. Wer 50 Prozent seiner bisherigen Stammeinlage auf obige 250000 ℳ zeichnet, dessen bisheriger Geschäftsanteil wird den Vorzugsgeschäftsanteilen zu 1 gleichgestellt.

3. Die Vorzugsgeschäftsanteile zu 1 und 2 erhalten aus dem Reingewinn vom Tage der vollen Einzahlungen vorweg vor dem bisher gezeichneten und nicht in Vorzugsanteile umgewandelten Stammkapital mit dem Recht auf Nachforderung eine jährliche Vergütung von sechs vom Hundert der Gesamteinzahlungen.

4. Im Falle einer Liquidation, eines Verkaufs der Rechte der Gesellschaft oder ihrer Einbringung in eine andere Gesellschaft haben die Vorzugsgeschäftsanteile zu 1 und 2 Anspruch auf Vorwegbefriedigung vor dem bisher gezeichneten und nicht in Vorzugsanteile umgewandelten Stammkapital.

5. Bei zukünftigen Erhöhungen ist die Gesellschaft berechtigt, die zukünftigen Geschäftsanteile den auf Grund des heutigen Beschlusses ausgegebenen Geschäftsanteilen gleichzustellen."

Der Kläger ist der Meinung, daß durch die Nr. 2 und 5 der Grundsatz der Gleichberechtigung verletzt und ein unstatthafter Zeichnungszwang ausgeübt werde. Die Klage auf Nichtigerklärung der Nr. 2 und 5 wurde vom Landgericht abgewiesen. Das Kammergericht stellte unter Zurückweisung der Berufung im übrigen fest, daß die Nr. 2 des Beschlusses nichtig sei.

Die Revision der Beklagten ist zurückgewiesen aus folgenden

Gründen:

„Gegenstand des Streites in der Revisionsinstanz ist nur noch Nr. 2 des Gesellschafterbeschlusses vom 3. Dezember 1909, derzufolge die bisherigen Gesellschafter, wenn sie 50 Prozent ihrer bisherigen Stammeinlage anläßlich der beschlossenen Kapitalserhöhung zeichnen, durch diese Zeichnung nicht allein in Höhe dieser Zeichuung Vorzugsgeschäftsanteile erlangen, sondern zugleich auch ihren seitherigen Geschäftsanteilen die Eigenschaft von Vorzugsgeschäftsanteilen verschaffen.

Der Berufungsrichter ist der Ansicht des überstimmten Klägers beigetreten, daß dieser Beschluß unzulässig sei, weil dadurch das jedem Inhaber eines alten Anteils zustehende Sonderrecht der Gleichberechtigung mit den andern alten Anteilen verletzt werde. Die Beklagte hält diesen Gesichtspunkt des Berufungsrichters für einen rein dialektischen; sachlich bedeute der Gesellschafterbeschluß nichts anderes, als daß die alten Gesellschafter zu einer Zuzahlung von 50 Prozent gezwungen würden, wenn sie ihre alten Geschäftsanteile den neu zu schaffenden Vorzugsgeschäftsanteilen gleichstellen wollen. Die Beklagte führt dazu unter Wiederholung der Erwägungen des ersten Richters aus, der beanstandete Beschluß füge dem nicht zuzahlenden Gesellschafter einen direkten unwiederbringlichen Nachteil nicht zu. Sein Geschäftsanteil bleibe nach wie vor unangetastet bestehen; der Nachteil, den er erleide, liege nur darin, daß er mit seinem Geschäftsanteil hinter die Anteile der zuzahlenden Gesellschafter, die sich in Vorzugsanteile verwandeln, zurücktreten müsse. Die Androhung eines solchen Nachteils den nicht zuzahlenden Gesellschaftern gegenüber sei aber in gleicher Weise zulässig, wie im Aktienrecht die Androhung, daß der Aktionär, der nicht zuzahlen wolle, hinter neu auszugebende Vorzugsaktien zurückzustehen habe. Ob dieses Zurückstehen den nichtzuzahlenden Gesellschaftern einen direkten Nachteil bringe, sei noch gar nicht zu übersehen. Daß der Grundsatz der Gleichberechtigung verletzt werde, müsse bestritten werden, weil allen Gesellschaftern das Recht der Zuzahlung offenstehe, und die wirtschaftliche Lage derjenigen Gesellschafter, deren Mittel eine Zuzahlung nicht gestatten, für die hier allein zu entscheidende Rechtsfrage, ob ein unzulässiger Zwang ausgeübt sei, nicht in Betracht komme.

Diesen Ausführungen der Beklagten kann nicht beigetreten werden. Für das Gebiet des Aktienrechts besteht kein Zweifel an der Zulässigkeit der Schaffung von Vorzugsaktien gegen Zuzahlung (Entsch. des RG's in Zivils. Bd. 52 S. 288). Als diese Frage im Kommissionsbericht zum Entwurf eines neuen Handelsgesetzbuchs zu § 183a S. 62 erörtert wurde, war bereits die Befürchtung laut geworden, daß durch diese Nachgiebigkeit gegenüber dem in § 211 verkörperten Grundsatz, wonach kein Aktionär über seinen Aktiennennbetrag hinaus zu Leistungen verpflichtet ist, zu Mißbräuchen führen könnte. Diese Befürchtung ging dahin, daß durch Zulassung der Verwandlung von Stammaktien in Vorzugsaktien durch Zuzahlung auf die Stammaktien ein Zwang zu Nachschüssen ausgeübt werde, die aufzubringen dem gering Begüterten oft unmöglich sei. Alsdann müßte der gering Begüterte seinen Aktienbesitz entwerten lassen, weil er die Zuzahlung nicht leisten könne, obgleich ihn § 211 HGB. grundsätzlich vor Nachzahlungen schütze. Man ließ diese Umwandlung durch Zuzahlungen trotz dieser Befürchtungen zu (vgl. die Denkschrift zum Entwurf eines neuen Handelsgesetzbuchs S. 145), weil oft auf diesem Wege allein noch die Gesellschaft gerettet werden könne. Dieser Zwang zu Nachzahlungen hat jedoch seine Grenze. In den Entsch. des RG.'s in Zivils. Bd. 52 S. 294 wurde ein Zwang als zu weitgehend erachtet, der den nicht zuzahlenden Aktionären eine stärkere Zusammenlegung ihrer Aktien androhte als den zuzahlenden Aktionären. Über diese Entscheidung ist eine eigene Literatur entstanden, die bei Staub, 8. Aufl. § 290 Anm. 13flg. zusammengestellt ist, und der noch Brantl, Die materiellen Voraussetzungen gesetzlicher Sanierungsbeschlüsse, München 1908, hinzuzufügen ist. Diese Literatur befaßt sich mit dem Gedanken, es möchte, wenn die Zusammenlegung von Aktien als Zwangsmittel zur Erlangung von Zuzahlungen ausscheide, ein Ausweg dahin gesucht werden, daß man den alten Aktien dieselbe

Entwertung wie im Falle einer Zusammenlegung dadurch androhe, daß man die neuen Vorzugsaktien auf Kosten der alten Aktien entsprechend mit Vorrechten ausstatte. Auch der Möglichkeit wird gedacht, daß das Grundkapital erhöht, diese Erhöhung durch Ausgabe von Vorzugsaktien bewirkt, und den Aktionären freigegeben wird, ihre Aktien auf die Vorzugsaktien in Zahlung zu geben, so daß nur der Rest bar zuzuzahlen ist.

Die Grundsätze, von denen die aktienrechtliche Gesellschaft beherrscht wird, lassen sich nun auf die Gesellschaft m. b. H. nicht ohne weiteres übertragen, weil die letztere den persönlichen Charakter nicht so sehr abgestreift hat wie die Aktiengesellschaft (vgl. Entsch. des RG.'s in Zivils. Bd. 74 S. 278). Bei der Gesellschaft m. b. H. ist von § 53 Abs. 3 GmbHG. auszugehen, wonach eine Vermehrung der den Gesellschaftern nach dem Gesellschaftsvertrage obliegenden Leistungen nur mit Zustimmung sämtlicher beteiligter Gesellschafter, also nicht durch eine Mehrheit, beschlossen werden kann. Dieser Grundsatz des § 53 Abs. 3 findet auch Anwendung im Falle einer Abänderung des Gesellschaftsvertrags, insbesondere im Falle einer Abänderung in Form der Erhöhung des Stammkapitals nach § 55 GmbHG. Dieser Grundsatz, daß die Leistungen eines Gesellschafters nicht gegen seinen Willen vermehrt werden dürfen, besagt zugleich, daß kein Gesellschafter ohne seine Zustimmung in seinen vertragsmäßigen Rechten verkürzt werden darf. Diesem Grundsatze widerspricht es nicht, wenn die Gesellschafter durch Mehrheitsbeschluß verfügen, daß ihre Anteile durch Zuzahlungen auf diese Anteile in Vorzugsanteile umgewandelt werden können, und wenn solchen Vorzugsgeschäftsanteilen Vorrechte hinsichtlich der Gewinn- und Vermögensverteilung bewilligt werden (§§ 29 Abs. 2 und 72 Satz 2 GmbHG.). Diese Art der Umwandlung in Vorzugsanteile widerspricht nicht dem Grundsatze der Gleichberechtigung aller Gesellschafter und nicht dem § 26 GmbHG., der die Einführung einer nachträglichen Nachschußpflicht von der Zustimmung aller Gesellschafter abhängig macht. Den Grund für die Zulässigkeit einer solchen Umwandlung bildet, wie im Aktienrecht, die Erwägung, daß ohne eine solche Maßregel die Gesellschaft oft nicht mehr zu retten wäre. Können Vorzugsanteile auf die soeben angegebene Weise geschaffen werden, so muß man auch zulassen, daß das Stammkapital erhöht, die Erhöhung durch Ausgabe von Vorzugsanteilen beschafft und den Gesellschaftern gestattet wird, ihre Anteile zu einem bestimmten Betrag in Zahlung zu geben und den Rest bar zuzuzahlen. Denn auch in diesem Falle ist der Grundsatz der Gleichberechtigung dahin gewahrt, daß die alten Anteile durch Zuzahlung zu Vorzugsanteilen gemacht werden können. In der Literatur sucht man, wie im Aktienrecht, eine Grenze dahin zu ziehen, daß die gewährten Vorrechte mit den Zuzahlungen im Verhältnis stehen sollen.

Auf diese Grenzziehung, deren Elemente übrigens in den Vorinstanzen nicht Gegenstand der Verhandlung gewesen sind, kommt es hier nicht an. Denn der angefochtene Beschluß setzt überhaupt keine Zuzahlungen auf die alten Anteile fest; er verlangt vielmehr die *Zeichnung neuer Geschäftsanteile*, wenn die Gesellschafter ihre Anteile nicht entwerten lassen wollen, indem sie hinter die neuen Vorzugsanteile zurückzutreten haben.

Zu einem solchen Beschlusse ist die Mehrheit nicht berechtigt. Der Beschluß verletzt den § 53 Abs. 3 GmbHG., weil er unter Androhung der Bevorzugung neu zu schaffender Anteile und der dadurch bedingten Zurücksetzung der alten Anteile zur Zeichnung neuer Anteile zwingen will; er greift damit in ein Sonderrecht der alten Gesellschafter ein, wie der Berufungsrichter mit Recht angenommen hat. Die durch den Beschluß ausgesprochene Verpflichtung zum Bezug neuer Anteile für den Fall der Fortdauer der Gleichberechtigung der bisherigen Gesellschafter geht weiter als das für zulässig zu erachtende Verlangen, die Zurücksetzung der alten Anteile durch Zuzahlungen auszugleichen. Der Beschluß will von der Übernahme einer *Bezugspflicht*, nicht von der Übernahme die Gleichberechtigung der alten Anteile einer Zuzahlungspflicht abhängig machen. Der Zwang, die alten Anteile zu behalten und dazu noch neue Anteile zu erwerben, ist etwas anderes und weitergehend als ein Zwang, an die Stelle der alten Anteile neue Vorzugsanteile durch Zuzahlung zu setzen. Es handelt sich bei diesem Unterschied nicht um einen Unterschied im Ausdruck, wie die Beklagte meint, sondern um eine Verkürzung der Rechte der zustimmenden Minderheit. Man kann dagegen nicht einwenden, es würden den zeichnenden Gesellschaftern Vorzugsgeschäftsanteile und dazu noch die Gleichstellung ihrer alten Anteile mit den neuen Vorzugsgeschäftsanteilen, also ein Mehr, gewährt. Auch der Umstand vermag nichts zu ändern, daß allen Gesellschaftern ohne Unterscheidung die Zeichnung von Vorzugsgeschäftsanteilen freigestellt wird. Denn die entscheidende Frage ist die, ob die Gesellschafter, die neue Anteile nicht zeichnen wollen oder nicht zeichnen können, die für diesen Fall angedrohte Zurücksetzung hinnehmen müssen. Diese Frage ist aber zu verneinen.

Daher ist der hier noch streitige Teil des Gesellschaftsbeschlusses nichtig, und die Revision der Beklagten zurückzuweisen."

41. Besteht die Enteignungspflicht der Gemeinde nach § 13 Abs. 1 Nr. 3 des preußischen Fluchtliniengesetzes vom 2. Juli 1875 auch dann, wenn durch die neue Fluchtlinie eine an einer anbaufähigen Straße belegene Baustelle für einen neben der Straße anzulegenden Platz ganz in Anspruch genommen wird?

VII. Zivilsenat. Urt. v. 25. April 1911 i. S. E. (Kl.) w. Gemeinde K. (Bekl.). Rep. VII. 543/10.

I. Landgericht Dortmund.
II. Oberlandesgericht Hamm.

Der Kläger ist Eigentümer des vor dem K.tor in K. an der Sch.straße belegenen Grundstücks Flur 26 Nr. 1965/20 im Flächeninhalte von 9,60 a. Die Sch.straße begrenzt es im Osten und Süden; nördlich stößt es an das Grundstück des Schuhmachers B. und westlich läuft ein am alten Stadtgraben sich hinziehender Fußweg. Das Grundstück ist noch unbebautes Gartenland. Nach dem im Jahre 1907 festgestellten Bebauungsplan ist es mit dem B.'schen Besitztum zu einem Spielplatz bestimmt, der von der Sch.straße und zwei neu geplanten Straßen umschlossen werden soll. Nach der bestrittenen Behauptung des Klägers ist die Sch.straße eine sogenannte historische Straße, und sein Grundstück zum Anbau an diese geeignet. Er forderte insbesondere unter Bezugnahme § 13 Abs. 1 Nr. 3 des Fluchtliniengesetzes vom 2. Juli 1875 von der Beklagten die Abnahme des Grundstücks mit dem Antrage, die Beklagte zu verurteilen, den Antrag auf Einleitung des Enteignungsverfahrens bei dem zuständigen Bezirksausschuß zu stellen. Die Beklagte beantragte Abweisung der Klage. In diesem Sinne hat auch das Oberlandesgericht in Abänderung des der Klage stattgebenden landgerichtlichen Urteils erkannt. Die Revision des Klägers ist zurückgewiesen.

Gründe:

„Für die Revisionsinstanz ist davon auszugehen, daß die Sch.straße eine sogenannte historische Straße ist, auf welche das Fluchtliniengesetz keine Anwendung findet, daß also der Kläger ohne den von der Beklagten im Jahre 1907 aufgestellten Bebauungsplan in der Lage gewesen wäre, sein Grundstück zu bebauen. Die neue Fluchtlinie nimmt ihm diese Möglichkeit, indem sie das Grundstück mit seiner gesamten Fläche für die künftige Anlegung eines Spielplatzes bestimmt. Die Frage ist, ob der Kläger schon jetzt die Enteignung seines Eigentums von der Beklagten verlangen kann. Das Gesetz erklärt dieses Verlangen in drei Fällen für gerechtfertigt (§ 13 Abs. 1). Daß der zweite Fall nicht vorliegt, weil ein vorhandenes Gebäude weder von der Fluchtlinie getroffen noch niedergelegt ist, kann nicht zweifelhaft sein. Ebensowenig hat aber bisher die Beklagte das Grundstück des Klägers für ihre durch den Bebauungsplan festgelegten Zwecke in Anspruch genommen. Es fehlt daher auch an der Voraussetzung der Anwendbarkeit des § 13 Abs. 1 Nr. 1 des Gesetzes. In Betracht kommt sonach nur der dritte Fall, der gegeben ist, „wenn die Straßenfluchtlinie einer neu anzulegenden Straße ein unbebautes, aber zur Bebauung geeignetes Grundstück trifft, welches zur Zeit der Feststellung dieser Fluchtlinie an einer bereits bestehenden und für den öffentlichen Verkehr und den Anbau fertiggestellten anderen Straße belegen ist, und die Bebauung in der Fluchtlinie der neuen Straße erfolgt" (§ 13 Nr. 3). Unterstellt wird zunächst ein bebauungsfähiges Grundstück an einer anbaufertigen Straße und sodann eine dieses Grundstück treffende Fluchtlinie für eine neu anzulegende Straße, welche die bestehende Straße durchschneiden soll, also für eine Querstraße. Wenn beim Vorhandensein dieser Bedingungen der Eigentümer sein Eckgrundstück unter Beachtung der neuen Fluchtlinie bebaut, so kann er fordern, daß ihm die Gemeinde den in die Straßenfläche fallenden Teil abnimmt, auch bevor die neue Straße hergestellt wird. Das Gesetz regelt nur den Fall, daß ein bebauungsfähiges Restgrundstück verbleibt, und weist eine Lücke auf für den anderen Fall, daß ein Restgrundstück überhaupt nicht mehr oder nur in einem für die Bebauung nicht ausreichenden Umfange durch die Fluchtlinie übrig gelassen wird. In diesem zweiten Falle würde der Eigentümer, da er die Bedingung des Gesetzes nicht erfüllen kann, mit dem Anspruch auf Entschädigung bis zur Verwirklichung des Straßenprojekts warten müssen. Da dieses unbillig und der Absicht des Gesetzes nicht entsprechend erschien, haben der V. Zivilsenat und — wenn auch mit teilweise anderer Begründung — der erkennende Senat ausgesprochen, daß, sofern das Restgrundstück nicht bebauungsfähig sei, der Enteignungsanspruch mit der Fluchtlinienfestsetzung fällig werde (Entsch. des RG.'s in Zivils. Bd. 7 S. 273, Bd. 63 S. 174). Dabei ist aber nicht, wie die Revision annimmt, der allgemeine Satz zur Geltung gebracht, daß die Enteignungspflicht der Gemeinden überall da eintrete, wo der Eigentümer an der Ausführung einer ohne die Fluchtlinie möglich gewesenen und voraussichtlich auch verwirklichten Absicht der baulichen Ausnutzung seines Grundstücks durch die Festsetzung der Fluchtlinie verhindert werde. Es handelte sich bei den angeführten Entscheidungen nur um die Anwendbarkeit des § 13 Nr. 3 und um die Frage, ob beim Vorliegen der sonstigen (nicht streitig gewesenen) Voraussetzungen dieser Vorschrift von dem Erfordernis der Bebauung beim Mangel einer bebauungsfähigen Restfläche abgesehen werden könne. Daß die beiden Fälle in Nr. 2 und 3 des § 13 als Ausnahmen zu betrachten sind, und daß es grundsätzlich im freien Belieben der Gemeinden steht, den Zeitpunkt der Ausübung des ihnen verliehenen Enteignungsrechts zu wählen, ist nicht bezweifelt worden. Der Eingang des Urteils in Bd. 63 bezeichnet die Fälle in Nr. 2 und 3 ausdrücklich als Ausnahmen, und darum kann den späteren, von der Revision in Bezug genommenen Sätzen nicht die Tragweite der Aufstellung eines über den Rahmen des § 13 Nr. 3 hinausgehenden, allgemein anwendbaren Prinzips beigemessen werden.

Vermag sich sonach der Kläger für sein Verlangen nicht schlechthin darauf zu stützen, daß ihm die Bebauung seines Grundstücks durch die Fluchtlinienfestsetzung vom Jahre 1907 unmöglich gemacht worden sei, weil dieser Umstand allein noch nicht die Fälligkeit der Enteignungspflicht auslöst, so kann es sich nur fragen, ob im übrigen (abgesehen von der Bebauung) der Tatbestand des dritten Falles des § 13 Abs. 1 gegeben ist. Dies ist zu verneinen, und darum im Ergebnis dem Berufungsrichter zuzustimmen. Von der Anlegung einer Querstraße, welche die bestehende Sch.straße kreuzt, kann nicht wohl gesprochen werden. Die neue Verbindungsstraße im Norden berührt das Grundstück des Klägers nicht, und die im Westen geplante Straße, die sich mit der Sch.straße gabelt, trifft es ebensowenig. Will man nun auch nicht, wie es der Berufungsrichter tut, die Nummern 2 und 3 des § 13 auf Straßen beschränken, von denen sich doch ein Platz nur durch die räumliche Ausdehnung der von Gebäuden freizuhaltenden Fläche und vielleicht durch die geringere Länge unterscheidet, so ist doch der Spielplatz, dessen Zwecken das Grundstück des Klägers dienen soll, nicht als Querstraße in dem weiteren, auch einen Platz umfassenden Sinn anzusehen. Die neue Fluchtlinie bedeutet für die Sch.straße an der in Betracht kommenden Stelle die Umwandelung in einen Platz; sie gibt der Straße eine Ausdehnung, die sie zum Platze macht, und kann daher nicht anders beurteilt werden, wie eine Verbreiterung der Straße, die sich als Platz bis hinüber zu dem jetzigen Fußsteig — der in Verbindung mit dem zugeschütteten Stadtgraben geplanten neuen Straße im Westen — erstrecken soll. Die Anwendung des § 13 Nr. 3 auf die Verbreiterung einer Straße, auch wenn sie sehr erheblich ist, hat aber der II. Zivilsenat in dem Urteil vom 30. November 1894 (Entsch. des RG.'s in Zivils. Bd. 34 S. 250) abgelehnt, und der erkennende Senat findet keinen Anlaß, die gegenteilige Auffassung zu vertreten und die Entscheidung der vereinigten Zivilsenate herbeizuführen. Es ist nicht angängig, den § 13 Nr. 3 als Ausnahmevorschrift auch für einen Tatbestand gelten zu lassen, der von dem des Gesetzes wesentlich verschieden ist. Das Gesetz hat nur den bestimmten Fall geregelt, und wenn es zulässig erschien, in diesem Falle die sofortige Enteignungspflicht nicht deshalb zu verneinen, weil die Bedingung der Bebauung des Restgrundstücks unerfüllbar war, so konnte doch nicht weiter gegangen, und jene Vorschrift auf einen Fall bezogen werden, der überhaupt nicht geregelt ist. Die Erwägung, daß er vielleicht ebenso geregelt worden wäre, wenn man an ihn gedacht hätte, reicht nicht aus, um die gegenteilige Entscheidung zu rechtfertigen." ...

42. Kann in Preußen durch Polizeiverordnung den ortsrechtlich (observanzmäßig) zur Straßenreinigung nicht verpflichteten Anliegern der städtischen Straßen zur „Sorge für Leben und Gesundheit" die Beseitigung der Schnee- und Eisglätte auferlegt werden?

Preuß. Verordnung über die Polizeiverwaltung in den neu erworbenen Landesteilen vom 20. September 1867 § 6f.

Preuß. Gesetz über die Polizeiverwaltung vom 11. März 1850 § 6f.

VI. Zivilsenat. Urt. v. 6. April 1911 i. S. Ö. Wwe. (Kl.) u. Stadt H. (Nebeninterv.) w. V. (Bekl.). Rep. VI. 207/10.

I. Landgericht Flensburg.
II. Oberlandesgericht Kiel.

Aus den Gründen:

... „Zwar gilt für ganz Preußen als allgemeiner Rechtsgrundsatz, der in § 10 ALR. II. 17 nur einen besonderen Ausdruck gefunden hat, daß es Pflicht der Gemeinde, wie einer jeden öffentlichen Korporation, ist, ihr Eigentum und ihre Einrichtungen in einem für ihren Zweck und durch das Gesamtwohl erforderten Zustande zu erhalten (vgl. Urt. des Kammergerichts v. 7. April 1902, KGJ. Bd. 24 S. 47). Die hiernach aus dem Verkehrszwecke der öffentlichen Straßen sich ergebende Straßenreinigungs- und Streupflicht der Gemeinde kann auch nach preußischem Polizeiverordnungsrechte (§ 15 des Ges. über die Polizeiverwaltung vom 11. März 1850, § 13 der hier in Betracht kommenden Verordnung über die Polizeiverwaltung in den neu erworbenen Landesteilen vom 20. September 1867) durch bloße Polizeiverordnung nicht auf die Anlieger abgewälzt, sondern nur gegenüber zur Straßenreinigung bereits ortsrechtlich verpflichteten Personen nach Art und Maß näher geregelt werden. Daran hält der erkennende Senat mit der bisherigen Rechtsprechung des Reichsgerichts,

vgl. die Urteile vom 4. Januar 1896, Rep. V. 206/95, Gruchot's Beiträge Bd. 40 S. 1065; vom 11. November 1902, Rep. VII. 268/02, Entsch. des RG.'s in Zivils. Bd. 52 S. 423; vom 30. April 1909, Rep. II. 408/08; vom 10. Oktober 1910, Rep. VI. 555/09,

auch im gegebenen Falle fest, tritt also dem Berufungsgerichte darin bei, daß die Polizeiverordnung des Polizeiamts H., betr. die Straßenpolizei, vom 9. Dezember 1867 ungültig erlassen ist, soweit sie die allgemeine Straßenreinigungspflicht den zur Zeit ihrer Erlassung dazu observanzmäßig nicht verpflichteten Grundeigentümern von H. auferlegt hat.

Es handelt sich indes bei § 10 der Polizeiverordnung vom 9. Dezember 1867, der die Beseitigung der Schnee- und Eisglätte anordnet, nicht um eine rein verkehrspolizeiliche Vorschrift im Sinne des § 6b der VO. vom 20. September 1867, die die „Ordnung, Sicherheit und Leichtigkeit des Verkehrs" bezweckt, sondern vielmehr um eine unter § 6f fallende ortspolizeiliche Vorschrift zur „Sorge für Leben und Gesundheit". Unter diesem Gesichtspunkte muß die Streupflicht rechtlich anders beurteilt werden, als die in dieser Hinsicht mit ihr nur in äußerlicher Verbindung stehende Pflicht zur Straßenreinigung; denn während die Straßenreinigung als solche nur Ordnung im Verkehre schaffen soll, dient das gegen die Schnee- und Eisglätte gerichtete Streuen vor allem dazu, die menschliche Gesundheit vor Schaden zu bewahren.

Nun sind die Gemeinden vielfach, selbst bei Aufwendung verhältnismäßig hoher Kosten, außerstande, bei plötzlich eintretender Winterglätte durch Streuen ihrer auf den ganzen Ortsbezirk ausgedehnten Straßenunterhaltungspflicht zu genügen und das zu leisten, was zur Abwendung von Gesundheitsgefahren schnellstens geleistet werden muß. Nach Lage der jetzigen Gesetzgebung ist den Gemeinden auch durch erhebliche rechtliche Schwierigkeiten noch der Ausweg verlegt, den Anliegern der öffentlichen Straßen die Beseitigung der Schnee- und Eisglätte als Gemeindelast aufzuerlegen (vgl. Begründung des Entwurfs eines Gesetzes über die Reinigung öffentlicher Wege vom 1. Februar 1911, Drucks. des Herrenhauses 1911 Nr. 22 S. 10). Unmögliches oder doch unverhältnismäßig Drückendes wird den Gemeinden zugemutet, wenn sie durch sofortige Maßnahmen die plötzlich eintretenden Gefahren der Winterglätte alsbald beseitigen sollen. In solcher Lage aber ist ein Eingreifen der Gesundheits- und Gefahrspolizei veranlaßt. Wenn die Polizei, um drohende, nicht anders zu beseitigende Gefahren von der menschlichen Gesundheit abzuwenden (vgl. Wolff, Gesetzgebung über das Polizeiverordnungsrecht 1910 S. 147), die Mitwirkung der Anlieger und Anwohner für geboten hält, so kann eine solche, dem § 6f der Verordnung vom 20. September 1867 gerecht werdende Polizeiverordnung, die, wie hier der § 10, dem Grundeigentümer die positive Leistung des Streuens bei Schnee- und Eisglätte auferlegt, nicht als unzulässig beanstandet, insbesondere ihre Gültigkeit nicht ausschließlich davon abhängig gemacht werden, wer gesetzlich die Straße zu unterhalten und zu reinigen hat. Dazu kommt hier, was bei der Prüfung der Gültigkeit der Polizeiverordnung mit zu beachten ist, daß den Grundeigentümern, wenn der § 10 der Polizeiverordnung ihre Hilfe beim Streuen in Ansprnch nimmt, weder etwas Unmögliches noch überhaupt etwas unverhältnismäßig Drückendes zugemutet wird (vgl. Urteil des Oberverwaltungsgerichts im Preuß. Verwaltungsbl. Bd. 24 S. 439 und in den Entscheidungen des Oberverwaltungsgerichts Bd. 34 S. 387)." ...

---

43. Ist die Verbindung der Nebenintervention mit der Einlegung der Revision auch seit den durch die Novellen von 1905 und 1909 eingetretenen Abänderungen der Zivilprozeßordnung noch zulässig?

ZPO. §§ 66 Abs. 2, 70, 553, 553a.

VI. Zivilsenat. Urt. v. 12. April 1911 i. S. H. u. Gen. (Bekl.) u. W. u. St. (Nebeninterv.) w. B. (Kl.). Rep. VI. 104/10.

I. Landgericht Plauen.
II. Oberlandesgericht Dresden.

Die vorstehende Frage ist vom Reichsgericht bejaht worden aus folgenden

Gründen:

„Die Frage, ob die Revision in rechtswirksamer Weise von dem Nebenintervenienten St. eingelegt worden sei (was übrigens der Revisionsbeklagte nicht in Zweifel gezogen hat), war zu bejahen.

In der Berufungsinstanz hatte der Nebenintervenient W. dem Gutsbesitzer St. gemäß § 72 Abs. 2 ZPO. den Streit verkündet. Dieser hat, nachdem das Berufungsurteil am 26. Januar 1910 zugestellt worden war, am 25. Februar 1910 beim Reichsgericht einen Schriftsatz einreichen lassen, worin er erklärte, daß er „hiermit" den Beklagten und dem Nebenintervenienten W. als Nebenintervenient beitrete und im Namen der Beklagten gegen das Berufungsurteil Revision einlege. Dieser Schriftsatz ist von Amts wegen am 2. März 1910 den vorinstanzlichen Prozeßbevollmächtigten des Klägers, der beiden Beklagten und des Nebenintervenienten W. zugestellt worden. Eine anderweite Zustellung — von seiten des Intervenienten — ist nicht erfolgt.

Nach § 66 Abs. 2 ZPO. kann die Nebenintervention in jeder Lage des Rechtsstreites bis zur rechtskräftigen Entscheidung desselben, auch in Verbindung mit der Einlegung eines Rechtsmittels erfolgen. Nach § 70 Abs. 1 Satz 1 ZPO. aber erfolgt der Beitritt des Nebenintervenienten durch Zustellung eines Schriftsatzes. Auf dieselbe Weise geschah nach dem früheren Prozeßrechte, abgesehen von dem Falle des § 7 EinfGes. zur ZPO., auch die Einlegung der Rechtsmittel, und es ist nicht zu verkennen, daß die Vorschrift in § 66 Abs. 2 dieser ursprünglichen Regelung der Einlegung von Rechtsmitteln angepaßt war, wobei also durch den einheitlichen Akt der Zustellung eines Schriftsatzes gleichzeitig auch der Beitritt des Nebenintervenienten sich vollzog. Nun sind aber in den Normen über die Rechtsmitteleinlegung durch die Novellen zur Zivilprozeßordnung schrittweise erhebliche Veränderungen vor sich gegangen. Nach dem Gesetze vom 5. Juni 1905 erfolgt die Einlegung der Revision durch Einreichung der Revisionsschrift bei dem Revisionsgerichte (ZPO. § 553 Abs. 1 Satz 1). Von streng formalem Standpunkte aus könnte daraus die Folgerung gezogen werden, daß nunmehr die Bestimmung des § 66 Abs. 2 für die Revision unanwendbar geworden sei, daß sich der Dritte erst durch die Zustellung eines Schriftsatzes zum Nebenintervenienten machen müsse und dann erst die Revision einlegen könne. Diese Konsequenz ist denn auch in der Rechtslehre gezogen worden; vgl. Hellwig, Lehrbuch des D. Zivilprozeßrechts Bd. 2 § 136 S. 491.

Allein man ist zu dieser Folgerung nicht genötigt. Nach dem durch die Novelle von 1905 eingefügten § 553a ZPO. ist die Revisionsschrift der Gegenpartei von Amts wegen zuzustellen. Wird die Revision von einem Nebenintervenienten eingelegt, so muß der

Schriftsatz beiden Hauptparteien, auch der zu unterstützenden, zugestellt werden.

Vgl. Entsch. des RG.'s in Zivils. Bd. 42 S. 401 flg., auch Bd. 64 S. 70.

Es ist kein zureichender Grund ersichtlich, weshalb einer solchen von Amts wegen bewirkten Zustellung die Rechtswirkung, welche einer im Parteibetriebe vorgenommenen Zustellung im Hinblick auf § 70 ZPO. beikommt, versagt werden sollte. Allerdings besteht der Zweifel, ob der Dritte, der als Nebenintervenient gleichzeitig mit der Einlegung des Rechtsmittels in den Rechtsstreit eintreten will, bereits mit Einreichung des Schriftsatzes als Nebenintervenient und daher als zur Einlegung des Rechtsmittels befugt gelten kann, bevor der weitere für die Nebenintervention wesentliche Akt der Zustellung erfolgt ist. Aber dieses formelle Bedenken greift nicht durch, wenn es als im Sinne des Gesetzes liegend und als mit dem Wortlaute seiner Vorschriften vereinbar angesehen werden darf, daß der Beitritt des Nebenintervenienten „in Verbindung" mit der Einlegung des Rechtsmittels auch bei der veränderten Form der Einlegung ermöglicht bleiben sollte. Und zu dieser Annahme ist man in der Tat berechtigt. Die Novelle von 1905 hat die Vorschrift des § 66 Abs. 2, die ganz allgemein von der Einlegung eines Rechtsmittels spricht, unverändert gelassen. Freilich bestand daneben der § 70 fort. Wenn dies den Schluß zuließe, daß damit eben der Geltungsbereich der ersterwähnten Bestimmung auf die übrigen Rechtsmittel außer der Revision beschränkt worden sei, sofern § 66 Abs. 2 als selbstverständlich die nach den sonstigen Gesetzesvorschriften bestehende rechtliche Möglichkeit, die Nebenintervention in einem Akte mit der Einlegung des Rechtsmittels zu verbinden, voraussetze, so hätte es doch an einem inneren Grunde für eine Ausnahme zu ungunsten der Nebenintervenienten bei der Revision gefehlt; aus den gesetzgeberischen Erwägungen, auf denen die Umgestaltung dieses Rechtsmittels beruhte (Begründung zum Gesetze vom 5. Juni 1905 S. 16, S. 4 flg.), wäre ein solcher nicht zu entnehmen.

Inzwischen ist durch das Gesetz vom 1. Juni 1909 eine weitergehende Änderung eingetreten, die auch für eine vor dem Inkrafttreten dieses Gesetzes (1. April 1910) durch einen Nebenintervenienten eingelegte Revision der vorstehend vertretenen Auffassung sachlich zum

Anhalt dienen kann. Es erfolgt nunmehr auch die Einlegung der Berufung nach § 518 durch Einreichung eines Schriftsatzes bei dem Berufungsgerichte, desgleichen nach § 340 die Einlegung des Einspruches durch Einreichung eines Schriftsatzes bei dem Prozeßgerichte. Gleichwohl ist auch jetzt die Vorschrift des § 66 Abs. 2 ZPO. unverändert bestehen geblieben. Erachtet man die Zustellung des Interventionsschriftsatzes in demselben Akte mit der Einlegung des Rechtsmittels nach wie vor für unbedingt erforderlich, so würde sich ergeben, daß jetzt die Bestimmung in § 66 Abs. 2 mit Ausnahme der Beschwerde für sämtliche (ordentliche) Rechtsmittel und den Einspruch gegenstandslos geworden wäre. So ist Stein der Ansicht (Gaupp-Stein, CPO. § 66 Bem. II 1 S. 199, § 70 Bem. I S. 212 der 10. Aufl.), daß die Verbindung des Interventionsschriftsatzes mit einem Rechtsmittel oder dem Einspruche jetzt ausgeschlossen sei. Johannssen („Recht" 1911 Nr. 2 S. 68) spricht von einer „Lücke im Gesetze" und meint, das Bestehenbleiben jener Bestimmung sei widersinnig. Dieses Ergebnis, wonach nunmehr die mehrerwähnte Vorschrift so gut wie völlig bedeutungslos geworden sein sollte, erschiene in der Tat wenig befriedigend. Gegen jene Ansicht aber hat sich L. v. Seuffert in der Deutsch. Juristen-Zeitung 1911 S. 463 flg. ausgesprochen: er hält die Verbindung der Nebenintervention mit der Einlegung des Einspruches, der Berufung und der Revision auch unter der Herrschaft des neuen Gesetzes für zulässig, nnd seine Gründe verdienen Beachtung auch für den gegenwärtigen Fall.

Daß der Gesetzgeber bei der Neuordnung der Rechtsmittel die Vorschrift des § 66 Abs. 2 ZPO. übersehen, sie versehentlich bestehen oder ungeändert gelassen habe, darf nicht ohne weiteres unterstellt werden; der bisherige Satz 1 des § 516 Abs. 2 ZPO., wonach die Berufung gleichzeitig mit der Zustellung des Urteils eingelegt werden konnte, ist mit Rücksicht auf die Abänderung des § 518 in der Novelle von 1909 gestrichen worden. Solange aber davon auszugehen ist, daß die fragliche Vorschrift dem Willen des Gesetzgebers entsprechend fortdauernd in Geltung sei, hat die Rechtsprechung auf eine sinngemäße Anwendung der Bestimmung Bedacht zu nehmen und die der Form nach nicht mehr unter sich stimmenden Vorschriften tunlichst in Einklang zu bringen. Von einem ähnlichen Gesichtspunkte aus wird in der, die früheren §§ 477 Abs. 2 und 514 Abs. 2 ZPO.

betreffenden Entscheidung der vereinigten Zivilsenate vom 25. Juni 1898 (Entsch. in Zivils. Bd. 41 S. 429) es als dann möglicherweise angezeigt erachtet, in der dort fraglichen Bestimmung die Setzung einer Ausnahme zu finden, wenn „auf andere Weise keinerlei praktische Anwendung von ihr zu machen wäre". Die hier in Frage stehenden Vorschriften lassen sich auf dem Boden des Gesetzes vereinigen und auch für die jetzige Gestaltung des Prozeßrechtes praktisch anwendbar erhalten, wenn man den Worten des § 66 Abs. 2 „in Verbindung mit der Einlegung eines Rechtsmittels" eine weniger enge Bedeutung beilegt, dieser speziellen Norm und den jetzigen allgemeinen Bestimmungen über die Einlegung der Rechtsmittel die Vorschrift des § 70 ZPO. anpaßt und den einheitlichen Akt der „Erhebung der Nebenintervention durch Einlegung eines Rechtsmittels" (Motive zur ZPO. von 1877 zu §§ 63—67 des Entwurfs S. 86) in der Einreichung und der demnächstigen Zustellung des betreffenden Schriftsatzes findet. Die Notfrist wird alsdann durch rechtzeitige Einreichung des Schriftsatzes gewahrt; der Dritte würde diesen Akt rechtswirksam vornehmen, obschon er vor erfolgter Zustellung des Schriftsatzes noch nicht nach Maßgabe des § 70 ZPO. Intervenient geworden ist. Eine Besonderheit in anderer Richtung bestand schon früher in der Nachsuchung der Terminsanberaumung; vgl. Hellwig, a. a. O. S. 490 Anm. 10. Im Verfahren vor den Amtsgerichten erfolgt ohnehin jetzt (§ 496 Abss. 1, 2) der Beitritt des Nebenintervenienten nicht durch Zustellung eines Schriftsatzes im Parteibetriebe; vgl. hierüber Seuffert, a. a. O. S. 464. Und für die Zurückbeziehung findet sich eine Analogie in § 496 Abs. 3 sowie § 207 ZPO. Zur Entscheidung steht hier die Frage nur für die gegenwärtige Revision, und diese darf auch schon nach Maßgabe der durch die Novelle von 1905 getroffenen Regelung als rechtsgültig eingelegt gelten." . . .

44. Ist es gesetzlich zulässig, im Statute einer Genossenschaft das Erfordernis aufzustellen, daß die Abänderung gewisser Bestimmungen nur erfolgen kann, wenn die sämtlichen Mitglieder der Genossenschaft in der Generalversammlung anwesend sind und der vor-

geschlagenen Abänderung einhellig zustimmen? Ist in einem solchen Falle beim Fehlen einzelner Mitglieder die Generalversammlung beschlußfähig? Sind die trotzdem gefaßten Beschlüsse nichtig?

I. Zivilsenat. Beschl. v. 22. April 1911 i. d. Registersache des A.-J.'er Spar- und Darlehnskassenvereins, e. Gen. m. u. H. Beschw.-Rep. I. 33/10.

I. Amtsgericht Bunzlau.
II. Landgericht Liegnitz.

Das Statut des A.-J.'er Spar- und Darlehnskassenvereins, einer eingetragenen Genossenschaft mit unbeschränkter Haftpflicht, enthielt die Bestimmung, daß gewisse näher bezeichnete Paragraphen des Statuts nur abgeändert werden könnten, „wenn alle Mitglieder des Vereins dafür stimmen, und zwar in vorschriftsmäßiger Sitzung". Am 2. März 1910 fand eine Generalversammlung statt, die mit den Stimmen aller erschienenen Genossen ein neues Statut genehmigte, in dem auch jene Paragraphen geändert waren. Das Amtsgericht lehnte die Eintragung des Beschlusses ab, weil von den 44 Genossen nur 31 an der Versammlung teilgenommen hatten. Die Beschwerde des Vorstandes hatte keinen Erfolg.

Das Kammergericht legte die weitere Beschwerde dem Reichsgerichte vor, weil das Oberlandesgericht Colmar in einer ähnlich liegenden Sache (Beschluß vom 6. Juli 1910)[1] angenommen hatte, der Mangel eines so gefaßten Beschlusses werde geheilt, wenn er nicht in Gemäßheit des § 51 Gen.Ges. innerhalb Monatsfrist angefochten werde. Das Kammergericht wollte dieser Rechtsansicht nicht beitreten und die weitere Beschwerde zurückweisen.[2] Das Reichsgericht hat demgemäß auf Zurückweisung der Beschwerde erkannt.

Gründe:

„Der Fall des § 28 Abs. 2 FGG. ist gegeben, da bei der Entscheidung über die weitere Beschwerde die Auslegung des § 51 GenGes., worüber die beiden Gerichte verschiedener Ansicht sind, von Bedeutung ist, wenngleich die zu treffende Entscheidung nicht ausschließlich auf

[1] Vgl. Jur. Ztschr. f. Els.-Lothr. 35. Jahrg. S. 498.
[2] Vgl. Entsch. in Angeleg. d. freiw. Gerichtsbark. Bd. 10 S. 259. D. R.

dieser Auslegung beruht. Die Prüfung der Sachlage ergibt, daß die rechtliche Auffassung, die das Kammergericht vertritt, in allen wesentlichen Punkten zutreffend ist.

Das seitherige Statut der Genossenschaft erklärt in § 39 unter a die Generalversammlung behufs Abänderung des Statuts im allgemeinen als beschlußfähig, wenn mehr als die Hälfte der Mitglieder anwesend ist. Ausgenommen hiervon sind die unter b aufgeführten besonderen Fälle, zu denen die Aufhebung des gegenwärtigen Statuts und die Einführung eines neuen, sowie die Abänderung der Bestimmungen des § 39b selbst gehören. In diesen Fällen soll eine Abänderung der Satzungen nur stattfinden können, wenn alle Mitglieder der Genossenschaft „dafür stimmen, und zwar in vorschriftsmäßiger Sitzung". Daß damit für eine Beschlußfassung der Generalversammlung, welche die in § 39b aufgezählten Punkte zum Gegenstande hat, das doppelte Erfordernis aufgestellt wird, daß erstlich die sämtlichen Mitglieder der Genossenschaft in der betreffenden Generalversammlung anwesend sein, und daß sie zweitens der vorgeschlagenen Änderung einhellig zustimmen müssen, bezweifelt die weitere Beschwerde selbst nicht.

Ebensowenig ist auch die Zulässigkeit einer derartigen Festsetzung zu bezweifeln. Denn § 16 GenGes., der die Abänderung des Statuts ausschließlich der Beschlußfassung der Generalversammlung überweist und selbst zu einer Abänderung des Gegenstandes des Unternehmens wie zu sonstigen Änderungen des Statuts nur eine Mehrheit von drei Vierteilen der in der Generalversammlung erschienenen Genossen verlangt, macht im letzten Satze des Abs. 2 den Vorbehalt „sofern nicht das Statut andere Erfordernisse aufstellt". Daß diese „anderen Erfordernisse" mancherlei Art sein und in dem Verlangen größerer Mehrheiten, wiederholter Beschlußfassungen, sowie der Anwesenheit bestimmter Bruchteile der Mitglieder in der Generalversammlung bestehen können, ist bei der Beratung des Gesetzes wie bei dessen Anwendung und in der Literatur allgemein anerkannt. Im Kommissionsberichte ist seinerzeit besonders (S. 7) hervorgehoben worden, daß sie sich auch auf die Bestimmungen über die Beschlußfähigkeit der Generalversammlung beziehen. Es hat auf diese Weise den Genossenschaften die Möglichkeit gewährt werden sollen, die Einzelvorschriften des Statuts je nach dem Zwecke, dem Bedürfnis und der verschiedenen Auffassung der Mitglieder in individueller Weise zu gestalten. Danach kann es mit Grund nicht bezweifelt werden, daß ein Genossenschaftsstatut auch das Erfordernis aufstellen kann, daß bei gewissen Beschlußfassungen der Generalversammlungen über Statutenänderungen die sämtlichen Mitglieder anwesend sein und übereinstimmend der vorgeschlagenen Änderung zustimmen müssen.

Zwar vertritt Birkenbihl, der das Erfordernis der Übereinstimmung aller anwesenden Mitglieder gleichfalls für zulässig hält, in der zweiten Auflage des Maurer'schen Kommentars zum Genossenschaftsgesetze S. 203 die Ansicht, Übereinstimmung aller Genossen könne nicht erfordert werden, denn eine solche Bestimmung würde einer korporativen Vereinigung nicht entsprechend sein. Allein für diese Meinung fehlt es an der Begründung aus dem Gesetze, das eine derartige Beschränkung der freien Gestaltung des Statuts nicht kennt, während berechtigte Interessen gewisser genossenschaftlicher Vereinigungen es als wünschenswert erscheinen lassen können, daß sich die grundlegenden Bestimmungen der Vereinigung auf eine nur schwer zu erschütternde gemeinsame Auffassung der Genossen stützen, was dann freilich die Kehrseite hat, daß es für die Genossenschaft schwieriger wird, sich den wechselnden Bedürfnissen des Lebens anzubequemen. Jedenfalls findet sich aber in dem geltenden Genossenschaftsgesetze keine Vorschrift, die es ausschließt, daß für gewisse Abänderungen des Statuts das Erfordernis aufgestellt wird, daß in der Generalversammlung die sämtlichen Mitglieder der Genossenschaft anwesend sein und den geplanten Abänderungen zustimmen müssen.

Ist aber ein Erfordernis dieses Inhalts gesetzlich zulässig und, wie hier, in das Statut der Genossenschaft aufgenommen, so stellt sich diese Bestimmung als vertragliche Grundlage der genossenschaftlichen Vereinigung dar, die für alle Genossen gleich verbindlich ist, aber auch jedem Genossen ein unentziehbares Recht darauf gewährt, daß in Bezug auf die verfassungsmäßigen Vorschriften, die von jener Festsetzung berührt werden, eine Abänderung ohne die in der Generalversammlung erklärte Zustimmung aller Genossen nicht getroffen werden kann. Eine Generalversammlung, in der nicht alle Genossen anwesend sind, ist für eine Beschlußfassung über die betreffenden Angelegenheiten überhaupt nicht zuständig, und ihre Beschlüsse sind nichtig. Faßt sie solche dennoch, so liegt in der Tat nur der Schein eines Generalversammlungsbeschlusses vor, weil nach dem maßgebenden Statute eine Generalversammlung, in der nicht alle Genossen anwesend sind, zur sachlichen Beschlußfassung überhaupt nicht befugt ist. Es handelt sich hierbei keineswegs um die Beobachtung einer formellen Vorschrift, sondern um die Aufrechterhaltung einer von den Genossen selbst gewollten, sachlich wichtigen Satzungsbestimmung, deren rechtliche Verbindlichkeit nicht dadurch erschüttert werden kann, daß sich ihre Folgen im einzelnen Falle als lästig und hinderlich erweisen. Kann nach dem Statute, wie es rechtsgültig geschaffen worden ist, schon das Wegbleiben eines einzigen Mitglieds von der Generalversammlung eine rechtswirksame Beschlußfassung über die in § 39b bezeichneten Gegenstände vereiteln, so liegt dies nicht am Gesetze, sondern an der Art, in der von der gesetzlich gewährten Freiheit, die Verhältnisse der Genossenschaft zu gestalten, Gebrauch gemacht worden ist.

Daß auf dem Wege des § 51 hier keine Abhilfe gefunden werden kann, ergibt sich aus den Voraussetzungen, die Abs. 2 des § 51 für die Anfechtungsklage aufstellt. Keinem der in der Generalversammlung vom 2. März 1910 weggebliebenen Genossen stand hiernach ein Anfechtungsrecht zu; es kann demnach auch die diesen Genossen zustehende Berechtigung nicht durch den Nichtgebrauch der Anfechtung erloschen sein. Die Tragweite des § 51 ist in dem in den Entsch. des RG.'s Bd. 75 S. 239 veröffentlichten Urteile des erkennenden Senats eingehend dargelegt worden."

---

45. 1. Wieweit hat in den Fällen des § 287 Abs. 1 ZPO. Nachprüfung des Revisionsgerichtes einzutreten?
2. Grundsätze für die Abmessung der Entschädigung für immateriellen Schaden nach § 847 BGB.

VI. Zivilsenat. Urt. v. 24. April 1911 i. S. Sch. (Bekl.) w. D. (Kl.). Rep. VI. 210/10.

I. Landgericht Stuttgart.
II. Oberlandesgericht daselbst.

Das Berufungsurteil, das dem Kläger, einem Gymnasiasten, wegen einer ihm vom Beklagten fahrlässig zugefügten Körperverletzung ein Schmerzensgeld von 10000 *M* zugesprochen hatte, ist aufgehoben, und die Sache in die Berufungsinstanz zurückverwiesen worden, aus den folgenden

Gründen:

„Ein großer Teil des zur Begründung der Revision Vorgebrachten war abwegig. Dies gilt insbesondere von der Rüge, daß das Berufungsgericht seinen Erwägungen gewisse tatsächliche Annahmen zugrunde lege, ohne daß deren Richtigkeit in prozeßgerechter Weise festgestellt wäre, namentlich ohne daß es die vom Beklagten angebotenen Gegenbeweise erhoben hätte. Diese Rüge steht in Widerspruch mit dem hier maßgebenden § 287 Abs. 1 ZPO., nach welchem bei Streit über die Höhe eines Schadens es dem Ermessen des Gerichtes überlassen bleibt, ob es eine beantragte Beweisaufnahme anordnen will. Überhaupt hat bei der Feststellung des Schadensbetrages das Ermessen des Gerichts frei zu walten, und seine hierauf bezüglichen einzelnen Erwägungen können im allgemeinen nicht einen Gegenstand der Nachprüfung in der Revisionsinstanz bilden. Dies schließt aber nicht aus, daß, wo das Berufungsgericht in einem solchen Fall seine Entscheidung ausdrücklich auf einen grundsätzlich falschen Satz gestützt hat, dies Anlaß zur Aufhebung derselben gibt; vgl. Entsch. des RG.'s in Zivils. Bd. 63 S. 104 flg. (III. Zivilsenat). Hierher gehört freilich nicht die vom Beklagten gleichfalls gerügte Rücksichtnahme auf die verhältnismäßige Armut des Klägers und den Wohlstand des Beklagten bei Bemessung des dem ersteren zuzubilligenden Ersatzes für immateriellen Schaden; wie eine solche auch in der soeben angeführten Entscheidung in Bd. 63 gebilligt worden ist.

Aber zwei grundsätzliche Verstöße, wegen derer das angefochtene Urteil aufgehoben werden mußte, fallen dem Oberlandesgericht zur Last. Der eine besteht darin, daß die Abgrenzung zwischen dem hier allein in Frage kommenden immateriellen Schaden und dem dem Kläger durch seine körperliche Verletzung entstandenen Vermögensnachteile nicht überall genügend beachtet worden ist. Dies gilt von der Erwägung, daß, wenn auch der Kläger in dem von ihm demnächst zu ergreifenden Berufe vielleicht die gleiche Befriedigung finden werde, wie er sie in dem von ihm in Aussicht genommen gewesenen empfunden haben würde, doch die Steifheit seines Beines ihm bis zu einem gewissen Grade in jedem Berufe hinderlich sein werde. Ein Hindernis dieser Art würde zunächst nur die Erwerbsfähigkeit beschränken. Mindestens tritt nicht klar hervor, daß das Berufungsgericht hier irgend etwas anderes im Auge gehabt hätte. Es würde in der Tat eine ziemlich gekünstelte Betrachtungsweise sein, wenn die verminderte Erwerbsfähigkeit wegen des gemütlichen Unbehagens, das sie etwa zur Folge haben könnte, nun auch noch wieder als ein besonderer Posten bei Abschätzung des immateriellen Schadens in Ansatz gebracht werden sollte.

Der andere Verstoß liegt in der Benutzung der Erwägung, daß Nachteile, wie die lebenslängliche, ohne eigene Schuld eingetretene Verunstaltung der äußern Erscheinung, wodurch der Verunstaltete zum Gegenstande des Mitleides seiner Mitmenschen werde, erfahrungsgemäß von den Angehörigen der gebildeten Klasse viel schwerer überwunden zu werden pflegten, als von der breiten Masse des Volkes. Der erkennende Senat hält die Annahme einer solchen Lebenserfahrung für willkürlich und grundlos, und daher die auf dieser Grundlage zugemessene Entschädigung nicht für eine „billige" im Sinne des § 847 Abs. 1 BGB., der von einer solchen allgemeinen Unterscheidung nach den verschiedenen sozialen Klassen nichts weiß." ...

---

46. Ist die Revision ohne Rücksicht auf den Wert des Streitgegenstandes zulässig, wenn das Berufungsgericht wegen Zuständigkeit eines Sondergerichts (der Generalkommission) die Klage abgewiesen hat?

ZPO. § 547 Nr. 1 in der Fassung der Novelle vom 22. Mai 1910, GVG. §§ 14 Nr. 2, 15.

V. Zivilsenat. Urt. v. 26. April 1911 i. S. Ostpreußische Landgesellschaft (Kl.) w. H. (Bekl.). Rep. V. 460/10.

I. Landgericht Bartenstein.
II. Oberlandesgericht Königsberg.

Durch einen Rentengutsrezeß, den auf Antrag der Klägerin gemäß § 12 des preuß. Gesetzes, betr. die Beförderung der Errichtung von Rentengütern, vom 7. Juli 1891 die Generalkommission in Königsberg aufgenommen und bestätigt hatte, waren dem Beklagten von der Klägerin zwei Landstücke als Rentengut überlassen worden. Die Übergabe war erfolgt, nicht aber die Eintragung im Grundbuch (§ 12 Abs. 2).

Die Klägerin klagte den Rest einer fälligen Anzahlung im Betrage von 383 ℳ nebst 4% Zinsen seit dem 25. März 1909 sowie eine Zinsrate des Kaufgeldes im Betrage von 59,43 ℳ, die am 1. Juni 1909 fällig geworden war, ein; der Beklagte verweigerte die Zahlung, weil eine ihm angeblich zugesagte Entwässerung von 40 Morgen Bruchland nicht ausgeführt worden war.

Das Landgericht bejahte seine Zuständigkeit und verurteilte nach dem Klagantrage. Das Oberlandesgericht dagegen wies die Klage ab, weil das Rentengutsverfahren wegen Mangels der Grundbuchberichtigung noch nicht beendet, und die Auseinandersetzungsbehörden zur Entscheidung des Rechtsstreits zuständig seien.

Die Revision der Klägerin ist als unzulässig verworfen worden.

Aus den Gründen:

„Die Revisionssumme des § 546 ZPO. ist zweifellos nicht vorhanden; die Revision kann also nur auf § 547 Nr. 1 ZPO. gestützt werden. In dieser Vorschrift ist seit dem 1. Juni 1910 nach Artt. III, XI des Reichsgesetzes vom 22. Mai 1910 die „Unzuständigkeit des Gerichts“ auch insoweit, als sie nach dem Gesetze vom 5. Juni 1905 als Revisionsgrund noch bestand (sachliche Unzuständigkeit), beseitigt worden. Das Urteil des Oberlandesgerichts ist am 9. Juli 1910 verkündet, und die Revision könnte sich also auf den § 547 Nr. 1 nur dann berufen, wenn die Entscheidung des Oberlandesgerichts als Ausspruch der „Unzulässigkeit des Rechtswegs“ aufzufassen wäre.

Die Auseinandersetzungsbehörden sind nun aber, wie die Revision selbst hervorhebt, insoweit sie nach § 3a der Verordnung vom 20. Juni 1817, § 7 der Verordnung vom 30. Juni 1834, § 12 Abs. 4 des Gesetzes vom 7. Juli 1891 Rechtsstreitigkeiten zu entscheiden haben, nach § 14 Nr. 2 GVG. „Sondergerichte“ für bürgerliche Rechtsstreitigkeiten und unterstehen nach § 1 der Kaiserlichen Verordnung vom 26. September 1879 in letzter Instanz ebenfalls dem Reichsgerichte. Bei der Frage, ob sie oder die ordentlichen

Gerichte zuständig sind, handelt es sich also nur um eine Frage des Gerichtsstandes, nach dem Sprachgebrauch der Reichsjustizgesetze um „sachliche Zuständigkeit". Die „Zulässigkeit des Rechtsweges" dagegen kommt nur im Verhältnis der Gerichte zu den Verwaltungsbehörden und Verwaltungsgerichten in Frage.

Im Gesetze selbst ist dies für die durch § 5 EG. z. GVG. zugelassenen Sondergerichte für Mitglieder der landesherrlichen Familien durch § 5 Satz. 2 EG. z. ZPO. anerkannt, da dort das Verfahren vor diesen Gerichten als Rechtsweg bezeichnet wird. Ebenso ist in den Gesetzen, betr. die Gewerbegerichte, §§ 6 flg., 28, 86, und betreffend die Kaufmannsgerichte, § 6, bei der Erörterung des Verhältnisses zu den ordentlichen Gerichten nur von der Zuständigkeit, im Gewerbegerichtsgesetz, §§ 7, 28 insbesondere von der sachlichen Zuständigkeit, nicht aber vom Rechtsweg, die Rede.

Auf diesem Standpunkt steht auch weit überwiegend die Rechtsprechung,

vgl. Entsch. des RG.'s in Zivils. Bd. 8 S. 349, Bd. 66 S. 232,
für Gewerbe- und Kaufmannsgerichte insbesondere:
Entsch. des RG.'s in Zivils. Bd. 37 S. 66, Bd. 51 S. 193, Bd. 63 S. 200, Bd. 72 S. 296; Gruchot's Beitr. Bd. 42 S. 1150, Bd. 45 S. 1078/80; Jur. Woch. 1910 S. 42 Nr. 67, S. 839 Nr. 78; 1911 S. 64 Nr. 69, S. 334 Nr. 40.

Wenn davon abweichend in einem älteren Urteil des I. Zivilsenats (Entsch. Bd. 22 S. 4) und in einem von der Revision angezogenen Urteil des III. Zivilsenats vom 26. November 1909 (Rep. III. 24/09) im Verhältnis zu Gewerbe- und Kaufmannsgerichten von Zulässigkeit des Rechtswegs oder des ordentlichen Rechtswegs die Rede ist, so sind diese Urteile durch neuere Entscheidungen des I. Zivilsenats (Entsch. Bd. 72 S. 296, Bd. 66 S. 232; Gruch. Beitr. Bd. 45 S. 1080) und des III. Zivilsenats (Urt. vom 14. Juni 1910 in der Jur. Woch. 1910 S. 839 Nr. 78 und vom 3. Februar 1911 in der Jur. Woch. 1911 S. 334 Nr. 40) überholt.

Schwankender ist allerdings der Sprachgebrauch bei den hier in Rede stehenden Auseinandersetzungsbehörden,

vgl. Entsch. des RG.'s in Zivils. Bd. 22 S. 361 flg., Bd. 37 S. 392 flg., Bd. 40 S. 211, 224, Bd. 41 S. 293, Bd. 51 S. 336; Preuß. Just.Min.Bl. 1891 S. 222; Jur. Woch. 1900 S. 832 Nr. 16.

Indessen kann es keinem Zweifel unterliegen, daß es sich insoweit, als in diesen Urteilen neben der Zuständigkeit auch von dem Rechtsweg oder dem ordentlichen Rechtsweg und dessen Zulässigkeit gesprochen wird, nur um eine ungenaue Ausdrucksweise handelt. Es kam auf die genaue Unterscheidung nicht an, weil darauf die Entscheidungen nicht beruhten.

Die Rechtslehre steht, wenn nicht einstimmig, so doch überwiegend auf dem hier vertretenen Standpunkt.

Vgl. Rintelen, in Gruchot's Beitr. Bd. 40 S. 271 flg.; Delius das. S. 264; Gaupp-Stein, Vorbem. 4 vor § 1 GVG., Bem. III zu § 274 ZPO.; Struckmann-Koch, 9. Aufl., Bem. 5 zu § 274 ZPO.; Skonietzki-Gelpke das. Bem. 10; Sydow-Busch, Anm. 2 zu § 547 ZPO.

Die Revision stellt sich danach als unzulässig dar." ...

---

47. An welcher Stelle des Wechsels hat der Indossant die Ortsbezeichnung hinzuzufügen, wenn er Benachrichtigung von der Nichtzahlung des Wechsels beansprucht?

WO. Artt. 45. 47.

I. Zivilsenat. Urt. v. 26. April 1911 i. S. B. R. Söhne (Kl.) w. Reichsbankstelle in Bochum (Bekl.). Rep. I. 27/10.

I. Landgericht Bochum.
II. Oberlandesgericht Hamm.

Die Klägerin war Inhaberin eines von H. O. G. ausgestellten, auf H. O. B. gezogenen und von diesem akzeptierten Wechsels über 7860 ℳ, zahlbar am 8. Dezember 1908 bei der Reichsbanknebenstelle in Langendreer. Der Wechsel war vom Aussteller und Remittenten H. O. G. an die Ümminger Brauerei W. K., von dieser an die Klägerin, von dieser an die Essener Kreditanstalt in Dortmund und von dieser an die Reichsbanknebenstelle in Langendreer indossiert. Die Reichsbanknebenstelle in Langendreer hatte den Wechsel am 10. Dezember 1908 mangels Zahlung protestieren lassen, aber die durch Art. 45 WO. vorgeschriebene Benachrichtigung ihres unmittelbaren Vormanns unterlassen. Sie hatte den Wechsel mit Protest erst am 17. Dezember 1908 der Essener Kreditanstalt zur Einlösung vorgelegt und von ihr demnächst eingelöst erhalten. Die Essener Kreditanstalt benachrichtigte am Abend des 17. Dezember telephonisch und durch ein am 18. Dezember eingegangenes Schreiben die Klägerin von der Protesterhebung. Die Klägerin behauptete, daß sie erst hierdurch erfahren habe, daß der Wechsel in Protest gegangen sei. Hätte sie rechtzeitig Nachricht erhalten, so hätte sie noch Deckung von der Ümminger Brauerei erlangen können; denn diese hätte vom 14.—17. Dezember 1908 noch über 100000 ℳ Wechsel eingelöst. Demnächst seien aber die Vormänner der Klägerin in Konkurs geraten. Sie verklagte die Reichsbank auf Ersatz des ihr verursachten Schadens.

Die Beklagte behauptete, daß eine Verpflichtung zur Benachrichtigung der Klägerin von der Protestierung des Wechsels vom 8. September 1908 nicht bestanden habe, weil die Klägerin den Wechsel ohne Hinzufügung einer Ortsbezeichnung weiter begeben habe (Art. 47 WO.); sie habe nur auf die Vorderseite des Wechsels ihren Firmenstempel aufgedrückt.

Das Landgericht wies die Klage ab. Die Berufung der Klägerin wurde zurückgewiesen. Die auf angebliche Verletzung der Artt. 45, 47 WO. gestützte Revision hatte keinen Erfolg.

Aus den Gründen:

„Das Oberlandesgericht hat ausgeführt, Art. 47 WO. fordere die Weiterbegebung des Wechsels unter „Hinzufügung einer Ortsbezeichnung", also eine erkennbare, im Zweifel räumliche Beziehung der Ortsbezeichnung zu dem die Weiterbegebung begründenden Indossamente. Im vorliegenden Falle enthalte das Indossament auf der Rückseite des Wechsels keine Ortsbezeichnung; es finde sich aber auf der Vorderseite des Wechsels ein Abdruck des Firmenstempels der Klägerin mit Ortsbezeichnung, in dessen Mittelraume die Nummer 17162 eingetragen sei. Aus dieser Eintragung ergebe sich der Zweck des Aufdrucks; er habe lediglich der bureaumäßigen Behandlung des Wechsels gedient, lasse aber jede Beziehung zu dem Indossamente vermissen. Dem Erfordernisse des Art. 47 sei durch ihn nicht genügt. Die Klägerin habe daher auch keinen Anspruch auf die Benachrichtigung nach Art. 45 und könne auf ihre Unterlassung keinen Schadensersatzanspruch gründen.

Die Revision macht demgegenüber geltend, daß es auf den Zweck des Stempelaufdrucks nicht ankomme; wesentlich sei, daß dem Erfordernis des Gesetzes (Art. 47) genügt sei. Art. 47 spreche nicht von einem „örtlich datierten Indossament", er sage lediglich: „hat ein Indossant den Wechsel (also nicht das Indossament) ohne Hinzufügung einer Ortsbezeichnung weiter begeben, . . ." Stände z. B. auf der Vorderseite des Wechsels die Bemerkung: „Der Wohnort des umseitig bezeichneten Indossanten Schulze ist Berlin, Friedrichstraße 1", so sei der Vorschrift des Art. 47 in buchstäblichster Weise genügt. Gebe man dies zu, so sei auch die Folgerung nicht abzulehnen, daß jede andere Ortsangabe auf dem Wechsel, die dasselbe besage, d. h. in einer für jeden Leser des Wechsels erkennbaren Weise die Ortsbezeichnung des Indossanten darstelle, als ausreichend anzusehen sei.

Der Senat vermochte sich diesen Ausführungen nicht anzuschließen. Die Benachrichtigungspflicht ist an die gesetzliche Voraussetzung geknüpft, daß der Indossant im Giro den für die Benachrichtigung bestimmten Adreßort angegeben hat. In dieser Weise hat schon das Reichsoberhandelsgericht die Vorschrift der Artt. 45, 47 ausgelegt (vgl. Entsch. Bd. 18 S. 140). Wollte man dem oder den Indossataren zumuten, den Wechsel jeweils daraufhin zu prüfen, ob ohne äußerlichen Zusammenhang mit dem Indossamente an irgend einer anderen Stelle des Wechsels die Ortsbezeichnung vom Indossanten angebracht sei, so würde dies zweifelsohne eine Belästigung des Wechselverkehrs bedeuten, könnte auch in zahlreichen Fällen zu Zweifeln Veranlassung geben. Durch die dem Giro beigefügte Ortsbezeichnung erklärt der Indossant, daß er unter dieser Adresse benachrichtigt sein will; durch die Unterlassung der Beifügung der Ortsbezeichnung zum Giro verzichtet er auf die Benachrichtigung. Die Anwendung dieser Grundsätze muß im Interesse der Sicherheit und Promptheit des Wechselverkehrs streng sein. Mit Recht hat daher das Oberlandesgericht den auf der Vorderseite des Wechsels angebrachten Stempelabdruck der Klägerin nicht als der Vorschrift des Art. 47 entsprechend angesehen." . . .

48. Wann bedarf die Vollmacht zur Abschließung eines Grundstücksvertrags der in § 313 BGB. vorgeschriebenen Form?

BGB. §§ 167 Abs. 2, 313.

II. Zivilsenat. Urt. v. 28. April 1911 i. S. Fr. & W. (Kl.) w. L. (Bekl.). Rep. II. 466/10.

I. Landgericht Weimar.
II. Oberlandesgericht Jena.

In einer privatschriftlichen Urkunde vom 20. April 1909 erklärte der Beklagte, daß er seinen in den Gemarkungen K. usw. gelegenen Grundbesitz zum Preise von 84000 *M* der Klägerin zum Kauf anbiete, daß er sich bis Ende September 1909 an den Antrag binde, und daß er den Kaufleuten Th., B. und R. (Angestellten der Klägerin), jedem für sich allein, Vollmacht erteile, den Antrag zu notariellem Protokolle zu erklären. Die notarielle Beurkundung des Antrags fand am 21. April 1909 statt; als Bevollmächtigter des Beklagten trat dabei R. auf. Durch notarielle Erklärungen vom 2. und 3. Juli 1909 ermäßigte R. unter Vorlage entsprechender privatschriftlicher Vollmachten namens des Beklagten den geforderten Kaufpreis erst auf 75000 *M* dann auf 72000 *M*. Am 9. dess. Mts. gab Th. als Bevollmächtigter der Klägerin die notariell beurkundete Erklärung ab, daß die Klägerin den Antrag des Beklagten vom 21. April, bzw. vom 2. und 3. Juli annehme. Auf Grund dieser Vorgänge verlangte die Klägerin mit der vorliegenden Klage die Auflassung und Übergabe der Grundstücke des Beklagten gegen Zahlung von 72000 *M*. Die beiden Vorinstanzen erkannten auf Abweisung der Klage. Auf die Revision der Klägerin wurde das Berufungsurteil aufgehoben, und die Sache an das Oberlandesgericht zurückverwiesen aus folgenden

Gründen:

„Das Berufungsgericht hält den Kaufvertrag für nichtig und danach das Verlangen der Klägerin, daß die verkauften Grundstücke ihr aufgelassen und übergeben werden, für hinfällig, weil der Beklagte dem R., der ihn bei der notariellen Beurkundung des Vertragsantrags vertreten hat, nicht in der Form des § 313 BGB., sondern nur privatschriftlich Vollmacht erteilt habe. Dazu ist ausgeführt: durch das eingehaltene Verfahren habe die Klägerin, bevor es überhaupt zu einer Beurkundung gekommen sei, die Herrschaft sowohl über den Antrag wie über die Annahme in die Hand bekommen; sie habe einen ihrer drei Angestellten, die von dem Beklagten bevollmächtigt gewesen seien, an einem beliebigen Tage zum Notar beordern können, um dort den Antrag beurkunden zu lassen; ein solches Verfahren widerspreche dem Grundgedanken des § 313 und sei auch durch die Vorschrift des § 167 Abs. 2 BGB. nicht gerechtfertigt, da die letztere Vorschrift nur eine allgemeine Bestimmung enthalte, die zurücktreten müsse, sobald ihre Anwendung mit dem Grundgedanken eines Spezialgesetzes, hier des § 313, unvereinbar sei. Das Berufungsgericht sei ferner der Ansicht, daß seine Auffassung eine Stütze finde in dem Urteile des Reichsgerichts, Entsch. in Zivils. Bd. 50 S. 163, und daß das Urteil, Entsch. in Zivils. Bd. 62 S. 335, nicht entgegenstehe.

Diesen Ausführungen kann insoweit nicht beigetreten werden, als sie sich auf das gegenseitige Verhältnis der §§ 313 und 167 Abs. 2 BGB. beziehen. Die beiden Vorschriften stehen sich nicht als allgemeine Regel und Sonderbestimmung gegenüber. § 167 Abs. 2 hat vielmehr die Bedeutung, daß er, wie allgemein für die formbedürftigen Rechtsgeschäfte, so auch für das Gebiet des § 313 den Umfang des Formzwangs näher bestimmt, indem er das Hilfsgeschäft der Vollmacht ausdrücklich als nicht darunterfallend bezeichnet.

Im übrigen beruht die angefochtene Entscheidung auf Erwägungen, die sich nicht schlechthin durch den Hinweis auf die Formfreiheit der Vollmacht beseitigen lassen. Allerdings lag nach den Feststellungen des Berufungsgerichts der den Angestellten der Klägerin erteilten Vollmacht — anders als in dem in den Entsch. des RG.'s in Zivils. Bd. 50 S. 163 behandelten Falle — nicht ein sonstiges Rechtsverhältnis zugrunde; vielmehr war die Vollmacht abstrakt und darum auch als eine kraft Gesetzes widerrufliche erteilt. Daß eine Vollmacht dieser Art, auch wenn sie auf den Erwerb oder die Veräußerung von Grundeigentum gerichtet ist, keiner Form bedarf, ist in dem Urteile des RG.'s in Zivils. Bd. 62 S. 335 dargelegt, und daran ist grundsätzlich auch hier festzuhalten. Das schließt aber nicht aus, daß im Einzelfalle nur der äußeren Form nach eine abstrakte Vollmacht vorliegt, während in Wirklichkeit schon die Bevollmächtigung demselben Zwecke dienen soll und tatsächlich auch dient wie der Abschluß des Hauptgeschäfts. Würde etwa, was nach § 181 BGB., soweit die Vertretungsmacht in Betracht kommt, zulässig wäre, der Verkauf eines Grundstücks in der Weise vor sich gehen, daß der Eigentümer den Erwerber ermächtigt, als Vertreter des Verkäufers sich selbst den Vertragsantrag zu stellen, so würde, jedenfalls regelmäßig, anzunehmen sein, daß die dem Käufer erteilte Ermächtigung, wenn sie auch nach außen in der Gestalt einer abstrakten oder widerruflichen Vollmacht auftritt, nach dem gewollten und tatsächlich erreichten Erfolge nur die in eine andere rechtliche Form gekleidete Verkaufserklärung enthielte. Denn der Verkäufer hätte alles getan, was von seiner Seite zum Abschlusse des Vertrags erforderlich ist, und der andere Teil wäre in die Lage versetzt, ohne weitere Mitwirkung des Verkäufers oder eines zur Wahrung der Interessen desselben berufenen Dritten das Geschäft zum Abschlusse zu bringen. In einem solchen Falle könnte die an sich bestehende Formfreiheit der Vollmacht nicht dazu führen, daß der Kaufvertrag auf Grund der formlos erteilten Vollmacht wirksam zustande kommt. Dieses Ergebnis wäre mit dem Sinn und Zwecke des § 313 nicht vereinbar. Dasselbe kann aber auch zutreffen, wenn, wie hier, die Vollmacht nicht dem Käufer selbst, sondern einer dritten Person erteilt ist. Es besteht die Möglichkeit, daß nach der Absicht der Beteiligten der bevollmächtigte Dritte, wenn er auch nach außen aus eigener Entschließung als Vertreter im Willen für den Verkäufer zu handeln hat, doch nur nach den Weisungen des Käufers und als dessen willenloses Werkzeug tätig werden soll. Diese Art der Bevollmächtigung eines Dritten würde sachlich der dem Vertragsgegner selbst erteilten Vollmacht gleichstehen und wäre darum, was die Anwendbarkeit der Formvorschrift des § 313 betrifft, auch gleich zu beurteilen. Das Berufungsgericht ist deshalb von einem an sich richtigen Gesichtspunkt ausgegangen, indem es Gewicht darauf legt, daß die vom Beklagten bevollmächtigten Personen Angestellte der Klägerin und in deren Angelegenheiten von deren Anordnungen abhängig sind. Dies reicht aber allein noch nicht aus, um für das vorliegende Verhältnis die Annahme zu rechtfertigen, daß sie nur als willenlose Werkzeuge der Klägerin handeln sollten. Vielmehr bedarf es der Feststellung, ob der beiderseitige Parteiwille dahin gerichtet war, daß sie nur in solcher Weise tätig sein sollten." ...

---

49. Inwieweit haftet der Vormund für das Verschulden dritter Personen, deren er sich zur Erfüllung seiner Verbindlichkeit bedient? Beweislast, wenn vom Vormund Schadensersatz wegen Pflichtverletzung gefordert wird.

BGB. §§ 278. 1833.

IV. Zivilsenat. Urt. v. 1. Mai 1911 i. S. K. (Kl.) w. W. u. Gen. (Bekl.). Rep. IV. 413/10.

I. Landgericht Posen.
II. Oberlandesgericht daselbst.

Der vom Kläger gegen seine ehemaligen Vormünder erhobene Schadensersatzanspruch wegen nachlässiger Bewirtschaftung seines Landgutes Ch. wurde in beiden Vorinstanzen in der Hauptsache abgewiesen. Auch die Revision des Klägers wurde zurückgewiesen.

Aus den Gründen:

... „Soweit die vom Kläger gegen seine ehemaligen Vormünder erhobene Schadensersatzklage darauf gestützt ist, sie hätten auch das Verschulden der zur Fortführung der klägerischen Landwirtschaft angenommenen Hilfspersonen, insbesondere des von ihnen angestellten Gutsverwalters W. zu vertreten, haben beide Vorinstanzen die Anwendbarkeit des § 278 BGB. mit Recht verneint. Zwar ist § 278 nicht deshalb ausgeschlossen, weil es sich, wie der erste Richter unter Billigung des Berufungsrichters ausführt, mit Rücksicht auf den Amtscharakter der Vormundschaft im Verhältnis zwischen Mündel und Vormund nicht um private Verbindlichkeiten des letztern handeln könne. Denn das Gesetz macht bezüglich des Ursprungs der Verbindlichkeit — Vertrag oder Gesetz — keinen Unterschied (Entsch. des RG.'s in Zivils. Bd. 65 S. 117), und auch im Gebiete des Sachen-, Familien- und Erbrechts sind dem Rechte des Bürgerlichen Gesetzbuchs zahlreiche Verbindlichkeiten rein schuldrechtlichen Inhalts nicht fremd. Allein die dem Vormund als solchem obliegenden Verbindlichkeiten erschöpfen sich in der Sorge für die Person und das Vermögen des Mündels (BGB. §§ 1793, 1800), und, im Rahmen dieser Fürsorge, in der Beobachtung einer Anzahl von Einzelvorschriften (§§ 1802 flg.), die für sein rechtsgeschäftliches Tun und Lassen von Bedeutung sind. Die Erfüllung der sich hiernach für den Vormund ergebenden Verbindlichkeiten, die Wahrnehmung der eigentlichen „vormundschaftlichen Geschäfte" (wie sich § 1836 ausdrückt) darf er überhaupt nicht oder doch nur auf seine Gefahr Dritten übertragen. Es ist deshalb nur folgerichtig, ihn insoweit gemäß § 278 auch für Verschulden der Personen haften zu lassen, deren er sich zur Erfüllung eben dieser rein vormundschaftlichen Verbindlichkeiten bedient. Andrerseits ist der Vormund nicht verpflichtet, für den Mündel und an seiner Statt persönlich diejenigen wirtschaftlichen Verrichtungen auf sich zu nehmen, an deren Leistung der Mündel, z. B. infolge eingetretener geistiger Erkrankung, verhindert ist. Der Vormund wird vielmehr regelmäßig nicht umhin können, sich hierzu der Hilfe dritter Personen zu bedienen. In solchen Fällen wäre es eine in die Augen springende Unbilligkeit, wenn man ihn aus § 278 auch für deren Verschulden ohne weiteres haftbar machen wollte. Der Vormund genügt vielmehr der im Verkehr erforderlichen Sorgfalt (§ 276), wenn er den mit Fortführung des landwirtschaftlichen, gewerblichen oder kaufmännischen Betriebes des Mündels zu beauftragenden Dritten gewissenhaft auswählt, und es demnächst an seiner gewissenhaften Überwachung nicht fehlen läßt. Gegen diese Rechtsgrundsätze hat der Berufungsrichter nicht verstoßen.

Es ist ferner nicht rechtsirrtümlich, wenn er davon ausgeht, der Schadensersatz fordernde Mündel sei für den vollen Tatbestand des § 1833 Abs. 1 BGB., d. h. nicht bloß für den Eintritt des Schadens, sondern auch dafür beweispflichtig, daß dieser Schade auf eine Pflichtverletzung des Vormundes als Ursache zurückzuführen ist, und daß ihm hierbei ein Verschulden zur Last fällt (vgl. auch § 2219 Abs. 1). Schon die Fassung des Gesetzes („wenn . . zur Last fällt") läßt hierüber keinen Zweifel. Mag der Nachweis einer Pflichtverletzung vielfach zugleich auch den Nachweis schuldvollen Verhaltens erbringen, so ist es doch schon nach allgemeinen Rechtsgrundsätzen immer nur das Schuldmoment, was die Verantwortlichkeit des Handelnden oder Unterlassenden begründet. Es kann auch der in der Wissenschaft vertretenen Auffassung nicht beigestimmt werden, daß sich die Beweislast zu Gunsten des Geschädigten immer dann umkehre, wenn ihm der Schädiger zur Rechenschaftslegung verpflichtet sei. Von einer solchen Umkehrung mag gesprochen werden, wenn sich aus der Natur des betreffenden Rechtsverhältnisses ergibt, daß der für sein Handeln schadensersatzpflichtig Gemachte mit seiner Vertragsleistung zugleich eine gewisse Gewähr für deren Erfolg übernommen hat. Es ist aber nicht abzusehen, wie gerade das Hinzutreten der Rechnungspflicht zu dem sonstigen Vertragsinhalt von Bedeutung sein könnte für die Regelung der Beweislast, die sich grundsätzlich doch nur aus dem Inhalt des Rechtsverhältnisses heraus bestimmt." ...

50. Umfang der schädigenden Handlung im Sinne des § 828 Abs. 2 BGB.

VI. Zivilsenat. Urt. v. 1. Mai 1911 i. S. K. (Bekl.) w. M. u. Gen. (Kl.). Rep. VI. 102/10.

I. Landgericht Greifswald.
II. Oberlandesgericht Stettin.

Der achtjährige Kläger geriet beim Spielen mit anderen Knaben mit der Hand in die freiliegenden Kammräder einer Dreschmaschine; diese stand ungesichert gegen Gefahr auf dem nach der Straße offen gelegenen, von den Kindern mit Vorliebe als Spielplatz benutzten Hofraume des Beklagten. Das Berufungsgericht verurteilte den Beklagten aus § 823 BGB. zum Schadensersatze und verneinte ein Mitverschulden des verletzten Knaben nach § 254 BGB. Es hielt für bewiesen, daß er die zur Erkenntnis der Gefahr erforderliche Einsicht gemäß § 828 Abs. 2 BGB. nicht besessen habe; dazu erwog es, daß dem Knaben zwar das Betreten des Hofes verboten war, daß er aber auf die von ihm nicht erkannte Gefahr, an der Maschine zu spielen, nicht aufmerksam gemacht war.

Auf die Revision des Beklagten hat das Reichsgericht dieses Urteil teilweise aufgehoben, und die Klage zu einem Drittel abgewiesen, aus den folgenden

Gründen:

... „Allerdings besaß der Knabe nach der Feststellung des Berufungsgerichts nicht die zur Erkenntnis der Gefahr erforderliche Einsicht, als er an der Dreschmaschine spielte. Aber diese Tatsache reicht hier nicht aus, um ihn nach § 828 Abs. 2 BGB. vor Verantwortlichkeit zu schützen und seine Mitschuld nach § 254 BGB. zu verneinen.

Denn hinzu kommt hier ein Zweites. Dem Knaben war das Betreten des Hofes handgreiflich durch Schläge und tatsächlich durch Wegjagen von seiten des Beklagten unzweideutig und eindrucksvoll verboten worden. Wenn er den Hof des Beklagten trotzdem betrat, so handelte er objektiv widerrechtlich. Für den infolgedessen erlittenen Schaden ist er auch, da nach der Fassung des § 828 Abs. 2 jedes über sieben Jahre alte Kind als deliktsfähig gelten soll, verantwortlich, es sei denn, daß von ihm als der behauptungs- und beweispflichtigen Partei geltend gemacht und bewiesen wird, daß er bei dem verbotswidrigen Aufenthalt auf dem Hofe nicht die zur Erkenntnis der Verantwortlichkeit für die Verbotsverletzung erforderliche Einsicht besessen habe (Entsch. des RG.'s in Zivils. Bd. 61 S. 239, sowie Urteil vom 27. Juni 1910, Rep. VI. 534/09). In dieser Hinsicht sind aber irgend welche Behauptungen von ihm nicht aufgestellt, obwohl ... der Beklagte eingewendet hatte, dem Knaben sei gerade deshalb, weil er wiederholt und sogar unter Schlägen vom Hofe verjagt worden sei, genau bekannt gewesen, daß er sich mit den Maschinen nicht abgeben dürfe. Der Schade, den der Knabe infolge des verbotswidrigen Betretens der Hofes erlitten hat, fällt aber hier notwendig ursächlich mit dem Schaden zusammen, den er sich an der Dreschmaschine zugezogen hat. Die Verbotsübertretung führte den Knaben unmittelbar zur Maschine hin und verleitete ihn, daran zu spielen; wäre er dem Verbot gehorchend, gleichviel, ob er dessen Zweck, ihn von den Maschinen fern zu halten, erkannte oder nicht, vom Hofe weggeblieben, so wäre ihm die Maschine nicht zugänglich, und er ihrer Gefährlichkeit nicht ausgesetzt gewesen. Somit umfaßt, vom Standpunkte des ursächlichen Zusammenhangs aus betrachtet, die schädigende Handlung im Sinne des § 828 Abs. 2, durch die er schließlich bei dem Drehen an der Maschine zu Schaden kam, auch das verbotswidrige Betreten des Hofes. Rechtlich nicht unzutreffend bezeichnet die Revision von diesem Gesichtspunkt aus das verbotene Verweilen auf dem Hofe als ein wesentliches Tatbestandsmerkmal der den Knaben schädigenden Handlung." ...

51. Aufhebung des Berufungsurteils durch das Revisionsgericht unter Zurückverweisung der Sache. Darf das Berufungsgericht bei der erneuten Entscheidung wegen eines Gewohnheitsrechtes, das früher nicht zur Sprache gebracht war, von der rechtlichen Beurteilung des Revisionsgerichts abweichen?

ZPO. § 565 Abs. 2.

I. Zivilsenat. Urt. v. 3. Mai 1911 i. S. M. & Co. (Bekl. u. Widerkl.) w. K. (Kl. u. Widerbekl.). Rep. I. 75/10.

I. Landgericht I Berlin.
II. Kammergericht daselbst.

Die Parteien hatten im Kontokurrentverkehre miteinander gestanden und berechneten hieraus wechselseitig je ein Guthaben, das sie mit Klage und Widerklage verfolgten. Die Entscheidung hing davon ab, ob die Beklagte den Kläger mit dem Kaufpreise zweier Kuxe der Gewerkschaft „Schlüssel" belasten durfte. Das Landgericht hatte dies bejaht und zugunsten der Beklagten erkannt. Das Kammergericht hatte abgeändert, weil der Beklagte die Kuxe aus den Beständen eines gewissen L. genommen hatte, was er nach den Abreden bei Erteilung des Kaufauftrages nicht habe tun dürfen; den nach vier Tagen bewirkten anderweitigen Kauf aber brauche der Kläger als Ausführung seines Auftrages nicht gelten zu lassen.

Das Reichsgericht hatte dieses Urteil aufgehoben und die Sache an das Kammergericht zurückverwiesen (Rep. I. 386/07). Nach erneuerter Verhandlung erkannte das Kammergericht wieder ebenso. Die zweite Revision des Beklagten führte zur Wiederherstellung des Urteiles der ersten Instanz.

Gründe:

„Die Revision erhebt den in der Begründungsschrift rechtzeitig angekündigten Angriff, daß das angefochtene Urteil auf Verletzung des § 565 Abs. 2 ZPO. beruhe. Der Angriff ist berechtigt.

Das Urteil des Reichsgerichts vom 6. Mai 1908 hatte den Streit der Parteien in allen Punkten erledigt, bis auf die eine streitig gebliebene Tatsache, ob die Beklagte den Ersatzkauf vom 20. Juni 1900 durch Aufkauf auf dem offenen Markte bewirkt hatte. Dies ist jetzt vom Berufungsgericht auf Grund der von der Beklagten vorgelegten Urkunden für bewiesen erachtet worden: das Urteil stellt fest, daß die Beklagte am 20. Juni 1900 einen Kux der Gewerkschaft „Schlüssel“ von W. H. und einen von W. & Co. gekauft und beide in das Depot des Klägers gelegt hat. Die Entscheidungsgründe des ersten Revisionsurteils ergeben deutlich, daß das Reichsgericht den von der Beklagten aufrechnend und widerklagend verfolgten Anspruch für rechtlich begründet erachtet hat, falls diese damals noch streitige Tatfrage nach den Behauptungen der Beklagten zu beantworten sein würde. Diese rechtliche Beurteilung des Streitstoffes hatte das Berufungsgericht nach § 565 Abs. 2 ZPO. seiner neuen Entscheidung zugrunde zu legen, und es hätte daher nach dem mitgeteilten Beweisergebnisse nunmehr ohne weiteres die Berufung des Klägers zurückweisen müssen.

Diese Folgerung wäre nur dann nicht zu ziehen gewesen, wenn sich der zur Beurteilung stehende Sachverhalt durch neue Behauptungen der Parteien verändert haben sollte. Da § 529 ZPO., der die Parteien ermächtigt, in der Berufungsinstanz neue Tatsachen und Beweismittel vorzubringen, auch dann noch gilt, wenn ein Berufungsurteil aufgehoben und die Sache vom Revisionsgerichte zurückverwiesen worden ist, kann die tatsächliche Unterlage des Rechtsstreits bei der neuen Verhandlung eine andere werden, als sie dem Revisionsgerichte vorlag. Dies war z. B. der Fall in dem vom Kammergerichte angeführten Urteile in den Entsch. des RG.'s in Zivils. Bd. 40 S. 166. Daß für die Beurteilung neuer und anderer Tatsachen § 565 Abs. 2 nicht eingreift, ist selbstverständlich. Im vorliegenden Falle aber sind von keiner Partei neue Tatsachen vorgebracht; vielmehr ist der Streitstoff in tatsächlicher Hinsicht derselbe geblieben, der dem Reichsgerichte vorlag.

Nicht auf neue Tatsachen, sondern auf einen neuen, früher nicht angezogenen Rechtssatz stützt das Berufungsgericht sein jetziges Urteil. Der Kläger hat bei der erneuten Verhandlung geltend gemacht, im Kuxenhandel bestehe ein allgemeines Handelsgewohnheitsrecht, wonach der Auftrag eines Kunden zum Ankaufe von Kuxen nur für den Tag des Auftrags gelte und hinfällig werde, wenn der Bankier oder Kuxenhändler ihn nicht an diesem Tage ausführe. Das Berufungsgericht hat hierüber gutachtliche Äußerungen von zwei Kuxenhändlern und vom Vorstande der Essener Börse eingezogen und setzt in den

Gründen des jetzt angefochtenen Urteils auseinander, daß dies in der Tat Handelsgewohnheitsrecht sei. Deswegen folgt es der rechtlichen Beurteilung des Reichsgerichts nicht, sondern sieht den Ersatzankauf vom 20. Juni 1900, den das Reichsgericht als bindend für den Kläger erklärt hatte, als verspätet an.

Es kann unerörtert bleiben, ob die Folgerung, die das Berufungsgericht aus dem neu aufgestellten Rechtssatze auf den vorliegenden Fall zieht, zu billigen wäre, ob m. a. W. das gewohnheitsrechtliche alsbaldige Erlöschen des Kaufauftrages auch dann von Bedeutung ist, wenn es sich nur darum handelt, daß der Kommissionär die erste rechtzeitig, aber nicht genau nach dem Auftrage bewirkte Ausführung nach vier Tagen ohne Preiserhöhung durch eine verbesserte Ausführung ersetzt. Denn die Verwertung jenes Rechtssatzes war für die vom Berufungsgerichte zu treffende Entscheidung schon aus prozessualen Gründen unzulässig. Durch das Urteil des Reichsgerichts vom 6. Mai 1908 stand endgültig zwischen den Parteien fest, daß der Kläger den Ersatzankauf vom 20. Juni 1900, wenn er so bewirkt war, wie die Beklagte behauptete, als Ausführung seines Auftrages anzuerkennen habe. Sollte das Revisionsgericht bei dieser Entscheidung irgend einen Satz des geschriebenen oder des ungeschriebenen Rechts übersehen oder irrig angewandt haben, so kann das nichts daran ändern, daß diese rechtliche Beurteilung in dem Rechtsstreite für die Parteien, für das Berufungsgericht und für das Reichsgericht selbst maßgebend bleibt (vgl. Entsch. des RG.'s in Zivils. Bd. 58 S. 289, Bd. 74 S. 220.)"...

---

52. Wer ist als Aussteller einer Urkunde im Sinne des § 126 BGB. anzusehen? Rechtsgeschäftliche Erklärungen in einem von einem Dritten aufgenommenen, von dem Erklärenden mitunterzeichneten Protokoll. Zu § 177 FrGG.

VI. Zivilsenat. Urt. v. 4. Mai 1911 i. S. Z. u. Gen. (Bekl.) w. B. (Kl.). Rep. VI. 143/10.

I. Landgericht II Berlin.
II. Kammergericht daselbst.

Der Beklagte Z. war bis zum 13. April 1907 Geschäftsführer der Klägerin, einer Gesellschaft mit beschränkter Haftung. In der an diesem Tage abgehaltenen Gesellschafterversammlung wurde nach Inhalt des darüber von dem Bücherrevisor Sp. aufgenommenen Protokolls über einen bei der Kassenführung entstandenen Fehlbetrag verhandelt, und die Verpflichtungen des Beklagten der Klägerin gegenüber auf 7035,21 ℳ beziffert. In dem Protokoll hieß es dann weiter:

„Die Herren Direktor P. und L. verlangen, daß Herr Z. sofort erkläre, in welcher Weise er die Schuld decken wolle. Herr Z. erkennt an, daß er die volle Verantwortung für das Manko zu tragen habe und zur Bezahlung verpflichtet sei. Er bittet indessen, ihm Frist zu geben. Die Gesellschafter sind dazu bereit, wenn Herr Z. einen solventen Bürgen stellt. Herrn Z. wird eine Frist bis zum Montag Abend bewilligt. Bis zu diesem Zeitpunkt hat er Herrn Direktor P. einen Bürgschaftsschein zu überreichen."

Das Protokoll, das außer der Erklärung des Beklagten, daß er seinen Posten als Geschäftsführer niederlege, noch eine Reihe von Beschlüssen enthielt, war unterzeichnet von Sp. (mit der Bemerkung „für das Protokoll"), von einer Anzahl Gesellschafter und vom Beklagten.

Die Klägerin, die in dem Protokoll ein vom Beklagten formgerecht abgegebenes Schuldanerkenntnis erblickte, forderte die Zahlung eines Teilbetrags. Die Vorinstanzen haben nach dem Klagantrag erkannt. Die Revision des Beklagten ist zurückgewiesen worden.

Aus den Gründen:

„Das Berufungsgericht nimmt an, daß die Erklärungen des Beklagten in der Gesellschafterversammlung vom 13. April 1907 als ein abstraktes Schuldanerkenntnis aufzufassen seien. Die Umstände des Falles ergäben, daß er ein solches, und zwar des Inhalts habe abgeben wollen, daß er als Mindestbetrag seiner Schuld die Summe von 7035,21 ℳ anerkannt habe, die nach den bisherigen Feststellungen als Fehlbetrag ausgerechnet gewesen sei. Dies sei seine Meinung und die der Gesellschafter gewesen. Denn jener Fehlbetrag sei durch unordentliche Buchführung entstanden, an der der Beklagte nach Ansicht der Gesellschafter die Schuld getragen habe. Den Fehlbetrag in seinen einzelnen Posten nachzuweisen, sei der Klägerin bei der unordentlichen Buchführung schwer oder unmöglich gewesen. Es habe ihr daher daran gelegen, den Beklagten in Höhe des bisher festgestellten Fehlbetrags in einer Art zur Zahlung zu verpflichten, die ein Zurückgehen des Beklagten darauf, ob er denselben verschuldet habe, sowie einen Nachweis der einzelnen Posten erübrigte. Hierzu sei ein abstraktes Schuldanerkenntnis geeignet gewesen, und im Sinne eines solchen habe sie die Erklärung vom Beklagten verlangt. Das sei auch diesem klar gewesen, und in diesem Sinne habe er seine Erklärung abgegeben. Die Behauptung des Beklagten, er habe das Protokoll als Geschäftsführer, nicht aber um ein Anerkenntnis abzugeben, unterschrieben, sei deswegen unbeachtlich, weil es sich hier nur um die Form, das äußere Aussehen der Erklärung handele, und es dabei gleichgültig sei, aus welchem Grunde er die Schriftform gewählt habe.

Die Revision macht demgegenüber geltend, daß die zur Gültigkeit des Schuldanerkenntnisses erforderte schriftliche Erteilung dieser Erklärung durch die Urkunde vom 13. April 1907 nicht gewahrt sei. Das Gesetz erfordere die Unterzeichnung der Urkunde durch den Aussteller (BGB. § 126). Vorliegendenfalls sei Sp. der Aussteller, als derjenige, der das Protokoll geführt und unterzeichnet habe. Die Gegenzeichnung des Protokolls durch Gesellschafter und den Beklagten stelle lediglich das Einverständnis dieser Personen mit dem Inhalte des Protokolls fest, das nach der Schlußbemerkung vorgelesen und genehmigt worden sei. Durch eine solche Gegenzeichnung werde aber eine im Protokoll festgelegte Erklärung einer der genehmigenden Personen nicht zu einer schriftlichen Erklärung dieser Person....

Diese Ausführungen können der Revision nicht zum Erfolge verhelfen. Als Aussteller einer Urkunde im Sinne von § 126 Abs. 1 ist anzusehen, wer die in der von ihm unterschriebenen Urkunde enthaltene rechtsgeschäftliche Erklärung — sei es im eigenen Namen, sei es in Vertretung eines anderen — abgegeben hat, der „Urheber" einer Willenserklärung. Ein Protokoll braucht nun allerdings rechtsgeschäftliche Erklärungen des Unterzeichners oder einer der Unterzeichner überhaupt nicht zu enthalten; sein Inhalt und seine Bedeutung kann sich auf die historische Feststellung gewisser Vorgänge beschränken. Es ist aber nicht abzusehen, warum es nicht im einzelnen Falle auch rechtsgeschäftliche Erklärungen eines der Unterzeichner enthalten kann.

Das war nach den zutreffenden Ausführungen des Berufungsgerichts hier der Fall, denen noch hinzugefügt werden mag, daß nach Inhalt des Protokolls die vom Beklagten abgegebenen Erklärungen ihm ausdrücklich abverlangt worden waren. Durch die Unterzeichnung des Protokolls hat er auch diese Erklärungen unterschrieben; er gilt daher insoweit als Aussteller der Urkunde; die in § 781 BGB. geforderte Form des § 126 Abs. 1 BGB. ist mithin erfüllt. Die Tragweite und die Bedeutung der Unterschrift ergibt sich aus dem Texte; soweit darin rechtsgeschäftliche Erklärungen enthalten sind, werden sie auch durch die Namensunterschrift ihres Urhebers gedeckt, und es würde dessen Sache sein, darzulegen, daß die Unterschrift sich darauf nicht habe beziehen sollen. Das ist nicht geschehen. Die Behauptung des Beklagten, er habe die Urkunde nur in seiner Eigenschaft als Geschäftsführer unterschrieben, wird durch den Inhalt der Urkunde selbst widerlegt. Selbstverständlich bedurfte es, um sowohl eine rechtsgeschäftliche Verpflichtung zu übernehmen, als auch sein Einverständnis mit dem sonstigen Inhalte des Protokolls in seiner Eigenschaft als Geschäftsführers zu erklären, nicht der zweimaligen Unterzeichnung seines Namens.

Nicht zutreffend ist auch die Meinung der Revision, die Richtigkeit der von ihr vertretenen Auffassung ergebe sich aus § 126 Abs. 3 BGB., da nach § 177 Abs. 1 FrGG. bei gerichtlicher oder notarieller Beurkundung ein Protokoll aufgenommen werden müsse, das vorgelesen, von den Beteiligten genehmigt und von ihnen eigenhändig unterschrieben werden müsse, so daß, wenn die Ansicht des Berufungsgerichts richtig wäre, diese Form Schriftform sein, sie nicht aber ersetzen würde, wie es doch nach § 126 Abs. 3 der Fall sei. Dabei geht die Revision von der Annahme aus, daß diese Vorschrift lediglich eine nach den Formvorschriften des FrGG., insbesondere des § 177, vorzunehmende Beurkundung im Auge habe. Das ist jedoch nicht der Fall. Diese letztere Vorschrift bezieht sich nur auf die Beurkundung von Rechtsgeschäften, § 126 Abs. 3 dagegen auf gerichtliche und notarielle Beurkundungen jeder Art, auch auf solche, bei denen das aufgenommene Protokoll nicht unterschrieben zu werden braucht (vgl. das Urteil des erkennenden Senats in den Entsch. in Zivils. Bd. 64 S. 82flg), wie denn überhaupt auch auf solche, bei denen das Protokoll nicht einmal vorgelesen zu werden braucht. Weiter übersieht die Revision, daß eine gerichtliche oder notarielle Beurkundung nach den Vorschriften des FrGG. unter Umständen auch ohne eigenhändige Unterzeichnung eines Beteiligten, der die Erklärung abgegeben hat, erfolgen kann (§ 177 Abs. 2 das). Der Gesetzgeber hat eben bei § 126 Abs. 3 gerade die Fälle der gerichtlichen oder notariellen Beurkundung im Auge gehabt, bei der weder eigenhändige Namensunterschrift des Erklärenden, noch sein gerichtlich oder notariell beglaubigtes Handzeichen erfordert wird." ...

---

53. 1. Welche Bestimmtheit der Bezeichnung des Gläubigers ist nach § 766 BGB. in einer schriftlichen Verbürgungsurkunde erforderlich?
2. Nähere Bestimmung der Tragweite des § 774 Abs. 1 Satzes 2 BGB.

VI. Zivilsenat. Urt. v. 13. Februar 1911 i. S. A. K. Söhne u. Gen. (Bekl.) w. G. (Kl.). Rep. VI. 679/09.

I. Landgericht Schneidemühl.
II. Oberlandesgericht Posen.

Die verklagte offene Handelsgesellschaft A. K. Söhne hatte in den Jahren 1903 und 1904 dem Sohne des Klägers, dem Rittergutspächter W. G. in Z., einen Waren- und Wechselkredit gewährt, aus dem für sie Forderungen im Gesamtbetrage von etwa 18000 ℳ, darunter 11296,20 ℳ Wechselforderungen, entstanden waren. In einer als „Bürgschaft" bezeichneten Urkunde vom 8. April 1903 hatte der Kläger erklärt, daß er „demjenigen Kaufmann oder Kapitalisten oder derjenigen Firma", die seinem Sohne „einen laufenden Kredit von 9000 ℳ für zu entnehmende bare Darlehen oder Waren eröffne, für die daraus entstehenden Forderungen einschließlich der Zinsen bis zur Höhe von 9000 ℳ" die selbstschuldnerische Bürgschaft leiste. Er übergab das Schriftstück seinem Sohne, der es in seinem Auftrage an die Beklagte gegen deren Übernahme der Kreditverpflichtung aushändigte. Laut Quittung vom 21. Juli 1904 bezahlte der Kläger der Beklagten an dem genannten Tage die Bürgschaftssumme. Am 2./3. März 1904 hatte der Schuldner W. G. einen Brandschaden erlitten; die Versicherungssumme von 13241,30 ℳ wurde von der Feuerversicherungsgesellschaft, weil der Anspruch darauf für mehrere Gläubiger gepfändet war, hinterlegt. Im amtsgerichtlichen Verteilungsverfahren hatte die Beklagte 14428,91 ℳ an Forderungen angemeldet; sie wurde mit 10385,24 ℳ auf die Hinterlegungssumme angewiesen. Der Kläger verlangte hiervon einen Betrag von 9000 ℳ für sich, da die von ihm als Bürgen getilgte Forderung auf ihn übergegangen sei, und beantragte, die Beklagte zu verurteilen, darein zu willigen, daß der Betrag von 9000 ℳ nebst Zinsen seit dem 1. August 1904 an ihn ausgezahlt werde.

Das Landgericht entsprach mit einer Abweichung in der Fassung dem Antrage des Klägers in Höhe von 6903,78 ℳ; die Berufung der Beklagten wurde vom Oberlandesgerichte zurückgewiesen. Auf die Revision der Beklagten wurde das Berufungsurteil aufgehoben, und die Sache an das Berufungsgericht zurückverwiesen, aus folgenden

Gründen:

„Die Klage ist prozeßrechtlich als Hauptinterventionsklage nach § 64 ZPO. erhoben, materiellrechtlich auf den gesetzlichen Übergang einer Forderung auf den Bürgen, der den Gläubiger befriedigt hat, gemäß § 774 BGB. gestützt.

Das Berufungsgericht erblickt in der Bürgschaftserklärung vom 8. April 1903, auf die die Zahlung des Klägers vom 21. Juli 1904 geleistet sei, keine nach § 766 BGB. zum Zustandekommen des Bürgschaftsvertrages geeignete Urkunde, weil sie nicht nur keinen Gläubiger mit Namen bezeichne, sondern ihn auch vollständig unbestimmt lasse. Allein der Mangel der Form sei nach § 766 Satz 2 BGB. durch die Erfüllung der Hauptverbindlichkeit, die in genügender Bestimmtheit in der Urkunde bezeichnet sei, geheilt. Durch die Erfüllung sei die Bürgschaft nach Maßgabe des bei ihr kundgegebenen Willens hinsichtlich derjenigen Forderungen, die der Kläger habe tilgen wollen, rechtswirksam entstanden. Damit sei die getilgte Forderung auf den Kläger übergegangen, ohne daß es darauf ankomme, ob dem Bürgen das Wahlrecht der Befriedigung bei mehreren Schuldposten zustehe. Der Kläger habe nun gezahlt auf

Wechselforderungen, die im Teilungsplan vom 18. Juli 1908 berücksichtigt worden seien. Mit den Forderungen sei auch das für sie bestehende Pfandrecht auf den Kläger übergegangen, hier das Pfändungspfandrecht an der Feuerversicherungsforderung. Mit der Zahlung des Bürgen auf die damals eingeklagten Wechselforderungen habe sich die Beklagte auch einverstanden und zur Herausgabe der Wechsel bereit erklärt, wie sie denn auch noch nachher wegen der ihr daneben zustehenden Warenforderung von 7098,40 ℳ in vollem Betrage Versäumnisurteil erwirkt habe. Nach § 774 Abs. 1 Satz 2 BGB. dürfe infolge des Überganges der bezahlten Forderung auf den Bürgen der Gläubiger nicht ungünstiger gestellt werden, als wenn er vom Schuldner die Zahlung erhalten hätte, in welchem Falle sie mit allen Nebenrechten erloschen sein würde. Soweit aber dem Gläubiger wegen einer nicht gedeckten Forderung ein Pfandrecht zustehe, müsse dagegen das Pfandrecht des Bürgen zurücktreten. Nach diesen Grundsätzen und unter Berücksichtigung des § 366 Abs. 2 BGB., der anzuwenden sei, soweit der Bürge keine Bestimmung getroffen habe, sei die überall der Beklagten günstige Berechnung des ersten Urteils aufgestellt worden. Die Pfändung vom 12. Oktober 1908 (wegen der Warenforderung von 7098,40 ℳ) komme nicht in Betracht, da der Kläger das Pfandrecht durch die Zahlung vom 21. Juli 1904 bereits erworben gehabt habe; ebenso nicht die Pfändung vom 2. Januar 1905, da sie im Verteilungsverfahren ausgefallen sei.

Die Revision rügt die Verletzung des § 774 Satzes 2 BGB. Das Berufungsgericht beschränke zu Unrecht das Vorzugsrecht des Gläubigers auf die Wechselforderungen und ihre Pfandrechte; auch die Warenforderungen müßten berücksichtigt werden. Daß zur Zeit der Pfändung vom 12. Oktober 1908 der Kläger das Pfandrecht bereits erworben hatte, sei gleichgültig, da § 774 Satz 2 BGB. ihm verbiete, es zum Nachteile des Gläubigers, der Beklagten, geltend zu machen. Der Gläubiger könne danach auch durch eine spätere Pfändung das frühere Pfandrecht des Bürgen zurückdrängen.

Die Revision war für begründet zu erachten.

Nach § 774 Abs. 1 BGB. geht infolge der Befriedigung eines Gläubigers durch den Bürgen die Forderung des Gläubigers gegen den Hauptschuldner mit allen ihren Nebenrechten, mit Pfändern und

Befriedigungsrechten an andere Bürgen (§§ 412, 401 BGB.), auf den zahlenden Bürgen über, mit der Beschränkung jedoch, daß der Übergang vom Bürgen nicht zum Nachteile des Gläubigers geltend gemacht werden kann (vgl. §§ 268, 426, 1164, 1176, 1607, 1709 BGB.). Deshalb muß der Bürge, der nur einen Teilbetrag der durch die Bürgschaft gesicherten Schuld bezahlt hat, mit seinem auf ihn übergegangenen Rechte auf Befriedigung aus Pfändern, aus anderen Bürgschaften oder aus der Konkursmasse des Hauptschuldners hinter den ursprünglichen Gläubiger bis zu dessen vollen Befriedigung zurücktreten. Dies gilt sowohl, wenn der Bürge sich für die ganze Schuld verbürgt und mit der Zahlung des Teilbetrages auch seine Bürgschaftsverpflichtung nur zum Teil erfüllt hat, als auch wenn er nur bis zur Höhe seiner Zahlung für die an sich größere Schuld die Bürgschaftsverpflichtung übernommen, diese letztere also durch seine Leistung voll erfüllt hat. Auch in letzterem Falle ist für den Bürgen die ganze Forderung des Gläubigers eine Einheit; er steht für die ganze Schuld ein, aber nur mit einem Teilwerte. Aber Gläubiger kann man nur sein hinsichtlich einer bestimmten Forderung; nur die bestimmte Forderung auf der einen, die ihr entsprechende Verbindlichkeit auf der anderen Seite knüpfen das Band zwischen Gläubiger und Schuldner. Der Bürge darf also das Befriedigungsrecht des Gläubigers hinsichtlich der Forderung, auf welche seine Bürgschaft sich bezog, nicht verkümmern; auf andere Forderungen desselben Gläubigers gegen denselben Schuldner erstreckt sich das Vorrecht des Gläubigers nicht, und er wird im Sinne des § 774 Abs. 1 Satzes 2 BGB. durch die Geltendmachung des auf den bezahlenden Bürgen übergegangenen Forderungsrechtes nicht benachteiligt, wenn er dadurch lediglich an der Befriedigung anderer Forderungen gegen denselben Schuldner gehindert wird.

Von diesen rechtlichen Gesichtspunkten aus ist die Entscheidung des Berufungsgerichts gerechtfertigt, sofern deren Voraussetzung zutrifft, daß der Bürgschaftsvertrag zwischen den Parteien erst durch die Zahlung des Klägers auf Grund des § 766 Satzes 2 BGB. gültig geworden ist. Denn dann ist er nur insoweit gültig geworden, wie die Befriedigung reichte, und wenn der Kläger bei der Zahlung bestimmte Forderungen des Gläubigers gegen den Schuldner als diejenigen bezeichnete, die er als Bürge decken wolle, so fallen alle anderen Forderungen des Gläubigers außerhalb der Rechtsbeziehungen, die der Bürgschaftsvertrag zwischen dem Gläubiger und dem Bürgen schafft, und der Bürge kann durch den Gläubiger nicht an der Verfolgung der auf ihn übergegangenen Forderung deshalb gehindert werden, weil dieser selbst dadurch in der Befriedigung seiner anderen Forderungen gestört wird.

Wird aber für die Haftung des Klägers als Bürgen und ihren Inhalt die schriftliche Bürgschaftserklärung vom 8. April 1903 zugrunde gelegt und in ihr die nach § 766 BGB. gültige schriftliche Beurkundung des Bürgschaftsvertrages erblickt, dann stellt sich die Entscheidung des Berufungsgerichts nicht schlechthin als unabweisbar richtig dar. Denn die in der Urkunde niedergelegte Bürgschaftserklärung, laut welcher der Kläger bis zur Höhe von 9000 ℳ selbstschuldnerische Bürgschaft für die Forderungen übernommen hat, die dem zu suchenden Gläubiger aus Darlehen und Warenlieferungen infolge eines dem Schuldner W. G. zu eröffnenden laufenden Kredites von 9000 ℳ entstehen werden, läßt eine doppelte Auslegung zu. Es fragt sich, ob nur die Bürgschaftsverpflichtung auf 9000 ℳ beschränkt werden sollte, während der Kredit in Darlehen und Warenlieferungen, obwohl dem Wortlaute nach auch für ihn die Höhe von 9000 ℳ festgesetzt ist, dennoch in Wahrheit nicht nach oben beschränkt, sondern nur nach unten in seinem Mindestbetrage bestimmt werden sollte — eine Auslegung, die nach der Sachlage an sich als die natürliche erscheint —, oder ob die Kreditforderungen des Gläubigers selbst immer nur 9000 ℳ betragen und diese Summe nicht übersteigen durften. Im letzteren Falle würde der Kreis der durch die Bürgschaft gesicherten Forderungen eingeengt sein auf die jeweils bis zur Höhe von 9000 ℳ dem Gläubiger gegen den Schuldner erwachsenen Forderungen. Hat der Gläubiger dem Schuldner einen höheren Kredit gewährt, so kommen insoweit seine Forderungen für den Bürgen als der durch den Bürgschaftsvertrag gesicherte Schuldgegenstand gar nicht in Betracht; der Gläubiger ist insoweit Gläubiger desselben Schuldners, aber nicht derselben Forderung. Den Vertrags- und Bürgschaftsgegenstand bestimmen in diesem Falle die Forderungen des Gläubigers aus Darlehen und Warenlieferungen in zeitlicher Reihenfolge, und wegen anderer als dieser Forderungen würde der Gläubiger auf Grund des § 774 Abs. 1 Satzes 2 BGB. einen

Vorzug vor dem Bürgen, der die auf ihn durch Zahlung übergegangenen Forderungen geltend macht, nicht beanspruchen können. War aber nur die Bürgschaftsverpflichtung nach oben beschränkt, nicht auch das Kreditverhältnis, dem sie zugute kommen sollte, dann bildet die Gesamtheit der aus Darlehen und Warenlieferungen in diesem Kreditverhältnis bis zu dem in der Urkunde genannten Termin oder bis zu einer vorzeitigen Lösung des Kreditverhältnisses dem Gläubiger erwachsenen Forderungen die einheitliche Schuld, für die in einem Teilwerte der Bürge haftet. Mag alsdann auch der Bürge bei der Zahlung diejenigen Einzelforderungen bezeichnet haben, die er decken wolle, und mag sich der Gläubiger damit einverstanden erklärt haben: dann sind gerade diese einzelnen Forderungen auf Grund des § 774 Abs. 1 Satzes 1 BGB. auf ihn übergegangen; aber er muß nach Satz 2 desselben Paragraphen mit ihrer Geltendmachung gegenüber dem Hauptschuldner zurücktreten, bis der Gläubiger auch wegen der anderen aus demselben Kreditverhältnis nicht stammenden und Gegenstand der Bürgschaftsverpflichtung gewordenen Forderungen, soweit sie aus Darlehen und Warenforderungen entstanden sind, befriedigt worden ist.

Dem Berufungsgericht war nun aber nicht darin beizutreten, daß die Bürgschaftserklärung in der Urkunde vom 8. April 1903 mangels Erfüllung der in § 766 BGB. vorgeschriebenen Form für ungültig zu erachten sei. Es ist richtig, daß die schriftliche Erklärung nach § 766 BGB. den Gläubiger der Person nach in erkennbarer Weise bezeichnen muß; aber der Gläubiger kann aus der Bezeichnung der Schuld, wie umgekehrt die Schuld, die ebenfalls aus der Urkunde ersichtlich hervorgehen muß, aus der Bezeichnung des Gläubigers erkannt werden. In dem Urteil des erkennenden Senats vom 12. Februar 1906 (Entsch. in Zivilf. Bd. 62 S. 379) ist S. 383 der Fall erörtert, daß die Hauptschuld in der Urkunde hinlänglich deutlich bezeichnet ist, die Person des Gläubigers zwar nicht bezeichnet ist, aber zwischen den Beteiligten feststeht, und dies für genügend erachtet worden. Auch im gegebenen Falle ist nach dem Tatbestande des Urteils der ersten Instanz, wie nach demjenigen des Berufungsurteils vom Kläger behauptet worden, daß der Kläger und sein Sohn darüber einig waren, daß die Beklagte zu 1 Gläubigerin werden solle, und daraufhin sei auch die Urkunde der letzteren übergeben worden. Die Schuld selbst kann bei einer Kreditbürgschaft genauer kaum bezeichnet werden, als es hier geschehen ist. Schon vor der angezogenen Entscheidung war vom erkennenden Senate ausgesprochen worden (Entsch. Bd. 57 S. 66; nachmals ebenso in den Urteilen vom 21. Mai 1906, Rep. VI. 362/05, und vom 2. Juli 1906, Rep. 566/05), daß die Bürgschaftserklärung in der Weise erteilt werden kann, daß der Schuldner mit der vom Bürgen ihm übergebenen Urkunde, die den Namen des Gläubigers nicht enthält, den Gläubiger erst sucht und diesem alsdann die von ihm mit dessen Namen ausgefüllte Urkunde aushändigt. In der Sache Rep. VI. 362/05 war in der Urkunde nur der Kreditvermittler bezeichnet, durch den die Urkunde ohne Ausfüllung eines Gläubigernamens dem Gläubiger ausgehändigt wurde; letzterer wurde in der Art kundgemacht, daß über den Text der Urkunde die Adresse des Gläubigers: „An die Firma X", gesetzt wurde, und das Urteil spricht sich dahin aus, daß der letztere Zusatz zur Gültigkeit der Urkunde nicht einmal erforderlich gewesen sein würde. Eine genügende Bezeichnung der Person des Gläubigers, so wird hier ausgeführt, sei insbesondere wenn es sich um eine Verbindlichkeit des Hauptschuldners handelt, deren künftige Entstehung erwartet wird, in der Weise möglich, daß die Umstände, durch deren Eintritt diese künftige Verbindlichkeit entstehen soll, in zureichender Weise in der Urkunde gekennzeichnet werden, und der Formvorschrift des § 766 BGB. sei genügt, wenn dies geschehen, und in der Urkunde zum Ausdrucke gebracht sei, daß die darin enthaltene Bürgschaftserklärung gegenüber derjenigen Person abgegeben werde, welche durch den Eintritt jener Umstände Gläubiger des Hauptschuldners werden würde. An diesen Sätzen hält der Senat auch im gegenwärtigen Falle fest; ihre Anwendung ergibt, daß die Gültigkeit der Bürgschaftsurkunde vom 8. April 1903 aus dem Gesichtspunkte der Formvorschrift des § 766 BGB. nicht zu beanstanden ist.

War aber der Bürgschaftsvertrag bereits in seiner ursprünglichen Form gültig, und ist er nicht erst durch die Erfüllung und in deren Grenzen nach § 766 Satz 2 BGB. gültig geworden, wie das Berufungsgericht annimmt, so bedarf es für die Entscheidung der Sache der Auslegung und inhaltlichen Feststellung des Sinnes der Bürgschaftserklärung nach der oben gekennzeichneten Richtung, der Feststellung mithin, ob nur die Bürgschaft, oder auch die Kreditschuld, für die sie bestellt wurde, auf den Höchstbetrag von 9000 ℳ durch den Bürgschaftsvertrag beschränkt werden sollte." ...

---

54. Handlungsvollmacht. Was ist unter der „besonderen Erteilung" der Befugnis zur Eingehung von Wechselverbindlichkeiten im Sinne des § 54 Abs. 2 HGB. zu verstehen?

I. Zivilsenat. Urt. v. 1. April 1911 i. S. Volksbank, e. G. m. b. H. (Kl.) w. Altonaer Handelshof, G. m. b. H. (Bekl.). Rep. I. 60/10.

I. Landgericht Hamburg.
II. Oberlandesgericht daselbst.

Der Klage lagen Wechsel zugrunde, die auf die Beklagte gezogen und in ihrem Namen von R. auf Grund einer schriftlichen Generalvollmacht akzeptiert waren, die ihm der Geschäftsführer der verklagten Gesellschaft erteilt hatte. Die Parteien stritten darüber, ob R. auf Grund dieser Vollmacht zur Eingehung von Wechselverbindlichkeiten ermächtigt gewesen sei.

Das Landgericht nahm dies an und verurteilte nach dem Klagantrage. Das Oberlandesgericht verneinte die Frage und wies die Klage ab. Das Reichsgericht hat das Urteil der ersten Instanz wieder hergestellt.

Gründe:

... „Allerdings würde die Erteilung einer Generalvollmacht nicht ohne weiteres genügen, um einen Handlungsbevollmächtigten zur Zeichnung von Wechseln für den Prinzipal zu ermächtigten. Schon bei der Beratung des alten Handelsgesetzbuchs wurde der vom Prinzipal zum Betriebe seines ganzen Handelsgewerbes bestellte Bevollmächtigte als „Generalbevollmächtigter" bezeichnet (Lutz, Prot. III S. 956). Es wurde aber gerade auch für diesen Fall beschlossen, daß sich die Vollmacht nicht ohne weiteres auf das Eingehen von Wechselverbindlichkeiten, auf die Aufnahme von Darlehen und auf die Prozeßführung erstrecken solle. Vielmehr müsse eine solche Befugnis „besonders" erteilt werden. Das Gleiche ist jetzt in § 54 Abs. 2

HGB. auch für die Befugnis zur Veräußerung und Belastung von Grundstücken ausdrücklich ausgesprochen. Das Gesetz trägt der Möglichkeit Rechnung, daß sich der Prinzipal, der eine Generalhandlungsvollmacht erteilt, der Erstreckung auf Eingehung von Wechselverbindlichkeiten und dergl. nicht bewußt ist, was besonders für Minderkaufleute nicht selten zutreffen wird (vgl. Lehmann, Lehrb. des Handelsr. S. 224), und will daher eine soweit gehende Befugnis nur gelten lassen, wenn erhellt, daß sie mit Bewußtsein erteilt ist. Daraus ist aber nicht etwa zu entnehmen, daß die betreffende Vollmacht mit ausdrücklichen Worten erteilt werden müßte; vielmehr kann sich der darauf gerichtete Wille des Prinzipals auch aus schlüssigen Handlungen, insbesondere auch aus dem Gesamtinhalte einer schriftlichen Vollmacht, welche die fragliche Befugnis nicht ausdrücklich erwähnt, ergeben. Der erkennende Senat hat bereits ausgesprochen, daß die Ermächtigung zur Eingehung von Wechselverbindlichkeiten stillschweigend dadurch erteilt werde, daß der Prinzipal wissentlich längere Zeit hindurch die Wechselzeichnung des Bevollmächtigten unbeanstandet geschehen läßt (Urteil vom 23. Oktober 1901, Jur. Wochenschrift S. 814 Nr. 27).

Im gegenwärtigen Falle liegt eine Generalvollmacht vor, in der der Bevollmächtigte K. nicht lediglich zum Betriebe des gesamten Gewerbes der Beklagten — die gemäß § 13 Ges. betr. die Ges. m. b. H. und § 6 HGB. als Kaufmann zu behandeln ist — ermächtigt wird, sondern worin ihm ausdrücklich weiter gehende Befugnisse, insbesondere zur Prozeßführung und zur Veräußerung und Belastung von Grundstücken, erteilt werden, und schließlich erklärt wird, er solle befugt sein, „überhaupt alle Rechtshandlungen ohne Ausnahme" für die Beklagte vorzunehmen. Da sowohl Auftraggeber, wie Beauftragter inhalts der Vollmacht Kaufleute sind, so muß diese Schlußklausel dahin ausgelegt werden, daß dem Bevollmächtigten auch die Befugnis zur Eingehung von Wechselverbindlichkeiten eingeräumt werden sollte, denn es würde den Erfahrungen des Lebens widersprechen, anzunehmen, daß sich ein Kaufmann, wenn er von „allen Rechtshandlungen ohne Ausnahme" spricht, nicht bewußt sein sollte, daß darin die im kaufmännischen Verkehre eine so wichtige Rolle spielenden Wechselerklärungen inbegriffen sind. Es handelt sich hierbei nicht um eine tatsächliche Feststellung, sondern um eine Rechtsfrage. Denn es kommt nicht darauf an, ob sich der Aussteller der Vollmacht tatsächlich dieser Bedeutung seiner Erklärung bewußt gewesen ist, sondern ob ihr diese Bedeutung nach der für den Verkehr maßgebenden Auffassung beizulegen ist." . . .

---

55. 1. Kann die Satzung eines auf Grund des preußischen Allgem. Berggesetzes gebildeten Knappschaftsvereins den Übergang der einem Vereinsmitgliede nach §§ 823, 843 BGB. gegen einen Dritten zustehenden Schadensersatzansprüche auf den Knappschaftsverein rechtswirksam bestimmen? Inwieweit kann sie das Mitglied zur Abtretung solcher Ansprüche an den Knappschaftsverein verpflichten?

BGB. § 400.

ZPO. § 850 Abs. 3.

2. Freie Schätzung eines Schadens nach § 287 ZPO.

VI. Zivilsenat. Urt. v. 6. April 1911 i. S. Oberschles. Knappschaftsverein (Kl.) w. Landgem. L. u. Gen. (Bekl.). Rep. VI. 202/10.

I. Landgericht Beuthen O/S.
II. Oberlandesgericht Breslau.

Am 14. September 1906 wurde der Grubenhäuer B. H., als er sich in einer der Beklagten zu 1 gehörigen öffentlichen Bedürfnisanstalt auf dem Wochenmarktplatz in L. befand, durch eine Explosion im Gesicht, am Kopf und am Oberkörper stark verbrannt. Er wurde als Mitglied des Oberschlesischen Knappschaftsvereins im Knappschaftslazarett in L. behandelt und verpflegt und demnächst am 25. April 1907 geheilt, aber als Invalide entlassen. Gestützt auf Bestimmungen seines Statutes, wonach die Schadensersatzansprüche des Verletzten gegen Dritte in Höhe der Knappschaftsleistungen auf den Knappschaftsverein übergehen sollen, sowie auf eine vom Verletzten am 27. Februar 1908 erfolgte schriftliche Abtretung seiner Ansprüche gegen die Beklagten erhob der Knappschaftsverein gegen die letzteren Klage auf Zahlung von 963,20 ℳ, sowie einer Monatsrente von 12,70 ℳ vom 26. April 1907 ab auf so lange, als H. eine gleiche Rente von der Knappschaft beziehe, indem er gleichzeitig behauptete, daß die Beklagten den Unfall durch Fahrlässigkeit verursacht hätten.

Das Landgericht wies die Klage ab. Die Berufung des Klägers, mit der er in Abänderung des früheren Klagantrags die Verurteilung der Beklagten zur Zahlung von 963,20 ℳ Heilungs- und Krankenpflegekosten, sowie 408,52 ℳ Invalidenpension für die Zeit vom 26. April 1907 bis zum 1. Januar 1910, und weiter die Feststellung verlangte, daß die Beklagten verpflichtet seien, ihm die Beträge zu erstatten, die er dem H. als Invalidenpension statutenmäßig vom 1. Januar 1910 an zahlen würde, wurde vom Oberlandesgericht zurückgewiesen. Die Revision des Klägers hatte nur hinsichtlich der Heilungs- und Krankenpflegekosten Erfolg.

Aus den Gründen:

„Das Landgericht hat das Klagerecht (Aktivlegitimation) des Klägers angenommen, ist aber zur Abweisung der Klage gelangt, weil ein Verschulden der Beklagten nicht dargetan sei. Das Oberlandesgericht verneint dagegen die Klageberechtigung des Klägers überhaupt.

Der klagende Verein stütze, führt das Berufungsgericht aus, seinen Anspruch zunächst auf § 95 seines Statutes vom 12. Dezember 1899, das den Übergang der Schadensersatzansprüche eines vom Kläger unterstützten Mitgliedes gegen Dritte wegen einer erlittenen Verletzung an den Verein ausspricht. Den Knappschaften komme Satzungsfreiheit nur in den durch das preuß. Berggesetz gezogenen Schranken zu (§ 169); das Berggesetz bestimme aber einen solchen Übergang nicht, und die Reichsgesetzgebung ergebe die Unzulässigkeit der statutarischen Vorschrift. Denn gerade § 57 des Krankenversicherungsgesetzes und § 54 des Invalidenversicherungsgesetzes fänden auf die Knappschaftsvereine keine Anwendung. Kraft Statutes sei also der Schadensersatzanspruch des H. gegen die Urheber der Verletzung auf den Kläger nicht übergegangen. Das sei auch nicht durch die Abtretungserklärung geschehen, da diese der Vorschrift des § 400 BGB. und des § 850 Abs. 3 ZPO. widerspreche. Denn die Ansprüche des Verletzten gegen die Beklagten stützten sich auf § 843 BGB. und seien in den Grenzen des § 850 Abs. 3 ZPO. nicht pfändbar, mithin auch nicht übertragbar. Übertragbar würden nur die Ansprüche auf Ersatz der Kur-, Heilungs- und Pflegekosten sein, soweit diese notwendig aufzuwenden waren; nach dieser Richtung habe der Kläger seinen Anspruch trotz richterlicher Anregung nicht begründet; er mache allein die statutenmäßige Leistung geltend.

Die Revision findet durch die Entscheidung des Berufungsgerichts die Bestimmungen der §§ 169 des preuß. Bergges., 57 Abs. 4 des Krankenversicherungsgesetzes, 54, 166 des Invalidenversicherungsgesetzes, sowie des § 850 ZPO. und des § 400 BGB. verletzt. Die Bestimmung des § 95 des Statutes sowohl wie die Abtretung seien gültig.

Der Revision war insoweit stattzugeben, als der Kläger auf Grund der ihm erklärten rechtsgeschäftlichen Übertragung der Ansprüche des H. die Zahlung von 963,20 *M* an Heilungs- und Krankenpflegekosten von den Beklagten fordert; im übrigen war sie als unbegründet zurückzuweisen.

Der klagende Knappschaftsverein erhebt seine Ansprüche in erster Linie auf Grund des § 95 seines vom Königl. preuß. Oberbergamt zu Breslau bestätigten und am 1. Januar 1900 in Kraft getretenen Statutes vom 12. Dezember 1899. Dieser bestimmt in Abs. 1:

„Ist die Krankheit oder Verletzung eines Mitgliedes, infolge deren es zum Bezuge von Leistungen des Vereins berechtigt wird, durch die Schuld eines Dritten veranlaßt, so gehen die Ersatzansprüche jenes Mitgliedes gegen den Dritten bis zur Höhe der Leistungen der Knappschaftskasse auf den Knappschaftsverein über."

Und Abs. 2 fügt hinzu:

„Das beschädigte Vereinsmitglied ist auf Verlangen des Vorstandes verpflichtet, seine etwaigen Ersatzansprüche bis zu der in Abs. 1 genannten Höhe an den Verein förmlich abzutreten, es sei denn, daß es auf den Bezug der knappschaftlichen Leistungen verzichtet und die etwa bezogenen Leistungen erstattet."

Das Verhältnis beider Absätze zueinander kann zweifelhaft sein. Die natürliche, mit dem Wortlaute gegebene Auslegung wird in Abs. 1 die Festsetzung eines Überganges der darin bezeichneten Rechtsansprüche von Gesetzes wegen erblicken, mit allen Wirkungen der Übertragung von Rechten auch nach außen, wie er in den Arbeiterversicherungsgesetzen des Reiches sowie den Beamtenfürsorgegesetzen des Reiches und Preußens vorgesehen ist. Eine Übertragung der Ansprüche durch Rechtsgeschäft, wie sie Abs. 2 vorsieht, ist dann an sich überflüssig und erklärt sich wohl nur aus einem, wie sich ergeben wird, berechtigten Zweifel heraus, ob das Statut eines Knappschaftsvereins imstande sei, einen solchen Übergang herbeizuführen. Es ist aber auch die Auslegung des Abs. 1 möglich, daß im Verhältnisse des beschädigten Vereinsmitgliedes zum Knappschaftsverein, ohne Wirkung nach außen, der Übergang stattfinden soll. In diesem Falle enthält Abs. 2 nur die Durchführung des in Abs. 1 aufgestellten Grundsatzes. Für beide Fälle ist indessen dem Berufungsgerichte darin zuzustimmen, daß der Bestimmung in § 95 Abs. 1 des Statutes Rechtsgültigkeit nicht zukommt.

Die Knappschaftsvereine sind eine Rechtseinrichtung des Bergrechts, dessen Regelung durch Art. 67 EinfGes. zum BGB. der Landesgesetzgebung vorbehalten ist. Das hier vorliegende Statut ist erlassen auf Grund des preußischen Allgemeinen Berggesetzes vom 24. Juni 1865, das in seinem 7. Titel die Knappschaftsvereine und ihre Organisation behandelt und insbesondere in § 169 die Aufstellung von Statuten der Knappschaftsvereine und deren Bestätigung durch das Oberbergamt vorsieht. Nach dem Gesetze sind die Knappschaftsvereine als Körperschaften des öffentlichen Rechts anzusehen, und ihre bestätigten Statuten haben den Charakter objektiver Rechtsnormen; sie sind Gesetze im Sinne des § 12 EinfGes. zur ZPO. (vgl. Entsch. des RG.'s in Zivils. Bd. 38 S. 240, Bd. 66 S. 433, Bd. 70 S. 288; Jur. Wochenschr. 1910 S. 984 Nr. 5). Ihre formelle Rechtsgültigkeit erhalten sie durch die Bestätigung des Oberbergamtes, die indessen, wie das Berufungsgericht mit Recht annimmt, nicht die Kraft haben kann, materiell unverbindlichen Bestimmungen der Satzungen Rechtswirksamkeit zu verleihen.

Die materielle Rechtsgültigkeit der Bestimmungen des Statuts ist in § 169 des Berggesetzes an die Voraussetzungen geknüpft, daß sie „mit dem Gesetz in Übereinstimmung“ stehen und sich im Einklange „mit dem gesetzlichen Zwecke des Knappschaftsvereins“ befinden. Darüber hinaus gilt für die Statuten eines Knappschaftsvereins die allgemeine Beschränkung, die der Landesgesetzgebung, in der sie ihre gesetzliche Grundlage finden, durch das Reichsrecht gesetzt ist. Die Landesgesetzgebung ist nach Art. 3 EinfGes. zum BGB. befugt, auf den ihr in Gemäßheit der Artt. 55 flg. vorbehaltenen Rechtsgebieten neue Bestimmungen zu treffen, und sie kann insoweit auch die allgemeinen wie die besonderen Vorschriften des Reichsrechts ändern und von ihnen abweichen (vgl. Mot. zu Art. 53 des Entw. des EinfGes. zum BGB.). Die für die Landesgesetzgebung aufgestellten Vorbehalte haben dagegen nicht die Kraft, reichsgesetzliche Normen zu durchbrechen; in die Bestimmungen der Reichsgesetze, die für die Entstehung, das Erlöschen, die Übertragung und Übertragbarkeit der auf dem Reichsrecht beruhenden Rechte und Ansprüche erlassen sind, darf von der Landesgesetzgebung, und deshalb auch durch eigenrechtliche Statuten der innerhalb der Landesgesetzgebung bestehenden autonomen Körperschaften nicht eingegriffen werden.

Es kann nun dahingestellt bleiben, ob nicht schon das Berggesetz einer Bestimmung, wie sie der mehrbezogene § 95 Abs. 1 enthält, die Aufnahme in die Statuten der Knappschaftsvereine versagt, indem es in den für diese gegebenen Normativbestimmungen der §§ 165 flg. einen gesetzlichen Übergang irgend welcher Entschädigungsansprüche durch verantwortliche Handlungen dritter Personen verletzter Vereinsmitglieder gegen diese Dritten auf den Knappschaftsverein im Umfange seiner Leistungen nicht ausspricht und nicht aussprechen will. Jedenfalls steht der Zulässigkeit der in Abs. 1, teilweise auch der in Abs. 2 getroffenen Bestimmung des § 95 des Statutes des klagenden Vereins die Reichsgesetzgebung entgegen.

Dies ist in doppelter Richtung der Fall. Einmal sind durch § 850 Abs. 1 Nr. 2 und Abs. 3 ZPO, sowie durch § 7 des Haftpflichtgesetzes die Rentenansprüche wegen körperlicher Verletzungen aus § 844 BGB. und aus § 3 Abs. 2 des Haftpflichtgesetzes ganz, und die Rentenansprüche aus § 843 BGB. und aus § 30 des Haftpflichtgesetzes bis zum Betrage von 1500 *M* der Pfändbarkeit entzogen, und dies hat nach § 400 BGB. die weitere Folge, daß sie auch der rechtsgeschäftlichen Übertragung nicht unterliegen. Diese aus sozialpolitischen Gründen aufgestellten zwingenden Normen können auch nicht in der Weise durch landesgesetzliche Vorschriften durchbrochen und aufgehoben werden, daß ein Übergang der der Abtretung entzogenen Ansprüche von Gesetzes wegen festgesetzt wird. Mag auch der gesetzgeberische Gedanke, der diesem Pfändungs- und Übertragungsverbote zugrunde liegt, nicht im vollen Maße auf eine solche Übertragung auf die Knappschaftsvereine zutreffen, da deren Leistungen anstatt der übergehenden oder zu übertragenden dem Anspruchsberechtigten zugute kommen, so kann doch die Anwendung eines Gesetzes nicht von der Prüfung abhängig sein, ob im Einzelfalle die Gefahren, zu deren Abwendung es erlassen ist, vorliegen oder nicht, einer Prüfung, die alsdann auch bei jeder anderen rechtsgeschäftlichen Übertragung angestellt werden müßte. Von diesem Gesichtspunkte aus ist die Reichsgesetzgebung ein Hindernis für die Rechtsgültigkeit sowohl des Abs. 1 des § 95 des in Rede stehenden Statutes des klagenden Vereins, wie auch für die des Abs. 2, soweit für den Übergang oder die Übertragung der Schadensersatzansprüche des verletzten Vereinsmitgliedes die Rentenansprüche aus den §§ 843, 844 BGB. oder aus den §§ 3, 3a des Haftpflichtgesetzes in Betracht kommen.

Das zweite Hindernis, das allein den Abs. 1 des § 95 des Statutes betrifft, bilden die Arbeiterversicherungsgesetze des Reichs. Die Knappschaftsvereine sind ihrem Zwecke nach Krankenkassen und Pensionskassen für die Mitglieder (§ 171 des preuß. Berggesetzes in der ursprünglichen, § 168 in der Fassung des Gesetzes vom 19. Juni 1906); sie decken sich diesen Zwecken nach ganz oder teilweise mit den durch das Reichskrankenversicherungsgesetz vom 15. Juni 1880 — mit den abändernden Gesetzen vom 10. April 1892 und vom 25. Mai 1903 — und durch das Invalidenversicherungsgesetz vom 13. Juli 1899 geschaffenen Versicherungseinrichtungen für die Arbeiter. Eine vollständige Gleichheit des Zweckes besteht, soweit die Knappschaften Krankenversicherungsanstalten für ihre Mitglieder sind, während für die Invalidenversicherung die Zwecke und Leistungen der reichsgesetzlichen Invalidenversicherungsanstalten über die der Knappschaftsvereine im allgemeinen hinausreichen. Dementsprechend sind auch die Knappschaftskassen als K r a n k e n k a s s e n durch § 74 des Krankenversicherungsgesetzes in die Krankenversicherungsanstalten des Reichsgesetzes derart eingereiht, daß für ihre Mitglieder die Versicherungspflicht dieses Gesetzes wegfällt, und eine Reihe seiner Bestimmungen auf die Knappschaftskassen für anwendbar erklärt werden. Ebenso ist in § 166 des Invalidenversicherungsgesetzes ausgesprochen, daß als Krankenkassen im Sinne dieses Gesetzes auch die Knappschaftskassen gelten. Die Meinung des Berufungsgerichts, daß § 166 des

Invalidenversicherungsgesetzes sich nur auf diejenigen Knappschaftsvereine beziehe, welche gemäß § 10 des Gesetzes durch den Bundesrat als Invalidenversicherungsanstalten zugelassen seien, ist nicht zutreffend. Die Bestimmung des § 166 bezieht sich auf alle Knappschaftskassen, aber nur soweit sie als Krankenkassen in Betracht kommen; für die mannigfachen Berührungen, in die nach dem Gesetze die Invalidenversicherungsanstalten mit den Krankenversicherungsanstalten treten (so nach den §§ 18—20, 31, 34 Abs. 2 Nr. 4, 62), sind den letzteren gemäß § 166 auch die Knappschaftskassen beizuzählen. Dagegen sind die Knappschaftskassen als Pensionskassen im Sinne des Invalidenversicherungsgesetzes nur insoweit zugelassen und den reichsgesetzlichen Invalidenversicherungsanstalten gleichgeachtet, als dies durch Beschluß des Bundesrats bestimmt ist (§ 10 des Inv.Vers.Ges.). Dies trifft, worüber zwischen den Parteien kein Streit ist, hinsichtlich des Oberschlesischen Knappschaftsvereins nicht zu. Wenn § 54 des Inv.Vers.Ges. — entsprechend dem § 57 des Kr.Vers.Ges. und dem § 140 des hier im übrigen nicht in Betracht kommenden Gewerbe-Unfallversicherungsgesetzes — bestimmt, daß die den zum Bezuge von Invalidenrenten nach Maßgabe der reichsrechtlichen Bestimmungen berechtigten Personen etwa zustehenden gesetzlichen Ansprüche gegen Dritte auf Ersatz des ihnen durch die Invalidität erwachsenen Schadens bis zum Betrage der zu gewährenden Invalidenrente auf die Versicherungsanstalt übergehen, so ist dieser Übergang schlechthin nur für die im Invalidenversicherungsgesetze geschaffenen oder die nach dem Gesetze diesen gleichgeachteten Versicherungsanstalten festgesetzt. Die Bestimmung bietet für die in § 95 Abs. 1 des Statutes des klagenden Vereins getroffene Vorschrift keine gesetzliche Grundlage; das Knappschaftsstatut ist nicht imstande, diesen gesetzlichen Übergang mit Rücksicht auf die Leistungen des Knappschaftsvereins auf diesen auszudehnen. Auch das Krankenversicherungsgesetz hat die entsprechende Bestimmung des § 57, wonach jene Schadensersatzansprüche im Betrage der geleisteten Krankenunterstützung auf die Krankenversicherungsanstalten übergehen, auf die gemäß § 74 diesen Anstalten in anderen Beziehungen gleichgestellten Knappschaftskassen nicht ausgedehnt, vielmehr gerade diesen Paragraphen von der Anwendung auf die Knappschaftskassen ausgeschlossen.

Insoweit ein Übergang der Ansprüche des H. auf den klagenden Verein nach Maßgabe des § 95 Abs. 1 seines Statuts von ihm geltend gemacht wird, ist deshalb dem Berufungsgericht darin beizutreten, daß es dieser Satzungsbestimmung an einem gesetzlichen Boden fehlt. Insoweit der Klaganspruch auf eine rechtsgeschäftliche Übertragung der Ansprüche des H. auf den Kläger gestützt ist, stehen dieser, soweit Rentenansprüche nach § 843 BGB. in Frage kommen, die Bestimmungen des § 850 Abs. 3 ZPO. und des § 400 BGB. entgegen, da die Rentenansprüche für Gegenwart und Zukunft nach dem Klagevorbringen den Betrag von jährlich 1500 *M* nicht übersteigen.

Dagegen ist, wie das Berufungsgericht an sich auch nicht verkennt, die rechtsgeschäftliche Übertragung der Ansprüche auf Ersatz der Heilungs- und Pflegekosten unbeschränkt gestattet. Das Berufungsgericht hat auch insoweit die Klage abgewiesen, weil der Kläger seinen Anspruch nicht genügend begründet und die tatsächlichen Aufwendungen nicht dargelegt habe. Dem kann nicht beigetreten werden. Die Schätzung des Betrages der Schadensersatzansprüche des H. steht unter dem freien Ermessen des Gerichts gemäß § 287 ZPO. Dieser Paragraph will aber den Schadensersatzberechtigten der genauen Angabe der Tatsachen, die einen zwingenden Schluß auf das Vorhandensein und den Umfang des Schadens zulassen, gerade ebenso überheben, wie es das Gericht frei über das von den Parteien vorgebrachte Material stellen will.

Vgl. Entsch. des RG.'s in Zivils. Bd. 68 S. 35; Jur. Wochenschr. 1906 S. 471 Nr. 31, 1909 S. 141 Nr. 23; Warneyer, Rechtspr. 1910 Nr. 342.

Eine Abweisung der Klage wegen mangelnder Begründung des Schadens im einzelnen, während dessen Entstehung an sich feststeht, kann es deshalb nicht geben. Mag es auch unter besonderen Umständen vorkommen daß mangels jeder geeigneten Grundlage für die Schätzung eines behaupteten Schadens das Gericht dessen Festsetzung überhaupt ablehnen darf (vgl. Jur. Wochenschr. 1904 S. 574 Nr. 6), so liegt doch hier ein solcher Fall keinesfalls vor. Die Leistungen einer öffentlichen Krankenkasse an ein verletztes oder erkranktes Mitglied nach Maßgabe der Satzungen geben gerade einen besonders brauchbaren und zuverlässigen Anhalt für die Schätzung der notwendigen und tatsächlichen Aufwendungen. Zudem hat aber der Kläger hinsichtlich der Kosten der ärztlichen Behandlung und der Verpflegung des H. auch die Angemessenheit des ihrer Berechnung zugrunde gelegten Einheitssatzes nach dem Tatbestande des Urteils der ersten Instanz ausdrücklich behauptet. Insoweit die Klage auf Grund der Abtretung der Ansprüche des H. den Ersatz des diesem an Heilungs- und Pflegekosten zur Wiederherstellung von den Folgen seiner Verletzung erwachsenen Schadens beansprucht, war daher das angefochtene Urteil aufzuheben und die Sache zur anderweiten Verhandlung und Entscheidung an das Berufungsgericht zurückzuverweisen. Nach dem letzten Antrage des Klägers kommt hierfür in Betracht der Teilbetrag des geforderten Kapitals von 1371,72 ℳ mit 963,20 ℳ nebst Zinsen." ...

---

56. Zwangsversteigerung. Wie ist der Betrag zu ermitteln, der für mitversteigerte fremde Zubehörstücke an deren Eigentümer aus dem Versteigerungserlöse zu vergüten ist?

Zw.V.G. §§ 55 Abs. 2, 92 Abs. 1.

IV. Zivilsenat. Urt. v. 12. April 1911 i. S. R. u. Gen. (Bekl.) w. Ehefr. U. (Kl.). Rep. IV. 384/10.

I. Landgericht Bartenstein.
II. Oberlandesgericht Königsberg.

Bei der Zwangsversteigerung eines Gasthofes wurde das der Ehefrau des Schuldners gehörige Haus- und Wirtschaftsgerät mitversteigert. Die Frau erhob gegen die beiden Hypothekgläubiger, die an letzter und vorletzter Stelle Befriedigung erhalten hatten, Klage auf Herausgabe von 2652 ℳ. Das Landgericht wies die Klage ab. Das Oberlandesgericht erklärte den Klaganspruch dem Grunde nach für gerechtfertigt. Die Revision der Beklagten wurde zurückgewiesen.

Aus den Gründen:

„Das Landgericht hatte den Anspruch der Klägerin für unbegründet erklärt, weil ein Gläubiger, der bei einer Zwangsversteigerung aus einem dem Schuldner nicht gehörigen Gegenstand befriedigt worden sei, nicht ungerechtfertigt bereichert sei, die Beklagten ferner nicht um den Wert der Zubehörstücke bereichert sein könnten, sondern höchstens um den Erlös, der aus den Zubehörstücken bei der Zwangsversteigerung erzielt worden sei, die Klägerin aber nicht behauptet habe, daß durch die Mitversteigerung der Zubehörstücke ein höherer Erlös erzielt worden sei. Das Berufungsgericht dagegen hat angenommen, der Klägerin stehe ein Anspruch auf Herausgabe des Geldbetrages zu, der an die Stelle ihrer Zubehörstücke getreten sei; der Anspruch richte sich gegen diejenigen Gläubiger, welche mit diesem Betrage bei Befriedigung der Klägerin nicht mehr zur Hebung gelangt wären; der Einwand, der Ersteher hätte nicht weniger geboten, wenn die der Klägerin gehörigen Gegenstände nicht mit versteigert worden wären, dürfe der Klägerin nicht entgegengehalten werden; der Versteigerungserlös stelle den Gegenwert dar für das erstandene Grundstück einschließlich des fremden Zubehörs.

Die Revision bekämpft die Auffassung des Berufungsgerichts. Es ist jedoch dem Berufungsgericht beizutreten.

Das Eigentum der Klägerin an den Zubehörstücken erlosch durch den Zuschlag (§ 55 Abs. 2 ZwVG.). An die Stelle des Eigentums an den Zubehörstücken trat nach § 92 Abs. 1 ZwVG. der Anspruch auf Ersatz des Wertes aus dem Versteigerungserlöse. Die Klägerin hatte also Ersatz des Wertes ihrer Zubehörstücke aus dem Versteigerungserlöse zu verlangen. Den Gesamterlös einschließlich des der Klägerin gebührenden Anteils haben die Gläubiger bezogen, die nur aus dem Vermögen des Schuldners ein Recht auf Befriedigung hatten. Die Beklagten hätten, wenn der Klägerin der ihr gebührende Teil des Versteigerungserlöses ausgehändigt worden wäre, diesen Betrag weniger erhalten. Die Beklagten haben also den Betrag, der der Klägerin als Ersatz des Wertes ihrer Zubehörstücke gebührte, auf Kosten der Klägerin ohne rechtlichen Grund erlangt (vgl. Jur. Wochenschr. 1906 S. 15 Nr. 13).

Nach der Fassung des § 92 Abs. 1 könnte der Zweifel bestehen, ob wer für sein erloschenes Eigentum einen Anspruch auf Ersatz des W e r t e s erhält, nicht Ersatz des Verkehrswertes verlangen kann. Das Reichsgericht hat für das preußische Recht in einem Urteile vom 21. Oktober 1882, Entsch. in Zivils. Bd. 8 S. 204, die Ansicht, daß der volle Wert zu ersetzen sei, abgelehnt, weil an die Stelle der verkauften Gegenstände die dafür gelösten Kaufgelder getreten seien. Auch für das geltende Recht erscheint diese Auffassung zutreffend. Wie sich aus § 37 Nr. 5 ZwVG. ergibt, soll der Nachteil für denjenigen, welcher ein der Versteigerung entgegenstehendes Recht hat, aber die Aufhebung oder die einstweilige Einstellung des Verfahrens nicht herbeiführt, darin bestehen, daß der Versteigerungserlös an die Stelle des versteigerten Gegenstandes tritt. Daraus, daß in § 92 Abs. 1 angeordnet ist, an die Stelle des erloschenen Rechtes trete der Anspruch auf Ersatz des Wertes aus dem Versteigerungserlöse, läßt sich daher nicht schließen, daß der zu ersetzende Wert der fremden Gegenstände ohne Rücksicht auf das Ergebnis der Versteigerung zu bestimmen wäre.

Nicht zu beanstanden ist, wenn das Berufungsgericht bei der Frage, wie der Wert der versteigerten fremden Sachen unter Berücksichtigung des bei der Versteigerung erzielten Erlöses festzusetzen sei, angeführt hat, der Gesamterlös stelle den Gegenwert dar für das Grundstück einschließlich des Zubehörs. Die von der Revision vertretene Auffassung, der Eigentümer der Zubehörstücke könne nur den Betrag verlangen, der als Kaufgeld für die Zubehörstücke vom Ersteher geboten und gezahlt worden sei, hat der Berufungsrichter mit Recht zurückgewiesen. Diese Auffassung findet allerdings eine Stütze in einigen Sätzen der erwähnten Entscheidung des Reichsgerichts. Aber schon dort ist darauf hingewiesen, daß für die Ermittelung des Betrags, den der Käufer für das Grundstück, und des Betrags, den er für die Pertinenzen in Rechnung gebracht habe, der Grundsatz des § 171 ALR. I. 11 anzuwenden, und die Vergütung nach dem Verhältnis des Wertanschlags zu dem Steigerlös zu berechnen sei. Der Anspruch des Eigentümers der Zubehörstücke läßt sich nicht von der Feststellung abhängig machen, ob und was der Ersteher gerade für die Zubehörstücke geboten hätte. An dem Versteigerungserlös haben der Schuldner und der Dritte gleichartige Rechte; der Versteigerungserlös tritt ebenso an die Stelle der dem Schuldner gehörigen Gegenstände, wie er an die Stelle der fremden Zubehörstücke tritt. Die Ermittelung, welcher Anteil an dem Steigerlös dem Dritten gehört, und welcher dem Schuldner, kann nicht nach verschiedenen Grundsätzen erfolgen. Abgesehen von den Fällen, in denen für die dem Schuldner gehörigen Gegenstände und für die fremden Sachen gesonderte Gebote abgegeben und angenommen werden, kann es auf die Meinung des Erstehers über den Wert, den einzelne Versteigerungsgegenstände für ihn haben, nicht ankommen. In der Regel wird sich der Ersteher keine Gedanken darüber machen, welcher Teil seines Gebots auf den einen oder den anderen Versteigerungsgegenstand entfalle. Häufig werden auch andere Verhältnisse als der Wert der einzelnen Gegenstände für die Höhe des Gebots maßgebend sein. Jedenfalls ist die Vorstellung, die der Ersteher sich von dem Werte der einzelnen Versteigerungsgegenstände macht, für den Ersatzanspruch des Dritten von keiner Bedeutung. Zu einem angemessenen Ergebnisse, das auch mit dem Wortlaute des § 92 Abs. 1 in Einklang steht, führt nur die Annahme, daß der Versteigerungserlös dem Schuldner und dem Dritten nach dem Verhältnisse gebührt, in welchem zur Zeit der Versteigerung der Verkehrswert der dem Schuldner gehörigen Gegenstände zu dem Verkehrswert der dem Dritten gehörigen Gegenstände stand. Als Wertersatz im Sinne des § 92 Abs. 1 gebührt demnach dem Dritten, dessen Eigentum erloschen ist, derjenige Betrag, welcher zu dem Gesamterlös in demselben Verhältnisse steht wie der Verkehrswert der fremden Zubehörstücke zu dem Verkehrswert der Versteigerungsgegenstände (vgl. § 471 BGB.). In ähnlicher Weise hat das Reichsgericht bei Anwendung der §§ 812 flg. BGB. schon ausgesprochen, daß, wenn jemand mehrere Grundstücke, von denen einige fremdes Eigentum sind, um einen Gesamtpreis veräußert, der aus ungerechtfertigter Bereicherung zu leistende Wertersatz danach zu berechnen ist, welcher Anteil des Gesamterlöses nach dem objektiven Verkehrswert der Grundstücke auf die fremden Grundstücke entfällt, daß es aber nicht darauf ankommt, wie der Erwerber die Grundstücke veranschlagt hat (Entsch. in Zivils. Bd. 75 S. 361)." ...

---

57. 1. In welchem Zeitpunkte geht der Anspruch, der den zum Bezug von Invalidenrenten berechtigten Personen auf Ersatz des ihnen durch die Invalidität entstandenen Schadens gegen Dritte zusteht, auf die Versicherungsanstalt über?

2. Ist der Verletzte, bevor dieser Zeitpunkt feststeht, zur Klage gegen den Dritten berechtigt?

InvVersGes. § 54.

ZPO. § 265.

VI. Zivilsenat. Urt. v. 22. April 1911 i. S. B.-H.'sche Kleinbahn (Bekl.) w. K. (Kl.). Rep. VI. 8/10.

I. Landgericht Bremen.
II. Oberlandesgericht Hamburg.

Der Kläger war auf der von der Beklagten betriebenen Kleinbahn überfahren und so schwer verletzt worden, daß ihm beide Beine hatten abgenommen werden müssen. Er forderte von der Beklagten Ersatz seines Schadens. Von dem Ortsarmenverbande B. hatte er vor der Klagerhebung 32 *M* an Unterstützung bezogen und erhielt nachher noch 504 *M*. Die Landesversicherungsanstalt H. bewilligte ihm eine Invalidenrente von 210 *M* vom Tage des Unfalls an; der Feststellungsbescheid erging nach Erhebung der Klage.

Das Oberlandesgericht hat die Klage zum Betrage von 32 *M* abgewiesen, im übrigen nach dem Antrage des Klägers die Beklagte verurteilt mit der Maßgabe, daß sie die Rente bis zum Betrage von 210 *M* jährlich an die Landesversicherungsanstalt H. und 504 *M* an den Ortsarmenverband B. zu bezahlen habe.

Die Revision der Beklagten ist zurückgewiesen worden.

Aus den Gründen:

... „Das Berufungsgericht hat angenommen, daß sich nach § 54 InvVersG. der Übergang der Ersatzansprüche des Verletzten auf die Versicherungsanstalt mit der Feststellung der „Entschädigungspflicht" der Anstalt vollziehe. Sei die Feststellung vor Erhebung der Klage erfolgt, so müsse die Klage des Verletzten (gegen den dritten Ersatzpflichtigen) insoweit abgewiesen werden, als er Ersatz von der Versicherungsanstalt erhalte oder erhalten habe. Sei aber, wie hier, die Feststellung erst während des Prozesses erfolgt, so müsse der Kläger insoweit seinen Antrag auf Verurteilung zur Zahlung an die Versicherungsanstalt ändern. Das habe er getan, und seinem Antrag entsprechend sei erkannt worden. Ebenso sei die Klage für den Betrag von 32 *M*, den Kläger vor ihrer Erhebung vom Armenverband erhalten, abgewiesen, für den Rest die Beklagte zur Zahlung an diesen verurteilt worden.

Die Revision bekämpft die Zurückweisung der Einrede der mangelnden Aktivlegitimation. Vom Augenblick des Einspringens der öffentlichen Kassen an seien die betreffenden Ansprüche auf diese übergegangen und damit der Verfügungsmacht des Klägers entzogen. Der Kläger habe keine Befugnis, aus eigenem Recht die Zahlung an die öffentlichen Kassen zu begehren und müsse es ihnen überlassen, wie sie ihre Ansprüche geltend machen wollten.

Die Rüge erscheint nicht begründet; vielmehr ist dem Berufungsgericht — wenigstens im Ergebnis — beizutreten. Die Frage ist, in welchem Zeitpunkt die Ersatzansprüche nach den angezogenen Gesetzesbestimmungen auf die öffentlichen Anstalten übergehen.

Der Wortlaut des § 62 UnterstWohnsGes. läßt keinen Zweifel, daß der Ersatzanspruch des Verletzten gegen den Dritten auf den Armenverband übergeht, sobald dieser dem Verletzten Unterstützung gewährt hat (vgl. Entsch. des RG.'s in Zivils. Bd. 2 S. 47). Soweit also der Kläger solche Unterstützungen vor der Klage bezogen hat, war der Armenverband, und nicht mehr der Kläger forderungsberechtigt, und mit Recht ist die Klage in diesem Umfang abgewiesen worden. Soweit dem Kläger die Unterstützungen nach der Klagerhebung gewährt wurden, greift § 265 Abs. 2 ZPO. Platz. Unter der Abtretung im Sinne dieses Paragraphen ist sowohl die Übertragung durch Rechtsgeschäft als die kraft Gesetzes zu verstehen (vgl. Entsch. des RG.'s in Zivils. Bd. 39 S. 16). Nach der ständigen Rechtsprechung des Reichsgerichts regelt § 265 Abs. 2 nur die prozessuale Seite der Abtretung während des Prozesses, läßt aber ihre materielle Wirkung unangetastet. Der bisherige Gläubiger bleibt Prozeßpartei; jedoch führt er den Prozeß nur als Vertreter des neuen Gläubigers und ist, wenn der Beklagte ihm die Abtretung entgegenhält, verpflichtet, den Antrag dahin zu ändern, daß der Beklagte zur Zahlung an den neuen Gläubiger verurteilt werde (vgl. Entsch. in Zivils. Bd. 40 S. 341, Bd. 56 S. 307; Jur. Wochenschr. 1908 S. 303 Nr. 11, S. 407 Nr. 9). Das ist hier geschehen, und es ist nicht abzusehen, inwiefern die Beklagte durch die dem geänderten Antrag entsprechende Verurteilung beschwert sein soll.

Schwieriger ist die Bestimmung des Zeitpunktes für den Übergang der Ersatzansprüche nach § 54 InvVersG. Dieser lautet:

„Insoweit den nach Maßgabe der reichsgesetzlichen Bestimmungen zum Bezuge von Invalidenrenten berechtigten Personen ein gesetzlicher Anspruch auf Ersatz des ihnen durch die Invalidität entstandenen Schadens gegen Dritte zusteht, geht derselbe auf die

Versicherungsanstalt bis zum Betrage der von dieser gewährten Rente über."

Die Vorschrift entspricht dem § 140 GewUVG. vom 5. Juli 1900, während § 57 Abs. 4 des Krankenversicherungsgesetzes, ähnlich wie § 62 des Unterstützungswohnsitzgesetzes, den Übergang davon abhängig macht, daß Unterstützungen von der Krankenkasse geleistet worden sind.

Das Reichsgericht hatte zunächst im Anschluß an die frühere Rechtsprechung zu § 98 des Unfallversicherungsgesetzes vom 6. Juli 1884 auch für § 140 des neuen Gesetzes angenommen, daß der Entschädigungsanspruch nicht schon mit seiner Entstehung, sondern erst dann auf die Berufsgenossenschaft übergehe, wenn ihre Entschädigungspflicht festgestellt sei (vgl. Entsch. in Zivils. Bd. 55 S. 387 und die dortigen Nachweise). Dieser Standpunkt ist in dem Urteil vom 26. Januar 1905 (ebenda Bd. 60 S. 200) aufgegeben, und seitdem daran festgehalten worden, daß die mit dem Unfall entstandene Entschädigungsforderung des Verletzten unmittelbar nach ihrer Entstehung auf die Berufsgenossenschaft übergehe. Es würde der anzustrebenden Gleichmäßigkeit in der Auslegung und Handhabung der beiden Versicherungsgesetze zuwiderlaufen, wenn für § 54 InvVersG. trotz der Ähnlichkeit seiner Fassung mit der des § 140 GewUVG. wieder zu der vom Berufungsgericht vertretenen Auffassung zurückgekehrt würde, daß der Übergang der Entschädigungsforderung des Verletzten erst mit der Feststellung der Rentenbewilligung durch die Versicherungsanstalt stattfinde. Aus dem Wortlaut des § 54 ist jedenfalls für diese Auffassung nichts zu entnehmen. Vielmehr weist er zwanglos darauf hin, daß der Anspruch übergehen solle, sobald der Zustand der Invalidität im Sinne des Invalidenversicherungsgesetzes bei dem Versicherten als eingetreten gilt. Ob und von welchem Zeitpunkt ab dieser Fall gegeben ist, wird gemäß §§ 112 flg. durch Entscheidung der Versicherungsbehörden festgestellt. Nach § 41 beginnt die Invalidenrente mit dem Tag, an dem der Verlust der Erwerbsfähigkeit gemäß §§ 15, 5 Abs. 4 eingetreten ist, d. i., sofern nicht ein anderer in der Entscheidung festgestellt wird, der Tag der Anmeldung des Rentenanspruchs. Als Zeitpunkt des Rechtsübergangs ist daher der Tag anzusehen, an dem zufolge des Feststellungsbescheides die Invalidenrente beginnt, und es ist im Einklang mit dem angeführten Urteil vom 26. Januar 1905 anzunehmen, daß der Anspruch zunächst in der Person des Versicherten entsteht — da er ihm sonst nicht „zustehen" könnte — und, indem Entstehung und Übergang sich zeitlich berühren, gleichzeitig auf die Versicherungsanstalt übergeht.

Es mag sein, daß, abweichend von § 140 GewUVG., wonach der Rechtsübergang sich an den Unfall, also ein feststehendes Ereignis, knüpft, die Ungewißheit nach § 54 InvVersG., wann der Übergang sich vollziehe, manche Mißlichkeit für den Beschädigten erzeugt, der sich mit dem Ersatzpflichtigen vergleichen will. Andrerseits ist damit und mit der Festsetzung des Übergangs auf den Zeitpunkt des Rentenbeginns der Vorteil verbunden, daß weniger leicht der Beschädigte doppelte Entschädigung (von dem Ersatzpflichtigen und von der Anstalt) erhalten, und ein Vergleich zwischen ihm und dem Ersatzpflichtigen auf Kosten und zum Schaden der Versicherungsanstalt im Hinblick darauf geschlossen werden wird, daß ihre auf öffentlichem Recht beruhenden Leistungen dem Versicherten in jedem Fall zugute kommen, auch dann, wenn die Anstalt wegen des Vergleichs den Ersatzpflichtigen nicht mehr auf Erstattung ihrer Aufwendungen belangen kann. Der Ersatzpflichtige wird sich eben, wenn die von ihm zu vertretende Beschädigung die Invalidität des Beschädigten zur Folge haben kann, und dieser zu den dem Versicherungszwang unterworfenen Personen gehört, bei Eingehung eines Vergleichs stets die Möglichkeit gegenwärtig halten müssen, daß bis zum Betrag der Invalidenrente der Ersatzanspruch auf die Versicherungsanstalt übergegangen ist. Dagegen, daß der Beschädigte zunächst die Anmeldung seines Rentenanspruchs bei der Versicherungsanstalt — wovon die Rentenbewilligung abhängig ist — unterläßt, vielmehr ein Urteil gegen den Ersatzpflichtigen erstreitet und dann erst den Anspruch anmeldet, ist durch § 55 InvVersGes. Vorsorge getroffen, der der Versicherungsanstalt die Befugnis verleiht, Rentenforderungen des Versicherten auf Entschädigungen, soweit der Anspruch auf sie übergegangen ist, aufzurechnen.

Bleibt sohin nach § 54 InvVersG., anders als nach § 140 GewUVG., der Zeitpunkt des Rechtsübergangs bis zum Feststellungsbescheid in Schwebe, so muß die Folge dieser Unsicherheit sein, daß der Beschädigte während des Schwebezustandes zur Schadensersatzklage berechtigt ist. Er ist jedoch, sobald jener Zeitpunkt feststeht, der Versicherungsanstalt gegenüber oder auf Antrag des Beklagten verpflichtet, den Klagantrag dahin zu ändern, daß der Beklagte verurteilt werde, den Betrag der übergegangenen Forderung an die Versicherungsanstalt zu bezahlen.

Das Berufungsgericht hat daher die Prozeßlegitimation des Klägers zur Geltendmachung des Ersatzanspruchs, auch soweit er auf die Versicherungsanstalt übergegangen ist, mit Recht, wenn auch mit anderer Begründung, bejaht." ...

---

58. Ist gemäß Tarifst. 8 Abs. 3 des preußischen Stempelsteuergesetzes in der Fassung vom 31. Juli 1895 die Erhebung des Auflassungsstempels ausgeschlossen, wenn bei der Auflassung der Vertrag, durch den ein Bevollmächtigter des Eigentümers das aufgelassene Teilstück namens des Eigentümers an den Erwerber verkauft hat, in an sich stempelpflichtiger Form vorgelegt wird, wenn aber zwischen dem Eigentümer und dem Bevollmächtigten außer der Vollmacht noch ein nicht vorgelegter Vertrag errichtet war, wonach der Eigentümer seinen Grundbesitz dem Bevollmächtigten selbst zum Kaufe angeboten hat, und wonach die Annahme dieses Angebots als erfolgt gilt, sobald der Bevollmächtigte den Grundbesitz ganz oder teilweise weiter verkauft?

VII. Zivilsenat. Urt. v. 25. April 1911 i. S. preuß. Fiskus (Bekl.) w. M. u. Gen. (Kl.). Rep. VII. 351/10.

I. Landgericht Naumburg a. S.
II. Oberlandesgericht daselbst.

Durch notariell beurkundete Erklärung vom 27. September 1905 hatten die Witwe Kl. und die übrigen Erben des Gutsbesitzers Kl. die ihnen gemeinschaftlich und die der Witwe allein gehörigen Grundstücke für den Preis von 232900 ℳ unter näher angegebenen Bestimmungen dem Kläger zu 1, Max M., zum Kaufe angetragen. Die Urkunde enthält unter Nr. 7 die Erklärung: „An dieses Angebot halten wir uns bis einschließlich 1. April 1906 gebunden." Unter Nr. 9 lautet die Urkunde wie folgt: „Die Annahme dieses Kaufangebots gilt als erfolgt und ist Herr M. zur Abnahme aller Grundstücke nach Maßgabe des obigen Angebots verpflichtet, sobald er oder sein Rechtsnachfolger die Grundstücke ganz oder teilweise weiter verkauft." Die Urkunde ist außer von den Anbietenden auch von dem Kläger zu 1 unterzeichnet. Dieselben Personen, die dieses notarielle Kaufangebot gemacht haben, haben durch Urkunde von demselben Tage dem Kläger zu 1 Vollmacht gegeben, über die erwähnten Grundstücke „Kaufverträge abzuschließen, Auflassungen zu erklären, Eintragungen und Löschungen zu bewilligen und zu beantragen, Hypotheken zu kündigen, Kaufgelder in Empfang zu nehmen und darüber zu quittieren." Durch notariellen Vertrag vom 26. Oktober 1905 verkaufte der Kläger zu 1, als Bevollmächtigter der Eigentümer handelnd, einen Teil des erwähnten Grundbesitzes an den Kläger zu 2 und dessen Ehefrau für den Preis von 75560 ℳ. Bei der am 3. April 1906 erfolgten Auflassung war die mit dem Kaufstempel von 756 ℳ versteuerte Vertragsurkunde vom 26. Oktober 1905 in beglaubigter Abschrift vorgelegt worden. Nachträglich, durch Verfügung vom 8. Dezember 1908, wurde aber noch der Auflassungsstempel von gleichem Betrag eingefordert und durch den Kläger zu 2 am 16. Februar 1909 bezahlt. Dieser hat den Rückerstattungsanspruch an demselben Tage an den Kläger zu 1 abgetreten. Mit der Klage ist Verurteilung des Beklagten zur Zahlung von 756 ℳ an den Kläger zu 1 beantragt worden.

Das Landgericht hat die Klage abgewiesen. Das Oberlandesgericht hat, unter Zurückweisung der Berufung des Klägers zu 2, der Berufung des Klägers zu 1 stattgegeben und den Beklagten zur Zahlung von 756 ℳ an den Kläger zu 1 verurteilt. Auf die Revision des Fiskus wurde dieses Urteil aufgehoben, und die Sache in die Berufungsinstanz zurückverwiesen.

Aus den Gründen:

„Die Erhebung des Wertstempels zu der Auflassungserklärung vom 3. April 1906 hat das Berufungsgericht darum als unberechtigt erachtet, weil bei der Aufnahme der Auflassungserklärung die in an sich stempelpflichtiger Form errichtete Vertragsurkunde vom 26. Oktober 1905 in beglaubigter Abschrift vorgelegt worden ist. Hierdurch wurde nach Tarifstelle 8 Abs. 3 des Stempelsteuergesetzes (in dessen hier noch zur Anwendung kommenden Fassung vom 31. Juli 1895) der Ansatz des Wertstempels ausgeschlossen, wenn jene Urkunde „das" Veräußerungsgeschäft enthielt, das heißt, wenn der notarielle Vertrag vom 26. Oktober 1905, und zwar er für sich allein, das Grundgeschäft bildete, zu dessen Erfüllung die Auflassung erklärt worden ist. Durch diesen Vertrag hatte der Kläger zu 1 namens der Eigentümer, auf Grund der ihm von diesen erteilten Vollmacht, den auf Grund derselben Vollmacht am 3. April 1906 an den Kläger zu 2 und dessen Ehefrau aufgelassenen Grundstücksteil an diese Eheleute verkauft. Es fragt sich aber, ob sich nicht aus der notariellen Urkunde vom 27. September 1905 ergibt, daß der Kläger zu 1 schon rechtswirksam Selbstkäufer jenes Grundstücksteils den Eigentümern gegenüber geworden war. Für den Fall, daß dies anzuerkennen wäre, würde das Berufungsgericht, wie seinen Ausführungen entnommen werden muß, in dem Vertrage vom 26. Oktober 1905 nicht „das" Veräußerungsgeschäft in dem vorhin angegebenen Sinne erblickt haben; denn es hat jene Frage geprüft, hat sie aber verneint.

Den Grund für diese Verneinung findet das Berufungsgericht darin, daß es an einer der Formvorschrift des § 313 BGB. entsprechenden Annahme des dem Kläger zu 1 von den Eigentümern gemachten Kaufangebotes fehle; die in der notariellen Urkunde vom 27. September 1905 unter Nr. 9 enthaltene Vereinbarung sei unwirksam, weil nach ihr die Annahme des Angebotes in dem Weiterverkaufe der Grundstücke oder eines Teiles davon gefunden werden sollte, sonach eine formlose Annahmeerklärung habe zulässig sein sollen, dies aber gegen die zwingende Vorschrift des § 313 verstoße; ein Kaufvertrag zwischen den Eigentümern und dem Kläger zu 1 sei demnach nicht zustande gekommen.

Hiergegen hat die Revision zweierlei geltend gemacht. Sie behauptet, es komme nicht darauf an, ob zwischen den Eigentümern und dem Kläger zu 1 ein formgültiger Kaufvertrag zustande gekommen sei; die Urkunde vom 26. Oktober 1905 enthalte „das" Veräußerungsgeschäft auch dann nicht, wenn durch die Auflassung neben dem Vertrage vom 26. Oktober 1905 auch ein, sei es auch an sich nicht rechtswirksamer, Kaufvertrag zwischen den Eigentümern und dem Kläger zu 1 habe erfüllt werden sollen. Außerdem meint die Revision, es fehle in Wirklichkeit auch nicht an der vermißten Form der Annahmeerklärung, da ja der Weiterverkauf, in dem die Annahme vereinbartermaßen gefunden werden sollte, notariell beurkundet worden sei.

Ob diese Revisionsangriffe als begründet zu erachten sind, kann unerörtert bleiben, weil die Auffassung des Berufungsgerichts aus einem anderen Grunde rechtlich beanstandet werden muß. Interesse und Absicht der Eigentümer (Witwe Kl. und Erben Kl.) waren, wie die Vereinbarung unter Nr. 9 der notariellen Urkunde vom 27. September 1905 klar ergibt, auf Veräußerung des ganzen Grundbesitzes gerichtet. Die Vollmacht aber, die sie an demselben Tage in besonderer, notariell beglaubigter Urkunde dem Kläger zu 1 erteilten, brachte die Möglichkeit mit sich, daß dieser einen Teil des Grundbesitzes, vielleicht den besten, verkaufte und ihnen den minder wertvollen Rest beließ. Dieser Gefahr sollte ersichtlich begegnet werden, und deshalb beschränkte sich die zuerst genannte Urkunde nicht auf einen einfachen Verkaufsantrag der Eigentümer an den Kläger zu 1, wodurch nur jene gebunden worden wären, sondern es wurde unter Nr. 9 eine Erklärung des Klägers zu 1 beigefügt, die auch diesen band. Freilich war der Kläger zu 1 nicht ein Kauflustiger gewöhnlicher Art. Seine Absicht ging nicht dahin, den Grundbesitz, dessen Käufer er etwa auf Grund der Erklärung sein würde, zu behalten und landwirtschaftlich zu nutzen, sondern dahin, ihn alsbald zu zerschlagen und in einzelnen Stücken mit Verdienst an Parzellenkäufer abzugeben. Nur im Hinblick hierauf wünschte er Käufer zu werden, nicht auch auf die Gefahr hin, daß ihm die Parzellierung nicht gelänge, und daß er die Grundstücke behalten müßte. Die so einander gegenüberstehenden Interessen beider Teile fanden ihren Ausgleich in der Weise, daß der Kläger zu 1 an den Kauf des Ganzen gebunden sein sollte, auch wenn ihm nur bezüglich eines Teiles der Weiterverkauf gelänge. Das ist unter Nr. 9 der Urkunde zum Ausdrucke gelangt. Hierdurch wird aber die Auffassung nahe gelegt, daß durch diese Erklärung der Kläger zu 1 das ihm gemachte, die Regelung aller wesentlichen Punkte eines Kaufvertrags enthaltende Angebot alsbald, wenn auch unter einer aufschiebenden Bedingung, angenommen hat. Der Wortlaut der Erklärung spricht nicht gegen diese Auffassung, sondern scheint sie zu unterstützen. Aus der Gegenwartsform des Ausdrucks („die Annahme dieses Kaufangebots gilt als erfolgt, und ist Herr M. zur Abnahme aller Grundstücke ... verpflichtet, sobald er ... die Grundstücke ganz oder teilweise weiter verkauft") scheint ein Anzeichen dafür entnommen werden zu können, daß die Erklärung den Sinn haben sollte, Kläger zu 1 nehme für den angegebenen Fall das Angebot schon jetzt an. Dabei mag auch darauf hingewiesen werden, daß von einem „weiter-“ verkaufen durch den Kläger zu 1 füglich nicht die Rede sein konnte, wenn er nicht, wenigstens bedingt, schon gekauft hatte. Jedenfalls bedarf der kundgegebene Wille unter dem hier dargelegten, bisher vom Berufungsgerichte nicht ins Auge gefaßten Gesichtspunkte noch der Prüfung und tatsächlichen Feststellung.

Ergibt sich hierbei, daß am 27. September 1905 ein bedingter Kaufvertrag zwischen den Eigentümern und dem Kläger zu 1 rechtswirksam zustande gekommen ist, so wird zu Zweifeln über den Eintritt der Bedingung kaum Anlaß sein können, da außer Streit ist, daß dem Kläger zu 1 der beabsichtigte Weiterverkauf in Parzellen im vollen Umfange gelungen ist. Allerdings nimmt das Berufungsgericht an, der Kläger zu 1 habe dadurch, daß er den Verkauf an den Kläger zu 2 und dessen Ehefrau in Vollmacht der Eigentümer und in deren Namen vornahm, zu erkennen gegeben, daß er das ihm gemachte Kaufangebot bezüglich dieses Grundstücks nicht annehmen wollte. Hierauf kann es aber nicht ankommen, wenn er die Annahme für den eingetretenen Fall schon vorher wirksam erklärt hatte. Da die Behauptung der Kläger, der Verkauf an den Kläger zu 2 und dessen Ehefrau sei der erste der von dem Kläger zu 1 vorgenommenen Parzellenverkäufe gewesen, vom Beklagten bestritten worden ist, so muß für die Revisionsinstanz jedenfalls unterstellt werden, daß ein anderer Parzellenverkauf vorangegangen war. Hierdurch war die Bedingung mindestens für den Rest des Grundbesitzes eingetreten. Wie das Verhältnis bezüglich der zuerst verkauften Parzelle, wenn der Kläger zu 1 auch bei ihr nicht als Selbstverkäufer aufgetreten ist, sondern sie ebenfalls als Bevollmächtigter der Eigentümer verkauft hat, rechtlich zu beurteilen ist, kann auf sich beruhen. Bezüglich des Restes des Grundbesitzes, zu dem für jetzt, wie erwähnt, die an den Kläger zu 2 und dessen Ehefrau verkaufte Parzelle zu rechnen ist, war der Kläger zu 1 im Verhältnisse zu den Eigentümer jedenfalls rechtswirksam und endgültig Selbstkäufer geworden, und daran konnte nichts dadurch geändert werden, daß er sich zu dem Weiterverkauf an den Kläger zu 2 und dessen Ehefrau der ihm von den Eigentümern erteilten Vollmacht bediente und namens der Eigentümer verkaufte.

Ob die Parzellenkäufer (hier der Kläger zu 2 und dessen Ehefrau) von dem Sachverhalt, also davon, daß der ihnen nach Inhalt des Vertrages vom 26. Oktober 1905 als Bevollmächtigter der Eigentümer und als für diese verkaufend gegenübertretende Kläger zu 1 in Wahrheit selbst von den Eigentümern gekauft hatte, Kenntnis hatten oder nicht, ist für die hier zu entscheidende Frage ohne Bedeutung. Die Eigentümer hatten sich durch ihr an den Kläger zu 1 gerichtetes Angebot (unter Nr. 3 der notariellen Urkunde vom 27. September 1905) verpflichtet, „auch an dritte Personen aufzulassen". Mit diesen „dritten Personen" sind, wie sich von selbst versteht, die Parzellenkäufer gemeint. Sonach würde sich die zwingende Folgerung ergeben, daß die von den Eigentümern durch ihren Bevollmächtigten erklärte Auflassung an den Kläger zu 2 und dessen Ehefrau zugleich zur Erfüllung des mit dem Kläger zu 1 zustande gekommenen Kaufvertrags geschehen ist, und es wäre alsdann klar, daß der Vertrag vom 26. Oktober 1905 nicht für sich allein „das" Veräußerungsgeschäft bildete.

Welchen Einfluß es auf die Stempelpflichtigkeit der notariellen Urkunde vom 27. September 1905 haben würde, wenn in ihr der bedingte Kaufvertrag zu finden wäre, und welche Wirkung es alsdann für die Erhebung des Auflassungsstempels gehabt haben würde, wenn diese Urkunde bei der Auflassung mit vorgelegt, oder ihre Vorlegung in gehöriger Frist (Tarifstelle 8 Abs. 3 a. a. O.) nachgeholt worden wäre, ist hier nicht zu erörtern." . . .

---

59. 1. Gehören Armeepferde, insbesondere Krümperpferde, zu den in § 833 Satz 2 BGB. bezeichneten Haustieren?

2. Entlastungsbeweis des Tierhalters, wenn der Schade durch einen von ihm bestellten Tierhüter verursacht ist.

BGB. §§ 833, 278, 823, 831 Abs. 1 Satz 2.

IV. Zivilsenat. Urt. v. 27. April 1911 i. S. Reichsmilitärfiskus (Bekl.) w. C. (Kl.). Rep. IV. 437/10.

I. Landgericht Karlsruhe.
II. Oberlandesgericht daselbst.

Am 12. Dezember 1908 brachte ein von dem Kanonier Z. geleitetes zweispänniges Krümperfuhrwerk einer fahrenden Batterie einen Offizier des Regiments in die Kaserne zu G. Unterwegs gingen die Pferde mit dem Wagen durch; die Ehefrau des Klägers wurde von den führerlosen Pferden umgeworfen und schwer verletzt. Der Kläger erhob Schadensersatzansprüche gegen den Beklagten aus §§ 833, 831 und 823 BGB. Das Landgericht erklärte einen Teil der Ansprüche dem Grunde nach für gerechtfertigt, indem es zugleich die künftige Ersatzpflicht des Beklagten feststellte. Die Berufung des Beklagten wurde zurückgewiesen. Auf Revision des Beklagten wurde das oberlandesgerichtliche Urteil aufgehoben, und die Sache zur anderweiten Verhandlung und Entscheidung an das Oberlandesgericht zurückverwiesen.

Gründe:

„Landgericht und Oberlandesgericht haben den Streitstoff nur insoweit erörtert, als die Klage auf § 833 BGB. gestützt ist. Insoweit herrscht Einverständnis unter den Parteien darüber, daß die Krümperpferde, die den Unfall der Ehefrau des Klägers herbeigeführt haben, zu den militärischen Dienstpferden gehören, und daß daher auch bezüglich ihrer der verklagte Reichsmilitärfiskus als Tierhalter anzusehen ist. Streit besteht nur darüber, ob auch der Beklagte zu dem in § 833 Satz 2 vorgesehenen Entlastungsbeweise zugelassen werden kann, sowie, wenn diese Frage zu bejahen ist, ob dem Beklagten der erbotene Entlastungsbeweis gelungen ist. Während das Landgericht die erste Frage bejaht und nur die zweite verneint hat, hat das Oberlandesgericht beide Fragen zu ungunsten des Beklagten entschieden. Die Revision ... bekämpft das Berufungsurteil nach beiden Richtungen hin, und zwar mit Recht.

1. Was zunächst die Frage anlangt, ob auch der Beklagte zu dem durch das Gesetz vom 30. Mai 1908 eingeführten Entlastungsbeweise des § 833 Satz 2 BGB. zugelassen werden kann, so ist nicht anzuerkennen, daß die Voraussetzungen des § 833 Satz 2 bei den militärischen Dienstpferden nicht gegeben seien. Zwar ist es richtig, daß die Bewegung, die zum Erlasse des Gesetzes vom 30. Mai 1908 geführt hat, in dem Bestreben ihren Grund hatte, die

Gefährdungshaftung des jetzigen § 833 Satz 1 bezüglich derjenigen Haustiere zu mildern, welche — im Gegensatze zu den sog. Luxustieren — den notwendigen wirtschaftlichen Bedürfnissen der Bevölkerung dienen, und daß es namentlich galt, den kleinen landwirtschaftlichen und gewerblichen Betrieben entgegenzukommen, die unter der alten Bestimmung besonders litten. Aber das Gesetz, wie es erlassen ist, beschränkt seinen Schutz nicht auf diese Kreise; es kommt vielmehr allen Tierhaltern zugute, sofern es sich nur um Haustiere handelt, die dem Berufe, der Erwerbstätigkeit oder dem Unterhalte des Tierhalters zu dienen bestimmt sind. Daß dabei als Tierhalter nicht nur natürliche, sondern auch juristische Personen in Betracht kommen, ist, da das Gesetz nicht unterscheidet, selbstverständlich, in der Begründung (Reichstagsdrucks. 1907/08 Nr. 538 S. 7) ausdrücklich hervorgehoben und auch vom Berufungsgericht nicht verkannt. Zweifelhaft kann nur sein, inwieweit die Voraussetzungen des § 833 Satz 2 auch bei juristischen Personen zutreffen, inwieweit auch bei ihnen von Tieren gesprochen werden kann, die dem Berufe, der Erwerbstätigkeit oder dem Unterhalte des Tierhalters zu dienen bestimmt sind. Was insbesondere die hier allein in Frage stehende Voraussetzung betrifft, daß das Haustier einer berufsmäßigen Tätigkeit zu dienen bestimmt ist, so sagt die Begründung des Gesetzes, daß bei juristischen Personen, z. B. bei Stiftungen, Korporationen, kommunalen oder staatlichen Verbänden, die berufsmäßige Tätigkeit durch die Aufgaben begrenzt werde, die durch die Zweckbestimmung der juristischen Person und die darauf gegründeten Verwaltungseinrichtungen gegeben seien. Damit erkennt die Begründung an, daß auch bei juristischen Personen von einem „Berufe" gesprochen werden kann. Das Berufungsgericht meint freilich, es fehle an einem hinreichenden Anhalte dafür, daß jener Satz der Begründung vom Reichstage gebilligt sei. Indessen einmal ist diesem Satze im ganzen Verlaufe der umfangreichen Reichstagsverhandlungen niemals widersprochen worden. Sodann aber und vor allem läßt er sich auch mit dem Wortlaute des Gesetzes durchaus vereinigen. Man kann von einem Berufe nicht nur bei natürlichen Personen und nicht nur in dem Sinne, in dem das Wort allerdings meist gebraucht wird, nämlich im Sinne einer dauernden, selbstgewählten und den Lebenszweck eines Menschen bildenden Tätigkeit sprechen. Der Sprachgebrauch kennt vielmehr das Wort „Beruf" auch in einem weiteren, übertragenen Sinne, in dem es die Aufgabe bezeichnet, zu deren Erfüllung jemand „berufen" ist, mag die Berufung in eigener Wahl oder worin sonst ihren Grund haben. In diesem weiteren, übertragenen Sinne läßt sich von einem Berufe sehr wohl auch bei juristischen Personen des öffentlichen Rechts reden, so bei Gemeinden und weiteren Kommunalverbänden, so beim Staate und so auch beim Reiche. Das Wort „Beruf" in § 833 Satz 2 enger auszulegen, liegt kein zwingender Grund vor. Täte man es, so würden zahllose, bedeutende Zuschüsse erfordernde gemeinnützige Unternehmungen, in denen Haustiere verwandt werden, in bezug auf die Tierhalterhaftung schlechter gestellt sein als gleichartige Betriebe von Erwerbsgesellschaften und von Einzelpersonen, die auf Erwerb ausgehen. Das kann aber das Gesetz nicht gewollt haben.

Dem Reiche liegt nach Artt. 57 flg. der Reichsverfassung die Aufrechterhaltung der Kriegsbereitschaft der bewaffneten Macht ob; diese Aufgabe bildet in dem bezeichneten Sinne einen Teil des Berufs des Reichs. Sie läßt sich ohne die Benutzung von Dienstpferden nicht lösen; diese sind deshalb dem Berufe des Reichs zu dienen bestimmt, und was von den eigentlichen Dienstpferden gilt, hat auch für die sog. Krümperpferde Geltung, die nach den unangefochtenen Feststellungen des Berufungsgerichts, insbesondere bei den berittenen Truppen, zu denen die Feldartillerie gehört, vorwiegend militärischen Zwecken zu dienen bestimmt sind, obwohl die Krümperfuhrwerke nebenbei auch den Offizieren gegen eine gewisse Vergütung und innerhalb gewisser Grenzen als Privatfuhrwerk dienen. Die Armeepferde gehören daher zu den in § 833 Satz 2 BGB. erwähnten Haustieren, und der Schutz dieser Gesetzesvorschrift kommt deshalb auch dem Reichsmilitärfiskus zugute. Dafür, daß dieses Ergebnis dem Gesetze entspricht, bieten auch die Reichstagsverhandlungen einen nicht zu unterschätzenden Anhalt. Wenn das Oberlandesgericht sagt, der Militärfiskus, der bedeutendste Tierhalter Deutschlands, sei dort nur nebenher erwähnt worden, so trifft das bloß mit einer Einschränkung zu. Als der Abgeordnete Stolle, auf den sich die Bemerkung des Oberlandesgerichts bezieht, bei der zweiten Beratung im Reichstage auf den Reichsmilitärfiskus zu sprechen kam (Sitzung v. 5. Mai 1908, Stenogr. Ber. S. 5145), lag ihm eine Nachweisung über die Beträge vor, die der Reichsmilitärfiskus in den letzten Jahren auf Grund des § 833 BGB. (a. F.) gezahlt hatte, eine Nachweisung, aus der sich ergab, daß diese Beträge 15000 *M* ausgemacht hatten. An der Hand dieser Nachweisung führte der Abgeordnete Stolle einzelne Beispiele an, in denen durch militärische Dienstpferde Unglücksfälle herbeigeführt, die Beschädigten aber vom Reichsmilitärfiskus entschädigt waren. Daran knüpfte er die Bemerkung, daß die Beschädigten meist kleine Gewerbetreibende und Arbeiter gewesen seien, daß sie in dem alten Gesetze Deckung gegen die Gefahr der Tötung und der Körperverletzung gefunden hätten, daß ihnen diese Deckung aber durch die beabsichtigte Änderung des Gesetzes genommen werden würde, und daß sie dann Gefahr liefen, zum Krüppel zu werden, ohne auch nur eine Entschädigung zu bekommen. Wenn trotz dieses deutlichen und bezeichnenden Hinweises die vom Abgeordneten Stolle gezogene Folge einer Änderung des früheren Gesetzes von keiner Seite als unrichtig bezeichnet worden ist, so ist das immerhin von einiger Bedeutung.

Waren die Pferde, die den Unfall der Ehefrau des Klägers herbeigeführt haben, vorwiegend Berufszwecken des Beklagten zu dienen bestimmt, so ist es für die Anwendung des § 833 Satz 2 unerheblich, ob sie im Zeitpunkte der Schadensstiftung diesem Zwecke auch tatsächlich gedient haben. Es braucht deshalb nicht untersucht zu werden, ob die Fahrt . . ., mit der jener Unfall im Zusammenhange steht, als eine Dienstfahrt anzusehen ist oder nicht.

2. Anlangend sodann die Frage, ob dem Beklagten der ihm hiernach zustehende Entlastungsbeweis des § 833 Satz 2 BGB. gelungen ist, so nimmt das Berufungsgericht — insoweit übereinstimmend mit dem Landgericht — an, dem Nachweise des Tierhalters, daß er bei der Beaufsichtigung des Tiers die im Verkehr erforderliche Sorgfalt beobachtet habe, stehe, falls er die Aufsicht durch einen Dritten habe ausüben lassen, zwar der Nachweis gleich, daß der Dritte, der Tierhüter, diese Sorgfalt beobachtet habe; wenn aber dieser Nachweis nicht erbracht werde, so sei der dem Tierhalter zu seiner Entlastung gestattete Beweis unter allen Umständen als mißlungen anzusehen; es genüge insbesondere nicht, wenn der Tierhalter dartue, daß er bei der Auswahl des Tierhüters jene Sorgfalt angewandt habe. Das Oberlandesgericht prüft infolgedessen nur die Frage, ob im vorliegenden Falle der Leiter des Krümperfuhrwerks,

der Kanonier Z., bei der Beaufsichtigung der Pferde die im Verkehre erforderliche Sorgfalt beobachtet hat, und betrachtet, da es diese Frage glaubt verneinen zu müssen, den Beklagten ohne weiteres als beweisfällig. Auch insoweit steht das Oberlandesgericht auf einem Standpunkte, der zu rechtlichen Bedenken Anlaß gibt.

Nach dem klaren Wortlaute des Gesetzes kommt es in der hier zur Erörterung stehenden Beziehung nur darauf an, ob der Tierhalter bei der Beaufsichtigung des Tiers die im Verkehre erforderliche Sorgfalt beobachtet hat. Der Tierhalter haftet nur für eigenes Verschulden. Ihn im Falle der Bestellung eines Tierhüters, mit dem Landgericht und dem Oberlandesgericht, für dessen Verschulden haften zu lassen, hieße, wie die Revision mit Recht sagt, ihm eine Haftung nach § 278 BGB. auferlegen, für die bei unerlaubten Handlungen kein Raum ist. Andererseits geht es aber auch nicht an, mit der Revision anzunehmen, der Tierhalter werde ohne weiteres durch den Nachweis entlastet, daß er bei der Auswahl des Tierhüters die im Verkehre erforderliche Sorgfalt beobachtet habe. § 831 Abs. 1 BGB., auf dessen Satz 2 sich die Revision insoweit beruft, betrifft einen ganz anderen Fall als der hier allein in Frage kommende § 833. Er setzt voraus, daß durch einen Angestellten Schaden verursacht wird, während § 833 den Fall regelt, daß Schaden überhaupt nicht durch einen Menschen, sondern durch das willkürliche Tun eines Tiers entsteht. Tierhalterhaftung und Haftung für den Tierhüter stehen selbständig nebeneinander. Unter welchen Voraussetzungen der Tierhalter von der Haftung aus § 833 Satz 1 frei wird, bestimmt § 833 Satz 2; dagegen wird die Frage, wann er von der Haftung für den Tierhüter aus § 831 Abs. 1 Satz 1 loskommt, durch § 831 Abs. 1 Satz 2 geregelt. Tatsächlich wird zwar der Tierhalter, der einen Tierhüter bestellt hat, wenn er den in § 831 Abs. 1 Satz 2 vorgesehenen Beweis in vollem Umfange erbringt, damit häufig zugleich den Entlastungsbeweis des § 833 Satz 2 geführt haben. Rechtlich fallen beide Entlastungsbeweise aber durchaus nicht zusammen; vielmehr folgen beide ihren eigenen Regeln. Daß sich die Beaufsichtigungspflicht des Tierhalters keineswegs stets in der Bestellung eines geeigneten Tierhüters erschöpft, hat der Senat bereits in einem Urteile v. 6. April 1911, Rep. IV. 394/10, ausgesprochen. Daran ist festzuhalten. Auch über die Bestellung eines tauglichen Tierhüters hinaus hat der Tierhalter die im Verkehre erforderliche Sorgfalt zu beobachten. Nach § 833 Satz 2 freilich nur bei der Beaufsichtigung des Tiers, da der Antrag Bitter, diese Worte zu streichen (Reichstagsdrucks. 1907/08 Nr. 580), vom Reichstage abgelehnt worden ist. In Wahrheit aber auch noch darüber hinaus für jede für den entstandenen Schaden ursächliche Vernachlässigung der im Verkehre erforderlichen Sorgfalt, insoweit jedoch nicht nach § 833 Satz 2, so daß er sich zu entlasten hätte, sondern nach § 823 BGB., so daß ihm der Nachweis eines Verschuldens vom Beschädigten zu erbringen ist (vgl. S. 5 und 6 des Berichts der Reichstagskommission Nr. 858 der Reichstagsdrucks. 1907/08).

Geht hiernach das Berufungsgericht auch in bezug auf den dem Tierhalter nach § 833 Satz 2 obliegenden Entlastungsbeweis von einer rechtsirrigen Anschauung aus, so muß sein Urteil aufgehoben, und die Sache zur anderweiten Verhandlung und Entscheidung an das Berufungsgericht zurückverwiesen werden, ohne daß es noch der von der Revision angeregten Prüfung der Frage bedarf, ob der Kanonier Z. bei der Beaufsichtigung der Pferde die im Verkehre erforderliche Sorgfalt beobachtet hat oder nicht. Bei der ihm obliegenden erneuten Erörterung hat das Berufungsgericht nach Maßgabe der soeben entwickelten Rechtssätze zu untersuchen, ob dem Beklagten, oder vielmehr (§§ 31, 89 BGB.) einem verfassungsmäßig berufenen Vertreter des Beklagten, eigenes Verschulden zur Last fällt."

---

60. Ist die Pfändung einer Forderung, für die eine Hypothek besteht, wenigstens insoweit, als die persönliche Forderung in Betracht kommt, als gültig bewirkt anzusehen, wenn die Hypothek hinterher weggefallen und die Übergabe des Hypothekenbriefs an den Gläubiger nicht erfolgt ist?

ZPO. § 830 Abss. 1 und 2.

VII. Zivilsenat. Urt. v. 28. April 1911 i. S. K. (Kl.) w. H. (Bekl.). Rep. VII. 222/10.

I. Landgericht Göttingen.
II. Oberlandesgericht Celle.

Auf Grund eines Beschlusses des Amtsgerichts vom 7. November 1908 ließ der Kläger eine angeblich dem Bruder des Beklagten E. H. gegen den Beklagten zustehende Forderung aus einem Erbauseinandersetzungsvertrage wegen einer ihm gegen E. H. zustehenden Forderung pfänden und sich zur Einziehung überweisen. Im Beschlusse war angeordnet, daß der Drittschuldner an den Schuldner nicht zahlen dürfe, und daß der Schuldner sich jeder Verfügung über die Forderung, insbesondere ihrer Einziehung, zu enthalten und den Hypothekenbrief dem Gläubiger auszuhändigen habe. Bei Erlaß des Beschlusses war die gepfändete Forderung durch eine Briefhypothek gesichert, die am 17. November 1908 gelöscht worden ist. Der im Pfändungsbeschluß erwähnte Hypothekenbrief ist dem Kläger niemals ausgehändigt worden. Mit der jetzigen Klage beantragte er, den Beklagten zu verurteilen, ihm auf Grund der erfolgten Pfändung und Überweisung den Teilbetrag von 450 M nebst Zinsen zu zahlen. Der Beklagte hat im Wege der Widerklage beantragt, festzustellen, daß dem Kläger aus dem Pfändungs- und Überweisungsbeschluß kein Anspruch gegen den Beklagten zustehe. Das Landgericht wies die Klage ab und gab der Widerklage statt. Das Oberlandesgericht wies, entsprechend dem Antrage des Beklagten, die Berufung mit der Maßgabe zurück, daß die Widerklage für erledigt erklärt wurde. Auch die Revision hatte keinen Erfolg.

Aus den Gründen:

„Die Parteien haben in der Berufungsinstanz die mündliche Verhandlung auf die Frage beschränkt, ob für den Kläger an der im Pfändungsbeschluß bezeichneten Forderung des E. H. ein wirksames Pfandrecht entstanden ist. Diese Frage ist mit dem Berufungsrichter zu verneinen, und damit ergibt sich, daß der Klaganspruch unbegründet ist. Die im Pfändungsbeschluß bezeichnete Forderung ist eine solche, für die eine Hypothek bestand. Für derartige Forderungen bestimmt § 830 Abs. 1 ZPO., daß zu ihrer Pfändung außer dem Pfändungsbeschluß die Übergabe des Hypothekenbriefes an den Gläubiger erforderlich ist, die bei Erwirkung der Übergabe im Wege der Zwangsvollstreckung als erfolgt gilt, wenn der Gerichtsvollzieher den Brief zum Zwecke der Ablieferung an den Gläubiger wegnimmt. Der Grund dieser Vorschrift ist der, daß die Forderung ohne die Hypothek nicht gepfändet werden kann, und daß zur Entstehung des Pfandrechts an einer Hypothek die Übergabe des Hypothekenbriefes erfolgt sein muß (§§ 1153 Abs. 2, 1154 Abs. 1, 1274 Abs. 1 BGB.). Im Streitfalle ist zwar durch den Pfändungsbeschluß dem Hypothekengläubiger E. H. aufgegeben, den Hypothekenbrief dem Kläger auszuhändigen; es ist aber zur Übergabe des Briefes an diesen nicht gekommen. Der Mangel dieses Erfordernisses läßt sich auch nicht mehr heilen, denn die Hypothek selbst ist am 17. November 1908 gelöscht, und damit die Übergabe des Briefes an den Kläger unmöglich geworden.

Ist hiernach anzunehmen, daß für den Kläger ein Pfandrecht an der Hypothek, also auch ein solches an der ihr zugrunde liegenden Forderung nicht entstanden ist, so wird an diesem Ergebnis auch durch die von der Revision in Bezug genommene Vorschrift des Abs. 2 des § 830 nichts geändert. Sie bestimmt:

„Wird der Pfändungsbeschluß vor der Übergabe des Hypothekenbriefs oder der Eintragung der Pfändung dem Drittschuldner zugestellt, so gilt die Pfändung diesem gegenüber mit der Zustellung als bewirkt."

Diese Vorschrift hat, wie schon ihr Wortlaut erkennen läßt, nur die Bedeutung, daß die Wirkung der Pfändung dem Drittschuldner gegenüber, wenn sie später durch Übergabe des Briefes rechtswirksam wird, auf den Zeitpunkt der Zustellung des Pfändungsbeschlusses zurückbezogen wird, so daß Rechtsgeschäfte, die er in der Zwischenzeit mit dem Schuldner zum Nachteile des Pfändungsgläubigers vorgenommen hat, diesem gegenüber unwirksam sind. Während dieser Zwischenzeit besteht hiernach für das Recht des Pfändungsgläubigers ein Schwebezustand. Dieser wird beendet entweder zu Ungunsten des Gläubigers mit der Wirkung, daß die Entstehung des Pfandrechts ausgeschlossen wird, wenn die Übergabe des Briefes durch den Erwerb eines Dritten rechtlich unmöglich geworden ist, oder zugunsten des Gläubigers mit rückwirkender Kraft, wenn die Übergabe des Briefs an ihn erfolgt.

Im vorliegenden Falle aber fragt es sich, ob dieselbe Wirkung zugunsten des Gläubigers auch dann eintritt, wenn die Übergabe des Briefes an ihn durch die Löschung der Hypothek unmöglich wird, ob also der Wegfall der Hypothek in seiner Wirkung der nachträglichen Übergabe des Briefes gleichzustellen ist. Diese auch in der Literatur, soweit ersichtlich, nirgends bejahte Frage muß nach der jetzigen Lage der Gesetzgebung verneint werden, da für ihre Bejahung das Gesetz nirgends einen Anhalt bietet. Es handelt sich bei der Vorschrift des § 830 Abs. 1 nicht um eine bloß zum Schutze eines einzelnen gegebene

Bestimmung, sondern um eine im öffentlichen Interesse zum Zwecke der Rechtssicherheit im Verkehr mit Hypotheken getroffene Anordnung, deren Nichtbefolgung die Entstehung des Pfandrechts ausschließt. Auf der hier vertretenen Anschauung beruht auch die Entscheidung des V. Zivilsenats des Reichsgerichts vom 25. April 1906 (Entsch. Bd. 63 S. 214) in der anerkannt wird, daß ein Pfandrecht an einer Hypothek nicht entstanden ist, wenn die Hypothek zu bestehen aufhört, bevor die Übergabe des Briefes erfolgt ist (vgl. auch die Urteile desselben Senats vom 17. Dezember 1904, Entsch. Bd. 59 S. 314, und vom 21. April 1909 Rep. V. 344/08).

Verlor hiernach die Pfändung der Hypothek seit deren Erlöschen jede Rechtswirkung, so stand seitdem die übrig gebliebene persönliche Schuldforderung dem Zugriff der Gläubiger des E. H., auch des Klägers, aus § 829 ZPO. offen. Eine solche Pfändungshandlung vorzunehmen, hat aber der Kläger versäumt, so daß er ein Pfandrecht nach keiner Richtung hin erlangt hat. Wollte man annehmen, daß ein mangels Übergabe des Briefes wirksam nicht entstandenes Pfandrecht an der Hypothek durch deren Wegfall, der vielleicht erst nach Jahren, und ohne zur Kenntnis des Pfändenden zu gelangen, eintritt, sich von selbst in ein gültiges Pfandrecht an der persönlichen Forderung verwandelt, so würde das zur Folge haben, daß ein gutgläubiger Dritter, der inzwischen, nach Wegfall der Hypothek, die Forderung entsprechend dem Gesetze (§ 829) gepfändet hat, nicht geschützt wird und dem anderen weichen muß, der eine den Erfordernissen des Gesetzes (§ 830) entsprechende Pfändungshandlung nicht vorgenommen hat. Eine solche Folge könnte nur auf Grund einer ausdrücklichen Vorschrift des Gesetzes als zulässig angesehen werden. Das im Pfändungsbeschluß an den Drittschuldner gerichtete Verbot, an den Schuldner zu zahlen, hätte zwar den Drittschuldner, falls der Brief hinterher übergeben oder weggenommen worden wäre, verhindert, mit Rechtswirkung gegenüber dem Kläger einzuwenden, daß er nach Zustellung des Beschlusses gegen die gepfändete Forderung aufgerechnet habe; das Verbot hat aber keine selbständige Bedeutung und ist mit dem Kraftloswerden des Pfändungsbeschlusses hinfällig geworden. Hiernach fehlt es dem Kläger an der rechtlichen Befugnis, vom Drittschuldner Befriedigung wegen der ihm gegen E. H. zustehenden Forderung zu beanspruchen."

61. Sind entgeltliche Lizenzverträge, die ein ausschließliches, wenn auch eingeschränktes Recht auf die Ausnutzung eines Patents begründen, als lästige Veräußerungsverträge im Sinne der Tarifst. 32 zu c des preußischen Stempelsteuergesetzes vom 31. Juli 1895 zu versteuern?

VII. Zivilsenat. Urt. v. 5. Mai 1911 i. S. S.-S.-Werke (Kl.) w. preuß. Fiskus (Bekl.). Rep. VII. 433/10.

I. Landgericht I Berlin.
II. Kammergericht daselbst.

Die Parteien stritten über die Stempelpflichtigkeit des Lizenzvertrages vom 2./31. März 1906. Der Beklagte hielt ihn für einen Kaufvertrag und hat deshalb nach der Tarifstelle 32 zu c des preußischen Stempelsteuergesetzes vom 31. Juli 1895 einen Stempel von $^1/_3$ v. H. der von den drei Lizenznehmern zu zahlenden Lizenzgebühren von 66450,57 ℳ mit 221,50 ℳ erhoben. Die Klägerin verlangte mit der Klage einen Teilbetrag von 155 ℳ nebst Zinsen zurück, da für den Vertrag nur der Pachtstempel aus der Tarifstelle 48 mit $^1/_{10}$ v. H. zu entrichten sei. Das Landgericht verurteilte den Beklagten nach dem Klagantrage, das Kammergericht wies die Klage ab. Die Revision der Klägerin wurde zurückgewiesen aus folgenden

Gründen:

„Durch den Vertrag vom 2./31. März 1906 gewährt die D.-Hütte den erwerbenden drei Firmen Lizenz auf bestimmte Patente mit der Berechtigung, den Gegenstand der Erfindung in Deutschland gewerbsmäßig herzustellen, in Verkehr zu bringen, feilzuhalten und zu gebrauchen. Auch hinsichtlich des Auslands werden ihnen gewisse Gebrauchsrechte eingeräumt. Hiernach hat die D.-Hütte den Firmen die Benutzung des Patents gestattet, das Patentrecht selbst aber sich vorbehalten. Derartige Lizenzverträge können, je nach Lage des Falls, einen verschiedenen rechtlichen Inhalt haben. Dieser kann sich darin erschöpfen, daß sich der Patentinhaber — sei es gegen Entgelt, sei es ohne solches — lediglich verpflichtet, dem andern Teile gegenüber von seinem Untersagungsrecht keinen Gebrauch zu machen.

Ein solcher gegen Entgelt geschlossener Vertrag, der nur ein persönliches Schuldverhältnis zwischen den Vertragsparteien begründet, wird regelmäßig als ein Pachtvertrag anzusehen und nach der Tarifstelle 48 zu b des Stempelsteuergesetzes zu verstempeln sein. In den meisten Fällen aber wird sich der Erwerber der Gefahr nicht aussetzen wollen, daß ihm bei einer Veräußerung des Patentrechts selbst ein dritter Erwerber in Anwendung des nunmehr auf ihn übergegangenen Untersagungsrechts den Gebrauch des Patents mit Erfolg verbieten kann. Er wird deshalb bestrebt sein, ein gegen jeden Dritten, auch gegen einen Neuerwerber des Patentrechts geschütztes Gebrauchsrecht zu erlangen. Richtet sich der mit dem Patentinhaber geschlossene Vertrag auf dieses wirtschaftliche Ziel, so wird der Gegenstand des Vertrages, jedenfalls bei der sogen. ausschließlichen Lizenz, die Einräumung eines selbständigen Rechts absoluter Natur sein, die Erfindung auch gegen den Willen der Rechtsnachfolger des Veräußerers für die eigenen Zwecke des Erwerbes auszunutzen (Entsch. des RG.'s in Zivils. Bd. 57 S. 38 flg.). Die Übertragung eines solchen selbständigen Gebrauchsrechts gegen Entgelt stellt sich als eine lästige Veräußerung eines der „anderen Gegenstände aller Art" im Sinne der Tarifstelle 32 zu c dar und ist nach ihr zu versteuern. Die Annahme einer lästigen Veräußerung wird auch dadurch nicht gehindert, daß das von dem Veräußerer zu gewährende Recht vor dem Abschlusse des Vertrages noch nicht vorhanden war, sondern durch den Vertragsschluß erst von ihm begründet werden sollte und begründet worden ist (Urteil des Reichsgerichts vom 5. Januar 1907, Rep. I. 253/06, in Gruchot's Beitr. Bd. 52 S. 973, Jur. Woch. 1907 S. 136 Nr. 17).

Im vorliegenden Falle ist das Gebrauchsrecht ausdrücklich als ein „ausschließliches Ausführungsrecht" eingeräumt (§ 6 des Vertrags); es hat also, da es gegen dritte, nicht befugte Personen wirken soll, den Charakter eines selbständigen, absoluten Rechts. Die hiergegen von der Revision erhobenen Bedenken sind nicht zu teilen. Der Umstand, daß das Gebrauchsrecht gleichzeitig drei verschiedenen Personen eingeräumt ist, und daß sich die D.-Hütte das Recht vorbehält, dem Patent entsprechende Anlagen in gewissen Fällen in Gemeinschaft mit einer der drei erwerbenden Firmen auszuführen, ändert nichts an der nach außenhin absolut wirkenden Natur des veräußerten Rechts, hat vielmehr nur die Wirkung, daß sich die Berechtigten untereinander gegenseitig in der Ausübung des Rechts beschränken. Der Fall liegt nicht anders, als wenn mehreren Personen das Miteigentum an demselben Gegenstande zusteht. Ebensowenig wird die Natur des Rechts durch die in § 6 des Vertrages bestimmte, nur von außen auf das Recht einwirkende Einschränkung berührt, daß das der Société Alsacienne ... zustehende Einfuhrrecht für geschützte Maschinen nach Deutschland aufrecht erhalten bleiben soll; diese Einschränkung ist ebenso zu beurteilen, als wenn das Eigentum an einem mit einer Grunddienstbarkeit belasteten Grundstück einem anderen übertragen wird. Ein besonderes Recht, Unterlizenzen zu erteilen, ist zwar im Vertrage den Erwerbern nicht eingeräumt. Ein solches Recht ist aber keineswegs ein charakteristisches Merkmal einer ausschließlichen Lizenz. Der Veräußerer kann vielmehr das gewährte Recht nicht nur räumlich, zeitlich oder technisch einschränken, sondern auch als ein rechtlich beschränktes derart übertragen, daß das ausschließliche Gebrauchsrecht dem Erwerber nur für seine Person zustehen soll, ohne daß er es anderen überlassen darf.

Vergebens beruft sich die Revision dafür, daß durch den Vertrag nur ein Pachtrecht, also ein nach seiner Natur nur obligatorische Wirkungen schaffendes Recht (§§ 581 flg. BGB.), eingeräumt sei, noch auf den Inhalt des § 9 des Vertrages. Dort ist bestimmt, daß sich die D.-Hütte für den Fall der Verletzung eines der Patente durch einen unberechtigten Dritten verpflichtet, innerhalb bestimmter Frist nach erhaltener Kenntnis von der Patentverletzung die Patentverletzungsklage anzustellen. Diese Vorschrift beruht offenbar auf praktischen Erwägungen und bezweckt, die Maßregeln zum Schutze des Patentrechts, an dem alle Vertragsteilnehmer das gleiche Interesse hatten, in einer Hand zu vereinigen und dem Träger des Patentrechts selbst zu übertragen, dessen Befugnis zur Klage am leichtesten nachgewiesen werden konnte. Ob man von der Übertragung eines selbständigen, absoluten Rechts überhaupt noch sprechen könnte, wenn nach dem Vertragswillen der Beteiligten dem Erwerber jeder selbständige Klageschutz versagt sein sollte, braucht hier nicht entschieden zu werden. Denn wenn der D.-Hütte vertraglich die obligatorische Verpflichtung auferlegt ist, im Interesse aller Beteiligten bei Verletzungen des Patents die Klage anzustellen, so ist daraus nicht zu folgern, daß die übrigen Inhaber eines selbständigen Rechts, die drei Erwerber, auch dann ohne den ihnen durch das objektive Recht verliehenen selbständigen Klageschutz bleiben sollten, wenn die D.-Hütte, der übernommenen Pflicht zuwider, es versäumte, die drei Firmen gegen unbefugte Eingriffe Dritter in das erworbene Recht zu schützen; vielmehr ist aus der Ausschließlichkeit des übertragenen Rechts das Gegenteil zu entnehmen. Daß die Firmen ihren Rechtsschutz nicht lediglich vom guten Willen des Veräußerers haben abhängig machen wollen, ist hier auch deshalb anzunehmen, weil nach § 9 der D.-Hütte für Deutschland nicht gestattet sein sollte, den Patentverletzern nachträglich Lizenzen zu erteilen, solange eine der drei Firmen das ausschließliche Recht auf Lizenz für Deutschland genießen würde. Die D.-Hütte hatte es also nicht in der Hand, den für die Erwerber bestehenden selbständigen Rechtsschutz durch nachträgliche Lizenzerteilung an jene Personen zu vereiteln. Den Ausführungen des Berufungsrichters endlich ist lediglich beizutreten, daß, soweit der Gebrauch des Patents für die erwerbenden Firmen im Vertrag an bestimmte Bedingungen geknüpft ist, deren Hinzufügung für die Stempelpflichtigkeit des Vertrages nach § 3 Abs. 2 des Stempelsteuergesetzes ohne Bedeutung ist, und daß die an die drei Firmen erfolgte Rechtsübertragung nicht als eine der Zeit nach willkürlich beschränkte, sondern als eine endgültige anzusehen ist, da der Vertrag nach § 10 als auf die Dauer des längstlaufenden der zum Gebrauch überlassenen Patente abgeschlossen gelten soll.

Das von der Revision in Bezug genommenene Urteil des VI. Zivilsenats vom 9. November 1908 (Rep. VI. 579/07) betrifft einen Streitfall, der in tatsächlicher Hinsicht anders liegt, als der jetzt zu entscheidende. Soweit darin etwa rechtliche Erwägungen enthalten sein sollten, die von den vorstehenden Ausführungen und denen des I. Zivilsenats in den oben angeführten Entscheidungen über die Natur des Lizenzvertrages abweichen, hinderten sie nicht die jetzt getroffene Entscheidung, da auf ihnen die damals vom VI. Zivilsenat gefällte Entscheidung nicht beruhte."

62. Welche rechtliche Bedeutung hat die Ausstellung und Weiterbegebung von Lieferscheinen? Welche Wirkung hat der Vermerk auf einem solchen Scheine, daß die Lieferung gegen Zahlung einer bestimmten Summe erfolgen soll?

II. Zivilsenat. Urt. v. 5. Mai 1911 i. S. Genossenschaftsbank u. Gen. (Kl. u. Widerbekl.) w. E. & Cie. (Bekl. u. Widerkl.). Rep. II. 562/10.

I. Landgericht Hamburg.
II. Oberlandesgericht daselbst.

Die Beklagte verkaufte der Klägerin 30000 kg Harburger Leinkuchen zum Preise von 4275 *M*. Zwecks Erfüllung ihrer Lieferungspflicht übergab sie der Klägerin drei Lieferscheine, die, unter dem 13. Januar 1908 von der Firma E. & K. ausgestellt und an die Firma Harburger Ölwerke B. & M. gerichtet, übereinstimmend lauteten: „Liefern Sie à Conto unserer Kontrakte an Herrn E. & Cie. (Beklagte) 10000 kg Leinkuchen". Die Klägerin gab diese Lieferscheine weiter an Cö. & Gl., von denen sie an F. M. übergingen. F. M., der die Leinkuchen zum Preise von je 1470 *M* für 10000 kg an eine dänische Firma weiterverkauft hatte, wünschte, daß diese Firma den Kaufpreis bei dem Empfange der Ware bezahle und setzte daher jedem der drei von ihm an die dänische Firma weiter gegebenen Lieferscheine die Worte hinzu: „gegen Zahlung von *M* 1470". Die Folge davon war, daß die dänische Firma den in den Scheinen angegebenen Betrag von insgesamt 4410 *M* an die Harburger Ölwerke bezahlte, worauf diese ihr die 30000 kg Leinkuchen übersandten. Die dänische Firma hatte jene 4410 *M* in ihrem Avisbriefe bezeichnet als dienlich zur Zahlung der 30 Tons Leinkuchen „auf Lieferschein an E. & K.", wie Klägerin behauptet, oder „auf Lieferschein E. & K.", wie die Beklagte behauptet.

Die Harburger Ölwerke brachten den von der dänischen Firma bezahlten Betrag zunächst der Firma E. & K., ihrer Käuferin, gut, und diese wiederum übersandte der Beklagten, die von ihr zu 3990 *M* gekauft hatte, eine quittierte Rechnung vom 28. Januar 1908 mit dem Bekenntnis, gegen den Rechnungsbetrag 4410 *M* erhalten zu haben.

Mit Brief vom 1. Februar 1908 ersuchte die Firma E. & K. die Harburger Ölwerke, ihr eine rektifizierte Faktura, d. h. eine solche ohne Quittungsvermerk zu erteilen, weil M. F. ihr erklärt habe, der Betrag von 4410 ℳ sei bei den Harburger Ölwerken für seine Rechnung bezahlt worden. Nachdem die Firma E. & K. hierauf eine neue Faktura ohne den Zahlungsvermerk von 4410 ℳ seitens der Harburger Ölwerke erhalten hatte, bat sie mit Schreiben vom 4. Februar 1908 die Beklagte, die der letzteren übersandte Faktura vom 28. Januar 1908 zu stornieren und legte gleichzeitig eine neue Faktura im Betrage von 3990 ℳ bei, mit dem Ersuchen um Überweisung dieses Betrages.

Die Klägerin, von der Auffassung ausgehend, daß die Kaufpreisschuld der Beklagten gegenüber E. & K. durch die Zahlung der dänischen Firma und die daraufhin seitens der Harburger Firma erfolgte Kreditierung zugunsten von E. & K. getilgt sei, daß die Zahlung überhaupt für Rechnung der Firma E. & K. und aller Nachmänner erfolgt sei, mithin jeder Verkäufer in Höhe des gezahlten Betrages für seine Forderung an den unmittelbaren Nachmann als befriedigt gelte, erhob Klage auf Zahlung des Betrages, um den der von E. & K. der Beklagten ursprünglich gutgebrachte Betrag von 4410 ℳ die Kaufpreisschuld der Klägerin gegenüber der Beklagten von 4275 ℳ überstieg. Die Beklagte dagegen verlangte widerklagend Zahlung dieses letzteren Kaufpreises, weil die dänische Firma lediglich für Rechnung ihres Verkäufers M. F. bezahlt habe.

Durch Urteil des Landgerichts wurde die Klage abgewiesen, und auf die Widerklage die Klägerin verurteilt, der Beklagten 4275 ℳ nebst Zinsen zu zahlen. Die Berufung der Klägerin wurde zurückgewiesen, ebenso die von ihr eingelegte Revision, letztere aus folgenden

Gründen:

„Mit der Revision ist nur die Entscheidung über die Widerklage angegriffen. Der Berufungsrichter hat die Widerbeklagte für verpflichtet erachtet, den mit der Widerklage geforderten Kaufpreis zu zahlen. Um diesen Preis hatte die Widerbeklagte von der Widerklägerin 30000 kg Leinkuchen gekauft und daraufhin von der letzteren die drei von der Firma E. & K. ausgestellten, an die Harburger Ölwerke gerichteten Lieferscheine über je 10000 kg Leinkuchen erhalten.

Diese Lieferscheine sind als Anweisungen im Sinne der §§ 783 flg. BGB. anzusehen, wodurch E. & K. ihren Verkäufer, die Harburger Ölwerke, anwiesen, eine Quantität Leinkuchen, vertretbare Sachen, an einen Dritten, die Widerklägerin, die die gleiche Quantität von E. & K. gekauft hatte, zu liefern. Diese Anweisung hat die Widerklägerin ihrem Käufer, der Widerbeklagten, übertragen, letztere wiederum ihrem Käufer, der Firma Cö. & Gl., und diese ihrem Käufer M. F. Dieser aber, der die gleiche Quantität Ölkuchen an eine dänische Firma verkauft hatte, übertrug ebenfalls seiner Käuferin die Anweisungen, änderte sie jedoch insofern, als er in den Text der Anweisungen einen Zusatz einfügte, inhalts dessen die Lieferung nur gegen Zahlung des von ihm mit der dänischen Firma vereinbarten Kaufpreises von je 1470 ℳ für 10000 kg erfolgen sollte. Die Widerklägerin und alle ihr folgenden Verkäufer gaben ihrem Übertragungswillen dadurch Ausdruck, daß sie auf die Rückseite der Lieferscheine nach Art der Blankoindossamente nacheinander ihren Namen schrieben.

Es ergibt sich, daß mit der Lieferung der 30000 kg Leinkuchen seitens des Angewiesenen, der Harburger Ölwerke, an die dänische Firma, die letzte Inhaberin der Anweisungen, die Verpflichtungen aller Verkäufer zur Lieferung der Ware erfüllt sind (§§ 783, 788 BGB.). Dagegen ergibt sich aus dem Wesen des von M. F. hinzugefügten Zahlungsvermerks nicht, daß durch die Zahlung der dänischen Firma die Kaufpreisforderungen aller auf den Lieferscheinen angegebenen Verkäufer getilgt sind. Der Vermerk besagt lediglich, daß nach dem Willen seines Urhebers die angewiesene Lieferung nur ausgeführt werden soll gegen Zahlung eines bestimmten Betrages an den zur Lieferung Angewiesenen, der damit zugleich ermächtigt wird, diesen Betrag für den Urheber des Vermerks in Empfang zu nehmen. Im vorliegenden Falle war M. F. der Urheber. Da aber der Zahlungsvermerk in den Text aufgenommen war, wurde der Anschein hervorgerufen, als wenn er von dem Aussteller der Anweisungen hineingesetzt wäre. Da der Aussteller, E. & K., sich ferner mit der Hinzufügung des Vermerks durch M. F. diesem gegenüber einverstanden erklärt hatte, wenn auch unter Ablehnung der Folgen, so mußte er sich den Ölwerken gegenüber so behandeln lassen, als wenn er der Urheber des Vermerks wäre. Die Ölwerke durften daher den von der dänischen Firma gezahlten

Betrag für E. & K. in Empfang nehmen. Sie haben dies getan, den Betrag auf ihre Forderung gegen E. & K. verrechnet und letzterer Firma eine quittierte Rechnung, datiert vom 28. Januar 1908, übersandt. Den Betrag durften sie als Zahlung auf die Rechnung nur kraft einer ihnen gegenüber erfolgten Willenserklärung von E. & K. ansehen, die in der Einfügung des Zahlungsvermerks oder in der widerspruchslosen Annahme der Quittung gefunden werden kann. E. & K. haben nun in gleicher Weise ihrem Käufer, der Widerklägerin, eine quittierte Rechnung übersandt. Ob durch die widerspruchslose Annahme dieser Quittung eine Befreiung der Beklagten von ihrer Kaufpreisschuld gegenüber E. & K. eingetreten ist, und ob diese Befreiung später durch die widerspruchslose Annahme des Schreibens von E. & K. vom 4. Februar 1908 wieder rückgängig gemacht ist, ist für das in erster Linie von der Widerbeklagten gegen die Widerklage geltend gemachte Verteidigungsmittel, daß die Kaufpreisforderung der Widerklägerin gegen sie infolge der Zahlung der dänischen Firma getilgt sei, unerheblich. Denn eine solche Tilgung hätte, da eine Zahlung an die Widerklägerin nicht erfolgt ist, nur eintreten können kraft rechtsgeschäftlicher Verfügung der Widerklägerin. Eine solche liegt aber nach der eigenen Behauptung der Widerbeklagten nicht vor. Eine Vereinbarung durch widerspruchslose Annahme der Quittung kommt nicht in Frage, da die Widerklägerin der Widerbeklagten eine Quittung nicht übersandt hat.

In Betracht kommt noch eine Vereinbarung, die nach dem von der Widerbeklagten behaupteten Handelsgebrauch im Falle, daß ein mit einem Zahlungsvermerk versehener Lieferschein weiter begeben wird, dahin anzunehmen sein soll, daß durch die Zahlung des letzten Inhabers des Lieferscheins der Aussteller des Scheins und jeder folgende Nachmann wegen ihrer Kaufpreisforderung gegen den unmittelbaren Nachmann in Höhe des gezahlten Betrages für befriedigt gelten sollen. Diese Wirkung ist übrigens, wie die Revisionsbeklagte zutreffend hervorgehoben hat, schon begründet im Wesen des sogenannten Kassalieferscheines, d. h. eines solchen, in dem bereits der Aussteller, der erste Verkäufer, den Fabrikanten zur Lieferung nur gegen Zahlung angewiesen hat. Denn hier hat der erste Verkäufer auch seinen Käufer angewiesen, — und das Gleiche hat jeder getan, der den Kassalieferschein weiter übertragen hat — den ihm gebührenden Kaufpreis an den zur Lieferung Angewiesenen zu zahlen. Zahlt nun der letzte Inhaber, so sind in Höhe des gezahlten Betrages die Kaufpreisforderungen des Ausstellers und seiner sämtlichen Nachmänner, die als Verkäufer den Kassalieferschein weiter übertragen haben, getilgt, weil ihrer Anweisung gemäß der Kaufpreis bezahlt ist, wenn auch nicht durch ihren unmittelbaren Käufer. Aber weder liegt hier eine aus der Weiterbegebung eines Kassalieferscheins zu entnehmende Anweisung der Widerklägerin an ihren Käufer, die Widerbeklagte, vor, noch kann der behauptete Handelsgebrauch zur Anwendung kommen, weil die Kassaklausel den Scheinen erst durch M. F. hinzugesetzt ist, nachdem die Widerklägerin die Lieferscheine bereits der Widerbeklagten übertragen hatte. Da die Widerklägerin diesem von M. F. gemachten Zusatze weder zugestimmt noch denselben nachträglich genehmigt hat, braucht sie sich auch nicht behandeln zu lassen, als hätte sie die Lieferscheine mit Zahlungsvermerk weiterbegeben. Mangels einer rechtsgeschäftlichen Verfügung der Widerklägerin der Widerbeklagten gegenüber ist es unerheblich, ob E. & K. für ihre Kaufpreisforderung gegenüber der Widerklägerin als befriedigt zu gelten haben. Daraus würde die Tilgung der Kaufpreisschuld der Widerbeklagten nicht herzuleiten sein.

In zweiter Linie hat die Widerbeklagte gegen die Widerklage vorgebracht, daß die Widerklägerin, weil ihre Kaufpreisschuld gegenüber der Firma E. & K. getilgt sei, sich auf Kosten der Widerbeklagten bereichern würde, wenn sie gegen diese noch ihre Kaufpreisforderung geltend machen könnte. Die Widerbeklagte stellt sich hier auf den Boden, daß zwar nicht *ihre* Kaufpreisschuld, wohl aber diejenige der Widerklägerin getilgt sei. Selbstverständlich kann eine grundlose Bereicherung der Widerklägerin nicht darin gefunden werden, daß sie den ihr rechtlich zukommenden Kaufpreis empfängt. Die weitere Ausführung des Berufungsrichters aber, eine Bereicherung könne höchstens vorliegen, wenn die Widerklägerin ihren Verkäufer nicht bezahle, läßt unbeachtet, daß nach der ihrem Bereicherungsanspruche zugrunde liegenden Behauptung der Widerbeklagten, die der Berufungsrichter selbst als richtig unterstellt, die Widerklägerin gar nicht in die Lage kommt, ihren Verkäufer, E. & K., zu bezahlen, weil sie ihm nichts mehr schuldet. Mag auch, bei Unterstellung der von der Widerbeklagten behaupteten Sachlage, die

Widerklägerin durch die Befreiung von ihrer Kaufpreisschuld gegenüber E. & K. bereichert sein, so läßt sich doch ein Anspruch der Widerbeklagten daraus nicht herleiten, da weder auf ihre noch auf Kosten ihrer angeblichen Zedentin, der Firma Cö. & Gl., die Bereicherung der Widerklägerin erfolgt sein würde."

---

63. Anfechtung gesetz- oder statutenwidriger Generalversammlungsbeschlüsse einer Aktiengesellschaft. Gegen wen ist die Anfechtungsklage zu richten, wenn die Gesellschaft nach Fassung der Beschlüsse in Konkurs gerät?

HGB. §§ 271, 272.
KO. § 6.

I. Zivilsenat. Urt. v. 6. Mai 1911 i. S. R. (Kl.) w. 1. Lederfabrik Aktiengesellschaft, vorm. J. E. St., 2. L. als Konkursverwalter (Bekl.). Rep. I. 164/10.

I. Landgericht III Berlin, Kammer für Handelssachen.
II. Kammergericht daselbst.

Am 27. Mai 1909 fand eine Generalversammlung der verklagten Aktiengesellschaft statt, in der eine Reihe von Beschlüssen gefaßt wurde. Nachdem am 3. Juni 1909 über das Vermögen der Gesellschaft der Konkurs eröffnet war, erhob der Revisionskläger, seiner Behauptung nach schon am Tage der Generalversammlung Aktionär der Gesellschaft und unstreitig bis dahin Mitglied des Aufsichtsrats, in Gemeinschaft mit drei anderen Personen Anfechtungsklage, weil die Versammlung nicht ordnungsmäßig einberufen sei. Die Klage wurde sowohl dem Vorstande und dem Aufsichtsrate der Gesellschaft, als auch dem Konkursverwalter zugestellt.

Das Landgericht verkündete gleichzeitig zwei Urteile, ein sogenanntes Zwischenurteil des Inhalts, daß die verklagte Gesellschaft lediglich durch Vorstand und Aufsichtsrat vertreten werde, und ein zweites Urteil, wodurch es die durch die Mitladung des Konkursverwalters entstandenen Kosten den Klägern aufbürdete. Das Kammergericht wies die gegen beide Urteile eingelegte Berufung zurück. Auch die Revision wurde zurückgewiesen.

Gründe:

„Während die Klage gegen die Gemeinschuldnerin, die Aktiengesellschaft, erhoben war, vertreten durch Vorstand, Aufsichtsrat und Konkursverwalter, hat das Landgericht in der Überschrift seiner beiden Entscheidungen den Verwalter als Mitbeklagten neben der Aktiengesellschaft aufgeführt. Dies und der Umstand, daß es ihn nicht durch Beschluß aus dem Prozesse herausgewiesen, sondern durch Urteil über seine Beteiligung am Rechtsstreite entschieden hat, läßt den Sinn der gefällten Entscheidungen deutlich erkennen. Trotz der irreleitenden Ausdrucksweise des angeblichen Zwischenurteils besteht kein Zweifel darüber, daß das Gericht in dem Verwalter eine selbständige Partei kraft Amtes erblickt und die gegen ihn gerichtete Klage durch Teilurteil abgewiesen hat. Diese Auffassung von der Stellung des Konkursverwalters entspricht der Rechtsprechung des Reichsgerichts, von der abzugehen ein Anlaß nicht vorliegt. Insofern die Revision den Antrag wiederholt, den Verwalter als Vertreter der Gemeinschuldnerin zu behandeln, kann ihr danach nicht gefolgt werden.

Im übrigen dreht sich der Streit der Parteien, soweit er in die Revisionsinstanz erwachsen ist, darum, ob der Kläger richtig verfahren ist, als er die nach Eröffnung des Konkurses über die Aktiengesellschaft erhobene Anfechtungsklage gegen den Konkursverwalter richtete. Der Revision ist zuzugeben, daß die Gründe, aus denen das Kammergericht diese Frage verneint hat, das Urteil nicht stützen. Darauf, daß eine Klage nach §§ 271, 272 HGB. zu den Ansprüchen auf Aussonderung oder Absonderung nicht gezählt werden kann und auch weder zu den Ansprüchen der Massegläubiger, noch der Konkursgläubiger gehört, ist kein Gewicht zu legen. Diese Kategorien umfassen nur die hauptsächlichsten Möglichkeiten von Klagen gegen den Konkursverwalter; erschöpfend sind sie nicht. Beispielsweise muß auch die Klage auf Aufhebung eines Schiedsspruchs gegen den Verwalter erhoben werden, obwohl sie gleichfalls nicht unter jene Rubriken paßt. Unschlüssig ist auch die fernere Erwägung, daß das Recht, Anfechtungsklage zu erheben, ein Mitgliedsrecht der Aktionäre sei. Der Beweis müßte erst erbracht werden, daß das Gesetz es verbietet, ein Mitgliedsrecht, bei dessen Ausübung der Aktionär wie ein Organ der Gesellschaft tätig wird (vgl. § 271 Abs. 4), gegen den Konkursverwalter geltend zu machen.

In der Literatur finden sich einschlägige Erörterungen, soweit zu ersehen, nur bei Hachenburg in Staubs Kommentar z. G. m. b. HG. 3. Aufl. § 45 Bem. 26. Dieser Schriftsteller will die Klage auf Aufhebung gesetz- oder statutenwidriger Generalversammlungsbeschlüsse niemals gegen den Konkursverwalter gerichtet wissen, weil der Verwalter nicht befugt sei, die Gesellschaft in ihren inneren Angelegenheiten zu vertreten. Ob das nicht zu weit geht, mag dahingestellt bleiben. Würde man mit Goldmann, HGB. § 292 Anm. 10, annehmen, daß rückständige Naturalleistungen im Sinne des § 212 HGB., die die Versammlung ausgeschrieben hat, auch im Gesellschaftskonkurse beansprucht werden können, so bedürfte es der Erklärung, warum sich der Verwalter, statt gegenüber der Anfechtungsklage die Beklagtenrolle zu übernehmen, darauf beschränken müßte, den Organen der Gesellschaft als Nebenintervenient beizutreten. Um eine innere Angelegenheit der Gesellschaft handelt es sich hierbei nicht; vielmehr steht in Frage, ob eine Verpflichtung der Gesellschafter gegen die Gesellschaft, die der Ausschreibungsbeschluß begründet hatte, mithin ein Aktivum der Konkursmasse, im Wege der Anfechtung zu beseitigen sei.

Die Entscheidung hängt in Wahrheit nur davon ab, ob die Verteidigung der hier in Rede stehenden Beschlüsse eine gesetzliche Obliegenheit des Konkursverwalters bildet. Das Gesetz weist dem Verwalter die Aufgabe zu, das Massevermögen zu verwalten und zu verwerten (§§ 6, 117 KO.). Nur wenn die Abwehr der erhobenen Klage einen Akt der Konkursverwaltung bedeutet, ist er gegenüber der Klage passiv legitimiert. Ein Streit, der seines Amtes nicht ist, kann ihm nicht aufgezwungen werden. In einen solchen Streit haben die Organe der Aktiengesellschaft einzutreten, die ja auch im Konkurse bestehen bleiben. Auf der andern Seite würde, wenn die Legitimation des Verwalters gegeben wäre, damit auch feststehen, daß die Gesellschaftsorgane, denen die Klage gleichfalls zugestellt ist, mit der Sache nichts zu tun haben. In dem Bereiche, der dem Verwalter gesetzlich zugeteilt ist, werden sie durch den Verwalter verdrängt. Wie dies für die regelmäßige Vertretung der Gesellschaft durch den Vorstand gilt (§ 231 Abs. 1 HGB.), so müßte es nicht minder für den Ausnahmefall anerkannt werden, in welchem das Gesetz (§ 272 Abs. 1 HGB.) zur Verhütung von Kollusionen eine Gesamtvertretung durch Vorstand und Aufsichtsrat angeordnet hat. Von dem Standpunkte der Auffassung des Konkursverwalters als Partei aus wäre dann die Klage gegen die Gemeinschuldnerin wegen fehlender Sachlegitimation abzuweisen. Dem Begehren der Revision, den Verwalter kumulativ neben Vorstand und Aufsichtsrat in den Prozeß hineinzuziehen, kann daher keinesfalls Erfolg zuteil werden.

Über den Inhalt der Beschlüsse, die am 27. Mai 1909 gefaßt wurden, hat der Kläger nähere Angaben nicht gemacht. Aus den vorgetragenen Schriftstücken geht aber hervor, daß eine Zusammenlegung von zehn Aktien in eine und gleichzeitig eine Erhöhung des Grundkapitals beschlossen wurde; daß ferner der bisherige Aufsichtsrat abgesetzt und statt seiner ein neuer gewählt wurde; endlich daß den Mitgliedern des bisherigen Aufsichtsrates Entlastung erteilt wurde. Alle diese Beschlüsse sind mit der Klage angefochten; deren Antrag lautet, sie sämtlich für nichtig zu erklären.

Daß die Beschlüsse über Herabsetzung und Erhöhung des Grundkapitals die Verwaltung der Konkursmasse nicht berühren, leuchtet ohne weiteres ein. Es handelte sich dabei um Sanierungsmaßregeln, die das Fortbestehen der Aktiengesellschaft auch nach ihrer produktiven Seite hin zur Voraussetzung hatten. Aller Voraussicht nach sind sie mit der Konkurseröffnung und der damit verbundenen Auflösung der Gesellschaft (§ 292 Nr. 3 HGB) endgültig hinfällig geworden. Wollte man indes ein Wiederaufleben der Beschlüsse für möglich halten, wenn gemäß § 307 Abs. 2 HGB. nach einem Zwangsvergleiche oder nach Konkursverzicht die Fortsetzung der Gesellschaft beschlossen werden sollte, so würden sie doch auch bei dieser Annahme für die Dauer des Konkursverfahrens nicht in Betracht kommen.

Ebenso gleichgültig für die Konkursmasse ist, wie kaum erwähnt zu werden braucht, der Wechsel in den Personen der Aufsichtsratsmitglieder. Aber auch die Tatsache, daß dem Kläger die nachgesuchte Entlastung verweigert wurde, hat in diesem Zusammenhange keine Bedeutung. Selbstverständlich konnte ein Anspruch des Klägers auf Entlastung, wenn er an sich begründet war, durch den Willen der Versammlung nicht beeinträchtigt werden. Dem Kläger bleibt es unverwehrt, auf Erteilung der Entlastung oder auf Feststellung des

Nichtbestehens von Schadensersatzansprüchen zu klagen. Daß eine solche Klage gegen den Konkursverwalter gerichtet werden müßte, hat der Senat aus Anlaß von Zweifeln, die von dem damaligen Gerichte der zweiten Instanz angeregt waren, erst kürzlich ausgesprochen (vgl. Urteil vom 28. Dezember 1910, Rep. I. 192/10). Anders aber würde es sich verhalten, wenn etwa der Kläger daran dächte, den Weg der Anfechtung nach §§ 273, 272 HGB. zu beschreiten. Ob überhaupt von einem anfechtbaren Beschlusse (auf Verweigerung der Entlastung) gesprochen werden darf, oder ob nur die Ablehnung eines Beschlusses (des Entlastungsbeschlusses) vorliegt, mag auf sich beruhen. Auch wenn man der ersteren Ansicht folgt (vgl. z. B. Staub-Pinner § 260 Anm. 12 mit § 271 Anm. 1 HGB.), wäre bei einem Zuspruch der Klage zwar der Verweigerungsbeschluß aufgehoben, die Entlastung aber deshalb immer noch nicht erteilt.

Allerdings trifft es nicht zu, was von der herrschenden Meinung gelehrt wird, daß eine Anfechtungsklage begrifflich nur ein negatives Ergebnis zeitigen könnte. Hebt das Gericht einen Bilanzgenehmigungsbeschluß als gesetz- oder statutenwidrig auf, so hat es zugleich die richtige Bilanz festzustellen (vgl. Entsch. in Zivils. Bd. 64 S. 258). Aber dieser Fall, bei dem alle Grundlagen der Entscheidung gegeben sind, und aus den Tatsachen nur der einzig mögliche Schluß gezogen wird, ist mit dem hier fraglichen nicht zu vergleichen. Die Entlastung von Organen der Gesellschaft stellt eine rechtsgeschäftliche Erklärung, einen Verzicht auf Ersatzansprüche dar. Ob die Generalversammlung verzichtet haben würde, wenn die mit der Anfechtungsklage gerügte Gesetzes- oder Statutenverletzung nicht begangen wäre, ist nach wie vor ungewiß. Es kann keine Rede davon sein, daß das Prozeßgericht, das mit dem hierfür maßgeblichen Tatsachenmaterial gar nicht befaßt ist, von sich aus den Verzicht erklären könnte. Endlich mag bemerkt werden, daß auch ein etwaiger Beschluß nach § 268 HGB. für die Konkursmasse keine Bedeutung haben würde. Ein Gebot der Generalversammlung an den Vorstand, Ersatzansprüche aus der Gründung oder der Geschäftsführung zu verfolgen, ist für den Konkursverwalter ebensowenig von Belang wie die Aufhebung eines solchen Gebots. Er hat nach eigenem pflichtmäßigen Ermessen zu entscheiden, ob er den Anspruch geltend machen will oder nicht (vgl. RG. in Jur. Woch. 1896 S. 697 Nr. 29).

Nur der Beschluß, wodurch dem Vorstande und den Aufsichtsratsgenossen des Klägers die Entlastung erteilt ist, bleibt hiernach zu prüfen übrig. Die Aufhebung der Entlastung bildet denn auch das eigentliche Ziel der Klage, da der Kläger — freilich rechtsirrtümlich — befürchtet, daß die Entlastung ihm den Rückgriff gegen die neben ihm haftenden Gesamtschuldner vereiteln möchte. . . . Aber auch zu diesem Teil der Anfechtungsklage verdienen die Ausführungen der Revision keine Billigung.

Auch ein Entlastungsbeschluß wirkt nicht notwendig auf die Konkursmasse ein. In den hauptsächlichsten Fällen von Pflichtverletzungen, die sich ein Mitglied des Vorstandes oder des Aufsichtsrats zuschulden kommen lassen kann, nämlich in den Fällen des § 241 Abs. 3 HGB., steht den Gläubigern der Aktiengesellschaft ein selbständiger Ersatzanspruch zu, der vom Konkursverwalter geltend gemacht wird (vgl. Entsch. des RG.'s in Zivils. Bd. 39 S. 62, Bd. 74 S. 428). Dieser Anspruch wird, wie § 241 Abs. 4, § 249 Abs. 3 bestimmt, durch einen Verzicht der Gesellschaft nicht getilgt.

Ist die Pflicht zur Beobachtung der Sorgfalt eines ordentlichen Geschäftsmannes in anderer Weise als durch die in § 241 Abs. 3 aufgezählten Verstöße verletzt, so kann freilich ein Interesse des Konkursverwalters an dem Entlastungsbeschlusse nicht geleugnet werden. Aber dieses Interesse läuft dem des Anfechtungsklägers nicht etwa zuwider, sondern stimmt mit ihm gerade überein. Es geht eben dahin, daß der Beschluß aufgehoben wird. Sieht man von der Möglichkeit ab, die Entlastung nach § 32 Nr. 1 KO. als unentgeltliche Verfügung der Gemeinschuldnerin anzufechten, so ist die Ausübung des aktienrechtlichen Anfechtungsrechts die Vorbedingung, von der die Erhaltung eines Bestandteils der Masse abhängt. Zweifelsohne wäre deshalb der Verwalter berufen, die Klage nach §§ 271 flg. HGB. als Nebenintervenient des Klägers zu unterstützen. Dagegen muß es als ausgeschlossen gelten, daß er dieser Klage als Beklagter gegenübertreten könnte. Die Vorschrift des § 272 Abs. 1, wonach der Vorstand der Aktiengesellschaft, wenn er aus irgend welchen Gründen von eigener Klagerhebung Abstand nimmt, als Mitvertreter der Gesellschaft für sie tätig werden muß, leidet auf den Konkursverwalter keine entsprechende Anwendung. Die Rechtshandlungen des Verwalters finden in seiner Aufgabe, die Konkursmasse zur

Befriedigung der Gläubiger zu verwerten, ihre gesetzliche Schranke Handlungen, die diesem Zwecke des Konkurses ihrer Natur nach widerstreiten, liegen außerhalb seines Machtbereichs und sind rechtlich unwirksam (vgl. Entsch. des RG.'s in Zivils. Bd. 53 S. 193, Bd. 57 S. 199 flg. mit Zitaten). Mit dem Konkurszwecke aber wäre es schlechterdings unvereinbar, wollte der Verwalter den Verzicht auf ein Masseaktivum, der unter Verletzung des Gesetzes oder der Statuten zustande kam, durch Bekämpfung der Klage der Aufhebung entziehen. Die Verteidigung widerrechtlicher Entlastungsbeschlüsse kann niemals Sache des Konkursverwalters sein. Auf der andern Seite kann das Gesetz nicht wohl beabsichtigt haben, die Beklagtenrolle einer Person aufzudrängen, deren amtliche Verpflichtungen sie in jedem Zweifelsfalle zu einem Anerkenntnis des Klaganspruchs nötigen würden. Dies zwingt zu der Folgerung, daß der Prozeß von den Organen der Gesellschaft geführt werden muß.

Ob die angeblichen Pflichtverletzungen, auf deren Verfolgung durch den Entlastungsbeschluß vom 27. Mai 1909 verzichtet wurde, unter den § 241 Abs. 3 fallen, ist aus dem Vorbringen des Klägers nicht zu ersehen. Es kommt hierauf aber auch nichts an. Zur Abweisung der Klage, die gegen den Verwalter gerichtet ist, genügt es, daß die gefaßten Beschlüsse die Masse zum Teil sicher unberührt lassen, und daß, wenn dies bei dem Entlastungsbeschluß anders sein sollte, gerade ein Sieg der Klage im Interesse der Masse gelegen wäre."

---

64. 1. **Begriff und Haftung des Handelsmäklers. Ist insbesondere jemand, der gewerbsmäßig Bankkredite für hypothekarische Darlehne auf Grundstücke vermittelt, ein Handelsmäkler?**

HGB. §§ 93. 98.

2. **Haftet derjenige, welcher durch einen Mäklervertrag eine Geschäftsvermittlung, und sodann von einem als Gegenkontrahenten in Aussicht Genommenen einen Auftrag zu vorgängigen Erkundigungen übernommen hat, dem letzteren als Beauftragter?**

VI. Zivilsenat. Urt. v. 8. Mai 1911 i. S. Sch. (Kl.) w. Gr. (Bekl.). Rep. VI. 245/10.

I. Landgericht Bochum.
II. Oberlandesgericht Hamm.

Ein klagabweisendes Urteil wurde aufgehoben, und die Sache in die Instanz zurückverwiesen, aus den folgenden

Gründen:

„Die Klägerin hatte unter Vermittlung des Beklagten der Firma Schl. & Kl. in B. im Jahre 1906 einen größeren Bankkredit gewährt. Sie behauptete durch diese Geschäftsverbindung einen bedeutenden Verlust erlitten zu haben und machte aus verschiedenen Gründen den Beklagten dafür verantwortlich. Sie wurde mit diesen Ansprüchen abgewiesen. Das Berufungsgericht verneint, daß ein Vertrags-, insbesondere ein Auftragsverhältnis zwischen den Parteien bestanden habe; es würde allein den § 826 BGB. als Grundlage des erhobenen Anspruches gelten lassen und findet nicht, daß hierfür die Voraussetzungen gegeben seien.

Die hiergegen erhobenen Revisionsangriffe verdienen Beachtung. Zunächst ist die Annahme des Oberlandesgerichts, daß beim Wegfall eines Vertragsverhältnisses zwischen den Parteien der Beklagte höchstens aus § 826 BGB. haften könne, nicht gerechtfertigt. Dabei kommt es weniger darauf an, ob etwa auch § 823 Abs. 2 BGB. in Verbindung mit § 263 StGB. zur Anwendung gebracht werden könnte; denn das würde in diesem Falle praktisch kaum einen großen Unterschied machen. Mit Grund hat aber die Klägerin die Nichtanwendung der §§ 93flg. HGB. über die Handelsmäkler gerügt. Es handelt sich dabei hauptsächlich um den § 98, nach welchem ein Handelsmäkler, der zwischen zwei Kontrahenten vermittelt hat, schon aus diesem Grunde allein jeder der beiden Parteien für den durch sein Verschulden entstandenen Schaden, also keineswegs nur für den in einer gegen die guten Sitten verstoßenden Weise vorsätzlich zugefügten Schaden, haftet. Das Berufungsgericht leugnet, daß der Beklagte hier als Handelsmäkler tätig gewesen sei, und zwar deshalb, weil seine Vermittlung weder einen Gegenstand des Handelsverkehrs betroffen habe, noch festgestellt sei, daß er sich bereits damals gewerbsmäßig mit der Vermittlung derartiger Geschäfte befaßt habe. Was zunächst den letztern Punkt anlangt, so ist es zwar richtig, daß dies im Prozesse nicht gerichtsseitig „festgestellt" ist; allein das war auch nicht nötig, da — wie im einzelnen dargelegt wird — diese Tatsache zwischen den Parteien feststeht. Ferner aber beruht es auf einer unrichtigen Auffassung des § 93 Abs. 1 HGB., und des § 1 Abs. 2 Nr. 4 das., wenn das Oberlandesgericht den Gegenstand einer solchen Vermittlung wie der hier vorliegenden nicht zu den „Gegenständen des Handelsverkehrs" rechnen will. Diese Vermittlung betraf die Gewährung eines Bankkredites, und eine solche gehört zu den Bankiergeschäften, die nach § 1 Abs. 2 Nr. 4 HGB. zu den Gegenständen des Handelsgewerbes, also auch des Handelsverkehrs gehören.

Vgl. Düringer und Hachenburg, HGB. (2. Aufl.) Bd. 1 Anm. 7 zu § 93 S. 533.

Wer sich gewerbsmäßig mit solchen Vermittlungen befaßt, ist daher Handelsmäkler, auch wenn die von ihm vermittelten Geschäfte wesentlich nur der Erlangung von hypothekarischen Darlehen auf Grundstücke dienen. Die etwas abweichende Ansicht von Staub (Kommentar zum HGB., in der 8. Aufl. Exkurs vor § 93, Anm. 1 S. 381 flg., und Anm. 4 zu § 93 S. 398) kann insoweit nicht gebilligt werden; vgl. übrigens auch ebenda, Anm. 67 zu § 1 S. 48. Schon aus diesem Grunde war, soweit der Revisionsantrag reicht, das Berufungsurteil aufzuheben, das die Frage, ob nicht etwa der Beklagte durch sein Verhalten fahrlässig das Vermögen der Klägerin beschädigt habe, gar nicht erörtert hat.

Übrigens gelangt man zu diesem Ergebnis auch aus dem andern Grunde, daß das Oberlandesgericht das Zustandekommen eines Auftragsverhältnisses zwischen den Parteien aus teilweise rechtlich unhaltbaren Erwägungen verneint hat. Zu einem Teile handelt es sich dabei allerdings um tatsächliche Würdigung, die der Nachprüfung in der Revisionsinstanz entzogen ist. Rechtsirrig ist aber zuvörderst das Gewicht, welches darauf gelegt wird, daß man nicht genau wisse, welche Ausdrücke H. (Prokurist der Klägerin) gebraucht hat, indem er den Beklagten beauftragte, für die Klägerin gewisse Erkundigungen einzuziehen; denn dies würde für die Rechtswirkung des angenommenen Auftrages unerheblich sein. Weiter würde, wenn der Beklagte den fraglichen Auftrag der Klägerin übernommen hat, nichts darauf ankommen, daß er außerdem dabei als Mäkler (und wäre es auch als sog. Zivilmäkler) für Schl. & Kl. tätig war. Wenn das nicht miteinander vereinbar war, so mußte der Beklagte den Auftrag der Klägerin nicht annehmen; tat er es doch, so haftet er der Klägerin auch daraus, zumal da letztere, wie das Berufungsgericht selbst annimmt, nichts von seiner Stellung zu Schl. & Kl. wußte. Auch hier kann der etwas abweichenden Meinung von Staub (a. a. O., Exkurs vor § 93, Anm. 35 S. 392flg.) insoweit nicht beigestimmt werden." ...

---

65. Sind Personenfahrkarten im Dampfschiffsverkehr auf Hafenrundfahrten stempelpflichtig, wenn die beförderten Personen durch die Fahrkarten auch den Anspruch auf Führung und Erklärung der Sehenswürdigkeiten während der Fahrt erwerben?

Reichsstempelgesetz vom 15. Juli 1909 Tarifnr. 7b Befr.-Vorschr. Nr. 1.

VII. Zivilsenat. Urt. v. 8. Mai 1911 i. S. K. (Kl.) w. Hamburgischer Staat (Bekl.). Rep. VII. 391/10.

I. Landgericht Hamburg.
II. Oberlandesgericht daselbst.

Der Kläger veranstaltet Rundfahrten durch den Hamburger Hafen unter Führung eines Angestellten, der die Sehenswürdigkeiten erklärt. Die Fahrkarten haben folgenden gedruckten Inhalt:

H. Käse's
Hafenfahrten 50 ₰ } ℳ 1.
Führung und Erklärung 50 ₰

Der Beklagte hielt diese Karten nach Ziffer 7b des Tarifs zum Reichsstempelgesetz vom 3. Juni 1906 für steuerpflichtig. Er erhob für 1528 Stück Fahrkarten eine Steuer von je 5 Pfennig mit 76 ℳ 40 ₰ vom Kläger, und dieser forderte den gezahlten Betrag mit der Klage zurück. Das Landgericht verurteilte den Beklagten dem Klagantrage gemäß; das Oberlandesgericht wies die Klage ab. Die Revision des Klägers wurde zurückgewiesen, aus folgenden

Gründen:

„Nach der Nr. 7b des Reichsstempeltarifs unterliegen der Abgabe „Fahrkarten, Fahrscheine und sonstige Ausweise über die erfolgte

Zahlung des Personenfahrgeldes im Dampfschiffsverkehr auf inländischen Wasserstraßen". Die Abgabe hat hiernach die Natur eines Urkundenstempels. Die hier in Betracht kommende Originalurkunde stellt sich schon äußerlich als ein derartiger Ausweis über Personenfahrgeld dar; denn sie enthält auf der linken Hälfte den Ausdruck in großen Buchstaben: „H. Käse's Hafenfahrten ℳ 1" und auf dem die andere Hälfte bildenden zur Abtrennung bestimmten Abschnitt unter beigefügter laufender Nummer den Ausdruck: „Hafenfahrt". Es fragt sich aber, ob an dieser Natur des Urkundeninhalts etwas dadurch geändert wird, daß auf der linken Hälfte unter dem Worte „Hafenfahrten" in mehr als zweimal kleinerem Druck die Worte „Führung und Erklärung", daneben ebenfalls in kleinem Druck und ebenso neben dem Worte „Hafenfahrten" der Vermerk „50 ₰" sich befindet, welche letzteren beiden Preisvermerke durch eine danebenstehende Klammer zusammengefaßt sind, hinter der der oben erwähnte groß gedruckte Vermerk „1 ℳ" steht.

Der Berufungsrichter verneint diese Frage. Eine Rechtsverletzung ist in dieser Auffassung nicht zu erblicken. Zwar sind nach der Befreiungsvorschrift unter 1 der Tarifnummer 7 Fahrkarten, deren tarifmäßiger Fahrpreis den Betrag von 0,60 ℳ nicht erreicht, von der Abgabe befreit; mit dem Berufungsrichter ist jedoch anzunehmen, daß die hier in Betracht kommenden Fahrkarten Ausweise über den Gesamtpreis von 1 ℳ für eine besonders geartete Wasserfahrt sind. Die vom Kläger veranstalteten Hafenrundfahrten verfolgen nach der maßgebenden Feststellung des Berufungsrichters den Zweck, Fremden die Besichtigung der Sehenswürdigkeiten des Hamburger Hafens unter sachkundiger Führung und Erklärung zu ermöglichen. Der Hauptzweck der Fahrten ist also die Beförderung der Fremden an diejenigen Stellen des Hafens, wo sich besondere Sehenswürdigkeiten befinden, damit diese von den Fremden in der Nähe in Augenschein genommen werden können. Hinter dieser Darbietung des Klägers tritt die Bedeutung der während der Fahrtdauer den Fremden gewährten Führung und Erklärung zurück. Durch diese wird zwar die Absicht der Fremden, die Sehenswürdigkeiten des Hafens richtig und vollständig kennen zu lernen, vollkommener erreicht; es würde aber eine den Fremden gebotene Gelegenheit, auf dem Lande, etwa am Ufer des Hafens, die gleiche Belehrung über dessen Sehenswürdigkeiten ohne die Möglichkeit einer näheren Besichtigung entgegenzunehmen, den durch die Hafenfahrten verfolgten Zweck nicht annähernd erreichen. Dazu ist vielmehr die Vereinigung beider Leistungen, der Beförderung der Fremden und ihrer Belehrung an Ort und Stelle, erforderlich. Es ist hiernach nicht rechtsirrtümlich, wenn der Berufungsrichter den für den Fahrtausweis entrichteten Preis von einer Mark als ein Entgelt für eine einheitliche und ihrem Wesen nach untrennbare Leistung des Klägers, nämlich für eine besonders geartete Wasserfahrt erachtet. Sollten selbst in einzelnen Fällen, wie der Kläger behauptet, Fremde bei Lösung des Fahrscheins die „Führung und Erklärung" ablehnen und dann nur zur Zahlung eines Preises von 50 Pfennigen angehalten werden, so würde es sich hierbei gegenüber dem vom Berufungsrichter festgestellten Zweck der Rundfahrten nur um Ausnahmefälle handeln können. Es würde auch aus einer solchen Trennung des Preises sich eine Trennung der Gesamtleistung des Klägers noch nicht als notwendig und möglich ergeben; denn bei der geringen Größe der verwendeten Fahrzeuge kann sich der einzelne Fahrgast der den Mitfahrenden erteilten Erklärung jedenfalls nur teilweise entziehen. Überdies ist für die Steuerfrage der Umstand entscheidend, daß der Fahrschein so, wie er vorliegt, zu einer mit Führung und Erklärung verbundenen Fahrt gegen ein Entgelt von einer Mark berechtigt. Wenn der Berufungsrichter mit Rücksicht auf die Erklärung des Klägers, er habe den Fahrscheinen ihre Fassung gerade auf den Rat eines Rechtsverständigen gegeben, seine Meinung dahin ausspricht, diese besondere Fassung stelle eine Maßnahme dar, um der Entrichtung des Fahrkartenstempels zu entgehen, so ist die Möglichkeit einer solchen Absicht hier nicht zu verkennen. Es kann nun zwar den Steuerpflichtigen nicht verwehrt werden, die Urkunden, deren Fassung von ihrem freien Willen abhängt, so zu gestalten, daß auf sie die vom Staat aufgestellten Merkmale der Steuerpflichtigkeit nicht zutreffen; diese Merkmale sind aber im Streitfall bei den vom Kläger ausgegebenen Fahrscheinen vorhanden."

66. Wie ist die Entschädigung bei der Teilenteignung eines Kirchplatzes zu bemessen? Wird dieser dadurch zum öffentlichen Platz, daß er seit Menschengedenken als Zugang für angrenzende Häuser und als Durchgang nach öffentlichen Straßen benutzt worden ist?

Preuß. Enteignungsgesetz vom 11. Juni 1874 § 8.

VII. Zivilsenat. Urt. v. 9. Mai 1911 i. S. Stadtgemeinde G. (Kl.) w. evang. Kirchengemeinde G. (Bekl.). Rep. VII. 451/10.

I. Landgericht Essen.
II. Oberlandesgericht Hamm.

Die evangelische Kirche zu G., deren Eigentümerin die Beklagte ist, liegt zwischen der K.straße und der B.straße. Diese mündet in die W.straße, die ihrerseits auf den Kirchplatz — gleichfalls Eigentum der Beklagten — stößt. Der Fußgängerverkehr zwischen K.- und B.straße bewegte sich über den Kirchplatz. An denselben grenzten vier Hausgrundstücke, die Ausgänge nach ihm und nach der von einem Verbindungswege zur A.straße — Fortsetzung der K.straße — begrenzten Rückseite hatten. Zwischen A.- und K.straße mündet die Bahnhofstraße. Zur Durchführung dieser Bahnhofstraße über den Kirchplatz hinüber zur W.straße wurde ein Fluchtlinienplan festgestellt, der von dem Kirchplatz zwei Parzellen im Flächeninhalte von 3,72 a abschnitt. Die Klägerin nahm die Parzellen für die Straße in Anspruch. Auch die erwähnten Häuser fielen ganz oder doch zum größten Teil in die neue Fluchtlinie und wurden abgerissen. In dem auf Antrag der Klägerin eingeleiteten Entschädigungsfeststellungsverfahren wurde die der Beklagten zu gewährende Entschädigung auf 18600 ℳ festgesetzt. Die Klägerin war der Meinung, daß die enteignete Fläche als Straßenland wertlos sei, und forderte im Rechtswege die gezahlte Summe nebst Zinsen zurück. Das Landgericht setzte die Entschädigung auf 1000 ℳ fest und gab wegen des Restes der Klage statt. Auf die Berufung der Beklagten und die Anschlußberufung der Klägerin wies das Oberlandesgericht die Klage ganz ab. Die Revision der Klägerin blieb erfolglos.

Gründe:

„Das ablehnende Verhalten der Klägerin gegenüber dem Anspruche der Beklagten auf Enteignungsentschädigung ist im wesentlichen auf das Urteil des erkennenden Senats vom 10. Juli 1908 — VII. 491/07 — gestützt. In diesem Urteil ist unter Berücksichtigung der besonderen Umstände des Falls ausgesprochen, daß für ein Stück Land, das als Privatstraße dem Verkehre der angrenzenden Häuser von vornherein und dauernd gewidmet war, bei Umwandlung in eine öffentliche Straße ohne Rechtsirrtum eine Entschädigung auf Grund des Enteignungsgesetzes habe verweigert werden können, da es nach irgendeiner Richtung hin einen schätzbaren Wert für den enteigneten Eigentümer, dem nichts weiter genommen sei, als ein Recht ohne Inhalt, nicht gehabt habe. Der gegenwärtige Fall liegt indessen anders. Es handelt sich nach den Feststellungen des Berufungsrichters um den Platz vor der evangelischen Kirche in G., der, vordem Begräbnisstätte, nachmals als Durchgang für Fußgänger von der K.straße nach der B.- bzw. W.straße und als Zugang zu den vier anstoßenden Häusern benutzt worden ist, mithin nicht um eine Anlage, die von vornherein für Verkehrszwecke geschaffen wurde, sondern um den die Kirche umgebenden und ihren Einrichtungen dienenden Raum, der im Laufe der Zeit auch anderweit Verwendung gefunden hat. Für diese anderweite Verwendung als Durch- und Zugang habe — so führt der Berufungsrichter aus — ein kleiner Teil des Platzes genügt, und auch dieser Teil sei nicht in einen öffentlichen Weg umgewandelt worden. Demgegenüber hatte die Klägerin geltend gemacht, daß der Platz seit Menschengedenken dem öffentlichen Verkehr gedient habe, und der Hauptangriff der Revision richtet sich daher gegen die abweichende Annahme des Berufungsrichters. Er ist jedoch nicht begründet. Die Widmung eines Weges oder Platzes für den öffentlichen Verkehr vollzieht sich durch das ausdrücklich oder stillschweigend erklärte Einverständnis der rechtlich Beteiligten — nämlich der zuständigen Wegepolizeibehörde, des Eigentümers und des Unterhaltungspflichtigen — darüber, daß der Weg oder Platz allgemein vom Publikum benutzt werde, wobei die Art der Benutzung gewissen Schranken unterworfen werden kann.

Vgl. Entsch. des RG.'s in Zivils. Bd. 48 S. 299, Bd. 69 S. 160, 161; Gruchots Beitr., Bd. 40 S. 1173.

Daraus, daß ein Weg seit Menschengedenken frei, offen und ungestört begangen worden ist, folgt diese Widmung nicht ohne weiteres (Gruchot Bd. 40 S. 1173).

Mit diesen Grundsätzen befindet sich der Berufungsrichter im Einklang, wenn er ausführt, daß das etwaige Recht der Hauseigentümer auf einen Zugang überhaupt nur als Privatrecht in Betracht komme, und daß im übrigen die Beklagte den Durchgang für Fußgänger (als Abkürzungsweg) nur gestattet, nicht in dem Sinne der Widmung für den öffentlichen Verkehr freigegeben habe. Die Erörterungen des Berufungsrichters bewegen sich nach dieser Richtung wesentlich auf tatsächlichem Gebiete; rechtlich sind sie nicht zu beanstanden. Als erhebliches Anzeichen gegen die Öffentlichkeit des Weges konnte der Berufungsrichter den Umstand betrachten, daß der Beklagten die Unterhaltspflicht obliege. Er folgert diese Pflicht nicht aus der Tatsache der einmaligen Pflasterung, sondern stellt sie als nicht streitig fest. Mag es nun auch im Einzelfalle nicht ausgeschlossen sein, daß nicht die Gemeinde, sondern ein anderer, insbesondere der Wegeeigentümer, einen öffentlichen Weg zu unterhalten hat, so wird dies doch nicht die Regel bilden. Solange der Eigentümer einen über sein Privateigentum führenden Weg auf eigene Kosten instandhält, wird man im Zweifel annehmen dürfen, daß er ihn nicht für die Allgemeinheit bestimmt und sich des Verfügungsrechts zugunsten des öffentlichen Verkehrs nicht begeben hat. Darin, daß der Berufungsrichter die Übernahme der Beleuchtung des Platzes durch die Klägerin und die Anbringung einer polizeilichen Warnung, wonach der Weg nur von Fußgängern zu benutzen sei, nicht als entscheidend erachtet hat, kann gleichfalls ein Rechtsverstoß nicht gefunden werden. Beide Umstände sprechen nicht zwingend für die Öffentlichkeit des Weges. Zwar ist die Beleuchtung eines nicht öffentlichen Weges durch die Stadtgemeinde nicht das Gewöhnliche (vgl. Entsch. des RG.'s in Zivils. Bd. 64 S. 7), im vorliegenden Fall aber genügend durch das Interesse der Klägerin erklärt, das sie an der ferneren Duldung des Durchgangs seitens der Beklagten hatte. Darum durfte auch der Berufungsrichter in der Anbringung der Warnungstafel nur einen der Beklagten für diese Duldung gewährten Schutz erblicken.

Läßt sich demgemäß nicht sagen, daß der Kirchplatz im Laufe der Zeit ein öffentlicher Platz geworden sei, vielmehr nur so viel zugeben, daß die Beklagte die Benutzung ihres Eigentums, um dem wachsenden Verkehrsbedürfnis entgegenzukommen, im Einvernehmen mit der Klägerin bis auf weiteres gestattet habe, so kann diese ihre Entschädigungspflicht im Hinblick auf diesen Zustand nicht ablehnen, wenn sie nunmehr Teile des Platzes zur Durchführung eines wirklichen Straßenverkehrs im öffentlichen Interesse der Beklagten entzieht. Daß diese Teile wertlos gewesen seien, und die Enteignung nur das nackte Eigentum der Beklagten beseitigt habe, ist nicht richtig.

Es fragt sich hiernach nur, ob dem Berufungsrichter bei der Bemessung der nach § 8 des Enteignungsgesetzes zu gewährenden Entschädigung ein Rechtsverstoß zur Last fällt. Auch das ist zu verneinen. Der Berufungsrichter bewertet die enteigneten Parzellen schließlich nur als Stücke des Kirchplatzes, nicht als Bauland, als welches sie einen weit höheren Wert, als 18600 ℳ darstellen würden, und es kann daher auf sich beruhen, ob den Ausführungen des Berufungsrichters über die Möglichkeit einer baulichen Ausnutzung der Parzellen überall beizustimmen sein möchte. Daß aber ein Kirchplatz wegen seiner Bedeutung für das mit einer Kirche bebaute Grundstück nur einen Affektionswert für die Eigentümerin besitze, trifft nicht zu. Es beruht nicht auf einer besonderen Vorliebe der Beklagten, wenn man bei einer juristischen Person überhaupt davon sprechen kann, daß sie den Platz hoch einschätzt. Ein Kirchengrundstück, dem es an einem geräumigen und würdigen Zugang zum Gotteshause fehlt, ist auch vermögensrechtlich betrachtet weniger wert, als ein solches, bei dem ein derartiger Raum vorhanden ist. Jenes erfüllt seine religiösen Zwecke nicht in dem Maße, wie dieses, und wird diesem der vorhandene Raum entzogen oder geschmälert, so muß der Gemeinde der hierdurch erwachsene Nachteil ebenso ersetzt werden, wie dem Gutsbesitzer der Nachteil, der ihm infolge der Durchschneidung seines Parkes durch die Eisenbahn erwächst (vgl. Gruchot, Bd. 26 S. 1180). Vermöge seiner Verbindung mit der Kirche wohnt dem Platz auch ohne Rücksicht auf seine Bebauungsfähigkeit ein besonderer Wert inne, der sich auch nach dem Umfange dessen bemessen läßt, was die Beklagte für ein Ersatzgrundstück aufzuwenden hätte (vgl. Entsch. des RG.'s in Zivils. Bd. 33 S. 307). Daß von diesen Gesichtspunkten aus die vom Berufungsrichter im Anschluß an die Sachverständigen des Verwaltungsverfahrens zugesprochene Entschädigung nicht zu hoch bemessen ist, scheint die Klägerin selbst nicht zu bezweifeln. Schließlich ist auch der Hinweis des Berufungsrichters auf die Möglichkeit eines Abbruchs der Kirche und der dadurch gegebenen anderweiten Verwertung des bisherigen Kirchengrundstücks in dem Sinne nicht unzutreffend, daß dadurch die Auffassung der Klägerin, es handle sich um wertloses Land, ersichtlich widerlegt wird." . . .

---

67. Begriff der fehlerhaften Errichtung eines Werkes (§ 836 BGB.) Umfang der zum Zwecke der Abwendung der Gefahr erforderlichen Sorgfalt.

III. Zivilsenat. Urt. v. 10. Mai 1911 i. S. B. (Kl.) w. Gemeinde S. (Bekl.). Rep. III. 344/10.

I. Landgericht Greifswald.
II. Oberlandesgericht Stettin.

Die Klägerin kam am 6. Juli 1907 vormittags gegen 10 Uhr, als sie auf dem aus großen Granitplatten bestehenden Bürgersteige der Ostbahnhofstraße in S., wo sie sich damals zur Kur aufhielt, entlang ging, dadurch zu Fall, daß zwei der Granitplatten plötzlich unter ihr zusammenbrachen, so daß sie einsank und zwischen den beiden Platten gequetscht wurde. Sie wurde dadurch an ihrer Gesundheit beschädigt. An der Unfallstelle war ein das Trottoir durchschneidender, mit einer eisernen Platte bedeckter Durchlaß angebracht, der zur Ableitung des Regenwassers, namentlich des aus der nach der Ostbahnhofstraße steil abfallenden Wilhelmstraße kommenden, diente. Der Durchlaß war im Auftrage der Beklagten nach den Angaben und Plänen des Kreisbaumeisters O. durch den Steinsetzermeister K. hergestellt und im Jahre 1904 oder 1905 fertig geworden. Das Zusammenbrechen der Trottoirplatten war darauf zurückzuführen, daß der in den Tagen vor dem Unfalle gefallene Regen den Boden gesättigt und so durchtränkt hatte, daß er nicht mehr imstande war, mehr Wasser aufzunehmen. Da also die nach jedem folgenden Regen kommende Wassermenge unvermindert abfließen mußte, konnte der verhältnismäßig unbedeutende Regen vom 6. Juli dem Durchlasse mehr Wasser zuführen, als es sonst ein gleich starker Regen getan hätte, und damit die Senkung der Trottoirplatten verursachen. Von außen war diese Vorbereitung der Senkung der Trottoirplatten nicht zu erkennen. Der Gemeindeschöffe B., dem bis zum Jahre 1908 die Überwachung der Reinigungsarbeiten der Wasserableitungsanlagen oblag, achtete regelmäßig darauf, daß die Anlage in Ordnung gehalten wurde; die letzte Untersuchung hatte etwa 8 bis 14 Tage vor dem Unfalle durch B. selbst stattgefunden. Er hatte dabei die eiserne Deckplatte des Durchlasses abgenommen und in das Innere der Anlage hineingesehen. Da er Auffälliges nicht bemerkte, hatte er die Deckplatte wieder auf den Durchlaß gelegt und sich dann durch mehrmaliges Auftreten mit dem Fuß auf die Deckplatte davon überzeugt, daß diese genau auf den Durchlaß paßte und festlag. In dieser Weise fanden die Untersuchungen vor und bei Schluß der Saison statt, ferner in vierteljährlichen Zwischenräumen und außerdem noch bei besonders starken Regengüssen, weil dann mit der Möglichkeit gerechnet wurde, daß die Anlage in Unordnung geraten sein könnte. Infolge der Ausspülung sich zeigende Mängel wurden beseitigt. Die Überwachung der Anlage so, wie sie geschah, war nach dem Gutachten des Sachverständigen N. genügend; diese einfache Arbeit konnte auch durch einen geeigneten Schöffen ohne Zuziehung Sachverständiger in hinreichender Weise vorgenommen werden.

Das Landgericht wies die Klägerin mit ihrem Schadensersatzanspruche ab. Das Oberlandesgericht wies die Berufung zurück. Es nahm an, daß die Beklagte bei Unterhaltung der Anlage die im Verkehr erforderliche Sorgfalt beobachtet habe. Eine fehlerhafte Einrichtung liege deshalb nicht vor, weil die Rinne nur etwas schwach gebaut, aber nicht fehlerhaft gewesen sei.

Die Revision ist zurückgewiesen aus folgenden

Gründen:

... „Daß es sich um ein mit einem Grundstücke verbundenes Werk im Sinne des § 836 BGB. handelt, ist unbedenklich, da unter einem solchen ein einem bestimmten Zwecke dienender, nach gewissen Regeln der Kunst oder der Erfahrung unter Verbindung mit dem Erdkörper hergestellter Gegenstand zu verstehen ist (Entsch. des RG.'s in Zivils. Bd. 60 S. 139).

Der Revision ist darin beizutreten, daß das Berufungsgericht den Begriff der fehlerhaften Errichtung im Sinne des § 836 BGB. verkannt hat. Schon aus dem Zwecke des § 836 BGB., eine Fürsorge für gefahrlose Beschaffenheit von Gebäuden und anderen mit einem Grundstücke verbundenen Werken zu treffen, ergibt sich, daß eine fehlerhafte Errichtung des Werkes dann vorliegt, wenn das Werk infolge der Art und Weise seiner Errichtung den an dasselbe zu stellenden Anforderungen nicht gewachsen ist, mag auch bei der Errichtung an sich kein Kunstfehler vorgekommen sein. Nun ist nach dem Gutachten des Sachverständigen N., dem sich das Berufungsgericht angeschlossen hat, die Bauart der Rinne schwach gewesen." ... (Es folgt die Darlegung der schwachen Bauart der Rinne.) „Die Anlage des Durchlasses vermochte also den an sie zu stellenden Anforderungen nicht zu genügen. Darin liegt ihre Fehlerhaftigkeit. Wenn der Einsturz eines Werkes im Sinne des § 836 BGB. unmittelbar durch Witterungseinflüsse herbeigeführt worden ist, so kommt es darauf an, ob diese Witterungseinflüsse regelmäßige Einwirkungen sind, auf die nach der Erfahrung zu rechnen war, und denen ein Werk bei fehlerloser Errichtung und ordnungsmäßiger Unterhaltung standhalten muß, oder ob es sich um ein ungewöhnliches Naturereignis handelt. Im ersteren Falle beweist gerade die Lösung der Verbindung des Werkes infolge der Witterungseinwirkung die Mangelhaftigkeit der Anlage oder der Unterhaltung; im anderen Falle fehlt es an der Voraussetzung des § 836 BGB. (Jurist. Wochenschr. 1908 S. 196 Nr. 10). Nach dem Gutachten des Sachverständigen N., dem sich das Berufungsgericht angeschlossen hat, war bei dem Regen vom 6. Juli von elementarer Gewalt keine Rede. Es war nur ein recht heftiger Regen, mit dem in jedem Jahre, zuweilen auch wohl mehrere Male, gerechnet werden muß.

Die Entscheidung ist aber trotz dieses rechtlichen Verstoßes deshalb richtig, weil die Beklagte zum Zwecke der Abwendung der Gefahr die im Verkehr erforderliche Sorgfalt beobachtet hat. Das Berufungsgericht hat zunächst ohne Rechtsirrtum angenommen, daß die Unterhaltung der Anlage durch die Beklagte eine Schuld nicht erkennen läßt. In dieser Richtung ist das Urteil auch nicht angegriffen. Aber auch die Beobachtung der im Verkehr erforderlichen Sorgfalt bei Errichtung des Werkes ist nach dem festgestellten Sachverhalt anzunehmen. Diese Sorgfalt wird sich für den Besitzer, der nicht selbst Sachverständiger ist, regelmäßig in der Auswahl tüchtiger Sachverständiger zur Herstellung des Werkes erschöpfen (Entsch. des RG.'s bei Warneyer, Erg. Bd. 69 Nr. 302). Dafür, daß hier aus besonderen Gründen eine Ausnahme von der Regel anzunehmen sei, ist nichts behauptet. Es ist festgestellt, daß der Durchlaß nach Plänen und unter Oberleitung des Kreisbaumeisters O. vom Steinsetzermeister K. erbaut ist. Daß O., obwohl Kreisbaumeister, ein geeigneter Sachverständiger nicht gewesen sei, hat die Klägerin nicht behauptet. Die Anlage ist auch eine verhältnismäßig einfache, wie sie häufig vorkommt.

Es bedurfte hiernach nicht der Aufhebung des Urteils und der Zurückverweisung der Sache; vielmehr war auf Grund des § 563 ZPO. auf Zurückweisung der Revision zu erkennen."

---

68. Erlischt eine Firma, die auf den Ankäufer eines Geschäftes gleichzeitig mit diesem unter der Bestimmung übertragen wurde, daß der Ankäufer das Recht, die Firma zu führen, nur für seine Person erwerbe, und nicht berechtigt sei, dasselbe auf einen anderen zu übertragen, daß auch seine Erben dieses Recht nicht ausüben dürften, mit dem Tode des Ankäufers auch mit der Wirkung, daß selbst der ursprüngliche Verkäufer demjenigen, auf den das Geschäft demnächst übergeht, die Firma rechtswirksam nicht mehr übertragen kann?

HGB. § 22.

II. Zivilsenat. Urt. v. 11. Mai 1911 i. S. Ida Ri. (Kl.) w. 1. Kaufmann Louis Ba., 2. Ehefrau Ba. geb. K. (Bekl.). Rep. II. 668/10.

I. Landgericht Memel.
II. Oberlandesgericht Königsberg.

Durch notariellen Vertrag vom 29. April 1908 verkaufte die Klägerin ihr unter der Firma J. L. Re. zu M. betriebenes Handelsgeschäft an den Beklagten zu 1 und willigte ein, daß der Käufer die bisherige Firma J. L. Re. mit oder ohne Beifügung eines das Nachfolgeverhältnis andeutenden Zusatzes für das Geschäft fortführe. Von dem Kaufpreise waren bei der für den 1. Oktober 1908 vorgesehenen Übernahme des Geschäftes 20000 ℳ Zug um Zug zu zahlen. Die Beklagte zu 2 übernahm für alle Verpflichtungen des Beklagten zu 1 aus dem Vertrage selbstschuldnerische Bürgschaft. Da der Beklagte zu 1 unter der Begründung, daß das Recht zur Führung der alten Firma J. L. Re. wesentlicher Vertragsgegenstand gewesen sei, daß aber die Klägerin selbst, wie er nachher erfahren, ein Recht auf die Firma nicht habe und ihm deshalb auch dieses Recht nicht verschaffen könnte, die Erfüllung des Vertrages weigerte, erhob Klägerin Klage mit dem Antrage, den Beklagten zu 1 zu verurteilen, den Vertrag zu erfüllen und beide Beklagte für schuldig zu erkennen, 20000 ℳ nebst 5 % Zinsen seit 1. Oktober 1908 zu zahlen. Das Landgericht erkannte nach dem Klagantrage. Auf die Berufung der Beklagten wies das Oberlandesgericht die Klage ab. Die Revision der Klägerin wurde zurückgewiesen.

Aus den Gründen:

„Der § 1 des Vertrages vom 29. April 1908 bestimmt: „Es verkauft Frl. Ida Ri. — die Klägerin — ihr unter der Firma J. L. Re. betriebenes Handelsgeschäft an Herrn Louis Ba. — den Beklagten zu 1 — und willigt ausdrücklich darin, daß der Käufer die bisherige Firma J. L. Re. mit oder ohne Beifügung eines das Nachfolgeverhältnis andeutenden Zusatzes für das Geschäft fortführt." Diese Vereinbarung hat der Berufungsrichter, ohne daß dieserhalb von der Revision Angriffe erhoben sind, rechtlich einwandfrei dahin ausgelegt, daß die Klägerin vertraglich die Verpflichtung hatte, dem Beklagten zu 1 das Recht zur Führung der Firma J. L. Re. zu verschaffen. Unbedenklich zutreffend ist dann aber auch das vom Berufungsrichter auf Grund des festgestellten Sachverhaltes gewonnene Ergebnis, daß die Klägerin dieses Recht dem Beklagten zu 1 nicht verschafft habe, daß es auch von Anfang an unmöglich gewesen sei, es zu verschaffen, weil schon zur Zeit des Vertragsabschlusses die abgeleitete Firma J. L. Re. nicht mehr zu Recht bestanden habe.

Festgestellt ist über Geschäft und Firma J. L. Re., daß sie seit etwa 40 Jahren bestanden, und daß schon die Witwe Re. sie als Nachfolgerin führte, daß diese sodann am 9. April 1891 bei Übertragung des Geschäftes und der Firma auf den Kaufmann Theodor Bi. in § 6 des Vertrages ausdrücklich bestimmte, daß ihm das Recht, die Firma J. L. Re. zu führen, nur für seine Person eingeräumt, und er nicht berechtigt sei, es an andere zu übertragen, daß auch seine Erben dieses Recht nicht ausüben dürften. Als Theodor Bi. am 13. Juni 1903 starb, führte seine Mutter, die Witwe Re., verwitwet gewesene Bi., das Geschäft eine Zeitlang weiter. Sodann übertrug sie dasselbe der Klägerin. In einer Verhandlung vom 15. Oktober 1903 willigte die Witwe Re. darin, daß die Klägerin die Firma J. L. Re. weiterführe.

Da Befristungen, wie auch andere Beschränkungen bei der Einwilligung in die Fortführung einer bestehenden Firma rechtlich zulässig sind mit der Wirkung, daß mit dem Ende der Frist das Recht aufhört, und eine weitere Übertragung ausgeschlossen ist, so ist es durchaus gerechtfertigt, wie der Berufungsrichter annimmt, daß mit dem Tode des Theodor Bi. am 13. Juni 1903 die Firma J. L. Re. erloschen war und von da ab nicht mehr die Grundlage für eine Übertragung nach § 22 HGB. bilden konnte. Bei der Fortführung der Firma J. L. Re. nach dem Tode des Theodor Bi. bestand also ein rechtswidriger Zustand, und dieser wurde auch nicht dadurch in einen rechtmäßigen umgewandelt, daß die Witwe Re. am 15. Oktober 1903 in die Fortführung der Firma J. L. Re. durch die Klägerin einwilligte. Mit Recht hat der Berufungsrichter die Erheblichkeit dieses letzteren Vorganges verneint. Ob eine andere Beurteilung berechtigt wäre, wenn etwa die Witwe Re. vor dem Tode des Theodor Bi. in die Fortführung der Firma durch die Klägerin eingewilligt hätte, bedarf keiner Erörterung. Es liegt hier der besondere Fall vor, daß die beim Abschluß des Vertrages mit Theodor Bi. vom 9. April 1891 zur Verfügung über die Firma berechtigte Witwe Re. das Aufhören dieser Firma mit dem Tode des Theodor Bi. durch den § 6 des vorgenannten Vertrages selbst bestimmt hatte, und daß eine Abänderung dieser Bestimmung innerhalb der gesetzten Befristung nicht erfolgt ist. Es kann also kein Zweifel sein, daß die alte Firma J. L. Re. mit dem Tode des Theodor Bi. am 13. Juni 1903 erloschen war, und daß auch die Witwe Re. seitdem kein Verfügungsrecht über die Firma mehr haben konnte. Sie war also auch nachher, insbesondere am 15. Oktober 1903, nicht mehr imstande, über diese Firma zu verfügen, und ihre Einwilligung vom 15. Oktober 1903 war nicht geeignet, die seit dem Tode des Theodor Bi. bestehende rechtswidrige Fortführung der alten Firma in eine rechtmäßige umzuwandeln. Die Einwilligung vom 15. Oktober 1903 hatte höchstens die Bedeutung, daß die Witwe Re. nun nicht mehr befugt war, eine ihr etwa aus § 37 HGB. zustehendes Klagerecht geltend zu machen Dadurch wurde aber die Firma bei der Klägerin nicht zu einer rechtmäßigen, nicht einmal zu einer geschützten. Denn es können auch andere aus § 37 HGB. Berechtigte bestehen, und es hat insbesondere nach dieser Bestimmung auch der Registerrichter von Amtswegen das Recht, gegen nicht rechtmäßige, d. h. auch dem Handelsgesetzbuch widersprechende Firmen vorzugehen. Der Berufungsrichter hat hiernach mit Recht angenommen, daß die Klägerin beim Vertragsabschluß ein Recht auf Führung der Firma J. L. Re. nicht hatte, und daß sie deshalb dem Beklagten zu 1 ein solches Recht auch nicht verschafft hat und nicht verschaffen konnte." ...

---

69. Findet § 63 Abs. 1 des Brausteuergesetzes vom 15. Juli 1909 auf solche Bierlieferungsverträge Anwendung, durch welche Brauer und Bierabnehmer einen ziffermäßig bestimmten Bierpreis vereinbart haben? Ist insbesondere eine solche Vereinbarung als eine der Anwendung des § 63 Abs. 1 entgegenstehende ausdrückliche Vertragsbestimmung im Sinne des Abs. 3 dieses Paragraphen anzusehen?

Ist eine Vereinbarung über einen von dem Brauer dem Bierabnehmer bei Barzahlung des Bierpreises auf diesen zu gewährenden Rabatt auch auf den gemäß § 63 Abs. 1 zu zahlenden Zuschlag zum Hektoliterpreis zu beziehen?

II. Zivilsenat. Urt. v. 12. Mai 1911 i. S. S. (Bekl.) w. Akt.-Ges. Brauerei z. E. (Kl.). Rep. II. 513/10.

I. Landgericht Kiel.
II. Oberlandesgericht daselbst.

Zwischen der Klägerin, einer Brauerei, und dem Beklagten, einem Gastwirt, war durch einen in den Jahren 1902 und 1903 für die

Zeit bis zum Ablauf des Jahres 1915 geschlossenen Bierlieferungsvertrag für das von dem Beklagten bei der Klägerin zu beziehende Bier ein bar, spätestens innerhalb 8 Tagen nach der Lieferung, zu zahlender Preis von 0,20 *M* für das Liter vereinbart worden, „wovon 10 Prozent auf das (von dem Beklagten bei der Klägerin) angeliehene Kapital gutgerechnet werden sollten." Auf eine im November 1909 von der Klägerin auf Grund des § 63 des Brausteuergesetzes vom 15. Juli 1909 gegen den Beklagten erhobene Klage hin, welcher dieser widersprochen hatte, stellte das Berufungsgericht fest, daß der Beklagte verpflichtet sei, bis zum Schlusse des Jahres 1915 von der Klägerin das Lagerbier zum Preise von 22,25 *M* pro Hektoliter unter Bewilligung von 2 *M* Rabatt bei Barzahlung zu beziehen. Die gegen dieses Urteil von dem Beklagten eingelegte Revision wurde zurückgewiesen, aus folgenden

Gründen:

„Nach § 63 Abs. 1 des Reichsbrausteuergesetzes vom 15. Juli 1909 ist, soweit beim Inkrafttreten dieses Gesetzes Verträge über Lieferung von Bier durch den Brauer bestehen, der Abnehmer verpflichtet, dem Brauer einen Zuschlag zum Hektoliterpreis in dem Betrage zu zahlen, um den die Brausteuer für 1 Hektoliter des in der Brauerei hergestellten Biers durch dieses Gesetz erhöht wird. Das Berufungsgericht hat angenommen, daß diese Bestimmung auch auf solche Bierlieferungsverträge, in denen Brauer und Wirt einen *bestimmten* Bierpreis vereinbart haben, insbesondere auf den zwischen den Prozeßparteien geschlossenen Bierlieferungsvertrag, Anwendung zu finden habe. In dieser Hinsicht ist in dem angefochtenen Urteil und in der vom Berufungsgericht bezüglich dieses Streitpunkts gebilligten Begründung des landgerichtlichen Urteils im wesentlichen folgendes ausgeführt: § 63 des Brausteuergesetzes habe insofern etwas Außergewöhnliches, als hier durch Gesetz vertragsmäßige Verpflichtungen der Parteien geändert würden. Das sei aber die Absicht des Gesetzgebers gewesen, wie sich aus der Begründung zu § 63 ergebe; denn hiernach solle diese Vorschrift die Überwälzung der Brausteuer auf den Abnehmer auch in den Fällen sichern, in denen zur Zeit des Inkrafttretens des Gesetzes vertragsmäßige Vereinbarungen über Lieferung von Bier zwischen Brauereien und ihren Abnehmern beständen. Aus dem Wortlaut und der Begründung des

Gesetzes ergebe sich ferner, daß diese Bestimmung auf sämtliche Bierlieferungsverträge Anwendung finden solle, gleichgültig, ob ein fester oder ein angemessener oder ortsüblicher Bierpreis vereinbart sei. Die Vereinbarung eines bestimmten Bierpreises könne nicht als eine „ausdrückliche", der Anwendbarkeit des § 63 Abss. 1 und 2 entgegenstehende Vereinbarung im Sinne des § 63 Abs. 3 aufgefaßt werden. Andernfalls würde die beabsichtigte Abwälzung der Brausteuererhöhung auf Wirt und Konsument nicht gesichert sein. Die Berechnungen der Parteien für die Bestimmung des Bierpreises seien unerheblich gegenüber der Absicht des Gesetzes, in bestehende Vertragsverhältnisse einzugreifen. Übrigens weise auch schon der Wortlaut des Abs. 2 des § 63, in welchem ausdrücklich von „bestimmten" Ausschankpreisen die Rede sei, auf die Richtigkeit dieses Standpunkts hin.

Diesen Ausführungen ist beizutreten. Der Revisionskläger hat dieselben auch nur mit der Behauptung angefochten, im vorliegenden Falle sei von den Parteien ein bestimmter Bierpreis vereinbart worden; folglich könne er nicht erhöht werden. Dieser Angriff ist unbegründet. Vor allem handelt es sich hier nicht um eine Erhöhung des von den Parteien vereinbarten Kaufpreises für das zu liefernde Bier; denn nach dem Wortlaut und Zweck des § 63 Abs. 1, wonach durch diese Vorschrift lediglich die Überwälzung der Brausteuererhöhung von den Brauern auf deren Abnehmer gesichert werden sollte, ist der fragliche „Zuschlag zum Hektoliterpreis" nicht als Bestandteil eines etwa durch das Gesetz erhöhten Kaufpreises, sondern als Gegenstand einer auf dieser gesetzlichen Vorschrift beruhenden, besonderen Forderung des Brauers, die neben der vertraglich vereinbarten Kaufpreisforderung besteht, anzusehen. Die Begründung einer solchen besonderen Forderung des Brauers genügte auch zur Erreichung des dargelegten Zwecks der fraglichen gesetzlichen Vorschrift. Hierzu war daher kein weitergehendes Eingreifen des Gesetzgebers in die zwischen den Brauern und ihren Abnehmern bestehenden Vertragsverhältnisse erforderlich, insbesondere nicht in der Weise daß der vereinbarte Bierpreis selbst um den Betrag der neuen Steuer von Rechts wegen erhöht wurde. Eine solche Erhöhung kann daher bei dem Fehlen jedes Anhaltspunkts für einen hierauf gerichteten Willen des Gesetzgebers nicht als im Sinne des

§ 63 Abs. 1 liegend angenommen werden. Im übrigen ist aber rechtlich nicht zu bezweifeln, daß der Gesetzgeber befugt war, die hiernach in den bezeichneten Fällen nur in Frage stehende selbständige Verpflichtung der Bierabnehmer zur Zahlung des fraglichen Zuschlags zum Vertragspreis an die Brauer trotz des in dieser Bestimmung zugleich liegenden Eingriffs in die Vertragsverhältnisse der Beteiligten rechtswirksam zu begründen.

Was ferner die für diesen Revisionsangriff weiter in Betracht kommende Bestimmung des Abs. 3 des § 63 des Gesetzes betrifft, — wonach die Vorschriften der Abss. 1 und 2 keine Anwendung finden, „wenn ausdrückliche Vertragsbestimmungen entgegenstehen“, — so kann als solche „ausdrückliche“ Vertragsbestimmung jedenfalls nicht die Festsetzung eines ziffermäßig bestimmten Bierpreises, sondern nur eine solche Vereinbarung der Beteiligten angesehen werden, die sich gerade auf die Verpflichtung derselben zur Tragung der Biersteuer bezieht, und durch die diese Verpflichtung in einer von den Vorschriften der Abss. 1 und 2 des § 63 abweichenden Weise vertraglich geregelt ist. Eine solche ausdrückliche Vereinbarung ist aber in der hier lediglich vorliegenden vertraglichen Festsetzung des Kaufpreises für das zu liefernde Bier nicht zu erblicken, sollte auch diese Festsetzung auf Grund eingehender Berechnung erfolgt sein. Hiernach hat das Berufungsgericht mit Recht den Beklagten trotz der Vereinbarung eines bestimmten Bierpreises für verpflichtet erachtet, für das von der Klägerin ihm zu liefernde Bier dieser auch den Betrag der durch das Gesetz vom 15. Juli 1909 eingeführten Brausteuerhöhung zu zahlen.

Was die Höhe der hiernach von dem Beklagten an die Klägerin zu entrichtenden Beträge betrifft, so streiten die Parteien lediglich darüber, ob der in ihrem Vertrage vereinbarte, dem Beklagten bei Barzahlung zu vergütende Rabatt von 10 Prozent ihm auch von den dieser gesetzlichen Vorschrift gemäß von ihm zu zahlenden Zuschlägen zum Hektoliterpreis zu gewähren, also diese Zuschläge um 10 Prozent zu kürzen seien, was das Berufungsgericht verneint hat. Auch dieser Ansicht des Berufungsgerichts ist im Ergebnis beizutreten. Für deren Richtigkeit spricht zunächst schon die dargelegte rechtliche Natur des den Gegenstand einer besonderen Forderung des Brauers, also keinen Bestandteil des vereinbarten Bierpreises selbst bildenden

„Zuschlags". Denn schon aus diesem Grund ist die von den Parteien in dem Bierlieferungsvertrag getroffene Vereinbarung über den dem Beklagten bei Barzahlung des Bierpreises auf diesen zu gewährenden Rabatt nicht ohne weiteres auch auf den fraglichen Zuschlag zu beziehen, den der Beklagte auf Grund seiner erst durch das spätere Gesetz begründeten Verpflichtung an die Klägerin zu zahlen hat. Insbesondere ist hiernach der von dem Revisionskläger auch zu diesem Punkte verwertete Gesichtspunkt, daß es sich bei diesem Zuschlag lediglich um eine „Erhöhung" des vereinbarten Bierpreises handele, rechtlich nicht zutreffend. Ferner hat das Berufungsgericht mit Recht auch darauf hingewiesen, daß es der (oben dargelegten) Absicht des Gesetzgebers widersprechen würde, wenn der Rabatt auf die Steuererhöhung erstreckt werden sollte; denn es würde damit ein Teil der Steuererhöhung der Klägerin endgültig zur Last fallen, also insoweit der von dem Gesetzgeber mit der Vorschrift des § 63 Abs. 1 verfolgte Zweck, die Abwälzung der ganzen Steuererhöhung auf die Bierabnehmer zu sichern, nicht erreicht. Hiernach würde die fragliche Rabattbewilligung höchstens dann gemäß § 63 Abs. 3 des Gesetzes auch auf den hier in Rede stehenden Zuschlag zum Bierpreis bezogen werden können, wenn dies ausdrücklich vereinbart worden wäre. Eine solche ausdrückliche Vereinbarung ist aber nicht behauptet.

Die durch diese Gesichtspunkte zu rechtfertigende, der Entscheidung des Berufungsgerichts zugrunde liegende Berechnung des von dem Beklagten während der Dauer des Lieferungsvertrags für das Hektoliter Bier einschließlich des fraglichen Zuschlags an die Klägerin zu entrichtenden Gesamtbetrags mit 22,25 ℳ und des ihm hierauf bei Barzahlung zu gewährenden Rabatts mit 2 ℳ ist aber im übrigen nicht angefochten und auch rechtlich nicht zu beanstanden." ...

---

70. Ist die in § 57 Abs. 1 des Reichserbschaftssteuergesetzes vom 3. Juni 1906 für die Erhebung der Rückforderungsklage gegen den Fiskus vorgeschriebene sechsmonatige Frist eine Verjährungs- oder eine Ausschlußfrist?

VII. Zivilsenat. Urt. v. 12. Mai 1911 i. S. preuß. Fiskus (Bekl.) w. C. u. Gen. (Kl.). Rep. VII. 519/10.

I. Landgericht I Berlin.
II. Kammergericht daselbst.

Auf Grund des Reichserbschaftssteuergesetzes vom 3. Juni 1906 forderte der Beklagte Schenkungssteuern im Betrage a) von 2020 *M*, b) von 1348 *M*, die die Kläger zu a am 10. Juli 1908 und zu b am 20. Januar 1909 gezahlt haben. Mittels zweier gesondert erhobener Klagen wurde die Zurückzahlung verlangt. Die Klage zu a erhielt das Aktenzeichen O 472/08, die zu b das Aktenzeichen O 30/09. Durch Beschluß des Landgerichts vom 16. Februar 1909 wurde die Verbindung beider Prozesse zwecks gemeinsamer Verhandlung und Entscheidung angeordnet. Eine mündliche Verhandlung vor dem Landgerichte hat sodann zunächst in den Terminen vom 9. März, 23. April und 7. Mai 1909 stattgefunden. In diesen Terminen wurden die auf beide Sachen bezüglichen Parteianträge verlesen. Es folgten darauf mündliche Verhandlungen am 2. Juli und am 21. September 1909, wobei für die Kläger nur noch der Rückzahlungsantrag aus der Sache O 472/08 (neben einem nicht mehr in Betracht kommenden Feststellungsantrag) und für den Beklagten der Antrag auf Abweisung der Klage O 472/08 verlesen wurde. Das Landgericht verkündete am 21. September 1909 ein Urteil, wodurch der Beklagte zur Rückzahlung der mit der Klage O 472/08 geforderten 2020 *M* nebst Zinsen verurteilt (der erwähnte Feststellungsantrag dagegen abgewiesen) wurde. Die vom Beklagten gegen seine Verurteilung eingelegte Berufung ist durch Urteil des Kammergerichts vom 4. Februar 1910 zurückgewiesen worden. Inzwischen hatten die Kläger bei dem Landgericht eine neue, vom 3. Januar 1910 datierte und am 4. eingegangene Ladung eingereicht, auf die der Verhandlungstermin auf den 18. Januar 1910 bestimmt worden war. Dieser Termin wurde von Amts wegen zuerst auf den 15. Februar und nachher auf den 15. März 1910 verlegt. Am 15. März wurden die Parteianträge aus der Sache O 30/09 verlesen. Nach Verhandlung darüber verkündete das Landgericht ein Urteil, wodurch der Beklagte auch zur Rückzahlung der mit der Klage O 30/09 geforderten 1348 *M* nebst Zinsen verurteilt wurde.

Auch hiergegen legte der Beklagte Berufung ein. Er erhob gegen den Anspruch auf Zurückzahlung dieses Betrages nunmehr die Einrede der Verjährung. Das Kammergericht wies durch Urteil vom 12. Juli 1910 auch diese Berufung zurück. Die nur gegen das letztere Urteil eingelegte Revision des Beklagten ist zurückgewiesen worden, aus folgenden

Gründen:

„Das Reichserbschaftssteuergesetz bestimmt im § 57, soweit dessen Inhalt hier in Betracht kommt, was folgt:

Abs. 1: In Ansehung der nach den Vorschriften dieses Gesetzes zu entrichtenden Steuern ist der Rechtsweg zulässig. . . . Die Klage muß binnen einer Frist von sechs Monaten erhoben werden. Die Frist beginnt mit der Zahlung . . . der Steuer . . .

Abs. 2: Auf den Lauf der im Abs. 1 bezeichneten Fristen finden die für die Verjährung geltenden Vorschriften der §§ 203, 206, 207 BGB. entsprechende Anwendung.

Daß die beiden vorliegenden Klagen rechtzeitig, nämlich die Klage O 472/08 binnen sechs Monaten seit der am 10. Juli 1908 erfolgten Zahlung der oben unter a bezeichneten Steuer von 2020 ℳ, und die Klage O 30/09 binnen sechs Monaten seit der am 20. Januar 1909 erfolgten Zahlung der ebendaselbst unter b genannten Steuer von 1348 ℳ erhoben worden sind, ist außer Streit. Nach der Auffassung, die der Beklagte, freilich unter Widerspruch der Kläger, vertritt, ist aber der Rechtsstreit bezüglich der zweiten Klage nach dem Verhandlungstermine vom 7. Mai 1909 auf länger als sechs Monate, weil er so lange nicht betrieben wurde, in Stillstand geraten. Es fragt sich, welche Wirkung sich ergibt, wenn diese vom Berufungsgerichte gebilligte Auffassung des Beklagten, wie zunächst unterstellt werden mag, richtig ist.

Müßte anerkannt werden, daß die in § 57 Abs. 1 für die Erhebung der Klage vorgeschriebene Frist eine Verjährungsfrist sei, und daß auf sie die Vorschriften des Bürgerlichen Gesetzbuchs über die Verjährung anzuwenden seien, so würde ein Zweifel nicht entstehen können. Durch die rechtzeitige Erhebung der Klage O 30/09 würde alsdann die Verjährung zwar unterbrochen gewesen sein (§ 209 BGB.); diese Unterbrechung würde aber mit der letzten Prozeßhandlung der Parteien und des Gerichts, die nach der erwähnten

Auffassung des Beklagten auf den 7. Mai 1909 gefallen sein würde, geendigt haben, und die hierauf begonnene neue Verjährung von gleicher Frist würde vollendet gewesen sein, bevor durch die Ladung vom 3. Januar 1910 der liegengebliebene Prozeßbetrieb von den Klägern wieder aufgenommen wurde (§ 211 BGB.). In diesem Falle würde sich demnach die Aufhebung der angefochtenen Entscheidung und die Abweisung der Klage O 30/09 ergeben müssen.

Das Berufungsgericht hat aber geglaubt, die Frage, ob es sich in § 57 Abs. 1 des Reichserbschaftssteuergesetzes um eine Verjährungsfrist handle, unentschieden lassen zu dürfen. Es ist der Ansicht, daß auch bei Bejahung dieser Frage die erwähnte Vorschrift des § 211 BGB. von der Anwendung ausgeschlossen sei, und daß also, wie als unausgesprochene Folgerung des Berufungsgerichts hinzuzufügen ist, die durch die Klageerhebung bewirkte Unterbrechung der Verjährung von dem zeitweiligen Stillstande des Prozesses unberührt geblieben sein würde. Ob dieser Ansicht beizustimmen wäre, bedarf nicht der Erörterung, weil jene vom Berufungsgericht unentschieden gelassene Frage dahin zu entscheiden ist, daß die Frist des § 57 Abs. 1 eine Verjährungsfrist nicht ist.

Der § 57 des Reichserbschaftssteuergesetzes bildet eine Zusammenfassung der §§ 51 und 52 des Entwurfs zu diesem Gesetze. Die Begründung zu diesen Paragraphen des Entwurfs gibt darüber, ob eine Verjährungs- oder eine Ausschlußfrist beabsichtigt war, keine Auskunft. Sie beschränkt sich mit Bezug auf jene beiden Paragraphen, die sie dabei mit einer großen Zahl anderer in Bausch und Bogen zusammenfaßt, auf die noch weiter unten zu erörternde Bemerkung: „Die §§ 38—59 schließen sich im allgemeinen an bestehendes Recht an und bedürfen insoweit keiner Erläuterung." Auch aus der weiteren Entstehungsgeschichte des Gesetzes ist ein Aufschluß über jene Frage nicht zu gewinnen.

Die sechsmonatige Klagefrist für den Stempel- oder Steuerrückforderungsanspruch rührt aus dem preußischen Gesetze, betr. die Erweiterung des Rechtswegs, vom 24. Mai 1861 (§§ 11, 12) her. Von dort ist sie in das preußische Erbschaftssteuergesetz vom 30. Mai 1873 (§ 40, später 42) und in das preußische Stempelsteuergesetz vom 31. Juli 1895 (§ 26) übergegangen. Im Anwendungsbereiche dieser drei Gesetze ist die Frist allerdings durch eine Reihe von

Entscheidungen des Reichsgerichts (für das erstgenannte Gesetz auch schon durch das preußische Obertribunal) als eine Verjährungsfrist erachtet worden, und es darf deshalb vermutet werden, daß auch für den Anwendungsbereich des Reichsstempelgesetzes, das seit der Novelle von 1885 die Frist übernommen hatte (§ 94 der jetzt geltenden Fassung), das Reichsgericht die Frage, wenn es sie zu entscheiden gehabt hätte, ebenso entschieden haben würde.

Ob für die genannten Gesetze an der Auffassung als Verjährungsfrist festzuhalten ist, bedarf hier nicht der Untersuchung. Auch wenn es zu geschehen hätte, würde sich daraus für das Reichserbschafssteuergesetz nicht die Notwendigkeit gleicher Auffassung ergeben, weil dieses Gesetz der in Abs. 1 des § 57 gegebenen und allerdings mit jenen älteren Gesetzen übereinstimmenden Fristvorschrift in Abs. 2 eine Bestimmung beifügt, die ganz neu ist, und durch die sich das Reichserbschaftssteuergesetz in diesem Punkte von den anderen genannten Gesetzen unterscheidet. Gerade dieser Bestimmung des Abs. 2 aber muß entscheidende Bedeutung für die Beantwortung der Frage, welcher rechtlichen Natur die durch Abs. 1 vorgeschriebene Frist ist, beigemessen werden. Das Gesetz kann nicht diese Frist selbst als eine Verjährungsfrist angesehen und gewollt haben, wenn es für nötig hielt, wie in Abs. 2 geschehen, die Anwendung einzelner Regeln von der Verjährung erst noch besonders anzuordnen. Wäre eine Verjährungsfrist beabsichtigt gewesen, so würde sich die Anwendung der allgemeinen Regeln von der Verjährung für den Gesetzgeber von selbst verstanden, und er würde nur diejenigen dieser Regeln zu bezeichnen gehabt haben, die er etwa aus irgend welchen Gründen von der Anwendung hätte ausschließen wollen. Schlug er dagegen den entgegengesetzten Weg ein, indem er einzelne jener Regeln herausgriff und ihre Anwendung ausdrücklich anordnete, so gab er zu erkennen, daß er an sich die Verjährungsregeln nicht für anwendbar ansah, und hieraus ergibt sich der Rückschluß, daß die Frist nicht als Verjährungsfrist gewollt war. Unterstützt wird diese Erwägung noch dadurch, daß nach der Vorschrift des Abs. 2 auch die besonders herausgegriffenen einzelnen Regeln der Verjährung (§§ 203, 206, 207 BGB.) nur als „entsprechende“ Anwendung findend bezeichnet sind, was ebenfalls nur auf dem Gedanken beruhen kann, daß eine unmittelbare Anwendung ausgeschlossen ist. Dem kann nicht entgegengehalten werden, daß die unmittelbare Anwendung nur darum habe als ausgeschlossen angesehen werden müssen, weil das Bürgerliche Gesetzbuch die Verjährung auf dem Gebiete des Privatrechts regle, während das Reichserbschaftssteuergesetz dem Gebiete des öffentlichen Rechts angehöre. Richtig ist allerdings, daß bei der Klage auf Rückzahlung einer erhobenen Steuer, soweit dafür der ordentliche Rechtsweg eröffnet ist, die öffentlichrechtliche Frage, ob die Steuerpflicht besteht oder nicht besteht, der gerichtlichen Entscheidung unterliegt und in der Regel sogar den Hauptgegenstand dieser Entscheidung bildet. Der Rückforderungsanspruch als solcher ist aber gleichwohl privatrechtlicher Art. Der Fiskus, der eine Steuer erhoben hat, obwohl ein Tatbestand, auf den die Steuervorschrift Anwendung zu finden hätte, nicht vorliegt, hat durch die Zahlung den Steuerbetrag ohne rechtlichen Grund erlangt und ist darum unter dem privatrechtlichen Gesichtspunkte der ungerechtfertigten Bereicherung zur Herausgabe des Erlangten verpflichtet (§ 812 BGB.). Der privatrechtliche Rückforderungsanspruch unterliegt an sich, wie sich von selbst versteht (§ 194 BGB.), den allgemeinen Vorschriften über die Verjährung. Hätte der § 57 Abs. 1 nur die Bedeutung einer Abkürzung der regelmäßigen Verjährungsfrist von 30 Jahren (§ 195 BGB.), so würde nicht einzusehen sein, wie bezüglich anderer allgemeiner Verjährungsvorschriften hier nur für eine „entsprechende" Anwendung Raum sein sollte.

Auch in anderen Fällen, in denen es sich zweifellos und nach allgemeiner Auffassung um Ausschlußfristen handelt, hat das Bürgerliche Gesetzbuch in gleicher Weise, wie durch § 57 Abs. 2 des Reichserbschaftssteuergesetzes geschehen, die entsprechende Anwendung der §§ 203, 206, 207 vorgeschrieben. Hierher gehören gerade aus dem Abschnitt über die Verjährung selbst die §§ 210, 212 Abs. 2, 215 Abs. 2, ferner z. B. die §§ 124 Abs. 2, 802, 1002 Abs. 2, 1954 Abs. 2, 2082 Abs. 2. Mag nun die Begründung zum Entwurfe des Reichserbschaftssteuergesetzes bei der früher erwähnten „Anschließung an bestehendes Recht" für die Fristvorschrift des Abs. 1 des § 57 die gleichen Vorschriften der bereits aufgeführten älteren Gesetze im Auge gehabt haben, so ist doch schon zweifelhaft, ob man daraus folgern könnte, daß die Begründung habe aussprechen wollen: die vom Obertribunal und vom Reichsgericht im Bereiche jener älteren Gesetze vertretene Annahme einer Verjährungsfrist solle im Bereiche des neuen Reichserbschaftssteuergesetzes nunmehr als Gesetzesinhalt zu gelten haben. Jedenfalls aber würde andererseits für den Abs. 2 des § 57 die „Anschließung an bestehendes Recht" auf jene anderen gleichartigen Bestimmungen des Bürgerlichen Gesetzbuchs zu beziehen sein, bei denen es sich ohne Zweifel um Ausschlußfristen handelt, und hieraus würde ein Anzeichen dafür zu entnehmen sein, daß auch hier eine Ausschlußfrist gewollt ist. Die angeführte Stelle der Begründung läßt sich hiernach mit durchschlagendem Gewichte weder für die eine, noch für die andere Auffassung geltend machen. Aus den früher dargelegten Gründen aber muß für den Anwendungsbereich des Reichserbschaftssteuergesetzes die Frist als Ausschlußfrist, nicht als Verjährungsfrist, gelten.

Als Ausschlußfrist aber ist die Frist des § 57 Abs. 1 durch die rechtzeitig erfolgte Erhebung der Klage mit dauernder Wirkung gewahrt. Ob diese Wirkung etwa durch eine Zurücknahme der Klage erloschen sein würde (vgl. § 271 Abs. 3 ZPO.), ist hier nicht zu prüfen. Durch einen bloßen Stillstand des Prozesses konnte jedenfalls jene Wirkung nicht beseitigt werden, weil der § 211 (Abs. 2) BGB. nicht zu denjenigen Vorschriften gehört, deren entsprechende Anwendung auf die Ausschlußfrist durch § 57 Abs. 2 angeordnet ist. Deshalb kann auch die Frage, ob überhaupt, was im Eingang einstweilen als richtig unterstellt worden war, ein Stillstand des Prozesses im Sinne des § 211 Abs. 2 BGB. als eingetreten anzusehen ist, dahingestellt bleiben.

In der Sache selbst sind gegen die angefochtene Entscheidung rechtliche Bedenken weder von der Revision erhoben, noch von Amts wegen zu erheben. Dem Rechtsmittel mußte hiernach der Erfolg versagt werden."

---

71. 1. Gehören die Forderungen auf ausstehende Gesellschaftsbeiträge zum Gesellschaftsvermögen?

2. Welche Befugnisse hat der Gläubiger, dem eine gepfändete Beitragsforderung zur Einziehung überwiesen ist, wenn besondere Einziehungsbedingungen bestehen?

I. Zivilsenat. Urt. v. 29. April 1911 i. S. G. u. Gen. (Bekl.) w. S. & Co. (Kl.). Rep. I. 160/10.

I. Landgericht Magdeburg.
II. Oberlandesgericht Naumburg a. S.

In der Generalversammlung der Kalibohrgesellschaft „U." in M. vom 20. September 1906 wurde eine Zubuße von 200 ℳ für jeden Anteil mit folgendem Zusatze beschlossen: „Die Gesellschaft ermächtigt den Vorstand zur sukzessiven Einziehung mit Fortschreiten der Tiefbohrarbeiten. Der Vorstand soll aber die Einziehung in Raten von höchstens 25 ℳ vornehmen nnd tunlichst nach Abschluß der Verträge den Mitgliedern die ungefähren Einziehungstermine durch Zirkularschreiben bekannt geben." Die Beklagten waren Mitglieder der „U." mit mehreren Geschäftsanteilen. Auf Grund einer vollstreckbaren Wechselforderung gegen die „U." pfändete der Kläger die der „U." gegen die Beklagten aus dem genannten Beschlusse der Generalversammlung zustehenden Restzubußeforderungen und ließ sie sich zur Einziehung überweisen. Mit der Klage verlangte er von den Beklagten die Zahlung der von ihnen geschuldeten Restbeträge. Vor Beginn des Rechtsstreits hatte der Vorstand der „U." bereits in verschiedenen Raten 170 ℳ auf den Anteil abgerufen, die von den Beklagten bezahlt worden waren; während des Prozesses wurde vom Vorstande eine Rate von 10 ℳ ausgeschrieben.

Das Landgericht wies die Klage ab. Durch das Urteil des Oberlandesgerichts wurden die Beklagten im wesentlichen gemäß der Klaganträge verurteilt. Die Revision der Beklagten wurde zurückgewiesen aus folgenden

Gründen:

„Das Berufungsgericht sieht die Kalibohrgesellschaft „U." als einen nicht rechtsfähigen Verein an, auf den nach § 54 BGB. die Vorschriften über die Gesellschaft Anwendung finden. Die Richtigkeit dieser Auffassung unterliegt keinem Zweifel; sie ist auch von der Revision in der mündlichen Verhandlung nicht mehr beanstandet worden. Da der Kläger gegen die „U." ein rechtskräftiges Urteil erwirkt hatte, und nach § 735 ZPO. das gegen den nicht rechtsfähigen Verein ergangene Urteil zur Zwangsvollstreckung in das Vermögen des Vereins genügt, so stand dem Kläger die Vollstreckung in das Vereinsvermögen offen. Danach wird die Frage erheblich, ob die für den Kläger gepfändeten und ihm zur Einziehung überwiesenen Forderungen auf Zubußen, deren Eigenschaft als Gesellschaftsbeiträge anerkannt werden muß, zum Vereins- oder Gesellschaftsvermögen (§ 718 BGB.) gehörten. In der Rechtslehre ist es streitig, ob auch die noch nicht entrichteten Gesellschaftsbeiträge, also die Forderungen auf die Beitragsleistung, als Bestandteile des Gesellschaftsvermögens zu betrachten sind. Überwiegende Gründe sprechen aber für die Bejahung dieser Frage.

Ungerechtfertigt erscheint es zunächst, den Wortlaut des Gesetzes für die hier abgelehnte Ansicht zu verwerten. § 718 rechnet die „Beiträge der Gesellschafter" zum Gesellschaftsvermögen. Nach dem Sprachgebrauche des Gesetzes sind „Beiträge" die zu bewirkenden Leistungen (§§ 705, 706, 707, 735 Satz 2); sie stehen im Gegensatze zu den „Einlagen", womit die bereits bewirkten Leistungen bezeichnet werden (§§ 707, 733 Abss. 2, 3, 734, 735 Satz 1, 739). Von der anderen Seite ist besonderes Gewicht darauf gelegt worden, daß nach der Fassung des § 718 Abs. 1 „die Beiträge der Gesellschafter und die durch die Geschäftsführung für die Gesellschaft erworbenen Gegenstände gemeinschaftliches Vermögen der Gesellschafter werden", nicht „sind". Die Ausdrucksweise deutet nach dieser Meinung darauf hin, daß erst das wirklich Beigetragene, nicht schon der Anspruch darauf Gesellschaftsvermögen sein solle. Dem steht indes die Erwägung entgegen, daß zu den neben den „Beiträgen" genannten „für die Gesellschaft erworbenen Gegenständen" auch die für die Gesellschaft erworbenen Ansprüche, ja nach herrschender Ansicht auch die Ansprüche gegen die Geschäftsführer, die zunächst im eigenen Namen erworbenen Gegenstände in das Gesellschaftsvermögen überzuführen, gerechnet werden müssen, daß aber mit diesen Ansprüchen die Ansprüche auf Leistung der Gesellschaftsbeiträge in gleicher Reihe stehen. Der Ausdruck „werden" veranschaulicht die Entstehung des Gesellschaftsvermögens, wogegen durch die Wahl des Wortes „sind" die Zusammensetzung dieses Vermögens nach seiner Entstehung angedeutet wird. Die hier zurückgewiesene Auffassung würde nur dann in § 718 Abs. 1 Ausdruck gefunden haben, wenn „Beiträge" durch „Einlagen" ersetzt worden wäre. Von größerer Bedeutung könnte auf den ersten Blick der Wortlaut der Vorschrift des § 705 BGB.

erscheinen, wonach sich die Gesellschafter durch den Gesellschaftsvertrag „gegenseitig verpflichten", den Gesellschaftszweck zu fördern, „insbesondere die vereinbarten Beiträge zu leisten". Man hat darin ausgedrückt finden wollen, daß gerade die einzelnen Gesellschafter die — nicht zum Gesellschaftsvermögen gehörenden — Beiträge einzufordern hätten. Allein durch diese Fassung wird nur die allgemeine Regel aufgestellt, daß der Gesellschaftsvertrag als ein gegenseitiger Vertrag im Sinne der §§ 320 flg. anzusehen ist. Das gilt zwar grundsätzlich; der Grundsatz kann aber wegen der Eigenart des Gesellschaftsverhältnisses nicht in allen Beziehungen rein durchgeführt werden. Insbesondere muß die gesamthändige Gebundenheit des Gesellschaftsvermögens notwendig die Gestaltung des gegenseitigen Vertrages im einzelnen beeinflussen. Die — mit dem Abschlusse des Gesellschaftsvertrages wirksam werdende — gesamte Hand ergreift die Beitragsforderungen und drängt, soweit erforderlich, die Befugnisse des einzelnen Gesellschafters zurück.

Ihre beste Stütze findet die vom erkennenden Senate vertretene Ansicht in folgenden sachlichen Erwägungen. Wenn die Gesellschaftsbeiträge vor ihrer Einziehung noch nicht zum Gesellschaftsvermögen gehörten, so ergäbe sich daraus, daß den Gläubigern der Gesellschaft die Möglichkeit genommen wäre, bei der Zwangsvollstreckung ins Gesellschaftsvermögen die Beitragsforderungen zu fassen. Dieses Ergebnis wäre namentlich dann unbefriedigend, wenn die Gesellschaft den Gläubigern nur mit dem Gesellschaftsvermögen haftete, ein Fall, der bei rechtsunfähigen Vereinen oft vorkommt. Gerade auch die gegenwärtige Streitsache zeigt, daß bei Annahme der hier bekämpften Ansicht ein wesentlicher Teil, unter Umständen sogar der allein verwertbare Teil des Vereinsvermögens, tatsächlich dem Zugriffe der Gläubiger entzogen werden könnte. Der Gedanke, daß regelmäßig von den Gläubigern eine rechtzeitige Untersuchung darüber zu erwarten sei, ob die ausstehenden Beiträge ihnen hafteten, und wieweit danach die Kreditgewährung ausgedehnt werden dürfe, widerspricht der Lebenserfahrung. Weiter ergäbe sich die sehr unzweckmäßige Folge, daß die Geschäftsführer der Gesellschaft oder der Vorstand des nicht rechtsfähigen Vereins nicht verpflichtet wären, die Beiträge zur Gesellschafts- oder Vereinskasse einzuziehen, ja daß sie als Geschäftsführer dazu nicht einmal das Recht hätten. Der Hinweis auf die Schwierigkeit, es trete, falls ein Geschäftsführer nicht bestellt sei, nach der hier verteidigten Auffassung die Notwendigkeit ein, daß alle Gesellschafter zusammen den Beitragsanspruch geltend machen müßten, kann um so weniger durchgreifen, als nach richtiger Ansicht auch ein einzelner Gesellschafter auf Grund des § 432 BGB. die Leistung des Beitrags an alle Gesellschafter (an die Gesellschaftskasse) verlangen kann (Entsch. des RG.'s in Zivils. Bd. 70 S. 32).

Der rechtliche Standpunkt des erkennenden Senats wird namentlich von folgenden Schriftstellern vertreten:

Gierke, Verein ohne Rechtsfähigkeit S. 21 Anm. 30a; Dernburg, Das bürgerl. Recht Bd. 2 § 359 I. 1; Enneccerus, Lehrb. des bürgerl. Rechts Bd. 1 § 399 I. 1; Kipp in Windscheid's Lehrb. des Pandektenr. Bd. 2 § 407 Anm. 1a; Kohler, Lehrb. des bürgerl. Rechts Bd. 2 § 148 IV. 1. a, S. 398; Schollmeyer, Recht der Schuldverhältnisse S. 143; Kisch in Grünhut's Zeitschr. für das Privat- und öffentliche Recht Bd. 29 S. 360; Binder, Problem der juristischen Persönlichkeit S. 91.

Den entgegengesetzten Standpunkt hat die Entscheidung des III. Zivilsenats vom 17. April 1903 (Entsch. des RG.'s Bd. 54 S. 297) eingenommen. Indes beruht die Entscheidung des damals der Beurteilung unterstehenden Rechtsfalles nicht auf der vom jetzt erkennenden Senate zurückgewiesenen Ansicht, wie denn auch im gegenwärtigen Falle angenommen werden müßte, daß die ausstehenden Beitragsforderungen, wenn sie nicht schon nach dem Gesetze Bestandteile des Vereinsvermögens wären, nach der Vereinssatzung dazu zu rechnen sind. Die vom Berufungsgericht hierfür beigebrachten Gründe sind im wesentlichen zutreffend.

Gehören hiernach die Zubußeforderungen zum Vereinsvermögen, so ist auch weiter unbedenklich anzunehmen, daß der Klage die Vorschrift des § 717 BGB., wonach die den Gesellschaftern aus dem Gesellschaftsverhältnisse gegeneinander zustehenden Ansprüche nicht übertragbar sind, — was gemäß § 851 ZPO. die Unpfändbarkeit nach sich zieht — nicht entgegengehalten werden kann. Es handelt sich nicht um Ansprüche einzelner Gesellschafter oder Vereinsmitglieder, sondern um Ansprüche, die der gesamthändig verbundenen Vereinsgemeinschaft gegen einzelne Vereinsmitglieder zustehen (§§ 718, 719 BGB.). Diese von der gesamten Hand erfaßten Ansprüche werden von § 717 nicht getroffen; sie konnten im Wege der Pfändung und Überweisung in die Verfügungsmacht des Klägers übergehen.

Es bleibt noch die Untersuchung übrig, ob die gepfändeten und überwiesenen Zubußeforderungen bereits einziehbar waren, oder doch deren Einziehbarkeit vom Kläger herbeigeführt werden konnte. Durch die Pfändung und Überweisung (§ 836 Abs. 1 ZPO.) trat der Kläger nicht in das ganze Rechtsverhältnis ein, in dem die Beklagten zur „U." standen; nur die bestimmt umgrenzten Forderungsrechte fielen in die Verfügungsmacht des Klägers. Die Verfolgung dieser Forderungsrechte durch den Kläger blieb von den Bedingungen abhängig, deren Innehaltung die Beklagten, gestützt auf das zwischen ihnen und der „U." bestehende, im Vereinsverbande wurzelnde Rechtsverhältnis, verlangen konnten; insbesondere wurden die rechtlichen Schranken nicht verschoben, die zugunsten der Beklagten in betreff der Einziehung der Zubußen errichtet worden waren. Die Beklagten haben sich nun darauf berufen, daß laut Beschlusses der Generalversammlung vom 20. September 1906 nur der Vorstand der „U." „zur sukzessiven Einziehung" der Zubußen „mit Fortschreiten der Tiefbohrarbeiten" ermächtigt worden sei. Die Revision vertritt den Standpunkt, daß aus diesem Beschlusse zu entnehmen sei, allein dem Vorstande, nicht auch dem Kläger stehe das Recht zu, die Zubußen abzurufen. Wäre diese Auffassung zutreffend, so würde sich, wenigstens soweit der Abruf inzwischen noch nicht erfolgt ist (d. h. zu 20 *M* für den Anteil), die Klage als unbegründet erweisen. Der Auffassung der Revision kann jedoch nicht beigepflichtet werden.

Die Beklagten mußten es sich als Zubußeschuldner gefallen lassen, daß die „U." durch ihren Vorstand die Leistungszeit der Zubußeraten einseitig festsetzte. Das Berufungsgericht hat überzeugend dargelegt, daß dem einzelnen Vereinsmitgliede gegen die Einziehung der Zubußen der Einwand entzogen war, der Fortschritt der Tiefbohrarbeiten rechtfertige die Einziehung nicht. Der Vorstand der „U." hatte also die rechtliche Macht, die Zubußeforderungen jederzeit einzuziehen. Diese Befugnis ist als ein Teil der allgemeinen Gläubigermacht mit den dem Kläger überwiesenen Forderungen so eng verknüpft, daß sie jetzt dem Kläger, der kraft der Überweisung das Recht der „U." in deren Namen ausüben kann, zusteht. Es handelt sich dabei nicht etwa um eine allein vom Vorstande der „U." zu erfüllende Bedingung, von der die Entstehung oder Einziehbarkeit der Zubußeforderungen abhängig wäre. Die Zubußeforderungen waren vielmehr entstanden und konnten jederzeit eingezogen werden; es brauchten nur die Schuldner nicht vor dem Zeitpunkte zu leisten, in dem die Zubußen eingefordert wurden. Selbst wenn man diese Rechtslage dahin bestimmen müßte, die Forderungen seien vor dem bezeichneten Zeitpunkte nicht fällig gewesen, die Einforderung der Zubußen sei somit nicht als Mahnung, sondern als eine die Fälligkeit herbeiführende Kündigung aufzufassen, so würde dies dem Kläger nicht entgegenstehen. Denn das Berufungsgericht hat zutreffend darauf hingewiesen, daß dem Kläger auch das Recht der Kündigung nicht abgesprochen werden könne (vgl. § 804 ZPO., § 1283 Abs. 3 BGB.; Entsch. des R.G.'s in Zivils. Bd. 29 S. 248). Daß die Schuldner in dem neuen Einziehungsberechtigten eine Person finden, die von dem Forderungsrechte einen weniger nachsichtigen Gebrauch macht, als der vorher zur Einziehung berechtigte Gläubiger getan haben würde, verschlägt nichts. Denn darin zeigt sich zwar eine Verschlechterung der tatsächlichen, nicht aber der rechtlichen Lage der Schuldner.

Wenn in dem Beschlusse der Generalversammlung gesagt wird, die Einziehung der Zubußen solle in Raten von höchstens 25 ℳ vorgenommen werden, so kann — ganz abgesehen von der Ausschreibung der Rate von 10 ℳ während des Prozesses — dieser Bestimmung, wie auch das Berufungsgericht annimmt, nur instruktionelle Bedeutung beigelegt werden. Überdies sollte die Bestimmung sicher nicht den Sinn haben, daß als Restbeträge je für sich 25 ℳ und 5 ℳ, nicht dagegen 30 ℳ eingezogen werden könnten.

Die Revision erhebt endlich noch den Einwand, die Beklagten könnten verlangen, daß nicht sie allein, sondern sämtliche Vereinsmitglieder auf Zahlung des Restbetrages der Zubuße in Anspruch genommen würden. Das Berufungsgericht hat diesen Einwand mit Recht zurückgewiesen. Er ist weder nach der Satzung noch nach dem Beschlusse der Generalversammluug begründet und würde offenbar zu einem unhaltbaren Ergebnisse führen. Die von der Revision betonte Gleichheit der Beiträge (§ 706 BGB.) wird nicht berührt, da selbstverständlich innerhalb der Bohrgesellschaft eine Ausgleichung vorzunehmen ist." . . .

72. Unter welchen Voraussetzungen kann die uneheliche Mutter die Herausgabe des Kindes von demjenigen verlangen, welcher im Besitze der elterlichen Gewalt ist und sich auf die Eintragung im Personenstandsregister berufen kann? Nach welchem Gesetze ist ein solcher Herausgabeanspruch der ausländischen Mutter zu beurteilen?

IV. Zivilsenat. Urt. v. 13. Mai 1911 i. S. Ehefr. M. (Kl.) w. Graf. Kw. (Bekl.). Rep. IV. 246/10.

I. Landgericht Posen.
II. Oberlandesgericht daselbst

Der Beklagte ist als Majoratsherr Besitzer des Kw.'schen Familienfideikommisses, das im Mannesstamme vererblich ist. Aus der Ehe mit seiner Ehefrau sind drei Töchter vorhanden. Am 30. Januar 1897 wurde auf die Anzeige des Beklagten in das Geburtsregister des Standesamts III Berlin eingetragen, daß von seiner Ehefrau am 27. Januar 1897 vormittags 5 Uhr ein Sohn mit den Vornamen Josef Adolf Stanislaus geboren sei. Unter der Behauptung, daß dieses Kind in Wirklichkeit der von ihr unehelich am 22. Dezember 1896 im Dorfe Zw. bei Krakau geborene Sohn sei, daß die Wirtschafterin der Ehefrau des Beklagten ihr das Kind unter Zurücklassung eines Entgelts fortgenommen und nach B. geschafft habe, wo die Ehefrau des Beklagten es als eigenes Kind untergeschoben habe, hat die Klägerin gegen den Beklagten und dessen Ehefrau mit dem Antrage geklagt, sie zur Herausgabe des Sohnes zu verurteilen und festzustellen, daß derselbe nicht ein Kind dieser Eheleute, sondern der Klägerin sei.

In einem früheren Rechtsstreit aus dem Jahre 1900 war auf Klage des durch den Beklagten vertretenen Kindes der bei dessen Ausscheiden nächstberufene Fideikommißnachfolger durch Versäumnisurteil zur Anerkennung der Ehelichkeit des Kindes und seiner Eigenschaft als nächsten Agnaten des Majorats verurteilt worden.

Im gegenwärtigen Rechtsstreit wurde der Klage vom Oberlandesgerichte stattgegeben, während das Landgericht auf einen Eid für die inzwischen verstorbene Ehefrau des Beklagten erkannt hatte. Auf die Revision des Beklagten wurde die Klage abgewiesen aus folgenden

Gründen:

„Die Klägerin behauptet, die Mutter des bisher als Sohn des Beklagten erzogenen Kindes zu sein, das von ihr unehelich am 22. Dezember 1896 zu Zw. bei Krakau, und nicht am 27. Januar 1897 von der Ehefrau des Beklagten zu B. geboren sei, und verlangt mit dieser Begründung die Herausgabe des Kindes. Die Klägerin ist, wie das Berufungsgericht feststellt, österreichische Staatsangehörige. Nach österreichischem Rechte steht, wie das Berufungsgericht gleichfalls maßgebend (§§ 549, 562 ZPO.) festgestellt hat, der Mutter das Recht der Erziehung ihres unehelichen Kindes und kraft dieses Erziehungsrechtes auch das Recht zu, die Herausgabe des Kindes selbständig im Klagewege von einem jeden Dritten zu verlangen, der ihr das Kind vorenthält (§§ 145, 166 flg. des österreich. BGB.). Ähnlich ist das Rechtsverhältnis zwischen der unehelichen Mutter und dem Kinde nach deutschem Rechte geordnet (§§ 1707, 1632 BGB.). Wenn das Berufungsgericht in dem angefochtenen Urteile von der Anwendbarkeit des österreichischen Rechts ausgeht, so entspricht dies dem allgemein anerkannten Grundsatze des internationalen Privatrechts, daß das Rechtsverhältnis zwischen einem unehelichen Kinde und seiner Mutter nach den Gesetzen des Staates zu beurteilen ist, dem die Mutter angehört, ein Grundsatz, dem auch die ausdrückliche Vorschrift in Art. 20 EinfGes. zum BGB. für den Fall folgt, daß die Mutter eine Deutsche ist. Hiernach kann es keinem Bedenken unterliegen, die Legitimation der Klägerin zur Erhebung der angestellten Klage für gegeben zu erachten, und zwar um so weniger, als man bei Anwendung des deutschen Rechtes zu demselben Ergebnisse gelangen würde.

Allein die Klägerin kann mit ihrem Anspruche gegenüber dem Beklagten nicht durchdringen.

Das Kind, um dessen Herausgabe es sich handelt, ist nach der zunächst maßgebenden Eintragung im deutschen Personenstandsregister von der Ehefrau des Beklagten als dessen Sohn geboren, hat den Namen des Beklagten zu führen, gehört zu dessen Familie und steht unter seiner elterlichen Gewalt. Als Inhaber der elterlichen Gewalt hat der Beklagte Rechte und Pflichten gegenüber dem Kinde, insbesondere das Recht und die Pflicht, das Kind zu erziehen, zu beaufsichtigen und seinen Aufenthalt zu bestimmen (§§ 1627, 1631 BGB.).

An der Ausübung dieser Rechte und Pflichten kann er nicht durch jemand gehindert werden, der sich auf ein Rechtsverhältnis stützt, das dem Kinde gegenüber angeblich bestehen soll, aber dem Kinde gegenüber nicht zur Anerkennung gebracht wird oder gebracht ist. Die Klägerin erkennt selbst an, daß die Rechte und Pflichten des Kindes, insbesondere gegenüber dem Beklagten, von der in diesem Rechtsstreit, in dem das Kind völlig unvertreten ist, ergehenden Entscheidung unberührt bleiben. Bleibt aber das zwischen dem Kinde und dem Beklagten bestehende Rechtsverhältnis fortbestehen, und müßte das Kind trotzdem der Klägerin herausgegeben werden, so würde sich eine Rechtslage ergeben, die so an Verworrenheit und inneren Widersprüchen leidet, daß sie nicht annehmbar erscheint.

Zunächst kommt hierbei in Betracht, daß die aus der elterlichen Gewalt fließenden Rechte und Pflichten, entsprechend dem Wesen des Verhältnisses zwischen Eltern und Kind, ein geschlossenes Ganze bilden. Die unter den Parteien streitige Befugnis, über den Verbleib des Kindes Bestimmung zu treffen und es an sich zu bringen oder bei sich zu behalten, läßt sich nicht als ein selbständiges, besonderes Recht von der elterlichen Gewalt abspalten. Noch weniger kann das Kind gleichzeitig dem Erziehungsrecht einer unehelichen Mutter und im übrigen der elterlichen Gewalt eines Vaters unterworfen sein. Die Fälle, in denen durch rechtsgestaltende Verfügungen des Vormundschaftsrichters einem Elternteil einzelne ihm zustehende Befugnisse entzogen werden können, haben für den gegenwärtigen Rechtsstreit keine Bedeutung.

Aber auch abgesehen von diesen Bedenken würde eine der Klage entsprechende Verurteilung des Beklagten das künftige Schicksal des Kindes ganz im Ungewissen lassen und in ihren Folgen unerträglich sein. Der Beklagte würde zur Herausgabe des Kindes im Wege der Zwangsvollstreckung gezwungen werden können, während er gleichzeitig dem Kinde gegenüber Inhaber der elterlichen Gewalt bliebe also auch als Vertreter des Kindes den Anspruch der Klägerin auf das Kind nach wie vor bekämpfen und in dieser Parteistellung das Kind der Klägerin auch wieder abverlangen könnte. Das Kind seinerseits würde zwar dem Beklagten entrissen werden, gleichwohl aber seine Rechte gegen ihn aus dem Kindesverhältnisse weiter geltend machen, namentlich also standesmäßigen Unterhalt und Erziehung von ihm beanspruchen können. Es würde den Familiennamen Kw. weiter zu führen haben (§ 1616 BGB.), und sein Verwandtschaftsverhältnis zu den Familienangehörigen des Beklagten würde mit allen seinen familienrechtlichen und erbrechtlichen Folgen fortbestehen. Auch in seiner Anwartschaft auf das Familienfideikommiß würde sich — ganz abgesehen von dem zu seinen Gunsten in dem Prozesse mit einem der nächsten Anwärter ergangenen Urteile — an sich nichts ändern.

Dazu kommt, daß die Gesamtheit der von der elterlichen Gewalt umfaßten Rechte und Pflichten nicht nur zivilrechtlicher Art ist, sondern in erheblicher Weise auf das Gebiet des öffentlichen Rechts hinübergreift, und daß ihr Bestand das Staatsinteresse mit berührt. Hierauf beruht es, daß die Gesetzgebung das Verfahren in Rechtsstreitigkeiten, die die Feststellung des Rechtsverhältnisses zwischen Eltern und Kindern zum Gegenstande haben, ähnlich wie das Verfahren in Ehesachen, in besonderer Weise so geregelt hat, daß dabei nicht allein die Interessen und der Wille der Parteien, sondern auch das öffentliche Interesse, namentlich durch eine Beteiligung der Staatsanwaltschaft, Berücksichtigung finden. Dieses besondere Verfahren gilt für den gegenwärtigen Rechtsstreit nicht, weil er nicht die Feststellung eines Eltern- und Kindesverhältnisses *zwischen den Parteien* betrifft. Die öffentlichen und staatsrechtlichen Interessen werden aber durch den gegenwärtigen Rechtsstreit um so mehr berührt, als das Kind einem deutschen Staatsangehörigen auf Grund eines auf ausländisches Recht gestützten Anspruchs einer Ausländerin weggenommen werden soll. Das Kind ist nach seiner Geburtsurkunde Deutscher. Seine Staatsangehörigkeit könnte es selbstverständlich dadurch nicht verlieren, wenn es in einem lediglich zwischen Dritten geführten gewöhnlichen Parteiprozeß einer Ausländerin zugesprochen würde, wobei dahingestellt bleiben mag, ob überhaupt eine rechtsfähige natürliche Person in gleicher Art wie eine Sache Gegenstand eines solchen Rechtsstreits bilden kann. Bleibt das Kind aber Deutscher auch in dem Falle, daß die Klägerin mit ihrem Anspruche gegen den Beklagten obsiegte, und würde dann das Kind urteilsgemäß einer für die Mutter erklärten, im Auslande wohnenden Ausländerin herausgegeben, so ist nicht abzusehen, wie es unter solchen Umständen seine aus der Staatsangehörigkeit fließenden Pflichten, beispielsweise die

Schulpflicht, die Wehrpflicht, die etwaige Steuerpflicht zu erfüllen in der Lage sein sollte, und wie von ihm die Erfüllung dieser Pflichten verlangt und gegen ihn durchgesetzt werden könnte.

Daß ein so unbefriedigendes, ja unmögliches Ergebnis vom Gesetze gewollt oder auch nur zugelassen sein sollte, muß abgelehnt werden. Es ist deshalb die Folgerung unabweisbar, daß die Klage auf Herausgabe eines Kindes gegen den im Verhältnisse zum Kinde berechtigten und berechtigt bleibenden Inhaber der elterlichen Gewalt, zumal wenn sie von einem Ausländer angestellt ist, keinen Erfolg haben kann. Ein solcher Herausgabeanspruch läßt sich vielmehr, ohne mit materiellrechtlichen Grundsätzen in Widerspruch zu geraten, nur dann begründen, wenn zuvor oder gleichzeitig die allgemein, insbesondere aber dem Kinde gegenüber gültige Feststellung erwirkt wird, wem das Elternrecht über das Kind zusteht, von wem das Kind abstammt.

Die Vorschriften der §§ 640 flg. ZPO. zeigen den Weg, wie eine Entscheidung über das Bestehen des Eltern- und Kindesverhältnisses herbeigeführt werden kann, die einerseits zwischen Eltern und Kind, andererseits gegenüber Dritten wirksam ist; sie haben ein dem Verfahren in Ehesachen nachgebildetes Offizialverfahren eingeführt, in welchem der Familienstand des Kindes einheitlich für und gegen alle festgestellt werden kann. Wann dieser Weg beschritten werden muß, ist im Gesetz allerdings nicht besonders geordnet. Für Ehesachen gilt die ausdrückliche Vorschrift des § 1329 BGB., wonach die Nichtigkeit einer in das Heiratsregister eingetragenen Ehe nur im Wege der Nichtigkeitsklage geltend gemacht werden kann, und in § 1343 Abs. 2 daselbst ist die Geltendmachung der Nichtigkeit einer anfechtbaren Ehe in entsprechender Weise eingeschränkt. Dieser Standpunkt des Gesetzgebers wird in der Begründung zum Entwurfe des Bürgerlichen Gesetzbuchs (Bd. 4 S. 56 flg.) mit folgender Ausführung dargelegt.

„die Eigentümlichkeit, daß die Nichtigkeit einer Ehe nicht ohne weiteres geltend gemacht werden kann, sondern in einem besonderen Verfahren (auf Grund einer Nichtigkeitsklage) durch richterliches Urteil festgestellt werden muß, rechtfertigt sich durch den Ausschluß der Privatdisposition über das Rechtsverhältnis der Ehe und das Interesse des Staates an der Aufrechterhaltung gültiger Ehen, durch die Rücksicht auf die öffentliche Ordnung und die Sicherheit des Verkehrs, sowie durch die Erwägung, daß es zur Vermeidung widersprechender Urteile ratsam ist, wenn die Nichtigkeit der Ehe, soweit tunlich, in einem besonderen Verfahren einheitlich mit Wirkung für und gegen alle festgestellt wird."

Was hier in bezug auf das Rechtsverhältnis der Ehe gesagt ist, paßt kaum weniger auf das Rechtsverhältnis zwischen Eltern und Kindern. Wenn der Gesetzgeber es unterlassen hat, durch gleichartige ausdrückliche Vorschriften in Anlehnung an die soeben angeführten dem Rechnung zu tragen, so erklärt sich dies leicht daraus, daß er sich entweder eines praktischen Bedürfnisses dazu nicht bewußt war oder dessen Befriedigung der Rechtsprechung glaubte überlassen zu dürfen. Jedenfalls kann hieraus ein Gegengrund gegen die Richtigkeit der vorstehend dargelegten Rechtsauffassung nicht hergeleitet werden.

Der Klage auf Herausgabe des Kindes durfte hiernach, weil es an einer wirksamen Feststellung des Familienstandes des Kindes (§§ 640, 643 ZPO.) fehlt, nicht Folge gegeben werden. Damit fällt zugleich der mit dem Klagantrag auf Herausgabe verbundene Antrag auf Feststellung, daß das streitige Kind ein Sohn der Klägerin, nicht des Beklagten sei, da diese Feststellung bei dem Mangel sonstiger Rechtsbeziehungen zwischen der Klägerin und dem Beklagten nur dem Herausgabeanspruch als Grundlage dient, nicht aber daneben eine selbständige Bedeutung hat.

Das Berufungsurteil mußte aus diesen Gründen, ohne daß auf das sonstige Sachverhältnis einzugehen war, aufgehoben, und in der Sache selbst die Klage, so wie sie jetzt angestellt ist, unter Abänderung des landgerichtlichen Urteils abgewiesen werden." ...

---

73. Kann die Frist für die Stellung des Antrags, ein Patent für nichtig zu erklären, dadurch gewahrt werden, daß der Nichtigkeitskläger lediglich zum Zwecke der Fristwahrung von ihm selbst als unzureichend erkannte Behauptungen aufstellt, um diese nach dem Fristablaufe zu ergänzen?

Patentgesetz § 28 Abs. 3.

I. Zivilsenat. Urt. v. 13. Mai 1911 i. S. C.-L.-Gesellsch. m. b. H. (Kl.) w. K. & M. (Bekl.). Rep. I. 317/10.

I. Patentamt.

Die Klägerin beantragte am 13. Februar 1909 bei dem Patentamte, das Patent der Beklagten Nr. 150761, das ein Verfahren zum selbsttätigen Auslöschen oder Ausschalten von elektrischen Bogenlampen betraf, auf Grund des § 10 Nr. 1 PatGes. für nichtig zu erklären. Die Erteilung des Patentes war am 29. Februar 1904 im Deutschen Reichsanzeiger bekannt gemacht worden. In der Begründung ihres Antrags wies die Klägerin lediglich darauf hin, daß der Gegenstand des Patentes bereits durch die amerikanische Patentschrift Nr. 268218 und durch die britische Patentschrift 2260/1900 bebekannt geworden sei. Im weiteren Laufe des Verfahrens, und zwar erst nach dem Ablaufe der Frist des § 28 Abs. 3 PatGes, brachte die Klägerin neues Material bei, in dem sie sich auf drei andere Patentschriften sowie auf Vorbenutzungen im Inlande berief.

Das Patentamt wies die Klage, ohne auf das neue Material einzugehen, als unstatthaft zurück. Die von der Klägerin gegen diese Entscheidung eingelegte Berufung wurde zurückgewiesen, aus folgenden

Gründen:

„Nach § 28 Abs. 3 des Patentgesetzes vom 7. April 1891 ist im Falle des § 10 Nr. 1 nach Ablauf von fünf Jahren, von dem Tage der über die Erteilung des Patents erfolgten Bekanntmachung gerechnet, der Antrag auf Einleitung des Verfahrens wegen Nichtigkeitserklärung unstatthaft. Für die Einführung dieser Vorschrift, die in dem Patentgesetze vom 25. Mai 1877 nicht enthalten war, sind namentlich folgende Erwägungen bestimmend gewesen. Man ging davon aus, daß der Begriff der Erfindung sowie die Neuheit einer Erfindung in nicht seltenen Fällen zu verschiedenen Zeiten eine verschiedene Beurteilung erfahren würden. Es müsse — dies war der leitende Gedanke — insbesondere die Gefahr anerkannt werden, daß sich die Beurteilung dieser Fragen in den Kreisen der Sachverständigen mit dem Fortschreiten der Zeit und der Technik verschärfe. Je größer daher der seit Erteilung des Patents verflossene Zeitraum sei, desto schwieriger werde sich die nachträgliche gerechte Prüfung der Patentfähigkeit gestalten. Der Patentinhaber, der an die Verwertung des Patents seine Kraft und seine Mittel gesetzt habe, sei aber dagegen zu schützen, daß seinen Unternehmungen die Grundlage entzogen werde, nicht weil neue Tatsachen, sondern weil neue Auffassungen dem Patente entgegenträten und es zu Falle brächten.

Vgl. Drucksachen des Reichstags, 8. Legislatur-Periode, I. Session 1890/91 Nr. 152 S. 25/26 und Nr. 322 S. 28.

Das Gesetz will hiernach eine verspätete Nachprüfung der Patentwürdigkeit verhindern und sucht diesen Zweck dadurch zu erreichen, daß der Erhebung der Nichtigkeitsklage eine zeitliche Grenze gesetzt wird. Diesem Gesetzeszwecke würde es unmittelbar widerstreiten, wollte man es zulassen, daß ein Nichtigkeitskläger, der beim Ablaufe der fünfjährigen Frist die erforderlichen Tatsachen dem Patentamte noch nicht unterbreiten kann und daher von einer Klage Abstand nehmen sollte, lediglich zur Wahrung der Frist irgendwelche unzureichenden und von ihm selbst als solche erkannten Behauptungen aufstellt, um diese dann nach dem Fristablaufe ergänzen zu können. Das liefe auf eine nach dem Gesetze — gemäß allgemein anerkannter Ansicht — nicht zulässige Fristverlängerung hinaus. Das Patentamt hat deswegen mit Recht den von der Klägerin gestellten Nichtigkeitsantrag für unstatthaft erklärt. Die tatsächliche Feststellung des Patentamts, daß der Vertreter der Klägerin die in dem Antrage vom 13. Februar 1909 angeführten beiden Patentschriften „lediglich deswegen angeführt habe, um die fünfjährige Frist aus § 28 Abs. 3 zu wahren", und daß die Klägerin sich bewußt gewesen sei, die dort beschriebenen Erfindungen könnten den Nichtigkeitsantrag nicht stützen, ist auch nach dem Ergebnisse der Berufungsverhandlung bestehen geblieben. Und zugleich mußte dem Patentamte dahin beigetreten werden, daß die erwähnten beiden Patente, welche die Regelung, nicht — wie das angefochtene Patent — das Auslöschen des Lichtbogens zum Gegenstande haben, auch tatsächlich als patenthindernd nicht in Betracht kommen. Wenn sich die Klägerin darauf beruft, daß durch ihr vor Ablauf der fünfjährigen Frist gestelltes Gesuch um Gewährung der Einsicht in die Akten des Patentamts über die Patenterteilung der gesamte Inhalt dieser Akten zur Klagebegründung herangezogen sei, so ist das nicht zutreffend. Es war vielmehr Sache der Klägerin, zu bezeichnen, was aus den Akten als zur Klagebegründung dienlich verwertet werden sollte. Überdies lassen sich aus diesen Akten, wie auch aus der Patentschrift selbst, keine Tatsachen entnehmen, die den Nichtigkeitsantrag rechtfertigen könnten.

Die Nichtigkeitsklägerin hat auf die Fassung des § 28 Abs. 4 Satz 1 hingewiesen, wonach „der Antrag die Tatsachen, auf welche er gestützt werde, anzugeben habe". Die Klägerin will aus dieser Fassung, bei der das Wort „muß" im Gegensatze zu anderen Stellen des Gesetzes (z. B. § 26 Abs. 3, § 20 Satz 3) vermieden worden sei, herleiten, daß die sofortige Angabe der Tatsachen überhaupt nicht wesentlich sei, sondern nur instruktionell vorgeschrieben werde. Diese Auffassung kann nicht gebilligt werden. Wo es an sich möglich ist, einer Gesetzesvorschrift zwingende Natur oder bloß instruktionelle Bedeutung beizulegen, wird durch die befehlende Form regelmäßig eine zwingende Vorschrift gekennzeichnet. Dafür, daß es hier anders sei, lassen sich haltbare Gründe nicht auffinden; die angeführten Beweggründe, die bei der Aufstellung der Vorschrift des § 28 Abs. 3 leitend gewesen sind, sprechen dagegen.

Die Klägerin hat endlich den Verfahrensgrundsatz für sich zu verwenden gesucht, daß während des Nichtigkeitsprozesses auch nach dem inzwischen eingetretenen Ablaufe der fünfjährigen Frist des § 28 Abs. 3 neue Druckschriften oder Vorbenutzungen angeführt werden können, sofern nur der Klagegrund nicht geändert und an der Behauptung, daß eine neue Erfindung nicht vorliege, festgehalten wird. Auf diesen Grundsatz kann sich die Klägerin indes ebensowenig berufen, wie auf den anderen Grundsatz, daß im Nichtigkeitsverfahren innerhalb der durch den maßgebenden Klagegrund bezeichneten Grenzen auch von Amts wegen Tatsachen berücksichtigt werden dürfen, die von den Parteien nicht vorgebracht worden sind. Denn für die Anwendung jener Grundsätze ist notwendige Voraussetzung, daß der Nichtigkeitsantrag innerhalb der fünfjährigen Frist ordnungsmäßig gestellt worden ist. Und diese Voraussetzung fehlt im gegenwärtigen Streitfalle. Das von der Klägerin betonte Recht, für die Erhärtung des unveränderten Klagegrundes neue Tatsachen anzuführen, gilt übrigens in der Berufungsinstanz nicht unbeschränkt (vgl. Urteil des erkennenden Senats vom 3. Januar 1910, Bl. für Patentw. Bd. 16 S. 198); darauf näher einzugehen, liegt hier kein Anlaß vor." . . .

74. In welchem Zeitpunkte muß die Revisionssumme als Bedingung der Zulässigkeit der Revision vorhanden sein?

ZPO. § 546.

II. Zivilsenat. Urt. v. 19. Mai 1911 i. S. M. (Kl.) w. U. & Co. (Bekl.). Rep. II. 375/10.

I. Landgericht Landsberg a. W.
II. Kammergericht Berlin.

Nach Einlegung der Revision war über das Vermögen der Beklagten das Konkursverfahren eröffnet. Kläger hat das Verfahren aufgenommen und seinen Revisionsantrag mit der Maßgabe aufrecht erhalten, die Forderung von 5115,85 ℳ, mit der er in den Vorinstanzen abgewiesen war, für festgestellt zu erklären, indem er noch angegeben hat, daß die Teilungsmasse des Konkurses nur etwa 8% der Schuldenmasse decke. Die Revision wurde für zulässig erklärt.

Aus den Gründen:

„Zunächst ist die Zulässigkeit der Revision zu erörtern, und in dieser Hinsicht fragt es sich, ob infolge des nach Einlegung der Revision über das Vermögen der Beklagten eröffneten Konkurses und des Umstandes, daß nach der Erklärung des Klägers in der Teilungsmasse für die mit der Revision verfolgte Schadensforderung von 5115,85 ℳ nur eine Deckung von 8% vorhanden ist, die Revisionssumme als gegeben anzunehmen ist. Nach § 546 ZPO. ist die Zulässigkeit der Revision in Rechtsstreitigkeiten über vermögensrechtliche Ansprüche durch einen den Betrag von 4000 ℳ übersteigenden Wert des Beschwerdegegenstandes bedingt. Nach § 546 Abs. 2 kommen in betreff des Wertes des Beschwerdegegenstandes die Vorschriften der §§ 3—9 ZPO. zur Anwendung.

Es ist hiernach auseinander zu halten der Beschwerdegegenstand an sich und seine Wertberechnung. Für die Bestimmung des Zeitpunktes, in welchem die Revisionssumme mit Bezug auf den Umfang des Beschwerdegegenstandes vorhanden sein muß, enthält das Gesetz keine besondere Vorschrift. Der Umfang des Beschwerdegegenstandes ergibt sich aus der Vergleichung des Berufungsurteils mit den Revisionsanträgen. Der Entwurf der Zivilprozeßordnung enthielt eine dem § 546 entsprechende Bestimmung nicht. Sie ist erst auf Antrag des Abgeordneten Struckmann zu dem Zweck aufgenommen, das Reichsgericht vor einer zu starken Belastung mit Geschäften zu bewahren. Aus der vom Antragsteller gegebenen Begründung, die in dieser Hinsicht keinen Widerspruch erfahren hat, — vgl. Hahn, Materialien S. 1057, 1066, 1070 — geht hervor, daß für die Bestimmung des Umfanges des Beschwerdegegenstandes nicht etwa schon die in der Revisionsschrift oder einem weiteren Schriftsatz enthaltenen, sondern nur die in der mündlichen Verhandlung gestellten Revisionsanträge maßgeblich sein sollten, da erst zu dieser Zeit das Revisionsgericht nach der Zivilprozeßordnung a. F. zuerst in die Lage kam, über die Zulässigkeit der Revision zu entscheiden. Hiermit ist nicht vereinbar, wenn für die Frage, in welchem Zeitpunkt die Revisionssumme mit Bezug auf den Umfang des Beschwerdegegenstandes vorhanden sein müsse, entscheidendes Gewicht gelegt wird auf den Zeitpunkt der Einlegung der Revision, und angenommen ist, daß, wenn in diesem Zeitpunkt die Revisionssumme vorhanden sei, der Revisionskläger auf die Revision ein Recht erworben habe. Dieses Recht gehe zwar im Falle freiwilliger Beschränkung der Revision verloren; es bleibe aber sonst die Revision zulässig, selbst wenn sich der Beschwerdegegenstand durch außergerichtliche Vorgänge nach Einlegung der Revision verändere. Eine gesetzliche Vorschrift, aus der diese Ansicht herzuleiten wäre, gibt es nicht. Insbesondere kann nicht anerkannt werden, daß aus dem zweiten Absatz des § 546 (508 a. F.) in Verbindung mit der den § 4 ZPO. einleitenden Bestimmung und dem § 253 (230 a. F.) daselbst ein dahin gehender Gesetzeswille ersichtlich sei. § 4 bezieht sich nicht auf die Bestimmung des Umfanges des Beschwerdegegenstandes sondern befaßt sich nur mit der Wertberechnung. § 253 (230 a. F.) erfordert als wesentlichen Bestandteil der Klageschrift einen bestimmten Antrag. Zum Unterschied hiervon verlangt § 553 (515 a. F.) als Inhalt der Revisionsschrift keinen bestimmten Antrag. § 253 kann also für die Frage, nach welchem Zeitpunkt die Revisionssumme mit Bezug auf den Umfang des Beschwerdegegenstandes zu bestimmen ist, nicht verwertet werden. Als Gesetzeswille kann beim Fehlen jeder entgegenstehenden Vorschrift nur angenommen werden, daß es für die Zulässigkeit der Revision im Hinblick auf die Revisionssumme darauf ankomme, ob auch im Zeitpunkt der mündlichen Verhandlung noch ein die Revisionssumme erreichender Umfang des Beschwerdegegenstandes vorhanden ist, und daß in dieser Beziehung der Zeitpunkt der Einlegung der Revision nicht entscheidet. Diese Auffassung entspricht auch allein dem Grunde und Zwecke der Vorschrift, die getroffen ist, das Reichsgericht im öffentlichen Interesse vor einer zu starken Belastung zu bewahren. Als Folge dieser Auffassung ergibt sich, daß eine Revision auch dann unzulässig wird, wenn nach Einlegung derselben, sei es durch zufällige äußere Ereignisse, sei es durch außergerichtliche Handlungen der Parteien, der Beschwerdegegenstand sich derart verändert hat, daß sein Umfang in der mündlichen Verhandlung die Revisionssumme nicht mehr erreicht.

Was dagegen die Wertbemessung des Beschwerdegegenstandes anlangt, so kommen hierfür nach der positiven Bestimmung des § 546 Abs. 2 die §§ 3—9 daselbst zur Anwendung. Der für den Zeitpunkt der Klageerhebung angenommene Wert bleibt nach § 3 für die Dauer des Prozesses maßgeblich, jedoch mit der Modifikation, daß die §§ 3—9 bezüglich der Revision nur entsprechend auf den Zeitpunkt der Einlegung des Rechtsmittels anzuwenden sind, da es hierbei nicht auf den Streit- sondern den Beschwerdegegenstand ankommt. Hiernach kam es für die Zulässigkeit der Revision darauf an, ob durch die Konkurseröffnung über das Vermögen der Beklagten und den Umstand, daß nur eine 8 % der Forderung deckende Teilungsmasse vorhanden ist, eine Änderung des Umfangs des Beschwerdegegenstandes als solchen oder nur seines Wertes eingetreten ist. Das letztere war anzunehmen, und zwar um so mehr, als die bezüglich der abgewiesenen und den Beschwerdegegenstand bildenden Schadensforderung von 5115,85 ℳ zu treffende Entscheidung über den Konkurs hinaus wirkt und es sich eigentlich nur um eine zeitweilige Beeinflussung des Wertes der Forderung handelt, der sich jederzeit ändern kann. Es war daher, da ein die Revisionssumme erreichender Wert der Forderung zur Zeit der Revisionseinlegung gegeben war, die Revision für zulässig zu erachten." . . .

75. Schiffszusammenstoß. Besetzung des Ausgucks. Welche Bedeutung hat der Umstand, daß durch den Untergang des Gegenseglers jede Aufklärung unmöglich geworden ist, für die Beurteilung objektiver Verstöße, die diesem zur Last fallen?

I. Zivilsenat. Urt. v. 22. Mai 1911 i. S. H. W. H. (Bekl.) w. J. H. u. Gen. (Kl.). Rep. I. 237/10.

I. Landgericht Hamburg, Kammer für Handelssachen.
II. Oberlandesgericht daselbst.

Am 29. Dezember 1907, kurz nach 4 Uhr, fand auf der Elbe unweit der Lühe ein Zusammenstoß des der Beklagten gehörigen Dampfers „Hedwig Heidmann" mit dem Ewer „Johannes" statt. Der Ewer wurde in zwei Teile zerschnitten und sank sofort. Die Besatzung, bestehend aus dem Eigentümer des Ewers und einem Bestmann, ist seit dem Unfalle verschollen. Der Zusammenstoß ereignete sich auf der Nordseite der Elbe, ohne daß der Ewer vorher auf dem Dampfer gesichtet wurde. Ausguck wurde gehalten von einem mit Nachtglas bewaffneten Offizier von der Brücke aus. Auf der Back war ein Ausguckmann nicht postiert.

Es klagte die Witwe des Schiffers aus eigenem Rechte und aus übertragenem Rechte ihrer Kinder auf Ersatz des Schadens infolge des Verlustes des Ewers, und ferner klagten die Witwe und ihre minderjährigen Kinder auf Zahlung einer Rente.

Beide Instanzen erklärten die Klage dem Grunde nach für berechtigt. Auf die Revision der Beklagten ermäßigte das Reichsgericht die Zusprechung der Klage auf die Hälfte.

Aus den Gründen:

„Der Vorderrichter erblickt ein vertretbares Verschulden des Kapitäns des Dampfers darin, daß er während der nächtlichen Fahrt auf der Elbe nicht einen Ausguckmann auf die Back kommandiert hat. Er folgt darin, was die Notwendigkeit einer solchen Maßregel angeht, dem Seeamte und dem Gutachten der nautischen Sachverständigen. Er erwägt die Gründe, die unter den obwaltenden Umständen diese Vorsicht erforderten (nämlich die nächtliche Fahrt auf vielbefahrener Straße mit leerem, hoch auf dem Wasser liegendem Schiff bei Beginn der Ausreise und der damit verbundenen Un-

Umuge auf Deck) und gelangt zu dem Ergebnis, daß der Kapitän alles das hätte in Betracht ziehen müssen und sich alsdann überzeugt haben würde, daß die Wahrnehmung des Ausgucks von der Back aus durch die Vorsicht geboten war. Es sei ihm als Verschulden anzurechnen, daß er diese Überlegung nicht angestellt, oder, falls er sie angestellt haben sollte, ihr nicht Rechnung getragen habe. Das ist eine rechtlich einwandfreie Begründung, die von der Revision vergeblich angefochten wird. ...

Des ferneren nimmt der Berufungsrichter an, daß diese Unterlassung den Zusammenstoß verursacht haben könne, da es nicht unwahrscheinlich, jedenfalls nicht unmöglich sei, daß ein vom Ewer gezeigtes Hecklicht nur deshalb von dem mit dem Ausguck betrauten II. Offiziere von der Brücke aus nicht bemerkt worden sei, weil sich das Licht bereits in dem vom Vorschiffe bedeckten Sehfelde befunden habe. Dabei wird in Anschluß an das sachverständige Gutachten unterstellt, daß ein Zeigen des Hecklichts in der Entfernung von wenig über 100 m noch als rechtzeitig anzuerkennen sei.

Von diesen Feststellungen aus gelangt der Berufungsrichter zu seiner Entscheidung, indem er erwägt, daß damit ein schuldhaftes Verhalten des Dampfers nachgewiesen sei, das nach dem gewöhnlichen Laufe der Dinge den Schaden zur Folge haben konnte; daß daher auch bis zum Beweise des Gegenteils anzunehmen sei, daß es ihn zur Folge gehabt habe. Auch das steht mit dem geltenden Rechte im Einklange und wird von der Revision an sich auch nicht angefochten. ...

Dagegen wird — wie der Revision zuzugeben ist — der in zweiter Instanz erhobene Einwand, daß der Ewer gegen § 13 Abs. 2 der hamburg. Verordnung für die Schiffahrt auf der Unterelbe vom 20. April 1904 verstoßen habe, mit nicht ausreichender Begründung zurückgewiesen. ...

Der Vorderrichter stellt fest, daß der Ewer bei dem herrschenden Nordostwinde dem Fahrwasserlaufe folgen konnte und sich deshalb an der Südgrenze des Fahrwassers so nahe hätte halten müssen, als sein Tiefgang es erlaubte, während die Kollision in der Nordhälfte des Fahrwassers stattgefunden hat, und trotzdem lehnt er ab, ein Verschulden des Ewers anzunehmen. Es bleibe, so wird ausgeführt, immer denkbar, daß man durch irgend welche Umstände, deren Mitteilung der Tod der Leute unmöglich mache, gezwungen worden sei, die Südhälfte des Fahrwassers zu verlassen; ohne die Möglichkeit der Aufklärung könne der Ewerbesatzung der Vorwurf eines Verschuldens nicht gemacht werden.

Damit ist die Frage nicht erledigt. Denn wenn sich auch ein Verschulden der Besatzung nicht positiv nachweisen läßt, so ist doch der objektive Verstoß gegen die polizeiliche Sicherheitsvorschrift nachgewiesen, und der ursächliche Zusammenhang zwischen diesem Verstoße und dem Unfalle ergibt sich von selbst. Wiederum nach feststehender Rechtsprechung wäre es unter diesen Umständen Sache der Gegenpartei gewesen, diesen Verstoß zu rechtfertigen.

Vgl. Entsch. des ROHG.'s Bd. 3 S. 40, Bd. 9 S. 171, Bd. 18 S. 292, und des RG.'s in Zivils. Bd. 21 S. 108, ferner Rep. I. 35/04 und I. 489/09.

Es liegt kein Grund vor, die Kläger dieses Nachweises für enthoben zu erachten, weil sie selbst darüber nichts wissen können und aller Beweismittel dafür verlustig gegangen sind. Namentlich ist das kein Grund — wie die Kläger anscheinend behaupten wollen, der Vorderrichter aber mit Recht ablehnt —, daß dieser Verlust gerade auch auf dem Unfalle beruht, für den die Kläger die Beklagte verantwortlich machen. Das Reichsgericht hat allerdings anerkannt, daß sich unter Umständen in Vertragsverhältnissen die Beweislast deswegen umkehren kann, weil der Gegner durch sein schuldhaftes Verhalten dem Beweispflichtigen die Beweisführung vereitelt hat,

vgl. Düringer-Hachenburg, Kommentar zum HGB. Bd. 2 S. 300 flg.,

und auch für außervertragliche Schuldverhältnisse ist ein Gleiches für den Fall ausgesprochen worden, daß dem Gegner durch ein Verhalten die Beweisführung verlegt wird, das wider Treu und Glauben verstößt und nach dem allgemeinen Rechtsbewußtsein als verwerflich erscheint.

Vgl. Entsch. des RG.'s in Zivils. Bd. 60 S. 152.

Hier fehlt es indessen nicht nur an der zuletzt genannten Voraussetzung vollständig, sondern es setzt auch die Anwendung jenes Grundsatzes voraus, daß ein Schuldverhältnis — gleichviel welcher Art — bestand. Und gerade um diese Frage handelt es sich hier, nämlich darum, ob die in Anspruch genommene Ersatzpflicht der Beklagten trotz nachgewiesenen Verschuldens gleichwohl wegen Mitverschuldens des Verletzten — ganz oder zu einem Bruchteile — nicht zur Entstehung gelangt ist.

Liegen mithin die Dinge so, daß die Kläger nicht imstande sind, das Versegeln des Ewers zu rechtfertigen, so muß ferner anerkannt werden, daß der gerügte Verstoß des Seglers gegen die Schiffahrtsordnung in einem ebenso erheblichen Maße für den Unfall ursächlich gewesen ist, wie das Verhalten des Dampfers, und es erscheint gerechtfertigt, den Umfang der die Beklagte treffenden Ersatzpflicht auf die Hälfte des eingetretenen Schadens zu ermäßigen." ...

---

76. Kann die gegen ein patentvernichtendes Urteil des Patentamts von beiden Patentinhabern eingelegte Berufung, nachdem einer von ihnen das Rechtsmittel zurückgenommen hat, von dem andern allein weiter verfolgt werden? Rechtliche Folgen der Zurücknahme der Berufung.

I. Zivilsenat. Urt. v. 22. Mai 1911 i. S. Tr. u. W. (Bekl.) w. Sch. (Kl.). Rep. I. 501/09.

I. Patentamt.

Die Beklagten waren Inhaber des Patents Nr. 177940, dessen Vernichtung auf Antrag des Klägers vom Patentamte ausgesprochen wurde. Beide Beklagten legten gegen diese Entscheidung Berufung ein. Der Beklagte Tr. nahm dann das Rechtsmittel noch vor dem zur Anhörung der Parteien bestimmten Termin zurück. Das Reichsgericht hat über die aufrecht erhaltene Berufung W.'s materiell entschieden und sie als unbegründet zurückgewiesen

Gründe:

„Nachdem der Mitinhaber des angegriffenen Patents Tr. die Berufung zurückgezogen hat, wird das Rechtsmittel nur noch von dem anderen Patentinhaber W. verfolgt. Die in der Verhandlung vor dem Berufungsgericht aufgeworfene Frage, ob W. allein dazu die Befugnis besitzt, ist zu bejahen.

Die Nichtigkeitsklage richtet sich gegen das Patent als solches; zu seiner Verteidigung sind die in der Rolle eingetragenen Patentinhaber, unter denen eine Rechtsgemeinschaft begründet ist, berufen (Entsch. des RG.'s in Zivils. Bd. 72 S. 245). Das Wesen der an einem Patente bestehenden Rechtsgemeinschaft wird durch die §§ 741 flg. BGB. näher bestimmt. Nach § 744 Abs. 2 ist jeder Teilhaber berechtigt, die zur Erhaltung des gemeinschaftlichen Gegenstandes notwendigen Maßregeln ohne Zustimmung des anderen Teilhabers zu treffen. Unter diesen Maßregeln versteht das Gesetz zwar in erster Linie Verwaltungshandlungen. Es muß indes anerkannt werden, daß zum Zwecke der Erhaltung des gemeinschaftlichen Gegenstandes auch der einzelne Teilhaber für sich als Prozeßpartei auftreten kann und insoweit — unbehindert durch die Vorschrift des § 747 Satz 2 — zu Verfügungshandlungen berechtigt ist (vgl. auch Entsch. des RG.'s in Zivils. Bd. 60 S. 270). Die Abweichung von der bezeichneten Vorschrift wird durch den Zweck der Erhaltung des gemeinschaftlichen Gegenstandes gerechtfertigt. Wollte man dagegen der Auffassung folgen, daß der Zurücktritt eines Teilhabers vom Prozesse den anderen Teilhaber der sachlichen Legitimation beraube, so daß insbesondere die von dem anderen Teilhaber allein eingelegte oder weiter verfolgte Berufung als unbegründet zurückzuweisen wäre, so erhielte dadurch der eine Teilhaber die Macht, über das ganze Recht zu verfügen. Dieses Ergebnis würde aber mit der allgemeinen Regel des § 747 Satz 2 BGB., wonach die Teilhaber über den gemeinschaftlichen Gegenstand im ganzen nur gemeinschaftlich verfügen können, nicht in Einklang zu bringen sein. Und durchgreifende Gründe für die Durchbrechung der Regel wären in diesem Falle nicht anzuerkennen. Man muß danach annehmen, daß der einzelne Mitberechtigte allein nicht imstande ist, die übrigen Teilhaber von der notwendigen Verteidigung des gemeinsamen Rechtes abzuhalten, daß vielmehr jeder Teilhaber für sich befugt ist, diese Verteidigung zu führen. Der einzelne Teilhaber kann den gemeinschaftlichen Gegenstand nicht preisgeben. Er kann ihn aber „erhalten". Was er zu seiner Erhaltung tut und was er erstreitet, kommt allen Teilhabern zugute. Der erkennende Senat hat denn auch schon früher ausgesprochen, daß die von dem einen Patentinhaber eingelegte Berufung auch für den Mitinhaber Wirkung hat (Urteil vom 26. November 1910, I. 446/09).

Der Nichtigkeitskläger kann das angegriffene Patent nur dadurch zur Vernichtung bringen, daß er im Nichtigkeitsstreite beiden Patentinhabern gegenüber — welche notwendige Streitgenossen sind, § 62 ZPO. — obsiegt. Die Zurücknahme der Berufung durch den Mitbeklagten Tr. allein ist aber deswegen nicht ohne Bedeutung. Der Kläger wurde dadurch diesem Beklagten gegenüber zu dem Antrage berechtigt, daß er seines Rechtsmittels für verlustig erklärt werde (§ 515 Abs. 3 ZPO.). Diese Verlustigkeitserklärung führt — von der Kostenfolge abgesehen — den gleichen Rechtszustand herbei, wie wenn nur der Beklagte W. Berufung eingelegt hätte. Gelingt es dem Kläger, auch der Berufung dieses Beklagten — die mitzuvertreten der Beklagte Tr. übrigens trotz der Zurücknahme seiner Berufung rechtlich nicht gehindert gewesen wäre — den Erfolg zu nehmen, so verbleibt es endgültig bei der vom Patentamte ausgesprochenen Nichtigkeitserklärung. Das gleiche Ergebnis wäre eingetreten, wenn etwa W. dem Vorgange Tr.'s in der Zurücknahme der Berufung gefolgt wäre." ...

---

77. Muß, damit bei Eheverträgen nach Tarifstelle 18 zum preuß. Stempelsteuergesetz vom 31. Juli 1895 der ermäßigte Satz von 1,50 ℳ in Ansatz zu bringen ist, aus der Urkunde selbst hervorgehen, daß durch sie über Vermögensgegenstände von nicht mehr als 6000 ℳ verfügt werde?

VII. Zivilsenat. Urt. v. 23. Mai 1911 i. S. P. (Kl.) w. preuß. Fiskus (Bekl.). Rep. VII. 558/10.

I. Landgericht I Berlin.
II. Kammergericht daselbst.

Der Kläger, ein Notar, hatte in den Jahren 1906 und 1907 fünf Eheverträge unter Verwendung von je 1,50 ℳ Stempel beurkundet; die Verträge selbst ergeben über den Wert des Gegenstandes nichts. Unter ihnen befindet sich die Kostenrechnung des Klägers, die in allen fünf Fällen als Wert eine geringere Summe als 6000 ℳ bezeichnet. Der Beklagte forderte, indem er für die Verträge einen Steuersatz von je 5 ℳ als geschuldet erachtete, die Nachzahlung von 17,50 ℳ. Kläger erhob deshalb Klage mit dem Antrag auf Feststellung, daß dem Beklagten kein Anspruch auf Nachzahlung von je 3,50 ℳ für die Verträge zustehe. Der Beklagte begehrte Abweisung der Klage. Die Vorinstanzen haben in diesem Sinne erkannt, und auch die Revision des Klägers blieb ohne Erfolg.

Gründe:

„Die Tarifstelle 18 zum preußischen Stempelsteuergesetz vom 31. Juli 1895 unterwirft Eheverträge einem Stempel von 5 ℳ und fügt hinzu, daß, wenn durch sie über Vermögensgegenstände von nicht mehr als 6000 ℳ verfügt werde, der Steuersatz 1,50 ℳ betrage. Schon die Fassung des Gesetzes läßt erkennen, daß es sich bei der Besteuerung der Eheverträge nicht um einen Wertstempel, sondern um einen festen Stempel handelt. Der Steuersatz wird nicht nach der Höhe des durch die vertragsmäßige Regelung betroffenen Vermögens abgestuft; er beträgt grundsätzlich und ohne Rücksicht auf den Wert des Gegenstandes 5 ℳ. Nur wenn dieser Wert die Summe von 6000 ℳ nicht übersteigt, soll ein Stempel von 1,50 ℳ genügen. Es wird also für einen bestimmten Fall die Steuer ermäßigt und von der Regel eine Ausnahme gemacht. Dadurch, daß die Ausnahme von dem Vorhandensein einer ziffermäßig begrenzten Voraussetzung abhängt, verwandelt sich der im allgemeinen von einer solchen Voraussetzung unabhängige und nicht nach dem Werte wechselnde Stempel nicht in einen Wertstempel. Daß an einen solchen nicht gedacht ist, ergibt aber auch die — von Hummel-Specht Bem. 10 zu Tarifstelle 18 mitgeteilte — Entstehungsgeschichte des Gesetzes. Die Regierungsvorlage setzte die Steuer auf 5 ℳ fest und ermäßigte diesen Satz auf 1,50 ℳ für Eheverträge, in denen nur über geringfügige Gegenstände verfügt würde. Der niedrigere Satz sollte also ausnahmsweise dann erhoben werden, wenn nach dem Ermessen der zuständigen Stelle die Sachlage dies rechtfertigte. Die Kommission des Abgeordnetenhauses war der Meinung, daß der Begriff „geringfügige Gegenstände“ keinerlei Handhaben für die mit der Ausführung des Gesetzes betrauten Beamten und Behörden biete, und zog deshalb die Grenze von 6000 ℳ, die demnächst auch in das Gesetz aufgenommen ist. Hiernach ist klar, daß die Änderung, welche die Regierungsvorlage erfahren hat, nur die leichtere Durchführbarkeit der Stempelvorschrift bezweckte, nicht aber diese grundsätzlich im Sinne der Normierung eines Wertstempels umgestaltet hat. In der Tarifstelle 22g ist der Stempel für Genehmigungen für Unternehmer von Versicherungsanstalten je nach dem Umfange des Geschäftsgebiets auf 20 und 100 ℳ festgesetzt. Auch hier verhält sich der höhere Stempel zum niedrigeren, wie die Regel zur Ausnahme, und das Gleiche gilt für die Tarifstellen 39 und 42, in denen der Stempel für die Genehmigung von Lustbarkeiten und für Namensänderungen auf 1,50 ℳ bezw. 30 ℳ bestimmt, aber eine Ermäßigung auf 0,50 bezw. 5 ℳ bei geringfügigen Lustbarkeiten oder bei nachgewiesener Bedürftigkeit des die Namensänderung Nachsuchenden zugelassen ist. Konsolidationen von Bergwerken werden nach Tarifstelle 33 mit 100 ℳ, wenn jedoch der Gesamtwert des konsolidierten Bergwerkseigentums nicht 10000 ℳ erreicht, mit nur 10 ℳ besteuert. In allen diesen Fällen handelt es sich um feste Stempel, die beim Vorliegen gewisser Umstände, insbesondere (bei Tarifstelle 33) sofern der Wert einen gewissen Betrag nicht übersteigt, herabgesetzt werden. Ob dies auch in den von der Revisionsbegründung angeführten Fällen zutrifft, bedarf keiner Untersuchung, da die Frage nach der Natur des Stempels für jede Tarifstelle besonders beantwortet werden muß.

Ist demgemäß der Stempel für Eheverträge ein fester Stempel von 5 ℳ, der sich bei einem Vermögen von nicht mehr als 6000 ℳ auf 1,50 ermäßigt, so kann diese Ermäßigung nach § 3 Abs. 1 des Stempelgesetzes nur eintreten, wenn ihre Voraussetzung aus der Vertragsurkunde selbst hervorgeht. Die Revision ist der Ansicht, daß der Wert, soweit es darauf ankomme, stets „objektiv“, d. h. ohne Rücksicht auf die Urkunde, zu ermitteln sei. Es folge dies aus § 6 des Stempelgesetzes. Allein diese Vorschrift sagt nicht, daß die Bedingungen, unter denen ein geringerer, als der normale Steuersatz zu entrichten ist, anderweit festgestellt werden könnten, auch wenn die Urkunde nichts darüber ergebe. Sie enthält die für die Wertermittelung maßgebenden Grundsätze für die Fälle, in denen die urkundlichen Angaben nicht ausreichen oder von der Steuerbehörde beanstandet werden. Daß das Gesetz grundsätzlich auf dem Standpunkt steht, daß über das Vorliegen einer Befreiung vom Stempel und folgeweise auch einer Ermäßigung der Inhalt der Urkunde entscheide, ergibt sich aus § 4 Abs. 2. Hier wird der Beweis, daß der Wert des Gegenstandes einer Vollmacht den Betrag von 150 ℳ nicht übersteigt, ausnahmsweise zugelassen, auch wenn die Vollmachtsurkunde nichts über den Wert besagt. Ebenso hat die Rechtsprechung unter ganz besonderen Umständen eine anderweite Feststellung der Voraussetzungen einer Befreiungsvorschrift zugelassen (Entsch. des RG.'s in Zivils. Bd. 65 S. 353). Solche Umstände liegen gegenwärtig nicht vor. Es bewendet mithin bei der Regel, wie denn auch in der Bekanntmachung des Finanzministers, betreffend die Ausführung des Stempelsteuergesetzes, vom 13. Februar 1896 zur Tarifstelle 22g ausdrücklich gesagt ist, daß die ermäßigten Sätze nur dann zur Anwendung kommen dürften, wenn deren gesetzliche Voraussetzungen aus dem Inhalte der Genehmigungsurkunde hervorgingen. Der von der Revision noch angezogene § 10 Abs. 1 Satz 1 des Stempelsteuergesetzes kommt nicht in Betracht, und die Kostenrechnung des Notars auf der Urkunde ist kein Teil derselben, der eine maßgebliche Erklärung der Parteien über die Voraussetzungen der Ermäßigung enthielte. Danach ist von den fraglichen Eheverträgen mit Recht der regelmäßige Stempel von 5 ℳ gefordert, und es mußte die Revision gegen das Berufungsurteil, das sich im Einklange mit der Verwaltungspraxis und der Literatur befindet, zurückgewiesen werden."

---

78. Inwieweit darf zur Wahrung der Schriftlichkeit einer Bürgschaftserklärung auf ein anderes Schriftstück Bezug genommen werden?

BGB. § 766.

VI. Zivilsenat. Urt. v. 24. Mai 1911 i. S. N. (Kl.) w. M. Wwe. (Bekl.). Rep. VI. 167/10.

I. Landgericht Elberfeld.
II. Oberlandesgericht Düsseldorf.

Die Beklagte, deren Sohn ein Teilhaber der Firma Friedrich M. & Co. in W. war, hatte der W.'er Bank für den Kredit, den die Firma bei dieser genoß, in Höhe von 3000 ℳ schriftliche Bürgschaft geleistet. In gleicher Weise hatte der Schwiegervater des Teilhabers M., der Rentner Gustav L., Bürgschaft für 5000 ℳ übernommen. Als die

W.'er Bank der Firma M. & Co. Schwierigkeiten wegen weiteren Kredits machte, traf die Firma mit dem Kläger ein Abkommen, daß er die W.'er Bank ablösen und der Firma anderweit Kredit eröffnen sollte. Dagegen sollten ihm die gleichen Sicherheiten wie der W.'er Bank bestellt werden. Zu dem Zweck stellten ihm L. und die Beklagte folgende Erklärungen aus:

„E., den ... Dezember 1907.

Der Unterzeichnete erklärt sich hiemit bereit, nach Rückempfang der an die W.'er Bank zugunsten der Firma Friedrich M. & Co. abgegebenen Bürgschaftserklärung eine ebensolche an die Firma Dr. W. N. in M. auszustellen.

gez. Gustav L."

„W., 24 Dezember 1907.

Die Unterzeichnete gibt hiemit im gleichen Sinne dieselbe Erklärung dem Herrn Dr. W. N. zu M. gegenüber ab, wie solche von dem Herrn Gustav L. zu E. erteilt worden ist.

gez. Wwe. Hugo M."

Die Klage auf Erteilung einer Bürgschaftserklärung wurde vom Oberlandesgericht abgewiesen. Auch die Revision hatte keinen Erfolg.

Gründe:

„Die allein streitige Frage, ob die von der Beklagten ausgestellte Erklärung die Formvorschrift des § 766 BGB. erfüllt, ist mit dem Berufungsgericht zu verneinen. Diese — von dem Kläger angenommene — Erklärung sollte nur das Versprechen enthalten, daß die Bürgschaft werde übernommen werden. Sie bildete also einen Bürgschafts**vor**vertrag. Es ist anerkannten Rechtens, daß Vorverträge der Form bedürfen. die das Gesetz für die Verträge selbst vorschreibt. Die Erklärung war mithin der Form des § 766 unterworfen.

Von vornherein ist zuzugeben, daß der gesetzgeberische Grund, der zu der Formvorschrift geführt hat: daß der Bürge vermöge des Schriftzwangs sich in eindringlicher Weise der Tragweite seiner Erklärung bewußt werde, hier nicht zutrifft. Die Beklagte hatte der W.'er Bank gegenüber die Bürgschaft übernommen und war bereit, sie auf den Kläger zu übertragen. Eine sie beschwerende neue Verpflichtung war ihr nicht angesonnen. Nur in der **Person** des Gläubigers sollte ein Wechsel eintreten. Es ist auch zu unterstellen — worüber der Kläger der Beklagten den Eid zugeschoben hat —, daß ihr die Erklärung des L., die in der gleichen Absicht abgegeben war, vorgelegen hat. Die Beklagte hat sonach die Verpflichtung eingehen wollen, nach Rückempfang der Bürgschaftsurkunde von der W.'er Bank dem Kläger eine Urkunde gleichen Inhalts auszustellen, und sie war sich sicherlich bewußt, welchen Inhalt und welche Bedeutung die von ihr der W.'er Bank ausgestellte Bürgschaftsurkunde hatte.

Dennoch muß der Erklärung der Beklagten die Wirksamkeit versagt werden.

In § 766 wird erfordert, daß die Bürgschaftserklärung, d. i. die Erklärung, daß der Erklärende dem Gläubiger gegenüber für die Erfüllung der Verbindlichkeit eines Dritten einstehe, schriftlich erteilt werde. Ist durch Gesetz schriftliche Form vorgeschrieben, so muß die Urkunde von dem Aussteller eigenhändig durch Namensunterschrift unterzeichnet werden (§ 126 BGB.). Das letztere ist hier geschehen. Die Urkunde muß aber ihrerseits gemäß §§ 765, 766 diejenige Willenserklärung enthalten, aus welcher der Wille des Ausstellers, für die Schuld eines andern einzustehen, hervorgeht. Daran fehlt es hier völlig.

Auch die Erklärung des L. ist unvollständig. Der Gegensatz zwischen ihr und der Erklärung der Beklagten springt aber in die Augen. L. erklärt, daß er die Bürgschaft für die Verbindlichkeiten der Firma M. & Co. dem Kläger gegenüber übernehmen wolle. Hieraus ist ersichtlich sowohl der Verbürgungswille als auch der Gläubiger und der Dritte, für dessen Verbindlichkeit der Erklärende bürgen will. Nur wegen der Art dieser Verbindlichkeit, der Höhe der Bürgschaft und der sonstigen Bürgschaftsbedingungen wird auf eine andere, ebenfalls von dem Erklärenden ausgestellte Urkunde, deren Inhalt den Parteien bekannt ist, Bezug genommen. Eine schriftliche Erklärung, bei der sich die Erfordernisse des Bürgschaftsvertrags in solchem Umfang aus ihr selbst ergeben, ist trotz ihrer Lücken unbedenklich als gültiges Bürgschaftsversprechen anzusehen.

Die Erklärung der Beklagten dagegen enthält nichts von einer fremden Verbindlichkeit, nichts von dem Willen, hierfür einzustehen, nichts von der Gläubigerschaft des Empfängers der Erklärung, sondern nur die Verweisung auf ein anderes Schriftstück, das von einer anderen

Person ausgestellt wurde, und das für die Beklagte nur „im gleichen Sinne“, d. h. soweit sie bei der W.'er Bank die Bürgschaft übernommen hatte, gelten sollte. Ob dann eine formgerechte Bürgschaft zustande gekommen wäre, wenn die Beklagte ihre Erklärung auf dem gleichen Bogen unter der Erklärung des L. abgegeben hätte, so daß diese als von ihrer Unterschrift mitumfaßt erachtet werden könnte, braucht nicht entschieden zu werden, da vom Kläger eine solche Sachgestaltung nicht behauptet ist.

Mag sachlich die Erklärung der Beklagten nichts anderes besagen wollen, als die des L., so muß eben, wenn das Gesetz die Beobachtung einer Form verlangt, die Form eingehalten werden. Die Grenze, innerhalb deren eine Bezugnahme auf fremde Urkunden oder auf außerhalb der Erklärung liegende Umstände noch zulässig erscheint, ist mit der bisherigen Rechtsprechung des Reichsgerichts dahin zu bestimmen, daß die Erklärung selbst die wesentlichen Merkmale des Bürgschaftsvertrags noch irgendwie erkennen lassen muß. Dies ist hier nicht der Fall.

Vgl. Entsch. des RG. in Zivils. Bd. 57 S. 261, Bd. 62 S. 174, 382, Bd. 71 S. 115.

Die Berufung der Revision auf das Urteil des RG.'s Entsch. in Zivils. Bd. 64 S. 82 geht fehl. Wie aus der Urschrift dieses Urteils erhellt, war in dem damaligen Falle nach der Feststellung des Vorderrichters in dem Zwangvergleichsprotokoll des Amtsgerichts, das der Vergleichsbürge unterschrieben hatte, die seine Bürgschaftsübernahme enthaltende Erklärung beurkundet. Was die Revision vermißt, war also in das Protokoll aufgenommen.“ ...

---

79. 1. Ist eine Vereinbarung zulässig, wonach eine Gesellschaft m. b. H. einen eigenen Geschäftsanteil einem Dritten zu verschaffen und diesen Geschäftsanteil auf Verlangen des Dritten zurückzukaufen sich verpflichtet?

2. Bedarf eine solche Vereinbarung der Form des § 15 GmbHG.?

3. Anfechtung einer solchen Vereinbarung als Bestandteil eines im übrigen nicht angefochtenen Vertrages wegen vom Geschäftsführer der Gesellschaft verübter arglistiger Täuschung.

Gesetz betr. d. Ges. m. beschr. Haftung §§ 15, 16 Abs. 3, 19, 30 Abs. 1, 33 Abs. 1.
BGB. § 139.

II. Zivilsenat. Urt. v. 26. Mai 1911 i. S. S. (Kl.) w. Viehbank M. (Bekl.). Rep. II. 550/10.

I. Landgericht III Berlin.
II. Kammergericht daselbst.

Die jetzt in Liquidation befindliche verklagte Gesellschaft m. b. H. wurde durch notariellen Vertrag vom 6. März 1906 begründet. Als Geschäftsführer wurde der Gesellschafter Martin R. bestellt, und es wurde bestimmt, daß sein Verhältnis zur Gesellschaft durch besonderen Vertrag geregelt werde. Diese Regelung fand an demselben Tage dahin statt, daß R. ein Jahresgehalt von 24000 ℳ bewilligt und in § 2 bestimmt wurde, er dürfe sich einen aus der Gesellschaftskasse zu bezahlenden Stellvertreter bestellen. Durch Vertrag vom 8. Mai 1908 bestellte sich R. diesen Vertreter in der Person des Klägers mit einem Jahresgehalt von 5000 ℳ für ein Jahr nach notarieller Bestätigung des Vertrags unter der Bedingung, daß der Kläger einen Geschäftsanteil der Gesellschaft von 25000 ℳ erwerbe und bis zum 1. September 1908 voll einzahle. Auf die Stammanteile waren damals nur je ein Viertel einbezahlt.

Dieser Vertrag vom 8. Mai 1908 wurde nachträglich nicht in notarielle Form gebracht; wohl aber trat der Gesellschafter Heinrich R. durch notarielle Urkunde vom 12./18. Mai 1908 die Hälfte seines Geschäftsanteils von 50000 ℳ mit 25000 ℳ dem Kläger ab, und hat der Kläger seinen Anteil bis zum 3. September 1908 an die Gesellschaft bezahlt.

Der Kläger behauptete, der von ihm mit Martin R. am 8. Mai 1908 geschlossene Vertrag enthalte drei rechtlich auseinanderfallende Verträge, einen Vertrag, den er mit Martin R. als Generalbevollmächtigtem des Heinrich R. über Abtretung der Hälfte des Geschäftsanteils des letzteren abgeschlossen habe, sodann einen zweiten Vertrag, durch den er sich dem Martin R. als Geschäftsführer, also der Gesellschaft gegenüber, zur Vollzahlung des von Heinrich R. zu erwerbenden Anteils verpflichtet habe, und endlich einen mit der Gesellschaft geschlossenen Dienstvertrag.

Diesen Dienstvertrag will der Kläger als gültig behandelt wissen. Er hatte von seinem Gehalt 2000 ℳ erhalten; auf Zahlung des Restes mit 3000 ℳ erhob er gegen die Beklagte Klage. Die Beklagte hat eingewendet, der Kläger sei für sie überhaupt nicht tätig gewesen; die Bedingung, an welche die Anstellung des Klägers geknüpft worden sei, nämlich die Errichtung einer notariellen Urkunde, sei nicht eingetreten; auch habe der Kläger auf seine Ansprüche verzichtet. Mit derselben Klage forderte der Kläger Zurückzahlung seiner Leistung auf den Geschäftsanteil (18750 ℳ) einschließlich der Zinsen mit im ganzen 19774 ℳ. Dieser Anspruch wurde in mehrfacher Richtung begründet. Zunächst behauptete der Kläger, er habe mit Martin R. bei Abschluß des schriftlichen Vertrags vom 8. Mai 1908 verabredet, daß die Beklagte auf sein Verlangen innerhalb Jahresfrist den Geschäftsanteil zurückkaufen müsse, und daß er 10 Prozent Zinsen bekomme. Diese Abrede verstoße gegen die §§ 29 und 30 GmbHG. Deshalb seien die vom Geschäftsanteilserwerb handelnden Abmachungen nichtig. Hieraus folge die Rückerstattungspflicht der Beklagten hinsichtlich des Gezahlten. An zweiter Stelle verlangte der Kläger die Rückzahlung und die Zinsen auf Grund der §§ 31, 823 Abs. 2 und 826 BGB. als Schadensersatz wegen Betrugs. Dieser Betrug soll dadurch verübt worden sein, daß Martin R. ihm bei Abschluß des Vertrags vom 8. Mai 1908 eine unrichtige Bilanz vorgelegt und seinen Geschäftsführergehalt von 24000 ℳ verschwiegen habe. Für diesen Betrug sei die Beklagte haftbar. Der Kläger focht sodann mit der Klage das Abkommen über den Erwerb des Geschäftsanteils wegen arglistiger Täuschung an. Er behauptete, diese Anfechtung auch bereits am 4. Mai 1909 erklärt zu haben, nachdem er kurz zuvor von der Täuschung Kenntnis erhalten habe; diese Erklärung soll dahin gelautet haben, daß er das gesamte Rechtsgeschäft, durch das er sich zur Übernahme des Anteils von 25000 ℳ verpflichtet habe, jedenfalls aber die Vereinbarung anfechte, daß er die ganze Einlage einzuzahlen habe. Die Anfechtung wurde tatsächlich ebenso begründet, wie der Schadensersatzanspruch, aus §§ 31, 823 Abs. 2 und 826 BGB.

Der Kläger erwirkte am 21. Mai 1909 Versäumnisurteil. Auf Einspruch der Beklagten hob das Landgericht durch Teilurteil vom 12. November 1909 die in dem Versäumnisurteil enthaltene

Verurteilung in Höhe von 19774 ℳ nebst 5 Prozent Zinsen aus 18750 ℳ auf und wies die Klage insoweit ab. Durch Endurteil vom 3. Dezember 1909 hielt das Landgericht sodann das Versäumnisurteil für den Betrag von 3000 ℳ nebst 4 Prozent Zinsen vom 5. Mai 1909 aufrecht.

Der Kläger legte gegen das Teilurteil Berufung mit dem Antrag ein, in Abänderung des ersten Urteils die Beklagte zu 18750 ℳ nebst 5 Prozent Zinsen aus den einzelnen Zahlungen von den Zahlungstagen zu verurteilen. Die Beklagte legte Berufung gegen das Endurteil mit dem Antrag ein, die Klage völlig abzuweisen. Das Kammergericht wies beide Berufungen zurück. Der Kläger hat Revision eingelegt. Die Beklagte hat sich der Revision angeschlossen.

Beide Revisionen hatten Erfolg.

Gründe:

Revision des Klägers.

„1. Die Parteien erkennen in dieser Instanz in der mündlichen Verhandlung die Feststellung des Berufungsrichters als zutreffend an, wonach in der Vertragsurkunde vom 8. Mai 1908 von den Parteien ein einziger einheitlicher Vertrag abgeschlossen worden ist. Danach hat die Beklagte, vertreten durch ihren Geschäftsführer Martin R., am 8. Mai 1908 sich dem Kläger gegenüber dazu verpflichtet, ihm die Hälfte des Geschäftsanteils des Gesellschafters Heinrich R. von 50000 ℳ zu verschaffen; der Kläger seinerseits übernahm dagegen die Volleinzahlung dieses Geschäftsanteils, der ihm so verschafft wurde; zugleich nahm die Beklagte den Kläger gegen ein Jahresgehalt von 5000 ℳ unter der eingetretenen Bedingung der Volleinzahlung des Geschäftsanteils als Stellvertreter des Geschäftsführers Martin R. in ihre Dienste. Eine Zusicherung von 10 Prozent Zinsen ist dem Kläger nach dieser Feststellung des Berufungsrichters nicht gemacht worden. Ob, wie der Kläger behauptet hat, gleichzeitig die Nebenabrede getroffen worden ist, daß die Beklagte ihm auf sein Verlangen innerhalb Jahresfrist den Geschäftsanteil wieder abkaufen müsse, läßt der Berufungsrichter unerörtert. Er geht davon aus, daß es darauf nicht ankomme, obwohl der Rückkauf einen Bestandteil des ganzen einheitlichen Vertrags bilde. Eine Vertragsauslegung, wie sie der Berufungsrichter hier vorgenommen hat, daß die Beklagte sich als

Gegenkontrahentin verpflichtete, dem Kläger einen fremden Geschäftsanteil zu verschaffen, ist rechtlich möglich. Eine solche Vereinbarung ist auch in der Form nicht zu beanstanden, nachdem die Übertragung des Anteils durch dessen Inhaber, wie hier, in der Form des § 15 GmbHG. stattgefunden hat (vgl. Deutsche Juristen-Zeitung 1897 S. 385). Eine solche Vereinbarung widerspricht auch nicht dem § 33 Abs. 1, weil dadurch nicht der Erwerb eines nicht voll eingezahlten Anteils durch die Gesellschaft bezweckt war, sondern der Anteil an einen Dritten (den Kläger) abgetreten werden sollte (Entsch. des RG.'s in Zivils. Bd. 71 S. 403).

Auch eine Vereinbarung des Rückkaufs, wie sie behauptet wird, ist rechtlich nicht zu beanstanden; sie widerspricht nicht dem § 30 Abs. 1, wonach das zur Erhaltung des Stammkapitals erforderliche Gesellschaftsvermögen an die Gesellschafter nicht ausbezahlt werden darf; denn der Kläger verlangt diese Rückzahlung nicht als Zahlung aus dem Stammkapital und nicht als Gesellschafter, sondern als Käufer eines Geschäftsanteils, der Anspruch auf Rückerstattung des Kaufpreises erhebt (Entsch. des RG.'s in Zivils. Bd. 68 S. 311, 312). Die Rückkaufsabrede, wie sie der Kläger behauptet, bedarf der gerichtlichen oder notariellen Form nach § 15 Abs. 4 GmbHG. Nun schreibt zwar dieser Paragraph die gerichtliche oder notarielle Form seinem Wortlaut nach nur für die Begründung einer Abtretungspflicht eines Gesellschafters vor, während es sich hier um eine Übernahmepflicht der Gesellschaft handelt, und es in das Belieben des Klägers als Gesellschafters gestellt sein soll, ob er den Rückerwerb durch die Gesellschaft verlangen wolle. Allein auch eine solche Vereinbarung steht nach Zweck und Sinn des Gesetzes, das alle auf die Verpflichtung zur Abnahme von Geschäftsanteilen gerichteten Verträge treffen will, unter dem Formzwang des Gesetzes.

Jur. Wochenschr. 1905 S. 92 Nr. 43, 1907 S. 370 Nr. 21; Entsch. des RG.'s in Zivils. Bd. 57 S. 60).

Was in der Literatur dagegen vorgebracht wird, ist nicht überzeugend. Die den Rückkauf enthaltende Nebenabrede ist daher wegen Formmangels ungültig. Da der Berufungsrichter die Rückkaufsvereinbarung für einen Teil des einheitlichen Vertrags vom 8. Mai 1908 erklärt und im Wege der Vertragsauslegung ausdrücklich hinzufügt, daß der Kläger ohne die Abrede seines Rückverkaufsrechts den Vertrag vom 8. Mai 1908 nicht eingegangen wäre, so ist der ganze einheitliche Vertrag vom 8. Mai 1908 gemäß § 139 BGB. nichtig.

Die Beklagte meint zwar in dieser Instanz, es sei auch die formlose Vereinbarung über den Rückkauf dadurch gültig geworden, daß Heinrich R. am 12./18. Mai 1908 die Hälfte seines Geschäftsanteils in notarieller Form an den Kläger abgetreten hat. Die Beklagte beruft sich dafür auf das Urteil des VI. Zivilsenats des Reichsgerichts vom 1. Juli 1909, VI. 143/09. Dort wurde ausgesprochen, daß durch die formgerechte Beurkundung der den Hauptgegenstand des Vertrags bildenden Abtretung des Geschäftsanteils auch die Vereinbarung Rechtswirksamkeit erlangt, wonach diese Abtretung unter gewissen Umständen wieder rückgängig gemacht werden soll. Dieser Ausspruch steht im Einklang mit der Rechtsprechung des Reichsgerichts (vgl. Entsch. des RG.'s in Zivils. Bd. 65 S. 38). In Anlehnung an diesen Grundsatz wurde es dort für unbedenklich erachtet, daß die Abtretung nicht unmittelbar zwischen den Prozeßparteien geschlossen worden war; denn nach den Feststellungen des Berufungsurteils ist dies — wird dort fortgefahren —. auf Anweisung des Beklagten, und zwar mit dem beiderseitigen Willen, daß dadurch der Vertrag von seiner Seite insoweit erfüllt werden solle, geschehen. Ob man in Anwendung des Heilungsprinzips des § 15 so weit gehen darf, ist hier nicht zu erörtern; denn es fehlt hier an dessen Voraussetzungen, weil eine tatsächliche Feststellung, wie sie nach dem angezogenen Urteil des VI. Zivilsenats vom Berufungsrichter getroffen worden war, hier nicht vorliegt. Es ist im Gegenteil aus den Ausführungen des Berufungsrichters zu entnehmen, daß er eine solche Feststellung zu treffen ablehnt. Ist somit der ganze Vertrag nichtig, so kann dem Kläger nach § 812 BGB. der Anspruch auf Rückerstattung des von ihm Geleisteten nicht versagt werden, wenn der Rückkauf vereinbart war.

Der Berufungsrichter versagt ihm diesen Anspruch trotzdem, weil die Folgen der Nichtigkeit des ganzen Vertrags unannehmbar seien; denn es würde die Beklagte einen Geschäftsanteil bekommen, auf den eine Einlage nicht gemacht sei, da sie dem Kläger sämtliche Einlagen erstatten müsse. Das Interesse der Beklagten und ihrer Gläubiger erheische daher eine Ausnahme von § 139 BGB. dahin, daß der Kläger seinen Geschäftsanteil behalten und der Beklagten das Empfangene belassen müsse.

Der Berufungsrichter beachtet hier nicht, daß der veräußernde Gesellschafter Heinrich K., dessen Einzahlungen übrigens der Beklagten verbleiben, nach §§ 16 Abs. 3 und 19 für die ganze Einzahlung haftet. Daß Heinrich K. aber als der Veräußerer im Sinne des § 16 Abs. 3 anzusehen ist, kann keinem Zweifel unterliegen (vgl. das Urteil des Reichsgerichts in der Deutsch. Jur.-Ztg. 1897 S. 385). Es bestehen somit die Bedenken nicht, welche eine Ausnahme von § 139 nach Ansicht des Berufungsrichters rechtfertigen sollen.

Hieraus ergibt sich die Aufhebung des Urteils, soweit die Klage abgewiesen ist, und die Zurückverweisung. Für den Fall die Behauptung des Klägers hinsichtlich der Rückkaufsvereinbarung sich nicht bestätigt, bedarf es der Würdigung der übrigen Klagegründe.

2. Der Kläger stützt seinen Anspruch auch auf die Anfechtung des Vertrags wegen arglistiger Täuschung.

Der Berufungsrichter prüft nicht, ob eine arglistige Täuschung stattgefunden hat. Er erachtet die Anfechtung des Klägers für unwirksam, weil seine Anfechtung widerspruchsvoll sei, indem er einerseits anfechte, andererseits aber sein Gehalt, also Erfüllung, verlange. Die Aufklärung dieses Widerspruchs ergibt sich nach der Feststellung des Tatbestandes des Berufungsrichters daraus, daß der Kläger immer den Standpunkt eingenommen hat, es handle sich um drei Verträge. Nun war dieser Standpunkt ein rechtsirriger; es war nach den Ausführungen des Berufungsrichters nur ein einheitlicher Vertrag geschlossen. Davon hat der Kläger einen Teil angefochten. In entsprechender Anwendung des § 139 BGB. ist durch diese Anfechtung der ganze Vertrag angefochten. Aus dem Grund widerspruchsvoller Anfechtung läßt sich also ein Eingehen auf die Anfechtung selbst nicht ablehnen.

Der Berufungsrichter erachtet die Anfechtung auch deshalb nicht für statthaft, weil sonst die Grundlagen der Gesellschaft erschüttert würden.

Der Berufungsrichter beachtet hier nicht den Unterschied der Rechtslage, wie sie sich bei der Gründung ergibt, und wie sie sich in einem späteren Stadium gestaltet. Nur um dieses letztere Stadium handelt es sich hier. Daß in diesem Stadium die Grundlage der Gesellschaft durch eine Anfechtung der Abtretung eines Geschäftsanteils nicht erschüttert wird und daher zuzulassen ist, findet sich in den Entsch. des RG.'s in Zivils. Bd. 68 S. 309 und in dem in der Deutsch. Jur.-Ztg. 1897 S. 385 abgedruckten Urteil des Reichsgerichts ausgesprochen. Diese beiden Entscheidungen stehen somit der Auffassung des Berufungsrichters entgegen.

Anschlußrevision der Beklagten.

Der Berufungsrichter verurteilt die Beklagte zur Zahlung des restlichen Gehalts von 3000 *M*, weil er den Vertrag vom 8. Mai 1908 als gültig betrachtet. Allein die Gründe, die der Berufungsrichter für die Rechtswirksamkeit des Vertrags anführt, sind nicht haltbar. Dies ist bereits zur Revision des Klägers dargelegt. Ist aber der ganze Vertrag nichtig, so kann auch nicht aus einem unselbständigen Teile des nichtigen Vertrags, also aus der Anstellung des Klägers, ein Erfüllungsanspruch hergeleitet werden. Hieraus ergibt sich, daß auch der die Beklagte verurteilende Teil des angegriffenen Urteils der Aufhebung und der Zurückverweisung unterliegt.

Die Angriffe, welche die Beklagte gegen das Berufungsurteil in ihrer schriftlichen Revisionsbegründung gerichtet hat, gehen von der Gültigkeit des Anstellungsvertrags aus." ... (Es folgt nun die Erörterung dieser Angriffe.)

---

80. 1. Fortführung einer offenen Handelsgesellschaft durch die Erben eines Gesellschafters.

2. Heilung des Mangels der Anordnung eines Eides durch Beweisbeschluß, wenn deren Voraussetzungen nach § 461 ZPO. nicht vorliegen, gemäß § 295 ZPO.

3. Kann einer Partei ein richterlicher Eid auferlegt werden, von dessen Leistung oder Nichtleistung die Entscheidung überhaupt nicht für diese Partei, sondern nur für andere Beteiligte des Rechtsstreits abhängt?

4. Über die Grenzen der Fahrlässigkeit und der, einen möglichen schädlichen Erfolg einer Handlung ins Auge fassenden und diesen für den Fall seines Eintritts billigenden, Arglist (dolus eventualis).

5. Ist der Einwand des mitwirkenden eigenen Verschuldens des Verletzten bei vorsätzlichen unerlaubten Handlungen ausgeschlossen?

HGB. § 131.
ZPO. §§ 295, 461, 475, 476.
BGB. §§ 254, 276, 826.

VI. Zivilsenat. Urt. v. 27. Mai 1911 i. S. Gebr. Z. u. Gen. (Bekl.) w. M. (Kl.). Rep. VI. 371/10.

I. Landgericht I Berlin.
II. Kammergericht daselbst.

Durch Schreiben vom 22. Februar 1905 ersuchte der Kläger die Beklagte zu 1 um Auskunft über „Charakter und Solidität" eines A. H., der von 1894 bis 1898 bei ihr als Filialleiter in Stellung gewesen war. Die Beklagte antwortete durch ein von dem Beklagten zu 3 als Prokuristen unterfertigtes Schreiben vom 25. Februar 1905, in welchem sie den H. für einen „gewandten Kaufmann" erklärte, mit dem sie „im allgemeinen sehr zufrieden" gewesen sei, und den sie als nach ihrer Meinung „durchaus zuverlässig und solide" bezeichnete. Der Kläger schloß dann am 28. Februar 1905 mit H. einen Gesellschaftsvertrag, wonach er sich als stiller Gesellschafter an dem Steinmetzgeschäft des H. beteiligte. Der Kläger hatte über diesen noch andere Auskünfte eingezogen; er behauptete dann aber durch die Auskunft der Beklagten zu dem Eingehen der Geschäftsverbindung mit H. bestimmt worden zu sein. H. geriet am 25. Juni 1906 in Konkurs. Der Kläger behauptete, daß die Auskunft vom 25. Februar 1905 von den Beklagten bewußt wahrheitswidrig abgegeben worden sei. Er erhob gegen die Beklagten, denen in der Berufungsinstanz der Buchhalter M. als Nebenintervenient beitrat, Klage auf Schadensersatz, in erster Instanz mit einem Feststellungsantrag, den er in zweiter Instanz nach Beendigung des H.'schen Konkurses in einen Leistungsantrag auf Zahlung von 48365,57 *M* nebst Zinsen — hilfsweise gesamtschuldnerisch mit anderen, in einem besonderen Rechtsstreit verklagten Auskunftspersonen — umwandelte.

Das Landgericht machte die Entscheidung von drei Eiden abhängig. Der erste, dem Kläger auferlegte, sollte dartun, daß dieser durch die Auskunft der Beklagten zu der Geschäftsverbindung mit H. bestimmt worden sei. Im Falle der Eidesverweigerung sollte der Kläger mit seiner Klage überhaupt abgewiesen, im Falle der Eidesleistung der Beklagte zu 3 nach Antrag verurteilt werden, während die Verurteilung der verklagten offenen Handelsgesellschaft Gebr. Z. und ihrer Inhaber (der Beklagten zu 1 und 2) oder die Abweisung der Klage gegen diese von zwei weiteren, dem Beklagten O. Z. auferlegten Eiden über seine Wissenschaft von Verfehlungen des H. gegen die Beklagte und von dem Inhalte der Auskunft abhängen sollte.

Das Berufungsgericht wies den Kläger mit seiner Klage in Höhe von 31218,57 *M* ab, sprach im übrigen, ähnlich wie das Landgericht, die Verurteilung des Beklagten zu 3, indessen nur dem Grunde nach und nur zur Hälfte, aus, wenn der Kläger beschwöre, daß er durch die Auskunft vom 25. Februar 1905 zum Eingehen der Geschäftsverbindung mit H. „mitbestimmt" worden sei, während die Verurteilung der Beklagten Z. — der Firma und ihrer Inhaber — im gleichen Umfange auf zwei weitere, dem Beklagten zu 3 auferlegte Eide über dessen Kenntnis von ungünstigen Eigenschaften des H. und über die Kenntnis des O. Z. von dem Inhalte der Auskunft abgestellt war; bei Nichtleistung des vom Kläger erforderten Eides sollte die Klage auch im übrigen abgewiesen, bei Leistung dieses Eides und Leistung auch der dem Beklagten zu 3 auferlegten Eide sollten die Beklagten zu 1 und 2 in der bezeichneten Weise verurteilt, bei Nichtleistung der letzteren Eide die Klage gegen diese Beklagten auch im übrigen abgewiesen werden.

Auf die Revision der Beklagten wurde dieses Urteil aufgehoben, und die Sache an das Berufungsgericht zurückverwiesen, aus folgenden

Gründen:

„1. Nach dem Tatbestande des Berufungsurteils ist die Beklagte zu 1 eine offene Handelsgesellschaft, deren Gesellschafter K. Z. und O. Z. waren. Von diesen ist K. Z. bereits vor der Klagezustellung, O. Z. im Laufe des Rechtsstreits verstorben. Die Erben des O. Z. sollen die offene Handelsgesellschaft fortführen. Es ist nicht ersichtlich, wie dies nach den Vorschriften des HGB. rechtlich möglich war. Denn durch den Tod des K. Z. wurde nach § 131 HGB. die offene Handelsgesellschaft aufgelöst. Wenn im Gesellschaftsvertrage (§ 139 HGB.) bestimmt war, daß die Gesellschaft mit den Erben des Verstorbenen fortgesetzt werden solle, so müssen auch die Erben des K. Z. Teilhaber der offenen Handelsgesellschaft geworden sein. Wurden sie dies nicht, so kann von einer Fortführung der alten Gesellschaft durch die Erben des O. Z. nicht die Rede sein; sie können nur eine neue Gesellschaft gegründet haben; denn beim Tode des O. Z. war die frühere Gesellschaft bereits erloschen. Da das Urteil des Berufungsgerichts aufgehoben wird, wird bei der neuen Verhandlung in der Berufungsinſtanz dieſer Legitimationspunkt aufzuklären ſein.

2. Das Berufungsgericht hat in der Verhandlung vom 9. März 1910 vom Kläger einen Eid durch Beweisbeſchluß erfordert des Inhalts, daß er nicht ſchon vor Empfang der Auskunft der Beklagten, ſondern erſt nach Eröffnung des Konkurſes über das Vermögen des H. mit dem früheren Prokuriſten der Beklagten zu 1, He., in Verbindung getreten ſei und von den Vorgängen zwiſchen H. und He. und der Handelsgeſellſchaft Gebr. Z. Kenntnis erlangt habe. Das Berufungsgericht hat dieſen Eid in derſelben mündlichen Verhandlung dem Kläger abgenommen. Der Eid war von der Beklagten dem Kläger zugeſchoben und von dieſem angenommen worden. Das Berufungsgericht führt in den Entſcheidungsgründen des Urteils aus, daß es ſich um ein einzelnes ſelbſtändiges Verteidigungsmittel handele, ſodaß nach § 461 Abſ. 2 ZPO. die Auferlegung des Eides durch Beweisbeſchluß zuläſſig geweſen ſei. Die Reviſion des Beklagten zu 3 beanſtandet dieſe Ausführung. Der Eid habe den urſächlichen Zuſammenhang zwiſchen der Auskunft und dem Schaden und die Haftung der Beklagten überhaupt zum Gegenſtande gehabt und ſei für das Schickſal der Klage entſcheidend. Der Beſchluß auf Erhebung des Eides verſtoße aber nicht nur gegen § 461 Abſ. 2 ZPO., ſondern verkenne auch die Beweislaſt, die für den bezeichneten urſächlichen Zuſammenhang den Kläger, nicht die Beklagten, treffe.

Dieſer Reviſionsangriff war für gerechtfertigt nicht zu erachten. Fehlt es an den Vorausſetzungen des § 461 Abſ. 2 ZPO., ſo treten, wenn dennoch der Eid durch Beweisbeſchluß angeordnet und abgeleiſtet wurde, die Wirkungen des § 463 ZPO. allerdings nicht ein. Es iſt auch nicht zu verkennen, daß gegen die Begründung der Abnahme des Eides im Beſchlußverfahren rechtliche Bedenken beſtehen. Aber der Mangel iſt gemäß § 295 ZPO. heilbar, der Verſtoß verzichtbar (vgl. Entſch. des RG.'s in Zivilſ. Bd. 66 S. 211), und die Erhebung des Eides durch Beweisbeſchluß iſt von den Beklagten in der nächſten mündlichen Verhandlung, die auf die Anordnung und Erhebung des Eides folgte, nicht gerügt worden.

Ob dieſe Heilung des Mangels durch Unterlaſſung der Rüge die auf dieſe verzichtende Partei auch des Rügerechts bezüglich einer unrichtigen Verteilung der Beweislast beraubt, ist streitig (vgl Gaupp-Stein ZPO. Bem. II. und Anm. 11 zu § 461). Das würde anzunehmen sein, wenn in der Unterlassung der Rüge des Verstoßes gegen § 461 Abs. 2 ZPO. ein Einverständnis über Norm und Erheblichkeit des Eides im Sinne des § 461 Abs. 1 gefunden werden müßte; denn dieses Einverständnis enthält auch eine Anerkennung der in der Eidesanordnung enthaltenen Entscheidung über die Beweislast und einen Verzicht auf deren Verletzung.

Vgl. Entsch. des RG.'s in Zivils. Bd. 53 S. 38, Bd. 74 S. 24; Jur. Wochenschr. 1906 S. 115 Nr. 17; Warneyer, Rechtsp. 1910 Nr. 480.

Ob bei der Verschiedenheit der Voraussetzungen der beiden Absätze des § 461 ZPO. diese Folgerung gezogen werden kann, darf dahingestellt bleiben. Denn eine Verletzung der Grundsätze über die Beweislast ist in der Anordnung des Beschlußeides nicht zu erblicken. Es ist gewiß zutreffend, daß der Kläger den ursächlichen Zusammenhang der von ihm behaupteten unerlaubten Handlung der Beklagten mit einem ihm entstandenen Schaden zu beweisen hat. Er genügt aber dieser Beweislast, wenn er einen Tatbestand dartut, der nach den Erfahrungen des Lebens und des Verkehrs die schadenbringende Wirkung hervorzurufen geeignet ist; es ist Sache des Gegenbeweises, Umstände vorzubringen, die den Schluß auf diesen ursächlichen Zusammenhang für den besonderen Fall aufheben, im gegebenen Falle den Nachweis zu erbringen, daß andere Einflüsse den Kläger zu seinem Entschlusse, mit H. in Geschäftsverkehr zu treten, bestimmt haben, oder wenigstens daß andere Umstände den an sich anzunehmenden Einfluß der vom Kläger behaupteten Tatsachen aufheben mußten oder aufzuheben geeignet waren....

3. ... Für den Fall der Kläger den ihm auferlegten richterlichen Eid leisten werde, hat das Berufungsgericht den Beklagten zu 3 dem Grunde nach zur Hälfte zur Leistung des beanspruchten Schadensersatzes an den Kläger verurteilt; es hat jedoch dem solchergestalt verurteilten Beklagten zu 3 des weiteren einen richterlichen Eid über die Vorgänge bei Erteilung der Auskunft auferlegt, bei dessen Leistung alsdann auch den Beklagten zu 1 und 2 gegenüber der Klaganspruch in der gleichen Höhe dem Grunde nach für gerechtfertigt erklärt, bei dessen Verweigerung die Klage diesen Beklagten gegenüber abgewiesen werden soll.

Über diese Eidesauflage beschweren sich sowohl der Beklagte zu 3, der den Eid leisten soll, obwohl er für die Entscheidung des Rechtsstreits ihm gegenüber ohne jede Bedeutung ist, als auch die Beklagten zu 1 und 2, deren Verurteilung von seiner Leistung abhängig gemacht ist. Sie erachten sämtlich diese Eidesauflage für prozeßrechtlich unzulässig.

Diese Rüge der Revision ist begründet. Die deutsche Zivilprozeßordnung kennt keine zeugenschaftliche Vernehmung der Parteien zur Sache überhaupt; das Beweismittel des Eides, des zugeschobenen wie des richterlichen, ist seinem Wesen nach zwar auch ein Zeugnis der Partei, aber lediglich und ausschließlich ein Zeugnis in eigener Sache; die zum Eide zugelassene Partei soll durch die Leistung des Eides Zeugnis *für*, durch dessen Weigerung Zeugnis *gegen* sich ablegen; sie soll durch ihre Eidesleistung ihre eigenen Behauptungen stützen oder sich von denen des Gegners befreien. Gewiß kann nach § 476 ZPO. der richterliche Eid bei mehreren Streitgenossen allen oder einem oder einigen mit Wirkung für alle auferlegt werden; aber er muß für den Schwurpflichtigen selbst etwas zu bedeuten haben; er muß für die Entscheidung *seines* Rechtsstreits als Beweismittel dienen (vgl. Entsch. des RG.'s in Zivils. Bd. 60 S. 259). Indem das Berufungsgericht dem Beklagten zu 3 einen Eid auferlegt hat, der nicht zu seiner eigenen Entlastung, sondern ganz allein zur Belastung seiner Streitgenossen dienen soll, hat es die rechtliche Natur des Beweismittels des Eides nach dem Beweissystem der ZPO. verkannt. Das Urteil des Berufungsgerichts mußte deshalb, soweit es diesen Eid erfordert und von dessen Leistung oder Nichtleistung die weitere Entscheidung abhängig macht, ... der Aufhebung unterliegen.

4. Zutreffend geht das Berufungsgericht davon aus, daß im gegebenen Falle eine Haftung der Beklagten für den durch die erteilte Auskunft dem Kläger erwachsenen Schaden nur auf der Grundlage des § 826 BGB. ausgesprochen werden kann, wonach zum Schadensersatze verpflichtet ist, „wer in einer gegen die guten Sitten verstoßenden Weise einem anderen vorsätzlich Schaden zufügt". In der Anwendung auf die Haftung für eine erteilte Auskunft setzt § 826 voraus, daß die in der Auskunft kundgegebenen Tatsachen objektiv unwahr sind, daß der die Auskunft Erteilende dieser Unwahrheit sich bewußt war, daß er also die Auskunft wider besseres Wissen in dieser Weise

erteilte, und daß er ſich ferner bewußt war, daß die Auskunft einen ſchädlichen Erfolg für den Auskunftsempfänger haben werde oder doch haben könne, im letzteren Falle, wenn er dieſen möglichen Erfolg in ſeinen Willen aufgenommen und für den Fall ſeines Eintrittes gebilligt hat. Endlich muß die Handlungsweiſe des Auskunfterteilenden ſittlich verwerflich ſein, dem „Anſtandsgefühl aller billig und gerecht Denkenden“ zuwiderlaufen.

Vgl. Warneyer, Rechtſpr. 1908 Nr. 49, 214 und 518; Jur. Wochenſchr. 1905 S. 369 Nr. 8; Entſch. des RG.'s in Zivilſ. Bd. 48 S. 114, Bd. 58 S. 214, 219, Bd. 63 S. 146 u. a.

Was das im gegebenen Fall insbeſondere ſtreitige Bewußtſein des Auskunfterteilenden von der Unwahrheit ſeiner Mitteilung betrifft — ohne das, von Ausnahmefällen grober Verletzung einer Berufspflicht abgeſehen, wo auch bei bloßer gröbſter Fahrläſſigkeit der Tatbeſtand des § 826 BGB. gegeben ſein kann (vgl. Entſch. des RG.'s in Zivilſ. Bd. 72 S. 175), eine vorſätzliche Schädigung des Auskunftsempfängers nicht denkbar iſt — ſo iſt zwar der Satz, den das Berufungsgericht unter Berufung auf eine Entſcheidung des Reichsgerichts (Gruchot, Beiträge Bd. 39 S. 849, unter der Herrſchaft des alten Rechts ergangen) aufſtellt: „Argliſtig handelt auch, wer Unwahres als wahr und als ſeine Überzeugung hinſtellt, ohne von der Wahrheit überzeugt zu ſein,“ nicht an ſich unrichtig. Allein dabei iſt die Grenze zwiſchen einer bloßen Fahrläſſigkeit, die vorliegt, wenn der Auskunfterteilende bei gehöriger Sorgfalt zur Erkenntnis der Unwahrheit ſeiner Mitteilung hätte gelangen müſſen, aber nicht gelangt iſt, und der Vorſätzlichkeit, bei der das Erkennenmüſſen auch zu einem wirklichen Erkennen geworden iſt, genau im Auge zu behalten. Das gilt zumal dann, wenn es ſich nicht um eine Mitteilung von Tatſachen, ſondern um die Äußerung eines Urteiles, z. B. über die Kreditwürdigkeit oder die Zuverläſſigkeit einer Perſon, handelt, das auf Grund von Tatſachen gewonnen werden muß. Würde in allen Fällen, in denen jemand bei reiflicher Überlegung, bei Anwendung der im Verkehr erforderlichen Sorgfalt (§ 276 BGB.) zu der Überzeugung von der Unrichtigkeit der von ihm gegebenen Auskunft hätte gelangen *müſſen*, auch zu folgern ſein, daß die Auskunft auch wirklich ſeiner Überzeugung nicht entſprochen *habe*, ſo würde eine *fahrläſſige* falſche Auskunft kaum mehr denkbar ſein. In dem vom Berufungsgericht angezogenen Urteile des Reichsgerichts war festgestellt worden, daß der Mitteilende von der Richtigkeit seiner Mitteilung nach Lage der Umstände des Falles unmöglich überzeugt sein konnte. Solche Umstände, die den Tatbestand aus dem Gebiete des fahrlässigen Handelns herausheben, müssen vorliegen und festgestellt werden. Mit Recht wird in einem neueren Urteile des Reichsgerichts (V. Zivilsenat, Jur. Wochenschr. 1911 S. 213 Nr. 7) unter Hinweis auf frühere Entscheidungen desselben Senats ausgesprochen, daß in der bestimmten Behauptung bestimmter dem Behauptenden nicht genau bekannter Tatsachen unter Umständen Arglist (dolus eventualis) gefunden werden könne, daß es dazu aber, da in solchen Fällen der Regel nach nur Fahrlässigkeit vorliegen werde, des Nachweises besonderer Umstände bedürfe, die eine Arglist erkennen lassen. Das gilt noch mehr bei der Äußerung von Urteilen auf Grund nicht mitgeteilter Tatsachen. Zwischen einem leichtfertig gewonnenen und ausgesprochenen Urteile und einem mit Bewußtsein ohne Überzeugung abgegebenen Urteile ist wohl zu unterscheiden; nur das letztere stellt sich als arglistige Handlung im Sinne des § 826 dar.

5. Werden diese Grundsätze auf den gegenwärtig zur Entscheidung stehenden Fall angewandt, so ergeben sich gegen die Entscheidung des Berufungsgerichts sowohl wider den Beklagten zu 3, wie wider die Beklagten Z. erhebliche Bedenken. Wenn das Berufungsgericht sagt: nach der ihm von M. gemachten — übrigens keineswegs sehr bestimmten und nicht Tatsachen, sondern Gerüchte wiedergebenden — Mitteilung „konnte" der Beklagte zu 3 eine so günstige Auskunft, wie er es tat, nicht erteilen, und: er „durfte" die Mitteilung des M. in keinem Falle unbeachtet lassen, so ist damit zunächst nur eine, vielleicht grobe, Fahrlässigkeit des Beklagten zu 3 gegeben, und der unmittelbar darauf folgende Satz: er handelte arglistig, wenn er trotz der in dieser Mitteilung enthaltenen Warnung uneingeschränkt die völlige Zuverlässigkeit und Solidität des H. bezeugte, entbehrt der Schlüssigkeit. Durchaus abwegig aber ist es, wenn das Berufungsgericht die Behauptung des Beklagten zu 3, er habe sich auch noch bei anderen Personen, bei dem Angestellten K., bei dem Teilhaber der verklagten Gesellschaft O. Z. und seiner Erinnerung nach auch bei K. Z. über H. erkundigt, von ihnen aber nichts Ungünstiges

über diesen erfahren, für unerheblich erklärt, solange ihm diese anderen Befragten nicht in zuverlässiger Weise die Unrichtigkeit der von M. angedeuteten Gerüchte dargelegt hätten. Wer über eine Persönlichkeit oder über eine Sache, von denen er eigene Kenntnis nicht besitzt, ein Urteil gewinnen will, wird sich nach der Gesamtheit des ihm vorliegenden Materials richten und richten müssen, unter Abwägung des Gewichtes, das den einzelnen Stücken dieses Materials zukommt. Wenn von mehreren über eine dritte Person befragten Personen, die unterrichtet sein konnten, nur eine gerüchtweise einer Verfehlung oder bösen Eigenschaft erwähnt, während die übrigen sich lediglich günstig äußern, so wird der Fragende unter Umständen wohl berechtigt sein, jenes eine Gerücht als für die Bildung seiner Überzeugung unmaßgeblich beiseite zu lassen; jedenfalls kann, wenn er der Meinung ist, kein Gewicht darauf legen zu müssen, nicht von einer Vorsätzlichkeit unwahrer Auskunftserteilung, sondern nur von einer Fahrlässigkeit die Rede sein. Ja, wenn die befragten Personen die Geschäftsinhaber selbst sind, unter deren Augen derjenige, über den die Auskunft zu erteilen ist, tätig gewesen ist, und denen die beste Kenntnis über ihn zuzutrauen ist, und wenn diese eine günstige Aussage über ihren früheren Angestellten abgeben, so wird der Regel nach die Außerachtlassung der einen unbestimmten ungünstigen Mitteilung nicht einmal ein Fahrlässigkeitsverschulden darstellen....

Günstiger noch, als für den Beklagten zu 3, ist die Sachlage, was das Bewußtsein der Unwahrheit der Auskunft und damit auch den Vorsatz der Schädigung des Klägers betrifft, hinsichtlich der Person des O. Z. Mag er auch über die „Verfehlungen“ des H. im allgemeinen unterrichtet gewesen sein, und mag ihm auch, da er zur Zeit der Anstände gegen H. das Kassengegenbuch geführt hat, eine genauere Kenntnis der Pflichtwidrigkeiten des H. zuzuschreiben sein, als er selbst zugestanden hat, wie dies das Berufungsgericht annimmt, so ist daraus doch keineswegs zu entnehmen, daß O. Z. bei der Weitergabe der Auskunft an den Kläger „die Unrichtigkeit der Auskunft kannte, trotzdem aber ihre Erteilung mit diesem wahrheitswidrigen Inhalte wollte“. Das Berufungsgericht übersieht ganz, daß es sich bei den Pflichtwidrigkeiten des H. um Vorgänge handelte, die zur Zeit der Erteilung der Auskunft gegen sieben Jahre zurücklagen, und daß der Geschäftsbetrieb der Handelsgesellschaft Gebr. Z.

von erheblichem Umfange war, der ein entsprechend großes Personal erforderte. Um zur Annahme einer bewußten Unwahrheit bei Erteilung der Auskunft hinsichtlich des O. Z. zu gelangen, hätte daher das Berufungsgericht auch feststellen müssen, daß dem Genannten zur Zeit der Erteilung der Auskunft jene älteren, ihm damals bekannt gewordenen Vorgänge mit solcher Genauigkeit und Bestimmtheit gegenwärtig waren, daß er sich ihrer so deutlich erinnerte, daß er, wie es in dem mehrfach angezogenen Urteile des Reichsgerichts (Gruchot, Beitr. Bd. 39 S. 849) heißt, unmöglich von der Richtigkeit der Angaben der Auskunft überzeugt sein konnte. Von diesem Gesichtspunkte aus wird O. Z. durch den Inhalt der dem Beklagten zu 3 auferlegten Eide, von deren Ableistung die Verurteilung der Erben des O. Z. abhängig gemacht worden ist, eher entlastet, als belastet, sodaß sachlich für den Fall der Leistung der Eide die Abweisung der Klage gegen die Beklagten Z. mehr angebracht gewesen wäre, als ihre Verurteilung; denn die Tatsachen des Eides, daß der Beklagte zu 3 vor Abfassung der Auskunft bei O. Z. Erkundigungen über H. eingezogen habe, ohne von ihm etwas Ungünstiges über H. zu erfahren, und daß O. Z. den die Auskunft enthaltenden Brief vor dem Abgang an den Kläger gelesen habe, ohne gegen seinen Inhalt Widerspruch zu erheben, sprechen mit aller Entschiedenheit dafür, daß O. Z. zur Zeit der Erteilung der Auskunft ernstliche Verfehlungen des H. nicht im Gedächtnisse hatte. . . .

6. Die Beklagten haben den Einwand des mitwirkenden eigenen Verschuldens des Klägers erhoben, den das Berufungsgericht auch für gerechtfertigt anerkannt, und in dessen Berücksichtigung es den Kläger in Höhe der Hälfte seines Anspruches abgewiesen hat. Das Berufungsgericht erblickt dieses mitwirkende Verschulden des Klägers bei der Verursachung des Schadens darin, daß er bei seiner Anfrage in keiner Weise auf die Höhe der von ihm beabsichtigten Beteiligung an dem Geschäftsunternehmen des H. hingewiesen und dadurch einer leichtfertigen Behandlung der Angelegenheit durch die Beklagten selbst den Boden geebnet habe. Die Beklagten verlangen, daß das eigene Verschulden des Klägers höher bewertet werde, und meinen, daß dieses Verschulden auch weiter dadurch begründet werde, daß der Kläger überhaupt in seiner Anfrage nicht zum Ausdrucke

gebracht habe, daß es sich um eine Auskunft über die Kreditwürdigkeit des H. handle, und ferner, daß er sich, obwohl er neben den günstigen auch ungünstige und nur beschränkt günstige Auskünfte über H. erhalten habe, dennoch mit so hohen Summen an dessen Unternehmen beteiligt habe. Indessen konnten und mußten die Beklagten die Wahrscheinlichkeit in Betracht ziehen, daß eine Kreditgewährung an H. in Frage stehe; außerdem bestand nur die Möglichkeit, daß der Kläger den H. in seinem Geschäft anstellen wolle; beide Fälle waren ins Auge zu fassen. Die Ersatzpflicht der Beklagten aus § 826 BGB. ist aber nicht davon abhängig, daß sie die Art des Schadens, den der Kläger erleiden könnte, nicht voraussahen. Ein Verschulden des Klägers ist in dieser Richtung nicht anzuerkennen. Der zweite von den Beklagten geltend gemachte Gesichtspunkt kommt nicht in Frage, wenn gerade ihre günstige Auskunft dem Kläger das Vertrauen eingegeben hat, H. in verhältnismäßig hohen Beträgen Kredit zu gewähren.

Mit Recht geht im übrigen das Berufungsgericht zu diesem Punkte davon aus, daß das Bürgerliche Gesetzbuch grundsätzlich auch gegenüber vorsätzlichen Schädigungen die Beachtung eines mitwirkenden, auf Fahrlässigkeit beruhenden Verschuldens des Beschädigten nicht ausschließt, wenngleich in der Regel die Abwägung des Fahrlässigkeitsverschuldens gegenüber dem auf Vorsatz beruhenden zu dem Ergebnisse führen wird, daß wegen des ersteren eine Minderung der Ersatzpflicht des Schädigers nicht auszusprechen ist.

Vgl. Entsch. des RG.'s in Zivils. Bd. 69 S. 277; Jur. Wochenschr. 1908 S. 9 Nr. 10; Warneyer, Rechtspr. 1908 Nr. 446 und namentlich 1911 Nr. 64.

Jedenfalls kann es daher nicht für rechtsirrtümlich angesehen werden, wenn das Berufungsgericht das Fahrlässigkeitsverschulden des Klägers nicht höher als zur Hälfte des Schadens bewertet hat." . . .

---

81. 1. Unter welchen Voraussetzungen ist nach preuß. Recht über die Öffentlichkeit eines Weges von den Zivilgerichten zu entscheiden?

2. Umfang der Benutzungsbefugnis an Interessentenwegen nach preuß. Recht.

VII. Zivilsenat. Urt. v. 23. Mai 1911 i. S. preuß. Eisenbahnfiskus (Kl. u. Widerbekl.) w. St. (Bekl. u. Widerkl.). Rep. VII. 541/10.

I. Landgericht Münster.
II. Oberlandesgericht Hamm.

Aus den Gründen:

... „1. Das Berufungsgericht führt aus, daß ein Streit über die Öffentlichkeit oder Nichtöffentlichkeit eines Weges den Zivilgerichten nur insoweit entzogen sei, als über die Öffentlichkeit oder Nichtöffentlichkeit des Weges ein in Rechtskraft übergehender Ausspruch des Richters verlangt werde. Das sei hier nicht der Fall; die Frage, ob der Weg ein öffentlicher sei, bilde hier nur die Grundlage für den vom Widerkläger erhobenen Anspruch. Dieser selbst sei ein privatrechtlicher und unterliege deshalb der Entscheidung der ordentlichen Gerichte. Der Ausgangspunkt dieser Erwägungen ist nicht zu beanstanden. Bürgerliche Rechtsstreitigkeiten im Sinne des § 13 GVG. sind keineswegs nur solche Streitigkeiten, die ausschließlich die Anwendung privatrechtlicher Normen betreffen. Hat der von der klagenden Partei verfolgte Anspruch eine privatrechtliche Grundlage, so liegt eine bürgerliche Rechtsstreitigkeit auch dann vor, wenn sich die Notwendigkeit ergibt, zur Entscheidung des Streits über Fragen und Verhältnisse zu befinden, die dem öffentlichen Rechte angehören.

Vgl. Entsch. des RG.'s in Zivils. Bd. 41 S. 267, Bd. 57 S. 350, Bd. 67 S. 221 und Bd. 75 S. 397.

Dieser Grundsatz ist für das rechtliche Gebiet des Wegerechts in dem vom Berufungsgericht in Bezug genommenen Urteile des V. Zivilsenats des Reichsgerichts vom 11. April 1900 zur Anwendung gebracht. Es ist dort ausgeführt, daß die Entscheidung darüber, ob ein Weg als ein öffentlicher zu erachten ist, den ordentlichen Gerichten zwar entzogen sei; sie habe für Preußen nach § 56 Abs. 4 des Zuständigkeitsgesetzes vom 1. August 1883 im Verwaltungsstreitverfahren zu erfolgen, und es könne auch zwischen Privatpersonen die Öffentlichkeit eines Weges nicht ein für allemal durch eine Entscheidung der Zivilgerichte festgestellt werden. Das schließe aber nicht aus, daß über die Frage, ob ein Weg ein öffentlicher ist, auch von den Zivilgerichten insoweit zu entscheiden sei, als sie die Grundlage für ein vom Kläger oder vom Beklagten in Anspruch genommenes Privatrecht bilde. Eine solche Entscheidung habe dann aber immer nur die Bedeutung eines Urteilsgrundes für den zur Entscheidung vorliegenden konkreten Fall. Dabei ist auch Bezug genommen auf das frühere Urteil desselben Senats (Entsch. in Zivils. Bd. 14 S. 262). Es ist diesem also, obgleich es nach seiner Begründung zweifelhaft sein kann, ob es den Rechtsweg nicht noch im weiteren Umfange zulassen will, auch nur die Bedeutung beigemessen, daß lediglich zur Urteilsbegründung über einen privatrechtlichen Anspruch vom Zivilrichter Entscheidung darüber, ob ein Weg ein öffentlicher ist, getroffen werden kann.

Diesen Rechtssätzen wird das Berufungsgericht, obschon es ihnen folgen will, in seiner jetzigen Begründung nicht gerecht. Es bezeichnet zwar den Anspruch des Widerklägers als einen privatrechtlichen, läßt aber, abgesehen von den später zu erörternden Erwägungen über das dem Widerkläger als Anlieger zugesprochene Benutzungsrecht, nicht erkennen, inwiefern ein dem Privatrecht angehörender Anspruch hier zur Entscheidung steht. In dem in Bezug genommenen Urteile des V. Senats wurde als privatrechtlicher Anspruch die Entfernung eines Zaunes auf einem Platze vor dem Grundstücke des Klägers verlangt. Durch die Errichtung dieses Zaunes seitens der damals verklagten Stadtgemeinde sah der Kläger sich in seinem Eigentumsrechte für beeinträchtigt an. Um entscheiden zu können, ob das klägerische Verlangen gerechtfertigt war, bedurfte es der Prüfung, ob der Platz vor dem Grundstücke ein öffentlicher war, oder ob er im Privateigentum der Beklagten stand.

Hier liegt die Sache, soweit sich dies nach den bisherigen Anführungen übersehen läßt, rechtlich wesentlich anders. Streitig ist, in welchem Umfange ein vom Widerbeklagten angelegter Weg benutzt werden darf. Der Widerkläger nimmt die volle Benutzungsbefugnis an demselben mit der vom Gegner bestrittenen Behauptung in Anspruch, der Weg sei ein öffentlicher.

Ist zur Begründung des Antrags der Widerklage weiter nichts vorzubringen, so ist die Annahme des angefochtenen Urteils, es sei vom Widerkläger ein privatrechtlicher Anspruch erhoben, nicht aufrecht zu erhalten. Die Öffentlichkeit des Weges ist dann allein der Grund, aus dem der Widerkläger herleitet, daß er den Weg über das vom Widerbeklagten zugestandene Maß hinaus benutzen dürfe. Die Prüfung, ob der Weg ein öffentlicher ist oder nicht, ist dann nicht durch die Erhebung eines privatrechtlichen Anspruchs veranlaßt, dient nicht der Entscheidung über einen solchen als Urteilsgrund, sondern sie betrifft den Streitpunkt selbst, und dieser Streit ist im Verwaltungsstreitverfahren zum Austrage zu bringen. Hieran ändert auch der Umstand nichts, daß nicht die Feststellung der Öffentlichkeit des Weges, sondern eine Entscheidung über die Benutzungsbefugnis an demselben begehrt wird. Dadurch, daß in dem Antrage nur die Folgerungen enthalten sind, die sich aus der Eigenschaft des Weges als eines öffentlichen ergeben, erhält das Klagevorbringen noch keinen privatrechtlichen Charakter. Würde im zuständigen Verwaltungsstreitverfahren die Öffentlichkeit des Weges verneint, so könnte damit auch das jetzt dem Widerkläger lediglich wegen der Öffentlichkeit des Weges zugesprochene Recht in Zweifel gezogen werden. . . .

2. Der streitige Weg ist angelegt für den eingezogenen Teil eines Interessentenweges. Daraus ergibt sich die Folgerung, daß den Anliegern am neuen Wege das Benutzungsrecht in demselben Umfange zusteht, in welchem es ihnen an dem eingezogenen Wege zugestanden hatte. Interessenten- oder Kulturwege sind zu landwirtschaftlicher Benutzung bestimmt und unterscheiden sich durch diese Beschränkung von den öffentlichen Wegen. Nun hat allerdings der V. Zivilsenat in dem Urteile vom 12. März 1895 (Rep. V. 307/94) ausgesprochen, daß, wenn der Rezeß über die Benutzung solcher Wege beschränkende Anordnungen nicht enthält, sie zu Fuhren aller Art, sofern solche zur Ausübung des Eigentums am anliegenden Grundstück erforderlich werden, gebraucht werden dürfen. Es habe nur jeder Besitzer das zu unterlassen, was die Rechte seiner Mitgenossen zu beeinträchtigen geeignet sei. In einer späteren Entscheidung, dem bei Gruchot, Beiträge Bd. 42 S. 1070, abgedruckten Urteile vom 30. April 1898, ist dieser Standpunkt jedoch nicht aufrecht erhalten. Es ist dort ausgeführt, daß die im Rezesse dem Wege zugewiesene Bestimmung nicht das Mindestmaß, sondern das ausschließliche Maß der jedem Interessenten an dem Wege zustehenden Berechtigung darstelle, und daß deshalb zur landwirtschaftlichen Benutzung bestimmte

Wege nicht beliebig benutzt werden dürften. Dieselbe Auffassung ist auch in der Literatur vertreten.

Zu vgl. Germershausen, Wegerecht Bd. 1 S. 759; Schulz, Zum Preußischen Wegerecht S. 51.

Der erkennende Senat schließt sich dem an. Die gegenteilige Annahme des Berufungsgerichts findet in den von ihm hervorgehobenen tatsächlichen Umständen, daß es sich hier um Flächen handle, die an die bebauten Teile einer Großstadt anstoßen, und bei denen deshalb an die Stelle der landwirtschaftlichen Benutzung eine andere Verwertung getreten sei, keine rechtliche Stütze. Durch die Benutzung eines zu landwirtschaftlichen Zwecken angelegten Interessentenweges für den Vertrieb einer Fabrik überschreitet der Anlieger seine Benutzungsbefugnis, und die hierdurch beeinträchtigten Interessenten, zu denen auch der Eigentümer des Wegefundus gehört, haben hiergegen ein Widerspruchsrecht." . . .

---

82. Ist die entgegen der Vorschrift des § 453 Abs. 2 ZPO. erfolgte Auferlegung und Abnahme eines zugeschobenen Eides gemäß § 295 ZPO. heilbar?

VI. Zivilsenat. Urt. v. 27. Mai 1911 i. S. W. (Kl.) w. W. Erben (Bekl.). Rep. VI. 234/10.

I. Landgericht Dessau.
II. Oberlandesgericht Naumburg a. S.

Die Frage ist bejaht worden aus folgenden

Gründen:

„Der vom Beklagten erhobene Einwand, seine Bürgschaft sei durch den Erlaß der Hauptverbindlichkeit von seiten des Gläubigers gegenüber dem Hauptschuldner erloschen, ist in erster Instanz dadurch widerlegt worden, daß die Kläger den ihnen über den Erlaß der Schuld durch ihren Vater zugeschobenen Eid in Überzeugungsform geleistet haben. Der Beklagte hat in der Berufungsinstanz die Anordnung der Leistung dieses Eides beanstandet, weil er in erster Linie den Hauptschuldner A. W. als Zeugen über den Erlaß der Hauptverbindlichkeit benannt gehabt habe, das Landgericht daher zunächst den Zeugenbeweis hätte erheben müssen. Er hat auch in zweiter Instanz den Einwand des Erlasses der Hauptverbindlichkeit aufrecht erhalten und in dieser Richtung noch angeführt, daß der Erblasser der Kläger dem A. W., als dieser ihn um Hergabe weiterer Mittel für sein Geschäft anging, erklärt habe, er habe ihn bisher mit erheblichen Beträgen . . . unterstützt; diese seien verloren; damit finde er sich ab und verzichte auf Rückerstattung; weitere Mittel könne er . . . nicht geben. Hierüber benannte der Beklagte den A. W. und den A. G. als Zeugen; auch schob er den Klägern den Eid darüber zu. Das Berufungsgericht hat den Zeugen A. G. vernommen, der aber den Erlaß nicht mit Bestimmtheit zu bekunden vermochte. Dagegen hat es die Vernehmung des A. W. als Zeugen abgelehnt, weil demselben bei seinem Interesse zur Sache keine Glaubwürdigkeit beizumessen sein würde. Die Eideszuschiebung endlich erachtete der Berufungsrichter für unzulässig, weil sich aus der Korrespondenz der Parteien nach Erlassung des Urteils erster Instanz ergebe, daß der Beklagte die Klageforderung anerkannt habe, und damit auch erwiesen sei, daß die Hauptverbindlichkeit nicht erlassen sei. Die Revision rügt die Ablehnung dieser Beweisanträge. . . .

Das Berufungsgericht äußert sich in den Gründen des angefochtenen Urteils nicht ausdrücklich darüber, inwieweit es sich in der Frage des Erlasses der Hauptverbindlichkeit durch die Leistung des hierauf bezüglichen Eides von seiten der Kläger in erster Instanz für gebunden erachte. Nach § 533 ZPO. behält die in erster Instanz erfolgte Leistung eines Eides ihre Wirksamkeit auch für die Berufungsinstanz, wenn die Entscheidung, durch welche die Leistung des Eides angeordnet ist, vom Berufungsgericht für gerechtfertigt erachtet wird. Nach dem Tatbestande des Urteils erster Instanz hatte der Beklagte für die Behauptung, daß die Hauptverbindlichkeit von dem Erblasser der Kläger dem Hauptschuldner erlassen sei, Beweis angetreten durch Benennung des A. W. als Zeugen, durch Bezugnahme auf die klägerischen Geschäftsbücher und durch Eideszuschiebung. Das Landgericht ist weder auf den angebotenen Zeugenbeweis noch auf den Urkundenbeweis eingegangen, sondern hat sogleich die Abnahme des zugeschobenen und von den Klägern angenommenen Eides beschlossen. Dieses Verfahren enthielt einen Verstoß gegen die Prozeßordnung. Denn § 453 Abs. 2 ZPO. schreibt vor, wenn andere Beweismittel geltend gemacht würden, so gelte der Eid nur für den Fall als zugeschoben, daß die Antretung des Beweises durch die anderen Beweismittel erfolglos bleibe. Irgend welche Gründe dafür, weshalb das Landgericht die anderen Beweismittel für unbeachtlich gehalten hat, sind in dem Urteil des Landgerichts nicht angegeben. Der Beschluß, der die Leistung des zugeschobenen Eides anordnete, war daher nicht gerechtfertigt, und die Leistung des Eides wäre für die Berufungsinstanz an und für sich nach § 533 Abs. 2 ZPO. nicht wirksam gewesen.

Es greift jedoch im vorliegenden Falle die Bestimmung des § 295 ZPO. ein, wonach die Verletzung einer das Verfahren betreffenden Vorschrift nicht mehr gerügt werden kann, wenn die Partei auf die Befolgung der Vorschrift verzichtet oder bei der nächsten mündlichen Verhandlung den ihr bekannten Mangel nicht gerügt hat. Diese Vorschrift ist auch anwendbar, wenn bei der Erlassung prozeßleitender Anordnungen, zu denen die Beweisbeschlüsse gehören (vgl. Gaupp-Stein, CPO. § 329 Bem. II), von seiten des Gerichts Vorschriften des Verfahrens verletzt sind.

Vgl. Entsch. des RG.'s in Zivils. Bd. 3 S. 368, Bd. 66 S. 211.

Der Beweisbeschluß, durch den das Landgericht die Abnahme des über den Erlaß der Hauptverbindlichkeit zugeschobenen Eides anordnete, verletzte die Vorschrift des § 453 Abs. 2 ZPO., nach der die Eideszuschiebung mit Rücksicht auf die gleichzeitige Geltendmachung anderer Beweismittel nur als eventuelle zu behandeln war. Die Anordnung der Eidesleistung war daher unzulässig. Da der Eid aber in Gemäßheit des Beweisbeschlusses von beiden Klägern vor dem ersuchten Richter geleistet wurde, und in der darauf folgenden mündlichen Verhandlung vor dem Prozeßgericht, welche zugleich die Schlußverhandlung der ersten Instanz bildete, von keiner Seite eine Einwendung gegen die Anordnung der Eidesleistung durch den Beweisbeschluß und die Abnahme des Eides erhoben wurde, so muß der Mangel des Verfahrens als geheilt gelten. In der Tat läßt auch das Verhalten des Beklagten, welcher gegen den Beweisbeschluß, daß der zugeschobene Eid zu leisten sei, und gegen die Ausführung dieses Beweisbeschlusses nichts zu erinnern hatte, im vorliegenden Falle kaum eine andere Deutung zu, als daß er auf die Vernehmung des benannten Zeugen, eines nahen Verwandten, und die Vorlegung der Bücher selbst keinen sonderlichen Wert gelegt und sich mit der Übergehung dieser Beweismittel stillschweigend einverstanden erklärt hat. War aber das Rügerecht des Beklagten gemäß § 295 ZPO. bereits in erster Instanz verloren gegangen, so war die Nachholung der Rüge in der Berufungsinstanz nach § 530 ZPO. nicht mehr statthaft. Hiernach hat die Leistung des Eides der Kläger über den Erlaß der Hauptverbindlichkeit auch für die Berufungsinstanz ihre Wirksamkeit behalten. Die Geltendmachung anderer Beweismittel für dieses Beweisthema konnte daher hier nicht mehr in Frage kommen. Die Revision beschwert sich also ohne Grund über die Ablehnung der vom Beklagten in der Berufungsinstanz zu diesem Punkte gestellten Beweisanträge." ...

---

83. Inwieweit haftet der aus einer offenen Handelsgesellschaft ausgeschiedene Gesellschafter für eine zur Zeit seines Ausscheidens bestehende Saldoforderung eines Dritten gegen die Gesellschaft aus einem Kontokurrentverhältnis, wenn dieses Verhältnis nach seinem Ausscheiden fortgesetzt wird, und spätere Saldoziehungen erfolgen und anerkannt werden? Kann eine solche Forderung gegen den ausscheidenden Gesellschafter mit Rechtswirksamkeit an einen Dritten abgetreten werden?

HGB. § 356 Abs. 2.

II. Zivilsenat. Urt. v. 30. Mai 1911 i. S. A. (Bekl.) w. Wwe. W. (Kl.). Rep. II. 669/10.

I. Landgericht Coblenz.
II. Oberlandesgericht Cöln.

Der Beklagte und der Sohn der Klägerin Josef W. waren bis Ende September 1904 Inhaber der offenen Handelsgesellschaft H. & A. zu Coblenz. Am 26. September 1904 schied der Beklagte aus der Gesellschaft aus. Zu dieser Zeit hatte die Mittelrheinische Kreditbank zu Coblenz aus einem Kontokurrentverhältnis mit der Gesellschaft gegen diese ein Guthaben von 64851,58 M, das sich in der Folge auf über 200000 M steigerte. Die Klägerin bezahlte auf Grund einer der Bank gegenüber übernommenen Bürgschaft deren Forderung in Höhe von 217269,75 M aus und ließ sich infolgedessen durch Vertrag vom 10. März 1908 die fragliche Forderung gegen die genannte Firma abtreten. Unter Bezugnahme auf §§ 128 und 356 Abs. 2 HGB. und die Vorschriften über die Forderungsübertragung und Bürgschaft behauptete sie, daß der Beklagte ihr in Höhe des bei seinem Austritt aus der Gesellschaft bestehenden Guthabens der Bank von 64851,58 M haftbar sei, und hat Klage auf Zahlung eines Teilbetrages von 3000 M erhoben.

Während das Landgericht die Klage nur für einen Betrag von 24,55 M zugesprochen, im übrigen aber abgewiesen hatte, verurteilte das Oberlandesgericht durch das angefochtene Urteil unter Zurückweisung der Berufung des Beklagten auf die Berufung der Klägerin den Beklagten zur Zahlung von weiteren 2975,45 M nebst Zinsen. Die Revision des Beklagten wurde zurückgewiesen aus folgenden

Gründen:

„Das Oberlandesgericht hat zutreffend angenommen, daß nach Lage der Gesetzgebung vor Erlaß des neuen Handelsgesetzbuchs der aus einer offenen Handelsgesellschaft ausscheidende Gesellschafter für ein zur Zeit seines Ausscheidens bestehendes Guthaben eines Dritten aus einem Kontokurrentverhältnis mit der Gesellschaft im Falle der Fortsetzung dieses Verhältnisses und der Anerkennung weiterer Saldoziehungen, trotz der Bestimmung in Art. 112 ADHGB. (jetzt § 128 HGB.), nicht mehr haftbar war. Es beruhte das auf dem in der Rechtsprechung festgelegten Wesen des Kontokurrentvertrages, nach dem die beiderseitigen einzelnen in das Kontokurrent aufgenommenen Leistungen lediglich Rechnungsfaktoren für das Gesamtergebnis bilden und als selbständige Forderungen untergehen. Wird beim Ausscheiden eines Gesellschafters das Kontokurrentverhältnis fortgesetzt, so bildet auch das zu dieser Zeit bestehende Guthaben des Dritten einen solchen Rechnungsposten, der durch die spätere Saldoziehung und deren Anerkennung als selbständige Forderung durch Novation erlischt.

Insbesondere diese in der Entscheidung des III. Zivilsenats,

Entsch. Bd. 18 S. 246, ausgesprochene Folgerung sowie der fernere vom erkennenden Senat in den Entsch. Bd. 10 S. 53 auf dieselbe rechtliche Grundlage gestützte Grundsatz, daß die für eine bestimmte Saldoforderung eines Kontokurrents bestellte Sicherheit erlischt, wenn weitere Saldoziehung erfolgt, haben zu einer Änderung der Gesetzgebung den Anlaß gegeben, die in § 356 des neuen Handelsgesetzbuchs zum Ausdruck gekommen ist. In der Denkschrift zu dem Entwurf dieses Gesetzes (Guttentag'sche Ausgabe S. 214) wird ausgeführt, diese Rechtssätze ständen mit den Bedürfnissen und Anschauungen des Verkehrs nicht im Einklang; sie würden auch durch das Wesen des Kontokurrentverhältnisses nicht notwendig bedingt. Von diesem Standpunkte aus wurde in § 348 des Entwurfs vorgeschlagen und dementsprechend in § 356 des Gesetzes bestimmt, daß, wenn eine Forderung, die durch Pfand, Bürgschaft oder in anderer Weise gesichert ist, in die laufende Rechnung aufgenommen wird, der Gläubiger durch die Anerkennung des Rechnungsabschlusses nicht gehindert wird, aus der Sicherheit insoweit Befriedigung zu suchen, als sein Guthaben aus der laufenden Rechnung und die Forderung sich decken, und es wurde diese Bestimmung auch auf den Fall für anwendbar erklärt, daß ein Dritter für eine in die laufende Rechnung aufgenommene Forderung als Gesamtschuldner haftet.

Auf diese Bestimmung gründet die Klägerin ihren Anspruch, indem sie geltend macht: da auch die Voraussetzung, daß sich Guthaben und Forderung deckten, gegeben sei, weil nach Ausscheiden des Beklagten das Guthaben der Mittelrheinischen Bank niemals unter den Betrag von 64851,58 ℳ heruntergegangen sei, so seien die Fortsetzung des Kontokurrentverhältnisses und die späteren Saldoziehungen auf den Anspruch der Bank gegen den Beklagten, der als Gesellschafter für die zur Zeit seines Ausscheidens bestehenden Schulden gesamtverbindlich hafte, ohne Einfluß gewesen.

Der Beklagte hat zur Begründung der Revision, im Anschluß an die Ausführungen des Landgerichts, das einen entgegengesetzten Standpunkt vertritt, diese vom Berufungsgericht gebilligte Annahme als rechtlich unzutreffend bezeichnet und darzutun versucht, daß infolge der Fortsetzung des Kontokurrentverhältnisses eine Tilgung des beim Ausscheiden des Beklagten bestandenen Guthabens der Bank durch Aufrechnung mit den späteren in die laufende Rechnung eingetragenen Leistungen der Firma bis auf den vom Landgericht zuerkannten Betrag von 24,55 *M* eingetreten sei, und folgeweise auch die Mithaftung des Beklagten, soweit sie für die Berufungsinstanz in Frage gestanden habe, in Wegfall gekommen sei.

Dem kann indessen nicht beigepflichtet werden. Durch die Aufnahme der Bestimmung des § 356 in das neue Handelsgesetzbuch hat an der rechtlichen Natur des kaufmännischen Kontokurrentverhältnisses nichts geändert werden sollen und ist daran nichts geändert worden. Dieser rechtliche Charakter ergibt sich aus der Sache selbst, wie sich das Verhältnis den Bedürfnissen des Handelsverkehrs entsprechend in diesem entwickelt hat, und daran etwas ändern zu wollen, hat dem Gesetzgeber, wie auch aus der Begründung zu § 356 herzuleiten ist, durchaus fern gelegen; insbesondere ist eine solche Änderung auch dem Wortlaut des § 356 nicht zu entnehmen. Ist aber hiervon auszugehen, so kann von einer Aufrechnung mit den einseitigen Leistungen der einen Seite, wie sie das Landgericht und mit diesem die Revision im Auge hat, nach Maßgabe der Grundsätze des Bürgerlichen Gesetzbuchs über die Aufrechnung, insbesondere des § 366 BGB. nicht die Rede sein. Es bleibt vielmehr dabei, daß die einzelne Leistung mit der Eintragung in das Kontokurrent und der Saldoziehung durch Verrechnung in dem Gesamtergebnis als einzelne Forderung untergeht. Die hieraus sich ergebende Folgerung des Wegfalles auch etwaiger Sicherheiten und der Mithaftung Dritter für den einzelnen Forderungsposten hat das Gesetz, den Bedürfnissen des Verkehrs Rechnung tragend, durch die positive Bestimmung des § 356 beseitigt, wonach solche Sicherheiten und die Mithaftung gleichwohl fortbestehen sollen, sofern sich nur das Guthaben aus der laufenden Rechnung und die Forderung decken. Letzteres ist daher die einzige weitere Voraussetzung, an deren Vorhandensein die Anwendbarkeit des § 356 geknüpft ist. Daß aber diese Voraussetzung im vorliegenden Falle gegeben ist, ergibt die unbestrittene Feststellung des Oberlandesgerichts, daß der Saldo zugunsten der Bank nach Ausscheiden des Beklagten aus der Gesellschaft niemals weniger als 64851,58 *M* betragen hat. Bei dieser Sachlage ist daher dem Oberlandesgericht dahin beizutreten, daß die Bank ihren Anspruch gegen den Beklagten auf gesamtschuldnerische Haftung desselben für die ihr bei dessen Ausscheiden aus der Gesellschaft im

September 1904 zustehende Saldoforderung in dem angegebenen Betrage durch die Fortsetzung des Kontokurrentverhältnisses und die späteren Saldoziehungen nicht verloren hat.

Das Reichsgericht hat sich über die vorliegende Frage, soweit bekannt, direkt noch nicht ausgesprochen. Indessen hat sich der V. Zivilsenat in einer Entscheidung vom 7. Dezember 1907, die in einem hier nicht interessierenden Teile in Bd. 67 S. 156 der Entsch. abgedruckt ist, dahin ausgesprochen, daß bei mehreren Kontokurrentsaldi die in das Kontokurrent eingetragene gesicherte Forderung nur bis zum Betrage des niedrigsten Saldos durch das Sicherungsmittel gedeckt bleibe. Diese Entscheidung steht, wenn sie auch zunächst nur das Fortbestehen des Sicherungsanspruchs über den niedrigsten Saldo hinaus verneint, doch auch positiv auf dem Standpunkt, daß bis zur Höhe des niedrigsten Saldos die Sicherheit (folgeweise auch die Mithaftung) rechtswirksam fortbesteht. Das bedingt aber den Ausschluß der Tilgung durch Aufrechnung, wie sie vom Landgericht angenommen und von der Revision vertreten wird. Träte man dem Landgerichte bei, so würde die praktische Bedeutung des § 356 im wesentlichen beseitigt sein. Daß auch diese Annahme, wie die Revision betont, unter Umständen zu Unbilligkeiten namentlich für den ausscheidenden Gesellschafter führen kann, ist zuzugeben; das kann aber nicht entscheidend sein.

Auf dem hier vertretenen Standpunkte steht auch die Mehrzahl der Kommentare; sie weichen voneinander nur bezüglich der juristischen Konstruktion des in Frage stehenden Gläubigerrechts ab. Die Vertreter der gegenteiligen Ansicht stoßen sich hauptsächlich an den Schwierigkeiten der rechtlichen Aufrechthaltung eines Sicherungs- und Mithaftungsanspruchs trotz des Untergangs der Forderung. Es kommt indessen auf diese Frage entscheidend nicht an. § 356 enthält eine positive Bestimmung, der in der vom Gesetze gewollten Tragweite vom Richter Folge zu geben ist, auch wenn sie mit der juristischen Folgerichtigkeit nicht in Einklang steht. Es konnte eine solche Bestimmung im Interesse des Handelsverkehrs um so mehr als zulässig erachtet werden, als die Annahme des Forderungsuntergangs nicht sowohl auf materiellrechtlichen Erwägungen als vielmehr auf juristischer Abstraktion beruht.

Seitens der Revision ist sodann noch geltend gemacht worden, die Vorschrift des § 356 könne jedenfalls nicht dazu führen, die in mehreren anerkannten Saldi aufgegangene Forderung trotzdem als selbständige Forderung auch insoweit als fortbestehend anzunehmen, daß sie im Wege der Abtretung auf einen Dritten übergehen könnte. Indessen auch dieser Angriff ist verfehlt. Der Bank stand, verbunden mit ihrer Forderung gegen die Gesellschaft, ein klagbarer Anspruch aus der Mithaftung des Beklagten auf Zahlung des zur Zeit seines Ausscheidens bestehenden Guthabens gegen diesen zu, und es unterliegt keinem rechtlichen Bedenken, daß auch dieser Anspruch gleichzeitig durch den Zessionsvertrag vom 10. März 1908 abgetreten werden konnte."

---

84. Erfordernisse der Versteuerung von Schlußnoten bei Kostgeschäften.

Reichsstempelgesetz vom 3. Juni 1906 §§ 12 Abs. 1, 14 Abs. 3, Tarif-Nr. 4a, Ermäßigungsvorschr. Abs. 4.

VII. Zivilsenat. Urt. v. 30. Mai 1911 i. S. Fiskus v. Elsaß-Lothr. (Bekl.) w. M. (Kl.). Rep. VII. 577/10.

I. Landgericht Zabern.
II. Oberlandesgericht Colmar.

Die klagende Bank hat als Kommissionär einerseits mit dem Kommittenten Sch., andererseits mit der Deutschen E.- und W.-Bank je zwei Kostgeschäfte abgeschlossen, von denen das eine auf Kauf und gleichzeitig auf den nach Monatsfrist zu erfüllenden Rückkauf von 60 Stück Prince-Henri-Akten, das zweite ebenso auf Kauf und Rückkauf von 100 Stück derselben Aktien gerichtet war. Über die ersten Kostgeschäfte sind Schlußnoten vom 30. August und 27. August 1907 (Nr. 1447A und Nr. 523B), über die zweiten Schlußnoten vom 27. September und 25. September 1907 (Nr. 1464A und Nr. 531B) ausgestellt worden. Die an den Kommittenten gerichtete Schlußnote vom 30. August 1907 hat folgenden Inhalt:

„Gegenstand des Geschäfts per Prolongation à $3^1/_4$ %	Preis oder Kurs	Wert ℳ
St. 60 Prince Henri Akt.	126	30240"

Die an ebendenselben gerichtete Schlußnote vom 27. September 1907 hat denselben Inhalt, nur mit der Änderung, daß in der ersten Spalte „per Prolongation à $4^1/_2$ %" und „100 St." der Aktien, in der zweiten Spalte „127" und in der dritten „50800" vermerkt sind. Die an die Klägerin gerichtete Schlußnote der E.- und W.-Bank vom 27. August 1907 lautet:

„Gegenstand des Geschäfts	Kurs	Sonstige Bedingungen	Wert des Gegenstandes ℳ
per Prolongation Stück 60 Prince Henri Akt.	126	$3^1/_4$ %	30240
		Steuerwert	31000

Rücklieferzeit 26. Sept. 1907."

Die von der Bank ausgestellte Schlußnote vom 25. September 1907 hat denselben Inhalt mit der Änderung, daß in der ersten Spalte „100 Prince-Henri-Akt.", in der zweiten „127", in der dritten „$4^1/_2$ %", in der vierten „50800" eingetragen ist, und daß als Steuerwert 51000 ℳ und als Rücklieferzeit der 31. Oktober 1907 angegeben ist. Alle vier Schlußnoten sind jetzt mit dem Vermerk „Kostgeschäft" versehen. Der Beklagte forderte mittels Zahlbefehls für die Schlußnoten vom 27. und vom 30. August einen Stempel von je 4,70 ℳ und für die Schlußnoten vom 27. und 25. September einen solchen von je 7,70 ℳ. Die Klägerin verlangte mit der Klage die Aufhebung des Zahlbefehls. Die Vorinstanzen gaben der Klage statt. Auf die Revision des Beklagten wurde das Urteil aufgehoben, und die Sache an das Berufungsgericht zurückverwiesen aus folgenden

Gründen:

„Die Klägerin hat die Klage gegen „die Verwaltung der Zölle und indirekten Steuern in Elsaß-Lothringen" gerichtet, und auch in den Urteilen der Vorinstanzen ist diese Verwaltung als Beklagte bezeichnet. Sie hat jedoch keine vermögensrechtliche Persönlichkeit, ist vielmehr in Beziehung auf die hier in Betracht kommende Erhebung von Steuern nur das amtliche Organ des Landesfiskus von Elsaß-Lothringen, den sie im Prozeß auf Rückzahlung zu Unrecht erhobener oder zu erhebender Abgaben, also auch im jetzigen Rechtsstreit, zu vertreten hat. Im Revisionsurteil ist deshalb dieser Landesfiskus als der richtige Beklagte aufgeführt worden.

In der Sache selbst streiten die Parteien darüber, ob die in § 14 Abs. 3 des Reichsstempelgesetzes vom 3. Juni 1906 gewährte steuerliche Vergünstigung auch auf die Schlußnoten 1447 A, 523 B, 1464 A und 531 B anzuwenden ist. Die Schlußnoten sind über Anschaffungsgeschäfte betreffend Aktien ausgestellt. Würde, was regelmäßig zutrifft, jedes der vier Geschäfte für sich zum vollen Betrage versteuert werden müssen, so würde der vom Beklagten geltend gemachte Stempelanspruch gerechtfertigt sein. § 14 Abs. 3 bestimmt jedoch: „Umfaßt eine Schlußnote ein Kaufgeschäft und gleichzeitig ein zu einer späteren Zeit zu erfüllendes Rückkaufgeschäft über in der Tarif-Nr. 4 bezeichnete Gegenstände derselben Art und in demselben Betrage bzw. derselben Menge (Report-, Deport-, Kostgeschäft), so ist die Abgabe nur für das dem Werte nach höhere dieser beiden Geschäfte zu berechnen."

Nach dieser Vorschrift und ferner nach der Ermäßigungsvorschrift Abs. 4 der Tarif-Nr. 4a wären die Schlußnoten mit dem verwendeten Stempel von je 4,70 *M* und je 7,70 *M* ausreichend versteuert. Es ist nun zwar der Klägerin zuzugeben, daß beim Anschaffungsstempel nicht die Schlußnote, sondern das Geschäft selbst den Gegenstand der Besteuerung bildet. § 14 Abs. 3 macht jedoch, wie der klare Wortlaut ergibt, die den Kostgeschäften (Entsch. des RG.'s in Zivils. Bd. 19 S. 145) eingeräumte steuerliche Vergünstigung von dem Vorhandensein einer „Schlußnote" abhängig, also selbstverständlich einer hinsichtlich der Form dem Gesetz entsprechenden Schlußnote. In dieser Beziehung ermächtigt das Reichsstempelgesetz in § 67 den Bundesrat zur Erlassung bindender Anordnungen „über die Form der Schlußnoten". Hiernach hat die in den §§ 28 und 42 der Ausführungsbestimmungen des Bundesrats enthaltene Anordnung, daß bei Kostgeschäften die Schlußnote mit dem Vermerke „Kostgeschäft" zu versehen ist, dieselbe Kraft als wenn sie im Reichsstempelgesetze selbst getroffen worden wäre. Daß die Anordnung lediglich eine Vorschrift „über die Form der Schlußnoten" bei Kostgeschäften darstellt, durch welche die amtliche Kontrolle vorschriftsmäßiger Versteuerung erleichtert werden soll, kann nicht zweifelhaft sein.

Darüber, ob die hier in Betracht kommenden vier Schlußnoten zur Zeit der amtlichen Revision dieser wesentlichen Formvorschrift genügten, herrscht unter den Parteien Streit und ist in der Berufungsinstanz eine Aufklärung nicht erfolgt. Schon aus diesem Grunde mußte das Berufungsurteil aufgehoben werden, das ohne Rücksicht auf die Form der Schlußnote die steuerliche Vergünstigung schon allein aus dem Grunde für anwendbar erklärt, weil es sich hier unstreitig sachlich um Kostgeschäfte handle.

Wird festgestellt, daß die Schlußnoten — oder ein Teil von ihnen — zur Zeit der Revision noch nicht mit dem Vermerke „Kostgeschäft" versehen waren, so ist insoweit die Klage unbegründet. Andernfalls hat der Berufungsrichter, soweit das noch erforderlich sein sollte, zu prüfen, ob die Schlußnoten ihrem Inhalte nach den Erfordernissen entsprechen, die in § 12 für Schlußnoten im allgemeinen, und in § 14 Abs. 3 im besonderen für die steuerlich begünstigten Schlußnoten bei Kostgeschäften aufgestellt sind. Es ist also zu prüfen, ob die Schlußnoten nach ihrem urkundlichen Inhalt beide Geschäfte, sowohl das Kaufgeschäft als auch das Rückkaufsgeschäft, „umfassen". Dabei wird zunächst zu berücksichtigen sein, daß in den Schlußnoten 1447 A und 1464 A hinsichtlich des Rückkaufs die Zeit der Lieferung (§ 12 Abs. 1), im Gegensatz zu den Schlußnoten Nr. 523 B und 531 B, nicht angegeben ist. Es wird zu erwägen sein, ob etwa der Vermerk „per Prolongation" für sich allein nach den Anschauungen des Verkehrs mit Sicherheit erkennen läßt, daß der Rückkauf für „Ultimo", und zwar für Ultimo des nächsten oder eines anderen bestimmten Monats zu erfüllen sein sollte. Auch wird festzustellen sein, ob die Schlußnoten den Preis für den Kauf und für den Rückkauf klar und unzweideutig erkennen lassen, ob insbesondere der Vermerk „$3^1/_4$ %" und „$4^1/_2$ %" im Zusammenhalt mit dem angegebenen Kurse in diesem Punkte jeden Zweifel ausschließt, obschon nicht angegeben ist, ob diese Prozente hinzuzurechnen oder abzurechnen sind. Überall werden nur die allgemeinen Verkehrsgewohnheiten, nicht diejenigen besonderen, welche sich nur in engeren Bezirken oder an einzelnen Orten gebildet haben, als maßgebend anzusehen, und dabei auch die in den Beiakten befindlichen Muster von Schlußnoten in Rücksicht zu ziehen sein, wie sie von größeren elsaß-lothringischen und anderen Banken über Kostgeschäfte ausgestellt zu werden pflegen, und in denen die Fassung hinsichtlich der Rücklieferungszeit und der Preise für Kauf und für Rückkauf eine von den Schlußnoten der Klägerin abweichende ist. Auch dann, wenn diese den Inhalt der Schlußnoten betreffenden gesetzlichen Erfordernisse nicht vollständig erfüllt sein sollten, kann die Vergünstigung aus § 14 Abs. 3 der Klägerin nicht zugute kommen."

---

85. Drucktypen als Geschmacksmuster. Verhältnis des Geschmacksmusterschutzes zum Kunstschutze. Unter welchen Voraussetzungen können Industrieerzeugnisse den Kunstschutz genießen?

Gesetz, betr. das Urheberrecht an Mustern und Modellen, vom 11. Januar 1876, § 1 Abs. 2.

Gesetz, betr. das Urheberrecht an Werken der bildenden Künste und der Photographie, vom 9. Januar 1907, § 2 Abs. 1.

I. Zivilsenat. Urt. v. 10. Juni 1911 i. S. Sch. & G. (Kl.) w. Ga. (Bekl.). Rep. I. 133/10.

I. Landgericht Leipzig, Kammer für Handelssachen.
II. Oberlandesgericht Dresden.

Für die Klägerin wurden am 14. November 1893 und 10. August 1894 zwei Ausführungen einer Frakturschrift, der sog. Schulfraktur, in das Musterregister des Amtsgerichts Leipzig eingetragen. Für dieselbe Schrift vertrieb der Beklagte, ohne von der Klägerin Erlaubnis zu haben, gewerbsmäßig Matrizen. Gegenüber der Klage auf Unterlassung und Zahlung von Schadensersatz wandte er ein, die Schulfraktur sei kein neues und eigentümliches Erzeugnis.

Das Landgericht wies die Klage ab. Nachdem während der Berufungsinstanz die bis zu 15 Jahren verlängerten Schutzfristen abgelaufen waren, versuchte die Klägerin, ihre Ansprüche auch auf das inzwischen in Kraft getretene Kunstschutzgesetz vom 9. Januar 1907 zu gründen. Ihre Berufung wurde jedoch zurückgewiesen. Die Revision führte zu teilweiser Aufhebung aus folgenden

Gründen:

„1. Das Gesetz vom 11. Januar 1876, betr. das Urheberrecht an Mustern und Modellen, kommt für den Prozeß insofern noch in Betracht, als es sich um Schadensersatz für die Rechtsverletzungen handelt, die der Beklagte nach Behauptung der Klägerin während der Dauer der Schutzfristen begangen hat. § 1 Abs. 2 des Gesetzes knüpft den Musterschutz an die Voraussetzung eines neuen und eigentümlichen Erzeugnisses. Ein bisher im Verkehre noch nicht vorhanden gewesenes Muster muß sich, wie die Umschreibung des Begriffs in der reichsgerichtlichen Rechtsprechung lautet, als Ergebnis individueller schöpferischer Kraft darstellen (vgl. Entsch. in Zivils. Bd. 49 S. 179, mit Zitaten, Bd. 61 S. 178, Bd. 72 S. 162).

Die Klägerin will bei Entwerfung ihrer Schulfraktur von dem Gedanken geleitet gewesen sein, durch Vereinfachung der verschnörkelten Formen deutscher Druckschriften eine Schrift zu schaffen, die, den allgemeinen Eindruck der Fraktur festhaltend, wegen ihrer Ruhe, Klarheit und Deutlichkeit namentlich für Schulbücher und Zeitungen gebraucht werden könne. Das Berufungsgericht bestreitet, daß sie dieses Ziel erreicht habe. Wie der erste Richter schließt es sich dem Gutachten des Akademielehrers D. an. Dieser Sachverständige hat die Schulfraktur mit einer großen Anzahl anderer Schriften auf die Zeichnung der Buchstaben hin verglichen. Das Resultat, zu dem er gelangt, ist, daß die meisten Buchstaben den nicht oder doch nur unerheblich veränderten Charakter der gewöhnlichen Frakturschriften aufwiesen, während der Rest teils Schwabacher Einzelzüge mit der Grundbildung der Fraktur verbinde, teils sich besonderen Frakturtypen nähere. Schon dies genügt dem Sachverständigen, um sein Gutachten zu ungunsten der Klägerin abzugeben. Eine geistige Tätigkeit, meint er, habe auf die Form jedes einzelnen Buchstaben verwandt werden müssen, weil es anders nicht möglich sei, der Schrift als Ganzem ein neues und eigentümliches Gepräge zu verleihen. Das Berufungsgericht, das dieser Ansicht beitritt, fügt hinzu, es habe sich durch eigene Anschauung — durch Vergleichung eines in Schulfraktur gedruckten Buches mit dem Anblicke anderer Bücher — überzeugt, daß die Schrift der gesetzlichen Schutzvoraussetzung entbehre.

Die Auffassungen des Berufungsgerichts beruhen auf Rechtsirrtum. Sein Gewährsmann hat schon darin gefehlt, daß er das Augenmerk einseitig auf die Linienführung der Buchstaben gerichtet hat. Außer diesem einen Merkmal wird das Gesamtbild einer Schrift noch durch andere Umstände bestimmt; in Betracht kommen vor allem das Verhältnis der Haar- zu den Grundstrichen, die mehr magere oder fette Formgebung, die Bunzenweite, der Größenunterschied der Versalien von den Gemeinen. Irrig ist ferner die Forderung einer Neugestaltung jedes einzelnen Buchstabens. Wie der Senat schon in dem Urteile vom 1. April 1905, Rep. I. 588/04, hervorgehoben hat, ist bei einer als Geschmacksmuster eingetragenen Brotschrift die Schrift als Ganzes, nicht mit Notwendigkeit jeder Buchstabe, geschützt. Ob dieser oder jener Buchstabe schon in einer älteren Schrift vorkommt, tut so lange nichts zur Sache, als der Gesamteindruck der neuen Schrift, in die der Buchstabe eingefügt wird, ein einheitlicher und eigentümlicher bleibt. Eine schutzfähige Schrift könnte denkbarerweise sogar dadurch entstehen, daß sämtliche einzelne Zeichen anderen Schrifttypen entnommen und in charakteristischer Form kombiniert würden. Trägt mithin eine Schrift den Stempel eines einheitlichen Formgedankens an sich, so kann nur eine bestimmte andere Schrift, nicht aber die Summe aller der Schriften, in denen sich identische Formelemente finden, als neuheitsschädlich entgegengehalten werden. Endlich hat der Berufungsrichter nicht ausreichend gewürdigt, daß es der Klägerin um eine Neugestaltung nur innerhalb des altbekannten Typus der Frakturschriften zu tun war. Ein völliges Aufgeben des Frakturtypus war durchaus nicht bezweckt, da dies die Verbreitung der Schrift in Schulkreisen, denen sie in erster Linie dienen sollte, ausgeschlossen haben würde. Die Meinung aber, daß innerhalb des Gesamttypus der Fraktur für musterschutzwürdige Betätigungen kein Raum mehr sei, würde gleichmäßig dem Willen des Gesetzes wie den im Gewerbe herrschenden Anschauungen widersprechen.

Tritt man von diesen Grundsätzen an die Aufgabe heran, so kann ihre Lösung nicht schwer fallen. Die von den Parteien überreichten Druckproben sind vom Revisionsgerichte geprüft worden.

Ihre Betrachtung läßt auch den Laien erkennen, daß die Schrift der Klägerin gegenüber den gewöhnlichen Frakturen durch ein bewußt durchgeführtes Motiv gekennzeichnet wird; im Interesse der Vereinfachung sind viele überflüssige Bestandteile weggelassen, und die stark geschwungenen Formen der Versalien tunlichst gestrafft. Irgend eine Fraktur, bei der die Vereinfachungstendenz in gleicher oder auch nur ähnlicher Form verwirklicht wäre, hat der Beklagte nicht angeben können. Die Streitfrage, ob § 13 des Gesetzes eine Vermutung der Neuheit und Eigentümlichkeit des Musters enthält, braucht hiernach nicht erörtert zu werden. Auch wenn man sie, entgegen der bisherigen Rechtsprechung, verneinend beantworten wollte, müßte angesichts dieses Sachverhalts als positiv feststehend anerkannt werden, daß die Schulfraktur die Bedingungen des Musterschutzes erfüllt.

2. Am 1. Juli 1907, als die Musterschutzfristen noch liefen, ist das neue Kunstschutzgesetz in Kraft getreten, und mit ihm der § 2 Abs. 1, wonach die Erzeugnisse des Kunstgewerbes zu den Werken der bildenden Künste gehören. Nach § 53 dieses Gesetzes würde die Schulfraktur, wenn sie sich ihrer Natur nach unter § 2 Abs. 1 bringen ließe, des neuen Kunstschutzes teilhaftig sein, ungeachtet des Umstandes, daß ihr bisheriger Schutz nur Musterschutz war (vgl. Entsch. des RG.'s in Zivils. Bd. 72 S. 149). Die bezeichnete Voraussetzung aber wird von der Revision als gegeben angesehen. Jedes Industrieerzeugnis, das als Geschmacksmuster geschützt werden kann, soll ihr zufolge schon damit auch den Ansprüchen des Kunstschutzes genügen.

Die Rechtsmeinung, die die Revision verteidigt, ist nicht ohne Vorgang in der Literatur.

Vgl. z. B. Osterrieth in dem gedruckten Gutachten, betr. Anmeldung von Schriftgießerei-Erzeugnissen zum Musterregister (1908); Allfeld, Komm. z. Kunstschutzgesetz S. 39; Riezler, Urheberrecht Bd. 1 S. 459.

Man beruft sich darauf, daß auch das Geschmacksmuster eine individuelle schöpferische Leistung fordert und im Unterschiede vom Gebrauchsmuster ästhetische Empfindungen auslösen soll, während es andrerseits auch beim Kunstschutze auf den künstlerischen Wert des Gebotenen nicht ankomme. Geltend gemacht wird ferner, daß die einschränkende Fassung der Regierungsvorlage: „Bauwerke und gewerbliche Erzeugnisse gehören, soweit sie künstlerische Zwecke verfolgen, zu den Werken der bildenden Künste“, für die gewerblichen Erzeugnisse beseitigt sei. Indes kann nicht zugegeben werden, daß eine so völlige Änderung des bisherigen Rechtszustandes in der Absicht des Gesetzes gelegen hätte. Die Meinung ging vielmehr nur auf den Schutz der angewandten Kunst. Einem Werke der bildenden Künste sollte der Schutz nicht aus dem Grunde versagt werden, weil es zugleich Gebrauchszwecken zu dienen bestimmt ist. Daß dieser Gedanke des Entwurfs in den späteren Stadien der Beratung festgehalten wurde, beweist die Tatsache, daß das Gesetz vom 11. Januar 1876 nach wie vor in Kraft steht. Hätte jeder Gegenstand, den man bisher gegen Entgelt unter Erfüllung von Formvorschriften auf die Dauer von höchstens 15 Jahren als Geschmacksmuster schützen lassen konnte, den unentgeltlichen, von selbst eintretenden und länger dauernden Kunstschutz genießen sollen, so hätte die Aufrechthaltung des Musterschutzgesetzes keinen Sinn gehabt. Die auf Antrag der Reichstagskommission vorgenommene Fassungsänderung entsprang denn auch lediglich dem Streben nach Verdeutlichung. Es sollte, insbesondere bei der ausländischen Rechtsprechung, das Mißverständnis vermieden werden, als müsse das zu schützende Werk ausschließlich künstlerische Zwecke verfolgen. Eine sachliche Änderung war nicht beabsichtigt (vgl. den Kommissionsbericht S. 3).

Hiernach bleibt es dabei, daß die des Geschmacksmusterschutzes fähigen Industrieerzeugnisse in solche mit und ohne Kunstschutz eingeteilt werden müssen. Die Schwierigkeit liegt freilich in der praktischen Anwendung. Eine namentlich von Schanze aufgestellte Ansicht geht davon aus, daß nach § 2 Abs. 1 nur diejenigen Erzeugnisse des Kunstgewerbes geschützt würden, welche Werke der bildenden Künste sind, daß aber unter diesem letzteren Begriffe nichts weiter verstanden werden dürfe als Bildwerke, d. h. Kopien der Außenwelt.

Vgl. Schanze, in der Leipz. Zeitschrift 1908 S. 651, 754, 822, im Recht 1910 S. 11; vgl. auch Kohler, Kunstwerkrecht S. 27, Musterrecht S. 53.

Dieser Ansicht vermag der Senat nicht beizupflichten. Sie muß schon an Satz 2 des § 2 Abs. 1 scheitern, wonach auch Bauwerke, soweit sie künstlerische Zwecke verfolgen, zu den Werken der bildenden

Künste zu rechnen sind. Auch eine große Menge anderer Gegenstände, deren Schutz offenbar gewollt ist, z. B. künstlerisch entworfene Möbel, Uhren, Lampen, würden danach aus dem Rahmen des Gesetzes herausfallen. Vielmehr muß gesagt werden, daß eine feste, durch begriffliche Merkmale ein für allemal gesicherte Grenze zwischen Kunst- und Musterschutz überhaupt nicht gezogen werden kann. Der Unterschied ist ein gradueller; es entscheidet der größere oder geringere ästhetische Gehalt. Nicht jeder kleine Zierrat, nicht jede geschmackvolle Anordnung erhebt ein Produkt der Industrie in die Sphäre der Kunst. Formschöpfungen an einem Gebrauchsgegenstande, bei denen die Zweckmäßigkeit erkennbar in den Vordergrund tritt, und nur nebenher ein stimmungsvolles Motiv mitspielt, mögen in das Musterregister eingetragen werden. Ein Werk der angewandten Kunst — im Sinne des Gesetzes ein „Erzeugnis des Kunstgewerbes" und damit zugleich ein „Werk der bildenden Künste" — liegt nur dann vor, wenn der zu der Zweckmäßigkeit der Form hinzukommende ästhetische Überschuß, gleichgültig welches sein künstlerischer Wert ist, einen Grad erreicht, daß nach den im Leben herrschenden Anschauungen von Kunst gesprochen werden kann. Die gemeingewöhnliche Bedeutung des Wortes „Kunstgewerbe" ist somit nicht maßgebend. Von Fall zu Fall muß beurteilt werden, ob ein geschmackvoll ausgestattetes Industriewerk der einen oder der andern Gruppe angehört.

Bei dieser Auffassung befindet sich der Senat im Einklange mit dem III. Straffenat des Reichsgerichts (Entsch. in Straff. Bd. 43 S. 329), der ebenfalls trotz Ablehnung der Bildwerktheorie ein Erzeugnis des Kunstgewerbes nur da annimmt, wo eine künstlerische Leistung vollzogen ist, alle anderen geschmackvollen Gestaltungen aber ausschließlich dem Musterschutze zuweist. Auch die Literatur steht überwiegend auf demselben Standpunkte. Die Schriftsteller, die die Grenze durch den Begriff „Erzeugnis des Kunstgewerbes" hindurchlaufen lassen, so daß im Einzelfalle gefragt werden müßte, ob ein kunstgewerbliches Produkt sich als „Werk der bildenden Künste" darstellt oder nicht, weichen nur in der Formulierung ab. In der Sache selbst stimmen sie mit der hier vertretenen Unterscheidung überein.

Im vorliegenden Falle handelt es sich um Drucktypen einer Schrift, und zwar einer Schrift, die für den gewöhnlichen Gebrauch berechnet ist. Wenn es auch möglich sein sollte, gewisse Erzeugnisse der Schriftgießerei, z. B. Buchschmuck, Ex-libris, vielleicht auch eine Zierschrift, als Objekte des Kunstschutzes zu denken, so trifft dies doch bei einer Brotschrift nicht zu. Bei allen Änderungen der Form, die hier vorgenommen werden können, muß der Grundsatz der Zweckmäßigkeit naturgemäß den Ausschlag geben. Die ästhetische Wirkung ist sogar noch mehr Nebensache als es der Fall ist bei den von den Motiven S. 14 als Beispiele angeführten Linienmustern der Textilgewerbe und der Tapetenindustrie, den Vorlagen der Konfektion und der Bekleidungsindustrie. Daher hat das Berufungsgericht das Gesetz richtig gehandhabt, indem es, dem Gutachten der Sachverständigenkammer folgend, der Schulfraktur den Kunstschutz abgesprochen hat. Mit dem Ablaufe der Fristen des Gesetzes vom 11. Januar 1876 ist die Schrift daher gemeinfrei geworden.

Hiernach ist das angefochtene Urteil insoweit aufzuheben, als es sich auf die Zeit des Musterschutzes bezieht." ...

---

86. 1. Kann der Beklagte, wenn er erst in der Berufungsinstanz die Aufrechnung einer Gegenforderung gegen die Klageforderung geltend gemacht hatte, diese Einwendung aber vom Berufungsgericht nicht auf Grund des § 529 Abs. 3 ZPO., sondern als sachlich unbegründet zurückgewiesen wurde, in der Revisionsinstanz mit Erfolg geltend machen, daß die Zurückweisung nach § 529 Abs. 3 hätte erfolgen müssen?

2. Inwieweit haftet der Gläubiger, dem von seinem Schuldner eine Hypothekenforderung zur Sicherung abgetreten worden ist, für die ordnungsmäßige Verwertung und Beitreibung derselben?

II. Zivilsenat. Urt. v. 12. Juni 1911 i. S. P. (Bekl.) w. B. (Kl.). Rep. II. 14/11.

I. Landgericht Königsberg.
II. Oberlandesgericht daselbst.

Wegen einer Warenschuld hatte der Kläger gegen die Beklagte Klage auf Zahlung von 5450 *M* nebst Zinsen erhoben. Durch

Urteil des Landgerichts wurde die Beklagte dem Klagantrage gemäß verurteilt. Während dieselbe in erster Instanz nur eingewendet hatte, daß sie dem Kläger eine Hypothek in Höhe der Klageforderung im September 1906 an Erfüllungsstatt abgetreten habe, hatte sie in zweiter Instanz gegen die Klageforderung eventuell eine Schadensersatzforderung in gleicher Höhe, die ihr gegenüber dem Kläger durch Verletzung seiner Pflichten als Zessionar jener Hypothek entstanden sei, zur Aufrechnung gestellt.

Das Oberlandesgericht erachtete diesen Einwand sachlich für nicht begründet und wies die Berufung zurück. Auch die Revision hatte keinen Erfolg aus folgenden

Gründen:

„Der Berufungsrichter hat den Einwand der Aufrechnung gegenüber der an sich nicht bestrittenen Klageforderung als unbegründet zurückgewiesen, weil der Beklagten die behauptete Gegenforderung nicht entstanden sei. Die ausschließlich gegen diese Entscheidung gerichteten Angriffe der Revision sind verfehlt.

1. Das gilt zunächst von der Ausführung, daß der Berufungsrichter ohne sachliche Entscheidung über die Gegenforderung den Aufrechnungseinwand unter Vorbehalt seiner Geltendmachung nur als prozessual unzulässig hätte zurückweisen dürfen. Es ist der Revision zuzugeben, daß der Berufungsrichter in dieser Weise nach § 529 Abs. 3 ZPO. zu verfahren hatte, da der Kläger, wie in dem berichtigten Tatbestande des angefochtenen Urteils beurkundet ist, der Geltendmachung der zur Aufrechnung gestellten Gegenforderung widersprochen hatte.

Die Vorschrift des § 529 Abs. 3, daß das Gericht ohne sachliches Eingehen auf die Gegenforderung den erst in der Berufungsinstanz geltend gemachten Aufrechnungseinwand zurückzuweisen hat, ist indessen lediglich im Interesse des Klägers getroffen und entfällt, wenn der Kläger in ihre Nichtbeobachtung einwilligt. Es ist auch nicht ersichtlich, welches Interesse der Beklagte daran haben könnte, ohne sachliche Prüfung seiner Gegenforderung verurteilt zu werden und ein Urteil über die Gegenforderung erst zu erhalten nach erfolgter Verurteilung auf die Klage. Der Beklagte, der die sachliche Prüfung seiner Gegenforderung begehrt hat, kann nicht dadurch prozessual beschwert sein, daß das Gericht diese sachliche Prüfung vorgenommen hat.

2. Mit Unrecht greift die Revision auch die sachliche Entscheidung des Berufungsgerichts an. Dasselbe verkennt nicht, daß die Abtretung zur Sicherheit einen Auftrag enthält und ein Treuverhältnis zwischen dem Zedenten und dem Zessionar begründet, das den letzteren nach den Grundsätzen von Treu und Glauben in Verbindung mit den §§ 662 flg. BGB. verpflichtet, auch das Interesse des Zedenten wahrzunehmen (Entsch. des RG.'s in Zivils. Bd. 59 S. 191, 192). Von diesem richtigen Grundsatze ausgehend hat der Berufungsrichter erwogen, daß die Beklagte mit K., dem Eigentümer des mit der Hypothek belasteten Grundstücks und Schuldner der der Hypothek zugrunde liegenden Warenforderung, in Geschäftsverbindung stand und offenbar über dessen Vermögenslage unterrichtet war, auch wußte, daß die Verjährung der Warenforderung bevorstehe. Deshalb hat der Berufungsrichter den Kläger nicht für verpflichtet erachtet, aus eigenem Antriebe, ohne Anweisung der Beklagten, selbst Schritte zu tun zur Verwertung der Hypothek und der ihr zugrunde liegenden Warenforderung, oder zur Unterbrechung der nach der Behauptung der Beklagten Ende des Jahres 1908 vollendeten Verjährung, sei es durch Erhebung der Klage, sei es durch Betreiben der Zwangsvollstreckung gegen K. Aus gleichem Grunde und mit Rücksicht auf das passive Verhalten der Beklagten sei dem Kläger bei der Besonderheit des vorliegenden Falles nach der Auffassung des Berufungsrichters nicht zuzumuten gewesen, bei der von anderer Seite beantragten Zwangsversteigerung, die zu einem die abgetretene Hypothek nicht deckenden Zuschlag führte, selbst ein Gebot abzugeben. Einen Rechtsirrtum lassen diese Ausführungen des Berufungsrichters nicht erkennen.

Die Pflicht des Zessionars, im Falle der Sicherungsübertragung eines Rechts, das Interesse des Zedenten wahrzunehmen, gründet sich darauf, daß einerseits der Zessionar unter Ausschluß des Zedenten verfügungsberechtigt wird, andrerseits der Zedent an der Erhaltung und möglichst hohen Verwertung des Rechts interessiert bleibt, da er im Falle der Tilgung seiner Schuld Anspruch auf die Rückübertragung des Rechts und im Falle der Verwertung des Rechts Anspruch auf Herausgabe des seine Schuld übersteigenden Wertbetrages hat. Welche Maßregeln danach der Zessionar zwecks Erhaltung und guter Verwertung des abgetretenen Rechts im Interesse des Zedenten zu treffen hat, kann nur mit Rücksicht auf die besonderen Umstände des einzelnen Falles, unter Beachtung dessen, was Treu und Glauben mit Rücksicht auf die Verkehrssitte erfordern, bestimmt werden. Da es sich um Maßregeln im Interesse des Zedenten handelt, wird der Zessionar eine Weisung des Zedenten insbesondere dann abwarten können, wenn diesem die eine Gefährdung des Bestandes oder der guten Verwertung des Rechts bedingenden Umstände bekannt sind, während er im Falle der Unkenntnis des Zedenten diesem gleichfalls so zeitig von den gefährdenden Umständen Nachricht zu geben hat, daß der Zedent die ihm zur Beseitigung der Gefahr dienlich erscheinenden Weisungen und Maßregeln treffen kann. Im vorliegenden Falle ist festgestellt, daß die Beklagte mit K. in Geschäftsverbindung stand und über dessen Vermögenslage unterrichtet war, daß sie trotzdem dem Kläger keinerlei Weisungen erteilte, sich vielmehr passiv verhielt, und daß der Kläger daher annehmen durfte, die abgetretene Hypothek sei sicher, wie sie ihm von seiten der Beklagten geschildert war.

Unter diesen Umständen konnte der Berufungsrichter ohne Rechtsirrtum annehmen, daß es zunächst Sache der Beklagten war, rechtzeitig die zur Beitreibung der abgetretenen Forderung und Hypothek erforderlichen Maßnahmen zu veranlassen oder den Kläger dazu anzuhalten, und daß folgeweise der Kläger die ihm gegenüber der Beklagten aus dem Auftragsverhältnisse obliegenden Pflichten nicht verletzte, als er nicht aus eigenem Antriebe in den Jahren 1906 und 1907 gegen K., der damals nach der Behauptung der Beklagten noch zahlungsfähig war, die Beitreibung der Hypothekenforderung versuchte.

Eine solche Pflichtverletzung hat der Berufungsrichter auch nicht in dem Verhalten des Klägers bei der von anderer Seite betriebenen Zwangsversteigerung des mit der Hypothek belasteten Grundstücks gefunden. Die Beklagte hatte behauptet, daß die Hypothek, die mit 41480 *M* ausgelaufen sei, durch den auf 50000 *M* zu schätzenden Wert des Grundstücks reichlich gedeckt gewesen, und der Ausfall der Hypothek neben der damaligen Geldknappheit durch eine Vereinbarung des Erstehers mit zwei nacheingetragenen Hypothekengläubigern verursacht sei, der zufolge diese gegen Befriedigung wegen ihrer Forderungen ein Gebot nicht abgegeben hätten. Dieses Ergebnis habe der Kläger verhindern und entweder bei der Versteigerung mitbieten oder der Beklagten rechtzeitig von dem Versteigerungstermin Mitteilung machen müssen. Da er beides unterlassen, vielmehr die Beklagte erst am Tage vor der Versteigerung von dem Termine in Kenntnis gesetzt und es ihr dadurch unmöglich gemacht habe, sich die zum Bieten erforderliche Kaution zu beschaffen und die Hypothek auszubieten, so sei er für den Ausfall der Hypothek ersatzpflichtig.

Es ist nun zwar unbedenklich anzunehmen, daß der Kläger verpflichtet war, die Beklagte von dem Versteigerungstermine so zeitig zu benachrichtigen, daß sie ihr Interesse an der Erzielung eines die abgetretene Hypothek deckenden Gebots, insbesondere auch durch eigenes Mitbieten, wahrnehmen konnte. Aber auch diese Benachrichtigungspflicht entfiel, wenn die Beklagte den Fortgang des Versteigerungsverfahrens und die Anberaumung des Versteigerungstermins kannte. Das hat der Berufungsrichter ersichtlich angenommen, indem er ausführt, der Kläger habe aus dem passiven Verhalten der Beklagten entnehmen können, daß sie nicht gewillt sei, ihm einen Vorschuß für die Aufwendungen, die er im Falle des Mitbietens hätte machen müssen, zu leisten. War aber der Beklagten bekannt, daß das Versteigerungsverfahren durchgeführt werde, so lag es ihr ob, wenn sie ein Mitbieten des Klägers als ihrem Interesse dienlich erachtete, diesem die erforderlichen Weisungen zu geben. Ohne Rechtsirrtum konnte der Berufungsrichter annehmen, daß der Kläger, wenn er in Ermangelung einer solchen Weisung selbst ein Gebot nicht abgab, seine Pflicht der Beklagten gegenüber nicht verletzt hat.

Mit Unrecht beruft sich die Revision auf das Urteil des V. Zivilsenats des Reichsgerichts in den Entsch. in Zivils. Bd. 59 S. 190 flg. Dort ist zwar ausgeführt, daß, wenn eine Hypothek zur Sicherung übertragen ist, der Zessionar die Rechte des Zedenten bei der Zwangsversteigerung wahrzunehmen hat, dafür sorgen muß, daß das Grundstück zu einem angemessenen Preise zugeschlagen wird und die durch die Zession erlangte formale Rechtsstellung nicht dazu benutzen darf, das Grundstück weit unter seinem Werte an sich zu bringen. Diese Ausführung ist indes den besonderen Umständen des damaligen Falles angepaßt, wo der Zessionar die Hypothek benutzte, um selbst das Grundstück billig zu erwerben, den Zuschlagspreis niedrig zu halten und sich mit dem Grundstücksmehrwert zu decken.

Im Gegensatz zu diesem unzulässigen Verhalten ist ausgeführt, der Zessionar müsse für einen angemessenen Preis sorgen, statt mittels seiner Hypothek den Preis künstlich niedrig zu halten. Daß der Zessionar allgemein verpflichtet sei, bei der Zwangsversteigerung für einen angemessenen Preis des Grundstücks zu sorgen, insbesondere zu diesem Zwecke auch selbst Gebote abzugeben, ist aus dem angeführten Urteile nicht zu entnehmen.

Übrigens wäre der Kläger nach § 669 BGB. auch nicht verpflichtet gewesen, ohne Vorschußleistung seitens der Beklagten mitzubieten. Hatte diese ihm, wie der Berufungsrichter feststellt, stillschweigend zu erkennen gegeben, daß sie keinen Vorschuß leisten werde, so konnte der Kläger davon absehen, solchen Vorschuß zu verlangen, und sich schon deshalb des Mitbietens enthalten."

---

87. Zur Frage der Anwendbarkeit der Befreiungsvorschriften Buchst. a Nr. 3 und am Schlusse der Tarif-Nr. 11 zum Reichsstempelgesetze vom 15. Juli 1909.

VII. Zivilsenat. Urt. v. 13. Juni 1911 i. S. A. P. (Kl.) w. mecklenburgischen Fiskus (Bekl.). Rep. VII. 618/10.

I. Landgericht Schwerin.
II. Oberlandesgericht Rostock.

Der Büdner St., für den auf dem Blatte des Hausgrundstücks Nr. 10 G. eine Grundschuld von 3975 *M* hinter 10125 *M* eingetragen war, blieb in dem Termine zur Zwangsversteigerung des belasteten Grundstücks vom 18. Dezember 1909 mit einem Gebote von 13200 *M* Meistbietender. Er trat durch notariellen Vertrag von demselben Tage seine Rechte aus dem Meistgebot an die Klägerin ab, der durch Beschluß vom 23. Dezember 1909 der Zuschlag erteilt wurde. St. betreibt weder den Grundstückshandel gewerbsmäßig, noch beträgt sein Jahreseinkommen mehr als 2000 *M*. Er beantragte daher nach der Vorschrift am Schlusse der Tarif-Nr. 11 zum Reichsstempelgesetz vom 15. Juli 1909 die Befreiung vom Reichsstempel für Grundstücksübertragungen. Für die Abtretung der Rechte aus dem Meistgebot hatte der Notar den Stempel entrichtet. Der Betrag wurde aber zurückerstattet. Das Amtsgericht belastete jedoch die Klägerin als Ersteherin mit der Reichsabgabe in Höhe von 106,70 ℳ nach einem nicht mehr streitigen Werte des Grundstücks von 16000 ℳ. Diese zahlte den Betrag mit Vorbehalt, forderte ihn aber demnächst im Rechtswege zurück, indem sie sich auf die Befreiungsvorschrift zu Tarif-Nr. 11a Nr. 3 und auf die Schlußbestimmung zu dieser Nummer berief. Die Klage ist in beiden Instanzen abgewiesen. Auch die Revision blieb erfolglos.

Gründe:

„Die Revision vertritt den Standpunkt, daß der Rechtsvorgang, an den das Reichsstempelgesetz vom 15. Juli 1909 die Abgabe für Grundstücksübertragungen knüpft, bei Zwangsversteigerungen das Meistgebot sei, und daß daher für die Anwendbarkeit der Befreiungsvorschriften der Tarif-Nr. 11 lediglich die Person des Meistbietenden in Betracht komme, auch wenn er seine Rechte aus dem Meistgebot abgetreten habe, und der Zuschlag nicht ihm, sondern dem Erwerber dieser Rechte erteilt werde (§ 81 ZVG.). Da Meistbietender der Büdner St. gewesen sei, und für ihn die Voraussetzungen der Befreiungsvorschrift am Schlusse der Tarifst. 11 zuträfen, so sei eine Abgabe von der Klägerin als Ersteherin nicht zu erheben, und infolgedessen, weil auch die Abtretung nach der Vorschrift unter Buchst. a Nr. 3 der Tarifstelle steuerfrei sei, ein Stempel überhaupt nicht zu entrichten.

Der Standpunkt der Revision entspricht nicht dem Gesetze. Die Tarif-Nr. 11 lehnt sich im wesentlichen an diejenigen landesgesetzlichen Bestimmungen an, welche die Besitzwechselabgabe als Stempel erheben, insbesondere an die Tarifst. 8 und 32 zum preußischen Stempelgesetze vom 31. Juli 1895/30. Juni 1909. Der leitende Gedanke dieses Gesetzes geht dahin, die unmittelbar auf die Eigentumsübertragung gerichteten schuld- oder sachenrechtlichen Geschäfte (erstere, soweit sie keine Schenkungen und als solche steuerlich besonders geregelt sind), daneben aber auch die Abtretungen der Rechte aus Veräußerungsgeschäften, Angebotsverträgen usw., insbesondere bei Zwangsversteigerungen die Abtretung der Rechte aus dem Meistgebote, der Umsatzsteuer in Form des Urkundenstempels zu unterwerfen, mithin die Abgabe so oft zu erheben, als derartige

Geschäfte, die unmittelbar oder mittelbar den Erwerb von Grundstücken bezwecken, beurkundet worden sind. Als Gegenstand der Besteuerung werden in Tarifst. 32 Kauf- und Tauschverträge und andere lästige Veräußerungsgeschäfte einschließlich der gerichtlichen Zwangsversteigerungen bezeichnet. Danach wird der Tatbestand eines solchen Veräußerungsgeschäfts dadurch erfüllt, daß es den Eigentumswechsel nach der schuldrechtlichen Seite zum Abschluß bringt, daß mithin aus dem Geschäft der eine Teil zur Übereignung des Eigentums, der andere zum Erwerbe verpflichtet wird.

Sollen nun stempelrechtlich Zwangsversteigerungen zu den Veräußerungsgeschäften gerechnet werden, obwohl hier von einem privatrechtlichen Vertrage keine Rede sein kann, so ist der das Versteigerungsgeschäft vollendende Vorgang der Zuschlagsbeschluß, durch den der Versteigerungsbeamte das Eigentum der versteigerten Sache auf den Ersteher überträgt (§ 90 ZVG.). Der Meistbietende erlangt zwar, wie er einerseits an sein Gebot gebunden ist, andrerseits aus demselben das Recht auf den Zuschlag (§ 81 ZVG.), aber nicht weil sein Gebot, entsprechend dem Vertragsantrag, von der Versteigerungsbehörde angenommen, und diese darum zur Erteilung des Zuschlags verpflichtet ist, sondern weil die Behörde kraft Gesetzes den Zuschlag nur aus bestimmten Gründen versagen darf (§§ 83 flg. ZVG.). Sie hat nach Maßgabe der gesetzlichen Vorschriften zu prüfen, ob solche Gründe gegeben sind oder nicht, und legt das Ergebnis ihrer Prüfung in der demnächst zu verkündenden Entscheidung nieder. Bis dahin ist kein Zustand der obligatorischen Gebundenheit vorhanden, der mit dem Zustandekommen eines lästigen Veräußerungsgeschäfts zu vergleichen wäre, und aus dem das Recht auf Vollziehung des dinglichen Vertrages erwüchse. Das Meistgebot ist kein im Versteigerungstermin beurkundetes Veräußerungsgeschäft, sondern bildet nur die notwendige rechtliche Grundlage für den die Versteigerung, d. i. die zwangsweise Veräußerung, erledigenden Zuschlagsbeschluß. Durch ihn wird erst über den Erwerb des Bieters oder seines Rechtsnachfolgers entschieden. Will man einen Vergleich mit dem bürgerlichrechtlichen Veräußerungsgeschäft zulassen, so entspricht das Meistgebot dem Antrage, der Zuschlag der Annahme des Antrages auf Überlassung des Grundstücks, wobei nicht ins Gewicht fällt, daß die Annahme nur unter gewissen Umständen verweigert werden darf. Es genügt, daß sie, wenn auch nicht willkürlich, verweigert werden darf, und daß der Erwerb des Erstehers endgültig erst mit dem Zuschlag eintritt. Die preußische Allgemeine Verfügung des Finanzministers und des Justizministers vom 28. Juli 1910 (Just.Min.Bl. S. 299) bezeichnet darum auch ausdrücklich als den Gegenstand der Besteuerung den Zuschlagsbeschluß. Das Reichsstempelgesetz läßt die gleiche Auffassung erkennen; es besteuert nach Überschrift und Wortlaut der Tarif-Nr. 11 die Grundstücksübertragungen, soweit sie nach dem Buchst. a lästige Veräußerungsgeschäfte einschließlich der gerichtlichen Zwangsversteigerungen zum Gegenstande haben, und sagt in § 78, daß die Verpflichtung zur Entrichtung der Abgabe bei der Zwangsversteigerung mit Erteilung des Zuschlags eintritt.

Damit ist klar zum Ausdruck gebracht, daß die Stempelpflicht nicht, auch nicht bedingt, auf der Abgabe des Meistgebots ruht, sondern erst mit dem Zuschlag entsteht. Die Versagung des Zuschlags beseitigt nicht eine an das Meistgebot geknüpfte Stempelpflicht, sondern sie läßt eine solche überhaupt nicht ins Leben treten. Daraus folgt von selbst, daß, soweit es sich um die Besteuerung der Versteigerung handelt, nicht der Meistbietende als Erwerber des versteigerten Grundstücks im Sinne der Schlußbestimmung der Tarif-Nr. 11 anzusehen ist, sondern derjenige, welchem die Rechte aus dem Meistgebot abgetreten sind, und der Zuschlag erteilt ist. Nach seinen persönlichen Verhältnissen ist zu fragen, wenn es auf die erwähnte Befreiungsvorschrift ankommt. Dafür, daß er aus der Person seines Vormannes dessen Anspruch auf Steuerbefreiung geltend machen könne, und daß auch dieser Anspruch als durch die Abtretung mitumfaßt zu betrachten sei, bietet das Gesetz keinen Anhalt. Ob der Meistbietende sich, soweit die Verstempelung der Abtretungsurkunde in Betracht kommt, auf die Ausnahmebestimmung des Schlußabsatzes der Tarif-Nr. 11 berufen könnte und etwa im Hinblick auf die stempelrechtliche Behandlung dieses Geschäfts als eines neuen Veräußerungsgeschäfts als Erwerber des Grundstücks anzusehen sein möchte, ist hier nicht zu entscheiden. Wäre das auch zu verneinen, so würde nach dem Ausgeführten daraus noch nicht zu schließen sein, daß der Zessionar ein Privilegium, dessen Voraussetzungen bei ihm nicht vorliegen, für sich zu beanspruchen befugt sei. Es kann auch nicht anerkannt werden, daß diese Auffassung zu unbilligen Ergebnissen führe. Indem das Gesetz grundsätzlich die Versteigerung (den Zuschlagsbeschluß) und außerdem die Abtretung der Rechte aus dem Meistgebot mit der Umsatzabgabe belastet, ist der Ansatz des doppelten Stempels gerechtfertigt, sofern nicht auf das eine oder das andere Geschäft eine Befreiungsvorschrift anzuwenden ist. Im gegenwärtigen Fall ist, da die Abtretung nach Buchst. a Nr. 3 der Tarifst. 11 dem Stempel nicht unterliegt, ein Stempel erspart. Die Streichung auch des Stempels für den Zuschlag findet im Gesetz keine Stütze.

---

88. Besteht ein Anspruch auf Mäklerlohn, wenn der vermittelte Vertrag durch arglistige Täuschung des Auftraggebers zustande gekommen und deshalb mit Erfolg angefochten ist?

BGB. §§ 652, 142.

III. Zivilsenat. Urt. v. 10. Mai 1911 i. S. M. (Kl.) w. B. (Bekl.). Rep. III. 405/10.

I. Landgericht III Berlin.
II. Kammergericht daselbst.

Die Frage wurde verneint, aus folgenden, den Sachverhalt ergebenden

Gründen:

„Der Kläger fordert für Vermittelung des durch notariellen Vertrag vom 16. November 1908 zwischen der Beklagten als Verkäuferin und dem Zahnarzt G. als Käufer zustande gekommenen Grundstücksverkaufs den ihm von der Beklagten als am Tage der Auflassung zahlbar versprochenen Mäklerlohn von 3000 *M*. Der Käufer G. hatte den Kaufvertrag wegen Betrugs der Beklagten und wegen Irrtums angefochten, und der darüber geführte Rechtsstreit wurde durch einen Vergleich dahin erledigt, daß der Vertrag wegen Irrtums nichtig sei. Die Beklagte beruft sich darum auf die Nichtigkeit des Vertrages, § 142 Abs. 1 BGB., indem sie die vom Käufer G. behauptet gewesene arglistige Täuschung bestreitet und eventuell den Kläger als ihren Mitschuldigen bezeichnet. Der Kläger repliziert unter Beweisantritt dafür, daß die Beklagte allerdings den Käufer G. arglistig getäuscht habe, die Beklagte könne sich auf einen von ihr selbst begangenen Betrug nicht berufen und daraus keine Rechte gegenüber dem Kläger herleiten. Der Berufungsrichter hat diese Replik für unzutreffend erachtet und die Klage abgewiesen; ob der Vertrag nur wegen Irrtums oder auch wegen arglistiger Täuschung aufgehoben sei, könne dahingestellt bleiben; auch im letzteren Falle stehe, nachdem die erfolgreiche Anfechtung die von Amts wegen zu berücksichtigende Nichtigkeit des Vertrages zur Folge hatte, dem Kläger ein vertraglicher Anspruch auf Zahlung des Mäklerlohnes nicht zu.

Diese von der Revision angefochtene Rechtsanschauung ist richtig. Zwar darf an sich auch gegenüber der absoluten Wirkung der eingetretenen Nichtigkeit des Vertrages die replica doli generalis erhoben werden.

Vgl. Entsch. des RG.'s in Zivils. Bd. 58 S. 428/429, Bd. 61 S. 365, Bd. 71 S. 435.

Der Tatbestand für eine solche replica doli generalis (daß die Beklagte sich arglistig verteidige, ebenda Bd. 20 S. 93) liegt jedoch nicht vor, wenn der Verkäufer die Nichtigkeit des durch seine arglistige Täuschung seinerseits zustande gekommenen und dann vom Käufer mit Erfolg angefochtenen Kaufvertrages gegen den Mäklerlohnanspruch geltend macht. Die das Zustandekommen des Kaufvertrages bezweckende und erreichende Täuschung zielt nicht auf Vereitelung des Mäklerlohnanspruches; sondern der Täuschende ist sich im Gegenteil notwendig bewußt, daß durch die, wenn auch auf solche Weise erlangte, Rechtswirksamkeit des Vertrags der von dieser abhängige Mäklerlohnanspruch gerade entsteht und begründet wird. Bei der Anfechtung hat nicht die Beklagte sich auf ihre (hier zu unterstellende) Arglist berufen, sondern sie hat im Gegenteil eine solche bestritten. Der Vertragsgegner war es, der Käufer, der auch eine Arglist der Beklagten, neben Irrtum, zur Grundlage der Anfechtung machte. Ohne die Arglist des Verkäufers wäre der durch sie bewirkte Vertrag nicht vorhanden, und ein vertraglicher Mäklerlohnanspruch noch gar nicht erwachsen. Die Arglist des Verkäufers hat also weder die Entstehung des Mäklerlohnanspruchs verhindert noch einen schon entstandenen Mäklerlohnanspruch beseitigt. Vielmehr will der Kläger die von der Beklagten gegen den Käufer begangene arglistige Täuschung dazu ausnutzen, um einen Anspruch zu stützen, der nicht vorhanden war, falls die Beklagte nicht derart unerlaubt handelte. Wird der Zustand, wie er ohne die arglistige Täuschung bestand, wiederhergestellt (§ 249 BGB.), so hat der Kläger mangels eines Vertrages einen Mäklerlohnanspruch eben nicht. Wenn die Beklagte die Nichtigkeit des vom Käufer mit Erfolg angefochtenen Vertrages einwendet, fügt sie also dem Kläger weder Schaden zu (§ 826), noch verstößt sie dadurch gegen Treu und Glauben mit Rücksicht auf die Verkehrssitte (§§ 157, 242). Vielmehr ist es allein der Kläger, der aus einem von der Beklagten gegen einen Dritten, den Käufer, begangenen und durch Anfechtung des Dritten rückwärts wieder wirkungslos gemachten Delikte für sich Rechte gegen die Beklagte erst herleiten und erwerben will, obwohl die Herbeiführung eines perfekten Vertrags und damit des Mäklerlohnanspruchs durch Betrug selbstverständlich völlig außerhalb der durch den Mäklervertrag begründeten Rechte und Pflichten liegt. Gerade dieser Versuch des Klägers zur Ausnutzung des (unterstellten) beklagtischen Delikts behufs Festhaltung eines nur durch dieses Delikt und darum nur scheinbar gegeben gewesenen Rechtserwerbs verstößt gegen Treu und Glauben. Aus diesen Gründen erscheint die nicht weiter mit Gründen versehene Formulierung von Staub, Exkurs vor § 93 HGB. Anm. 21, und von Jacusiel, Das Recht der Agenten, Mäkler und Kommissionäre, Heft II, 2. Aufl. S. 58, „derjenige Kontrahent, dessen Verhalten den Anfechtungsgrund abgegeben hat, könne dem Mäkler die Rechtsungültigkeit nicht entgegenhalten" für den hier vorliegenden Fall der vom Getäuschten erfolgreich durchgeführten Anfechtung verfehlt, und der Zusatz im Urteil des III. Zivilsenats des Oberlandesgerichts Hamburg vom 2. Mai 1907, Rechtspr. der OLG. Bd. 18 S. 16 „darauf, daß er selbst betrogen habe, kann sich im Rechtsverkehr niemand berufen, ohne dadurch gegen die guten Sitten zu verstoßen", verkennt die in Wahrheit gegenteilige Sachlage." . . .

89. 1. Wirkung eines dem § 927 BGB. entsprechenden Ausschlußurteils.
2. Einfluß des Umstandes, daß das Ausschlußurteil im Falle des 3. Satzes des Abs. 1 des § 927 nur den eingetragenen Eigentümer mit seinen Rechten ausschließt.

V. Zivilsenat. Urt. v. 20. Mai 1911 i. S. L. u. Gen. (Kl.) w. Vorschußverein F. (Bekl.). Rep. V. 213/10.

I. Landgericht Oels.
II. Oberlandesgericht Breslau.

Durch vollstreckbares Urteil des Amtsgerichts F. vom 30. April 1907 wurden die Witwe L. und ihr Sohn, der Mitkläger H. L., auf Grund eines von ihnen und dem verstorbenen Kaufmann L. L. unterschriebenen eigenen Wechsels vom 11. April 1904 als Gesamtschuldner zur Zahlung von 3933,20 *M* an den Beklagten verurteilt. Dieser erwirkte wegen eines Teilbetrages der Urteilsforderung einen Beschluß des Amtsgerichts B. vom 12. März 1908, durch den der angebliche Anspruch der Witwe L. gegen die Witwe R., diese im Wege des Aufgebotsverfahrens mit ihrem Rechte als eingetragene Eigentümerin des Grundstücks F. Bl. 226 auszuschließen, gepfändet und ihm zur Geltendmachung überwiesen wurde. Auf seinen Antrag wurde die Witwe R. dann durch Urteil des Amtsgerichts F. vom 2. Juni 1908 mit ihrem Recht am genannten Grundstück ausgeschlossen, und demnächst an deren Stelle die Witwe L. als Eigentümerin eingetragen. Weiter erwirkte der Beklagte auf Grund des eingangs bezeichneten Urteils die Eintragung einer Sicherungshypothek von 4038,20 *M* auf dem Grundstück und später die Einleitung der Zwangsversteigerung. Dieser haben die Kläger mit der Begründung widersprochen: das Grundstück gehöre zur ideellen Hälfte zum Nachlasse des Kaufmanns L. L., ihres Vaters; nach dessen Testament sei die Witwe L., ihre Mutter, nur Vorerbin, während sie selbst seine Nacherben seien.

Das Landgericht entsprach dem Klagantrag. Das Oberlandesgericht dagegen wies auf die Berufung des Beklagten die Klage ab. Es stellte zwar mit dem Landgericht fest, daß die Kläger Nacherben ihres Vaters seien, nahm aber an, daß die Witwe L. auf Grund des Ausschlußurteils und ihrer Eintragung alleinige und unbeschränkte Eigentümerin des zur Zwangsversteigerung gestellten Grundstücks geworden sei. Auf die Revision der Kläger wurde das Berufungsurteil aufgehoben, und die Sache zur anderweiten Verhandlung und Entscheidung an das Berufungsgericht zurückverwiesen aus folgenden

Gründen:

„Die Revision wendet sich gegen die Auffassung des Berufungsgerichts von der rechtsvernichtenden Wirkung des auf Grund des § 927 BGB. erlassenen Ausschlußurteils.

Insofern sie dabei von dem besonderen Inhalt des vorliegenden Ausschlußurteils absieht, war ihren Ausführungen nicht zu folgen. Es ist im allgemeinen nicht richtig, daß sich das Ausschlußurteil nach § 927 nur gegen den eingetragenen Eigentümer richtet, daß nur dieser mit seinen Rechten ausgeschlossen wird. Der erste Satz des § 927 bezeichnet als denjenigen, welcher im Wege des Aufgebotsverfahrens mit seinem Rechte ausgeschlossen werden kann, schlechthin und allgemein den „Eigentümer eines Grundstücks", und sein dritter Satz knüpft in dem besonderen Fall, daß der Eigentümer im Grundbuch eingetragen ist, die Zulässigkeit des Aufgebotsverfahrens vielmehr an weitere erschwerende Voraussetzungen. Trifft in diesem Falle die Voraussetzung zu, daß der als Eigentümer Eingetragene gestorben ist, so kann sich der Ausschluß auf ihn gar nicht beziehen, da ein Verstorbener Rechte weder haben noch verlieren kann. Ausgeschlossen werden an seiner Stelle seine — nicht eingetragenen — Rechtsnachfolger. Eine Einschränkung hinsichtlich der rechtsvernichtenden Wirkung des Ausschlußurteils macht § 927 in seinem dritten Absatze zugunsten desjenigen Dritten, der vor der Erlassung des Ausschlußurteils die Eintragung als Eigentümer oder die Eintragung eines Widerspruchs gegen die Richtigkeit des Grundbuchs wegen seines Eigentums erlangt hat. Auch diese Ausnahme bestätigt die Regel, daß das Ausschlußurteil jedes Eigentum, das bis dahin an dem Grundstück bestanden hat, beseitigt. Dementsprechend bestimmt der § 981 ZPO.: daß in dem — gemäß § 947 zu erlassenden — Aufgebot „der bisherige Eigentümer" aufzufordern sei, sein Recht spätestens im Aufgebotstermine anzumelden, widrigenfalls seine Ausschließung erfolgen werde. Erfolgt eine betreffende Anmeldung, so wird gemäß § 953 ZPO. entweder das Aufgebotsverfahren bis zur endgültigen Entscheidung über das angemeldete Recht ausgesetzt, oder dieses im Ausschlußurteile vorbehalten. Daß die Ausschließung sich nicht auf die derart vorbehaltenen Rechte erstreckt, folgt aus dem Sinne des Vorbehalts. Enthält aber das Ausschlußurteil keinen Vorbehalt, und ist vor seiner Erlassung auch weder ein Dritter als Eigentümer, noch wegen des Eigentums eines Dritten ein Widerspruch eingetragen, so ist die Ausschließung vollkommen; jedes Eigentum an dem Grundstück geht unter; dieses wird herrenlos. Die rechtsvernichtende Wirkung eines solchen Ausschlußurteils erstreckt sich auch auf ein etwaiges Eigentum desjenigen, welcher es erwirkt und das Aufgebot beantragt hat; und mit diesem Eigentum fallen die ihm anhaftenden, sich aus etwaigen Nacherbrechten anderer gemäß §§ 2113 flg. BGB. ergebenden Verfügungsbeschränkungen. Ob sich dieser Erfolg durch eine Anmeldung der Nacherbrechte im Aufgebotsverfahren abwenden läßt, kann dahingestellt bleiben, da nach dem vorliegenden Sachverhalt eine solche Anmeldung und ein betreffender Vorbehalt im Ausschlußurteil nicht in Frage kommt.

Für die Ansicht der Revision, daß das Ausschlußurteil die Nacherbrechte der Kläger nicht berühre, läßt sich in dem hier unterstellten Fall eines ordnungsmäßig erlassenen Ausschlußurteils auch daraus nichts hernehmen, daß nach § 980 ZPO. die zur Begründung des Aufgebotsantrags erforderlichen Tatsachen glaubhaft zu machen waren, selbst wenn angesichts des § 927 BGB. zuzugeben wäre, daß zu diesen Tatsachen „das Rechtsverhältnis“ gehöre, „in dem die Witwe L. infolge der Beerbung ihres Mannes zu dessen Nacherben steht“. Richtig ist, wenn die Witwe L. und ihr verstorbener Mann eingetragene Eigentümer des Grundstücks F. Bl. 226 gewesen wären, die erstere auf Grund des Testaments des Mannes (nach der Auslegung des Berufungsgerichts) als Vorerbin Alleineigentümerin des Grundstücks geworden, und daß die Kläger hierdurch doch nicht gehindert gewesen wären, der Zwangsvollstreckung in das Grundstück als Nacherben auf Grund der §§ 2115 BGB. und 773 ZPO. zu widersprechen. Nicht beizupflichten ist nach dem Gesagten aber der Ansicht der Revision, der Umstand, daß die Witwe L. auf Grund des Ausschlußurteils als Eigentümerin des Grundstücks eingetragen worden ist, könne keine abweichende Beurteilung begründen. Ein wesentlicher

Unterschied ergibt sich eben daraus, daß ein dem § 927 BGB. entsprechendes Ausschlußurteil, wie dargelegt, die bis dahin begründeten Eigentumsrechte vernichtet. Wer ein solches Ausschlußurteil erwirkt hat, „erlangt“ das Eigentum des Grundstücks nach dem 2. Absatze des § 927 dadurch, daß er sich als dessen Eigentümer ins Grundbuch eintragen läßt. Das Verhältnis liegt, wie die Motive (zum § 873 des I. Entw.) sagen, ähnlich, wie in dem Falle, wo das Eigentum an einem Grundstücke gemäß § 928 BGB. durch rechtswirksamen Verzicht des Eigentümers aufgegeben worden ist. Der Eigentumserwerb auf Grund des 2. Absatzes des § 927 ist ebenso, wie der Eigentumserwerb des Fiskus auf Grund des 2. Absatzes des § 928, ursprünglich und nicht abgeleitet. Derselbe gründet sich namentlich nicht auf Rechte, die vor der Erlassung des Ausschlußurteils an dem Grundstück oder auf dasselbe bestanden. Ist derjenige, welcher auf Grund eines solchen Ausschlußurteils als Eigentümer des Grundstücks eingetragen worden ist, etwa Vorerbe des bisherigen Eigentümers, so hat er das Eigentum daran doch nicht im Sinne des von der Revision herangezogenen § 2111 BGB. „auf Grund eines zur Erbschaft gehörenden Rechtes“ erworben.

Allein der Revision verhilft der Umstand zum Erfolge, daß durch das vorliegende Ausschlußurteil vom 2. Juni 1908 nach dem klaren Wortlaut seiner Formel nur die Witwe R. mit ihrem Rechte am Grundstück F. Bl. 226 ausgeschlossen worden ist. Ist dem sich danach in der Tat nur gegen die eingetragene Eigentümerin richtenden Urteil nicht eine über den Wortlaut seiner Entscheidung hinausgehende Tragweite beizulegen, so entspricht es einem den Eigentümer des Grundstücks mit seinen Rechten ausschließenden Ausschlußurteile im Sinne des § 927 BGB. um so weniger, als die in den Urteilsgründen als verschollen bezeichnete Witwe R. im Hinblick auf den weiteren Inhalt dieser Gründe als die damalige wirkliche Eigentümerin des Grundstücks nicht wohl in Betracht kommen kann. Die Eigentumsrechte anderer Personen, auch diejenigen, welche etwa der Witwe L. als Vorerbin ihres Mannes — mit den sich aus den Nacherbrechten der Kläger ergebenden Verfügungsbeschränkungen — zustanden, würden unberührt geblieben sein, und hieran würde auch die auf Grund des Urteils erwirkte, durch seinen Inhalt nicht gerechtfertigte Eintragung der Witwe L. nichts geändert haben. Daß das vorliegende Ausschlußurteil eine über den Wortlaut seiner Formel hinausgehende Bedeutung habe, daß dadurch nicht nur die Witwe R., sondern der wirkliche Eigentümer des Grundstücks, wer es auch sei, mit seinen Rechten habe ausgeschlossen werden sollen, hat das Berufungsgericht nicht festgestellt. Die Gründe des Ausschlußurteils ergeben dafür auch kaum einen ausreichenden Anhalt. Ein solcher, ein Anhalt also dafür, daß es sich bei der in Rede stehenden Beschränkung der Ausschließung auf die verschollene Witwe R. um ein bloßes Fehlgreifen im Ausdruck, um eine im Wege des Berichtigungsverfahrens nach § 319 ZPO. zu beseitigende offenbare Unrichtigkeit handeln, ließe sich vielleicht in einem dem § 981 ZPO. entsprechenden, den bisherigen Eigentümer zur Anmeldung seiner Rechte auffordernden Aufgebote finden; über den Inhalt des dem vorliegenden Ausschlußurteile zugrunde liegenden Aufgebots aber gibt der festgestellte Sachverhalt, und geben insbesondere die Gründe dieses Urteils keine Auskunft." ...

---

90. Wird derjenige, welcher einem Mäkler ein Geschäft auf bestimmte Frist „fest an die Hand gegeben" oder sonst seines Widerrufsrechts sich begeben hat, schlechthin zur Zahlung des Mäklerlohnes verpflichtet, wenn er das Geschäft ohne Vermittelung des Mäklers abschließt?

B.GB. § 652.

III. Zivilsenat. Urt. v. 9. Juni 1911 i. S. R. (Bekl.) w. A. (Kl.). Rep. III. 454/10.

I. Landgericht Graudenz.
II. Oberlandesgericht Marienwerder.

Die Frage wurde verneint aus folgenden

Gründen:

... „Die Meinung, daß der Auftraggeber, der dem Vermittler ein Geschäft auf eine bestimmte Frist „fest an die Hand gegeben" oder sonst seines Widerrufsrechtes sich begeben hat, schlechthin zur Zahlung des Mäklerlohnes verpflichtet werde, wenn er das Geschäft ohne Vermittelung des Beauftragten abschließt, ist zwar in der

Literatur — so von Staub (8. Aufl.), Exkurs vor § 93 HGB. Anm. 17 — und auch in der Rechtsprechung vertreten. Keineswegs aber ist diese Meinung, wie Jacusiel, Das Recht der Mäkler (8. Aufl.) S. 52 sagt, und wie auch das Berufungsgericht anzunehmen scheint, allgemein als richtig anerkannt. So sprechen z. B. die Kommentare von Planck (3. Aufl.), Vorbemerkung IV 3 b zu dem Titel Mäklervertrag, und von v. Staudinger, Bem. II 2 a zu § 652 (3./4. Aufl. S. 1004) nur von einem Schadensersatzanspruch des Mäklers, der allerdings nach Planck „regelmäßig“ auf die Zahlung des entgangenen Mäklerlohns gerichtet sein werde. Auch Rospatt — in Gruchot's Beiträgen Bd. 45 S. 546 flg. —, auf den Oertmann (3./4. Aufl.) Bem. 3 zu § 652 BGB. verweist, sagt nur, daß unter Umständen der Provisionsanspruch durch eine Zuwiderhandlung des Auftraggebers gegen die Verzichtsklausel nach dem Willen der Parteien ohne weiteres begründet sein könne, was jedoch für jeden einzelnen Fall der genauen Prüfung bedürfe.

Insbesondere hat auch die Rechtsprechung des Reichsgerichts keineswegs anerkannt, daß ein den Vereinbarungen mit dem Mäkler zuwiderlaufender Abschluß des Vertrages ohne dessen Vermittelung ohne weiteres und auf alle Fälle den Provisionsanspruch des Mäklers begründe. Die Urteile des II. Zivilsenats vom 18. Dezember 1888, Entsch. in Zivils. Bd. 22 S. 378, und des jetzt erkennenden Senats vom 7. April 1905, Jur. Wochenschr. 1905 S. 399 Nr. 9, sprechen nur die rechtliche Möglichkeit einer Beschränkung des Widerrufsrechts des Auftraggebers mit der Folge aus, daß der Auftraggeber im Falle grundlosen Widerrufs dem Beauftragten völlig für die zugesagte Mäklergebühr haftbar wird. In den Urteilen des VII. Zivilsenates vom 21. Januar 1901, Jur. Wochenschr. 1901 S. 523 Nr. 14, und des I. Zivilsenats vom 19. November 1904, Gruchot Bd. 49 S. 619 flg., besonders S. 625/626, und Jur. Wochenschr. 1905 S. 73 Nr. 7, ist dagegen nur eine Schadensersatzpflicht des Auftraggebers als Folge des vertragswidrigen Abschlusses des Geschäfts ohne Vermittelung des Mäklers anerkannt. Diese Entscheidungen stehen nicht in Widerspruch zueinander. Möglich ist, daß sich der Auftraggeber, welcher dem Widerrufsrechte für bestimmte Frist entsagt, zugleich für den Fall des vertragswidrigen Geschäftsabschlusses ohne Vermittelung des Mäklers schlechthin zur

Zahlung des Mäklerlohnes verpflichten will, sei es als vertragsmäßiger Gegenleistung für dessen Bereitschaft zur Tätigkeit und etwaige bereits entfaltete Tätigkeit, sei es in Form einer Vertragsstrafe. Aber dieser Vertragswille ist aus der Tatsache allein, daß sich der Auftraggeber des Widerrufsrechts begeben, das Geschäft dem Vermittler fest an die Hand gegeben hat, noch nicht zu entnehmen. Es ist insbesondere durchaus nicht selbstverständlich, daß sich der Auftraggeber auch für den Fall der Pflicht zur Zahlung des Mäklerlohnes unterwerfen will, daß er von der weiteren Tätigkeit des Mäklers keinen Erfolg erwarten kann und sich deshalb entschließt, selbständig oder unter Vermittelung eines anderen Mäklers abzuschließen. Es bedarf daher die Annahme, daß die Parteien die Verpflichtung zur Zahlung des Mäklerlohns als unbedingte Folge des vertragswidrigen Abschlusses des Geschäfts ohne Zuziehung des Mäklers gewollt hätten, der besonderen Begründung.

An sich hat der Bruch der Vereinbarung nur zur Folge, daß der Auftraggeber dem Mäkler schadensersatzpflichtig wird und ihm insbesondere den Betrag zu zahlen hat, welcher dem Mäkler gebühren würde, wenn er durch seine Vermittelung den Abschluß eines Geschäfts der ihm aufgetragenen Art herbeigeführt hätte. Der Mäkler ist auch nach allgemeinen Grundsätzen beweispflichtig dafür, daß ihm ein solcher Schade entstanden ist. Zu einer Umkehr der Beweislast, wie sie das Urteil des Oberlandesgerichts Naumburg, Rechtspr. der OLG. Bd. 12 S. 84/90, annimmt, fehlen die Voraussetzungen. Dem Mäkler wird auch hierdurch bei sachgemäßer Anwendung des § 287 ZPO. nichts Unmögliches oder Unbilliges zugemutet. Der Auftraggeber kann nicht, wie Rospatt a. a. O. S. 550 annimmt, den Schadensersatzanspruch des Mäklers mit dem Einwande beseitigen, daß ihm trotz Verzichts auf das Widerrufsrecht freigestanden habe, den Abschluß mit dem vom Mäkler ihm etwa zugeführten Käufer zu verweigern. Allerdings wird der Auftraggeber durch den Verzicht auf den Widerruf nicht verpflichtet, mit dem vom Mäkler zugeführten Käufer abzuschließen. Es ist aber davon auszugehen, daß der Auftraggeber, der dem Mäkler einen bindenden Vermittelungsauftrag erteilt, dann aber ohne dessen Vermittelung verkauft hat, ohne dieses vertragswidrige Handeln an einen vom Mäkler ihm zugeführten Käufer verkauft haben würde, sofern dieser einen angemessenen Preis und sonstige entsprechende Kaufbedingungen geboten hätte, und besondere Umstände gegen seine Person nicht vorgelegen hätten. Es kann, wie in dem erwähnten Urteile, Gruchot's Beiträge Bd. 49 S. 626, ausgeführt ist, die Frage, ob dem Mäkler die Vermittelung des Geschäftes gelungen sein würde, wenn der Auftraggeber nicht vertragswidrig gehandelt hätte, nicht nach den Launen des Auftraggebers, sondern nur danach entschieden werden, ob er sich bei verständiger Würdigung der Sachlage zum Abschluß mit einem vom Mäkler vorgeschlagenen Käufer entschieden haben würde. Der Mäkler genügt also seiner Beweislast hinsichtlich des ursächlichen Zusammenhanges des ihm entstandenen Schadens mit dem vertragswidrigen Verhalten des Auftraggebers, wenn er nachweist, daß er innerhalb der ihm gesetzten Frist einen zum Ankauf unter sachgemäßen Bedingungen bereiten und fähigen Käufer gestellt haben würde. Sache des Gegenbeweises würde es dann sein, nachzuweisen, daß der Auftraggeber gleichwohl mit diesem Käufer bei verständiger Würdigung der Sachlage nicht abgeschlossen haben würde." ...

---

91. Besteht die Gebundenheit des Antragstellers an den Vertragsantrag nach seinem erkennbaren Willen auch dann noch, wenn zu den Annahmeberechtigten ein Bevormundeter gehört, und die erforderliche Genehmigung des Vormundschaftsgerichts dem Antragsteller durch den Vormund erst nach Ablauf der gestellten Annahmefrist mitgeteilt wird?

BGB. §§ 152, 1829.

V. Zivilsenat. Urt. v. 10. Juni 1911 i. S. K. (Bekl.) w. B. (Kl.). Rep. V. 528/10.

I. Landgericht Göttingen.
II. Oberlandesgericht Celle.

Für die Witwe B. stand eine Darlehnshypothek auf den Grundstücken des Beklagten eingetragen. Die Gläubigerin ist 1906 gestorben und von der Klägerin und deren zwei Brüdern beerbt worden, von denen einer, Adolf, geisteskrank war. Durch vormundschaftsgerichtlich genehmigten Erbauseinandersetzungsvertrag vom 26. September 1907 wurden sämtliche zum Nachlasse gehörige Vermögenswerte der Klägerin übertragen; insbesondere wurde auch die Hypothek auf diese umgeschrieben. Die nach halbjähriger Kündigung zurückzahlbare Hypothek wurde von der Klägerin am 16. April 1907 zur Rückzahlung am 20. Oktober 1907 gekündigt. Da Zahlung nicht erfolgte, erhob sie persönliche und dingliche Klage auf Zahlung und Duldung der Zwangsvollstreckung in die Grundstücke. Der Beklagte beantragte Abweisung der Klage. Er rechnete mit zwei Gegenforderungen für Bauten und für Verwaltung auf, die aus der von ihm für die Erblasserin übernommenen Verwaltung einer ländlichen Besitzung entstanden seien. Die Klägerin bestritt diese Gegenforderungen; der Beklagte habe am 7. April 1905 in notarieller Urkunde der Erblasserin angetragen, ihr die Besitzung abzukaufen und für die Annahme des Antrags die Zeit vom 1. April 1908 bis zum 1. April 1910 bestimmt. Dieser Antrag sei von den Erben durch notarielle Urkunde vom 24. März 1909 angenommen worden.

Das Landgericht verurteilte, indem es den Rechtsstreit, abzüglich der zweiten Gegenforderung, für entscheidungsreif erachtete, durch Teilurteil den Beklagten zur Zahlung von 24132,87 *M* nebst Zinsen seit dem 1. Oktober 1906 und zur Duldung der Zwangsvollstreckung in die belasteten Grundstücke. Die Berufung des Beklagten wurde zurückgewiesen. Auf seine Revision ist das Berufungsurteil aufgehoben, und die Sache an das Berufungsgericht zurückverwiesen worden.

Aus den Gründen:

... „Wohl aber sind in anderen Richtungen (§§ 145, 152, 184, 1829 BGB.) rechtliche Bedenken gegen die Erwägungen des Berufungsgerichts zu erheben. Es stellt fest, daß der Antrag vom 7. April 1905 in verbindlicher Weise angenommen worden ist. Einer derartigen Feststellung bedarf es, da, wenn die Annahme nicht von dem Berechtigten rechtzeitig erfolgt sein sollte, auf die Aufrechnungseinrede des Beklagten eingegangen werden müßte. ... Festgestellt ist nun, daß die am 30. März 1910 erfolgte Genehmigung des Vormundschaftsgerichts vom Vormunde dem Beklagten erst nach Ablauf der Annahmefrist, am 6. Oktober 1910, zugestellt worden ist; über die Zustellung der Annahmeerklärung vom 24. März 1909 ist nichts festgestellt. Die Bestimmung des § 152 BGB., wonach, wenn die Annahme in einer besonderen gerichtlichen oder notariellen Urkunde in Abwesenheit des Antragenden erfolgt, der Vertrag bereits mit dieser Beurkundung der Annahme zustande kommt, gilt jedoch nur, wie § 152 BGB. ebenfalls besagt, wenn nicht ein anderes bestimmt ist. Eine solche anderweite Bestimmung kann auch stillschweigend erfolgen; und es liegt mindestens die Annahme nahe, daß der Antragsteller, wenn er sich in seinem Antrage nur für eine gewisse Zeit gebunden hat, damit zu erkennen gegeben hat, daß er bis zum Ablaufe dieser Frist Gewißheit darüber haben will, ob sein Antrag angenommen ist. Ob dies im vorliegenden Falle anzunehmen ist mit der Wirkung, daß der Beklagte andernfalls an seinen Antrag nicht mehr gebunden sein wollte, wird das Berufungsgericht zu prüfen haben (Entsch. des RG.'s in Zivils. Bd. 49 S. 132).

Aber selbst wenn man davon ausgehen wollte, daß die Regelvorschrift des § 152 BGB. hier Platz greife, so verbliebe doch noch das fernere wesentliche Bedenken, daß bei dem Ablauf der Annahmefrist, am 1. April 1910, eine alle drei Erben der Witwe B. bindende Annahmeerklärung gar nicht vorlag. Zwar hatte am 24. März 1909 neben der Klägerin und ihrem Bruder Hermann auch der Vormund ihres Bruders Adolf die Annahme zu notariellem Protokoll erklärt, wie auch die vormundschaftsgerichtliche Genehmigung am 30. März 1910, also noch innerhalb der Annahmefrist, erfolgt war. Nach § 1829 Abs. 1 Satz 2 BGB. wurde indessen diese Genehmigung dem Beklagten gegenüber erst durch die Mitteilung vom 6. Oktober 1910 wirksam. Solange diese Mitteilung nicht erfolgt war, hing es von dem pflichtmäßigen Ermessen des Vormundes ab, ob er von der Genehmigung Gebrauch machen wollte, wozu er weder dem Vormundschaftsgericht, noch dem Beklagten gegenüber verpflichtet war. Bei dieser Sachlage erhebt sich aber die Frage, ob nach dem erkennbaren Willen des Beklagten seine Gebundenheit an den Vertragsantrag noch bestand, und ob somit die Möglichkeit eines Vertragsschlusses, den die Mitteilung der vormundschaftsgerichtlichen Genehmigung gemäß dem allerdings anwendbaren § 184 BGB. mit rückwirkender Kraft hätte zur Wirksamkeit bringen können, noch gegeben war. Dies wird zu prüfen sein." ...

92. Kann der Vermieter, der wegen Zahlungsverzugs des Mieters von dem Kündigungsrecht des § 554 BGB. Gebrauch macht, von dem Mieter Ersatz des Schadens verlangen, der ihm durch die Kündigung selbst entsteht?

III. Zivilsenat. Urt. v. 13. Juni 1911 i. S. G. (Bekl.) w. L.-A. (Kl.). Rep. III. 272/10.

I. Landgericht Metz.
II. Oberlandesgericht Colmar.

Der Beklagte hatte ein in H. gelegenes Anwesen der Klägerin für einen in vierteljährlichen Raten zahlbaren Mietzins von 4200 ℳ gemietet. Da er für zwei aufeinander folgende Termine mit der Entrichtung des Mietzinses in Verzug geriet, kündigte die Klägerin Ende 1904 ohne Einhaltung einer Kündigungsfrist. Der Beklagte wurde durch ein für vorläufig vollstreckbar erklärtes Urteil zur Räumung verurteilt, und die Räumung im Wege der Zwangsvollstreckung am 9. Februar 1905 vollzogen. Nach Eintritt der Rechtskraft des Urteils erhob die Klägerin gegen den Beklagten Klage auf Ersatz ihres Schadens von 3033,35 ℳ nebst 4% Zinsen seit dem 27. Februar 1908, darunter 90 ℳ Aufwand für Anzeigen, welche die Klägerin im Jahre 1905 nach der Räumung zum Zwecke der Weitervermietung hatte veröffentlichen lassen, und 2460 ℳ Minderertrag der Weitervermietung für die Zeit von der Räumung bis zum vertragsmäßigen Ende der Mietzeit (9. Februar 1905 bis 30. Juni 1906), da die Klägerin trotz ihrer Bemühungen die Mieträume teils überhaupt nicht, teils nur zu geringeren Mietzinsen habe anderweitig vermieten können.

Die erste Instanz verurteilte den Beklagten zur Bezahlung von 401,06 ℳ und wies im übrigen die Klage ab, und zwar bezüglich der Beträge von 90 und 2460 ℳ mit der Begründung, daß infolge der Kündigung das Mietverhältnis, die Grundlage des Ersatzanspruches, weggefallen sei, und der Vermieter, der von der in seinem freien Belieben stehenden Kündigung Gebrauch gemacht habe, nicht auch noch den Ersatz des Schadens verlangen könne, der durch die Kündigung entstanden sei.

Das Berufungsgericht bestätigte die Verurteilung, erklärte aber auch den Anspruch auf Ersatz der 90 und 2460 ℳ dem Grunde nach für gerechtfertigt und verwies die Sache zur Verhandlung und Entscheidung über den Betrag dieses Anspruchs an die erste Instanz zurück.

Die Revision des Beklagten wurde zurückgewiesen aus folgenden

Gründen:

„Der Mietvertrag begründet für den Mieter die Verpflichtung, dem Vermieter den vereinbarten Mietzins zu entrichten (§ 535 BGB.). Wer aber einen bestimmten Mietzins zu bezahlen verspricht, übernimmt damit zugleich stillschweigend die Gewähr dafür, daß er den Mietzins auch wirklich bezahlen kann. Infolgedessen wird der Mieter, der durch Zahlungsunfähigkeit an der Entrichtung des Mietzinses gehindert ist, nicht bloß nicht frei von der Verpflichtung zur Leistung (§§ 275, 279 BGB.), sondern er hat auch dem Vermieter allen Schaden zu ersetzen, der diesem durch die auf der Zahlungsunfähigkeit beruhende Nichterfüllung seiner Leistungspflicht entsteht.

Die Ersatzpflicht des Mieters wird nicht dadurch ausgeschlossen, daß der Vermieter von der ihm nach § 554 BGB. zustehenden Befugnis der Kündigung Gebrauch macht. Die außerordentliche Kündigung des Vermieters wie des Mieters (§§ 542, 553, 554 BGB.) bewirkt die sofortige Beendigung des Mietverhältnisses. Der Vermieter braucht also dem Mieter nicht mehr den Gebrauch der gemieteten Sache zu gewähren, der Mieter dem Vermieter nicht mehr den Mietzins zu entrichten. Da die Vertragspflichten wegfallen, können auch Vertragsverletzungen nicht mehr vorkommen. Schadensersatzansprüche aus früheren Vertragsverletzungen werden dagegen durch die Beendigung des Mietverhältnisses nicht berührt, und zwar gilt dies nicht bloß für den bis zur Beendigung eingetretenen, sondern auch für den späteren, und so auch für den durch die Kündigung selbst veranlaßten Schaden. Das erstere ist anerkannt, das letztere sehr bestritten.

Für die Zulassung des Ersatzanspruches z. B. Mittelstein, Die Miete nach dem Rechte des Bürgerlichen Gesetzbuchs, 2. Aufl. 1909 S. 129, 194, 232, 274; Niendorf, Mietrecht 7. Aufl. S. 109 Nr. 7, S. 165 Nr. 5; Keidel in den Blättern für Rechtsanwendung Bd. 69, S. 317 flg.; Kammergericht in Rechtspr. der OLG. Bd. 13 S. 361; gegen die Zulassung z. B v. Staudinger, BGB. 5/6. Aufl. §§ 542 Erl. I 4; 553 Erl. I 4; 555 Erl. 3; Planck, BGB. 3. Aufl. § 542 Erl. 5a, 554 Erl. 2; Oertmann, BGB. 3./4. Aufl., §§ 542 Erl. 4b, 553 Erl. 3, 554 Erl. 3; Kammergericht in Rechtspr. der OLG. Bd. 7 S. 471.

Der erkennende Senat hat in einem Urteil vom 27. November 1906 (Entsch. in Zivils. Bd. 64 S. 381) ausgesprochen, daß der Mieter, der nach § 542 BGB. ohne Einhaltung einer Kündigungsfrist kündigt, einen Schadensersatzanspruch nach § 538 BGB. auch dann mit Erfolg geltend machen kann, wenn die die Ersatzpflicht begründenden Ereignisse in die Zeit des bestehenden Vertrags fallen, die den Betrag und Umfang des Schadens bestimmenden Tatsachen aber erst in der Zeit nach der durch die Kündigung herbeigeführten Beendigung des Mietverhältnisses hervortreten. Das Urteil handelt nur von der Kündigung des Mieters und ihrem Verhältnisse zu seinen Ersatzansprüchen. Die Begründung trifft aber auch für die Kündigung des Vermieters zu; denn das Wesen der Kündigung ist in beiden Fällen gleich. Auch der Vermieter, der von der außerordentlichen Kündigung (§§ 553, 554 BGB.) Gebrauch macht, kann also daneben Schadensersatzansprüche geltend machen, vorausgesetzt nur, daß die die Ersatzpflicht begründenden Ereignisse in die Zeit des bestehenden Vertrages fallen, und der Schade auf diese Ereignisse zurückzuführen ist. Beide Voraussetzungen liegen hier vor. Die Ersatzpflicht des Beklagten beruht auf der vertragswidrigen Nichtentrichtung der vor der Kündigung fällig gewordenen Mietzinsraten, also auf Ereignissen, die noch in die Zeit des bestehenden Vertrags fallen. Auch der ursächliche Zusammenhang ist gegeben. Die Schäden, deren Ersatz hier allein in Frage steht, der Mindererträg der Weitervermietung und der Aufwand für Anzeigen, sind zwar unmittelbar auf die von der Klägerin erklärte Kündigung, mittelbar aber auf die vertragswidrige, die Ersatzpflicht begründende Nichtentrichtung des Mietzinses zurückzuführen, die die Klägerin zur außerordentlichen Kündigung bestimmt hat.

Die gegen die Zulassung des Schadensersatzanspruchs geltend gemachten Gründe sind nicht zutreffend. Die durch die Kündigung bewirkte Beendigung des Mietverhältnisses entzieht dem Anspruche nicht die Grundlage; denn sie wirkt nur für die Zukunft und kann daher nicht Ersatzansprüche ausschließen, die auf einer früheren Vertragsverletzung beruhen. Auch der Vergleich mit dem Rücktritt vom Vertrage führt nicht zu einem anderen Ergebnis. Bei der Kündigung handelt es sich immer nur um einen Rücktritt für die Zukunft, und dieser steht mit der Geltendmachung eines Ersatzanspruchs, dessen

Rechtsgrund in einem früheren vertragswidrigen Verhalten des Vertragsgegners liegt, auch dann nicht im Widerspruch, wenn der Schade, für den gehaftet werden soll, erst infolge der Kündigung eingetreten ist. Daß insbesondere aus §§ 325, 326 BGB. ein Grund gegen die Zulassung eines Ersatzanspruchs nicht abgeleitet werden kann, ist schon in dem Urteil Ensch. Bd. 64 S. 381 dargelegt. Wenn hervorgehoben wird (so Oertmann a. a. O. § 542 Bem. 4b), daß derjenige, welcher den Vertrag aufgelöst wissen wolle, nicht Herstellung der Lage verlangen könne, auf die er nur auf Grund des bestehenden Vertragsverhältnisses Anspruch haben würde, so ist dabei übersehen, daß der Wille der Vertragsauflösung in solchen Fällen durch das vertragswidrige Verhalten des Gegners herbeigeführt wird, und kein Grund dafür besteht, dem durch die Vertragsverletzung zur Kündigung genötigten Vermieter den aus dieser Vertragsverletzung entstehenden Entschädigungsanspruch zu entziehen.

Mit Unrecht beruft sich ferner die Revision auf §§ 555, 628 Abs. 2 BGB. und § 70 Abs. 2 HGB. Nach § 555 hat der Vermieter, der von dem ihm nach den §§ 553, 554 zustehenden Kündigungsrechte Gebrauch macht, den für eine spätere Zeit im voraus entrichteten Mietzins nach Maßgabe des § 347 zurückzuerstatten. Die Vorschrift will eine ungerechtfertigte Bereicherung des Vermieters verhüten und regelt die Rückzahlung in der Weise, daß nicht die allgemeinen Vorschriften über ungerechtfertigte Bereicherung (§§ 812 flg. BGB.), sondern die für den Rücktritt gegebenen besonderen Vorschriften des § 347 Anwendung finden sollen. Die Frage, ob dem Vermieter ein Schadensersatzanspruch zusteht oder zustehen kann, wird dadurch nicht berührt. Ebenso läßt sich aus § 628 Abs. 2 BGB. nichts gegen die Zulassung eines Ersatzanspruchs folgern. Die Vorschrift beruht nach den Motiven (s. Entsch. Bd. 64 S. 381) auf der Erwägung, daß die allgemeinen Rechtsgrundsätze es verlangen, demjenigen Teile, welcher durch sein vertragswidriges Verhalten den Grund zur Auflösung des Dienstvertrags herbeigeführt hat, die Pflicht zum Schadensersatz aufzuerlegen. Die Vorschrift beruht also nicht auf den Besonderheiten des Dienstvertrags und würde daher eher eine entsprechende Anwendung auf andere Vertragsverhältnisse als die Ausschließung von Ersatzansprüchen rechtfertigen. Der Unterschied gegenüber dem Mietrecht besteht lediglich darin, daß der Ersatzanspruch des Kündigenden beim Dienstverhältnis durch die ausdrückliche Vorschrift des § 628 Abs. 2 außer Zweifel gestellt ist, während er beim Mietverhältnis aus allgemeinen, nicht bloß für den Fall der außerordentlichen Kündigung geltenden Grundsätzen abgeleitet werden muß. Das gleiche gilt für die Vorschrift des § 70 Abs. 2 HGB., die nach ihrem Inhalt dem § 628 Abs. 2 entspricht.

Das Berufungsgericht hat daher mit Recht den Anspruch der Klägerin auf Ersatz der Beträge von 90 und 2460 *M* dem Grunde nach für gerechtfertigt erklärt." ...

---

93. Ist bei Börsentermingeschäften an einer ausländischen Börse der Spieleinwand zulässig?

Börsengesetz vom 27. Mai 1908 §§ 50, 58, 61.

I. Zivilsenat. Urt. v. 14. Juni 1911 i. S. M. N. (Kl.) w. N. Sohn (Bekl.). Rep. I. 55/11.

I. Landgericht Essen, Kammer für Handelssachen.
II. Oberlandesgericht Hamm.

Aus den Gründen:

„Die Klägerin verfolgt im Wechselprozeß Ansprüche aus drei von der Beklagten akzeptierten, am Verfalltage nicht bezahlten Wechseln. Die Beklagte wendet ein, daß die Wechsel zur Deckung ihrer etwaigen Verbindlichkeit aus an der Chicagoer Börse abgeschlossenen Börsentermin- und Differenzgeschäften von ihr gegeben seien, und verweigert die Zahlung der Wechsel unter Berufung auf §§ 762, 764 BGB. Es handelt sich um zwei im Januar und März 1910 an der Börse in Chicago getätigte Geschäfte über Lieferung von je 250 Tierces Rohschmalz mit festbestimmter Lieferungsfrist. Das Oberlandesgericht hat auf Grund der vorgelegten Korrespondenz und der Umstände des Falles, die es im einzelnen darlegt, festgestellt, daß es sich um Spielgeschäfte und Börsentermingeschäfte im Sinne der deutschen Gesetzgebung handelte. Ein Revisionsangriff ist in dieser Richtung nicht erhoben, ein Rechtsirrtum nicht erkennbar.

Die Revision rügt aber, daß die §§ 58 und 61 des Börsengesetzes vom 27. Mai 1908 durch Nichtanwendung verletzt seien. Sie führt aus, § 50 Börs.Ges. könne für Geschäfte an ausländischen Börsen allerdings nur entsprechende Anwendung finden. Diese entsprechende Anwendung habe ihm aber das Oberlandesgericht im vorliegenden Falle mit Unrecht versagt. Denn tatsächlich finde an der Börse in Chicago eine amtliche Feststellung der Terminpreise für Schmalzgeschäfte statt; das setze voraus, daß vom Börsenvorstand allgemeine Geschäftsbedingungen aufgestellt seien. Nach den Bedingungen des Chicagoer Board of Trade hätten die Parteien auch abgeschlossen. Das Oberlandesgericht habe dies nicht berücksichtigt; es hätte eventuell durch Fragestellung oder Erhebung von Sachverständigengutachten die Verhältnisse an der Börse in Chicago näher aufklären müssen.

Die Rüge ist nicht begründet. Durch § 58 Börs.Ges. wird der Terminhandel in Waren und Wertpapieren, die nach § 50 zum Börsenterminhandel zugelassen sind, in gewissem Sinne privilegiert. Soweit die geschlossenen Geschäfte nach §§ 53, 54, 57 verbindlich sind, ist der nach den allgemeinen Grundsätzen des Bürgerlichen Gesetzbuchs an und für sich gegebene Einwand des Spiels ausgeschlossen. Schon alsbald nach Veröffentlichung des Börsengesetzes von 1908 sind Meinungsverschiedenheiten darüber hervorgetreten, ob § 58 auch auf an ausländischen Börsen abgeschlossene Geschäfte Anwendung finde, ob er, sei es direkt, sei es wenigstens analog, auch bei ihnen zu berücksichtigen sei. Die Frage wird verneint von Bernstein (Goldschmidt's Zeitschrift Bd. 62 S. 158 und Handkommentar zum Börsengesetz S. 261), Jacusiel (Leipz. Zeitschr. 1908 S. 580), Staub-Könige (8. Aufl. Nachtrag, Exkurs zu § 376 Anm. 18 S. 43). Sie wird dagegen bejaht von Apt (Börsenges. 5. Aufl. § 58 Anm. 2), Neukamp (Rehm's Komment. § 61 Anm. 6). Eine vermittelnde Meinung äußert Nußbaum (Komment. S. 292); er meint, wo für die Zulassung zur offiziellen Notiz an der Auslandsbörse gesetzliche oder statutarische Vorschriften nach Art des § 50 beständen, da könne auch die Gleichstellung des ausländischen mit dem inländischen Terminhandel als gerechtfertigt angesehen werden; er fügt aber sofort hinzu, daß diese Voraussetzung für die amerikanischen und englischen Börsen nicht zutreffe.

Wenn der deutsche Gesetzgeber den von ihm in den §§ 50 flg. als rechtswirksam anerkannten Börsenterminhandel gegenüber dem gemeinen bürgerlichen Rechte durch den Ausschluß des Spieleinwandes privilegiert hat, so konnte er dies nur tun, nachdem er zum Schutze des Publikums weitgehende Kautelen, namentlich gegen arglistige Beeinflussung der Kurse, aufgestellt hatte. Insbesondere darf die Zulassung von Waren zum Börsenterminhandel erst erfolgen, nachdem der Börsenvorstand in jedem einzelnen Falle Vertreter der beteiligten Erwerbskreise gutachtlich gehört, das Ergebnis dem Reichskanzler mitgeteilt, und dieser erklärt hat, daß er zu weiteren Ermittlungen keinen Anlaß finde. Selbst wenn eine Auslandsbörse hinsichtlich der Zulassung zur amtlichen Notierung ähnliche Kautelen hätte wie die deutschen, so wäre damit vom Standpunkte des deutschen Gesetzgebers aus doch nicht die gleiche Gewähr geboten, welche nur die Organe des eigenen Staates bieten. Gegenüber diesem ausschlaggebenden Gesichtspunkte kommt das aus der Fassung des § 61 geschöpfte Argument (vgl. Apt a. a. O.) nicht in Betracht. § 61 erklärt allerdings auf die im Auslande geschlossenen oder zu erfüllenden Geschäfte die §§ 52—60 für anwendbar, nimmt also den § 58 nicht aus. Allein § 58 verweist ausdrücklich auf § 50. Dieser ist seine wesentliche Voraussetzung. Wo er keine Geltung hat, da kann auch die Vorschrift des § 58 nicht eingreifen. Hiernach ist auch eine entsprechende Anwendung des § 58 auf den nur an der Auslandsbörse zugelassenen Terminhandel ausgeschlossen.

Mit Recht hat daher das Berufungsgericht den Einwand aus §§ 762, 764 BGB. für durchgreifend erachtet."

---

94. 1. Kann der für eine Baugeldhypothek vor einer anderen Hypothek eingeräumte Vorrang nur insoweit geltend gemacht werden, als Zahlungen zur Valutierung der Hypothek nach Maßgabe des Baugeldvertrags geleistet worden sind?

2. Kann derjenige, an welchen eine durch den Zuschlag in der Zwangsversteigerung des belasteten Grundstücks erloschene Hypo-

thek nach dem Zuschlag übertragen wird, sich mit Erfolg auf den öffentlichen Glauben des Grundbuchs berufen?

BGB. §§ 880, 892.

ZVG. §§ 52, 91, 92.

V. Zivilsenat. Urt. v. 14. Juni 1911 i. S. B. (Kl.) w. M. & W. (Bekl.). Rep. V. 411/10.

I. Landgericht III Berlin.
II. Kammergericht daselbst.

Auf dem Grundstück des U. in P. war für den Kläger in Abt. III Nr. 5 eine Hypothek von 25000 ℳ eingetragen. In Abt. III Nr. 6 wurde für eine Bank auf Grund eines notariellen Darlehnsvertrags vom 31. August 1906 eine Baugelderhypothek von 190000 ℳ eingetragen. Der Kläger räumte dieser Hypothek am 10. November 1906 den Vorrang vor seiner Hypothek ein. Das Grundstück kam zur Zwangsversteigerung und wurde durch Beschluß vom 29. Oktober 1907 der Beklagten zugeschlagen. In notarieller Urkunde vom 31. Oktober 1907 trat die Bank einen Teilbetrag ihrer Hypothek von 16400 ℳ unter Vorbehalt des Vorrangs für einen von ihr zurückbehaltenen Teilbetrag von 107638,05 ℳ an die Beklagte ab. Demgemäß wurden im Kaufgelderbelegungstermin von der Bank 107638,05 ℳ nebst Zinsen und Kosten, insgesamt 113751,66 ℳ, und von der Beklagten 16400 ℳ nebst Zinsen und Kosten, insgesamt 16689,73 ℳ, auf die Hypothek Abt. III Nr. 6 liquidiert. Die Forderung der Beklagten kam nur in Höhe von 12296,34 ℳ zur Hebung. Im übrigen wurden Ansprüche aus der Hypothek nicht erhoben. Der Kläger fiel mit seiner unmittelbar nachfolgenden Hypothek gänzlich aus. Er widersprach dem Liquidat der Beklagten. Zur Rechtfertigung der demnächst erhobenen Widerspruchsklage trug er vor, die Bank habe dem U. an Baugeldern nicht einen höheren Betrag als die von ihr selbst liquidierten 107638,05 ℳ gewährt; er aber habe der Bank nur mit der Maßgabe den Vorrang eingeräumt, daß sich die Bank bei Zahlung der Baugelder genau an den Vertrag vom 31. August 1906 halten und dem Schuldner unter keinen Umständen eine höhere Leistung zahlen werde, als er nach dem Vertrage zu beanspruchen habe.

Der erste Richter wies die Klage ab. Die Berufung hatte keinen Erfolg. Auf die Revision des Klägers ist das Berufungsurteil aufgehoben, und die Sache an das Berufungsgericht zurückverwiesen worden.

Aus den Gründen:

... „Es mag sein, daß die Bank auch durch die Zahlungen, die sie aus den von G. empfangenen Geldbeträgen an U. geleistet hat, im Verhältnisse zu diesem Gläubigerrechte erlangt hat. Daraus folgt aber noch nicht, daß die Bank auch dem Kläger gegenüber das Vorrecht vor seiner Hypothek für die auf diese Weise gezahlten Beträge in Anspruch nehmen konnte. Die Hypothek der Bank ist im Grundbuche für ein Baugelddarlehn eingetragen, das gemäß dem mit U. geschlossenen Baugeldervertrage vom 31. August 1906 in üblicher Weise zu Teilbeträgen je nach Fortschreiten des auf dem Grundstücke zu errichtenden Neubaues gezahlt werden sollte. Ehe also eine weitere Ratenzahlung erfolgte, sollte der Wert des Grundstücks durch entsprechende Förderung des Baues eine gewisse Erhöhung erfahren haben. Daß dies dem Kläger, als er den Vorrang einräumte, bekannt war, ist nach der Sachlage mangels einer entgegenstehenden Feststellung des Berufungsrichters vorauszusetzen, zumal da er Steine zu dem Bau geliefert hatte. Weiter kommt in Betracht, daß der Kläger die Sicherheit seiner Hypothek außerordentlich gefährdet hätte, wenn er einer Hypothek von 190000 *M* den Vorrang eingeräumt hätte, ohne davon ausgehen zu dürfen, daß nach der Art der Valutierung dieser Hypothek mit einer Verwendung des Gezahlten in den Bau und daher mit einer die aufgegebene Sicherheit deckenden Erhöhung des Grundstückswertes zu rechnen sei. Deshalb wäre, wenn nicht etwa besondere Umstände für eine andere Willensmeinung sprechen sollten, der Vorrang vom Kläger als in dem Sinne eingeräumt anzusehen, daß der Hypothek der Bank nur insoweit das Vorrecht zustehen sollte, als sie durch solche Zahlungen der Bank an U. valutiert war, die gemäß dem Baugeldervertrage je nach Fortschreiten des Baues geleistet sein würden. Die Bank hätte nach den obwaltenden Verhältnissen, sofern sie nicht etwa einen Anspruch auf bedingungslose Vorrangseinräumung gehabt, oder sonst Besonderheiten vorgelegen haben sollten, nicht im Zweifel darüber sein können, daß der Kläger, um die wirtschaftliche Gefahr, die er durch die

Vorrangseinräumung auf sich nahm, auszugleichen, den Vorrang nur mit der vorgenannten eingeschränkten Bedeutung gewähren wollte. Hätte daher die Bank die Vorrangseinräumung entgegengenommen, ohne dem Kläger zu erkennen zu geben, daß sie einen bedingungslosen Vorrang verlange, oder doch in der Art der Valutierung ihrer Hypothek nicht gebunden sein wolle, so wäre eine stillschweigende Vereinbarung als dahin zustande gekommen anzunehmen, daß nur die nach Maßgabe des Baugeldervertrags vom 31. August 1906 von der Bank auf ihre Hypothek an U. gezahlten Beträge den Vorrang haben sollten. Hierin würde die vom Kläger in der notariellen Urkunde vom 17. Oktober 1906 allgemeinhin erklärte Vorrangseinräumung ihre durch die begleitenden Umstände gebotene und rechtswirksame Ergänzung finden.

Vgl. Entsch. des RG.'s in Zivils. Bd. 59 S. 315, Bd. 61 S. 42; Jur. Wochenschr. 1906 S. 353 Nr. 14; Warneyer, Rechtspr. 1909 Nr. 408.

Das verkennt der Berufungsrichter, wie die Revision mit Recht rügt. Seine Annahme, daß eine ausdrückliche Vereinbarung nach der bezeichneten Richtung nicht bewiesen sei, mag einwandfrei sein. Eine solche ausdrückliche Vereinbarung war aber zur Rechtfertigung des fraglichen Einwandes des Klägers nicht, wie der Berufungsrichter meint, erforderlich, wenn die Sachlage von den vorstehend erörterten Gesichtspunkten aus eine stillschweigende Vereinbarung ergab. Letzteres hätte daher vom Berufungsrichter geprüft werden müssen.

Wäre eine stillschweigende Vereinbarung getroffen, so müßte sie auch die Beklagte, wie bereits der Berufungsrichter im Hinblick auf eine ausdrückliche Vereinbarung zutreffend angenommen hat, gegen sich gelten lassen, wiewohl das Grundbuch die den Vorrang einschränkende Vereinbarung nicht enthielt. Die Berufung auf Erwerb in gutem Glauben an die Richtigkeit und Vollständigkeit des Grundbuchs nach Maßgabe des § 892 BGB. stand der Beklagten nicht zur Seite. Ihr sind die 16400 ℳ von der Hypothek der Bank erst nach dem Zuschlag des belasteten Grundstücks, der übrigens ihr selbst erteilt worden ist, abgetreten worden. Da die Hypothek nicht in das geringste Gebot fiel, erlosch sie gemäß §§ 52, 91 ZwVG. durch den Zuschlag. An ihre Stelle trat das Recht der Gläubigerin, Befriedigung aus dem Versteigerungserlöse zu verlangen.

Vgl. Entsch. des RG.'s in Zivils. Bd. 55 S. 264, Bd. 63 S. 216, Bd. 69 S. 251, Bd. 71 S. 412.

Dieses Ersatzrecht ergriff zwar nach dem sich aus §§ 10, 37 Nr. 5, 92, 109, 110, 118 ZwVG. ergebenden Grundsatze, daß der Versteigerungserlös an die Stelle des Grundstücks tritt, den Versteigerungserlös im Verhältnisse zu anderen Rechten am Grundstück, namentlich hinsichtlich des Ranges, in denselben Grenzen der Befugnisse und Beschränkungen, wie sie für die Hypothek aus dem Stande der Grundstücksbelastungen folgten.

Vgl. Entsch. a. a. O. Bd. 55 S. 264, Bd. 69 S. 251, Bd. 71 S. 413; Jur. Wochenschr. 1908 S. 555 Nr. 16.

Aber ein Hypothekenrecht und überhaupt ein Recht an einem Grundstück war das Ersatzrecht nicht, da es nicht an einem Grundstück, sondern nur an dem Versteigerungserlöse bestand.

Vgl. Entsch. a. a. O. Bd. 55 S. 264, Bd. 63 S. 216, Bd. 69 S. 251.

Hierfür spricht auch die Erwägung, daß, wenn man das Ersatzrecht als ein Hypothekenrecht ansehen wollte, man folgerichtig auch den Anspruch auf Ersatz des Wertes aus dem Versteigerungserlöse, der nach § 92 ZwVG. an die Stelle eines nicht auf Zahlung eines Kapitals gerichteten, durch den Zuschlag erlöschenden Rechts tritt, als ein Recht an einem Grundstück, mithin beispielsweise den an die Stelle einer Grunddienstbarkeit tretenden Wertersatzanspruch als Grunddienstbarkeit, erachten müßte; dies würde aber mit der rechtlichen Natur dieser dinglichen Rechte unvereinbar sein.

Ist sonach das Ersatzrecht für eine Hypothek kein Recht an einem Grundstück, so kann § 892 BGB. auf einen das Ersatzrecht betreffenden Erwerb keine Anwendung finden. Allerdings bleibt die Hypothek auch nach dem Zuschlag vorläufig im Grundbuch eingetragen, bis sie auf Ersuchen des Vollstreckungsgerichts (§ 130 ZwVG.) gelöscht wird. Aber dieser Eintragung ist durch die reichsgesetzliche Sonderbestimmung, daß die nicht in das geringste Gebot fallenden Rechte durch den Zuschlag erlöschen, die rechtliche Bedeutung als Hypothek genommen. Das muß auch derjenige, welcher nach dem Zuschlag etwa die Eintragung eines Rechts an der Hypothek erlangt, oder im Falle einer Briefhypothek den Hypothekenbrief zwecks Übertragung der Hypothek übergeben erhält (was vorliegend beim Fehlen gegenteiliger Feststellung als möglich zu unterstellen ist), gegen sich gelten lassen, da das Grundbuch — dessen Inhalt auch gegenüber dem Hypothekenbrief maßgebend ist, wie sich aus der Ausnahmebestimmung des § 1140 BGB. ergibt — durch den Versteigerungsvermerk auf die Möglichkeit der Erlöschung der Hypothek infolge Zuschlags hinweist, ferner auch der Versteigerungstermin öffentlich bekannt gemacht, und der Zuschlag verkündet wird (§§ 39, 89 ZwVG.). Demnach hat auf die Übertragung des an die Stelle der Hypothek getretenen Rechts auf Befriedigung aus dem Versteigerungserlöse der außerhalb des Grundbuchrechtes für die Übertragung von Rechten allgemein geltende Grundsatz Anwendung zu finden, daß durch die Übertragung der Erwerber, auch wenn er gutgläubig ist, nicht mehr Rechte, als der Übertragende, erlangen, und die Rechtslage des Verpflichteten und anderer Berechtigten nicht ungünstiger gestaltet werden kann. Daher konnte der Kläger die aus der fraglichen stillschweigenden Vereinbarung sich ergebenden Einwendungen gegen den für die abgetretenen 16400 M beanspruchten Vorrang der Beklagten ebenso wie der abtretenden Bank entgegensetzen.

Ist die Vereinbarung getroffen, so muß geprüft werden, ob und inwieweit die einzelnen Beträge, aus denen sich die 16400 M zusammensetzen, von der Bank auf das zugesagte Baugelddarlehn überhaupt und ferner nach Maßgabe des Baugeldervertrages gezahlt worden sind. Der Bau ist anscheinend im November 1906 liegen geblieben und von U. nicht weitergeführt worden.... Hätte nun die Bank etwa im voraus Zahlungen geleistet, bevor die betreffenden Baugeldraten nach Maßgabe des Baugeldervertrages und dem Stande des Baues fällig waren, so könnte für diese Beträge das Vorrecht nur dann beansprucht werden, wenn demnächst der Bau, bevor er liegen blieb, so weit gefördert worden wäre, daß nachträglich die Fälligkeit der Baugeldraten eingetreten wäre. Ferner würden Zahlungen, die von der Bank aus Geldern, die sie von dritter Seite empfangen hätte, an U. geleistet worden wären, dem Kläger gegenüber, weil sie überhaupt nicht als Zahlungen auf das Baugelddarlehn anzusehen wären, das Vorrecht für die betreffenden Beträge, selbst wenn die Bank dadurch gegenüber U. Gläubigerrechte erlangt hätte, nicht begründet haben, es sei denn, daß Baugeldraten zu diesen Beträgen fällig waren, und die Bank durch die Zahlungen nur ihre eigene Verpflichtung aus dem Baugeldervertrage erfüllte, oder daß nach weiterer Förderung des Baues die gezahlten Beträge berechtigterweise auf die demnächst fällig gewordenen Baugeldraten verrechnet worden wären. Das kommt besonders für die von G. an die Bank und von dieser an U. gezahlten Beträge in Betracht." ...

95. Stehen Rechte, die ungeachtet der in § 37 Nr. 4 ZwVG. bestimmten Aufforderung nicht rechtzeitig angemeldet oder glaubhaft gemacht worden sind, bei der Verteilung den übrigen Rechten endgültig nach, oder ist eine Bereicherungsklage aus der an sich besseren Rangstellung trotzdem zulässig?

ZwVG. § 110.

V. Zivilsenat. Urt. v. 14. Juni 1911 i. S. A. (Kl.) w. M. (Bekl.). Rep. V. 549/10.

I. Landgericht Allenstein.
II. Oberlandesgericht Königsberg.

Der Kläger nahm den Beklagten aus § 839 BGB. auf Schadensersatzleistung in Anspruch, weil es dessen fahrlässigem Verhalten als Zwangsversteigerungsrichter zuzuschreiben sei, daß eine für den Kläger erst nach der Eintragung des Versteigerungsvermerks eingetragene und daher der Anmeldung (spätestens im Versteigerungstermine) bedürftige Hypothekenforderung nicht rechtzeitig angemeldet und deshalb zum größeren Teile ausgefallen sei, während Forderungen zur Hebung gelangt seien, die bei rechtzeitiger Anmeldung seiner Forderung, weil im Range nachstehend, erst hinter ihr Anspruch auf Befriedigung gehabt hätten. Seiner Klage gab das Landgericht im wesentlichen statt. Auf die Berufung des Beklagten ermäßigte das Oberlandesgericht den dem Kläger zugesprochenen Betrag. Der Revision des Klägers wurde stattgegeben, und die Berufung des Beklagten zurückgewiesen.

Aus den Gründen:

„Während das Landgericht den auf § 839 BGB. gestützten Schadensersatzanspruch des Klägers in Höhe von 402,49 M als berechtigt anerkannt hat, indem es die in §§ 37 Nr. 4 und 110 ZwVG.

ausgesprochene Zurücksetzung seiner erst nach der Eintragung des Versteigerungsvermerks eingetragenen Hypothek, die bis zur Aufforderung zur Abgabe von Geboten infolge fahrlässigen Verhaltens des Beklagten nicht angemeldet worden war, als eine endgültige erachtete, hat das Berufungsgericht den dem Kläger zugesprochenen Betrag auf 319,23 ℳ ermäßigt, da es die Bereicherungsklage trotz jener Gesetzesbestimmungen nicht für ausgeschlossen hält und der Meinung ist, daß sie in Höhe des abgesetzten Betrags Erfolg gehabt haben würde. Diese Auffassung erscheint nicht zutreffend.

Das Oberlandesgericht, das für seine Entscheidung die frühere Gesetzgebung heranzieht, verkennt die schwerwiegende Bedeutung des Unterschiedes zwischen den erwähnten Bestimmungen und dem früheren Rechte. Für das im allgemeinen, wie das Berufungsgericht zutreffend hervorhebt, dem Reichsgesetz als Vorbild dienende preußische Gesetz vom 13. Juli 1883, § 40 Nr. 8, wie auch noch für den I. Entwurf des Reichsgesetzes vom 24. März 1897, §§ 44 Nr. 4 und 152, war der leitende Grundgedanke, daß für die Feststellung des geringsten Gebots die nötige Unterlage geschaffen werden sollte, sodaß die Aufforderung zur Anmeldung auf die wirtschaftlich möglichst zutreffende Feststellung dieses Gebots abgestellt wurde, und daher gar keine Veranlassung vorlag, das Rangverhältnis der nicht in dieses Gebot aufzunehmenden Rechte für den Fall ihrer verspäteten Anmeldung zu berühren. Dem gegenüber stellen sich die Bestimmungen des § 37 Nr. 4 und in Verbindung damit die des § 110 ZwVG. durch ihr Weitergreifen als eine schwerwiegende Veränderung dar. Schon „die Bemerkungen zu der vorläufigen Zusammenstellung der Beschlüsse der Kommission (im Reichsjustizamt) für die II. Lesung" des Gesetzentwurfs weisen zu § 44 Nr. 4 darauf hin, wie eine Änderung gegen den Entwurf von 1888 darin bestehe, daß die nicht angemeldeten, aber der Anmeldung bedürfenden Ansprüche nicht nur den bei der Feststellung des geringsten Gebots berücksichtigten Rechten, sondern auch dem Anspruche des betreibenden und der ihm nachfolgenden Gläubiger nachgesetzt würden. Dieser Grundsatz finde in dem dem Urteile des Reichsgerichts vom 6. Februar 1889 (Entsch. in Zivils. Bd. 23 S. 235) zugrunde liegenden Gedanken seine Rechtfertigung, daß die nachstehenden Gläubiger nur dann, wenn sie rechtzeitig, d. h. vor der Aufforderung zur Abgabe von Geboten, Kenntnis von den ihnen vorgehenden Ansprüchen erhielten, in der Lage seien, durch höheres Mitbieten sich ihre Rechte zu wahren. Und in der Denkschrift zu dem dem Bundesrat vorgelegten Entwurfe, der den § 37 Nr. 4 schon in der zum Gesetz gewordenen Fassung enthielt (Drucksachen des Bundesrats, Session von 1896 Nr. 4), wird bereits zu §§ 37, 38 bemerkt: „für die Gestaltung dieses Inhalts kommt in Betracht, daß es sich darum handelt, alle, deren Rechte von dem Verfahren berührt werden, zur Wahrnehmung dieser Rechte zu veranlassen, und zugleich diejenigen, die zum Erwerbe des Grundstücks etwa geneigt sind, auf diese Gelegenheit aufmerksam zu machen". Die Neuerung besteht daher darin, daß nunmehr auch die Rechte angemeldet werden müssen, die bei der Feststellung des geringsten Gebots nicht berücksichtigt werden können, sollen sie dem Nachteil entgehen, daß sie bei der Verteilung des Erlöses an die letzte Stelle treten. Der damit bezweckte, oben bereits erwähnte Vorteil liegt darin, daß ein nicht im geringsten Gebote stehender Berechtigter, der sein Recht herausbieten will, genau das dazu erforderliche Gebot berechnen kann, da er nunmehr über die Höhe der ihm vorgehenden Rechte unterrichtet ist.

Vgl. Jaeckel-Güthe § 37 Anm. 5; v. d. Pfordten §§ 35—43 S. 107d; Reinhardt § 37 Bem. III; Fischer-Schäfer §§ 37, 38 Anm. 2.

Bei dieser wesentlichen Veränderung, auf die auch am Schlusse der Plenarentscheidung vom 28. Dezember 1896 (Entsch. des RG.'s in Zivils. Bd. 38 S. 312) hingewiesen wird, liegt es auf der Hand, daß aus Erörterungen über Bestimmungen des früheren Rechts, wie sie vom Berufungsgericht angestellt werden, für die vorliegende Frage nichts gewonnen werden kann.

Aus einem ähnlichen Grunde geht die Bezugnahme des Berufungsgerichts auf eine Bemerkung bei Gaupp-Stein (§ 878 ZPO. III) fehl. Wenn dort der Verlust des Anrechts auf die Teilungsmasse als solche als ausreichende Strafe für den angesehen wird, der zwar dem Teilungsplan widersprochen, aber die Klage nicht innerhalb der in § 878 ZPO. vorgesehenen Frist erhoben hat, so erscheint seine Schlechterstellung in diesem beschränkten Umfange durchaus sachgemäß. Denn es soll lediglich verhindert werden, daß sein Verhalten die Verteilung des bereits feststehenden Erlöses ungebührlich verzögere (s. auch Entsch. des RG.'s in Zivils. Bd. 58 S. 156).

Dessenungeachtet hat es der Gesetzgeber für geboten erachtet, hier ausdrücklich auszusprechen, daß dem Säumigen deshalb nicht die Klage aus seinem besseren Rechte verschlossen sein solle, während sich eine entsprechende Bestimmung bei § 110 ZwVG. nicht findet. Es mag dahingestellt bleiben, ob der Gesichtspunkt der Strafe bei § 878 ZPO. in der Tat anwendbar erscheint; bei den §§ 37 Nr. 4 und 110 ZwVG. ist er es jedenfalls nicht. Nicht um zu strafen, erfolgt hier die Zurücksetzung, sondern um zu verhindern, daß andere Berechtigte, die sich auf die Sachlage verließen, geschädigt werden.

Wenn auch zuzugeben ist, daß der Wortlaut des Gesetzes nach dieser Richtung nicht völlig klar ist, so muß doch sein Sinn aus dem bereits mehrfach erwähnten Zwecke dieser Bestimmungen entnommen werden. Wenn das Gesetz es ermöglichen will, daß ein Berechtigter in der Lage sei, sich das zur Ausbietung seiner Forderung erforderliche Gebot auszurechnen, dann muß es notwendig den Nachteil des Zurücktretens, den es dem Säumigen androht, als endgültig ansehen. Wollte es ihn, wie das Berufungsgericht annimmt, auf das Verteilungsverfahren beschränken und gleichzeitig außerhalb dieses Verfahrens dem Säumigen gestatten, von dem, der die nicht angemeldete Forderung bei seiner Berechnung außer Betracht gelassen hat, Ersatz für seinen Ausfall, wenn auch nur in Höhe der Bereicherung, zu fordern, so würde dadurch leicht die wohlwollende Absicht des Gesetzgebers in ihr Gegenteil umgekehrt werden. Im Gegensatze zu § 878 ZPO., wo es sich, wie bereits erwähnt, nur um die Verteilung des bereits feststehenden Erlöses handelt, bestimmt sich hier dessen Höhe möglicherweise dadurch, daß sich Bietungslustige auf den Zurücktritt derartiger anzumeldender, aber nicht rechtzeitig angemeldeter Forderungen verlassen haben.

Kann somit der Gesichtspunkt der Bestrafung des Säumigen hier von keiner Bedeutung sein, so kann auch das vom Berufungsgericht angezogene Urteil des Oberlandesgerichts in Stuttgart vom 9. Oktober 1908 („Recht" 1908 Beilageband S. 599 Nr. 3320) nicht als zutreffend bezeichnet werden, das eine Klage zur Geltendmachung des besseren Rechts deshalb zulassen will, weil der Verlust des Anspruchs auf die Teilungsmasse Strafe genug sei, und die Verhängung endgültigen Rechtsverlustes weit über Zweck und Rahmen des Verteilungsverfahrens hinausgehen würde. Diese Bemerkung mag anwendbar sein auf Bestimmungen, die sich in ihrem Zwecke auf die Regelung des Verteilungsverfahrens beschränken, wie der bereits mehrfach erwähnte § 878 ZPO., nicht aber auf die vorliegenden, die Bedeutung für die dauernde Regelung der sachlichen Rechtsverhältnisse beanspruchen.... Es handelt sich eben nicht nur, wie das Berufungsgericht ausspricht, um eine endgültige Verteilung des Erlöses im allgemeinen, sondern um eine Bestimmung, die, darüber hinausgehend, für die Bemessung des Erlöses von Bedeutung sein kann und bietungslustigen Berechtigten eine Richtschnur bieten soll für die Bemessung ihrer Gebote.

Die Rechtslehre vertritt denn auch, soweit sie zu der Frage Stellung genommen hat, ersichtlich durchgehends den Standpunkt, daß die im Zwangsversteigerungsgesetz getroffene Regelung eine endgültige, eine Bereicherungsklage ausschließende ist, wie auch die bisher ergangenen veröffentlichten Entscheidungen von Oberlandesgerichten, bis auf das erwähnte des Oberlandesgerichts in Stuttgart, sich zu der gleichen Auffassung bekennen.[1] Wenn auch der IV. Senat des Reichsgerichts in seinem Urteile vom 3. Januar 1910 (Warneyer, Erg.-Bd. 1910 Nr. 117) in der Entscheidung eines übrigens nicht völlig gleichliegenden Falles die Zulässigkeit einer Bereicherungsklage in einer beiläufigen Bemerkung nicht für ausgeschlossen erklärt, so enthält das Urteil doch die weitere Ausführung, daß die ungerechtfertigte Bereicherung nicht in der vom Gesetze gewollten Änderung der Rangordnung gefunden werden dürfe, da die Anweisung auf den Erlös im Range vor der Hypothek des gemäß § 110 ZwVG. Zurückgesetzten nicht ohne rechtlichen Grund erlangt sei, womit das gleiche Ergebnis erzielt wird, wie bei der hier vertretenen Auffassung." ...

---

[1] Vgl. Jaeckel-Güthe § 37 Anm. 5 u. 12, § 110 Anm. 4, § 113 Anm. 1; v. d. Pfordten § 35—43 S. 107d u. § 110 Anm. 1; Fischer-Schäfer § 115 Anm. 3f; Steiner §§ 37, 38 Anm. 2d; OLG. Königsberg (II. ZS.) vom 16. Oktober 1901 (ROLG. Bd. 3 S. 335); OLG. Posen vom 1. Mai 1903 (ROLG. Bd. 9 S. 140 u. Jur. Monatsschrift f. Posen 1903 S. 117); Kammergericht vom 3. März 1909 (Bl. f. Rechtspflege i. Bez. d. KG. 1909 S. 106); OLG. Dresden vom 18. Dezember 1909 (Lobe's Zentralbl. f. freiw. G. u. N. Bd. 4 S. 718).

D. E.

96. Zur Auslegung des Art. 86 Einf.Ges. zum BGB. und der Artt. 6 und 7 preuß. Ausf.Ges. zum BGB. Wie ist der Wert zu berechnen, wenn zu einer letztwilligen Zuwendung an juristische Personen Grundstücke gehören?

V. Zivilsenat. Urt. v. 17. Juni 1911 i. S. K. (Kl.) w. Lutherkirchengemeinde in D.=L. (Bekl.). Rep. V. 392/10.

I. Landgericht Danzig.
II. Oberlandesgericht Marienwerder.

Der am 16. Dezember 1907 verstorbene Mechaniker K. hatte in seinem Testamente die verklagte Kirchengemeinde zur alleinigen Erbin eingesetzt. Zu dem Nachlasse gehörte ein Hausgrundstück, auf dem für den Kläger eine Darlehnshypothek von 18000 ℳ eingetragen stand. Mit der Klage war beantragt, die Beklagte zu verurteilen, nach Kräften des Nachlasses an den Kläger die 18000 ℳ nebst Zinsen zu zahlen, auch zu dulden, daß der Kläger sich aus dem Pfandgrundstücke Befriedigung verschaffe.

Das Landgericht wies die Klage ab. Die Berufung und auch die Revision hatten keinen Erfolg.

Aus den Gründen:

„Art. 86 Einf.Ges. zum BGB. hat die Zuständigkeit der Landesgesetzgebung für solche Vorschriften aufrecht erhalten, welche den Erwerb durch juristische Personen beschränken oder von staatlicher Genehmigung abhängig machen, soweit diese Vorschriften Gegenstände im Werte von mehr als 5000 ℳ betreffen. Nach dem preuß. Ausführungsgesetze bedürfen Schenkungen oder Zuwendungen von Todes wegen an juristische Personen zu ihrer Wirksamkeit dem vollen Betrage nach der Genehmigung des Königs, wenn sie Gegenstände im Werte von mehr als 5000 ℳ betreffen. — Art. 6. — Zum Erwerbe von Grundstücken im Werte von mehr als 5000 ℳ bedürfen juristische Personen, die in Preußen ihren Sitz haben, der Genehmigung der staatlichen Aufsichtsbehörde — Art. 7 § 1 —, ausgenommen den Fall eines Erwerbs, der auf Grund einer nach Art. 6 genehmigten Schenkung oder Zuwendung von Todes wegen erfolgt (Art. 7 § 3). Im vorliegenden Falle ist unstreitig, daß das Grundstück, wenn die darauf haftenden Hypotheken außer Betracht bleiben, einen Wert von mehr als 5000 *M* hat. Über den Wert der Zuwendung (Erbschaft) fehlt es an einer besonderen Feststellung; das Berufungsgericht erachtet aber die landesherrliche Genehmigung aus Art. 6 für erforderlich und nimmt an, daß, da die Entscheidung noch ausstehe, die Klage mindestens zur Zeit nicht begründet sei.

Die Revision macht hiergegen geltend, daß auch in den Fällen des Art. 6 der Erbanfall sogleich mit dem Tode des Erblassers eintrete und bis zur Entscheidung über die Genehmigung privatrechtlich wirksam bleibe; der Erbanfall stehe, wie auch in der Rechtsprechung des Kammergerichts (Johow's Jahrbuch Bd. 31 S A. 59 und dem neuerlichen Beschluß vom 31. Oktober 1910 — 1 X 255/10 —) anerkannt werde, unter einer auflösenden Bedingung.

Eines näheren Eingehens auf diesen Konstruktionsversuch bedarf es nicht, ebenso auch nicht eines Eingehens auf die Ansicht von Crusen-Müller (Ausf.Ges. S. 127 Nr. 5b), nach der sich die angebliche Bedingung als eine aufschiebende darstellen soll. In Übereinstimmung mit der Rechtsansicht, die der IV. Zivilsenat des Reichsgerichts in dem Urteile Entsch. Bd. 75 S. 406 vertritt, muß angenommen werden, daß in Fällen der vorliegenden Art jedenfalls ein Zustand der sogenannten „schwebenden Ungewißheit" — § 1960 BGB. — besteht. Hinsichtlich des auf Schenkung oder letztwilliger Zuwendung beruhenden Erwerbs von Gegenständen im Werte von mehr als 5000 *M* ist die Landesgesetzgebung nach Art. 86 Einf.Ges. unbeschränkt zuständig geblieben, auch insoweit, als sie über die Zeit und Art des Erwerbs Bestimmung treffen kann. Art. 6 preuß. Ausf.Ges. erklärt aber die Zuwendungen so lange, als die landesherrliche Genehmigung noch nicht erteilt ist, ausdrücklich für unwirksam. Eine im Testament als Erbe berufene juristische Person kann daher nach Eintritt des Erbfalls die Erbschaft zwar ausschlagen (§ 1946 BGB.); aber sie kann sie in Preußen vor Erteilung der landesherrlichen Genehmigung zunächst nicht, auch nicht durch „Annahme", erwerben. Daß aber gegen den berufenen Erben, solange er die sonst kraft Gesetzes anfallende Erbschaft noch nicht wirksam erworben hat, Ansprüche, die sich gegen den Nachlaß richten, nicht geltend gemacht werden können, folgt unmittelbar aus der Vorschrift des § 1958 BGB.

Die Klage könnte hiernach höchstens dann Erfolg haben, wenn der weitere Angriff der Revision begründet, nämlich die Zuwendung überhaupt nicht für genehmigungsbedürftig zu erachten wäre. Die Revision glaubt, daß es der landesherrlichen Genehmigung aus Art. 6 nicht bedürfe, weil, wie zu unterstellen sei, der reine Wert der Erbschaft nicht mehr als 5000 ℳ betrage. Sei aber für den Erwerb der Erbschaft nicht die landesherrliche Genehmigung erforderlich, so könne auch für den Erwerb des zur Erbschaft gehörigen Grundstücks nicht aus Art. 7 die Genehmigung der staatlichen Aufsichtsbehörde erfordert werden. Ob diese Folgerung richtig ist (vgl. Johow's Jahrbuch Bd. 29 S. 141), mag zunächst unerörtert bleiben; jedenfalls kann der Revision nicht zugegeben werden, daß in den Fällen des Art. 6 als Wert der Zuwendung der reine Wert, d. i. der Wert der Gegenstände nach Abzug der Schulden und Lasten, anzusehen ist. Das Gesetz spricht, wie in Art. 7 von Grundstücken im Werte von mehr als 5000 ℳ, so in Art. 6 von Zuwendungen, deren Gegenstände einen Wert in dieser Höhe haben. Unter Hinweis auf diesen Wortlaut der Gesetzesvorschrift erklären Planck, Einf.Ges. Bem. 4 zu Art. 86, v. Staudinger, 5./6. Aufl. Bem. 2 E Abs. 2, und Oertmann, Bayr. Privatrecht S. 82 Nr. 2, den sog. Brutto- und nicht den sog. Nettowert für maßgebend. Daß diese Auslegung dem Wortlaute des Gesetzes entspricht, erkennt auch Boyens — S. 117 — an, und der gleichen Ansicht ist nach dem Beschlusse vom 31. Oktober 1910 anscheinend auch das Kammergericht.

Gegen die Auslegung des Art. 6 nach seinem Wortlaute wird aber vom Kammergerichte (vgl. auch Ausf.Ges. von Crusen-Müller S. 120, Stranz-Gerhard S. 68) geltend gemacht, daß sie mit der Entstehungsgeschichte des Gesetzes nicht zu vereinen sei. Sind aber auch die erhobenen Bedenken an sich als beachtlich anzuerkennen, so reichen sie doch nicht aus, um für eine Auslegung des Gesetzes entgegen seinem Wortlaut eine ausreichende Unterlage zu bieten. Nach der Regierungsvorlage (Art. 49) sollten die landesgesetzlichen Vorschriften, welche den Erwerb von Rechten durch juristische Personen beschränken oder von staatlicher Genehmigung abhängig machen, unberührt bleiben. Die Kommission strich den Artikel bei der ersten Lesung; dagegen gelangte bei der zweiten Lesung ein Vermittelungsantrag zur Annahme, durch den der Artikel wieder hergestellt wurde, aber den Zusatz erhielt: „soweit diese (d. h. die landesgesetzlichen) Vorschriften Gegenstände im Werte von mehr als 3000 ℳ betreffen."

Dabei wurde — Mugdan, Materialien Bd. 1 S. 321 — anerkannt, daß der Antrag in der Hauptsache sich an das preußische Gesetz anschließe und eine zutreffende Grundlage des Ausgleichs bilde. Bei der Beratung im Plenum wurde die Wertgrenze von 3000 ℳ auf 5000 ℳ erhöht, und der Regierungsvertreter hob hervor, daß der Inhalt des Beschlusses der Kommission aus der preußischen Gesetzgebung stamme, und daß auch bei der neuen Abgrenzung auf 5000 ℳ im wesentlichen der Rechtszustand aufrecht erhalten werde, wie er in Preußen bestehe. Hiermit in Übereinstimmung heißt es in der Begründung zu Art. 6 des Ausf.Ges., daß im allgemeinen ein Grund zur sachlichen Änderung des geltenden Rechts nicht bestehe; nur müsse mit Rücksicht auf Art. 86 Einf.Ges. die Wertgrenze für das Erfordernis der Genehmigung von 3000 ℳ auf 5000 ℳ heraufgesetzt werden.

Es ist zuzugeben, daß alle diese Äußerungen an keiner Stelle erkennen lassen, daß man in der Frage der Wertbestimmung vom preuß. Gesetze vom 23. Februar 1870 hat abweichen wollen. Aber umgekehrt ist auch eine Zustimmung gerade zu dem Standpunkte, den dieses Gesetz hinsichtlich der Wertbemessung einnahm, nicht zum Ausdruck gelangt. Dagegen hat man dem Art. 86 Einf.Ges. und dem Art. 6 Ausf.Ges. gegenüber dem § 2 des Gesetzes vom 23. Februar 1870, der für Schenkungen und letztwillige Verfügungen, wenn „ihr Wert" die Summe von 1000 Talern überstieg, die Königliche Genehmigung erforderte, eine völlig abweichende Fassung gegeben. Die Abweichung und ihre Bedeutung konnten dem Gesetzgeber kaum entgehen, und mindestens ist die Annahme nicht von der Hand zu weisen, daß der Fassung des Vermittelungsvorschlags der Gedanke zugrunde liegt, daß innerhalb der Wertgrenze bis zu 5000 ℳ bei der Berechnung hinsichtlich der Art der zuzuwendenden Gegenstände nicht zu unterscheiden sei. Der Rechtszustand in Preußen war bis dahin kein einheitlicher. Das Gesetz vom 23. Februar 1870 hatte in § 4 für den Erwerb von Grundstücken die bestehenden Vorschriften und damit (Johow's Jahrb. Bd. 29 S. 141) die landrechtlichen Vorschriften aufrecht erhalten, wonach juristische Personen

Grundstücke ohne Rücksicht auf ihren Wert nur mit Genehmigung des Staats an sich bringen konnten. Im Anschluß hieran mag auch darauf hingewiesen werden, daß sich der Gesetzgeber, indem er für Grundstücke bis zum Werte von 5000 ℳ die bestehenden Erwerbsbeschränkungen beseitigte, beträchtlich vom Boden des preußischen Rechts entfernte, während die Äußerungen, auf die für die Gesetzesauslegung besonderer Wert gelegt ist, dahin lauten, daß der künftige Rechtszustand in der Hauptsache, wesentlich im allgemeinen dem bisherigen Rechtszustande in Preußen entspreche.

Für die Ansicht, daß es nicht auf den Wert der Nachlaßgegenstände, sondern auf den reinen Wert des Nachlasses ankomme, wird mit Unrecht erhebliches Gewicht auf den Zweck des Gesetzes als eines Amortisationsgesetzes gelegt. Die Amortisationsgesetze wollen allerdings eine übermäßige Bereicherung der toten Hand verhindern; aber sie wollen nicht minder jedem hemmenden Einfluß auf die freie Entwickelung des wirtschaftlichen und gewerblichen Lebens entgegentreten. Sie haben nach dieser Richtung eine Gefahr vor allem schon in der übermäßigen Anhäufung von Grundbesitz gefunden. Aber eine Gefahr, die aus dem Eigentum der toten Hand an Grund und Boden erwächst, kann sich auch aus Zuwendungen ergeben, die zwar rechtlich nicht unmittelbar die Übertragung des Eigentums an Liegenschaften zum Gegenstande haben, aber doch — so bei Aktien, Bergwerksanteilen, Geschäftsanteilen — den wirtschaftlichen Wert und das Recht der Verfügung ganz oder zum erheblichen Teile in die Hand der juristischen Person bringen. Wollte man hier die Zulässigkeit von Schenkungen oder letztwilligen Verfügungen stets und ausschließlich unter dem Gesichtspunkte der Bereicherung beurteilen, so würde man dem Zwecke des Gesetzes als Amortisationsgesetzes kaum voll gerecht werden.

Nach alledem kann nicht anerkannt werden, daß die Entstehungsgeschichte und der Zweck des Gesetzes für dessen Auslegung eine solche Bedeutung haben, wie das Kammergericht sie ihnen beimißt. Die vom Kammergericht vertretene Auslegung ist aber auch nicht möglich, ohne daß sich eine völlige Unstimmigkeit im Gesetze ergibt. Der reine Nachlaß kann einen Wert von weniger, das dazu gehörige belastete Grundstück als solches einen Wert von mehr als 5000 ℳ haben. In solchem Falle würde, wenn die Wertgrenze nach dem reinen Nachlasse zu bestimmen wäre, die Erbschaft erworben werden, ohne daß es einer Genehmigung aus Art. 6 bedürfte; dagegen würde es für den Erwerb des Grundstücks bei dem Erfordernisse aus Art. 7 verbleiben. Auf die juristische Person würden die Nachlaßverbindlichkeiten und auch die persönliche Haftung für die auf dem Grundstücke lastenden Hypotheken übergehen; aber das Grundstück und damit vielleicht den wertvollsten Teil des Nachlasses könnte die juristische Person nicht erlangen. Anspruch auf das Grundstück könnten aber auch die gesetzlichen Erben nicht erheben, als Erben nicht, weil Erbe nach § 1942 BGB. nur der ist, dem die Erbschaft als Ganzes anfällt, als Vermächtnisnehmer nicht, weil ein solcher nach Vorschrift der §§ 2174, 2176 BGB. nur den Anspruch hat, die Leistung des vermachten Gegenstandes von dem Erben (Beschwerten) zu verlangen. Um den so entstehenden Schwierigkeiten zu entgehen, hat man vorgeschlagen, die Behörde möge der juristischen Person unter der Ermächtigung, den Erlös zu behalten, die Veräußerung des Grundstücks auferlegen. Allein eine solche Anordnung würde nach dem Gesetze weder zulässig noch ausführbar sein. Die andere Meinung geht dahin, daß die juristische Person, da sie die Erbschaft nicht mit dem Grundstücke und daher nicht als Ganzes erwerben könne, im Falle der Versagung der Genehmigung für den Erwerb des Grundstücks überhaupt nicht Erbe werde. Allein das ist unvereinbar mit den Bestimmungen des Gesetzes. Art. 7 beschränkt nur den Grundstückserwerb; eine Wirkung darüber hinaus ist ihm weder unmittelbar noch mittelbar beigelegt worden. Art. 6 erklärt die geringfügigen Erbschaften für genehmigungsfrei und macht keine Einschränkung je nach der Art der Gegenstände, aus denen sich die Erbschaft zusammensetzt. So, wie geschehen, hätte sich der Gesetzgeber nicht ausdrücken können, wenn es in seiner Absicht gelegen hätte, den Erbschaftserwerb aus Art. 6 in Abhängigkeit von dem Grundstückserwerb aus Art. 7 zu setzen. Jedenfalls wäre dann im Interesse der Schaffung eines befriedigenden Rechtszustandes auch der Erlaß näherer Vorschriften unerläßlich gewesen.

Endlich mag auch darauf noch hingewiesen werden, daß die Frage, ob der Erwerb einer Erbschaft genehmigungsbedürftig ist, meist rasch und zuverlässig zu entscheiden sein wird, wenn es nur der Feststellung des Wertes der zur Erbschaft gehörigen Gegenstände bedarf und nicht auch der Feststellung der Höhe der etwa vorhandenen Schulden und Verbindlichkeiten. Ist aber auch hierauf die Feststellung auszudehnen, so wird es vielfach eines erheblichen Aufwandes an Zeit und Mühe bedürfen, und unter Umständen wird selbst der Ausgang langwieriger Prozesse abgewartet werden müssen. Das Ende des Schwebezustandes wird oft kaum abzusehen sein; kein Zweifel aber ist, daß daraus den Beteiligten empfindliche wirtschaftliche Schädigungen erwachsen können.

Alle diese Erwägungen führen dazu, im Anschluß an den dem Art. 86 Einf.Ges. genau entsprechenden Wortlaut des Art 6 Ausf.Ges. die vorgeschriebene landesherrliche Genehmigung ohne Rücksicht auf den reinen Wert des Nachlasses überall da zu erfordern, wo die vom Erblasser zugewendeten Gegenstände einen Wert von mehr als 5000 *M* haben. Im vorliegenden Falle übersteigt schon der Wert des Grundstücks diesen Betrag, so daß das Berufungsgericht mit Recht die Genehmigung für erforderlich erachtet hat."

---

97. Welche Bedeutung hat die Bestimmung in § 12 Abs. 1 des Kommunalbeamtengesetzes vom 30. Juli 1899, daß die städtischen Beamten bei eintretender Dienstunfähigkeit Pension nach „den für die Pensionierung der unmittelbaren Staatsbeamten geltenden Grundsätzen" erhalten?

III. Zivilsenat. Urt. v. 21. Juni 1911 i. S. Stadtgemeinde G. (Kl.) w. H. und T. (Bekl.). Rep. III. 455/10.

I. Landgericht Essen.
II. Oberlandesgericht Hamm.

Aus den Gründen:

„Der Beschluß des Bezirksausschusses vom 10. Mai 1908 hat den von der Klägerin auf den 1. Februar 1908 in den Ruhestand versetzten Beklagten für die ersten zehn Dienstjahre $^{20}/_{60}$ des Diensteinkommens als Pension bewilligt gemäß § 8 des Pensionsgesetzes vom 27. März 1872 in der Fassung der Pensionsgesetznovelle vom 27. Mai 1907. Die in beiden Instanzen abgewiesene Klage richtet sich gegen diesen Beschluß und ist damit begründet, daß die dem § 8 durch das Abänderungsgesetz vom 31. März 1882 gegebene Fassung, also der Satz von $^{15}/_{60}$ zur Anwendung komme, weil § 12 Abs. 1 des Kommunalbeamtengesetzes vom 30. Juli 1899 nur die damals für die Pensionierung der unmittelbaren Staatsbeamten geltenden Grundsätze meine.

Mit Recht haben beide Instanzen diese Rechtsauffassung abgelehnt. Wortlaut, Regierungsmotive und parlamentarische Verhandlung ergeben unzweideutig, daß der § 12 Abs. 1 das Prinzip aufstellen wollte und aufstellte, es sollen die städtischen Beamten ihre Pension ständig nach den für die Pensionierung der unmittelbaren Staatsbeamten geltenden Grundsätzen, also nach den jeweiligen Grundsätzen erhalten. Da der Beisatz in § 12 Abs. 1 von damals geltenden Staatsbeamtenpensionsgesetzen redet, so habe, meint die Klägerin, auch der Halbsatz 1 nur diese im Auge. Die gesetzgeberischen Vorgänge, denen gefolgt werden sollte und gefolgt wurde, hatten aber einen Beisatz, wie ihn Halbsatz 2 des Absatzes 1 des § 12 gibt („wobei Artikel III des Gesetzes vom 31. März 1882" usw.), nicht. Dieser Beisatz konstatiert in betreff des § 8 des Pensionsgesetzes auch nur, daß die hindernde Bestimmung der im übrigen damals, d. h. bei Erlaß des Kommunalbeamtengesetzes, bestehenden Pensionsnovelle vom 31. März 1882 („die Vorschriften dieses Gesetzes finden ausschließlich Anwendung auf unmittelbare Staatsbeamte") bereits durch das Gesetz vom 1. März 1891 beseitigt, daß also der § 8 in der Fassung von 1882 ein damals gültiger und nunmehr nach Halbsatz 1 des Abs. 1 des § 12 auf die Kommunalbeamten anzuwendender Grundsatz war. Daß im übrigen mehrere nach der Novelle vom 31. März 1882 allein für unmittelbare Staatsbeamte geltende Besonderheiten für diese allein bestehen sollten, ist ebensowenig wie die von der Klägerin aus dem Kommunalbeamtengesetz selbst für mehrere Punkte geltend gemachte Verschiedenheit zwischen unmittelbaren Staatsbeamten und Kommunalbeamten ein Grund dagegen, daß der § 12 Abs. 1 in betreff der Pension das Prinzip der Gleichstellung der städtischen Beamten mit den unmittelbaren Staatsbeamten ausspricht. Ausnahmen von einer Gesetzesregel beweisen nichts gegen den Bestand der Regel und sind, was die Gesetzestechnik betrifft, unvermeidbar und häufig, insbesondere wenn die Regel dahin lautet, daß die für ein bestimmtes Rechtsverhältnis geltenden Rechtsnormen nunmehr ein anderweites Rechtsverhältnis ergreifen sollen.

Dann ist es eben Aufgabe der Gesetzesanwendung, zu prüfen, ob in einem bestimmten Punkte eine Ausnahme von der Regel vorliegt. Daß speziell der § 8 des Pensionsgesetzes von der Regel der Gleichstellung, wenn sie in § 12 Abs. 1 enthalten ist, ausgenommen sei, meint die Klägerin selbst nicht. Das kann auch gar nicht in Frage kommen; denn der § 8 ist der eigentliche Sitz der Grundsätze über den Pensionsbetrag. Die Klägerin folgert aus jenen mehrfachen Verschiedenheiten, daß die Kommunalbeamten den unmittelbaren Staatsbeamten nicht gleich, sondern nur ähnlich gestellt seien. Diese Folgerung ist aber für die hier allein in Betracht kommende Frage nach dem Eingreifen späterer, d. h. dem Erlaß des Kommunalbeamtengesetzes nachfolgender Staatsbeamtenpensionsgesetze überhaupt nicht schlüssig. Es handelt sich nicht um Vergleichung der zu einem bestimmten Zeitpunkt vorhandenen materiellen Pensionsbestimmungen, sondern darum, ob die, sei es Ähnlichkeit, sei es Gleichstellung zu benennende, in § 12 normierte Annäherung der Pensionsrechte nur nach den zur Zeit des Kommunalbeamtengesetzes geltenden oder nach den jeweiligen Staatsbeamtenpensionsgesetzen zu beurteilen ist. Darauf gibt der Umstand, daß nach den bei Erlaß des Kommunalbeamtengesetzes geltenden Staatsbeamtenpensionsgesetzen mehrfache Verschiedenheiten bestehen sollten und bestanden, keinerlei Antwort. Die Auffassung der Klägerin unterstellt, daß der Gesetzgeber durch § 12 Abs. 1 das Pensionsrecht der städtischen Beamten auf das damals geltende Pensionsrecht der unmittelbaren Staatsbeamten festlegen wollte, derart daß die Kommunalbeamten an zukünftigen Änderungen, seien es Minderungen, seien es Verbesserungen des Pensionsrechts der unmittelbaren Staatsbeamten nicht teilhaben. Eine solche Erstarrung des Pensionsrechts der Kommunalbeamten, die Fortdauer seiner Regelung nach in Zukunft für die unmittelbaren Staatsbeamten gerade aufgehobenen oder abgeänderten Gesetzen, kann normalerweise nicht in der Absicht des Gesetzgebers gelegen haben. Für eine solche Absicht geben die gesamten Materialien des Kommunalbeamtengesetzes nicht das Geringste an die Hand; sie bestätigen vielmehr, daß der Wortlaut das besagen wollte, was er denn auch unzweideutig besagt, nämlich die allgemeine und ständige Gleichstellung.

Für den Inhalt des § 12 Abs. 1 ist nur dieser § 12 selbst und das Kommunalbeamtengesetz selbst maßgebend, nicht die Novelle vom 27. Mai 1907. Denn diese Novelle befaßt sich weder mit § 12 des Kommunalbeamtengesetzes, noch bestand die Absicht, dies zu tun, so daß die Befugnis des Gesetzgebers zu einer an dieser Stelle zu gebenden Änderung oder authentischen Interpretierung des § 12 unerörtert bleiben kann. Die bei Behandlung dieser Novelle gefallenen Äußerungen über die Wirkung der Novelle auf die Kommunalbeamten gemäß § 12 sind also ohne rechtlichen Belang. Diese Äußerungen ergeben aber auch völlige Übereinstimmung sowohl des Herrenhauses am 14. März 1907 als des Abgeordnetenhauses am 19. April und 1. Mai 1907 dahin, daß „ipso jure nach § 12 des Kommunalbeamtengesetzes die Erhöhung der Mindestpension nach zehnjähriger Dienstzeit auf die Kommunalbeamten auszudehnen ist". Nur in der Kommission des Herrenhauses am 18. März 1907 wurde von einer Seite ausgeführt, „so ganz unzweifelhaft sei das nicht; ... wenn die Herren der Meinung seien, daß die Grundsätze die jeweiligen seien, so bitte er das auch im Bericht zu bemerken"; darauf legte ein Vertreter des Ministeriums des Innern, ohne Widerspruch zu finden, jene Meinung des näheren dar. Die Klägerin hat vorgetragen, im Herrenhause sei von der maßgebendsten Stelle, dem Finanzminister, der Meinung Ausdruck gegeben, daß die Novelle auf die Kommunalbeamten Anwendung nicht finde. Das beruht auf einem Mißverständnis. Im Herrenhause, am 14. März 1907, hatte zunächst Dr. Struckmann bemerkt: „So ist es mir und auch vielen Kollegen, die ich darüber heute gesprochen habe, gar nicht zweifelhaft, daß das Gesetz ohne weiteres auch auf die Kommunalbeamten Anwendung finden wird; denn es ist die Absicht dieser Vorschrift des Kommunalbeamtengesetzes gewesen, daß die Pensionen der Kommunalbeamten und ebenso auch die Witwen- und Waisenversorgung genau so gestaltet werden, wie die der Staatsbeamten. ... Sollte man aber selbst der gegenteiligen Ansicht sein, so würden doch die Kommunen sich einer solchen Nachfolge nicht lange entziehen können, und schließlich würde auch der Staat sich dem Drängen nicht entziehen können, wenn es notwendig werden sollte, auch eine ähnliche Novelle zum Kommunalbeamtengesetz zu machen." Darauf erwiderte der Finanzminister v. Rheinbaben: „Nach dem § 12 des Kommunalbeamtengesetzes sollen allerdings, wie Herr Oberbürgermeister Struckmann schon erwähnte, die Pensionsverhältnisse der Kommunalbeamten analog den Pensionsverhältnissen der Staatsbeamten geregelt werden, sofern nicht mit Genehmigung des Bezirksausschusses ein anderes festgesetzt ist. Also Ausnahmen sind zulässig. Aber ich glaube, darin hat der Herr Oberbürgermeister recht, daß im allgemeinen die Kommunen sich kaum dem werden entziehen können, ähnlich vorzugehen, wie der Staat." Mit den letzten zwei Sätzen war also lediglich der Zwischensatz des § 12 Abs. 1 „sofern nicht mit Genehmigung des Bezirksausschusses ein anderes festgesetzt ist" gemeint, keineswegs aber verneint oder bezweifelt, daß ohne eine solche andere Festsetzung die neue Fassung des § 8 ipso jure gemäß § 12 Abs. 1 für Kommunalbeamte Platz greift. Und gerade bezüglich dieser anderweiten Festsetzung erklärte in der Folge der Minister des Innern: „Diese Abweichung unterliege nun der Genehmigung des Bezirksausschusses, und für diesen gelte die Vorschrift, daß solche Sonderabmachungen nur im beamtenfreundlichen Sinne geschehen, nicht aber die Wohltaten des Staates beschränken dürften. ... Was die Zukunft betreffe, so würden neue Abweichungen nach der Tendenz des Gesetzes nur dann genehmigt werden können, wenn sie beamtenfreundlicher als die vorliegenden Regierungsentwürfe seien. Das sei die klare Rechtslage." ..."

---

98. 1. Richtet sich der Anspruch eines Offiziers auf Pension nach dem Offizierspensionsgesetze vom 27. Juni 1871/22. Mai 1893 oder nach dem Offizierspensionsgesetze vom 31. Mai 1906, wenn die Dienstbeschädigung unter der Herrschaft des Gesetzes vom 27. Juni 1871/22. Mai 1893 erfolgte, die im § 8 daselbst bestimmte Frist aber beim Inkrafttreten des Gesetzes vom 31. Mai 1906 noch nicht abgelaufen war, und die Folgen der Dienstbeschädigung im Sinne des § 2 Abs. 2 dieses Gesetzes erst unter dessen Herrschaft bemerkbar geworden sind?

2. Begriff der „Folgen einer Dienstbeschädigung" im Sinne des § 2 Abs. 2 des Offizierspensionsgesetzes vom 31. Mai 1906.

Offizierspensionsgesetz vom 27. Juni 1871 (RGBl. S. 275)/22. Mai 1893 (RGBl. S. 171) § 8.
Offizierspensionsgesetz vom 31. Mai 1906 (RGBl. S. 565) §§ 2 Abs. 2, 31, 40.

III. Zivilsenat. Urt. v. 21. Juni 1911 i. S. Reichsmilitärfiskus (Bekl.) w. v. C. (Kl.). Rep. III. 443/10.

I. Landgericht I Berlin.
II. Kammergericht daselbst.

Der Kläger, der als Leutnant der Reserve vom 25. Juli bis zum 18. September 1901 zu einer Übung einberufen war, erkrankte während dieser Übung infolge einer im Manöver erlittenen Durchnässung an einer Entzündung des rechten Ellbogengelenks. Die Krankheit nötigte ihn, die Übung vorzeitig abzubrechen. Auf Grund einer auf Anordnung des Bezirkskommandos C. von ihm vorgenommenen militärärztlichen Untersuchung stellte der Oberarzt Dr. W. ein Zeugnis vom 26. Januar 1902 aus, in welchem der Kläger wegen Gelenkserkrankung für „zeitig (auf ein Jahr) felddienstunfähig" erklärt wurde. Im Jahre 1903 leistete der Kläger eine weitere Übung ab. Für das Jahr 1904 wurde er wegen „zeitiger Dienstunfähigkeit" von der Übung befreit. Am 24. Juli 1904 meldete er dem Bezirkskommando C., daß nach Angabe des ihn behandelnden Arztes sowie des Stabsarztes Dr. W. die Dienstunfähigkeit keine dauernde sei. Im Jahre 1905 begann er eine Übung, mußte sie aber nach vier Wochen wegen der Beschwerden im rechten Ellbogengelenk abbrechen, nachdem er von dem Stabsarzt Dr. M. in einem Gutachten vom 25. August 1905 für „zur Zeit übungsunfähig" erklärt worden war. Im Jahre 1908 erklärte er sich zunächst zur Ableistung einer Übung bereit, erhielt auch den Befehl zum Antritt derselben, wurde aber von dem Stabsarzt Dr. H. in einem Gutachten vom 16. Juli 1908 für „dauernd feld- und garnisondienstunfähig" erklärt, und infolgedessen von der Übung befreit. Am 22. August 1908 beanspruchte er die Gewährung einer Pension, weil die völlige Dienstunfähigkeit auf die infolge des Manövers im Jahre 1901 eingetretene Erkrankung des rechten Ellbogengelenks zurückzuführen sei. Er erhielt am 7. Dezember 1908 den Pensionsantrag von dem Bezirkskommando mit der Aufforderung zurück, ihn mit dem Abschiedsgesuche zu verbinden. Am 8. Dezember 1908 reichte er den Pensionsantrag mit dem Abschiedsgesuche wieder ein. Durch Kabinettsorder vom 16. März 1909 erhielt er den Abschied. Das Pensionsgesuch wurde durch Bescheid des Kriegsministers vom 6. April 1909 abgelehnt, weil die für die Erhebung des Anspruchs gesetzlich festgesetzte Frist verstrichen sei.

Innerhalb eines Zeitraums von sechs Monaten nach Zustellung dieses Bescheides erhob Kläger Klage auf Gewährung von $^{20}/_{60}$ des pensionsfähigen Diensteinkommens eines Leutnants der Infanterie, mit der er in beiden vorderen Instanzen durchdrang.

Streitig war lediglich die Frage, ob der Kläger den Pensionsanspruch rechtzeitig erhoben habe. Das Reichsgericht nahm die Rechtzeitigkeit an und wies die Revision zurück.

Aus den Gründen:

„1. Zunächst ist die Anwendung der §§ 2, 31 des Gesetzes über die Pensionierung der Offiziere usw. vom 31. Mai 1906 auf den erhobenen Anspruch nicht rechtsirrtümlich. Man kann zur Anwendbarkeit dieser Vorschrift auf zwei verschiedenen Wegen gelangen, nämlich entweder auf Grund von Erwägungen, die zur unmittelbaren Anwendbarkeit der Vorschrift des § 2 a. a. O. auf den erhobenen Anspruch führen, oder indem man zunächst von der Vorschrift des § 8 des Gesetzes, betreffend die Pensionierung und Versorgung der Militärpersonen des Reichsheeres usw., vom 27. Juni 1871 in der Fassung des Gesetzes vom 22. Juni 1893, betreffend einige Abänderungen und Ergänzungen der Militärpensionsgesetze vom 27. Juni 1871 und vom 4. April 1874, ausgeht.

Die Erwägungen, welche zur unmittelbaren Anwendbarkeit des § 2 a. a. O. auf den erhobenen Anspruch führen, sind folgende. Nach dem für die zeitliche Herrschaft der Gesetze geltenden allgemeinen Grundsatz ergreift das jeweils geltende Gesetz nur die in der Zeit seiner Geltung vorkommenden rechtlichen Tatbestände. Gemäß diesem Grundsatze, der für privatrechtliche Schuldverhältnisse in Art. 170 Einf.Ges. zum BGB. ausdrücklich ausgesprochen ist, könnte sich also der Anspruch des Klägers auf Pension nach den Vorschriften des § 8 des Gesetzes, betreffend die Pensionierung und Versorgung der Militärpersonen des Reichsheeres usw., vom 27. Juni 1871 in der Fassung des Gesetzes vom 22. Mai 1893 nur dann bestimmen, wenn sich unter der Herrschaft dieses Gesetzes, also bis zum 1. Juli 1906, der nach diesem Gesetze zur Entstehung des Anspruchs erforderliche Tatbestand verwirklicht gehabt hätte. Ist zur Entstehung des Anspruchs nach dem Gesetz eine Mehrheit von Tatsachen erforderlich, so müssen zur Verwirklichung des Tatbestandes alle diese Tatsachen unter der Herrschaft dieses Gesetzes eingetreten sein. Nach § 3 Abs. 1 des Ges. vom 27. Juni 1871 ist zur Entstehung des Anspruchs auf Pension eine Dienstbeschädigung, und die durch diese Dienstbeschädigung herbeigeführte Aufhebung der Militärdienstfähigkeit für den Dienst sowohl im Feld als auch in der Garnison erforderlich. Nach der für die Revisionsinstanz maßgeblichen tatsächlichen Feststellung des Berufungsgerichts war aber der Kläger bis Ende Juni 1908 nur zeitweise felddienstunfähig. Diese Feststellung setzt sich nicht etwa mit § 115 des Gesetzes vom 27. Juni 1871 oder mit § 40 des Gesetzes vom 31. Mai 1906 in Widerspruch. Denn diese Vorschriften bestimmen, soweit sie hier in Betracht kommen, nur, daß die Entscheidungen der Militärbehörden oder der obersten Militärverwaltungsbehörde des Kontingents darüber, ob und in welchem Grad eine Dienstunfähigkeit eingetreten ist, für die Beurteilung der vor dem Gerichte geltend gemachten Ansprüche maßgebend sind. Daß aber die Militärbehörde eine Entscheidung dahin getroffen habe, der Kläger sei schon vor dem 1. Juli 1906 infolge der im Jahre 1901 erlittenen Dienstbeschädigung für den Dienst sowohl im Feld als auch in der Garnison oder zu jedem Militärdienst unfähig gewesen, hat Beklagter selbst nicht behauptet. Da nun nach der Feststellung des Berufungsgerichts die völlige Dienstunfähigkeit des Klägers erst nach dem Juni 1908 infolge eines starken Ergusses in das Gelenk, der sich innerhalb einiger Tage vollzogen hat, eingetreten, sein Pensionsanspruch also erst unter der Herrschaft des Gesetzes vom 31. Mai 1906 entstand, so richtet sich der Anspruch nach diesem Gesetze.

Geht man dagegen zunächst von § 8 des Gesetzes vom 27. Juni 1871 in der Fassung des Gesetzes vom 22. Mai 1893 aus, welcher lautet:

„Die Offiziere des Beurlaubtenstandes erwerben den Anspruch auf eine Pension nicht auf Grund der Dienstzeit, sondern lediglich durch eine im Militärdienst erlittene Verwundung oder Beschädigung. Die Bewilligung ist nur statthaft, wenn der Anspruch innerhalb sechs Jahren nach der Entlassung von der Dienstleistung, bei welcher sie die Verwundung oder Beschädigung erlitten haben, geltend gemacht wird,"

so kommen folgende Erwägungen in Betracht: Die Absicht dieser Vorschrift ging dahin, den Pensionsanspruch des Offiziers bei Versäumung der im Satze 2 bezeichneten Frist ohne Rücksicht darauf auszuschließen, ob dem Offizier die seine Dienstunfähigkeit begründenden Folgen der Verwundung oder Beschädigung bemerkbar geworden sind oder nicht. Der gesamte Tatbestand, der für den Beginn der durch den zweiten Satz bestimmten Verwirkungsfrist maßgebend ist, hatte sich nun bereits unter der Herrschaft des Gesetzes vom 27. Juni 1871 verwirklicht; insbesondere war der Zeitpunkt, von welchem an die durch Satz 2 bestimmte Ausschlußfrist lief, zur Zeit der Herrschaft dieses Gesetzes eingetreten. Die Ausschlußfrist hatte vom 18. September 1901 an zu laufen begonnen. Sie ist aber unter der Herrschaftszeit des alten Gesetzes nicht abgelaufen, lief vielmehr beim Inkrafttreten des Gesetzes vom 31. Mai 1906, also am 1. Juli 1906, noch.

Es kommt daher in Frage, ob auf die Ausschlußfrist die Vorschrift des Art. 169 Einf.Ges. zum BGB. entsprechend anwendbar ist. Der erkennende Senat hat bereits in dem Urteile vom 2. November 1906 (Reichsmarinefiskus w. R. Rep. III. 96/06) den Art. 169 für entsprechend anwendbar erklärt auf die Ausschlußfrist zur Anmeldung von Fürsorgeansprüchen, die für den Berechtigten beim Inkrafttreten des Unfallfürsorgegesetzes für Beamte und für Personen des Soldatenstandes vom 18. Juni 1901 (RGBl. S. 211) noch auf Grund des Gesetzes, betreffend die Fürsorge für Beamte und Personen des Soldatenstandes infolge von Betriebsunfällen, vom 15. März 1886 (RGBl. S. 53) lief. Dies ist damit begründet, daß durch die milderen Bestimmungen des Abs. 2 des § 8 des Gesetzes vom 18. Juni 1901 die an sich strenge Ausschlußfrist des Abs. 1 einer Verjährungsfrist erheblich angenähert worden sei. Mit dem Abs. 2 des § 8 des Unfallfürsorgegesetzes vom 18. Juni 1901 stimmt aber der Abs. 2 des § 2 des Gesetzes vom 31. Mai 1906 insofern überein, als auch er die an sich strenge Ausschlußfrist des Abs. 1 Nr. 1 des § 2 a. a. O. mildert und sie dadurch einer Verjährungsfrist erheblich annähert. Die entsprechende Anwendung der Vorschrift des Art. 169 auf die Ausschlußfrist des Satzes 2 des § 8 des

Gesetzes vom 27. Juni 1871 in der Fassung des Gesetzes vom 22. Mai 1893 unterliegt daher keinem rechtlichen Bedenken.

Die Revision macht nun geltend, auch bei entsprechender Anwendung des Art. 169 auf die Ausschlußfristen der Militärpensionsgesetze wäre nach dem am 1. Juli 1906 erfolgten Inkrafttreten des Gesetzes vom 31. Mai 1906 dennoch die Frist von sechs Jahren des § 8 des Gesetzes vom 27. Juni 1871 in der Fassung des Gesetzes vom 22. Mai 1893, als die erst am 18. September 1907 ablaufende längere Frist, maßgebend. Die Revision hat damit den Satz 2 des Abs. 2 des Art. 169 im Auge. Eine entsprechende Anwendbarkeit des Art. 169 Einf.Ges. zum BGB. ist jedoch hier nur für die Vorschrift des Abs. 1 Satz 1, nicht auch für die Vorschriften des Abs. 2 anzuerkennen. Denn die Art der Berechnung der Fristen ist im § 2 des Gesetzes vom 31. Mai 1906 gegenüber dem § 8 des Gesetzes vom 27. Juni 1871 in der Fassung des Gesetzes vom 22. Mai 1893 auf einen so verschiedenen Boden gestellt, daß eine Vergleichung der Ausschlußfristen beider Gesetze miteinander im Sinne des Abs. 2 des Art. 169 Einf.Ges. zum BGB. nicht möglich ist. Wenn daher die Folgen der Dienstbeschädigung im Sinne des § 2 Abs. 3 des Gesetzes vom 31. Mai 1906 erst nach dem Ausscheiden des Klägers bemerkbar geworden sind, so war die zur Anwendung kommende Ausschlußfrist des neuen Gesetzes zur Zeit der Erhebung des Anspruchs noch nicht abgelaufen, da jenes „Bemerkbarwerden", wie aus dem weiterhin Darzulegenden erhellt, erst im Juli 1908 eingetreten, der Anspruch auf Pension aber schon am 22. August 1908 erhoben worden ist.

Da hiernach jeder der beiden angegebenen Wege zur Anwendbarkeit des § 2 des Gesetzes vom 31. Mai 1906 auf den erhobenen Anspruch führt, eine andere Betrachtungsweise aber nicht möglich ist, so kann es dahingestellt bleiben, welchem von den beiden Wegen der Vorzug zu geben ist.

2. Unbegründet ist der weitere Angriff der Revision, der sich gegen die Ausführung des Berufungsgerichts richtet, nach welcher unter den Folgen einer Dienstbeschädigung im Sinne des § 2 Abs. 2 des Gesetzes vom 31. Mai 1906 nur solche zu verstehen sind, die bereits so erheblich sind, daß sie einen Anspruch auf Pension begründen. Die durchaus zutreffende Begründung, die das Berufungs-

gericht für seine Ausführung gegeben hat, läßt einen Rechtsirrtum nirgends erkennen.

Es ist aber ferner zu erwägen, daß die Vorschrift des Abs. 2 des § 2 des Gesetzes vom 31. Mai 1906 den Bestimmungen der Unf.Vers.- und Fürs.Ges., nämlich dem § 59 Abs. 2 des Unf.Vers.Ges. vom 6. Juli 1884 (RGBl. S. 69), dem § 8 Abs. 2 des Unf.Fürs.Ges. für Beamte und Personen des Soldatenstandes vom 18. Juni 1901 (RGBl. S. 211) und dem § 72 Abs. 2 des GewUVG. vom 30. Juni 1900 (RGBl. S. 573) nachgebildet ist und eine wohlwollende Tendenz gegenüber den Ansprüchen der Offiziere hat. Es war als ein Übelstand empfunden worden, daß die Bestimmungen des Gesetzes vom 27. Juni 1871 eine nachträgliche Berücksichtigung von innerlich begründeten Versorgungsansprüchen aus dem Grunde in keinem Falle zuließen, weil die Gesundheitsbeschädigung, die in offensichtlichem Zusammenhange mit einer Dienstbeschädigung stand, erst nach Ablauf der gesetzlichen Frist für die Anmeldung hervorgetreten war, und der Antrag nunmehr nach Fristablauf gestellt wurde. Diesem Bedürfnisse sollte die Vorschrift des Abs. 2 a. a. O. Rechnung tragen.
Vgl. Siber, Kommentar zum Mannschaftsversorgungsgesetze vom 31. Mai 1906 — dessen § 2 Abs. 2 mit dem § 2 Abs. 2 des Offizierspensionsgesetzes vom 31. Mai 1906 übereinstimmt — Bem. 16 zu § 2, ferner die Begründung zum Offizierspensiongesetze vom 31. Mai 1906, Nr. 13 der Drucksachen des Reichstags, 11. Legislaturperiode, II. Session 1905/06 S. 1103 zu §§ 1—4; vgl. auch Bericht der Kommission für den Reichshaushalt, Nr. 433 der erwähnten Drucksachen S. 4338.

In den Unfallversicherungsgesetzen und dem Unfallfürsorgegesetz ist die Fassung allerdings zum Teil eine andere. Während § 59 des Unf.Vers.Ges. vom 6. Juli 1884 — entsprechend dem § 2 des Offiz.-Pens.Ges. vom 31. Mai 1906 — von dem späteren Bemerkbarwerden der Folgen des Unfalls spricht, ist in § 8 Abs. 2 des Unf.Fürs.Ges. vom 18. Juni 1901 von einem späteren Bemerkbarwerden einer den Anspruch begründenden Folge des Unfalls die Rede, und dementsprechend redet auch § 72 Abs. 2 des GewUVG. vom 30. Juni 1900 von dem späteren Bemerkbarwerden einer einen Entschädigungsanspruch begründenden Folge des Unfalls. Soweit die Fassung dieser beiden zuletzt genannten Gesetze zu dem Worte

„Folge" noch die Worte „den Anspruch begründende" oder „einen Entschädigungsanspruch begründende" hinzusetzt, enthält sie überhaupt nichts Besonderes, da in allen oben erwähnten Gesetzen unter „Folgen" oder „Folge" des Unfalls nur solche zu verstehen sind, die einen Anspruch im Sinne des betreffenden Gesetzes begründen. Soweit die Fassung aber von „einer Folge", also in der Einzahl spricht, hat sie nur den Zweck, eine Milderung der bisherigen Vorschriften über die Ausschließung des Entschädigungsanspruchs insofern herbeizuführen, als danach der Anspruch auch noch zuzulassen ist, wenn — nach früher hervorgetretenen anderen Folgen — „eine" Folge des Unfalls sich erst nach Ablauf der zweijährigen Frist des § 72 Abs. 1 des GewUVG. herausgestellt hat, und die Anmeldung innerhalb dreier Monate nach dem Bemerkbarwerden dieser Folge erfolgt. Der Anspruch ist also dadurch, daß andere einen Entschädigungsanspruch begründende Folgen des Unfalls innerhalb der zweijährigen Frist hervorgetreten waren, ohne daß Ansprüche erhoben worden wären, im Gegensatze zu dem früheren Rechte (§ 59 Abs. 2 des Unf.Ver.Ges. vom 6. Juli 1884) nicht ausgeschlossen.

Vgl. Handbuch der Unfallversicherung, herausgegeben von den Mitgliedern des Reichsversicherungsamtes, 3. Aufl. Bd. I Bem. 8 zu § 72 des GewUVG.; v. Woedtke-Caspar, GewUVG., 5. Aufl. Bem. 7 zu § 72 S. 386.

Es kann nun ganz dahingestellt bleiben, ob Entsprechendes trotz der etwas abweichenden Fassung des § 2 Abs. 2 des Offiz.Pens.Ges. vom 31. Mai 1906 auch in einem Fall anzunehmen wäre, auf den diese Vorschrift anwendbar ist, ob also einem Offizier, der eine Dienstbeschädigung mit einer die Dienstunfähigkeit begründenden, innerhalb der zweijährigen Frist des § 2 Abs. 1 Nr. 1 hervorgetretenen Folge erlitten, den Anspruch auf Pension aber innerhalb dieser Frist nicht erhoben hat, der Pensionsanspruch auch dann noch zusteht, wenn dieser auf eine andere, gleichfalls die Dienstunfähigkeit begründende Folge der Dienstbeschädigung gestützt wird, die nachweislich erst nach dem Ausscheiden des Offiziers bemerkbar geworden ist, natürlich mit der Beschränkung, daß der Anspruch bis zum Ablaufe von drei Monaten seit dem Bemerkbarwerden dieser Folge der Dienstbeschädigung erhoben werden muß. Denn im vorliegenden Falle lag nach der bereits erwähnten Feststellung des Berufungsgerichts infolge der bis zum Ende Juni 1908 eingetretenen Folge der Dienstbeschädigung, nämlich der bis dahin eingetretenen Erkrankung des Ellbogengelenks des Klägers, dessen völlige Dienstunfähigkeit nicht vor; es war also bis dahin eine den Pensionsanspruch begründende Folge der Dienstbeschädigung nicht eingetreten. Keinesfalls berechtigt die abweichende Fassung des § 2 Abs. 2 des Offiz.Pens.Ges. gegenüber der Fassung des § 72 Abs. 2 des GewUVG. vom 30. Juni 1900 und des § 8 Abs. 2 des Unf.Fürs.Ges. vom 18. Juni 1901 zu der Auslegung, daß unter „den Folgen einer Dienstbeschädigung" im Sinne dieses § 2 Abs. 2 nicht nur eine die Dienstunfähigkeit und damit den Pensionsanspruch begründende Folge der Dienstbeschädigung, sondern jede auf die Dienstfähigkeit in irgend einer Weise einwirkende Folge der Dienstbeschädigung, also auch jede die Dienstfähigkeit nur nach gewissen Richtungen oder nur auf Zeit einschränkende, mithin einen Pensionsanspruch nicht begründende Folge zu verstehen sei. Dies ergibt sich zunächst daraus, daß, wie bereits oben dargelegt, die abweichende Fassung des § 72 Abs. 2 des GewUVG. — soweit sie überhaupt etwas Neues bringt — nur eine Milderung der Vorschriften über die Ausschließung des Entschädigungsanspruchs gegenüber dem Wortlaute des § 59 Abs. 2 Unf.Vers.Ges. vom 6. Juli 1884 bezweckte, also einen Zweck erstrebte, der auf einem ganz anderen Gebiete liegt. Ferner ergibt es sich aber auch aus der ganz natürlichen Erwägung, daß alle erwähnten Gesetze, wenn sie von Folgen des Unfalls oder der Dienstbeschädigung sprechen, nur solche Folgen im Auge haben können, die im Sinne des betreffenden Gesetzes erheblich sind, also einen Entschädigungsanspruch oder einen Pensionsanspruch überhaupt begründen.

Die abweichende Fassung des § 2 Abs. 2 gegenüber der Fassung des § 72 Abs. 2 GewUVG. steht auch nicht, wie die Revision meint, im Zusammenhange mit der Vorschrift des § 40 des ersteren Gesetzes, wonach für die Beurteilung der vor Gericht geltend gemachten Ansprüche die Entscheidungen der obersten Militärverwaltungsbehörde des Kontingents darüber maßgebend sind, ob und in welchem Grade Dienstunfähigkeit vorliegt. Die Ausführung der Revision ist schon deshalb verfehlt, weil unter „den Folgen einer Dienstbeschädigung" im Sinne des § 2 Abs. 2 nicht die Dienstunfähigkeit zu verstehen ist.

Dies ergibt sich aus folgender Erwägung. Das Gesetz sagt im Abs. 1 des § 2: „Der Anspruch auf Pension muß vor dem Ausscheiden erhoben werden, es sei denn, daß die Dienstunfähigkeit die Folge einer Dienstbeschädigung ist.“ Es spricht also hier von der Dienstunfähigkeit als Folge einer Dienstbeschädigung. Diese Ausdrucksweise könnte zu der Annahme verleiten, unter „den Folgen einer Dienstbeschädigung“, von denen im Abs. 2 die Rede ist, sei nichts anderes als eben auch die Dienstunfähigkeit zu verstehen. Das ist jedoch nicht richtig. Für die Unrichtigkeit einer solchen Auslegung spricht die innere Verschiedenheit der Vorschriften des Abs. 1 Satz 1 und des Abs. 2 Satz 1. Die Vorschrift des Abs. 1 Satz 1 schafft in ihrer mit den Worten „es sei denn“ eingeleiteten Einschränkung für den Fall, daß die Dienstunfähigkeit die Folge einer Dienstbeschädigung ist, eine Ausnahme von der Regelvorschrift, daß der Anspruch auf Pension vor dem Ausscheiden erhoben werden muß. Ihr kommt es lediglich darauf an, zwischen der infolge einer Dienstbeschädigung eingetretenen Dienstunfähigkeit und der infolge anderer Umstände (z. B. Alters) eingetretenen Dienstunfähigkeit zu unterscheiden. Im Satz 1 des Abs. 2 wird aber für die Fälle einer infolge einer Dienstbeschädigung eingetretenen Dienstunfähigkeit ein Unterschied gemacht, je nachdem die Folgen der Dienstbeschädigung erst nach dem Ausscheiden bemerkbar geworden sind oder nicht. Das Gesetz spricht hier nicht von „der Folge“ einer Dienstbeschädigung (in der Einzahl), sondern von „den Folgen“ einer Dienstbeschädigung (in der Mehrzahl). Daraus ergibt sich, daß es nicht unmittelbar die Dienstunfähigkeit im Auge hat, sondern die infolge der Dienstbeschädigung eingetretenen Veränderungen im Gesundheitszustande des Offiziers. Diese sind es, die als unmittelbare Folgen der Dienstbeschädigung „bemerkbar werden“. Die Dienstunfähigkeit ist erst die Folge dieser Veränderungen im Gesundheitszustande des Offiziers. Aus diesen Veränderungen kann auf die Dienstunfähigkeit geschlossen werden; letztere ist aber nicht, wie jene Veränderungen, Gegenstand unmittelbarer sinnlicher Wahrnehmung. Dementsprechend sagt auch Siber a. a. O. Bem. 19 zu dem gleichlautenden § 2 Abs. 2 des Mannschaftsversorgungsgesetzes: „Unter Folgen einer Dienstbeschädigung und bemerkbar geworden sind körperliche Beschwerden zu verstehen, die der einzelne

Mann als bedeutungsvoll für seine fernere Erwerbsfähigkeit und als Folgen einer Dienstbeschädigung entsprechend seinem Begriffsvermögen zu erkennen vermag.“ Werden dem Offizier Veränderungen seines Gesundheitszustandes bemerkbar, die er entsprechend seinem Urteilsvermögen auf eine erlittene Dienstbeschädigung zurückführen muß, so ist ihm — allerdings wieder in den Grenzen seines Urteilsvermögens — durch § 2 Abs. 2 die Prüfung auferlegt, ob sie für seine fernere Dienstfähigkeit bedeutungsvoll sind. Dadurch, daß das Gesetz dem Offizier bei Vermeidung des Verlustes seines Pensionsanspruchs eine solche Prüfung auferlegt, und durch die Nachprüfung des Gerichts, ob dem Offizier die Folgen einer Dienstbeschädigung in dem dargelegten Sinn erst nach dem Ausscheiden bemerkbar geworden sind, wird selbstverständlich die Vorschrift des § 40 Abs. 1 Nr. 2, wonach die Entscheidungen der obersten Militärverwaltungsbehörde des Kontingents darüber, ob und in welchem Grade Dienstunfähigkeit vorliegt, für die Beurteilung der vor Gericht geltend gemachten Ansprüche maßgebend sind, in keiner Weise berührt. Wenn dies noch einer besonderen Begründung bedürfte, so genügte schon der Hinweis in § 40 Abs. 1 Nr. 2 auf die §§ 1, 4 und 28 des Gesetzes, aus dem sich mit voller Deutlichkeit ergibt, daß das Gesetz mit der Vorschrift des § 40 Abs. 1 Nr. 2 den Fall des § 2 Abs. 2 gar nicht treffen will. Der klare Wortlaut des § 40 Abs. 1 Nr. 2 läßt also hier gar keinen Zweifel zu.

Der von der Revision vertretene Standpunkt müßte auch zu unerträglichen Folgerungen führen. Die Revision führt aus, daß der Offizier, wenn er üble Folgen einer Dienstbeschädigung merkt, die zur Unfähigkeit zu jedem Militärdienste führen können, bis zum Ablaufe von drei Monaten nach jener Erkenntnis den Pensionsanspruch geltend zu machen habe. Wäre das richtig, so müßte der Offizier in jedem Fall einer Dienstbeschädigung den Pensionsanspruch binnen drei Monaten anmelden. Denn die Dienstbeschädigung besteht in einer durch den Dienst hervorgerufenen Gesundheitsstörung (§ 5 des Gesetzes), also in einer üblen Folge; jede derartige Gesundheitsstörung kann unter Umständen Dienstunfähigkeit herbeiführen. Und im Falle der Abweisung des angemeldeten Pensionsanspruchs, die stets erfolgen müßte, solange nichts weiter vorliegt als eine durch den Dienst hervorgerufene Gesundheitsstörung, welche Dienstunfähigkeit nur herbeiführen kann, aber noch nicht herbeigeführt hat, müßte der Offizier zur Wahrung seiner Rechte binnen sechs Monaten nach Zustellung der ablehnenden Entscheidung gemäß § 39 des Gesetzes den Rechtsweg beschreiten. Der Offizier wäre also gezwungen, den Pensionsanspruch zu einer Zeit geltend zu machen, zu der es noch völlig ungewiß ist, ob er jemals entstehen wird, und zu einer Zeit, zu der er nach der eigenen Überzeugung des Offiziers noch nicht entstanden ist. Daß die Geltendmachung eines solchen Anspruchs mit der Stellung eines Offiziers nicht verträglich wäre, bedarf keiner näheren Darlegung. Es darf aber auch dem Gesetze nicht zugetraut werden, daß es den Offizier zur Geltendmachung eines objektiv und nach der eigenen Überzeugung des Offiziers noch nicht entstandenen Anspruchs nötigen will.

Schließlich sind auch bei der hier gebilligten Auslegung des Gesetzes keineswegs die nachteiligen Folgen zu befürchten, von denen die Revision spricht. Sie macht geltend, es könne dem Verletzten nicht überlassen bleiben, mit der Geltendmachung von Ansprüchen vielleicht viele Jahre zu warten, weil er nach Beratung mit seinen Ärzten sich noch nicht für unfähig zu jedem Militärdienste halte. Sie macht weiter geltend, es bestehe auch ein wesentliches militärisches Interesse, daß Personen, die tatsächlich zu jedem Militärdienst untauglich geworden, nicht noch Jahre hindurch als Offiziere des Beurlaubtenstandes geführt und mit Mobilmachungsbefehlen versehen werden, um dann im Kriegsfall als völlig dienstunfähig erkannt zu werden. Mit diesen Ausführungen verkennt die Revision vollständig die tatsächliche Gestaltung der Verhältnisse. Der Offizier des Beurlaubtenstandes steht während der Zeit, während deren er zu Dienstleistungen nicht eingezogen ist, nicht außer jedem Zusammenhange mit den Militärbehörden, befindet sich vielmehr unter fortwährender Kontrolle des Bezirkskommandos, zu dessen Geschäftskreis es gehört, sich über die Verhältnisse der Offiziere des Beurlaubtenstandes auf dem laufenden zu erhalten. Das zeigt auch gerade der Verlauf des vorliegenden Falles. Der Militärbehörde ist nie verborgen geblieben, wie es um den Gesundheitszustand des Klägers stand. Sie war in der Lage, sich darüber durch ärztliche Untersuchungen zu unterrichten, und hat dies auch getan. Sie hat aber sein Leiden selbst so wenig für derartig schwer gehalten, daß es zur

Dienstunfähigkeit und damit zur Entstehung eines Pensionsanspruchs führen könnte, wie der Kläger selbst. Denn sie hat ihn in den Jahren 1903 und 1905 zu Übungen herangezogen und ihm noch im Jahre 1908 den Befehl zum Antritt einer Übung zugehen lassen."

---

99. Sind Aufrechnungseinreden gegen Schadensersatzansprüche aus § 717 Abs. 2 ZPO. zulässig?

IV. Zivilsenat. Urt. v. 19. Juni 1911 i. S. A. (Bekl.) w. H. (Kl.). Rep. IV. 537/10.

I. Landgericht III Berlin.
II. Kammergericht daselbst.

Der Kläger war auf eine Wechselklage des Beklagten in den Jahren 1903 und 1904 durch zwei für vorläufig vollstreckbar erklärte Urteile zur Zahlung von 4816,50 *M* und 2583,32 *M* nebst Zinsen verurteilt worden. Zur Abwendung der Zwangsvollstreckung zahlte er dem Beklagten in den Jahren 1904 und 1905 5432,16 *M* und 2853,70 *M*. Im Jahre 1908 wurde der Beklagte in zweiter Instanz mit der Klage rechtskräftig abgewiesen. Mit der im Jahre 1909 erhobenen Klage forderte der Kläger auf Grund des § 717 Abs. 2 ZPO. von dem Beklagten die gezahlten Beträge nebst 5% Zinsen seit den Zahlungstagen. Der Beklagte beantragte Klagabweisung, indem er mit drei Gegenforderungen von zusammen 11504,07 *M* aufrechnete.

Das eine Aufrechnung nur in beschränkter Weise zulassende Urteil des Berufungsgerichts wurde, soweit es eine Verurteilung des Beklagten zur Zahlung aussprach und über die Kosten entschied, auf die Revision des Beklagten aufgehoben.

Aus den Gründen:

... „Das Berufungsgericht hält unter Hinweis auf die Rechtsprechung des Reichsgerichts zu § 655 Abs. 2 ZPO. (a. F.) gegenüber einem auf § 717 Abs. 2 (n. F.) gestützten Schadensersatzanspruch eine Aufrechnung nur in beschränktem Umfange für zulässig. Es verneint die Zulässigkeit insoweit, als der Klaganspruch nur auf Rückerstattung des Gezahlten geht, und als dagegen Forderungen zur Aufrechnung gestellt werden, die vor der Entscheidung im Vorprozeß entstanden sind. Diese Annahme ist rechtsirrig.

§ 655 Abs. 2 (a. F.) bestimmte für den Fall der Aufhebung oder Abänderung eines für vorläufig vollstreckbar erklärten Urteils, daß der Kläger auf Antrag des Beklagten zur Erstattung des von diesem auf Grund des Urteils Gezahlten oder Geleisteten zu verurteilen sei. Die Bestimmung bezweckte, die Anstellung einer besonderen Klage auf Rückgabe des Erlangten entbehrlich zu machen. Ein Anspruch auf Ersatz des etwa erwachsenen Schadens wurde dem Schuldner durch jene Bestimmung nicht verliehen; die Schadensersatzpflicht war nach den allgemeinen Grundsätzen des bürgerlichen Rechts zu beurteilen.

Vgl. Entsch. des RG.'s in Zivils. Bd. 11 S. 415, 420, Bd. 21 S. 404.

Aus der Fassung und dem Zwecke des § 655 Abs. 2 (a. F.) ist in der Rechtsprechung des Reichsgerichts gefolgert worden, daß der Gläubiger die Verurteilung zur Erstattung des Erlangten weder mit Aufrechnungseinreden noch mit sonstigen Einwendungen abzuwenden vermöge.

Vgl. Entsch. des RG.'s in Zivils. Bd. 34 S. 354.

§ 717 Abs. 2 (n. F.) bestimmt dagegen für den Fall der Aufhebung oder Abänderung eines für vorläufig vollstreckbar erklärten Urteils, daß der Kläger zum Ersatze des Schadens verpflichtet sei, der dem Beklagten durch die Vollstreckung des Urteils oder durch eine zur Abwendung der Vollstreckung gemachte Leistung entstanden sei. Der an die Stelle des früheren Erstattungsanspruchs getretene Schadensersatzanspruch ist ein materiellrechtlicher Anspruch, wie sich aus dem Inhalte der neuen Gesetzesbestimmung und aus der Entstehungsgeschichte ergibt. In der Begründung der Zivilprozeßordnung von 1898 zu § 717 Abs. 2 wurde hervorgehoben, bisher hafte der Gläubiger lediglich nach den allgemeinen Vorschriften des bürgerlichen Rechts, also regelmäßig nur insoweit ihn ein Verschulden treffe. Dieser Rechtszustand sei nicht befriedigend. Es sei keine besondere Beschwerung für den Gläubiger, dagegen eine Forderung der Billigkeit gegenüber dem Schuldner, daß diesem der Schade ersetzt werde, wenn sich die Entscheidung, auf Grund deren die vorläufige Vollstreckung erfolge, hinterher als sachlich unbegründet erweise. In der Kommission wurde ohne Widerspruch von einem Vertreter der verbündeten Regierungen bei Begründung der Anwendbarkeit des § 254 BGB. ausgeführt, es handle sich um allgemeine Bestimmungen des Obligationenrechts; es mache keinen Unterschied, ob die Schadensersatzpflicht im Bürgerlichen Gesetzbuch oder in einem besonderen Gesetze ausgesprochen sei.

Vgl. Hahn, Materialien der Novelle zur ZPO. von 1898 S. 135, 393.

Ist aber der durch § 717 Abs. 2 neu eingeführte, an die Voraussetzung eines besonderen Verschuldens nicht geknüpfte Schadensersatzanspruch materiellrechtlicher Natur, so fehlt es bei dem Mangel einschränkender gesetzlicher Bestimmungen an einem stichhaltigen Grunde, weshalb die Verteidigung gegen den Anspruch dem Beklagten in weiterem Umfange beschränkt sein sollte, als gegenüber sonstigen, sich aus dem Bürgerlichen Gesetzbuch ergebenden Schadensersatzansprüchen. Was insbesondere die Aufrechnungseinrede anlangt, so greift gegenüber dem Anspruche aus § 717 Abs. 2 die Vorschrift des § 393 BGB. nicht Platz, derzufolge gegen eine Forderung aus einer vorsätzlich begangenen unerlaubten Handlung die Aufrechnung nicht zulässig ist. Die hier in Betracht kommende Rechtsfrage ist zwar in den Urteilen des Reichsgerichts vom 14. November 1906 und 2. Juni 1907 berührt, aber unentschieden gelassen worden.

Vgl. Entsch. des RG.'s in Zivils. Bd. 64 S. 278; Jur. Wochenschr. 1907 S. 521 Nr. 29.

Von den Kommentatoren der Zivilprozeßordnung wird jetzt fast einmütig der Standpunkt vertreten, daß infolge der erwähnten Änderung der Gesetzgebung Aufrechnungseinreden gegen den Anspruch aus § 717 Abs. 2 nunmehr unbeschränkt zuzulassen seien. Die vom Berufungsgerichte vertretene verschiedenartige Beurteilung des einheitlichen Schadensersatzanspruchs hinsichtlich der Zulassung der Aufrechnung findet in der jetzt geltenden gesetzlichen Bestimmung des § 717 Abs. 2 keine Stütze.

Hiernach war das angefochtene Urteil, soweit es der Klage stattgibt und über die Kosten entscheidet, aufzuheben." ...

---

100. Findet § 894 ZPO. auf rechtskräftige Urteile Anwendung, die auf Abgabe oder Entgegennahme einer Auflassungserklärung lauten? Inwieweit sind daneben die §§ 283, 326 BGB. anwendbar? Verurteilung mehrerer zur Entgegennahme der Auflassung.

V. Zivilsenat. Urt. v. 21. Juni 1911 i. S. K. (Kl.) w. R. u. L. (Bekl.). Rep. V. 574/10.

I. Landgericht II Berlin.
II. Kammergericht daselbst.

Durch notariell beurkundeten Antrag vom 15. Februar 1906 bot der Kläger sein Grundstück den Beklagten „zu gleichen Rechten und Anteilen" zum Kauf an, und es wurde für diese eine Vormerkung zur Erhaltung des Rechts auf Auflassung eingetragen. Die Annahme des Antrages erfolgte zu notariellem Protokolle vom 1. April 1908. In einem vom Kläger angestrengten Vorprozesse wurden die Beklagten rechtskräftig verurteilt,

1. durch Anerkenntnisteilurteil vom 2. Juli 1908, in Gemäßheit des Verkaufsangebots vom 15. Februar 1906 und der Annahmeerklärung vom 1. April 1908 die Auflassung des Grundstücks entgegenzunehmen,

2. durch Teilurteil vom 29. Oktober 1908 und durch Endurteil vom 21. Juni 1909, Zug um Zug gegen die Auflassung des vorbezeichneten Grundstücks Kaufpreisbeträge von 2500 ℳ und von 1480,07 ℳ nebst Zinsen zu zahlen.

Der Kläger behauptete, er habe nach Eintritt der Rechtskraft dieser Urteile die Beklagten wiederholt vergeblich aufgefordert, die Auflassung entgegenzunehmen und die Urteilsbeträge zu entrichten. Schließlich habe er ihnen mittels Schreibens vom 14. Oktober 1909, unter Androhung des Rücktritts vom Vertrage, eine letzte Frist zur Vertragserfüllung gesetzt und ihnen im Anschluß hieran auf den 3. November 1909 einen Auflassungstermin bestimmt. In diesem Termin sei der Beklagte R. in Begleitung des Klägers, seines Geldgebers, erschienen, der Beklagte L. dagegen nicht, und R. habe erklärt, er werde die Auflassung nur entgegennehmen, wenn sie an ihn allein erfolge. Daraufhin habe er, Kläger, am 12. November 1909 seinen

Rücktritt vom Vertrage erklärt. Der Kläger beantragte, die Beklagten zu verurteilen, in die Löschung der Vormerkung zu willigen. Der Beklagte L. nahm an dem Rechtsstreite nicht teil; dagegen beantragte der Beklagte R. die Abweisung der Klage, indem er behauptete, er sei im Termine vom 3. November 1909 zur Entgegennahme der Auflassung an sich und L. und zur Zahlung der ihm vom Kläger zur Verfügung gestellten Urteilsbeträge bereit gewesen.

Das Landgericht wies die Klage ab. Auf die Berufung des Klägers hat das Kammergericht die landgerichtliche Entscheidung abgeändert und auf einen dem Beklagten R. zugeschobenen Eid erkannt. Falls R. schwört, daß er im Auflassungstermin vom 3. November 1909 dem Kläger gegenüber nicht erklärt habe, er verlange die Auflassung nur an sich allein, daß er vielmehr erklärt habe, er verlange die Auflassung an sich und L., er sei aber auch bereit, die Auflassung an sich allein entgegenzunehmen, soll die Klage abgewiesen, im Nichtschwörungsfalle sollen beide Beklagte zur Einwilligung in Löschung der Vormerkung verurteilt werden. Die Revision des Klägers ist zurückgewiesen worden.

Aus den Gründen:

„Der Kläger fordert die Einwilligung der Beklagten in die Löschung der auf seinem Grundstücke für diese eingetragenen Vormerkung, und er stützt sein Verlangen darauf, daß das durch die Vormerkung gesicherte Recht der Beklagten auf Übereignung des Grundstücks infolge seines Rücktritts von dem mit ihnen abgeschlossenen Kaufvertrage erloschen sei. Es unterliegt deshalb keinem Bedenken, mit den Vorinstanzen die Beklagten als notwendige Streitgenossen und den säumigen L. als durch den nichtsäumigen R. vertreten anzusehen (§ 62 ZPO., § 356 BGB.).

Die Rechtmäßigkeit seines Rücktritts vom Vertrage leitet der Kläger in erster Linie daraus her, daß er die im Verzuge befindlichen Beklagten unter Androhung des Rücktritts aufgefordert habe, in dem auf den 3. November 1909 anberaumten Termine zur Entgegennahme der Auflassung und zur Bezahlung der rückständigen Kaufpreisbeträge vor dem zuständigen Grundbuchamte zu erscheinen, daß aber der Beklagte L. dem Termine ferngeblieben sei und dadurch die Erfüllung des Vertrages vereitelt habe. Das Berufungsgericht hält das Nichterscheinen des L. für unerheblich, weil das rechtskräftige Urteil vom 2. Juli 1908 nach § 894 Abs. 1 ZPO. die Auflassungserklärung der Erwerber ersetze, und der Kläger deshalb verpflichtet gewesen sei, die Auflassung auch in Abwesenheit der Beklagten vorzunehmen. Die Möglichkeit dieser Art der Auflassung bestreitet die Revision nicht; sie leugnet jedoch die Verpflichtung des Klägers, sich des zu seinen Gunsten ergangenen Urteils als Ersatzes der Auflassungserklärung der Beklagten zu bedienen, und führt aus, daß der Kläger berechtigt gewesen sei, entweder gemäß § 283 BGB. auf Grund des Urteils vom 2. Juli 1908 mit Fristsetzung gegen die Beklagten vorzugehen, oder von dem Urteil überhaupt keinen Gebrauch zu machen und die ihm nach § 326 BGB. zustehenden Befugnisse auszuüben. Hiermit verkennt aber die Revision die Bedeutung des § 894 ZPO. und sein Verhältnis zu § 925 BGB.

§ 3 preuß. Eig.Erw.Ges. vom 5. Mai 1872 enthielt die besondere Vorschrift, daß ein Erkenntnis, durch welches der eingetragene Eigentümer eines Grundstücks zur Auflassung rechtskräftig verurteilt worden war, dessen Auflassungserklärung ersetze, und der hierin sowie in anderen Bestimmungen der Preußischen Grundbuchgesetze (§§ 14, 19, 53, 65 Eig.Erw.Ges., §§ 53, 85, 94 GBO.) zum Ausdrucke gelangte Grundsatz war durch § 779 Abs. 1 Satz 1 ZPO. verallgemeinert worden, so daß er sich nunmehr unbedenklich auf den Fall der Verurteilung zur Entgegennahme der Auflassung erstreckte. Für das neue Recht hatte man zwar noch ausdrücklich den Satz vorgesehen (§ 833 Abs. 1 des Entwurfs I), daß die Eintragungsbewilligung sowie deren Annahme durch ein Urteil nach Maßgabe des § 779 Abs. 1 ZPO. ersetzt würden. Die Aufnahme dieses Satzes in das Bürgerliche Gesetzbuch ist indes unterblieben, weil man schließlich die Anwendbarkeit des § 779 Abs. 1 (jetzt § 894 Abs. 1) auf die zu einer Eintragung in das Grundbuch erforderlichen Willenserklärungen für zweifellos erachtete (Prot. Bd. 3 S. 68, 177; Gruchot, Beiträge, Bd. 42 S. 103). Es wird denn auch gegenwärtig allgemein angenommen, daß mit der Rechtskraft der zur Abgabe oder zur Entgegennahme einer Auflassungserklärung verurteilenden Entscheidung die Erklärung des Verurteilten als vor dem Grundbuchamt (oder der nach Landesgesetz sonst zuständigen Stelle) abgegeben gilt, so daß die nach § 925 BGB. und nach § 20 GBO. zur Eigentumsumschreibung erforderliche Einigung zustande kommt, sobald der andere Teil unter

Vorlegung des Urteils seine Einwilligungserklärung mündlich vor dem Grundbuchamt abgibt.

Vgl. Turnau u. Förster, 3. Aufl., Bd. 1 S. 124 flg., 443; Planck zu § 925 BGB. Bem. 4; v. Staudinger zu § 925 Bem. II. 4; Entsch. des RG.'s in Zivils. Bd. 31 S. 359; KG. Jahrb. Bd. 31 S. A 293.

Die gesetzliche Fiktion des § 894 Abs. 1 Satz 1 ZPO., daß mit der Rechtskraft des auf Abgabe einer Willenserklärung gehenden Urteils die Erklärung als abgegeben gilt, wirkt aber ganz ebenso zugunsten des Schuldners, wie zugunsten des Gläubigers. Aus einem solchen Urteile soll eine weitere Zwangsvollstreckung nicht stattfinden. „Der Zwang zur Erklärung würde", wie es in den Motiven zu § 725 des Entwurfs heißt (S. 443), „den Gläubiger nur aufhalten und den Schuldner ohne Not belästigen". Der Eintritt der Rechtskraft bewirkt zugleich die Durchführung der aus dem Urteile möglichen Zwangsvollstreckung (Entsch. des RG.'s in Zivils. Bd. 62 S. 157); die den Gegenstand der Verurteilung bildende Leistung (die Abgabe der Willenserklärung) gilt damit als erfolgt. Soweit also die Beklagten aus dem Vertrage vom 15. Febr. 1906/1. April 1908 dem Kläger zur Entgegennahme der Auflassung verpflichtet waren, galt seit der Rechtskraft des Urteils vom 2. Juli 1908 die ihnen obliegende Leistung als bewirkt, und der Kläger konnte sich deshalb nicht auf den Standpunkt stellen, daß die den Gegenstand der rechtskräftigen Verurteilung bildende Leistung erst noch bewirkt werden müsse (vgl. §§ 283, 325 Abs. 2 BGB.), oder daß das Urteil an den ihm nach § 326 BGB. zustehenden Rechten nichts geändert habe. Nach Erfüllung der Leistungspflicht war für eine Fristbestimmung kein Raum mehr.

Anders läge die Sache allerdings dann, wenn etwa die Erklärung, zu deren Abgabe die Beklagten rechtskräftig verurteilt worden sind, zur Vornahme der Auflassung durch den Kläger allein inhaltlich nicht ausreichte. Soll das Urteil die Auflassungserklärung des Verurteilten ersetzen, so muß es seinem Inhalte nach den bei Vornahme der Auflassung vor dem Grundbuchamte zu stellenden Anforderungen entsprechen (Entsch. des RG.'s in Zivils. Bd. 54 S. 378). Es muß also namentlich auch das zwischen den mehreren Erwerbern zu begründende Miteigentumsverhältnis bestimmt bezeichnen. Das ergibt sich schon aus der Vorschrift des § 48 RGBO., vor allem aber aus der inneren Verschiedenheit der möglichen Miteigentumsarten und im Falle des Miteigentums nach Bruchteilen (§ 1008 BGB.) aus der möglichen Verschiedenheit dieser Teile (Entsch. des RG.'s in Zivils. Bd. 54 S. 86). Wie es der Auflassung bedarf, wenn beispielsweise Miteigentum zu gesamter Hand im Sinne des § 719 BGB. in Miteigentum nach Bruchteilen umgewandelt, oder die Größe der den Bruchteilseigentümern zustehenden Anteile verändert werden soll (Entsch. des RG.'s in Zivils. Bd. 68 S. 417), so muß sich auch bei der Auflassung an mehrere Personen die Einigung des Veräußerers und der Erwerber auf die Art des Gemeinschaftsverhältnisses der letzteren und die Größe ihrer etwaigen Bruchteile erstrecken. Nach dieser Richtung hin ist jedoch ein Bedenken gegen den Inhalt des Urteils vom 2. Juli 1908 nicht erhoben worden; vielmehr sind die Parteien anscheinend darüber einverstanden, daß die Beklagten Miteigentümer je zur ideellen Hälfte werden sollten, und es ist anzuerkennen, daß das Urteil eine dahingehende Auslegung gestattet („zu gleichen Rechten und Anteilen").

Hiernach konnte der Kläger nur wegen des von den Beklagten zu zahlenden Kaufpreises von dem Mittel der Fristbestimmung Gebrauch machen. Da aber die Beklagten nur Zug um Zug gegen die Auflassung des Grundstücks zur Zahlung verpflichtet waren, so reicht sein bloßes Vorbringen, daß in dem von ihm unter Androhung des Rücktritts vom Vertrage bestimmten Auflassungs- und Zahlungstermine die Zahlung nicht erfolgt sei, nicht aus, um seine Rücktrittserklärung als berechtigt erscheinen zu lassen. Er hätte vielmehr darlegen müssen, daß er seinerseits bereit gewesen sei, mittels Abgabe seiner eigenen Auflassungserklärung unter Vorlegung des rechtskräftigen Urteils vom 2. Juli 1908 und der in der Urteilsformel erwähnten notariellen Urkunden die Zug um Zug gegen die verlangte Zahlung vorzunehmende Auflassung zu bewirken. Das hat er jedoch nicht behauptet; er hat sich vielmehr lediglich darauf berufen, daß die Beklagten die ihnen obliegenden Leistungen im Termine (d. h. innerhalb der ihnen gesetzten Frist, vgl. Entsch. des R.G.'s in Zivils. Bd. 53 S. 75, Bd. 66 S. 431, Bd. 69 S. 106) nicht bewirkt hätten. Ob bei solcher Sachlage für das Berufungsgericht noch ein Anlaß bestand, die Entscheidung von dem dem Beklagten R. zugeschobenen Eide abhängig zu machen, bedarf keiner Erörterung; denn es gereicht dem Kläger nicht zur Beschwerde, daß die Abweisung seiner sonst unbegründeten Klage erst nach Leistung dieses Eides erfolgen soll."

---

101. 1. Welche Bedeutung und Tragweite hat die Bestimmung in § 7 des Reichspostgesetzes, daß dasjenige, was bei der Eröffnung einer Postsendung an dem angegebenen Inhalt fehlt, von der Postverwaltung nicht vertreten werden darf, „wenn der Verschluß und die Verpackung der zur Post gegebenen Gegenstände bei der Aushändigung an den Empfänger äußerlich unverletzt . . . befunden wird"?

2. Bezieht sich § 8 desselben Gesetzes auf den Umfang der Ersatzpflicht auch für Geld oder nur für andere Sachen, für deren Verlust oder Beschädigung die Postverwaltung nach § 6 des Postgesetzes haftet?

Gesetz über das Postwesen des Deutschen Reichs vom 28. Oktober 1871 (RGBl. S. 247) §§ 7, 8.

III. Zivilsenat. Urt. v. 23. Juni 1911 i. S. Reichsfiskus (Bekl.) w. Aktienges. D. A. (Kl.). Rep. III. 379/10.

I. Landgericht I Berlin.
II. Kammergericht daselbst.

Die Klägerin lieferte am 6. Dezember 1907 bei dem Postamte 50 in B. einen Brief mit einer Wertangabe von 3000 *M* an den Architekten R. in P. ein. Er war zweimal mit Siegellack unter Ausdruck des Stempels der Klägerin versiegelt. Der Schalterbeamte, Oberpostassistent W., verzeichnete als Gewicht auf dem Briefe wie in dem Postbuche 35 g. Bei der Aushändigung des Briefes an R. durch das Postamt in T. befanden sich darin nicht 3000 *M*, vielmehr außer dem Anschreiben der Klägerin und einem Quittungsformulare nur Ausschnitte aus zwei Zeitungen. Bei der Untersuchung der Innenseite des Umschlags stellte sich heraus, daß dieser bereits bei der Aushändigung an R. unter den beiden Siegeln runde Öffnungen hatte, die durch Herausschneiden der betreffenden Teile entstanden waren.

Die Klägerin behauptete, daß der Brief bei der Einlieferung drei Reichsbanknoten von je 1000 *M* enthalten habe. Sie beantragte die Verurteilung des Beklagten zur Zahlung von 3000 ℳ nebst Zinsen. Der Beklagte bestritt, daß der Brief bei der Einlieferung drei Reichsbanknoten enthalten habe, und daß er, während er sich im Gewahrsam der Post befunden habe, seines Wertinhalts beraubt worden sei. Er hielt aber seine Haftung schon deshalb nach § 7 des Postgesetzes für ausgeschlossen, weil der Empfänger R. den Brief ohne Erinnerung angenommen habe, bei der Aushändigung Verschluß und Verpackung äußerlich unverletzt gewesen, und das Gewicht mit dem bei der Einlieferung ermittelten übereinstimmend befunden worden sei. Dieses Gewicht stimme auch jetzt noch, wenn der Umschlag und der vorgefundene Briefinhalt gewogen würden. Ersetze man dagegen das Zeitungspapier durch drei Tausendmarkscheine, so betrage das Gewicht nur 33 g.

Nach einer Beweisaufnahme über das Gewicht des Briefs bei der Einlieferung und nach einer Wiegeprobe wies das Landgericht die Klage ab. Es nahm an, daß, wenn man die Zeitungsausschnitte durch drei Tausendmarkscheine ersetze und das Anschreiben nebst Quittungsformular hinzufüge, das bei dem Postamte 50 in B. festgestellte Gewicht von 35 g sich nicht, sondern nur ein solches von $32^1/_2$ g ergebe, und daß sich deshalb auch nicht drei Tausendmarkscheine in dem Umschlage befunden hätten.

Nach weiterer Beweisaufnahme erkannte das Berufungsgericht auf die Berufung der Klägerin nach dem, in bezug auf die Zinsen, ermäßigten Klagantrage. Die Revision des Beklagten wurde zurückgewiesen aus folgenden

Gründen:

„Das Berufungsgericht ist davon ausgegangen, daß nach § 7 des Gesetzes über das Postwesen des Deutschen Reichs vom 28. Oktober 1871 die Post jede Ersatzpflicht für den angeblich fehlenden Inhalt eines Wertbriefes ablehnen könne, wenn sie beweise, daß bei der Aushändigung der Sendung an den Empfänger der Verschluß und die Verpackung äußerlich unverletzt, und zugleich das Gewicht mit dem bei der Einlieferung ermittelten übereinstimmend befunden sei. Nach Abs. 2 des Paragraphen streite, wenn der Empfänger die Sendung ohne Erinnerung angenommen habe, die Vermutung dafür, daß bei der Aushändigung Verschluß und Verpackung unverletzt, und das Gewicht mit dem bei der Einlieferung ermittelten übereinstimmend befunden worden sei. Eines Gegenbeweises gegen diese Vermutung bedürfe es jedoch im vorliegenden Falle nicht, weil die Parteien darüber einig seien, daß bei der Aushändigung des Briefes an den Empfänger R. sich schon die beiden kreisförmigen Ausschnitte auf dem Briefumschlage befunden hätten. Dieser Zustand des Umschlages stelle eine Verletzung im Sinne des § 7 dar; denn unverletzt seien der Verschluß und die Verpackung nur dann, wenn an ihrem Äußern sich tatsächlich keine Verletzung befinde. Es genüge nicht, daß die Verletzung äußerlich schwer oder gar nicht wahrnehmbar gewesen sei. Wenn Verschluß oder Verpackung bei der Aushändigung an den Empfänger eine Verletzung gehabt hätten, könne sich die Post nicht auf § 7 zu ihrer Entlastung berufen, selbst wenn vorher niemand die Verletzung bemerkt habe oder habe bemerken können. Trotzdem bleibe es an sich im gegenwärtigen Falle Sache der Klägerin, zu beweisen, daß sie den Brief mit den drei Scheinen zur Post gegeben habe. Dieses Beweises werde sie auch nicht durch die bei der Aufgabe erfolgte Wertangabe von 3000 ℳ gemäß § 8 des Gesetzes überhoben, weil dieser sich nur auf die Schätzung eines Gegenstandes, dessen Verlust festgestellt sei, beziehe. Eine solche Schätzung könne hier nicht in Frage kommen.

Das Gericht sieht nun als erwiesen an, daß die Siegel des Briefes nicht nur auffallend dick und groß gewesen seien, sondern daß sie auch bei der Aushändigung des Briefes an R. überall ein Auslaufen und einen Mangel an Schärfe des Siegeldrucks in der Nähe des Randes aufgewiesen hätten. Der Postassistent W. — so führt es weiter aus — bekunde sogar glaubhaft, daß er den Brief mit solchen Siegeln nicht angenommen hätte. Möge diese Äußerung nun auch nur bedingt dahin aufzufassen sein, daß er den Brief nicht angenommen haben würde, wenn er das Auslaufen bemerkt hätte, so komme doch hinzu, daß er nach § 16 II der Postordnung verpflichtet gewesen sei, auf die Siegelabdrücke zu achten. Da nun unstreitig die Annahme des Briefes auf dem Postamt unbeanstandet geschehen sei, so begründe dies in Verbindung mit dem Aussehen der Siegel eine tatsächliche Vermutung dafür, daß sich die Siegel bei der Auslieferung des Briefes noch nicht in diesem Zustande befunden hätten. Dann aber sei, da nach dem Gutachten des Chemikers Dr. J. der verschwommene und verschmierte Abdruck der Siegel auf das Herausschneiden der Siegel, die dadurch bewirkte Öffnung des Umschlags und die nachträgliche Wiederanbringung der Siegel zurückzuführen sei, der Schluß gerechtfertigt, daß die drei Tausendmarkscheine, die nach der insoweit unbedenklichen Beweisaufnahme bei dem ursprünglichen Verschlusse in den Umschlag gelegt seien, während der Brief von der Post befördert worden, durch die Öffnungen daraus entfernt worden seien.

Den hiernach dem Beklagten obliegenden Gegenbeweis, daß die Beraubung des Briefes schon vor der Einlieferung stattgefunden habe, hält das Gericht nicht für geführt, insbesondere nicht durch die Ergebnisse der gerichtlichen Wiegeprobe, was es im einzelnen darlegt, und bei Berücksichtigung des Umstandes, daß der Beklagte trotz des dringlichen Verlangens der Klägerin keine Angaben darüber gemacht habe, welchen Beamten der Brief nach seiner Einlieferung zugänglich gewesen sei, und wie sich seine Beförderung abgewickelt habe.

Endlich aber hat das Berufungsgericht ausgeführt, auch wenn man annehme, daß die Klägerin in vollem Umfange für die Einlieferung des Briefes mit den drei Scheinen beweispflichtig sei, und daß ihr keine tatsächliche Vermutung dafür zur Seite stehe, daß die Siegel das verdächtige Aussehen schon bei der Aufgabe des Briefes gehabt hätten, müsse man doch zu dem gleichen Ergebnisse gelangen. Denn es sieht im weiteren geradezu den Beweis jener Tatsache für geführt an. Daraufhin erachtet es den Schadensersatzanspruch der Klägerin gemäß § 6 des Gesetzes für begründet.

Die Revision rügt zuvörderst Verletzung des § 7 des Gesetzes vom 28. Oktober 1871. Sie weist darauf hin, daß zunächst die beiden kreisförmigen Ausschnitte auf der Rückseite des Briefumschlags hergestellt, die Siegel dann in die Höhe gehoben, durch diese Öffnungen der Inhalt herausgenommen, an dessen Stelle Zeitungsausschnitte hineingelegt, und daß darauf die Siegel wieder angeklebt worden seien, so daß unter dem äußerlich unverletzten Verschlusse Verletzungen der Umhüllung vorgelegen hätten. Diese seien aber äußerlich nicht wahrnehmbar gewesen und seien daher auch bei einer äußerlichen Besichtigung durch das Postpersonal, auf die dieses allein angewiesen sei, dem Auge verborgen geblieben. Sie hätten überhaupt erst festgestellt werden können, nachdem der Brief geöffnet worden sei, und die innere Besichtigung des Umschlages ergeben habe, auf welche

Weise der Täter zu dem Inhalte gelangt sei. Dieser Tatsache habe das Berufungsgericht nicht die dem Gesetz entsprechende Bedeutung beigemessen. Es sei nicht richtig, den § 7 dahin auszulegen, daß der Verschluß und die Verpackung nur dann „äußerlich unverletzt" seien, wenn an ihrem Äußern sich tatsächlich keine Verletzung befinde. Nach dem Sprachgebrauche müßten die Worte „befunden wird" sowohl auf „unverletzt" wie auf „übereinstimmend" bezogen werden. Das Gesetz könne daher nur dahin ausgelegt werden, daß der Befund des Verschlusses und der Verpackung neben der Übereinstimmung des Gewichts maßgebend sein solle für die Verpflichtung zum Ersatze, und wenn der Befund keine äußere Verletztheit des Verschlusses und der Verpackung aufweise, solle die Postverwaltung eine Ersatzpflicht überhaupt nicht treffen. Wenn aber über die Verletzung äußerlich befunden werden solle, so müsse sie auch äußerlich wahrnehmbar sein, wie denn der § 7 von dem „äußerlich" unverletzten Verschlusse spreche, d. h. besage, daß eine Verletzung in dem von ihm gemeinten Sinne nur vorliege, wenn sie eine äußerliche also eine wahrnehmbare sei. Könne sich doch auch nur auf solche Verletzungen die Prüfung durch die Organe der Postverwaltung erstrecken.

Diese Rüge der Revision ist nicht begründet, wenn auch den Ausführungen des Berufungsgerichts nicht überall beizutreten ist.

Nachdem der erste der den Abschnitt II „Garantie" bildenden Paragraphen des Gesetzes über das Postwesen, der § 6, die Fälle bestimmt hat, in denen die Postverwaltung dem Absender bei „reglementsmäßig erfolgter Einlieferung" Ersatz leistet, Fälle, zu denen nach Abs. 1 I unter 1 die „Briefe mit Wertangabe" gehören, bestimmt der § 7:

„Wenn der Verschluß und die Verpackung der zur Post gegebenen Gegenstände bei der Aushändigung an den Empfänger äußerlich unverletzt, und zugleich das Gewicht mit dem bei der Einlieferung ermittelten übereinstimmend befunden wird, so darf dasjenige, was bei der Eröffnung an dem angegebenen Inhalte fehlt, von der Postverwaltung nicht vertreten werden. Die ohne Erinnerung geschehene Annahme einer Sendung begründet die Vermutung, daß bei der Aushändigung Verschluß und Verpackung unverletzt, und das Gewicht mit dem bei der Einlieferung ermittelten übereinstimmend befunden worden ist."

Betrachtet man in dem ersten Satze die Worte „äußerlich unverletzt" für sich allein, so kann man sehr wohl zu der von der Revision vertretenen Auffassung kommen, daß damit nur eine bei der äußerlichen Prüfung des Zustandes des Verschlusses und der Verpackung sich ergebende Unverletztheit beider gemeint, daß also der Verschluß und die Verpackung äußerlich unverletzt schon dann seien, wenn bei der Besichtigung des Äußern der Postsendung keine Verletzung wahrnehmbar sei, ohne Rücksicht darauf, ob eine Untersuchung des Innern etwa dennoch eine Verletzung ergeben sollte, oder ob das Vorliegen einer solchen aus anderen Umständen geschlossen werden müßte. Zieht man aber zur Deutung der Worte den Schluß des Satzes mit heran: . . . „so darf dasjenige, was bei der Eröffnung an dem angegebenen Inhalte fehlt, von der Postverwaltung nicht vertreten werden", so erscheinen als die wirklichen Gegensätze, die einander hier gegenübergestellt werden, der Verschluß und die Verpackung einerseits und der Inhalt andererseits, jene das Äußere, dieser das Innere der Sendung bildend. Eine gewisse Bestätigung aber findet diese Deutung in dem Umstande, daß in dem folgenden Satze, der eine Rechtsvermutung an die ohne Erinnerung geschehene Annahme der Sendung durch den Empfänger knüpft, der dafür maßgebende Tatbestand schlechthin dahin angegeben ist, „daß bei der Aushändigung Verschluß und Verpackung unverletzt und das Gewicht mit dem bei der Einlieferung ermittelten übereinstimmend befunden worden ist", daß also hier das Wort „äußerlich" vor „unverletzt" fehlt. Demgemäß ist schon nach dem Wortsinne des § 7 anzunehmen, daß neben der Übereinstimmung des Gewichts entscheidend sein soll das Unverletztsein des Äußern der Sendung, des Verschlusses und der Verpackung, aber ohne Rücksicht darauf, ob eine Verletzung schon bei der Besichtigung der Außenseite des Verschlusses und der Verpackung, oder erst bei der Untersuchung auch der Innenseite wahrgenommen werden kann, — alles im Gegensatze zu dem Vorhandensein oder Fehlen oder der Beschaffenheit des Innern der Sendung, des Inhalts.

Dabei sei noch darauf hingewiesen, daß die Worte „bei der Aushändigung an den Empfänger . . . befunden wird" nicht, wie es nach der — allerdings keineswegs treffenden — Fassung den Anschein haben könnte, nur von einem „Befunde" verstanden werden dürfen, der sich bei einer Untersuchung, die gerade „bei der Aushändigung an den Empfänger" vorgenommen wird, also etwa bei einer von dem Postamte des Bestimmungsorts und dem Empfänger oder dem Absender gemeinschaftlich bewirkten Prüfung, herausstellt. Eine solche Auslegung wird schon durch den folgenden Satz ausgeschlossen, wonach die ohne Erinnerung geschehene Annahme einer Sendung die Vermutung begründet, daß bei der Aushändigung Verschluß und Verpackung unverletzt, und das Gewicht mit dem bei der Einlieferung ermittelten übereinstimmend befunden worden ist. Denn als einfache Vermutung, als sog. praesumtio juris, im Gegensatz zu der unwiderleglichen sog. praesumtio juris et de jure, läßt sie dem Absender immerhin den Gegenbeweis frei, der nach dem Inhalte der Vermutung nur dahin gehen kann, daß in Wahrheit bei der Aushändigung Verschluß und Verpackung verletzt gewesen seien, oder das Gewicht mit dem bei der Einlieferung ermittelten nicht übereingestimmt habe. Wenn nun in dem zweiten Satze auch hier wieder die Wendung „befunden" worden ist, gebraucht ist, so kann damit eine Untersuchung, wie sie vorher erwähnt ist, nicht gemeint sein; denn in dem ersten Satzteile wird ja gerade vorausgesetzt, daß der Empfänger die Sendung ohne Erinnerung angenommen hat, was eine Untersuchung, die bei der Aushändigung stattgefunden hätte, ausschließt. Dann ist das Wort „befunden" aber auch im ersten Satze nicht notwendig in diesem Sinne zu verstehen, und daraus folgt, daß damit überhaupt nur eine Untersuchung und deren Befund gemeint ist, die darüber angestellt wird, wie der Verschluß und die Verpackung bei der Aushändigung beschaffen gewesen sei, und wie sich damals das Gewicht zu dem bei der Einlieferung ermittelten verhalten habe, ohne daß sie jedoch gerade bei der Aushändigung vorgenommen zu sein brauchte. Es muß daher unter dem „Befunde" gegebenenfalls auch das Ergebnis einer erst im Rechtsstreite bewirkten Beweisaufnahme verstanden werden.

Zu demselben Ergebnis in bezug auf den Sinn des § 7 gelangt man aber auch, wenn man dessen Bestimmungen im Zusammenhange mit denen des folgenden § 8 und der daraus sich ergebenden gesamten Rechtslage betrachtet. Dieser schreibt vor:

„Wenn eine Wertangabe geschehen ist, so wird dieselbe bei der Feststellung des Betrages des von der Postverwaltung zu leistenden Schadensersatzes zugrunde gelegt. Beweist jedoch die Postverwaltung, daß der angegebene Wert den gemeinen Wert der Sache übersteigt, so hat sie nur diesen zu ersetzen.

Ist in betrüglicher Absicht zu hoch deklariert worden, so verliert der Absender nicht nur jeden Anspruch auf Schadensersatz, sondern ist auch nach den Vorschriften der Strafgesetze zu bestrafen."

Das Berufungsgericht ist der Meinung, daß die Bestimmung des Abs. 1 sich nur auf die Schätzung eines verloren gegangenen Gegenstandes beziehe, und daß dadurch im vorliegenden Falle die Klägerin des Beweises, daß sie den Brief mit den drei Scheinen eingeliefert habe, nicht überhoben werde. Diese Auffassung ist jedoch mit Wortlaut und Sinn des § 8 nicht verträglich. Wenn die geschehene Wertangabe „bei der Feststellung des Betrags des von der Postverwaltung zu leistenden Schadenersatzes zugrunde zu legen" ist, und die Vorschrift, wie nach ihrem Zusammenhange mit dem vorangestellten § 6 nicht zweifelhaft sein kann, sich sowohl auf die dort unter I 1 aufgeführten „Briefe mit Wertangabe" wie auf die dort unter I 2 bezeichneten „Pakete mit ... Wertangabe" bezieht, so soll die Wertangabe eben „zugrunde gelegt werden" bei der Ersatzleistung für den Inhalt sowohl eines Geldbriefes wie eines Pakets mit Wertangabe. Und die Worte „wird" und „zugrunde gelegt" können auch nur bedeuten, daß an sich der in der Wertangabe bezeichnete Betrag voll zu ersetzen ist, und die statthaften Ausnahmen von dieser Regel enthalten nur der folgende Satz des Abs. 1 und der Abs. 2, die für die dort bezeichneten Fälle die Beweislast dafür, daß der angegebene Betrag zu hoch, oder daß der angegebene Geldbetrag oder Wertgegenstand überhaupt nicht im Briefe enthalten gewesen sei, der Postverwaltung auferlegen. Auch das preußische Obertribunal hatte schon nach der Verordnung vom 8. April 1848, die den Vorläufer der Hauptquelle des Reichspostgesetzes und des preußischen Gesetzes über das Postwesen vom 5. Juni 1852 bildete, ausgesprochen, daß „der Postfiskus für den deklarierten Betrag eines zur Post gegebenen, aber am Bestimmungsorte nicht angekommenen Geldbriefes haftbar sei, ohne daß der Absender die Richtigkeit der Deklaration nachzuweisen gehalten sei" (Erkenntnis vom 30. April 1852 in Striethorsts Archiv für Rechtsfälle Bd. 5 S. 220), wie denn auch die grundsätzliche „Garantie" für den deklarierten Betrag bei Briefen mit Wertangabe die notwendige Ergänzung des insoweit bestehenden

Postzwanges bildet und dem Charakter der erhobenen besonderen Versicherungsgebühr als einer Versicherungsprämie entspricht.

Vgl. hierüber die Begründung zu dem Abschnitte II des Entwurfs des Gesetzes über das Postwesen des Norddeutschen Bundes bei Gattermann, Materialien zu diesem Gesetze S. 25, und die Begründung zu den §§ 11—13 des Entwurfs zu dem preußischen Gesetze über das Postwesen vom 5. Juni 1852 in den Drucksachen der zweiten Kammer Bd. 3 Nr. 125 S. 40. Vgl. auch Dambach, Bem. 1 zu § 8 des Gesetzes vom 28. Oktober 1871.

Vergleicht man nun die Rechtslage, die sich ergeben würde, wenn die Ansicht der Revision über die Bedeutung des § 7 Satz 1 zuträfe, mit der nach § 8 bestehenden, so ergibt sich folgendes. Nach jener Vorschrift wäre die Haftbarkeit der Postverwaltung für irgendwelchen Schaden schon dann völlig ausgeschlossen, wenn, abgesehen von der Übereinstimmung des Gewichts bei der Einlieferung und der Ausgabe des Geldbriefes oder des Wertpakets, der Verschluß und die Verpackung keine äußere, äußerlich wahrnehmbare Verletzung aufweisen. Dem Absender stände dann kein Anspruch auf Ersatzleistung zu, nicht bloß, wenn wirklich überhaupt keine Verletzung an Verschluß und Verpackung zu entdecken wäre, sondern auch, wenn eine solche nur bei der Untersuchung des Innern des Verschlusses oder der Verpackung gefunden werden könnte, möchte er auch imstande sein, den vollen Beweis dafür zu führen, daß der angegebene Inhalt, insbesondere der bezeichnete Geldbetrag, in den Umschlag wirklich hineingelegt, dieser ordnungsmäßig verschlossen und unter solchen Umständen zur Post befördert und ihr übergeben worden sei, die es unmöglich machten, daß der Inhalt bis dahin daraus hätte entfernt werden können. Dagegen wäre die Postverwaltung nach § 8 in der Lage, wenn an sich der Fall ihrer Haftung für eine verloren gegangene oder beschädigte Sendung nach § 6 vorliege, ihre Haftung dadurch zu mindern oder auszuschließen, daß sie bewiese, bei anderen Sachen als Geld, daß der angegebene Wert den gemeinen Wert der Sachen übersteige, oder daß diese überhaupt nicht in der Sendung enthalten gewesen seien, bei Geldbriefen aber, daß sich nur ein geringerer Geldbetrag als der deklarierte, oder daß sich überhaupt kein Geld in dem Briefe befunden habe. Dies wäre eine so weitgehende Ungleichheit in der rechtlichen Stellung der Beteiligten, daß nicht angenommen werden kann, das Gesetz habe sie gewollt. Mit Rücksicht nämlich auf die gerade im Betriebe der Post wünschenswerte Sicherheit und Leichtigkeit des Verkehrs

Vgl. hierüber die Begründung zum Abschnitte II des Gesetzes über das Postwesen des Norddeutschen Bundes vom 2. November 1867, aus dem das Reichsgesetz vom 28. Oktober 1871 hervorgegangen ist, bei Gattermann a. a. O.

hat das Gesetz einerseits die Haftung der Postverwaltung für verlorene oder beschädigte Sendungen mit Wertangabe zunächst nur an die formale Voraussetzung geknüpft, daß die Einlieferung „reglementsmäßig erfolgt" (§ 6), und für die Sendung, Brief oder Paket, eben „eine Wertangabe geschehen ist" (§ 8), also an sich ohne Rücksicht darauf, ob diese wahrheitsgemäß gewesen ist; und es hat der Postverwaltung nur in der soeben erörterten Weise den Gegenbeweis nachgelassen, daß die Wertangabe dem Inhalte der Sendung nicht entsprochen habe. Andrerseits hat das Gesetz (in § 7) aber auch die Befreiung der Postverwaltung von dieser Haftung von der lediglich formalen Voraussetzung abhängig gemacht, daß der „Verschluß und die Verpackung der zur Post gegebenen Gegenstände bei der Aushändigung an den Empfänger äußerlich unverletzt, und zugleich das Gewicht mit dem bei der Einlieferung ermittelten übereinstimmend befunden wird", also ohne Rücksicht darauf, ob etwa trotzdem schon nach den sonstigen Umständen eine Beraubung der Sendung während der Zeit zwischen ihrer Einlieferung zur Post und ihrer Aushändigung an den Empfänger anzunehmen wäre. Es ist jedoch hier dem Absender auch nicht einmal der Beweis offen gelassen worden, daß trotzdem eine Beraubung der Sendung während dieser Zeit stattgefunden habe.

Die hiernach vom Gesetze gewollte Ungleichheit in der rechtlichen Stellung der Postverwaltung einerseits und des Empfängers andrerseits bei dem Verluste oder der Beschädigung von Sendungen mit Wertangabe würde jedoch unerträglich sein, wenn § 7 mit der Revision dahin auszulegen wäre, daß schon bei einer auf der Außenseite nicht wahrnehmbaren Verletzung des Verschlusses oder der Verpackung der Sendung der Tatbestand als gegeben anzusehen wäre, den das Gesetz in die Worte kleidet: „Wenn der Verschluß und die Verpackung" usw. „bei der Aushändigung" an den Empfänger äußerlich unverletzt usw. „befunden wird". Die Haftung der Postverwaltung würde dann ausgeschlossen sein, auch wenn die Besichtigung des Innern des Verschlusses — nicht etwa des Inhalts der Sendung selbst — klar ergäbe, daß und wie die Verletzung ausgeführt wäre, und nunmehr auch hervorträte, daß gewisse vorher nicht beachtete und nicht in die Augen fallende Anzeichen auf der Außenseite des Verschlusses oder der Verpackung für die Beraubung der Sendung sprächen. Ein solches, jene Ungleichheit noch beträchtlich steigerndes Ergebnis kann das Gesetz, von dem angenommen werden muß, daß es die Interessen beider Beteiligten in gerechter Weise hat berücksichtigen wollen, nicht beabsichtigt haben.

Um so weniger aber kann hiervon die Rede sein, als dem Absender gegenüber die rechtliche Stellung der Post, die, soweit sie die Beförderung von Gütern bewirkt, an sich als Frachtführerin im Sinne des Handelsgesetzbuchs zu betrachten wäre, wenn dem nicht die positive Bestimmung des § 452 des HGB. entgegenstände (vgl. Art. 421 des früheren HGB.), auch dann, wenn dem § 7 Satz 1 des Gesetzes vom 28. Oktober 1871 nur die oben umschriebene engere Bedeutung beigelegt wird, erheblich günstiger gestaltet ist als die des Frachtführers. Allerdings muß der Absender bei dem gewöhnlichen Frachtvertrage, wenn er Schadensersatz wegen Verlustes oder Beschädigung des Frachtguts beansprucht, nötigenfalls beweisen, daß er dieses unversehrt dem Frachtführer übergeben hat, und daß das Gut entweder überhaupt nicht, oder beschädigt abgeliefert worden ist. Insbesondere gilt hier beim Mangel einer besonderen Vereinbarung kein dem § 8 des Postgesetzes entsprechender Satz, wonach beispielsweise, wer eine ordnungsmäßig verschlossene Kiste zur Beförderung übernommen, ohne weiteres, und ohne daß ihm ein Beweis hierfür erbracht zu werden brauchte, für den angegebenen Inhalt haftete.

Vgl. Protokolle der Kommission zur Beratung eines Allgemeinen Deutschen Handelsgesetzbuchs S. 4705/6.

Dagegen ist jenem vom Absender geführten Beweise gegenüber der dem Frachtführer nachgelassene Entschuldigungsbeweis im Vergleiche zu dem, durch den die Postverwaltung sich nach § 7 des Postgesetzes von jeder Haftung für den Verlust oder die Beschädigung einer Sendung befreien kann, für die sie überhaupt nach § 6 Ersatz leistet, sehr viel schwieriger gestaltet. Während die Postverwaltung von jeder Vertretungsverbindlichkeit schon dann entbunden ist, wenn der Verschluß und die Verpackung der Sendung bei der Aushändigung an den Empfänger unverletzt, und zugleich das Gewicht mit dem bei der Einlieferung ermittelten übereinstimmend befunden wird, lag ihm nach Art. 395 Abs. 1 ADHGB. der Beweis ob, „daß der Verlust oder die Beschädigung durch höhere Gewalt (vis major) oder durch die natürliche Beschaffenheit des Gutes" . . . „oder durch äußerlich nicht erkennbare Mängel der Verpackung entstanden" sei. Bei Kostbarkeiten, Geld und Wertpapieren insbesondere aber galt nach Abs. 2 des Art. 395 dasselbe, wenn nur „diese Beschaffenheit oder der Wert des Gutes" dem Frachtführer „angegeben" war. Und das jetzt geltende Handelsgesetzbuch hat dem Frachtführer den Beweis nur insofern erleichtert, als er jetzt dahin zu richten ist, „daß der Verlust, die Beschädigung oder die Verspätung auf Umständen" beruhe, „die durch die Sorgfalt eines ordentlichen Frachtführers nicht abgewendet werden konnten". Immerhin steht auch jetzt dem auf ein bloßes Anzeichen dafür, daß während der übernommenen Beförderung kein Verlust oder keine Beschädigung des Inhalts der Sendung eingetreten sei, zu richtenden Befreiungsbeweise der Postverwaltung der auf die volle Darlegung der Umstände selbst, auf denen der Verlust oder die Beschädigung beruht, zu richtende Entlastungsbeweis des Frachtführers gegenüber. Jener kann demgemäß nicht noch weiter, als es das Gesetz mit voller Klarheit bestimmt, erleichtert werden.

Der hiernach sich ergebende Sinn des § 7 des Gesetzes über das Postwesen wird aber auch durch einen bedeutsamen Vorgang aus der Entstehungsgeschichte des Gesetzes bestätigt. Dieses ist unmittelbar hervorgegangen aus dem Gesetze über das Postwesen des Norddeutschen Bundes vom 2. November 1867, und die Begründung zu seinem Entwurfe bemerkt ausdrücklich, daß dessen Bestimmungen die des norddeutschen Gesetzes zugrunde gelegt seien, namentlich in Ansehung der Vorschriften über die Garantie, da diese bereits bei dem zwischen dem Norddeutschen Bunde, Bayern, Württemberg und Baden abgeschlossenen Postvertrage vom 23. November 1867 zum Vorbilde gedient hätten. Vgl. Gattermann a. a. O. S. 134 und 135. Die Materialien zu dem Norddeutschen Bundesgesetze sind daher, soweit sich nicht aus denen zu den späteren Reichsgesetzen bestimmte Abweichungen ergeben, auch für die Auslegung dieses Gesetzes zu verwerten. In beiden Gesetzen stimmen die §§ 7, abgesehen von zwei Fassungsänderungen — namentlich „Verpackung" statt „Emballage" — genau miteinander überein. Bei der zweiten Lesung des Entwurfs zu dem Norddeutschen Bundesgesetze hatte der Abgeordnete Wachenhusen beantragt, in § 7 an die Stelle der Worte:

„so darf dasjenige, was bei der Eröffnung an dem angegebenen Inhalt fehlt, von der Postverwaltung nicht vertreten werden"

zu setzen:

„so liegt dem Empfänger der Beweis eines während der Beförderung eingetretenen Mankos ob".

Zur Begründung hatte er geltend gemacht, daß an den vom Entwurfe vorausgesetzten Tatbestand nur die soeben bezeichnete Folge geknüpft werden könne, nicht aber die, daß die Postbehörde jeder Ersatzverpflichtung dadurch überhoben werde. Er ging von dem Falle aus, daß jemand einen Brief unter Angabe des Inhalts auf 1000 Taler versende, die vor Zeugen in Gestalt eines Tausendtalerscheins eingelegt seien, und daß der Empfänger den Brief wiederum in Gegenwart von Zeugen öffne. Stelle sich dann beim Empfange heraus, daß in dem Briefe nicht 1000 Taler lägen, sondern daß sich statt dessen darin ein Zeitungsblatt oder ein ähnlicher Gegenstand von dem Gewichte des Tausendtalerscheins befinde, so könne dem Empfänger auf seine Klage gegen die Postanstalt erwidert werden, eine Klage sei nicht zulässig, da der Brief bei der Aushändigung an den Empfänger äußerlich unverletzt gewesen sei. Der Abgeordnete fuhr wörtlich fort:

„Hieraus würde dann gefolgert werden müssen, der Empfänger habe zu beweisen, daß der Brief äußerlich nicht unverletzt war; denn sonst könnte ja der Tausendtalerschein nicht fehlen. Das ist aber ein falsches Ziel der Beweisführung. Der Beweis muß allgemein darauf gestellt sein, daß diese 1000 Taler tatsächlich herausgenommen sind, und diesen Beweis führt er eben dadurch, daß der Brief in Gegenwart von Zeugen mit den 1000 Talern eingeliefert und mit den 1000 Talern dem Empfänger nicht ausgehändigt worden ist. Der Beweis kann nicht darauf gerichtet werden, daß der Brief nicht unverletzt (in dem stenographischen Berichte fehlt offenbar versehentlich das Wort „nicht") dem Empfänger eingehändigt worden ist, denn das kann er nicht beweisen. Es wäre ja möglich, daß ein Postbeamter den Brief sehr geschickt geöffnet hätte, so daß keine Spur davon zu sehen ist, daß der Brief verletzt worden ist. Aber die Tatsache, daß das Geld darin gewesen ist, und daß es nachher gefehlt hat, läßt sich durch Zeugenaussagen beweisen. Folglich glaube ich, daß diese Folgerung, die Post habe dies überhaupt nicht mehr zu vertreten, zu weit geht."

Hiergegen führte der Bundeskommissar, Geh. Postrat Dr. Dambach unter anderem aus, mit der Annahme des Antrages würde der Reichstag die Postverwaltung in die größte Gefahr bringen. Betrüger, die behaupteten, daß in einem Briefe, worin sich nachher Zeitungspapier befunden habe, Summen von mehreren Tausend Talern befunden hätten, würden sich nicht scheuen, sich die Mittel für einen Beweis dafür zu verschaffen, sodaß ihre Lüge einen Schein von Wahrheit gewinne. Es sei bisher in einigen solchen Fällen gelungen, die Betrüger zu entlarven und nachzuweisen, daß sich in dem Pakete schon vor der Auflieferung Papierschnitzel befunden hätten. Aber es könne ein solcher Fall auch umgekehrt ausschlagen; das Raffinement könne so weit getrieben werden, daß der Postverwaltung dieser Beweis nicht möglich sei, und dann würde sie unschuldigerweise in die allergrößte Verlegenheit kommen. Der Absender könne von der Postverwaltung weiter nichts fordern, als daß der ihr verschlossen übergebene Gegenstand in gleich untadelhaft verschlossenem Zustande dem Empfänger behändigt werde.

Der Abgeordnete Wachenhusen betonte hierauf, er sei zu seinem Antrage durch einen ganz besonderen Fall veranlaßt worden, in dem gerade ein Postbeamter die Herausnahme einer Summe Papiergeldes in so geschickter Weise bewerkstelligt habe, daß es beim Empfange nicht habe gemerkt werden können, und in dem erst später zufällig, durch große, ungewöhnliche Ausgaben des Postbeamten, die Entwendung ans Tageslicht gekommen sei. Schließlich aber sprach sich der Berichterstatter Dr. Michaelis dahin aus, die Annahme des Antrages würde dahin führen, daß die Post sowohl bei der Entgegennahme wie bei der Ablieferung von Geldsendungen das Publikum ungünstiger als bisher behandele, und die hieraus diesem erwachsenden Nachteile würden ungleich größer sein, als die Vorteile, die daraus für die Beteiligten entständen, da doch nur in seltenen Fällen der Wiederverschluß so hergestellt werden könne, daß die vorher stattgefundene Eröffnung gar nicht zu erkennen sei. Darauf wurde der Antrag abgelehnt. Vgl. Gattermann, a. a. O. S. 92 und 94.

Aus diesen Verhandlungen erhellt folgendes mit Sicherheit. Es ist einerseits abgelehnt worden, gegenüber der Feststellung, daß der Verschluß und die Verpackung der Sendungen mit Wertangabe bei der Aushändigung an den Empfänger unverletzt, und zugleich das Gewicht mit dem bei der Einlieferung ermittelten übereinstimmend befunden worden ist, dem Absender oder dem Empfänger den Beweis nachzulassen, daß der Inhalt der Sendung während der Zeit von der Einlieferung zur Post bis zur Aushändigung an den Empfänger ganz oder teilweise aus der Umhüllung entfernt oder beschädigt worden sei. Andrerseits ist von den verschiedensten Seiten die Voraussetzung für die Ausschließung der Haftung der Postverwaltung für den Inhalt der Sendung übereinstimmend nur dahin angegeben: „daß der ihr verschlossen übergebene Gegenstand in gleich untadelhaft verschlossenem Zustande dem Empfänger behändigt worden", „daß die Herausnahme beim Empfange nicht habe gemerkt werden können", „daß die vorher stattgefundene Eröffnung gar nicht zu erkennen gewesen sei". Es ist also nicht davon die Rede gewesen, daß der Verschluß und die Verpackung nur „äußerlich unverletzt" gewesen zu sein brauche, vielmehr übereinstimmend gefordert, daß bei der Untersuchung „gar nicht", also auch nicht bei der Prüfung der Innenseite der Verpackung, die erfolgte Eröffnung und der Wiederverschluß „zu erkennen gewesen sei". Als Gegensatz ergibt sich dann: war der Verschluß oder die Verpackung bei der Aushändigung nur irgendwie als verletzt erkennbar, wenn auch erst nach der Untersuchung ihrer Innenseite, so war die Sendung dem Empfänger eben nicht „in gleich untadelhaft verschlossenem Zustande" wie bei der Einlieferung behändigt worden, und es sollte dann der Ausschluß der Haftung der Postverwaltung für den Verlust oder die Beschädigung des Inhalts nicht eintreten. Das Wort „äußerlich" vor „unverletzt" im ersten Satze des § 7 konnte demnach von den Beteiligten, dem Kommissar des Bundesrats, dem Berichterstatter der Kommission und den an der Verhandlung beteiligten übrigen Reichstagsmitgliedern nur in dem Sinne verstanden werden, daß es den Gegensatz der

Außenseite der Sendung als eines Ganzen — nicht bloß der Außenseite des Verschlusses oder der Verpackung — zu ihrem Inhalte hervortreten lassen sollte, wenn es auch für diesen Zweck wenig glücklich gewählt war.

Weiter aber ergibt sich aus jenen Verhandlungen im Reichstage das Folgende. Indem der Kommissar des Bundesrats den Antrag Wachenhusen bekämpfte, wollte er verhindern, daß die Postverwaltung für den deklarierten Geldbetrag haftbar würde in einem Falle, in welchem der Absender statt des Geldes Zeitungsausschnitte oder dergleichen in den Umschlag gelegt, ihn ordnungsmäßig verschlossen und versiegelt hätte, und bei der Aushändigung des Briefes an den Empfänger sich das Fehlen des angegebenen Geldbetrages herausstellte, indem er ausführte, Betrüger solcher Art würden dann auch dafür sorgen, daß durch Zeugenaussagen der Anschein erweckt werde, als sei in dem Briefe wirklich der angegebene Betrag enthalten gewesen. Diese Möglichkeit ist durch die Ablehnung des Antrages abgeschnitten. Denn in einem solchen Falle weist eben der Brief bei seiner Aushändigung keine Verletzung des Verschlusses oder des Siegels auf; eine solche ist dann insbesondere auch nicht bei der Besichtigung des Innern des Umschlages zu entdecken, und das Gewicht wird regelmäßig mit dem bei der Einlieferung ermittelten übereinstimmen. Dann ist aber gerade der Fall des § 7 des Gesetzes gegeben, die Haftung der Postverwaltung schlechthin ausgeschlossen, und der Beweis, daß ein Geldbetrag und welcher in dem Umschlage sich befunden habe, unstatthaft. Auf diesen Erfolg kam es dem Bundeskommissar an, und ihn hat er erreicht. Dagegen hat er davon, daß eine wirklich stattgefundene Verletzung des Verschlusses oder der Verpackung nur, wenn sie auf der Außenseite des Umschlages wahrnehmbar sei, die Voraussetzung der Haftung der Postverwaltung für den fehlenden Inhalt bilden dürfe, überhaupt nicht gesprochen. Auch wäre der Fall, dessen Eintritt er verhüten wollte, nach der vom Reichstage angenommenen Gesetzesfassung überhaupt nur denkbar, wenn nach Einlieferung des bloß Papierstücke enthaltenden angeblichen Geldbriefes ein Postbeamter, dem der Brief zugänglich wäre, im Einverständnisse mit dem betrügerischen Absender an dem Verschlusse oder der Verpackung eine Verletzung bewirkte, sodaß diese bei der Aushändigung an den Empfänger sich nicht als unverletzt darstellten. Dann würde aber die nach den §§ 6 und 8 des Postgesetzes eintretende Haftung der Postverwaltung erst durch die Mitwirkung eines pflichtvergessenen Postbeamten ermöglicht werden.

Wäre ferner der Umschlag eines angeblichen Geldbriefes vor der Einlieferung künstlich so hergestellt, daß er erst versiegelt, dann in ähnlicher Weise wie im vorliegenden Falle verletzt, also etwa die Siegel ausgeschnitten und dann wieder eingefügt wären, und der Siegellack dann über die Schnittstellen hinweggeführt wäre, damit von außen mindestens bei nicht sehr argwöhnischer Besichtigung von der Verletzung nichts wahrgenommen werden könnte, bei der Öffnung durch den Empfänger aber die Schnittstellen auf der Innenseite des Umschlages sichtbar würden, und würde diesem so künstlich das Ansehen eines in Wirklichkeit verletzten Umschlages, dessen Verletzung jedoch bei der Besichtigung der Außenseite nicht wahrnehmbar wäre, gegeben, so würde auch dann die Haftung der Postverwaltung für den angeblich fehlenden Inhalt nicht begründet sein. Denn diese beruht auf der Voraussetzung, daß eine erst bei der Aushändigung an den Empfänger wahrgenommene Verletzung des Verschlusses oder der Verpackung regelmäßig erst nach der Einlieferung der Sendung bewirkt ist. Ergibt die Untersuchung einen Tatbestand der soeben bezeichneten Art, so trifft diese Voraussetzung nicht zu, und, wenn ein Zweifel darüber besteht, ob ein Fall dieser Art vorliegt, so hat der Absender zu beweisen, daß die Verletzung auf der Innenseite des Umschlages bei der Einlieferung noch nicht bestanden habe. Im übrigen ist die Postverwaltung gegen betrügerische Angaben des Absenders über den Wert oder den Inhalt der Wertsendung durch den ihr in § 8 nachgelassenen Gegenbeweis gesichert.

Die hier vertretene Auslegung des § 7 wird aber endlich auch noch durch die Betrachtung der weiteren geschichtlichen Grundlagen des Gesetzes erhärtet. Die Hauptquelle des unmittelbaren Vorläufers des Reichspostgesetzes, des soeben erörterten Gesetzes über das Postwesen des Norddeutschen Bundes vom 2. November 1867, bildet, wie nicht nur eine Vergleichung ihres Inhaltes ergibt, sondern auch die Begründung zu dem Entwurfe des norddeutschen Gesetzes selbst hervorhebt (vgl. Gattermann, a. a. O. S. 17 und 18), das preußische Gesetz über das Postwesen vom 5. Juni 1852. Dieses enthielt als § 12 eine Vorschrift, die wörtlich mit dem vorher behandelten § 7 des Gesetzes für den Norddeutschen Bund übereinstimmt, also auch ganz augenscheinlich dessen geschichtliche Grundlage bildet. Die Begründung zu § 10 des Entwurfs des preußischen Gesetzes aber, der in diesem selbst als § 11 erscheint, rechtfertigt die vorgeschlagenen Sätze, die demnächst unverändert in das Gesetz übergegangen sind, mit folgenden Bemerkungen:

„Die erste Bestimmung des § 10 entspricht der Vorschrift des § 192 Tit. 15 Tl. II ALR. Die dieser Bestimmung hinzugefügte Vermutung soll im Interesse des Publikums eine gleichmäßige Entscheidung in den Fällen herbeiführen, in welchen diese Vermutung Platz greift. Der Postverwaltung werden nämlich die Sendungen verschlossen übergeben. Sie hat deshalb in Gemäßheit der Vorschriften § 1736 Tit. 8 Tl. II und § 26 Tit. 14 Tl. I ALR. ihrer Verpflichtung genügt, wenn sie die Sendung dem Adressaten mit unverletztem Verschluß überliefert, und würde, gleich den Eisenbahngesellschaften, jeden Anspruch zurückweisen können, welcher erhoben wird, nachdem die Sendung dem Adressaten ausgehändigt und von diesem ohne Erinnerung angenommen worden ist."

Es wird dann ausgeführt, daß die Postverwaltung hierzu um so mehr berechtigt sein würde, als die den Postbeamten auferlegten Verpflichtungen, bei der Ein- wie bei der Auslieferung das Gewicht einer Wertsendung genau zu ermitteln, bei jener es auch auf der Sendung zu vermerken und sich ebenso wie unterwegs von der Übereinstimmung des Gewichts und der Unverletztheit des Verschlusses zu überzeugen, dem Publikum Gewähr dafür böten, daß bei der Aushändigung das bei der Einlieferung ermittelte Gewicht gestimmt habe, und der Verschluß „unverletzt gewesen sei". Wörtlich wird fortgefahren:

„Es soll indessen im Interesse des Publikums, und um allen billigen Anforderungen zu entsprechen, die ohne Erinnerung geschehene Annahme einer Sendung nur die Vermutung begründen, daß bei der Aushändigung Verschluß und Emballage unverletzt, und das bei der Auslieferung ausgemittelte Gewicht übereinstimmend befunden worden sind, und der Gegenbeweis zulässig sein."

Vgl. Drucks. der zweiten Kammer 1851/52 Bd. 3 Nr. 125 S. 39.

Auch hier ist demnach, obwohl im Texte sowohl des Entwurfs wie des Gesetzes das Wort „äußerlich“ vor „unverletzt“ im ersten Satze des Paragraphen gebraucht ist, in der Begründung darauf kein Gewicht gelegt. Vielmehr wird auch hier nur davon gesprochen, die Postverwaltung habe ihrer Verpflichtung genügt, wenn sie die Sendung dem Empfänger „mit unverletztem Verschluß“ überliefert habe, wenn „bei der Aushändigung Verschluß und Emballage unverletzt, und das bei der Auslieferung ausgemittelte Gewicht übereinstimmend befunden worden“ sei. Noch bedeutungsvoller aber ist es, daß die Begründung zu § 10 des Entwurfs ausdrücklich bemerkt, die erste Bestimmung des Paragraphen entspreche der Vorschrift des § 192 ALR. II. 15. Denn diese, also die letzte Quelle des § 7, enthält davon, daß der Verschluß und die Verpackung nur „äußerlich unverletzt“ zu sein brauche, um neben den sonstigen Erfordernissen die Haftung der Postverwaltung für den Inhalt einer Wertsendung auszuschließen, nichts. Sie lautet vielmehr dahin:

„Wenn ein Brief oder Pack dem Empfänger wohl verwahrt und versiegelt überliefert, und das Gewicht übereinstimmend gefunden wird, so darf dasjenige, was bei Eröffnung an der auf dem Umschlage bemerkten Summe oder Zahl der Stücke fehlt, von dem Postamte nicht vertreten werden.“

Nicht minder wichtig aber ist es, daß die Begründung den § 192 ALR. II. 15 selbst nur als Anwendung eines allgemeinen Grundsatzes bezeichnet, der in § 1736 ALR. II. 8 im 11. Abschnitte „von Reedern, Schiffern und Befrachtern“ seinen Ausdruck gefunden habe. Denn **dort** heißt es auch wieder schlechthin:

„Sind dem Schiffer Kisten, Fässer oder Packe, verschlossen oder versiegelt zugestellt worden, so findet die Vorschrift vom Verwahrungsvertrage Anwendung (Tl. 1 Tit. 14 § 26—34).“

Und **hier** wird, nachdem der § 26 verordnet hat:

„Ist jemandem eine Sache versiegelt oder verschlossen zur Verwahrung übergeben worden, so muß er sie in eben dem Zustande zurückliefern,“

in § 27 wiederum die Voraussetzung für die demnächstige Befreiung des Verwahrers von der Haftung für den Inhalt ohne jede Einschränkung dahin bestimmt:

„Wird bei der Zurückgabe das Schloß oder Siegel unverletzt gefunden, so haftet der Verwahrer für den Inhalt des Behältnisses und die darin befindlichen Stücke nur alsdann, wenn er des Betrugs oder eines groben Versehens überführt wird."

Auch hier fehlt demnach das „äußerlich" vor „unverletzt".

Nach alledem geht zwar das Berufungsgericht zu weit, wenn es den § 7 dahin auslegt, die Befreiung der Postverwaltung von der Haftung für den Inhalt einer Sendung mit Wertangabe trete nur dann ein, wenn, abgesehen von der Übereinstimmung des Gewichts, der Verschluß und die Verpackung bei der Aushändigung an den Empfänger tatsächlich unverletzt seien. Denn es kann Fälle geben, in denen durch die Aussagen völlig glaubwürdiger Zeugen der Beweis erbracht wird, daß der angegebene Inhalt wirklich in den Brief oder das Paket hineingelegt, und die Sendung bis zu ihrer Einlieferung bei der Post unversehrt geblieben ist, der Inhalt aber bei der Aushändigung an den Empfänger gefehlt hat oder gemindert gewesen ist, und der Verschluß oder die Verpackung trotzdem auch bei der genauesten Untersuchung unter Benutzung aller Hilfsmittel der Wissenschaft keine Spur einer Verletzung aufweist, sodaß nur die Erklärung übrig bleibt, die Beraubung der Sendung sei in der Zwischenzeit mit dem äußersten Raffinement etwa unter Benutzung besonderer Mittel, die das Zurückbleiben auch der geringsten äußeren Spuren ausschlössen, ausgeführt worden. In solchen Fällen soll die Postverwaltung für den fehlenden Inhalt nicht haftbar sein Denn schon nach dem Wortlaute des Gesetzes „befunden wird" genügt es, daß der „Befund", also das Ergebnis der Untersuchung des Verschlusses und der Verpackung zur Zeit der Aushändigung an den Empfänger, dahin geht, daß beides als unverletzt erscheint, und ebenso lassen die vorher mitgeteilten Verhandlungen des Reichstags über den von dem Abgeordneten Wachenhusen gestellten Antrag keinen Zweifel darüber, daß in solchen Fällen die Voraussetzung des ersten Satzes des § 7 als erfüllt angesehen werden soll. Andrerseits haftet aber die Revision zu sehr an dem Wortlaute des Gesetzes, wenn sie meint, es reiche zur Ausschließung der Haftung der Postverwaltung aus, daß die äußere Besichtigung des Verschlusses und der Verpackung einer Sendung mit Wertangabe keine Verletzung erkennen lasse. Vielmehr muß die Untersuchung sich ebenso auch auf die Beschaffenheit des Innern des Verschlusses und der Verpackung erstrecken und mit allen zur Verfügung stehenden Hilfsmitteln ausgeführt werden. Erst wenn auch dann keine Verletzung an dem Verschlusse oder der Verpackung nachweisbar ist, ist der Fall des § 7 Satz 1 des Gesetzes gegeben.

Im vorliegenden Falle ist nun nach dem vom Berufungsgerichte festgestellten Sachverhältnisse die Verletzung des Verschlusses des Geldbriefes am Innern des Verschlusses wahrnehmbar gewesen, und die hier vorgefundenen Verletzungen, die kreisförmigen Ausschnitte aus dem Umschlage, die auf der Außenseite durch das Ausfließenlassen der Ränder der Siegel verdeckt wurden, wiesen ihrerseits wieder auf Merkmale der Außenseite des Umschlags hin, die, obgleich sie bei der ursprünglichen Besichtigung nicht beachtet wurden und unverdächtig erschienen, in Wirklichkeit doch auch schon von außen als wahrscheinlich erscheinen ließen, daß eine Verletzung des Verschlusses stattgefunden hatte. Die Voraussetzung für die Anwendung des § 7 Satz 1 des Reichspostgesetzes ist demnach nicht erfüllt. Damit erweist sich die erste von der Revision erhobene Beschwerde im Ergebnisse als hinfällig." (Es folgt die Erörterung einer weiteren Rüge der Revision, die hier nicht interessiert.)

---

102. Ist der Anspruch einer Gesellschaft mit beschränkter Haftung gegen ihre Gesellschafter auf Einzahlung der Stammeinlage pfändbar? Bedarf es zur Einziehung des gepfändeten Anspruchs eines Beschlusses der Gesellschafter gemäß § 46 Nr. 2 des Gesetzes, betr. die Gesellschaften m. b. H., vom 20. April 1892/20. Mai 1898?

II. Zivilsenat. Urt. v. 23. Juni 1911 i. S. K. (Bekl.) w. R. (Kl.). Rep. II. 601/10.

I. Landgericht I Berlin.
II. Kammergericht daselbst.

Die Gesellschaft mit beschränkter Haftung „B.-W. Hartsteinwerke" hatte durch Beschluß vom 12. August 1904 ihr Stammkapital um

120000 ℳ erhöht. Von dem erhöhten Kapital hatte der Beklagte zu notariellem Protokoll vom 12 August 1904 eine Stammeinlage von 50000 ℳ übernommen und dabei erklärt, er bringe die Hälfte mit 25000 ℳ in bar ein, während er in Anrechnung auf die andere Hälfte die Betriebseinrichtung für die Fabrik der Gesellschaft liefere.

Wegen mehrerer ihm gegen die Gesellschaft zustehender vollstreckbarer Forderungen in der Gesamthöhe von 19733,91 ℳ nebst Zinsen erwirkte der Kläger einen Beschluß des Amtsgerichts Berlin-Mitte vom 26. September 1907, inhalts dessen für ihn gepfändet und ihm zur Einziehung überwiesen wurde der Anspruch der Gesellschaft gegen den Beklagten auf Zahlung des bar zu entrichtenden Teils der Einlage von 25000 ℳ.

Gegen die daraufhin vom Kläger erhobene Klage auf Zahlung des gepfändeten Betrages machte der Beklagte insbesondere geltend, der Anspruch der Gesellschaft gegen den Beklagten auf Leistung der Einlage sei unpfändbar; jedenfalls sei der Kläger nicht befugt, diesen Anspruch geltend zu machen, weil die Gesellschafter nicht beschlossen hätten, die Einzahlung auf die Stammeinlage einzufordern. Das Landgericht wies die Klage ab. Das Kammergericht gab durch Teilurteil dem Klagebegehren statt bis auf einen Betrag, bezüglich dessen der Beklagte Aufrechnung mit einer ihm gegen den Kläger zustehenden Gegenforderung geltend machte.

Die Revision des Beklagten wurde zurückgewiesen aus folgenden

Gründen:

„Der Anspruch auf Zahlung der Einlage steht bei einer Gesellschaft mit beschränkter Haftung der Gesellschaft zu, bildet einen Teil des Gesellschaftsvermögens und ist auch, wie das Berufungsgericht zutreffend angenommen hat, übertragbar. Er unterliegt daher als solcher der Zwangsvollstreckung der Gesellschaftsgläubiger und ist nicht nach § 851 ZPO. der Pfändung entzogen (Entsch. des RG.'s in Zivils. Bd. 36 S. 113). Demgegenüber führt die Revision aus, Ansprüche aus einem Gesellschaftsverhältnis seien schon ihrer besonderen Zweckbestimmung wegen nicht schlechthin übertragbar, und es erfolge insbesondere bei der Gesellschaft m. b. H. das Versprechen der Einzahlung von vornherein unter den Bedingungen, die sich hinsichtlich der Verfügung über die Einlage aus dem Gesellschaftsvertrage und dem Gesetze ergäben. Nach diesen Bedingungen aber unterliege die Einforderung der Einzahlungen der im Interesse der Gesellschaft zu treffenden Bestimmung der Gesellschafter, und sei der einzelne nur nach Verhältnis seiner Einlage heranzuziehen. Der Anspruch sei demnach — soweit nicht das Versprechen unbedingt zu einem bestimmten Termin abgegeben sei — von der im Interesse der Gesellschaft zu treffenden Verfügung der Gesellschafterversammlung abhängig.

Diese Ausführungen der Revision sind verfehlt.

Der besondere Zweck der aus einem Gesellschaftsverhältnisse zu leistenden Beiträge, der Gesellschaft die Mittel zur Erreichung des Gesellschaftszwecks zu verschaffen, schließt nicht das Recht der Gesellschaft aus, ihre Forderung auf Zahlung der Beiträge abzutreten. Mit Unrecht beruft sich die Revision auf § 717 BGB. Danach sind die Ansprüche, die bei einer Gesellschaft des bürgerlichen Rechts den Gesellschaftern aus dem Gesellschaftsverhältnisse gegeneinander zustehen, also auch die Ansprüche auf Leistung der Mitgliederbeiträge, nicht übertragbar. Indes handelt es sich in § 717 nicht um Ansprüche der *Gesellschaft* gegen ihre Mitglieder, sondern um solche der Mitglieder gegeneinander. Die Gesellschaft im Sinne der §§ 705 flg. BGB. hat keine selbständige Rechtspersönlichkeit, kann also auch nicht einen Anspruch auf Zahlung der Mitgliederbeiträge erwerben. Der einzelne Gesellschafter aber kann seinen Anspruch gegen einen anderen auf Leistung des Beitrages nicht zedieren, weil im Falle der Wirksamkeit der Zession durch Zahlung an den Zessionar der Anspruch auf den Beitrag nicht seinem Inhalte gemäß der Schaffung eines allen Gesellschaftern gemeinsamen Gesellschaftsvermögens dienen würde. Bei der Gesellschaft m. b. H. dagegen wird die Gesellschaft als selbständige Rechtspersönlichkeit sofort Gläubigerin der Forderung auf Leistung der Einlagen; diese Forderung gehört seit ihrer Entstehung zum Gesellschaftsvermögen, und es steht namentlich ihr Zweck nicht der Befugnis der Gesellschaft entgegen, durch Abtretung über die Forderung zu verfügen.

Allerdings unterliegt nach § 46 Nr. 2 des Gesetzes, betr. die Gesellschaften m. b. H., die *Einforderung* von Einzahlungen auf die Stammeinlagen der Bestimmung der Gesellschafter. Indes handeln die Gesellschafter, wie das Berufungsgericht zutreffend ausführt, hierbei nur als *Organ* der Gesellschaft und üben, indem sie die Einziehung anordnen, ein Recht der *Gesellschaft* aus.

Demnach bleibt für die Bestimmung der Gesellschafter kein Raum, wenn die Gesellschaftsforderung auf einen anderen übertragen wird. Daraus kann aber nicht die Unübertragbarkeit und folgeweise Unpfändbarkeit der Forderung hergeleitet werden. Denn der Inhalt der Leistung des Schuldners wird im Sinne des § 399 BGB. nicht dadurch verändert, daß bei seiner ursprünglichen Gläubigerin, der Gesellschaft, gemäß deren Organisation bei der Einforderung die Mitwirkung eines ihrer Organe nötig war, auf dessen Willensbildung er selbst durch das ihm als Gesellschafter zustehende Stimmrecht Einfluß ausüben konnte, während der neue Gläubiger als natürliche Person ohne ein solches Organ die Einforderung vornehmen kann. Auch der von der Revision, wie in der Rechtslehre allgemein anerkannte und zu billigende Satz, daß im Falle des Konkurses der Gesellschaft der Konkursverwalter zur Einforderung der restlichen Einlagen ohne Gesellschafterbeschluß berechtigt ist, beruht auf der Annahme, daß das Forderungsrecht der Gesellschaft auf Zahlung der Einlagen ein übertragbares Recht ist. Denn andernfalls würde es nicht der Zwangsvollstreckung in das Vermögen der Gesellschaft unterliegen, mithin nach § 1 KO. nicht zur Konkursmasse gehören, und es würde das Verwaltungs- und Verfügungsrecht darüber nach § 6 KO. nicht durch den Konkursverwalter ausgeübt werden können. Der Umstand, daß für den Beschluß der Gesellschafter über die Einforderung das Interesse der Gesellschaft maßgebend sein soll, ist auf die Leistungspflicht des Schuldners ohne Einfluß. Er kann nicht die Zahlung verweigern, weil die Einforderung nicht im Interesse der Gesellschaft liege. Für die Unübertragbarkeit der Forderung beruft sich die Revision auch darauf, daß nach § 19 Abs. 1 des Gesetzes der einzelne Gesellschafter zu Einzahlungen nur nach Verhältnis seiner Einlage heranzuziehen ist. Dadurch wird allerdings der Inhalt der Leistung bestimmt. Dieser Inhalt wird aber durch eine Übertragung der Forderung nicht notwendig verändert. Der neue Gläubiger ist in der Lage, jener Bestimmung bei seiner Einforderung zu genügen, und er ist verpflichtet, ihr zu genügen, da die Forderung nur mit ihrem ursprünglichen Leistungsinhalt auf ihn übergeht.

Auch die Vorschrift in § 19 Abs. 1 des Gesetzes ist demnach mit der Übertragbarkeit und Pfändbarkeit der Forderung nicht unvereinbar. Ob der Kläger im gegenwärtigen Falle gegen diese Vorschrift verstoßen habe, kommt nicht in Frage, da ein solcher Verstoß von dem Beklagten nicht behauptet, auch aus dem festgestellten Sachverhalte nicht zu entnehmen ist.

Ist demnach ohne Rechtsirrtum vom Berufungsgericht die Pfändbarkeit der Forderung auf Leistung der Einlage angenommen, so ist auch der weitere Angriff der Revision, die Forderung sei durch den nach § 46 Nr. 2 des Gesetzes erforderlichen Beschluß der Gesellschafter nicht nur befristet, sondern auch bedingt, unbegründet.

Dieser Angriff verkennt die rechtliche Bedeutung jenes Beschlusses. Die Stammeinlagen sind, wenn der Gesellschaftsvertrag die Zeit ihrer Einzahlung nicht bestimmt, nach der allgemeinen Regel des § 271 BGB. sofort fällig, und auch der ursprüngliche Gläubiger, die Gesellschaft, kann die Leistung sofort verlangen. Nur kann die Gesellschaft ihren Einforderungswillen rechtswirksam nicht zur Entstehung bringen ohne die — sonst regelmäßig zur Einziehung von Gesellschaftsforderungen nicht erforderliche — Mitwirkung eines gewissen Organs, nämlich nicht ohne den Beschluß der Gesellschafter. Ist ein solcher Beschluß nicht gefaßt, so kann allerdings der in Anspruch genommene Gesellschafter die Zahlung verweigern, aber nicht aus dem Grunde, weil die Forderung mangels jenes Beschlusses nicht fällig oder durch denselben bedingt sei, sondern weil ohne den Beschluß ein rechtswirksamer Einforderungswille der Gesellschaft nicht besteht. Wäre die Leistungspflicht des Gesellschafters hinsichtlich seiner Stammeinlage durch einen auf Einforderung gehenden Beschluß der Gesellschafter befristet oder bedingt — wobei wegen der Ungewißheit, ob ein solcher Beschluß überhaupt gefaßt werden wird, die Befristung gleich einer Bedingung wirken würde —, so könnte die Forderung der Gesellschaft nur als eine dergestalt bedingte oder befristete auf einen Zessionar übergehen, von einem Pfandgläubiger geltend gemacht und auch bei Eröffnung des Konkurses über das Gesellschaftsvermögen von dem Konkursverwalter erst nach erfolgtem Beschlusse der Gesellschafter eingezogen werden. Es würde sich dann, wie das Berufungsgericht zutreffend ausführt, die unannehmbare Folge ergeben, daß bei einer vollständig in Vermögensverfall geratenen Gesellschaft, wie der hier fraglichen, die Gesellschafter es nur zu unterlassen brauchten, die Einforderung der noch ausstehenden

Stammeinlagen zu beschließen, um die Befriedigung der Gesellschaftsgläubiger zu vereiteln, während diese gerade durch die Stammeinlagen in erster Linie gewährleistet werden soll. Mit Unrecht beruft sich die Revision auch darauf, daß in gewissen Fällen die Stammeinlagen nicht voll geleistet zu werden brauchen, so insbesondere bei Herabsetzung des Stammkapitals. Dies rechtfertigt nicht die Annahme, daß die Forderung der Gesellschaft von vornherein nur eine bedingte war. Ebenso ist der Umstand, daß im Falle einer Liquidation oder des Konkurses der Gesellschaft die Einziehung der Einlagen nur insoweit zu erfolgen hat, als es zur Befriedigung der Gesellschaftsgläubiger erforderlich ist, nur aus dem gesetzlichen Zwecke der Liquidation und des Konkursverfahrens herzuleiten. Ohne Rechtsirrtum hat endlich das Berufungsgericht ausgeführt, daß nach erfolgter Pfändung und Überweisung der Forderung auf Leistung der Stammeinlage der Vollstreckungsgläubiger das Recht erlangt hat, anstatt der Gesellschaft die Stammeinlage einzufordern und einzuziehen, und daß die Gesellschaft nicht mehr zum Nachteile des Vollstreckungsgläubigers, also auch nicht zur Beeinträchtigung seines Einziehungsrechts, durch ihre Organe ihr Gläubigerrecht ausüben kann." ...

---

103. Wird die Haftung des in das Geschäft eines Einzelkaufmanns Eintretenden durch die Anfechtung des Gesellschaftsvertrages wegen arglistiger Täuschung berührt, wenn der Eintritt ins Handelsregister eingetragen ist?

HGB. § 28.

II. Zivilsenat. Urt. v. 12. Juli 1911 i. S. 1. R. & Co., 2. Wilh. S. (Bekl.) w. K. (Kl.). Rep. II. 67/11.

I. Landgericht I Berlin.
II. Kammergericht daselbst.

Die Witwe R. war Alleininhaberin einer Großschlächterei. Eine im Betriebe dieses Geschäftes begründete Schuld von 6665,50 *M* nebst Zinsen und 132,85 *M* Kosten wurde von dem Gläubiger, Kaufmann A., an den Kläger abgetreten. Auf Grund Vertrags vom 20. April 1909 trat der Beklagte zu 2 in das Geschäft der Witwe R. als persönlich haftender Gesellschafter ein. Beide führten das Geschäft als offene Handelsgesellschaft R. & Co., Beklagte zu 1, weiter. Die Gesellschaft wurde am 8. Mai 1909 in das Handelsregister mit dem Bemerken eingetragen, daß die Gesellschaft am 20. April 1909 begonnen habe, und die Witwe R. sowie der Beklagte zu 2 persönlich haftende Gesellschafter seien. Die Eintragung wurde öffentlich bekannt gemacht. Der Kläger erhob am 4. November 1909 Klage auf Verurteilung der Beklagten zur Zahlung der vorgenannten Schuld. Vom Berufungsgericht wurden die Beklagten als Gesamtschuldner zur Zahlung verurteilt und zwar der Beklagte zu 2 auf Grund des § 28 HGB. Die von diesem Beklagten eingelegte Revision wurde zurückgewiesen.

Aus den Gründen:

„Bei der an sich aus § 28 HGB. begründeten Haftung des Beklagten zu 2 für die Klageforderung und im Hinblick auf die von der Revision im übrigen noch geltend gemachten Angriffe konnte es sich nur darum handeln, ob der Berufungsrichter ohne Rechtsirrtum die zur Begründung der Nichthaftung des Beklagten zu 2 erhobenen Einwendungen für unerheblich erachtet hat. Diese gehen dahin, Beklagter zu 2 sei von der Witwe R. durch arglistige Täuschung zum Abschluß des Vertrages vom 20. April 1909 bestimmt worden; infolge dieser arglistigen Täuschung sei er auch veranlaßt worden, die zu der Eintragung in das Handelsregister vom 8. Mai 1909 erforderlichen Erklärungen abzugeben; er habe ferner irrtümlich angenommen, daß er durch den Eintritt in das Geschäft der Witwe R. als persönlich haftender Gesellschafter kraft Gesetzes eine Verpflichtung nicht übernehme, die im Geschäfte begründeten Schulden der Witwe R. zu zahlen.

Dem Berufungsrichter war darin beizutreten, daß dieses Vorbringen nicht geeignet ist, die Haftung des Beklagten zu 2 auszuschließen. Dies gilt, soweit er sich auf Irrtumsanfechtung beruft, schon deshalb, weil nach dem Vorbringen desselben nur ein Irrtum über die Rechtsfolgen seiner Erklärungen in Frage stehen würde, der nach § 119 BGB. nicht beachtlich ist. Soweit er aber

Nichtigkeit des Gesellschaftsvertrages vom 20. April 1909 und seiner behufs Eintragung in das Handelsregister abgegebenen Erklärungen wegen arglistiger Täuschung von seiten der Witwe R. gemäß § 123 BGB. geltend macht, kann es nicht, wie die Revision meint, als rechtsirrig bezeichnet werden, wenn der Berufungsrichter dieser angeblichen Nichtigkeit deswegen eine Bedeutung nicht beilegt, weil er in der Eintragung der offenen Handelsgesellschaft und des Beklagten zu 2 als persönlich haftenden Gesellschafters in das Handelsregister und in der erfolgten Bekanntmachung dieser Eintragung eine öffentlich abgegebene Erklärung erblickt, aus welcher der Beklagte selbständig im Hinblick auf § 28 HGB. hafte. In der mit dem Willen des Beklagten erfolgten Eintragung in das Handelsregister vom 8. Mai 1909 und der Bekanntmachung derselben lag die öffentlich abgegebene Erklärung des Vollzugs des Eintritts in das Geschäft der Witwe R. als persönlich haftender Gesellschafter, welche im Hinblick auf § 28 die Schuldenhaftung des Beklagten den Gläubigern gegenüber selbständig begründete, und aus welcher er zu diesen in ein unmittelbares Haftungsverhältnis trat. Diese den Gläubigern gegenüber selbständig begründete Verpflichtung ist unabhängig von dem dem Eintritt in das Geschäft zugrunde liegenden Vertrage und den behufs Eintragung in das Handelsregister abgegebenen Erklärungen und wird deshalb auch durch deren etwaige Nichtigkeit nicht berührt. Die auf Grund der arglistigen Täuschung der Witwe R. geltend gemachte Nichtigkeit des Gesellschaftsvertrags und der zum Handelsregister abgegebenen Erklärungen würde dem Gläubiger gegenüber nur dann gemäß § 123 Abs. 2 BGB. von Bedeutung sein, wenn er die Täuschung gekannt hätte oder hätte kennen müssen. Das hat der Beklagte aber nicht behauptet."

Register.

Die beigesetzten Zahlen beziehen sich auf die Seiten.

A. Sachregister.

F

S

B. Gesetzesregister.

1. Reichsgesetze.

a. Bürgerliches Gesetzbuch.

Einzelne Gesetze und Verordnungen.

2. Landesrecht.

Elsaß-Lothringen.

Hamburg.

Preußen.

a. Allgemeines Landrecht.

3. Gemeines Recht.

4. Ausländisches Recht.

Österreich.

Bürgerliches Gesetzbuch.

C. Zusammenstellung der Entscheidungen nach der Zeitfolge.

Zusammenstellung

der

im sechsundsiebzigsten Bande, der neuen Folge sechsundzwanzigsten Bande,

mitgeteilten Entscheidungen

nach

Oberlandesgerichtsbezirken.

Berlin	4. 6. 7. 8. 9. 10. 19. 23. 26. 33. 40. 51. 52. 61. 63. 70. 74. 77. 79. 80. 88. 94. 98. 99. 100. 101. 102. 103.
Breslau	32. 55. 89.
Celle	21. 60. 91.
Colmar	11. 15. 31. 84. 92. 97.
Cöln	3. 17. 25. 28. 83.
Dresden	12. 39. 43. 85.
Düsseldorf	14. 16. 24. 38. 78.
Frankfurt a.M.	30.
Hamburg	20. 35. 36. 54. 57. 62. 65. 75.
Hamm	5. 29. 37. 41. 47. 64. 66. 81. 93.
Jena	48.
Karlsruhe	59.
Kiel	42. 69.
Königsberg	1. 46. 56. 68. 86. 95.
Marienwerder	2. 90. 96.
München	13.
Naumburg a.S.	27. 58. 71. 82.
Nürnberg	18. 34.
Posen	49. 53. 72.
Rostock	87.
Stettin	50. 67.
Stuttgart	45.
Zweibrücken	22.

Landgericht Liegnitz . . . . 44.
Patentamt . . . . 73. 76.

Berichtigungen.

Zweiundsiebzigster Band.

S. VIII Z. 6 v. u. statt „295“ lies „296“.

Dreiundsiebzigster Band.

S. 395 Z. 2 v. u. statt „Abs. 2“ lies „Abs. 1“.

Vierundsiebzigster Band.

S. 427 Z. 5 v. u. statt „S. 177“ lies „S. 277“.

Sechsundsiebzigster Band.

S. 17 Z. 4 v. o. statt „§§“ lies „Artt.“.

FSC
www.fsc.org
MIX
Papier | Fördert
gute Waldnutzung
FSC® C083411

Kolibri 360 GmbH
Ferdinand-Jühlke-Straße 7
99095 Erfurt, Deutschland
produktsicherheit@kolibri360.de